एक दुनिया : समानान्तर

स्वतंत्रता के बाद की सर्वश्रेष्ठ कहानियाँ

एक दुनिया : समानान्तर

स्वतंत्रता के बाद की सर्वश्रेष्ठ कहानियाँ

सम्पादक

राजेन्द्र यादव

राधाकृष्ण प्रकाशन

ISBN : 978-81-7179-503-1

एक दुनिया : समानान्तर

पहला राधाकृष्ण संस्करण : 1993
दसवाँ संस्करण : 2022

मूल्य : ₹895

प्रकाशक
राधाकृष्ण प्रकाशन प्राइवेट लिमिटेड
जी-17, जगतपुरी, दिल्ली–110 051

शाखाएँ : अशोक राजपथ, साइंस कॉलेज के सामने, पटना–800 006
पहली मंज़िल, दरबारी बिल्डिंग, महात्मा गांधी मार्ग, प्रयागराज–211 001
36-ए, शेक्सपियर सरणी, कोलकाता–700 017

वेबसाइट : www.radhakrishnaprakashan.com
ई-मेल : info@radhakrishnaprakashan.com

मुद्रक
बी.के. ऑफसेट
नवीन शाहदरा, दिल्ली–110 032

EK DUNIYA : SAMANANTAR
(Short Stories) Edited by Rajendra Yadav

यशपाल जी के नाम

यह संकलन

इस कथा-संकलन का एक विशिष्ट प्रयोजन है, इसलिए यह परम्परागत संकलनों से कुछ अलग हो गया है।

संकलनों की कई दृष्टियाँ होती हैं।

संकलन किसी साहित्य-विद्या के इतिहास या इतिहास-खंड को पूरा करने के लिए किए जाते हैं और प्रयत्न होता है कि निश्चित अवधि की सम्पूर्ण रचनात्मक प्रतिभा उनके माध्यम से अभिव्यक्ति पाए। एक विशेष अवधि में जो भी महत्त्वपूर्ण लिखा गया है, उसे शामिल करके विधा की शतरंजी बुनी जाती है। श्री वाचस्पति पाठक की 'इक्कीस कहानियाँ' इस प्रकार का एक निर्दोष संकलन है और श्री विनोदशंकर व्यास ने 'मधुकरी' के चार खंडों में कहानी के क्रमबद्ध इतिहास को देने का प्रशंसनीय प्रयास किया है। किसी वर्ष-विशेष या दशक को केन्द्र बनाकर भी इतिहास की कड़ी प्रस्तुत की जाती है। 'मुक्त' द्वारा सम्पादित 'कहानियाँ-55' और सत्येन्द्र शरत् का 'नए पत्ते' तथा काल-खंडों में निकलने वाले संकलन इस दृष्टि से आज की कहानी को पीछे की परम्परा से जोड़ने में अत्यधिक सहायक हैं। पाठ्यक्रमों के अनुसार किए गए संकलनों को मैं जान-बूझकर छोड़े दे रहा हूँ; क्योंकि वहाँ न संकलनकार का कोई व्यक्तित्व होता है, न विधा-विशेष के प्रति उसका लगाव। कोर्स में लगवा ले-जाने की क्षमता ही संकलनकर्ता का एकमात्र गुण माना जाता है। इसी में प्रकाशक की सामर्थ्य भी मिली होती है। इसी वर्ग में संकलन का एक और क्रम आया है और किसी अन्य उपयुक्त नाम के अभाव में इसे 'शवयात्रा' संकलन नाम दिया जा सकता है। इस प्रकार के संकलनों के नाम होते हैं, 'भारत की श्रेष्ठ कहानियाँ', 'विश्व की महान कहानियाँ' या 'ब्रह्मांड की कालजयी कहानियाँ'—इनमें आप देखेंगे कि चेख़व, टाल्सटाय, हैमिंग्वे इत्यादि के बीच संकलनकर्ता श्री छज्जूलालजी की भी एक कहानी फिट है। वस्तुतः यह महान नामों के कन्धों पर अपनी सवारी निकालने की सद्भावना से किए जाते हैं।

विधा की महत्त्वपूर्ण कला-उपलब्धियों को स्वयं लेखक या सम्पादकीय रुचि और विवेक से चुनकर एक जगह संकलित करना दूसरा प्रकार है। 'मेरी श्रेष्ठ कहानियाँ', 'स्वतन्त्रता के बाद की सर्वश्रेष्ठ हिन्दी कहानियाँ' या 'मेरी चुनी हुई कहानियाँ, 'पाँच लम्बी कहानियाँ' (राकेश) या मेरी 'नए कहानीकार' पुस्तक-माला इसी दृष्टि से किए गए संकलन हैं।

प्रथम पुरुष में, पत्रों या डायरी के शिल्प में लिखी गई कहानियों के संकलन रूप पर बल देते हैं, तो 'हिन्दी लेखिकाओं की प्रतिनिधि कहानियाँ' जैसे संकलन लेखकों के वर्गीकरण पर।

जब प्रेम सम्बन्धी, जासूसी, हास्य-प्रधान, ऐतिहासिक, आंचलिक या शहरी महानगर बोध, जैसी कहानियों को आधार बनाकर संकलन किए जाते हैं तो किसी विषय का विविधता में प्रस्तुत करने का आग्रह रहता है।

मुक्ति-आन्दोलन, क्रान्ति और बलिदान, नारी-जागरण, समाज-सुधार जैसे आन्दोलनों या समस्याओं को केन्द्र बनाकर भी कहानी-संकलन किए गए हैं और युद्ध, विप्लव, बंगाल का अकाल, देश-विभाजन, विदेशी आक्रमण जैसी 'घटनाओं' की कहानी-प्रतिक्रियाओं को भी पुस्तकाकार एकत्र किया गया है। विचारधाराओं के आधार पर प्रगतिशील और कला-धर्मी कहानियों के संकलन भी उपलब्ध हैं।

दृष्टियाँ और भी होंगी; लेकिन यह संकलन किसी वर्ग में नहीं आता।

नई परिस्थितियों में किसी प्रकार कथाकार का जीवन-बोध बदलता है, उसके राग-बोध में महत्त्वपूर्ण संस्कार घटित हुए हैं—यही दृष्टि इस कथा-संकलन की प्रेरणा है। जीवन के माध्यम से कहानी और कहानी के माध्यम से जीवन को खोजने-समझने की एक दृष्टि भी इसे कह सकते हैं। कला, कला के लिए हो या जीवन के लिए; इस उलझन में पड़े बिना भी मैं यह समझता हूँ कि कला का मूल्यांकन कला के अपने मानदंडों द्वारा हो ही नहीं सकता। यह ऐसा ही होगा जैसे चोर या सज्जन (गवाह) को उसके कार्यों और परिणामों से (एविडैन्शियल सरकम्स्टान्सेज में) नहीं, उसके कहे हुए शब्दों (केवल बयान) से—या कृत्यों को जीवन के प्रभावों और परिप्रेक्ष्य से काटकर, देखा जाए। कला के मानदंड कहीं-न-कहीं जीवन के सन्दर्भों से ही जुड़े होते हैं। इसीलिए समय-समय पर इन्हें जीवन के समानान्तर रखकर देख लेना दोनों को समझने में सहायक होता है। कला को अभिव्यक्ति देने का माध्यम कलाकार है और यह सब कुछ होते हुए भी समय और समाज के प्रभावों को नकार नहीं सकता, उन्हीं के कारण उसकी अभिव्यक्ति और दृष्टि में परिवर्तन और प्रयोग होते हैं।

कहते हैं कहानीकार समाज की संवेदनशील आत्मा है। आज की स्थितियाँ किस तरह और किन स्तरों पर उसे छूती या प्रभावित करती हैं, इसका आकलन वस्तुत: समाज के ही नैतिक और आध्यात्मिक इतिवृत्त को पहचानना है—समय-विशेष में मनुष्य को टूटते और बनते देखना है। यही जिज्ञासा इस संकलन की भूमि है। यों कहानियों के चुनाव में स्वतन्त्रता के बाद आनेवाले कहानीकार और कहानियों के अपने कला-स्तर की न्यूनतम अपेक्षाएँ भी हैं ही। कहानीकार का तीव्र जीवन-बोध, उसके सन्दर्भ में कला-प्रयोग और परिष्कार ही एकमात्र कसौटी मेरे सामने रही है। इस प्रक्रिया में मैंने अनिवार्यत: पाया है कि जिनका जीवन-बोध पारम्परिक है, उन्होंने प्राय: कहानी के शिल्प और रूप में भी परिवर्तन नहीं किए हैं। इस विषय का विस्तार से विवेचन अलग है; लेकिन यहाँ कहानियों के चुनाव-सम्बन्धी अपनी दो-एक कठिनाइयों को सामने रखने का प्रयत्न करूँगा।

क्यों एक रचना अपनी ओर सहसा ही ध्यान खींच लेती है और क्यों दूसरी अनेक आयोजित परिचर्चाओं और प्रेरित समीक्षाओं के बावजूद वहीं-की-वहीं रह जाती है? शायद जीवन को कुछ अलग तरह देखने-समझने की आकुलता और परिणामस्वरूप कृति में आए दृष्टि और रूपगत परिवर्तन ही हमारा ध्यान अपनी ओर खींचते हैं। कोई भी महत्त्वपूर्ण कृति उठा लीजिए, वह कहीं-न-कहीं परम्परागत जीवन-दृष्टि की जड़ता और कला-रूप के रुँधाव को तोड़ती है। यह तोड़ना ही उसे महत्त्वपूर्ण बना देता है और वहीं से कहानीकार की वास्तविक 'यात्रा' शुरू होती है। अपनी हर अगली कृति द्वारा वह प्रमाणित करता है कि उसकी वह विशिष्ट कृति सचमुच किसी संवेदनशील जीवन संचेतना का ही परिणाम थी, या सिर्फ़ एक तुक्का (फ्लुक)!

चूँकि समीक्षाओं, परिचर्चाओं और गोष्ठियों में अक्सर उन्हीं कहानियों का ज़िक्र होता है जिन्होंने पहली बार अपनी जीवन-संचेतना और रूप-प्रयोग के कारण हमारा ध्यान कहानीकार की ओर आकर्षित किया था, इसलिए संकलनकार के सामने एक बहुत ही सुविधाजनक प्रलोभन रहता है :

क्यों न उन्हीं विशिष्ट और 'ऐतिहासिक दृष्टि से महत्त्वपूर्ण' कहानियों का ही एक जगह संकलन कर दिया जाए जो पाठकों, समीक्षकों और प्राध्यापकों के लिए सन्दर्भ-ग्रन्थ की तरह उपयोगी हो? मानता हूँ, ऐसे संकलन का महत्त्व और उपयोग कम नहीं है; किन्तु साथ ही प्रश्न उठता है कि वह 'विशिष्ट कृति' तो केवल एक ब्रेक—या अलगाव—थी, जहाँ से किसी कथाकार की रचनात्मक प्रतिभा एक नई दिशा लेती है—जीवन्त और संवेदनशील कथाकार के राग-बोध और दृष्टि को निरन्तर माँजने-सँवारने का पहला पड़ाव। तब कला के माध्यम से जीवन को समझने के लिए क्या यह अधिक अच्छा नहीं है कि कथाकार की प्रौढ़तर कृति ही ली जाए और उस कृति का मोह छोड़ दिया जाए जो उसकी 'यात्रा का प्रारम्भ' थी? यों, यहाँ मैं कलासृजन की उस जटिल क्रिया को भी नज़रन्दाज़ नहीं करना चाहता कि आयु का बढ़ना, कथाकार का प्रौढ़ होना ही नहीं होता; और कभी-कभी कला-प्रौढ़ता और आयु-वार्धक्य दो विरोधी बातें भी हो जाती हैं। यह भी ज़रूरी नहीं है कि किसी जीवन्त कथाकार की हर अगली रचना उसका विकास ही बताए। और इस बात का मैंने ध्यान रखा है।

बहरहाल, इसी दृष्टि से जो रचनाएँ समय के परिप्रेक्ष्य में कथाकार की जीवन-संचेतना को अधिक सार्थकता से व्यक्त करती थीं, मैंने उन्हें चुनना बेहतर समझा है—कुछ कहानियाँ तो इसी वर्ष की हैं।

लेकिन इस दृष्टि से भी एक और कठिनाई सामने आती है और यह कठिनाई, लक्ष्मीनारायण लाल की कहानियाँ; मनोहरश्याम जोशी की 'एक दुर्लभ व्यक्तित्व'; हरिप्रकाश की 'वापसी'; मनहर चौहान की 'घरघुसरा'; दूधनाथ सिंह की 'बिस्तर', श्रीमती विजय चौहान की 'अफ़सर की बेटी' या 'एक बुतशिकन का जन्म'; शरद देवड़ा की 'अनकहा' और इसी तरह रवीन्द्र कालिया, ज्ञानरंजन, महेन्द्र भल्ला की अनेक कहानियों को लेकर मेरे सामने आई है। अपनी ही कसौटी में ऐसी बहुत-सी कहानियाँ मुझे किसी भी प्रतिनिधि संकलन के लिए आवश्यक लगती हैं; फिर भी मैं इन्हें नहीं ले पा रहा हूँ। कारण; संकलन की स्थान-सीमा है और उस हालत में कुछ को छोड़कर ही कुछ को लिया जा सकता है। जिन कुछ को छोड़ा जा सकता है उनके पक्ष में एक तर्क मेरे सामने है। जीवन संचेतन के अन्वेषण और अभिव्यक्ति के प्रयत्न में 'उसने कहा था' का इतिहास बार-बार नहीं दुहराया जाता; जहाँ कोई एक कहानी ही किसी के 'अमरत्व' के लिए पर्याप्त हो। प्रतिभा अपने विस्फोट से नहीं, नैरन्तर्य से अपने-आपको प्रमाणित करती है और कहानीकार का स्थान एक कहानी से नहीं, अनेक कहानियों में विकसित होती उसकी जीवन-दृष्टि से निर्धारित होता है, अपनी विधा के प्रति आत्मीय लगाव से निश्चित होता है। ऊपर वाली कहानियों के लेखकों में कुछ ने इस नैरन्तर्य को प्रमाणित करना आवश्यक नहीं समझा है तो कुछ ने प्रमाणित नहीं किया है। कुछ लेखक ऐसे भी हैं जिनकी सम्भावनाओं और उपलब्धियों के प्रति समस्त सम्मान का भाव रखते हुए भी मुझे लगता है कि उनकी वास्तविक दिशा का निर्धारण अभी होना है, अभी तो उनकी हर रचना उनके लेखक-व्यक्तित्व की मूल रेखाएँ उकेर रही है। अवधनारायण सिंह, दूधनाथ सिंह, प्रबोध कुमार, विजय चौहान, नीलकान्त, काशीनाथ सिंह, श्रीकान्त वर्मा, गिरिराज किशोर, नरेश मेहता, रवीन्द्र कालिया, महेन्द्र भल्ला इत्यादि अनेक नाम हैं जो भविष्य के प्रति आश्वस्त करते हैं; इनके कृतित्व के साथ न्याय करने के लिए एक स्वतन्त्र संकलन की अपेक्षा है।

अब प्रस्तुत कहानियाँ :

बदलती परिस्थितियों में व्यक्ति-सम्पर्कों के भावात्मक परिवर्तन स्पष्ट करने के लिए पहले इन कहानियों को दूसरे क्रम में रखा गया था। तब इन कहानियों के चार वर्ग थे और वे इस प्रकार विभाजित थीं :

1. गुज़रते साये—अथवा पितृ-वर्ग के प्रति वर्तमान पीढ़ी की बदलती हुई दृष्टि। इस वर्ग में जो कहानियाँ थीं उनमें परम्परा या प्राचीनों के प्रति श्रद्धा की भावना धीरे-धीरे दया में बदलती दिखाई देती है, दया उदासीनता और फिर उपहास में :

1.	हंसा जाई अकेला	मार्कण्डेय
2.	गुलरा के बाबा	,,
3.	देवा की माँ	कमलेश्वर
4.	किसके लिए	,,
5.	दुनिया बहुत बड़ी है	,,
6.	आर्द्रा	मोहन राकेश
7.	कर्मनाशा की हार	शिवप्रसाद सिंह
8.	गँदले जल का रिश्ता	शानी
9.	अकेली	मन्नू भंडारी
10.	चीफ़ की दावत	भीष्म साहनी
11.	तलवार पंच-हजारी	राजेन्द्र यादव
12.	बिरादरी-बाहर	,,
13.	एक दुर्लभ व्यक्तित्व	मनोहरश्याम जोशी

2. प्रणय और परिणय-वर्ग में नारी और पुरुष के आपसी सम्बन्धों के दबे-घुटे बदलते स्वर मुखरित करने वाली कहानियाँ थीं। इनमें हलके-से मधुर-भाव से लेकर एक-दूसरे के प्रति बाक़ायदा विरक्ति और उदासीनता तक प्रकट होती है। इसी वर्ग की कहानियों की संख्या सबसे अधिक थी :

1.	अपरिचित	मोहन राकेश
2.	फौलाद का आकाश	,,
3.	अँधेरे में	निर्मला वर्मा
4.	लवर्स	,,
5.	अन्तर	,,
6.	तीसरी कसम	फणीश्वरनाथ रेणु
7.	तीन बिन्दियाँ	,,
8.	अच्छे आदमी	,,
9.	यही सच है	मन्नू भंडारी
10.	चश्मे	,,
11.	नशा	,,
12.	तीसरा आदमी	,,
13.	कोशी का घटवार	शेखर जोशी
14.	पक्षाघात	मार्कण्डेय
15.	सूर्या	,,
16.	मोहबन्ध	उषा प्रियम्वदा
17.	एक कोई दूसरा	,,
18.	सागर पार का संगीत	,,

19. रेवा — रामकुमार
20. शबरी — रमेश बक्षी
21. बिस्तर — दूधनाथ सिंह
22. बातें — प्रयाग शुक्ल
23. राजा निरबंसिया — कमलेश्वर
24. नीली झील — ,,
25. जो लिखा नहीं जाता — कमलेश्वर
26. एक कमज़ोर लड़की की कहानी — राजेन्द्र यादव
27. छोटे-छोटे ताजमहल — ,,
28. टूटना — ,,
29. पुराने नाले पर नया फ़्लैट — ,,
30. सावित्री नम्बर दो — धर्मवीर भारती
31. एक पति के नोट्स — महेन्द्र भल्ला

3. टूटे हुए पुरुष-वर्ग में दुनिया की भाग-दौड़ में खोए हुए से लेकर अपने प्रारब्ध के प्रति समर्पित आदमी भी था :

1. सितम्बर की एक शाम — निर्मल वर्मा
2. सिमेट्री — रामकुमार
3. सेलर — ,,
4. एक चेहरा — ,,
5. अन्धकूप — शिवप्रसाद सिंह
6. नए-नए आने वाले — राजेन्द्र यादव
7. खुशबू — ,,
8. कोसी का घटवार — शेखर जोशी
9. एक और ज़िन्दगी — मोहन राकेश
10. मलबे का मालिक — ,,
11. पाँचवें माले का फ़्लैट — ,,
12. ज़ख्म — ,,
13. डिप्टी कलक्टरी — अमरकान्त
14. ज़िन्दगी और जोंक — ,,
15. छिपकली — ,,
16. बेकार आदमी — कमलेश्वर
17. दिल्ली में एक मौत — ,,
18. खोई हुई दिशाएँ — ,,
19. दुखों के रास्ते — ,,
20. आइसबर्ग — दूधनाथ सिंह
21. घरघुसरा — मनहर चौहान
22. भोलाराम का जीव — हरिशंकर परसाई
23. सजा — मन्नू भंडारी
24. प्रयागनारायण शुक्ल और रामनारायण शुक्ल की अनेक कहानियाँ।

4. बिखरी हुई नारी—में सम्पर्कों के लिए ललकती और सम्पर्कों से कटी नारी की कहानियाँ थीं :

1.	बादलों के घेरे	कृष्णा सोबती
2.	गुलकी बन्नो	धर्मवीर भारती
3.	क्षय	मन्नू भंडारी
4.	छुट्टी का एक दिन	उषा प्रियम्वदा
5.	परिन्दे	निर्मल वर्मा
6.	खोज	,,
7.	सिर का सदका	भीष्म साहनी
8.	खुले पंख, टूटे डैने	राजेन्द्र यादव
9.	प्रतीक्षा	,,
10.	मिस पाल	मोहन राकेश
11.	सुहागिनें	,,
12.	जानवर और जानवर	,,
13.	टेबुल	फणीश्वरनाथ रेणु
14.	नन्हों	शिवप्रसाद सिंह
15.	एक सन्धि और	शानी

भाई श्री जयरतन का तो अभी भी आग्रह है कि मुझे संकलन में कहानियों का यही विभाजन देना चाहिए, क्योंकि यह बिलकुल नया प्रकार होगा। किन्तु इसमें भी कुछ दिक्कतें मेरे सामने हैं। ऊपर गिनाई कहानियों में से छँटाई करने के बाद भी वे निर्धारित संख्या से बहुत बढ़ जाएँगी; दूसरे, प्रायः सभी लेखक चारों वर्गों में बार-बार आएँगे। संशयात्मा मित्रों को अपना कोई मन्तव्य खोज निकालने का सन्तोष दे सकने लायक साहस मुझमें नहीं है। वस्तुतः इन या ऐसे ही वर्गों के आधार पर चार स्वतन्त्र संकलन कर देना अधिक उपयोगी होगा। मैंने ऊपर केवल उन्हीं कहानियों के नाम दिए हैं जो प्रायः सुपरिचित हैं और सहज ही याद आ गई हैं, हो सकता है इनसे अच्छी कुछ और भी कहानियाँ बन गई हों।

इस भूमिका और साथ के निबन्ध के विषय में भी एक शब्द। यों कहने को कुछ नहीं है, जो कुछ है वही बहुत साफ़-साफ़ कह दिया गया है। हाँ, कहीं-कहीं अपनी बात को साफ़ करने के लिए अपनी कहानियों के नाम लिए हैं, जो अनेक को आपत्तिजनक लगेंगे। जहाँ तक स्थापना स्पष्ट कर सकने में दूसरों की कहानियों से सुविधा हुई है, वहाँ यही पसन्द भी किया है। यों मेरी जानकारी की भी एक सीमा तो है ही न! 'इन पंक्तियों के लेखक की अमुक कहानी भी' छद्म-विनम्रता, और जान-बूझकर अपने को अनुपस्थित रखने की आडम्बरी-उदारता मुझमें नहीं है। विनय और दम्भ से हटकर तथ्य-कथन के रूप में ही उनका उल्लेख है।

लेखकों के अकारादि क्रम से कहानियाँ हैं। परिचय जान-बूझकर नहीं दिए जा रहे। देना बहुत परिपाटी-बद्ध हो जाता। इतना काफ़ी है कि ये सभी स्वतन्त्रता के बाद साहित्य में प्रविष्ट हुए हैं, और अभी जीवन्त हैं।

भाई श्री लक्ष्मीचन्द्र जैन, प्रो. कल्याणमल लोढ़ा और विष्णुकान्त शास्त्री इस संकलन और भूमिका-निबन्ध को पूरा कर लेने के लिए मुझे जिस उत्सुक-आग्रह से प्रेरित करते रहे हैं, वही इस श्रम का स्नेह-सम्बल रहा है। कथाकार मित्रों के प्रति कृतज्ञता प्रकट करता हूँ।

—राजेन्द्र यादव

अनुक्रम

एक दुनिया : समानान्तर

राजेन्द्र यादव

अक्सर एक प्रश्न मुझे तंग करता है : विश्वामित्र नायक हैं या खल-नायक? जिस संसार की उन्होंने सृष्टि की थी वह कैसा था? उसके लोग, मकान, नगर और व्यवस्था-प्रबन्ध कैसे थे? वे लोग स्थापित-संसार से कितने भिन्न थे? ऋषि का यह कार्य ग़लत था या सही?

अक्सर यही प्रश्न मुझे तंग करता है। विशेष रूप से आज का कथा-साहित्य जब-जब अपने युग-सन्दर्भों और बोध के साथ मुझे खींचता है तो एक तप-जर्जर व्यक्ति मेरे सामने आ खड़ा होता है...एक समानान्तर सृष्टि का निर्माता, दुर्दान्त आत्म-विश्वास या डैस्परेट-हताशा से खौलता अकेला एक व्यक्ति...इस दुनिया से अलग, एक नए और भिन्न संसार की परिकल्पना को साकार करने की पीड़ा में आतुर-व्यस्त, उपेक्षित शक्ति...।

यह उसकी पराजय थी या इस संसार के असन्तुलन, अव्यवस्था को दुस्साध्य मानकर किसी काल्पनिक संसार में पलायन की स्वीकृति? यह वर्तमान के चैलेंज से कतरा जाना था या शक्ति-सामर्थ्य का दाम्भिक प्रदर्शन मात्र?—इस विषय में पुराणकार के अपने तर्क हैं; लेकिन मैं इसे यूटोपिया-लेखन की दिशा में एक साहित्य-प्रयोग या प्रतीक मानता हूँ...हो सकता है, यह स्वर्ग के प्रचलित यूटोपिया की प्रतिक्रिया ही हो!

कला-सर्जना, कलाकार की मानस-प्रक्रिया से ढलकर रूप लेती, इस संसार के समानान्तर स्वतन्त्र-सृष्टि ही तो है...स्वतन्त्र सृष्टि, अर्थात् निर्माण और संघटन के अपने नियमों, परम्पराओं से प्रेरित-परिचालित...कलाकार इसके लिए मिट्टी भले ही इस वस्तु-संसार से लेता हो; रूप उसका वह अपने ही स्वप्नों, स्मृतियों, आवश्यकताओं, दबावों, कुंठाओं और दृष्टियों के अनुरूप देता है...अपने 'उस' जगत् का वह नियामक है, ब्रह्मा है और 'इस' जगत् में वहाँ के राजदूत की हैसियत से ही रहता है। कला-जगत् के निर्माण का कार्य, कलाकार व्यक्तित्व के 'उस जटिल, संश्लिष्ट और प्राय: अविश्लेष्य' के हाथों होता है जो स्रष्टा है...उस रचनात्मक तनाव के क्षणों में होता है, जब प्रतिभा की तीव्र बेधक दृष्टि वस्तुओं को आर-पार देखने लगती है, उनकी मूल प्रकृति को छू लेती है...और कलाकार अपने सारे संस्कारों और प्रभावों को झटकारकर प्रकृति और वस्तु का एक नया पक्ष, एक अनदेखा कोण, एक अपरिचित रूप खींचकर सामने रख देता है! हो सकता है यह सारा 'नयापन' पहले से ही प्रकृति और वस्तु में विद्यमान हो; लेकिन उसे वहाँ से खींचकर एक स्वतन्त्र सत्ता के रूप में सामने और समानान्तर स्थापित कर देना, कलाकार को एक भिन्न प्रतिष्ठा और निष्ठा देता है...कला उसके लिए प्रकृति की 'प्रतिकृति' या 'प्रतिनिधि'

न रहकर स्वयं नई कृति होकर आती है...एक स्वतन्त्र सृष्टि का माध्यम, जो वास्तविक सृष्टि की तुलना में अधिक सत्य, अधिक ग्राह्य, अधिक युक्तिपूर्ण और सन्तुलित है...

यह 'सत्य' और 'सन्तुलन' कभी वर्तमान के होते हैं, कभी भविष्य के। आज का कुरूप सत्य और असन्तुलन, हो सकता है कल की सन्तुलित सुन्दरता की ज़मीन बनकर ही आए। वर्तमान, भविष्य के लिए चेतावनी है या प्रेरणा, इसका चुनाव और विवेक कलाकार को स्रष्टा की तटस्थता देता है।

लेकिन इसी धरातल पर वह अपने को आज की अनेक सुन्दर-असुन्दर चुनौतियों से घिरे पाता है। वर्तमान की विकृति कभी उसे मुँह चिढ़ाती है, तो कभी अपनी अस्तित्व-रक्षा के लिए तरह-तरह के वास्ते देती है—कभी पुरातनता का संस्कार दिखाती है और कभी वर्तमान का विस्तार...लेकिन कलाकार को हर क़ीमत चुकाकर इन चुनौतियों को स्वीकार करना होता है। अपने धर्म के प्रति प्रतिबद्ध—कमिटेड... कलाकार की यह बाध्यता नहीं, नियति है...

और यही आज के कलाकार—कथाकार—के सामने स्थिति की यह चुनौती, शायद सबसे अधिक उलझे रूप में है। विचित्र क्षण है जबकि वर्तमान, भूत और भविष्य सब उलट-पुलट गए हैं, दिशाएँ गड़बड़ा गई हैं और पृथ्वी की बिसात पर अक्षांश और देशान्तर रेखाएँ बिखर गई हैं। कलाकार यह भेद करना भूल गया है कि वह स्रष्टा-ब्रह्म है या इस सारी सृष्टि को झुठलाता विश्वामित्र? उसकी सृष्टि झूठ है या वह सृष्टि ग़लत है, जिसमें वह रहने को मजबूर है? विश्वामित्र होना गौरव है या अभिशाप? वह विश्वामित्र को अहंकार-स्फीत खल-नायक माने, या धरती और स्वर्ग की चुनौती स्वीकारता मानवीय निष्ठा और आत्म-सम्मान का अपराजेय प्रतिष्ठाता...?

विश्वामित्र किसी प्रश्न का उत्तर है या स्वयं एक उद्धत प्रश्न?

वह उत्तर है तो किस सवालिया निशान के सामने उसे रखना है?

वह प्रश्न है तो उसके आगे की ख़ाली जगह में क्या भरा जाना है?

प्रश्न एक ही है, लेकिन दो रूपों में बँट जाता है...

कथाकार के सामने आज दो संसार हैं।

दोनों ही कुरूप हैं, दोनों ही अस्वीकार्य हैं!

दो लाचारियाँ हैं और इनसे मुक्ति की हर छटपटाहट किसी दलदल में और गहरे धँसा देती है। दो वर्तमान हैं; और दोनों ही ग़लत हैं, लेकिन दोनों समानान्तर अजगरों-से बिछे हैं और उनकी फुफकार, ज़हर और जकड़ को महसूस करता बीच में वह स्वयं है!

स्वतन्त्रता के बाद के कथाकार का एक संसार वह है जो उसके चारों ओर है और जिससे उसे आन्तरिक घृणा है, बेहद नफ़रत है; लेकिन जिसमें रहने, टूटने और समझौता करने को वह बाध्य है।

दूसरा संसार वह है, जिसे अपने भीतर से निकालकर उसने बाहर फैला दिया है, जिसका 'निर्माण' उसने स्वयं किया है और जो उसके टूटने, घुटने और घिसटने की और भी घिनौनी तसवीर को सामने रखता है, उसकी असामर्थ्य, पराजय और हताशा का लेखा है—उसकी नियति है।

उसे ख़ुद नहीं मालूम कि जिस कुरूप, घिनौनी और चिपचिपी सृष्टि का ज़िम्मेदार उसे ठहराया जाता है, उसमें उसकी ज़िम्मेदारी कितनी है? जिस रंग-बिरंगे, लक़दक़, सलमे-सितारे-मढ़े संसार को उस पर लाद दिया गया, उसकी कुरूप सिसकती आत्मा को खींचकर बाहर निकाल लेना अपराध है या अपनी आन्तरिक कुरूपता की कीचड़ को कला के माध्यम से औरों पर फैलाना और यों सिसृक्षा का दुरुपयोग करना उसका अपराध है?...कलाकार का अपराध कहाँ है—

कला-धर्म का निर्वाह, या न निर्वाह सकने की मजबूरी? ज़िम्मेदारी की स्वीकृति या किसी भी ज़िम्मेदारी, किसी भी अपराध-आरोपती अँगुली के लक्ष्य से न भाग पाने की यातना?

हिन्दी कथाकार की यह समस्या बीसवीं शताब्दी के ठीक मध्य से शुरू होती है, जहाँ विश्व-आकाश पर एक महायुद्ध लटका हुआ है; और यह महायुद्ध हमारे बौद्धिक, मानसिक, आर्थिक या राजनीतिक प्रेरणा देने वाली दुनिया के इतिहासों को ठीक बीच से काट देता है—और हमारे सारे दिशा-ध्रुव अपनी-अपनी जगहें बदलने लगते हैं।

युगों की पराधीनता के बाद किसी देश का स्वतन्त्र होना ही अपने आप में बहुत बड़ी घटना है, फिर अपने यहाँ तो इस घटना के साथ ही देश का विभाजन भी जुड़ा है...शरणार्थियों और विस्थापितों के वे काफ़िले जुड़े हैं जो भूखे-प्यासे, ख़ून से लथपथ एक देश से दूसरे देश में आए; वे सारी हत्याएँ और नृशंसताएँ भी जुड़ी हैं जो दोनों देशों के लोगों को भुगतनी पड़ीं; लाखों लोगों के अतीत की जलती चिताएँ जुड़ी हैं जहाँ पिछला सब कुछ, सभी कुछ भस्म हो गया...अच्छा भी और बुरा भी...तेज़ी से विघटित होते जीवन-मूल्यों के भू-कम्प जुड़े हैं।

साथ ही खुले आसमान और फैली धरती के बीच आ पड़े लोगों की, सिर पर छत तलाश कर लेने की वह बेचैनी आती है जिसमें पौरुष, प्रयत्न और आपा-धापी का अजीब सम्मिश्रण है। रहने के लिए घर बनाने हैं, जीविका के साधन खोजने हैं और साथ ही उन स्वतन्त्र देशों के बीच अपना व्यक्तित्व भी स्थापित करना है, जिनकी बिरादरी में हम अब सगर्व शामिल हो गए हैं। सबसे प्राचीन इतिहास और सांस्कृतिक गौरव के दयनीय खोखलेपन से आक्रान्त—ऑब्सेस्ड—इस नए राष्ट्र से सबको सहानुभूति है, इसलिए सब हमें हमदर्दी और सम्मान देते हैं। किसी ने हमें उधार और दान पैसा दिया है, किसी ने गेहूँ और चावल; कोई हमें टेक्नीकल मदद, मशीनें और माल देता है तो कोई अपने विशेषज्ञ भेजता है; सांस्कृतिक और वैज्ञानिक डेलीगेशनों का तो जैसे ताँता ही बँध गया है...और इन पिछले दस-पन्द्रह वर्षों में हमारे देखते-देखते कहीं 'एशिया का सबसे बड़ा बाँध' बन गया है, कहीं 'दुनिया की सबसे बड़ी नहर' निकल आई है, कहीं स्काई-स्क्रैपर्स उठे हैं तो कहीं आसमान-छूते पहाड़ उड़ा दिए गए हैं...आधुनिकतम फ़ॉर्म, शोध और प्रयोगों के बड़े-बड़े संस्थान, यूनिवर्सिटियाँ, बड़ी-बड़ी मिलें, वृहदाकार कारख़ाने, प्लांट और प्रोजेक्ट, सड़कें और रेलें, मेले और नुमायशें, उत्सव और जयन्तियाँ, अकादमियाँ और ट्रस्ट, मीटिंगें और कांफ्रेंसें, कमेटियाँ और कमीशन, चुनाव और प्रेस...पंचवर्षीय योजनाओं के सिलसिले...उत्थान और प्रगति की दिशा में आशा और उत्साह-भरे क़दम...भीतरी और बाहरी ख़तरों से लड़ते हुए निरन्तर बढ़ते जाने का संकल्प; हर कमज़ोरी और दुर्बलता से लड़ने की कटिबद्धता, अधिक-से-अधिक आत्म-निर्भर होने की जी-तोड़ कोशिशें...सूचनाओं और प्रसार के बड़े-बड़े वाक्य हैं जो सारे आसमान पर इस सिरे से उस सिरे तक एक-दूसरे को काटते हुए मँडरा रहे हैं, किसी बड़ी फ़िल्म के ट्रेलर की तरह, कभी ऊपर से और कभी नीचे से धमाके के साथ एक नई सनसनी सामने रख दी जाती है और आप उसे समझें-समझें तब तक एक बड़ी विज्ञापन-लाइन के साथ दूसरी सनसनी आ-जुड़ती है...प्रजातांत्रिक तरीक़ों से समाजवादी व्यवस्था का प्रयोग!...और सब मिलाकर कुछ ऐसा होता रहा है कि दुनिया के बड़े-से-बड़े देश ने भारत को साथ लेने में उत्साह दिखाया है। सभी यहाँ आए हैं और सभी ने हमें बुलाया है, हमारी प्रगति और परम्परा की प्रशंसा की है, प्रतिभा और परिश्रम का लोहा माना है, समान स्तर पर औद्योगिक और राजनीतिक सम्पर्क रखे हैं...

लेकिन इसी दुनिया में रहता है एक और व्यक्ति, और वह कलाकार है...या कहें, कलाकार होने की मज़बूरी के अभिशाप को ढो रहा है। उसे इस दुनिया से बेहद-बेहद नफ़रत है...यह सारी चमक-दमक, शोर-शराबा, दिखावा और ग्लैमर उसे ज़्यादा दुखी करते गए हैं; अकेला काटते गए हैं और सब कुछ उसे अछूता और अनछुआ छोड़ गया है।

उसके सामने की दुनिया तो बिलकुल ही दूसरी है...और ये ताश के महल जितने ऊँचे होते जाते हैं, उसका दिल धसकता जाता है—कब निचला पत्ता अपनी जगह से ज़रा-सा सरक जाए। और जो दुनिया उसके सामने है, वह उसकी कहानियों, उपन्यासों, कविताओं, चित्रों में उभर रही है और सब मिलाकर एक ही बड़े चित्र के डिटेल्स भरते चले जाते हैं...तोरण-पताकाओं के ऊपर ग़ुब्बारे और आतिशबाज़ियों के सुनहरे सितारे नाच रहे हैं, कदली-स्तम्भों और बन्दनवारों के ऊपर सतरंगे बल्ब हैं, शंखों और लाउडस्पीकरों में होड़ लगी है और कैमरों की कौंधती बिजलियों में आँखें खोलना मुश्किल है; लेकिन यह सब तो उस चित्र की पृष्ठभूमि है...सामने पूरे कैनवास पर छाया हुआ बैठा है एक नौजवान...माथा झुकाए, घुटनों पर कुहनियाँ टिकाए, हथेलियों में सिर पकड़े, हताश, दिशाहारा-पस्त, बीमार...हर बार कलाकार की कूँची इसी व्यक्ति की कुछ और करुण रेखाओं को उभार देती है; हर बार कहीं एक और जगह टूटने की चटख सुनाई देती है, हर बार उसकी दृष्टि कहीं कुछ संवेदनशील के मर जाने का समाचार लाती है...अजीब पराजय है, अजीब भाग्यवाद है कि यह 'बूढ़ा-युवक' हाथ पर हाथ धरे किसी चमत्कारी घटना की प्रतीक्षा में बैठा है और जो कुछ आस-पास हो रहा है, उसे सब झूठ-फ़रेब, दग़ाबाज़ी और धोखा लगता है; झल्लाहट से भर जाता है...।

"कहते हैं : युद्ध से सबसे भीषण नुक़सान, विध्वंस और हत्याओं के रूप में नहीं होता, एक और रूप में होता है। देश का सारा श्रेष्ठ, सुन्दर और स्वस्थ तो युद्ध की लपटों में स्वाहा हो चुकता है, बच जाती है जूठन...हट्टे-कट्टे नौजवान युद्ध में खपते चले जाते हैं, बच जाते हैं बूढ़े, बीमार, घायल और असमर्थ पुरुष—आनेवाली पीढ़ी के पिता बनने के लिए। इस प्रकार पूरी एक जाति का भयानक ह्रास हो जाता है...आनेवाली पीढ़ी बौनी और क्लीव होती है...लेकिन कैसा क्रूर है स्थिति का यह व्यंग्य कि जिन देशों ने सचमुच युद्ध लड़े हैं, जिस धरती ने ध्वंस और नाश को अपनी आँखों देखा और भोगा है वहाँ क्रुद्ध और आहत पीढ़ियाँ जागती हैं; और जहाँ यह सब नहीं हुआ वहाँ वास्तविक युद्ध के बाद का डिप्रैशन है...वहाँ की नौजवान पीढ़ी बूढ़ी और निर्वीर्य है...लगता है उसका कोई भविष्य नहीं है..."

बारहा कथाकार ने ख़ुद अपने आपसे और दूसरों ने उससे पूछा है कि क्यों नहीं देश के नव-निर्माण, उत्थान और प्रगति में वह भी अपनी सामाजिक, नागरिक और तात्कालिक ज़िम्मेदारी निभाता? क्यों नहीं कर्म के इस उल्लास और आह्लाद को अपनी लेखनी समर्पित करता जो देश के हर ख़म और ख़ामी को भर रहा है? स्वतन्त्र राष्ट्र का एक जीवन्त युवक क्यों नहीं उसकी पंक्तियों से झाँकता? क्यों नहीं कहीं कुछ भी उजला उसे दीखता, महान और महत् उसकी निगाहों में आता? और अक्सर उस पर आरोप लगाया गया है कि वह अपनी ज़िम्मेदारी से भागता है। वह किसी मानसिक असन्तुलन और रोग का शिकार है कि हर उत्सव और त्योहार देखकर भीतर से कुढ़ता और ग़मग़ीन हो जाता है...वह गला फाड़कर यह भी नहीं चीख़ पाता कि यह सब झूठ है! नक़ली है! फ़रेब है!...असलियत जो है उसे मैं जानता हूँ, उसे मैं भोगता हूँ...

और जिस असलियत को वह जानता-भोगता है, वही सब तो उसकी कहानियों में फैल गई है; जिस यातना में वह जीता है वही तो ज़हरीली लहर की तरह उसके चेहरे की हर रेखा

से बोलने लगती है...जो दुनिया उसके भीतर कुलबुला रही है, वही तो सारे रेशमी गिलाफ़ फाड़कर बाहर झाँकने लगती है; लेकिन जिसके भीतर ख़ुद झाँकते डरता है...वहाँ खुर्राट, झूठे, मक्कार, स्वार्थी, रिश्वतखोर, अहंकारी, धन-लोलुप, व्यभिचारी लोगों का राज है और सरल, ईमानदार, उत्साही, प्रतिभावान, महत्त्वाकांक्षी युवक पीढ़ी बेकार और फ़ालतू भटकती है...अफ़सरों और सांसदों की कोठियों से लेकर दस-दस मंज़िले ऍम्प्लायमेंट एक्सचेंजों के दरवाज़ों के सामने एड़ियाँ रगड़ती भीड़ है...जो कुछ कर-दिखाने के साहसहीन, साधनहीन सपने देखकर, अपने को निर्ममता से तोड़कर बेच देती है...जिस झूठ और ग़लत की शिकार है उसी का अंग बन जाने की मज़बूरी के साथ समझौता कर लेती है और आत्मा में अपराध और पाप का नासूर लेकर उसे भूल जाने का ढोंग करती है...भीतर के मरते हुए की कराहट और चीख़ों को राजनीतिक और सांस्कृतिक मनोरंजनों की कान-फोड़ माइक-ध्वनियों में भुला देना चाहती है। एक-दूसरे को शंका और आशंका-भरी निगाहों से देखती है और आरोप और अपराध को दूसरों पर डालकर आपस में निगाहें चुराती हैं; उस स्तर पर मिलते डरती है और एक-दूसरे से दिन-ब-दिन अपरिचित और दूर होती जाती है...जो कुरसी पर बैठा है और जो फुटपाथ पर खड़ा है, दोनों अपने को फ़ालतू और अजनबी महसूस करते हैं। जहाँ वह है, वह उसका प्रतीक्षाकाल है; क्योंकि वह मनलायक़ नहीं है, उसे अपनी असली योग्यता का सही उपयोग वहाँ नहीं, कहीं और करना है; और साथ ही वह यह भी अच्छी तरह जानता है कि कभी कोई ट्रेन नहीं आएगी और वह ज़िन्दगी-भर यों ही प्लेटफ़ॉर्म पर बैठा रहेगा...अजीब खिझलाहट है और इस सब में परिवार ढह रहे हैं, सम्बन्ध टूट रहे हैं और सह-भावना निरवधि काल के लिए निष्कासित हो गई है...

क्लीव और बौनों की यह दुनिया, यह क्षुद्र और घिनौना संसार जितना अस्वीकार्य है, उतना ही सच भी है...लेकिन कथाकार अपने को इसी दुनिया का अंग मानने को मज़बूर है, उसका अंग होने का अभिशप्त ज़िम्मेदार है।

ज़िम्मेदार है...क्योंकि आत्म-मंथन के निष्पक्ष क्षणों में, बाहर के झूठ और भीतर की इस सड़ायँध से घबराकर कथाकार ने अपने-आपसे भी अनेक बार यह सवाल किया है कि उसकी ज़िम्मेदारी क्या है? उसका धर्म आज उसे किसके साथ प्रतिबद्ध (कमिटेड) करता है? लेखक का कमिटमेंट क्या होता है?

इस प्रतिबद्धता के लिए सबसे पहला नाम उसके सामने आता है : 'मानवता'। लेखक को व्यापक मानवता के प्रति प्रतिबद्ध होना चाहिए। लेकिन कौन-सी मानवता? दीन-दुःखी, भूखे भिखारियों को दया और भीख देना मानवता है या दुखी और भिखारी होने की स्थिति के विरुद्ध प्रयत्न करना मानवता है? मरनेवाले के लिए रोना मानवता है या मारनेवाले हाथ को पकड़ लेना? मारनेवाले का हाथ पकड़ना? लेकिन उस हाथ को पकड़ने के लिए फिर अनेक दर्शन हैं। इस शब्द के ख़ालीपन और अर्थहीनता को भरने के लिए अनेक अर्थ हैं और जो अर्थ अचानक ही अपनी ओर ध्यान खींचता है वह है : सामान्य जन के लिए, सामान्य जन द्वारा, समान सुविधाएँ और अवसर। स्वतन्त्रता, बन्धुत्व और समता का दर्शन। मनुष्य का आत्म-विस्तार और राष्ट्रों के पार मनुष्य के प्रति प्यार। ईसा और बुद्ध—पश्चिम और पूर्व के उन उदात्त सन्देशों का प्रसार, जो मानव-मात्र के लिए हितकर रहे हैं।

और इसी नाम पर 'मानवता' की राजनीतिक, सांस्कृतिक रूपरेखाएँ दे दी जाती हैं, जिनकी रक्षा के लिए इतने एटम-बम, हाइड्रोजन और कोबाल्ट बम हैं कि सारी मानवता का दसियों

बार सफ़ाया हो सकता है, फ़ौजें और इंटर-कॉन्टिनेन्टल मिसाइलें हैं...और धीरे-धीरे यह मानवतावाद अपना ख़ौफ़नाक चेहरा खोलता चला जाता है...पेड़ों और बिजली के खम्भों पर लटके जीवित नीग्रो, चारों ओर हर्ष-ध्वनि करती सफ़ेद भीड़ को 'लिंचिंग' का आनन्द देते हैं और अफ़्रीका के जंगलों में लुमुम्बा की कराह ठंडी भी नहीं पड़ती कि गोली खाए कैनेडी का सिर जैकलीन की गोद में लटक आता है। अपने-आप सवाल उठता है कि कैसा यह प्रजातन्त्र है जो कम्यूनिज़्म के विरुद्ध हिन्दुस्तान को हथियार देता है और हिन्दुस्तान के विरुद्ध पाकिस्तान को ? शान्ति के नाम पर आधे करोड़ लोगों को नागासाकी, हिरोशिमा में भून देता है, अपने देश से पाँच हज़ार मील दूर लाखों को गोलों और टैंकों से कुचल देता है, कोरिया और वियतनाम की हज़ारों मील की आबादियाँ बमों से उड़ाकर किसे यह कम्यूनिज़्म से बचाने की बात करता है ? इन देशों में कौन बच जाएगा प्रजातन्त्र का सुख भोगने ? अर्थात् सारी दुनिया को अपना बाज़ार बना डालने के लिए पहले चिन्तित है, प्रजातन्त्र की रक्षा के लिए बाद में...

लेकिन वह विदेशी मानवतावाद है और हमारी चेतना को बाहर से ही छूता है, हमारी आत्मा का विष-दंश तो देशी मानवतावाद बनता है। हम देखते हैं : इस मानवता, अहिंसा और सत्य में हर झूठ, हर भ्रष्टाचार, हर हिंसा और हर फ़रेब जायज़ है...कोठियाँ और बैंक-बैलेन्स बनानेवाले अपरिग्रह का उपदेश देते हैं, सादगी की महिमा बखानकर ग़रीबी को गौरवान्वित करते हैं। बेशर्म-चालबाज़ी को प्रश्रय देकर गद्दियों से चिपके जन-नेता त्याग, सदाचार और श्रम के भाष्य बखानते हैं। हर कुत्सा और भेदभाव को ही व्यावहारिक राजनीति बना डालनेवाले बन्धुत्व और समता का उपदेश देते हैं। जाति और रिश्वत की चक्की के बीच प्रजातन्त्र की साँसें टूट गई हैं, और ज़िन्दगी की छोटी-से-छोटी आवश्यकता के लिए कोई भी साफ़-सुथरा रास्ता नहीं बचा है। असंख्य भूखी, बेकार और दिग्भ्रान्त 'मानवता' के आगे कोई वृक्षारोपण करता है तो कोई भूमिदान...

देश की आत्मा को प्रजातन्त्र के इस राष्ट्रीय झूठ (फ्रॉड) ने ही शायद सबसे अधिक तोड़ा है। बड़ों ने जिन आदर्शों को जीवन का आधार घोषित किया था, उन्हें ख़ुद अपने-आप ही कुचल डाला और भ्रम-भंग का यह धक्का सँभालना इस पीढ़ी के लिए मुश्किल हो गया। वह हर उस चीज़ को ठोकर मारकर तोड़ डालना चाहती है जिसे सामने दिखाकर उसे बहकाया जाता है। प्राचीनता की गरिमा ? झूठ है। कोई नहीं जानता वह कभी थी भी या नहीं। अगर हो भी तो वह आज हमारी कोई मदद नहीं कर सकती। नैतिकता ? बकवास है। पिछड़े सामाजिक मूल्यों को आज के विकसित समाज पर लादने का दुराग्रह। कौन-सा विज्ञान कहता है कि व्यावहारिक साहसहीनता और शारीरिक नपुंसकता को ही नैतिकता कहते हैं ? मर्यादा ? अपने बचाव और दूसरों की आँखों में धूल झोंकने का नाम मर्यादा है। सत्य ? इससे बड़ा झूठ शब्द शायद आज तक नहीं गढ़ा गया। जो एक के लिए सत्य है, वही दूसरे के लिए झूठ है। विज्ञान सारे 'शाश्वत-सत्यों' की बखिया उधेड़े दे रहा है। ज्ञान की सीमा और न जानने की मजबूरी का नाम सत्य है। तो फिर मानवता आज कहते किसे हैं ?

शब्द ! शब्द ! शब्द ! नई पीढ़ी को इनमें से किसी भी शब्द पर आस्था नहीं है। कुछ शब्दों को धर्म ने खोखला कर दिया था और रहे-सहे शब्दों का तर्पण इस मानवता ने कर दिया। ये सारे-के-सारे शब्दकोश झूठे, खोखले और बे-मानी हैं। कल तक जो इन शब्दों का कीर्तन करते थे, वे ही आज मज़े में इनकी हड्डियाँ चिचोड़ रहे हैं...भाषण और उपदेश हमारे लिए हैं, अर्थ और स्वार्थ उनके हैं...क्या ख़ूब बँटवारा है !

इस मानवतावाद से प्रतिबद्ध लेखकों की आस्था हमें मानवता और लेखक दोनों की कुरुचिपूर्ण पैरोडी लगती है। सांस्कृतिक औदार्य की यह गिलगिली संकीर्णता लेखक की प्रतिष्ठा का अपमान है। हमें यह बिलकुल नहीं चाहिए...आध्यात्मिक नैतिकता और सांस्कृतिक आदर्श की हर प्रतिमा को हम खंडित कर डालेंगे...जो आदर्शवाद इतना अव्यावहारिक और हवाई हो कि पहले ही प्रलोभन के सामने घुटने टेक दे, एक पीढ़ी तक जिस पर न टिक सके—वह शब्दों और सिद्धान्तों में चाहे जितना महान लगे, चाहे जितना पुरातन और उदात्त हो—वह छल है, आउट-डेटेड, और विगर्हणीय है...हमें न वह आदर्श चाहिए, न आदर्शवादी!

आनेवाली पीढ़ी इस सबके विरुद्ध एक विषाक्त-पितृघाती तिलमिलाहट से उद्विग्न और बेचैन है। उधर उनके पास प्रलोभन हैं, साधन हैं और इनके टुकड़े फेंककर वे नई पीढ़ी को ख़रीदते हैं...लेकिन भ्रम-भंग की यह ख़रीद-फ़रोख्त अपने और अपने पिताओं के क्षुद्र और झूठे होने के सत्य को धो नहीं पाती...एक कैंसर भीतर-ही-भीतर फैलता चला जाता है!

नहीं, मानवता, राष्ट्रीयता, सत्य, नैतिकता, धर्म, प्राचीन गौरव के इन छलावों के प्रति आस्थावान होना ग़लत है—ये शब्द अव्यावहारिक हैं, अवैज्ञानिक हैं, रूढ़ियाँ हैं...डार्विन, फ्रॉयड और मार्क्स की त्रिमूर्ति ने बहुत पहले ही इन रूढ़ियों के चिथड़े उड़ा दिए थे...! लेखक की आस्था को किसी और भूमि पर टिकना चाहिए।

तब किसी ने कहा : लेखक का कमिटमेंट किसी वैज्ञानिक, व्यावहारिक और गतिशील सिद्धान्त के साथ होना चाहिए जो सचमुच मानव-समानता, मानवीय सुविधाओं और हितों को साकार कर सके। सुविधाएँ और अवसर 'केवल कुछ' की बपौती न हों; साधन-सम्पन्न मनमानी क़ीमत पर ख़रीदने को स्वतन्त्र न हो और साधनहीन अपने-आपको बेचने को मजबूर न हो। स्वतन्त्रता का यह अर्थ भी अस्वीकार्य है जिसमें मारनेवाला मारने के लिए और मरनेवाला मरने के लिए 'स्वतन्त्र' है। साधनों पर समाज का नियन्त्रण हो, अर्थात् सभी-कुछ समाज का हो, किसी का अपना कुछ न हो। इस प्रकार सभी साधन सबके उपभोग के लिए सुलभ और उपलब्ध हों...तत्कालीन विषमता के बीच यह सपना बड़ा रंगीन था और इस सपने के ताने-बाने अपेक्षया अधिक वैज्ञानिक, युक्तिसंगत और ग्राह्य ढंग पर बुने गए थे...व्यक्ति नहीं, समाज...समाज नहीं, इतिहास की गतिशीलता में विकसित समाज-व्यवस्था का अगला क्रम...अब तक के इतिहास से प्राप्त सारे मानवीय ज्ञान-विज्ञान के समाहार की परिणति...एक साम्यवादी समाज-व्यवस्था। कला उस व्यवस्था को रेखांकित करने, साकार करने का सक्रिय माध्यम और हथियार...कलाकार हवाई शब्दों को पकड़ता या अनाम ऊँचाइयों में खोया 'एरियल' मात्र नहीं; एक ज़िम्मेदार सामाजिक...'मानव आत्मा का डिटैक्टिव नहीं, इंजीनियर।'

इस सपने ने वर्षों हमें बाँधे रखा। राष्ट्रीयता की संकीर्ण सरहदों से उठकर जहाँ भी ऐसी व्यवस्था थी, वही हमारे लिए आदर्श और अनुकरणीय हो गई। उस व्यवस्था को लानेवाले व्यक्ति हमारे युग-पुरुष हीरो हो गए। स्तालिन और माओ के एक-एक वाक्य हर बुद्धिजीवी के लिए विवाद और विश्वास का विषय बन बैठे...बाक़ी जो भी था वह झूठ और झूठा प्रचार था...

लेकिन एक ओर के स्वर्ग की दीवार कन्सैन्ट्रेशन कैम्पों की चीख़ों से दहलने लगी और इल्या-एहरेनबुर्ग का 'थॉ', दुदिन्त्सेव का 'नॉट बाई ब्रैड एलोन', पॉस्तरनाक का 'डॉक्टर ज़िवागो', येव्तुशेंको की कविताएँ और 'ए प्रिकॉशस ऑटोबायग्रॉफ़ी' और सोल्ज़ेनित्सिन की 'वन डे इन द लाइफ़ ऑफ़ ईवान दैनिसोविच'—जैसी किताबें उस दीवार के पीछे से उछल-

उछलकर आने लगीं। उधर दूसरी ओर का स्वर्ग, दुनिया की सबसे प्राचीन दीवार को हमारी सरहदों के भीतर खिसकाने लगा...तब हमारे पाँवों तले की धरती काँपने लगी और विराट देवताओं की मूर्तियाँ खंड-खंड होकर ढहने लगीं...यह कैसा समाजवाद है जहाँ करोड़ों व्यक्तियों को तोड़कर एक व्यक्तित्व बनता है और उनका एक इशारा बाक़ी सबको कठपुतलियों की तरह नचाता है? यह कैसी राष्ट्रीयता है जो दूसरे के घर में पाँव फैलाती है और पाकिस्तान जैसे दकियानूसी, धर्मान्ध-राष्ट्र से भुज-भर भेंटती है? जो सिद्धान्त यों देखते-देखते अपनी सारी नक़ाबें उतार फेंके वह लेखक की आस्था का अधिकारी कैसे हो सकता है? और तब सारे लाल सूरज काले पड़ गए और सारी लाल सुबहें मुरझा गईं...

फिर एक भ्रम-भंग और दिग्भ्रान्ति!

हर 'बाहरी' सिद्धान्त, सन्देश और आदर्श झूठा है—लेखक की आस्था और कमिटमेंट इनमें से किसी को नहीं मिलनी चाहिए। वह किसी के प्रति प्रतिबद्ध नहीं होगा—होगा तो सिर्फ़ अपने प्रति! वह हर सिद्धान्त, हर राजनीति, हर दर्शन और हर सामाजिक ज़िम्मेदारी से ऊपर है। इन धरातलों पर उससे कुछ भी अपेक्षा करना उसकी 'विशिष्टता' पर सन्देह करना है, उसे छोटा करना है—वह तो कार्लाइल का हीरो, शोपेनहावर का जीनियस और नीत्शे का सुपरमैन है, अरविन्द का सुपर-माइंड है। जो उसका मन होगा वही लिखेगा। अपनी अनुभूति के अलावा कुछ भी लिखना आदेशित और आरोपित होगा।[1]

लेकिन हमने देखा कि यह 'अनुभूतिवाद' बाहरी चुनौतियों से घबराकर अपने भीतर ही मठ-निर्माण-साधना का दूसरा नाम है; व्यापक लेखकीय संवेदनाहीनता का कवच-मात्र है, एक नया रहस्यवाद है। अनुभूतियों के स्रोत और प्रवाह से कटे हुए व्यक्ति ही अपने को उनसे 'उठा हुआ' या 'पहुँचा हुआ' कहते हुए दिखाई दिए, हाथों में 'अनुभूतिवाद' का यह दयनीय हथियार था जिससे वे अपने 'विशिष्ट और अलग' होने के 'द्वीपत्व' की रक्षा कर रहे थे...वस्तुतः ये अनुभूतियाँ न विशिष्ट थीं, न महत्त्वपूर्ण...ये केवल व्यक्तिगत और विलक्षण थीं। आत्म-वन्दनावादी ये 'साहित्यिक-सिद्ध', दिक्काल से ऊपर केवल अपने रुद्ध-मन की विलक्षण और व्यक्तिगत (यूनीक और पर्सनल) अनुभूतियों को विशिष्ट (सिग्निफ़िकैंट) और अछूती होने के गरिमामय कोण से पेश कर रहे थे और इस प्रकार 'व्यक्तित्व की गरिमा' से ही 'अनुभूति की भव्यता' की भ्रान्ति पैदा कर देते थे। चूँकि व्यक्तित्व और अनुभूति को समृद्ध करनेवाले बाहरी स्रोतों को क्षुद्र घोषित करके ये अपने को उनसे सायास काटे रहे थे, इसलिए अपने चुकने को अभिजात 'अन्दाज़े-बयाँ' की आड़ में छिपाते रहे, अपने तक न आ पाने की औरों की 'बेचारगी' पर उन्नासिक सन्तोष पाते रहे, व्यक्तिगत आभिजात्य के बचाव के लिए हर सुविधा और अवसर के अनुरूप दृष्टि और दर्शन बदलते रहे और हर नई रचना में अपने को जस्टीफ़ाई करते रहे...आस्था और कमिटमेंट इनके लिए सेल्फ़-जस्टीफ़िकेशन का दूसरा नाम रह गया...

आज के कथाकार को लगता है : यह कमिटमेंट भी कहीं ग़लत है।

प्रश्न उभरे : आख़िर लेखक क्यों लिखे? किसके लिए लिखे? आस्था क्या अपने आपमें कोई आत्यन्तिक मूल्य है या उसका कोई आलम्बन है? क्या इस आलम्बन के नाम पर उन

1. "मेरा आग्रह रहा है कि लेखक अपना अनुभूत ही लिखे। जो अनुभूत नहीं है, कोई सैद्धान्तिक प्रेरणा के वशीभूत होकर उसे लिखना ऋण-शोध हो सकता है, साहित्यिक सिद्धि नहीं।"—अज्ञेय (शरणार्थी की भूमिका में)।

आदर्शों को वह अपनी आस्था सौंप दे, जो ग़लत, झूठे और अवैज्ञानिक हैं ? या उस वैज्ञानिक सिद्धान्त के लिए, जो व्यक्ति और राष्ट्र का गला घोंट देता है ? या दायित्वहीन व्यक्ति के उस 'आत्म' के लिए जो अवरुद्ध अहं को ही सर्वोपरि घोषित करता है ? या सिर्फ़ उस पाठक के लिए जो हर कलात्मक ऊँचाई को अवकाश के क्षणों का मनोरंजन मानता है ?

हर जगह से जला और हताश लेखक सोचता है : नहीं, वह किसी भविष्य और अतीत के प्रति प्रतिबद्ध नहीं है—वह प्रतिबद्ध है केवल अपने वर्तमान के प्रति, अपने उस सीमित यथार्थ के प्रति जो उसकी चेतना-परिधि में आ गया है। वह किसी समाज और व्यक्ति की ज़िम्मेदारी नहीं ओढ़ेगा, वह ज़िम्मेदार है केवल अपने उस जीवित परिवेश के प्रति जो हम सबको बनाता है और जिसे हम सब मिलकर बनाते हैं, स्वयं जिसके अंग हैं।

आज के सारे महत्त्वपूर्ण कथा-साहित्य में एक भी 'ऐतिहासिक' या 'यूटोपियन' रचना का न होना यही प्रमाणित करता है कि कथाकार के सामने न कोई अतीत है, न भविष्य। वह केवल और केवल उस वर्तमान यथार्थ के प्रति कमिटेड है जो उसकी संचेतना का अंग है; उस परिवेश से प्रतिबद्ध है जो परिस्थिति और व्यक्ति के सायुज्य का परिणाम है, जो अविभाज्य सम्बन्ध भी है और अनिवार्य सन्दर्भ भी, और दोनों एक-दूसरे के निर्माण में समान उत्तरदायी हैं।

इस कथाकार को न बाहर से उधार लिया हुआ 'दर्द' चाहिए, न भीतर की गहराइयों से खींचकर निकाला गया 'सुख'। ये दोनों ग़लत हैं;क्योंकि एक उसे स्वानुभूति की वैयक्तिकता से काट देता है तो दूसरा उसे निर्वैयक्तिक प्रामाणिकता से। ये उसकी थीम हो ही नहीं सकते। उसकी थीम तो व्यक्ति और परिस्थिति की वह घनीभूत (इन्टैन्सीफ़ाइड) संयुक्ति है, परिवेश का वह अनुभूति-संवेदित क्षण है जो आज की वास्तविकता है, नितान्त अपना है और किसी भी तरह, क़तई अभारतीय नहीं है। शायद आज से पहले के कथाकार ने अपने विषय का ऐसा सीधा सामना कभी भी नहीं किया था। वह अपने विषय के प्रति कभी भी इतना ईमानदार नहीं रहा था; क्योंकि इस यथार्थ को देखने के लिए पहले का कथाकार कोई-न-कोई चश्मा सामने रखता था—कभी कोई आदर्श होता था, कभी कोई दर्शन, और कुछ न सही तो अपने को सही सिद्ध करने का आग्रह। लेकिन इस पीढ़ी के लेखक की दृष्टि को बाहरी और भीतरी ट्रेजेडियों ने जैसा सूक्ष्मदर्शी और संवेदनशील बना दिया है वैसा पहले कभी नहीं हुआ। कितने देवताओं, देव-शिशुओं, आदर्शों, सिद्धान्तों और दर्शनों के विश्वासघात के ज़हरीले अनुभवों ने उसे यह दृष्टि दी है, यह साहस दिया है कि यथार्थ जैसा है; उसे वैसा ही झेले।

इसलिए 'दृश्य' की इस विकृति से कतराकर वह अब किसी भी महिमामयी बेईमानी का शिकार नहीं होना चाहता। अगर शुभ और महान झूठा है, अगर पारिवारिक, नैतिक और सामाजिक सम्बन्ध बिखर रहे हैं, अगर व्यक्ति हार और टूट रहा है, अगर आदमी क्षुद्र और ओछा है (इसे वह बदला हुआ कहना ज़्यादा सही समझता है) और अगर सामने कोई रास्ता नहीं है तो वही सही। उसे वही सब स्वीकार है। वही उसकी रचनाओं से उभरे, वही उसकी कूँची और क़लम से आए...लेकिन आए बिना किसी लाग-लपेट के; निर्ममता और तटस्थता के साथ...अब कोई रेशमी पर्दा नहीं, कोई अपराध-भाव या पलायन नहीं, कोई खेद और क्षमा नहीं...वास्तविकता को पूरी प्रामाणिकता के साथ, पूरी सचाई के साथ और अपनी सम्पूर्ण संश्लिष्टता के साथ उभरने दो...

शिव या अशिव, सुन्दर या असुन्दर—यथार्थ के इसी चैलेंज को लेखक स्वीकार करेगा...उसी से अपने को प्रतिबद्ध करेगा। इस लेखन से उभरनेवाली तसवीर अगर स्वयं लेखक को ही कँपा या दहला देती है तो भी कोई मुज़ायका नहीं...यही उसकी नियति है, तो रहे।

विश्वासघातों की इस परम्परा और भ्रम-भंग की इस कड़वी जलन को समझे बिना, न तो नए कथाकार के क्रोध, आक्रोश या द्रोह और वितृष्णा के स्वर को समझना सम्भव होगा, न उस संवेदनशील मन को जो बिना किसी आरोपित विशेषण, बिना किसी आदर्श उपाधि, बिना किसी नैतिकता और दर्शन का चश्मा लगाए यथार्थ को ज्यों-का-त्यों, लेकिन सम्पूर्ण कलात्मक परिष्कृति और मँजाव के साथ प्रभावशाली रूप में सामने रख देता है...रख देना चाहता है।

यों इस प्रकार का यथार्थ, या मानवीय सम्बन्धों और सामाजिक मूल्यों के विघटन का ऐसा प्रारम्भ आज ही हुआ हो, ऐसा नहीं है। समाज जब अपनी एक अवस्था (फ़ेज़) से दूसरी अवस्था में अतिक्रमित होने लगता है, तभी यह प्रक्रिया शुरू हो जाती है। युद्ध के द्वारा चूँकि सामाजिक परिवर्तन की प्रक्रिया झटके के साथ अपना चक्र पूरा कर लेती है, इसलिए इस परिवर्तन या विघटन की ओर सहसा ही सबका ध्यान खिंच जाता है। हमारे यहाँ भी युद्ध, स्वतन्त्रता और विभाजन ने, मूल्यों के इस परिवर्तन को एक अभूतपूर्व तेज़ी दी। सारे मान्य, स्वीकृत सम्बन्धों की जो गरिमा उन दिनों टूटी वह निरन्तर टूटती ही रही। उनका बिखराव पहले परिस्थिति और भूगोलगत था, फिर मनोवैज्ञानिक और आध्यात्मिक स्तरों पर चलने लगा और ऐतिहासिक दौर के इस कहानीकार को हम इस सचाई को चित्रित करते हुए पाते हैं। यों हो सकता है यथार्थ पहले भी कहीं-न-कहीं इस रूप में रहा हो; लेकिन यह स्पष्ट है कि अपने और अपने समय के यथार्थ को इस रूप में देखने, चित्रित करने की प्रायः कोई क्रमबद्ध परम्परा आज के लेखक के सामने नहीं है...या है; तो वह बहुत ही क्षीण है। अर्थात् उन छिटपुट कहानियों से ही इस परम्परा को जोड़ा जा सकता है जहाँ पूर्ववर्ती लेखकों ने भी अपने यथार्थ को ऐसी ही आग्रहहीन दृष्टि से लिया है। प्रेमचन्द की 'पूस की रात', 'क़फ़न', 'शतरंज के खिलाड़ी'; यशपाल की 'आतिथ्य', 'प्रतिष्ठा का बोझ', 'पराया सुख'; अज्ञेय की 'रोज़'; जैनेन्द्र की 'पत्नी' और 'पाज़ेब' इत्यादि कहानियाँ उस क्षण और दृष्टि की ही कहानियाँ तो हैं जब लेखक अपने आप और अपने आस-पास के आदर्शों से उठकर यथार्थ को निहायत निर्वैयक्तिकता के साथ उतार सका है, उसे अपनी संवेदना का अंग बनाकर सम्प्रेषित कर सका है। दुखी लोगों की दयनीय स्थिति पर आँसू बहाते हुए भावुकता से नहीं, भावात्मक संवेदना के संस्पर्श-क्षणों में सचाई को देख और लिख सका है...हाँ, प्रेमचन्द और यशपाल की यह विकास-यात्रा है—अज्ञेय-जैनेन्द्र का डाइग्रेशन (विषयान्तर)।

यहाँ फिर दुहरा देने की ज़रूरत है कि यथार्थ के प्रति यह दृष्टि नए कथाकार के पास इलहाम की तरह नहीं उतरी—उसे इसके लिए बहुत बड़ी क़ीमत चुकानी पड़ी है, निहायत ऊबड़-खाबड़ धरती से गुज़रना पड़ा है और न जाने कितने बाहरी-भीतरी प्रभावों, रूढ़ियों, परम्पराओं के संस्कारों से जूझना पड़ा है। इस संघर्ष को हममें से हरेक की रचना में क्रमशः खोजकर रेखांकित किया जा सकता है।

आज जो चीज़ लेखक को नया बनाती है वह है यथार्थ को रू-ब-रू देखने की दिशा में हर पूर्वाग्रह और परम्परागत दृष्टिकोण को छोड़ने की अकुलाहट...हर लीक को तोड़ने का आक्रोश। शायद परम्परा—यानी, चली आती धारा के प्रति, तीव्र असन्तोष, भीतरी घृणा महसूस

किए बिना न तो किसी लीक को छोड़ा जा सकता है, न उसे आगे बढ़ाया जा सकता है। घर के छोटे और ओछेपन, या ना-काफ़ी होने से जब तक मन सचमुच भीतर तक डिस्गस्टेड नहीं हो उठता, तब तक न तो उस घर में कोई संशोधन और इज़ाफ़ा करने की बात सोची जा सकती है, न उसे बदलने की। नए कथ्य की समृद्धि को अनुभव करते हुए, तत्कालीन परम्परा के प्रति यह असन्तोष और वितृष्णा ही किसी लेखक को नया बनाते हैं, मात्र सम-वयस्क और समकालीन होना ही नहीं। धारा के प्रति उसकी यह घृणा भले ही उसे परम्परा-ध्वंसकों की किसी परम्परा में जोड़ देती हो—विद्रोहियों की एक परम्परा से।

इस असन्तोष या लेखकीय-सामर्थ्य की अनुपस्थिति को कभी-कभी कुछ लेखक राष्ट्रीयता के मुखौटे की आड़ में छिपाते हैं। कहते हैं कि वे ही घर के अपने हैं। चाहे जितना छोटा, ना-काफ़ी या असुविधाजनक हो; घर के प्रति मोह ही उनकी एकमात्र गति है। दूसरी ओर कुछ लेखक अपना घर छोड़कर, दूसरों के छोड़े हुए ख़ाली घर जा बैठते हैं और सन्तोष पाते हैं कि उस घुटन से तो मुक्ति मिली। इस प्रकार अनजाने ही एक दूसरी घुटन के शिकार हो जाते हैं। दोनों ही भूल जाते हैं कि ज़िम्मेदारी का तक़ाज़ा न घर की घुटन से चिपके रहकर मोक्ष-लाभ करने में है, न घर की घुटन से भागकर मुक्ति पाने में। वह तो घर को नई आवश्यकता के अनुरूप बना लेने में ही है—चाहे उसके लिए पुरानी श्रद्धास्पद दीवारों को तोड़ना ही क्यों न पड़े...(और घर तोड़नेवालों की परम्परा भी छोटी हो, ऐसा नहीं है)। लक्ष्मीनारायण लाल और शिवप्रसाद सिंह की 'भारतीयता'; प्रसाद, शरत् और विष्णु प्रभाकर की नियति-आँसू-आदर्श-मानवता के रोमांटिक सपनों की उसी घुटन का अभिनन्दन (ग्लोरीफ़िकेशन) है, जिसे निर्गुण और सत्येन्द्र शरत् रो-रोकर बताते हैं। दूसरी ओर मुद्राराक्षस, राजकमल चौधरी, गोविन्दसिंह का, हैनरी-मिलर, मोराविया या उर्दू के 'औरत-रात-शराब' वाले स्कूल में जा छिपना भगोड़े किशोरों का पलायन है जिसे ये लोग 'साहसिकता' कहते हैं। ट्रेजेडी यह है कि ये दोनों वर्ग अपनी-अपनी जगह तीस साल पुरानों की ही शरण खोजते हैं।

ये बुजुर्ग-दुखी और किशोर भगोड़े अपने युग-बोध और यथार्थ के चैलेंज से भागते हैं और आधुनिकता के उस यथार्थ से डरते हैं जिसे आज का परिवेश और मनुष्य दोनों मिलकर बना रहे हैं...

आज की कहानियों के सन्दर्भ से उभरनेवाला यथार्थ क्या है? मनुष्य और परिवेश के सार्थक सम्बन्ध-स्वरूप कौन-से हैं; इन पर भी एक सरसरी निगाह डाल लेना शायद बहुत-सी बातों को साफ़ करने, समझने में सहायक होगा...

कहानी हमेशा ही किसी विशेष परिस्थिति में मनुष्य के मन और अनुभवों, यानी मनोविज्ञान को समझने-सम्प्रेषित करने का एक प्रयत्न है; उसे बनाने-बदलनेवाले तत्त्वों और उसके द्वारा बनाई-बदली गई स्थितियों के जीवन-खंडों का अध्ययन है, इन बनती और बनाती स्थितियों को दिशा और काल में अर्थात् विस्तार और गहराई की संश्लिष्टता में साथ पकड़ने का एक कलात्मक विधान। न तो यह प्रयत्न इलाचन्द्र जोशी, अज्ञेय, जैनेन्द्र की तरह लम्बवत्—वर्टीकल—है कि उसके परिवेश का ही पता न चले, उन स्थितियों का कोई हवाला ही न हो जो उसका कारण और कार्य रही हैं; और न अमृतराय और कृश्नचन्दर की तरह विस्तारगत—हॉरिज़ेंटल—है कि परिवेश ही मनुष्य के व्यक्तित्व का सपाटीकरण कर दे। कहानी न 'मैं' की व्यक्तिगत डायरी है, और न परिस्थिति की निर्वैयक्तिक रिपोर्टिंग। आज की कहानी व्यक्ति

और परिवेश का वह सम्बन्ध-क्षण है जो ऐतिहासिक परिप्रेक्ष्य में युग की एक-एक नब्ज़ छूता है...उसे नाम देने, समझने की कोशिश करता है। अर्थात् रिपोर्ताज और डायरी के पीछे की यथार्थ-दृष्टि उसकी चेतना बना सकती है, स्वयं कहानी का विषय नहीं हो सकती।

यथार्थ-दृष्टि की इस चेतना के प्रकाश में ही देखना होगा कि युग के व्यक्ति और परिवेशगत वे सार्थक सन्दर्भ क्या हैं जो आज की कहानी की थीम, कथ्य और विषय के रूप में आए हैं; व्यक्ति और व्यक्ति के आपसी सम्बन्धों में पहले की अपेक्षा क्या मूलभूत अन्तर आए हैं जिनकी समझ युगबोध का महत्त्वपूर्ण अंग है ? और क्या वे सम्बन्ध अपने वास्तविक रूप में कहानियों में आ पाए हैं या यहाँ आकर तसवीर को अतिरंजित कर देते हैं ? मैं अपनी बात को स्वतन्त्रता के बाद, पन्द्रह-सोलह वर्षों की कहानियों में ही अधिक सीमित रखना चाहूँगा, ताकि बात अधिक ठोस और सोदाहरण रह सके।

व्यक्ति और समाज के बीच का सेतु, या व्यक्ति और व्यक्ति के बीच के सामाजिक सम्बन्धों की इकाई है परिवार। इसी केन्द्र-बिन्दु पर खड़े होकर दोनों को समझा जा सकता है। बिना परिवार के व्यक्ति के लिए समाज बेगाना, कहीं-कहीं शत्रु, हो जाता है और समाज के लिए व्यक्ति पथभ्रष्ट और लक्ष्यहीन विद्रोही। दोनों ही स्थितियाँ हिन्दी कथा-साहित्य में आ चुकी हैं।

परिवार का परम्परागत ढाँचा प्रेमचन्द के समय में ही टूट गया था और परिवार की परिभाषा वह नहीं रह गई थी जो अभी तक समझी जाती थी। फ़ैमिली या परिवार की सीमा आज पति-पत्नी और बच्चे ही हैं, उसमें भाई-बहन, भाभी-जीजा, बाबा-दादा इत्यादि रिश्तेदार नहीं आते। इस बात को समझने के लिए भारतीय व्यक्ति को जिन-जिन भीषण यातनाओं से गुज़रना पड़ा है, वे आज अविश्वसनीय लगती हैं। संयुक्त-परिवार की ऐतिहासिक आवश्यकता समाप्त हो चुकी है, स्वयं प्रेमचन्द को यह समझने में कम समय नहीं लगा। शरत्चन्द्र तो ज़िन्दगी-भर पारिवारिक ग़लतफ़हमियों की दीवार को आँसुओं की बाढ़ से ही बहाने की कोशिश करते रहे। लेकिन प्रेमचन्द ने 'शान्ति', 'बड़े घर की बेटी' और 'शंखनाद' की ज़िद को 'सुजान भगत', 'सवा सेर गेहूँ' और विशेष रूप से 'गोदान' में एकदम छोड़ दिया और स्वीकार कर लिया कि परिवार को टूटना ही है...आन्दोलनों और नौकरियों के सिलसिले में नई पीढ़ी घर छोड़-छोड़कर, अपने बाप-दादों के खेत-मकान, चाचा-ताउओं के मोह-ममता से टूटकर बाहर निकल रही थी; शिक्षा और ट्रेनिंगों के लिए घर छोड़कर आए नवयुवकों को देश-विदेश का परिचय, ज्ञान-विज्ञान खींच रहा था और नई-नई खोजें उनके एडवेंजरिज़्म को उकसा रही थीं...

अज्ञेय, जैनेन्द्र और प्रारम्भिक यशपाल में हम इसी नवयुवक के दर्शन करते हैं। यह अकेला, और अक्सर अविवाहित है; आज यहाँ, कल वहाँ भटकता है और कहीं हल्का-सा कोमल सम्पर्क, कोई सहानुभूति उसकी थकान हरकर फिर भटकने का बल दे देती है। कुछ क्रान्तिकारियों को छोड़कर, सामाजिक पिछड़ेपन और अशिक्षा के कारण नारी प्रायः उसके साथ आने से इनकार कर देती है, वह जहाँ है वहीं स्थित रहकर अपनी मर्यादा, और लक्ष्मण-रेखाओं को निबाहती हुई, मौखिक सहानुभूति और प्लेटोनिक प्यार—आत्मा-आत्मा का प्यार—देती है, जो इस युवक की कुंठा को और गहरा जाता है...

बहरहाल, यही वह युग होता है जिसमें नए परिवार बनाने की कामना नारी-पुरुष को अनेक स्तरों पर एक-दूसरे के सम्पर्क में लाती है और कोई भी साहित्य अपनी सर्वश्रेष्ठ प्रेम-कहानियाँ

पाता है। लेकिन भारत में प्राय: यह युग आता ही नहीं और इस युवक की सारी शक्ति नारी को, परिवार और धर्म—जात-पाँत इत्यादि—की रूढ़ियों से ऊपर उठाने में, या न उठा पाने के अहसास से कुढ़ने में ही चुक जाती है। प्यार की विभोर-अनुभूतियों के क्षणों में भी उसे अपनी साथिन को समझाना पड़ता है कि प्यार पाप नहीं है; कि वह बेटी, बहन, भाभी, बहू की मर्यादा से ऊपर है, कि वैधव्य और जाति उसके नारी होने में कहीं भी बाधक नहीं है...और वह युग नारी-सुधार, उसकी दयनीयता या अपनी असमर्थता के चित्रण में ही गुज़र जाता है। समान स्तर पर नारी-पुरुष को एक-दूसरे को समझने का अवसर ही नहीं आता...समानान्तर चलते रहते हैं तरह-तरह के मुक्ति-आन्दोलन जो इस समस्या को इतना महत्त्व ही नहीं देते...और उनमें वास्तविक नारी में स्थानापन्न कर दी जाती है अजस्र प्रेरणामयी, अनन्त ओज और शक्तिमयी, अनिर्वचनीय रहस्य-मंडित एक हवाई नारी, देवी, या 'ओ तू!'

इसी बीच चालीस और पचास के बीच का समय है, जब सारी परिस्थितियाँ झटके से बदल जाती हैं और इतिहास का नया दौर आ जाता है, तब हम कहानी में एक नई स्थिति उभरती देखते हैं, जिसमें एक नया परिवार भी टूटता दिखाई देता है। इस परिवार के बनने तक प्रेम के स्वस्थ विकास के लिए जो अवकाश चाहिए था, उसे कहानी का इतिहास झटके-से फलाँग आया, और दोनों पक्षों को एक-दूसरे को जानने का पर्याप्त समय नहीं मिला। पुराने टूटे हुए परिवार की जगह जल्दी-से-जल्दी कोई नया परिवार होना ही चाहिए, इस हड़बड़ी में परिचय-अवधि की ख़ानापूरी भी कर ली गई और नए परिवार बन गए।

शायद यही कारण है कि हमारे इस कथा-काल की सारी कहानियाँ नए सम्बन्धों के बनने की कहानियाँ नहीं, सम्बन्धों के टूटने की कहानियाँ हैं; सारे सम्बन्धों से टूटा हुआ व्यक्ति अधिक-से-अधिक अकेला, अजनबी होता चला जाता है, पिछली पीढ़ी के प्रति अविश्वास, घृणा और आपस में अपरिचय, अनिश्चय...यही यथार्थ नई कहानी के माध्यम से बार-बार सामने आता है...

इस अनेकपक्षीय और विविध-स्तरीय बिखराव की प्रक्रिया में सबसे रोचक और सार्थक है माता-पिता या इस वर्ग के प्रति नई पीढ़ी का क्रमश: बदलता हुआ स्वर...

इन बड़ों के त्याग और साहस के प्रति रूमानी श्रद्धा की अनेक कहानियाँ पचास के आस-पास लिखी गईं। 'हंसा जाई अकेला', 'गुलरा के बाबा' (मार्कण्डेय), 'कर्मनाशा की हार' (शिवप्रसाद सिंह) के कर्मठ, त्यागी बूढ़े; और 'आर्द्रा' (मोहन राकेश), 'देवा की माँ' (कमलेश्वर), 'अकेली', 'रानी माँ का चबूतरा' (मन्नू भंडारी) की ममतामयी माँएँ—'डिप्टी कलक्टरी' (अमरकान्त), 'पास-फ़ेल', 'लंच-टाइम' (राजेन्द्र यादव), 'दोपहर का भोजन' (अमरकान्त) में धीरे-धीरे सिंहासन-च्युत 'मेरे लिये नहीं' (धर्मवीर भारती) और 'बिरादरी-बाहर' (राजेन्द्र यादव) होते जाते हैं। 'चीफ़ की दावत' (भीष्म साहनी), 'एक टूटी हुई आत्मा' (अमरेन्द्र अमर) में बेटा उसे माँ के लिए शर्म महसूस करता है, उसे माँ-बाप के लिए समय नहीं है, वह उसे फटे कपड़े की तरह कहीं छिपा देना चाहता है। 'वापसी' (उषा प्रियम्वदा) में बाप बेटों के यहाँ, और 'वापिसी' (हरिप्रकाश) में बेटा बाप के यहाँ पराया और ग़ैर महसूस करके लौट आता है। जिस घृणा और ऊब से घबराकर 'तलवार पंच-हज़ारी' को चुराकर बेटा, बाप के यहाँ से 'जड़ें' (सुदर्शन चोपड़ा) तोड़कर भाग आया था, 'किसके लिए' (कमलेश्वर) में उसे ही बाप के ख़िलाफ़ उठाकर ललकारने लगता है। 'मलिका टूरिया का बेटा' (अमृतलाल नागर) के 'गँदले जल का रिश्ता' (शानी) कभी बड़ा करुण लगता है, और कभी बड़ा क्रूर

और मर्मबेधी। कभी उस पर दया आती है, कभी झुँझलाहट। कभी बेटे की मजबूरी सच लगती है, कभी माँ-बाप की। 'अफ़सर की बेटी' (श्रीमती विजय चौहान) इस सचाई को शिकायती टोन में स्वीकार करती है; लेकिन मनोहरश्याम जोशी का 'एक दुर्लभ व्यक्तित्व' इस सम्बन्ध-क्षेत्र में सबसे अद्भुत प्रयास है, कुछ हद तक सिनिक परिहास भी। 'पिता' में रवीन्द्र कालिया ने इस 'सम्बन्ध' (राजेन्द्र यादव) को पथराने की हद तक पहुँचा दिया है।

परिवार की यह सम्बन्ध-शृंखला बाप-बेटे या माँ-बेटे के बीच ही टूटकर नहीं रुक जाती, विघटन का यह सिलसिला अनेक सम्बन्ध-स्तरों पर संश्लिष्ट रूप में और साथ-साथ चलता है...जिस 'रक्षा-बन्धन' (विश्वम्भरनाथ कौशिक) के लिए बहनें तड़पती थीं और दसियों वर्षों के छूटे भाई जहाँ आकर मिल जाते थे, वे भाई-बहन 'कमरा और गली' (कमलेश्वर), 'गार्जियन' (राजेन्द्र यादव) या उषा प्रियम्वदा की 'ज़िन्दगी और गुलाब के फूल' की बदली परिस्थिति में एक-दूसरे से मीलों दूर जा पड़े हैं, और भाई-बहन को शहर के बीच एक 'वृक्ष' (राजेन्द्र यादव) मानकर क़त्ल करा देता है...जो भाई 'शंखनाद' और 'बड़े घर की बेटी' में गले मिलते थे, वे प्रयाग शुक्ल, रामकुमार, निर्मल वर्मा की अनेक कहानियों में आपस में अपरिचित और एक-दूसरे के प्रति करुण सहिष्णुता की मजबूरी से बँधे दीखते हैं—रमेश बक्षी की 'शबरी' में प्राय: प्रतिद्वन्द्वी हैं और मनहर चौहान के 'घर-घुसरा' में प्राय: एक-दूसरे के दुश्मन...(बहन-बहन आपस में एक-दूसरे की प्रतिद्वन्द्वी हों, यह स्थिति तो जाने कब से कहानियों का विषय बनती रही है।)

लेकिन सम्बन्धों के क्षेत्र में सबसे अधिक भीषण संक्रान्तियों से गुज़रना पड़ा है नारी और पुरुष के आपसी सम्बन्धों को। आज के कथाकार ने शायद सबसे अधिक कहानियाँ इसी सम्बन्ध को लेकर लिखी हैं। आज ही क्यों, समाज और कला का तो यह चिरन्तन निर्णायक विषय रहा है। हाँ, यह ज़रूर है कि पुरुष-प्रधान समाज में अधिकतर पुरुष ने ही नारी को केन्द्र बनाकर अपनी भावनाओं या चिन्तना को अभिव्यक्ति दी है...

छायावादी युग की नारी, न तो नारी है, न सामाजिक सन्दर्भों में रहनेवाली जीवित इकाई। वह प्राय: निराकार है, एक 'हवा' है जो कवि-हृदय कलाकार को आन्दोलित करती रही है। वह कथाकार या तो उसके हाड़-मांस के रूप को ही देखने से इनकार करता रहा है, या उस रूप को ही देखने से इनकार करता रहा है, या उस रूप को देखते ही अपने-आपको आध्यात्मिक ऊँचाइयों से गिरा हुआ पाता और उसे 'दानवी' कहकर धिक्कारता रहा है। इस आध्यात्मिक स्तर पर 'नारी' को प्यार करना, अपनी दमित आकांक्षाओं और सपनों को किसी भी 'मादा' पर आरोपित करके उन्हें ही प्यार करना होता है और इस प्रकार इस 'हवाई-प्रेम' को आत्यन्तिक मूल्य के रूप में स्वीकृति दे दी जाती है, जिसका न परिवर्तित सामाजिक परिस्थितियों से कुछ लेना-देना होता है, न दोनों पक्षों की अपनी-अपनी कमियों और कमज़ोरियों से। बिना एक-दूसरे के व्यक्तित्व से परिचित हुए भी 'उदात्त प्रेम' पनपता और परवान चढ़ता रहता है। प्रेम की इस धारणा का एक स्वस्थ (लेकिन कथा-दृष्टि से सपाट) परिणाम यह होता है कि प्रेम के बीच में आनेवाली दूरियों और बाधाओं को अक्सर प्रेमी, और कभी-कभी प्रेमिका, दूर करके या दूर न कर पाने के संघर्ष में बिखरकर 'हीरो', 'हीरोइन' होने का गौरव प्राप्त कर लेते हैं। त्याग और बलिदान इस प्रेम की दो दिव्य प्रवृत्तियाँ होती हैं : इन्हें अपनाकर प्रेमी-प्रेमिका अपने जीवन को सार्थक करते हैं और अपने व्यक्तित्व का सर्वश्रेष्ठ पक्ष उजागर करते हैं। बाधाओं से प्यार की पुष्टता प्रमाणित और अप्रमाणित होती है।

प्यार एक सामाजिक शक्ति है और उसका यह रूप निश्चय ही स्पृहणीय है। हर देश में इसकी बड़ी ऐतिहासिक, महत्त्वपूर्ण और प्रगतिशील भूमिका रही है। लेकिन आज के कथा-सन्दर्भ में प्यार के इस रूप में दो असंगतियाँ दिखाई देती हैं : एक तो नारी और पुरुष के मिलने, या न मिल सकने की अन्तिम परिणति तक ही यह जाकर रुक जाता है...उसके बाद उनके आपसी या अकेले सम्बन्ध किस रूप में चलते हैं—प्रायः इस बारे में कहानी कुछ नहीं कहती। दूसरे, हमारे यहाँ की कुछ सामाजिक परिस्थितियों की सचाई को यहाँ बहुत सरल कर दिया जाता है।

जैसा कि मैंने कहा : हमारे यहाँ की परिस्थितियाँ कुछ अलग रही हैं। यहाँ बाधाएँ नारी-पुरुष के प्रेमी-प्रेमिका बनने पर नहीं आतीं, बल्कि नारी को प्रेमिका के स्तर तक लाने के धैर्य-अधैर्य के रूप में आती हैं। उसे सामाजिक भीतियों (टैबूज) और संकल्पहीनता के कुएँ से निकालकर खुली हवा में साँस लेना सिखाना, चलना सिखाना और तब साथिन के रूप में देखना—ये प्रेम से भी पहले की समस्याएँ हैं...यों एकपक्षीय प्रेम के लिए तो कभी कोई हाथ पकड़ ही नहीं सकता।

नारी को जिन्होंने सचमुच देवी या राक्षसी के रूप में न देखकर यथार्थ मानवी और समान सामाजिक प्राणी के रूप में देखा है, उन्हें मज़बूर होना पड़ा है कि नारी को एक सामाजिक समस्या के रूप में ही देखें—उसके इस विशिष्ट परिवेश के कारण। यही कारण है कि कथाकारों की एकाधिक पीढ़ी इस समस्या के निरूपण और निराकरण पर ही लिखती रही है। नारी होने के उसके प्राकृतिक और शारीरिक अभिशाप से लेकर, समाज को बदल डालनेवाली उसकी विराट शक्तियों साहस या साहसहीनता को कहानियों का विषय बनाया जाता रहा है, उसकी दुर्दशा के कारणों की खोज-बीन की गई है। इसलिए प्रेम के नाम पर अधिकांश पराश्रयता की कहानियाँ हैं...

यहाँ ध्यान देने योग्य महत्त्वपूर्ण बात यह है कि उस अवधि के कथाकार को नारी का अधिक स्वतन्त्र और पूर्ण व्यक्तित्व, या समान प्रेम-पात्रता वेश्या में मिले हैं, क्योंकि वह सामाजिक विधि-निषेध से मुक्त है, आर्थिक रूप से आत्म-निर्भर है और स्वतन्त्र निर्णय लेकर अपनी समग्रता से प्यार कर सकने की स्थिति में है। भारतीय ही नहीं, विश्व-कथा-साहित्य को इस मुक्त नारी ने सचमुच कुछ अमर प्रेम-कहानियाँ दी हैं। लेकिन उसका वेश्या होना समाज का एक दूसरा कोढ़ और नारी-पराधीनता की दूसरी दर्दनाक कहानी है...

कितने आश्चर्य की बात है कि प्रगतिशील युग को अपना सारा समर्थन और शक्ति देनेवाले शिवदानसिंह चौहान जैसे समाजदर्शी आलोचक आज भी शाश्वत-प्रेम की बड़ी छायावादी, शरत्चन्द्रीय तसवीर दिल में सँभाले हुए हैं और नई कहानी में एक भी प्रेम-कहानी न होने की शिकायत करते हैं ('लहर' कहानी-विशेषांक)। शायद इसका कारण अपने युग की मूल-प्रवृत्तियों को तटस्थ और अधिक गहरी निगाह से न देख पाना है। आज तक उनके लिए इस तथ्य को पचा पाना मुश्किल हो रहा है कि फ्रायड, हैवलॉक एलिस और स्वयं मार्क्स या नवीनतम डॉक्टर किन्से ने, प्रेम की अशारीरिक शाश्वतता की सारी सम्भावनाओं को बीसियों वर्ष पहले दफना दिया था...और अपनी-अपनी व्यक्तिगत सीमाओं के साथ जैनेन्द्र, इलाचन्द्र जोशी और यशपाल नारी के 'वास्तविक' स्वरूप और सम्बन्धों को समझने की दिशा में टटोलवाँ चल रहे थे—जैनेन्द्र और जोशी व्यक्तिगत और यशपाल सामाजिक सन्दर्भों के साथ...'सुनीता', 'दादा कामरेड' और 'संन्यासी' एक ही मनोदशा के अलग-अलग प्रयत्न लगते हैं।

समाज के उस अपेक्षाकृत स्थिर रूप में यह शायद अधिक सम्भव भी था कि ये लेखक, बड़े इत्मीनान से नारी को क्लिनिक या स्टूडियो में रखकर उसकी बनावट और बुनावट को सरल शिशु-जिज्ञासा से समझें। लेकिन बस, यही उनकी सीमा भी थी। जैनेन्द्र आज तक 'विज्ञान' और 'अविज्ञान' कहानियों में वही किए जा रहे हैं। 'नारी एक पहेली है' की जिस रहस्यवादी संचेतना से उन्होंने ज़िन्दगी शुरू की थी, वही आज भी उनकी चरम-गति और परिणति है। नारी को सामाजिक सम्बन्धों में चलते-फिरते प्राणी, और अपने प्यार के समान हिस्सेदार की तरह देखने का जो स्वस्थ प्रयत्न यशपाल से शुरू हुआ उसे और भी वास्तविक धरातल देने का श्रेय आज की कहानी को ही दिया जाएगा—यह दूसरी बात है कि तसवीर बहुत उत्साहवर्द्धक नहीं है; लेकिन समस्या सबसे पहले सचाई को स्वीकार कर लेने की है।

क्योंकि नारी और पुरुष को अपने-अपने सन्दर्भों से तोड़कर, उनके अलग-अलग स्वरूप और गठन को समझने का तरीक़ा शरीर-विज्ञान के विद्यार्थी का हो सकता है, कथाकार का नहीं। उसके लिए तो प्रश्न उनके सम्बन्धों के वास्तविक स्वरूप को स्वीकार कर लेने का पहले है...

युद्ध, स्वतन्त्रता और बाद के तेज़ी से बढ़ते औद्योगिकीकरण, शहरीकरण की परिस्थितियों, नारी के आत्म-निर्भर, आत्म-निर्णायक होने की नई स्थितियों ने, उसके स्वरूप और मानसिक गठन को और परिणामत: पुरुष के साथ उसके सम्बन्धों को भी बदला है। कथाकार ने खुलकर स्वीकार और चित्रित किया कि नारी और पुरुष का सम्बन्ध, न तो हवाई-प्रेरणा का शक्ति-स्रोत है जहाँ सारी सामाजिक और अन्य असंगतियाँ अपने-आप भर जाती हैं, और न ही किशोर जिज्ञासा का है जहाँ नारी का अनावृत शरीर देखकर ही पुरुष आँखें मूँद लेता है या भकुआया हुआ देखता रह जाता है। वह सम्बन्ध सामाजिक भीतियों को चुनौतियाँ देकर सेक्स-सम्भोग के शरीरी-अशरीरी सुख का भी है, दो आत्म-निर्भर इकाइयों की समान-मैत्री का भी है, शुद्ध नौकर-मालिक का भी है...और उन सबसे उत्पन्न होनेवाली सामाजिक-मनोवैज्ञानिक परिणतियों, विकृतियों, नई परिस्थितियों और उन्हें सँवारने-सँभालने के मानवीय प्रयत्न का भी है; कि प्रेम-कहानी उस किशोर अव्यवसाय की ही कहानी नहीं रह गई है जहाँ प्रेमी-प्रेमिका अनेक खाइयों को पार कर लेते हैं, साथ आ जाते हैं या साथ न आ पाने की मजबूरी में टूट जाते हैं...और कहानी समाप्त हो जाती है। नहीं, प्यार की कहानी उसके आगे भी चलती है, उसके बाद भी प्रेमी-प्रेमिका मिलते-बिछुड़ते हैं, नई स्थितियों और सम्बन्धों की जटिलता—काम्प्लैक्सिटी—उस कहानी को आगे भी बढ़ाती है—पुराने मूल्यों को चुनौती देकर औरत कभी कोयले वाले के यहाँ और कभी सैनेटोरियम में ही जीवन का 'त्याग-पत्र' नहीं देती, सारी पारम्परिक गरिमा को ठुकरा-कर 'कुलटा' होने के आरोप को भी सहती है। ज़िन्दगी में सभी-कुछ मधुर-मृदुल या 'गुडी-गुडी' नहीं होता, मज़बूरियाँ भी हैं, विद्रोह भी हैं और सबकी ज़िन्दगियाँ एक-दूसरे से उलझी-बँधी भी हैं। इसी यथार्थ को पकड़ने के लिए नए कथाकार ने इस सम्बन्ध को अधिक ठोस, व्यावहारिक धरातल पर रखकर चित्रित किया है, स्त्री-पुरुष के यौन-सम्बन्धों को लेकर जो दुनिया-भर के मानसिक पूर्वग्रह—इनहिबिशन्स—थे, उन्हें साहस से तोड़ा है। ज़ोला, फ़्लाबेयर, लॉरेन्स और सार्त्र की तरह इसकी आत्मीयता—इंटीमेसी—को समझने का प्रयत्न भी किया है।

मान लीजिए, 'उसने कहा था' का लहनासिंह न मरता तो? मान लीजिए, वह युद्ध में घायल होकर, या बिना घायल हुए रिटायर होकर, 'मेजर चौधरी' (अज्ञेय) की तरह वापस लौट आता और किसी पहाड़ी 'कोसी' के किनारे पनचक्की जमाकर 'घटवार' (शेखर जोशी)

बन जाता, उसी पुराने मधुर क्षण की याद में ज़िन्दगी बिता रहा होता और उसका नाम गुसाँई होता, तो ? उधर लहनासिंह की कुड़माई वाली प्रेमिका 'शान्ति' और 'बड़े घर की बेटी' की सारी मर्यादा के साथ, पति-सेवा में रत किसी की 'पत्नी' (जैनेन्द्र) होती और 'रोज़' (अज्ञेय) घुटन का गैंग्रीन पाले, 'उसकी रोटी' (मोहन राकेश) से 'दोपहर का भोजन' (अमरकान्त) कराती, 'नन्हों' (शिवप्रसाद सिंह) की तरह दरवाज़े से लगी पत्र की राह देखती रहती, या किसी यक्ष्मा का शिकार हुई सैनेटोरियम में पड़ी-पड़ी 'बादलों के घेरे' (कृष्णा सोबती) ताकती रहती ?...या यह भी तो हो सकता था कि सूबेदारनी से लहनासिंह की मुलाक़ात ड्योढ़ी पार, परदे की आड़ से न होती, पति की उपस्थिति में ही वह लहनासिंह को चाय पर बुलाती...परम्परा और प्यार दोनों के बीच निष्ठावान—सिंसियर और दोनों के प्रति इनसिंसियर होने के द्वन्द्व में छटपटाती...'कमज़ोर लड़की की कहानी' (राजेन्द्र यादव) की इस यातना को समझने के लिए, पुराने और आज के 'चश्मे' (मन्नू भंडारी) ही अलग नहीं हैं, वह सचाई और वह मनोविज्ञान भी अलग है जिसमें 'पुराने नाले पर बने नए फ़्लैट' (राजेन्द्र यादव) पर छाये 'फ़ौलाद के आकाश' (मोहन राकेश) के नीचे नारी किसी 'राजा निरबंसिया' (कमलेश्वर) का वंश चलाती है और यों ही 'अँधेरे में' (निर्मल वर्मा) 'आख़िरी सामान' (मोहन राकेश) बनकर डूब जाती है। आज तो अनेक प्रभावों के बीच दोनों पक्षों का जो 'टूटना' (राजेन्द्र यादव) है, वह 'लिखा नहीं जाता' (कमलेश्वर) लेकिन दोनों को क्रमशः 'अपरिचित' (मोहन राकेश) ज़रूर बनाता जाता है। दोनों फिर 'एक और ज़िन्दगी' (मोहन राकेश) की 'खोज' (निर्मल वर्मा) में भटकते हैं, 'नीली झील' (कमलेश्वर) की मख़मली लहरोंवाली किसी 'ऊँचाई' (मन्नू भंडारी) को पाने की कोशिश करते हैं या 'तीसरे आदमी' (मन्नू भंडारी) के सामने हारकर 'एक कटी हुई कहानी' (राजेन्द्र यादव) के छोटे-छोटे टुकड़ों की तरह अलग-अलग गुड़मुड़ाते हैं। वस्तुतः परम्परागत मुर्दा प्यार के बड़े ताजमहल के साये में जाने कितने 'छोटे-छोटे ताजमहल' (राजेन्द्र यादव) बिखर जाते हैं। 'लवर्स' (निर्मल वर्मा) का 'परिणय' (श्रीकान्त वर्मा) उतना सीधा और आसान नहीं रह गया है जिसमें सुखान्त प्रेम-कहानी का अर्थ दो सपाट स्त्री-पुरुष का मिल जाना-भर हो। जो है, वहाँ समर्पण उतना नहीं, जितना संस्कार या 'नशा' (मन्नू भंडारी) है। और जब यह नशा उतर जाता है तो प्यार की वह संश्लिष्ट और जटिल परिणति भी हो सकती है जहाँ पति पत्नी की मृत्यु की कामना करता करता है ('सावित्री नम्बर-दो'—धर्मवीर भारती) और पत्नी पति की 'तीन निगाहों की एक तसवीर' (मन्नू भंडारी) को सिर्फ़ 'मज़ाक' (राजेन्द्र यादव) समझती है। या पति, अजनबी ('एक पति के नोट्स'—महेन्द्र भल्ला) की तरह अपनी अलग ज़िन्दगी जीता है।

पुराने सम्बन्धों की नौस्टेलिजिक महानता के सन्दर्भ में चाहे आज भी इसे अस्वस्थ और विकृत कहकर गालियाँ दे दी जाएँ, लेकिन आज बात 'यही सच है' (मन्नू भंडारी) के परिचय से लेकर परित्याग तक, नारी-पुरुष के आपसी सम्बन्धों की नैतिक धारणा में एक मूलभूत 'अन्तर' (निर्मल वर्मा) ज़रूर आ गया है। नया कथाकार इस सचाई को बिना किसी पाप-बोध के स्वीकार करके, किसी नई नैतिकता की 'प्रतीक्षा' (राजेन्द्र यादव) करता है। अगर उसका दोष, स्खलन, या अपराध है तो इतना ही कि उसने श्लील-अश्लील, नैतिक-अनैतिक, शुभ-अशुभ, उदात्त-विगर्हणीय से उठकर साहस से इस सचाई को अपनी कहानियों में उभारा है। मैं इसे मूल्य-मूढ़ता नहीं, तथ्य-स्वीकृति के साहसिक मूल्यों की स्थापना मानता हूँ जो नए मूल्यों के निर्धारण-निरूपण का आधार बनते हैं...

यही कारण है कि आज की नई कथा–चेतना नारी–पुरुष के आपसी सम्बन्धों के संक्रमण और संकट को ही चित्रित नहीं करती, या उन्हें अलग–अलग स्थितियों में ही नहीं पकड़ती—उन्हें एक–दूसरे से अलग होने और रहने की स्थिति में भी जाँच लेना चाहती है और पाती है कि मूल्यों का यह चतुर्दिक रुँधाव वहाँ कितना सांघातिक या निर्णायक है...

लेकिन स्थिति के रूप में जो कुछ भयावह, सांघातिक और निर्णायक होता है, मानव–मन के अध्येता और कथाकार के लिए वही सबसे अधिक नाटकीय, सबसे दुर्निवार आकर्षण का केन्द्र भी बन जाता है। शायद उसी बिन्दु पर कथाकार का यथार्थ–बोध सबसे बड़ी चुनौतियों का सामना करता है।

नारी यों ही आदिकाल से सौन्दर्य (और उसके शास्त्र) तथा कला का केन्द्र रही है; फिर आत्मनिर्भर, स्वयं समर्थ अकेली नारी तो पुरुष के लिए सबसे बड़ा प्रलोभन और निमन्त्रण भी है। इस निमन्त्रण को प्रायः हर पुरुष कथाकार को स्वीकार करना पड़ा है और अपनी–अपनी सीमाओं, संस्कारों के साथ प्रायः प्रत्येक ने उसकी शक्तियों, मजबूरियों और दयनीयताओं को कथा–दृष्टि दी है। पुराने संस्कारों और नई परिस्थितियों के बीच नारी किस प्रकार पुरुष के अनेक टूटे सन्दर्भों के बीच अकेली होती जाती है, उसके मानसिक गठन और मनोविज्ञान में कैसे दिलचस्प परिवर्तन आते–जाते हैं, इसे आज की कहानी अधिक वास्तविक भूमि, अनेक सूक्ष्म–संश्लिष्ट धरातलों और विविध संवेदनशील पक्षों से चित्रित करती है।

आत्म–निर्भरता के वातावरण में आज नारी भले ही यह पाती हो कि उसके पंख खुल गए हैं लेकिन सामाजिक भीतियों, मानसिक ग्रंथियों—इनहिबिशन्स—से जूझने के प्रयत्न में ही उसके डैने भी टूट गए हैं ('खुले पंख : टूटे डैने : राजेन्द्र यादव), कभी उसे शरीर की माँग झुका देती है तो कभी अकेलेपन की यातना। जिस 'तीसरे गवाह' (निर्मल वर्मा) की अनुपस्थिति, अर्थात् संकल्पहीनता ने उसे ज़िन्दगी के सुनहले क्षण को छोड़कर भाग आने को बाध्य किया था, वही अब हर नए आमन्त्रण के प्रति उसे आस्थाहीन बना बैठा है...बड़ा 'अनकहा' (शरद देवड़ा) दर्द है कि जो सामने है, उसे उन्मुक्त–मन से ग्रहण नहीं कर पाती और जब वह निकल जाता है तो फिर–फिर उसी क्षण में लौट जाना चाहती है। किसी भटके हुए 'परिन्दे' (निर्मल वर्मा) की तरह अतीत की एक पीड़ा दबाए उदास वातावरण में 'बादलों के घेरे' (कृष्णा सोबती) ताकती रहती है, 'क्षय' (मन्नू भंडारी) होती रहती है, कहीं दूर पहाड़ों में भागकर 'मिस पाल' (मोहन राकेश) की ज़िन्दगी बिताना चाहती है, लेकिन मन से रहती उन्हीं आसंगों और सम्पर्कों में है...या अप्राकृतिक भटकनों की छलना में पड़ी 'प्रतीक्षा' (राजेन्द्र यादव) करती है कि शायद कभी 'पचपन खम्भों की लाल दीवार' (उषा प्रियम्वदा) टूटेगी, वह मुक्ति की साँस लेगी और शायद अपने से छोटे, नील के प्यार को छाती से चिपकाए ही सुषमा, अपनी बढ़ती उम्र की आशंकाओं को जीत लेगी। मगर पैरों के नीचे की उस धसकती दीवार का वह क्या करे, जहाँ उसे हर बार 'एक सन्धि और' (शानी) कर लेनी पड़ती है और वह पाती है कि ज़िन्दगी अब उसके लिए वास्तविकता नहीं, 'डायरी का खेल' (निर्मल वर्मा)–भर रह गई है, आज वह जीवन–नाटक की नायिका नहीं है जो सीधे नायक की काम्य हो, उसका व्यक्तित्व गुमनाम 'एक कोई दूसरे' (उषा प्रियम्वदा) का है—जिसके लिए सुख का क्षण ब्रिज के 'खेल' (राजेन्द्र यादव) के एक रबर से ज़्यादा नहीं है। आज वह अज्ञेय की 'हीलीबोन की बत्तख़ों' की तरह किसी की प्रतीकात्मक गर्दनें भी नहीं मरोड़ सकती, केवल एक बेजान 'टेबुल' (रेणु) की समर्पिता–

भर हो सकती है...या अपने अकेलेपन की भयावहता से बचने के लिए कोई भी एक झूठा आधार बनाकर 'सुहागिनें' (मोहन राकेश) होने की विडम्बना ढोती है और हर जगह यह स्वीकार करने को मजबूर है कि वह सम्पूर्ण नहीं, 'एक कटी हुई कहानी' (राजेन्द्र यादव) है, 'थर्मस में क़ैद कुनकुना पानी' (रमेश बक्षी) या 'पत्थरों में बन्द आवाज़' (शानी) है, जो खुलकर सिसक भी नहीं पाती।

अपनी-अपनी मानसिकता के प्रकाश में पुरुष और नारी दोनों कथाकार इस नारी के व्यक्तित्व की खोज में रत हैं और जितना ही इसके निकट जाते हैं उसे उतना ही जटिल पाते हैं। क्योंकि यहाँ उसकी कुंठा अनेक-स्तरीय और अनेकमुखी इसलिए और भी अधिक है कि उसकी 'घुटन' (मन्नू भंडारी) पुरुष की तरह केवल प्रतिभा तथा शक्तियों के दुरुपयोग-अनुपयोग या यौन-मुक्ति की ही नहीं—माँ बनकर व्यक्तित्व का विकास न कर पाने की भी है। यों जहाँ तक सवाल यौन-मुक्ति का है, उसकी आत्म-निर्भरता, मानसिक प्रौढ़ता, फ्री-मिक्सिंग, शरीर-ज्ञान, यौन-शिक्षा, फ़ैमिली-प्लानिंग तथा अन्य ज़िम्मेदारियों के अहसास ने अकेलेपन की असहनीयता के साथ मिलकर पुराने सारे संस्कार धो दिए हैं और यौन-शुचिता की 'पूत योनि वह, मूल्य चर्म पर अंकित' वाली सामन्ती नैतिकता, आज की औद्योगिक दुनिया में उसे अपने व्यक्तित्व-निर्माण की दृष्टि से पिछड़ी और ओछी लगती है। आज उसे अपनी कच्चे काँचवाली यौन-शुचिता को लेकर बैठे रहना है या इस भीड़भाड़-भरी भागती दुनिया में कहीं एयर-होस्टेस बनना है, नर्स बनकर दूर-दराज़ अस्पतालों में, लड़ाई के मोर्चों के भूखे जवानों में, ग्राम-सेविका, कन्वैसर, एजेन्ट बनकर घर-घर में जाना है, कहीं डैलीगेशनों में, कहीं एक्सकर्शनों में, कहीं उच्च-शिक्षणों में देश-विदेश के चक्कर काटने हैं, स्कूटर से लेकर हवाई जहाज़ तक चलाने हैं? वास्तविक व्यक्तित्व की खोज की दिशा में—शारीरिक पवित्रता की उस दकियानूसी धारणा या किशोर-संकोच की अनुपस्थिति आज उसके मन में कोई पाप-बोध भी नहीं जगाती, यौन-मुक्ति भी उसे अपने अस्तित्व के अधिकार की एक मौलिक आवश्यकता लगती है और इसे वह चारित्रिक शील के साथ जोड़ना भी पसन्द नहीं करती...क्योंकि आज सामाजिक नैतिकता और व्यक्तिगत नैतिकता एक-दूसरे की विरोधी दिशा में जा पड़ी हैं। जब एक को झुठलाया जाता है तभी दूसरे को स्वीकार किया जा सकता है। ऐसी स्थिति में जब व्यक्ति समाज को नितान्त अस्वीकार्य या अपने लिए निहायत असहिष्णु—इनकन्सीडरेट—पाता हो तो... ? 'सम्पूर्ण अस्वीकार!'

लेकिन आज की नारी की इस सचाई को या तो आदर्शवादी लेखकों ने एकदम अस्वीकार ही कर दिया है, या जहाँ स्वीकारा भी है वहाँ उसके 'पतन' पर परिताप के आँसू बहाकर लीपा-पोती कर दी है। अमृतलाल नागर के 'बूँद और समुद्र' की शीला स्विंग और 'नदी के द्वीप' की रेखा इस चरित्र की साहसिक-स्वीकृति के कुछ उदाहरण हैं। दूसरी ओर सस्ते बाज़ारू लेखकों ने, उसके सम्पूर्ण व्यक्तित्व-निर्माण के विराट परिप्रेक्ष्य को भूलकर—उसकी इस स्थिति पर पुरानी वेश्याओं के चटखारे के साथ कहानियाँ लिखी हैं...वस्तुत: यह विषय जितनी गम्भीरता, सहानुभूति और संयम की माँग करता है उतना बहुत कम दे पाते हैं, वरना अधिकांश तो इसी प्रयत्न में रहे हैं कि आत्म-निर्भर, संस्कार-मुक्त इस नारी के, कैसे अधिक-से-अधिक दुस्साहसी चरित्र की कल्पना करें कि यौन-सम्बन्धों के विस्तृत विवरण दिए जा सकें ताकि लोकप्रियता और आधुनिक होने का सेहरा एक साथ ही मिलता रहे...

यह अकेली नारी हो या बेगानेपन और बेकारी के बीच फ्रस्ट्रेटेड युवक—सूक्ष्म राग-बोध (फाइनर सेन्सिबिलिटीज़) के प्रति एक सजगता के साथ-साथ प्रतिहिंसालु दृष्टि भी इन्हीं आत्म-चेतन अकेले लोगों में सबसे अधिक दिखाई देती है; क्योंकि अतीत के प्रति कटुता और भविष्यहीनता का अहसास इन्हें तीव्रता के साथ मथता है...इन्हें ही लगता है कि अतीत की तलवार को कोई मूठ तक कलेजे में धँसाकर इन्हें मरने के लिए छोड़ गया है ('तलवार पंचहज़ारी'—राजेन्द्र यादव)। ये 'नए-नए आनेवाले' (राजेन्द्र यादव) आते तो बड़े उत्साह, आस्था और विश्वास के साथ हैं; लेकिन धीरे-धीरे इन्हें भी वातावरण का अजगर निगल लेता है और इनके गन्दे हाथों में 'बदबू' (शेखर जोशी) आना बन्द हो जाती है। हर शाम की तरह 'सितम्बर की एक शाम' (निर्मल वर्मा) को भी 'सेलर' (रामकुमार) 'मकान' (प्रयाग शुक्ल) से बाहर, 'खोई हुई दिशाओं' (कमलेश्वर) में 'एक चेहरा' (रामकुमार), एक परिचित आश्वासन खोजता भटकता रहता है, और हर बार एक नई दुमकटी 'छिपकली' (अमरकान्त) उसे बड़ी और सम्पूर्ण होकर निगल लेती है। 'डिप्टी कलक्टरी' (अमरकान्त) के उम्मीदवार इस 'बेकार आदमी' (कमलेश्वर) की ज़िन्दगी में कहीं कोई 'खुशबू' (राजेन्द्र यादव) की नन्ही-सी लहर भी ऐसी नहीं है कि मन के खोखलेपन को भर सके। उसका मन क्या है, एक 'अन्ध-कूप' (शिवप्रसाद सिंह) है और उसमें पड़ा हुआ वह अपने और अपने 'ज़ख़्म' (मोहन राकेश) को लेकर तरह-तरह के मन्सूबे बाँधता है, लाटरी-रेस ('मिस्टर भाटिया'—मोहन राकेश) या हाथ की रेखाओं में ('भविष्यवक्ता'—राजेन्द्र यादव) कहीं कुछ पा-लेना चाहता है। ज़िन्दगी का जुलूस गुज़र जाता है और वह बैठा-बैठा अपनी उस 'भाग्यरेखा' (भीष्म साहनी) को खोजता रहता है जो सहारा बन सके; लेकिन हर दफ़्तर, हर शहर-सड़क उसके लिए एक ऐसी 'सिमिट्री' (रामकुमार) बन गई है जहाँ उसका निरीह अभिमन्यु रोज़ आत्महत्या (राजेन्द्र यादव) करके लौट आता है—आत्मा की लाश को कन्धे पर लादे हुए। वह स्वयं अपना ही 'खलनायक' (अमरकान्त) बन गया है...और इस 'हत्यारे' (अमरकान्त) को वह भी पता नहीं चलता कि उसने कहाँ किसकी हत्या कर दी है...

खलनायक, यानी बेईमानी, फ़ालतू, बेमानी, बेकार और दिशाहीनता में भटकने का अहसास इस युवक को निरन्तर घोटता चला जा रहा है। कहीं उसे लगता है कि वह स्वयं 'वह' नहीं रह गया है, उसमें कुछ बदल गया है, या आस-पास के उसके सारे सम्बन्ध और सम्पर्क ही एकदम बदल गए हैं। सम्बन्धों की इस मेटामौर्फ़ोसिस (कायाकल्प—काफ़्का) ने उसे एक घिनौना कीड़ा बना छोड़ा है, कोई एक 'झाड़ी' (श्रीकान्त वर्मा) है जिसे वह लाँघ नहीं पाता और 'कुत्ते की मौत' (निर्मल वर्मा) मर जाता है। हर सम्बन्ध में उसकी चेतना और क्रियाशीलता इस तरह मर गई है कि उसे लगता है वह एक निर्जीव 'टोर्सो' (श्रीकान्त वर्मा) से अधिक कुछ नहीं है, उसे कुछ भी अनुभव नहीं होता।

हाँ, इन बाहरी-भीतरी दबावों में उसकी संवेदना-शक्ति कुछ इसी तरह मर गई है कि आस-पास की बड़ी-से-बड़ी घटना उसे नहीं छूती...बाढ़, भूकम्प, रेल-दुर्घटनाएँ और यहाँ तक कि देश पर चीनी-पाकिस्तानी हमला तक उसे नहीं प्रभावित करता और वह अगले दिन की प्रतीक्षा करता है कि देखें, अब कौन मिनिस्टर इस पर किस तरह भाषण देता है; कौन किसे ज़िम्मेदार ठहराता है और फिर कैसे सारी स्थिति पर लीपा-पोती की जाती है। हाँ, व्यक्तिगत स्तर पर ज़रा-सी भी कोई बात उसे चौंका देती है। कन्धे डाले, सिर झुकाए, 'बूढ़े' की तरह वह घिसटता हुआ, हारा-थका चलता जाता है। उसके इस रूप को देखकर डर

भी लगता है और सवाल भी उठते हैं : क्या इसे किसी भी भविष्य के सपने नहीं आते ? इसे वर्तमान से कड़वी शिकायत भी नहीं है ? क्या इसके सुख-दुःख, सपनों-आकांक्षाओं, प्रेम-रोमांस की कहानियाँ केवल पीछे ही छूट गई हैं और उन्हें इसने नहीं, किसी 'दूसरे आदमी' ने जिया था, जिन्हें बस ठेस की तरह यह याद-भर कर लेता है ?

लगता ऐसा है जैसे इस युवक के हाथों से ज़िन्दगी की पकड़ छूट गई है और पता नहीं, 'शरणार्थी' उखड़े हुए लोगों का यह काफ़िला किस घाट जाकर बिछेगा...पंचवर्षीय योजनाओं, औद्योगिकीकरण की बाढ़, सोशलिस्टिक पैटर्न और दैत्याकार प्लांटों और प्रोजेक्टों की छाया में माथे पर हाथ रखकर बैठे इस बूढ़े को देखकर लगता है, जैसे बहुत बड़ी नुमायश के दरवाज़े पर सूली-लटका ईसा आज भी कराह रहा है...निर्माण के इस किसी कार्य में भी उसका हाथ नहीं है। कहीं भी उसे सेन्स ऑफ़ बिलोंगिंग (किसी से जुड़े होने) का अहसास नहीं होता—उधार का पैसा है और उधार का दिमाग़...डॉलर, स्टर्लिंग और रूबलों के साथ टेक्नीशियन, एक्सपर्ट, स्पेशलिस्ट सभी बाहर से आए हैं। उससे तो असंपृक्तभाव से रोज़ाना मज़दूरी पर काम कराया गया है...उस सबमें अपना कुछ भी देखने या दिखाने का सवाल ही नहीं उठता। वह जानता है : जब इन योजनाओं के कमीशन बैठे थे, तभी से कुछ लोगों ने रिश्वतें खाई थीं। किसी उद्योगपति की डोरियों में लटके किसी मिनिस्टर या एम.पी. नाम के कठपुतले ने बातें दबा लीं, या आगे बढ़ा दी थीं, तब कुछ नमक, कुछ सम्बन्ध, कुछ रिश्तेदारियाँ निभाई गई थीं...कुछ ने भत्ते बनाए थे और कुछ ने भाई-भतीजे लगाए थे...सामग्री की ख़रीद से लेकर यह सिलसिला अफ़सरों की नियुक्ति तक में चला था। अब यह भी वह जानता है कि जब यह सब बनकर खड़ा हो जाएगा तो 'फाइनल इन्स्पेक्शन' करनेवाली कमेटी को ठेकेदार-दर-ठेकेदार किसी होटल में कैब्रे दिखा रहे होंगे...फिर अगले दिन मंत्रीजी की सड़ी-तुरई जैसी अँगुलियाँ बटन दबाकर या फ़ीता काटकर उद्घाटन कर देंगी, तसवीरें अख़बारों पर छा जाएँगी...फिर अगले दिन बाँध में दरार हो जाएगी, दीवारें बह जाएँगी, आस-पास के हज़ार-पाँच सौ गाँव डूब जाएँगे, बाढ़ों की डॉकुमेंटरियाँ बनेंगी, मंत्रीजी अपनी ओर से रिलीफ़-फंड में रुपया देंगे, अपील निकालेंगे और फिर नया कमीशन बैठेगा...

इस सारे 'निर्माण' में इस नौजवान की 'रचनात्मक प्रतिभा' और 'ईमानदारी' के लिए कहीं भी तो जगह नहीं है। जो कुछ है, सो उसकी विकृति का ही है इसलिए संस्थाओं, आदर्शों और दर्शनों की तरह इन योजनाओं से भी उसे घृणा है, लक्ष्यों से उसे नफ़रत है। न तो उस सबके परिणाम से उसे कुछ मिलेगा, न बनने में उसका अपना कुछ लगेगा...कहीं कुछ होता रहे, उसे क्या ? (कुछ महत्त्वाकांक्षी वैज्ञानिकों की आत्महत्याएँ और टेक्नीशियनों का विदेशों में जाकर वापस न आना, मेरे इस कथन का प्रमाण है) यहाँ उनके लिए रखा क्या है ? नेताजी के भाषणों और अपनी ईमानदारी के बीच, कहीं तो उसे ज़िन्दा रहना ही है...

ज़िन्दा ज़रूर रहना है; लेकिन ज़िन्दगी की उस बेबसी का वह क्या करे, जब अपने से बड़े किसी निर्माण और रचनात्मक आयोजन में विसर्जित न कर पाने की स्थिति में उनकी सृजन-शक्ति अपने ही मूल-उत्स की ओर लौटे-लौटे आती है और उसके लिए ज़िन्दगी में सैक्स ही सबसे बड़ी समस्या बन जाती है—एक स्वस्थ आदमी की यौन-मुक्ति के रूप में नहीं, एक घुटे आदमी की यौन-विकृति के रूप में...

ऐसे में वह कहाँ अपने को जीवन से कमिट करे और किस भविष्य के सपने देखे ?

मैं समझता हूँ कि आज के सारे कहानी-साहित्य में इसी में इसी रुकी हुई ज़िन्दगी पर सबसे अधिक संवेदना से लिखा गया है और शायद यही संवेदना वह तार है जो भविष्य के लिए अनदेखा-अनजाना पुल बनेगी...

यहीं एक भय मुझे और भी है : कथा के माध्यम से उभरनेवाले यथार्थ की इस रूप-रेखा को ही नई कहानी न समझ लिया जाए। वस्तुतः यह यथार्थ तो आज के कहानीकार का वह परिवेश है जो उसकी चेतना और दृष्टि बनाता है। इसकी विस्तृतियाँ—डिटेल्स—और भी हो सकती हैं। बल्कि परिवेश की यह संचेतना, समाज के इतने अधिक स्तरों और इतने विशद भूगोल-खंडों को लेकर व्यक्त हुई है कि हिन्दी-कहानी ने एक अभूतपूर्व विस्तार पाया है। प्रामाणिकता के आग्रह से ही जिस भी भूमि-खंड और समाज से लेखक का परिचय है उसने उसे ही अपनी कथा का घटना-स्थल (लोकेल) बनाया है...नागार्जुन और रेणु ने बिहार की 'परती' (वेस्ट-लैंड ?) 'मैले आँचल' की 'ठुमरी' गाई है, मधुकर गंगाधर ने 'तीन रंग : तेरह चित्रों' में उसकी काली-उजली शक्तिशाली तसवीरें दी हैं...शानी और राजेन्द्र अवस्थी ने बस्तर के आदिवासियों की ज़िन्दगी को केन्द्र बनाया है...शैलेश मटियानी, और शिवानी ने कुमाऊँ के पहाड़ी मोड़ों में जीवन की धूप-छाँह देखी है...मार्कण्डेय, शिव प्रसाद सिंह और अवधनारायण सिंह ने उत्तर-प्रदेश के पूर्वांचल की प्रेमचन्दीय ज़मीन पकड़ी है...रमेश बक्षी के पास मालवा की सांस्कृतिक सुरुचि है...कृष्णा सोबती, बलवन्तसिंह, अमृता प्रीतम ने पंजाबी किसानों और मध्यवर्गीय परिवारों की हलचल-भरी ज़िन्दगी को उठाया है...

लेकिन ये सब घटना-स्थल और भौगोलिक परिपार्श्व हैं, विषय और वातावरण हैं; और कहानी को विषय के हिसाब से बाँटने का प्रयत्न एक को दूसरे से श्रेष्ठ सिद्ध करने के प्रयत्न में भटका देता है। सन् '55-56 के दिनों में कहानी को वातावरण और विषय के अनुसार गाँव और शहर की कहानियों में बाँटकर एक ग़लत क़िस्म का आन्दोलन खड़ा कर दिया गया था। इसमें बताया गया कि गाँव की कहानियाँ प्रेमचन्द की परम्परा की कहानियाँ हैं; कि वे अधिक स्वस्थ, सरल और भले लोगों की कहानियाँ हैं; कि शहरी कहानियों के लेखक कुंठा, विकृति, घुटन इत्यादि की कहानियों द्वारा अपने अस्वस्थ मन का विस्फार कर रहे हैं...

प्रेमचन्द के विषय को उनके यथार्थ-बोध से जोड़ने और उसे ही उनकी परम्परा कहने की जल्दबाज़ी ने इस प्रकार के ग़लत नारे को जन्म दिया था और अनेक प्रबुद्ध सशक्त लेखकों की शक्ति इस आन्दोलन को प्रतिष्ठित करने में बरबाद हुई थी, जबकि सचाई यह है कि ख़ूबसूरत लैंड-स्केपों, सपाट भावनाओं वाले नियमी-संयमी भले लोगों के 'हारने-जीतने' पर ही अच्छी कहानियाँ लिखी जाएँ, ऐसा क़तई नहीं है। शक्तिशाली कहानी लिखने का सीधा सम्बन्ध लेखक की अपने विषय से आत्मीयता और लेखकीय-सामर्थ्य से ही है।

और जहाँ तक विषय की आत्मीयता या लेखकीय-सामर्थ्य की बात आती है, आंचलिक जीवन पर लिखनेवाले कम सक्षम (लैसर इक्विप्ड) हैं, ऐसा नहीं है। बल्कि उनकी कठिनाई प्रायः उस कोण को न पकड़ पाना रही है जो 'समय की नब्ज़' (मूड ऑफ़ द टाइम) को प्रतिबिम्बित कर सके। उन्होंने सामन्तवादी संस्कृति की उन भावुक स्थितियों को ही चुना, या खेत-खलिहान, हल-बैल, गाँव-सिवान के लिए मन में उठनेवाले मासूम मोह को ही कहानियों का विषय बनाया था जिन्हें अपने स्तर पर 'शहर के कहानीकार' पहले छोड़ आए थे। हाँ, 'भूदान' (मार्कण्डेय), 'पापजीवी' (शिवप्रसाद सिंह), 'कस्तूरी' (शानी), 'महुआ आम के जंगल'

(राजेन्द्र अवस्थी), 'एक सड़क सत्तावन गलियाँ' (कमलेश्वर), 'अच्छे आदमी' (फणीश्वरनाथ रेणु), 'ढिबरी' (मधुकर गंगाधर) के लेखकों की कहानियाँ निस्सन्देह उस नए कोण और स्वर को मुखरित करने का प्रयास करती हैं जो नगर-केन्द्रित सभ्यता का दिशा-स्वर है...

आज का प्रमुख स्वर अपने समय के यथार्थ, उसके स्वरूप, उसके स्तरों को पहचान लेने में, राष्ट्रीय-अन्तर्राष्ट्रीय पीठिका में देख लेने में ही नहीं; लेखकीय मानस पर उसकी प्रतिक्रिया में भी है; उसकी प्रकृति को अपने-अपने ढंग से समझने में भी है, उसे कहानी की विधा में अभिव्यक्त करने में भी है, और यह महसूस करने में भी है कि उनके कथ्य की व्यंजना के लिए कहानी ही उपयुक्ततम समर्थ और प्रभावशाली विधा है।

यथार्थ पहले भी था, लेखक पहले भी उसे देखता और भोगता था; लेकिन उसे समझने के लिए दृष्टि कहीं और से लेता था। उस लेखक की तड़प और संवेदनशीलता में सन्देह करना ग़लत है; लेकिन आज एक ओर तो यथार्थ भी वह नहीं रह गया जो पहले था, दूसरे परिस्थितियों के तीव्र घात-प्रतिघात, तेज़ी से बदलती विश्व-स्थितियों और किसी निश्चित रूप ले लेने तक की तनावभरी प्रतीक्षा के बाद की हताश जड़ता ने आज के लेखक को पहले से अधिक संवेदनशील और साथ ही तटस्थ बना दिया है—इतना ही नहीं; सारा यथार्थ लेखकीय संचेतना बनकर आज जिस तरह स्पन्दित हो उठा है, वैसा शायद ही कभी रहा हो।

साहित्य के प्रगतिशील युग में, एक वर्ग को केवल परिवेश दिखाई देता था; उसके लिए व्यक्ति का अस्तित्व-मात्र था, व्यक्तित्व नहीं। उस वर्ग के लेखक जो कुछ लिखते थे, या जिसे 'समाजवादी यथार्थ' कहते थे, वह ऐतिहासिक प्रवृत्तियों और बाह्य परिस्थितियों का लेखा ही अधिक होता था, एक विशेष दृष्टिकोण से लिया गया चित्र। उन दिनों कहानी को 'रिपोर्ताज' कहना ज़्यादा सैद्धान्तिक गम्भीरता देता था। रांगेय राघव, अमृतराय, भगवतशरण उपाध्याय, गिरीश अस्थाना ने जनता के संघर्ष को केन्द्र बनाकर जो रिपोर्ताज लिखे थे, वे निश्चय ही हिन्दी-गद्य की शक्ति के उन्नत प्रकाश-स्तम्भ हैं। लेकिन यह दुखद सत्य उससे कम नहीं होता कि वहाँ व्यक्ति भी परिस्थितिमात्र हो गया था, भीड़ और जुलूस ही बन गया था। क्योंकि वहाँ व्यक्ति, व्यक्ति नहीं, प्रतिगामी या प्रगतिशील प्रवृत्ति का प्रतिनिधि अधिक था। हर व्यक्ति या स्थिति अपने-अपने क्लास की प्रवृत्ति थी। अपनी विस्तारगत अन्वितियों के कारण प्रवृत्ति, समग्रता और शक्ति होती है—इतिहास को आगे या पीछे ले जानेवाली धारा होती है—लेकिन उसमें अलग-अलग चेहरा किसी का नहीं दीखता। वहाँ तो कौरव और पांडव दो नाम होते हैं; कौरवों में भी द्रोणाचार्य हैं, जयद्रथ हैं और प्रवृत्तियों से जुड़े होने के अलावा उनसे अलग उनके अपने भी संघर्ष हैं—जो उनके व्यक्तित्व की रेखाओं को उजले-काले रंगों में उजागर करके उन्हें अधिक 'मानवीय' रूप देते हैं, इस ओर देखने से वह कथाकार इनकार कर देता था। इस 'प्रवृत्तिवाद' की दूसरी ख़ामी यह थी कि लेखक बिना वर्तमान को अपनी चेतना का अंग बनाए, भविष्य का कीर्तन करने लगता था। इतिहासक्रम में उस 'प्रवृत्ति' की धारा को खोजा, और 'इसे मरना है', 'इसे विजयी होना है' की मुहर लगाकर प्रारब्ध की तरह भविष्य में प्रतिष्ठित कर दिया। यह भविष्यातुर दृष्टि, वर्तमान को या तो बहुत सपाट कर देती थी या वर्तमान और भविष्य के तर्क-संगत सम्बन्ध-क्रम को ही नज़रन्दाज़ कर देती थी। यथार्थ का वस्तुवादी चित्रण करते-करते अचानक अगली पंक्ति फलाँगकर ही अँधेरी रात बीत जाती थी और आशा का लाल सूरज निकलने लगता था...नतीजे में वर्तमान और भविष्य के बीच की

दूरी बढ़ती गई, आशा का सेतु समय के थपेड़ों में टूटता गया और एक किनारे को दूसरा किनारा दीखना बन्द हो गया...

दूसरी ओर के लेखकीय-वर्ग ने बाहर की इस भीड़, जुलूस, धक्का-मुक्की, प्रवृत्ति-संघर्ष के इस शोर-शराबे से घबराकर नाक-भौं सिकोड़ते हुए सारे खिड़की-दरवाज़े बन्द कर लिए थे और अपनी हाथीदाँती मीनारों पर जा चढ़े थे। प्रयत्न करके भूल जाना चाहते थे कि बाहर भी कोई यथार्थ है, बाहर भी कुछ है जो उनका परिवेश बनाता है, चेतना को प्रभावित-निर्मित करता है। भीतर बन्द-ही-बन्द वे यह भी भूल गए कि एक बार बाहर निकल देख तो लें : 'ख़तरा' अभी भी है या गुज़र गया? 'प्रवाह में मिलकर हम उसे गँदला ही करेंगे' के 'तर्क' देकर (रूपक तर्क नहीं होते!) ही वे अपने-आप को जस्टीफ़ाई कर लेते थे (मानो उन्हें अपनी नहीं, 'प्रवाह' की ही बेहद चिन्ता है) और अस्तित्व-भीति को साहित्य में 'कोने में घिरे रिरियाते कुत्ते' की चिचियाहट में व्यक्त करते थे, या काम-प्रेम का अजीब रहस्यवाद बोलते थे...उन्हें न भविष्य दीखता था, न वर्तमान। इनके लिए साहित्य अन्तर्चेतना की भूतोन्मुख डायरी का पर्याय हो गया था।

जीवन से अपरिचय की मज़बूरी इस वर्ग के लेखकों की अभिव्यक्ति को कविताओं तक ही बाँधे थी, और तरह-तरह के रूपकों से ये अपने अस्तित्व की व्याख्या करते थे...कोई अपने को 'काठ का आदमी' कहता था तो कोई 'भुस-भरा पुतला' महसूस करता था, किसी को रथ का टूटा पहिया कहकर अपने को महाभारत की गरिमा में रखने का रोमांटिक गौरव प्राप्त होता था तो किसी को अपनी शक्ल दीवार पर चिपके काग़ज़ के पोस्टर-जैसी लगती थी। बिना किसी बाहरी, या वास्तविक भीतरी संघर्ष, हलचल में हिस्सा लिए अपनी ही घुटन में व्यर्थ और अस्तित्व की अर्थहीनता के अहसास के मारे इन कवियों को अंधे-कुएँ, पीछे छूटी कैंचुल, तट पर छोड़े गए घोंघे-सीप, अंजुरी से सरकती रेत इत्यादि की उपमाएँ ही सबसे अधिक याद आती थीं। कितनी दिलचस्प बात है कि लेखकों के पहले वर्ग ने अपनी व्यक्तित्वहीनता से ऊबकर वास्तविक व्यक्तित्व की खोज में प्रयत्न किए, जबकि यह दूसरा वर्ग व्यक्तित्व (या अस्तित्व?) की सुरक्षा का नारा लेकर आया और धीरे-धीरे अपना व्यक्तित्व ही खोता गया। लघु मानव बौना होते-होते अन्तर्धान हो गया और रह गया रूप-सम्बन्धी आग्रह, रूपकनुमा तर्क। आज भी अगर इन विभिन्न कवियों की आठ-दस कविताएँ एक साथ, बिना किसी का नाम दिए रख दी जाएँ, तो यह निश्चयपूर्वक बता पाना मुश्किल हो जाएगा कि किन कविताओं का कवि कौन है? जबकि इस पीढ़ी के किसी भी प्रमुख कहानीकार का नाम, केवल कहानियाँ पढ़कर प्रबुद्ध पाठक आसानी से बता सकेगा। क्योंकि हममें से हर कहानीकार ने अपने परिवेश को अपनी तरह ग्रहण किया और अभिव्यक्ति दी है।

अज्ञेय इत्यादि की काव्य-परम्परा से आनेवाले कवियों का आज की कहानी की दिशा में आना किसी यथार्थ को ग्रहण करके सम्प्रेषित करने के कारण नहीं, बल्कि अपनी उन्हीं काव्य-स्थितियों के लिए कथा का माध्यम 'आज़माने' की आन्तरिक मज़बूरी या पलायन के कारण है। इस अर्थ में यहाँ इनका संघर्ष इकहरा और अधिक सरल है। ये मज़े में व्यक्तिगत और वैयक्तिक अनुभूतियों को कविता की उपमाओं, भाषा की इन्द्र-धनुषी ऐन्द्रजालिकता, या मूड्स के विस्तार, विस्फार में रखकर ही कहानी गढ़ लेते हैं...जेम्स जॉयस, वर्जीनिया वुल्फ़ ने स्ट्रीप ऑफ़ कान्शसनेस वाली धुएँ और धुन्धभरी बिन्दु-प्रधान शैली इनके नाम लिख ही दी है। ख़ाली कुरसी की आत्मा बने फ़ुरसत से तन्तु-जाल कातते रहें और जिन आलोचकों

को रचना-प्रक्रिया समझने का कभी मौक़ा या मानस-स्तर नहीं मिला, वे इनके लिए अन्तर्विरोधों से भरा साहित्य का नया परिप्रेक्ष्य खोदते रहें।

वस्तुतः इनके लिए संकट या प्रश्न सिर्फ़ अभिव्यक्ति के हैं।[1]

जिस तरह आज कथाकार परिवेश-बोध 'प्रगतिशीलों' से लेकर व्यक्तित्व-निर्माण के अनेक स्तरों पर उसे अनुभव करना चाहता है, उसी तरह 'अभिव्यक्ति-चिन्तित कथाकारों' से अभिव्यक्ति का सँवार, व्यंजना-भंगी, प्रभाव, अनुपात, यथार्थ की वैयक्तिक चेतना को भी अंशतः स्वीकार करके उसका संस्कार और उपयोग करता है। जैनेन्द्र और अज्ञेय ने जीवन-दृष्टि और प्राण के स्तर पर भले ही कहानी को बहुत कम दिया हो; रूप और शिल्प के सन्दर्भ में उनकी देन निश्चय ही अस्वीकार नहीं है। [प्राण के स्तर पर बहुत कम से मेरा आशय केवल इतना ही है कि भविष्य की कहानी उनकी जीवन-दृष्टि और अनुभूतियों को नहीं, अनुभूतियों के वैयक्तिक (सब्जैक्टिव)—व्यक्तिगत (पर्सनल) भी नहीं—कोण को ही ग्रहण करेगी।]

यह पूर्वग्रह नहीं, एक सचाई है कि अनुभूति के स्तर पर ये दूसरे वर्ग के कथाकार कुछ दे भी नहीं सकते थे—दे सकते थे, सिर्फ़ शिल्प का मँजाव, अभिव्यक्ति का सँवार।

यहाँ अपनी पहली बात को दुहराकर ही आगे चलना होगा कि जहाँ तक अनुभूतियों का प्रश्न है, एक और विवेक की कमी इस वर्ग को दूसरे वर्ग से अलग कर देती है। हर व्यक्ति को अपनी अनुभूतियाँ अछूती और नई लगती हैं—उन्हीं का आन्तरिक दबाव अभिव्यक्ति के लिए कला की कोई विधा खोजने को प्रेरित करता है। लेकिन जीवन, या अधिक सही कहा जाए तो, परिवेश के सम्पर्क के बिना ये अनुभूतियाँ वैयक्तिक, व्यक्तिगत, अकेली, आत्यन्तिक और विलक्षण होती हैं और इस इकलौतेपन (यूनीकनेस) को ही यह आत्म-सजग, सेल्फ़-कान्शस, प्राणी महत्त्वपूर्ण (सिग्नीफ़िकैंट) और ताज़ा भी मान लेता है। चूँकि कहानी में अनुभूतियों को जीवन-बिम्बों में ही पाना होता है, इसलिए समय-समाज-परिवेश से बँधे रहकर ही ये व्यक्ति-अनुभूतियाँ महत्त्वपूर्ण और ताज़ा हो सकती हैं। कहानी की बारह-खड़ी ही अधिक ठोस और व्यावहारिक जीवन-बिम्बों और स्थिति-खंडों से बनी हैं; इसलिए वहाँ सूक्ष्मता, सांकेतिकता और लाक्षणिकता चाहे जितनी आ जाए, 'हवाईपन' नहीं आ पाता; नहीं आना चाहिए। कहानी के चित्र और बिम्ब विषय भी होते हैं और अभिव्यक्ति भी। वे अनुभूतियों के उत्स, अनुभूतियाँ-स्वयं और अनुभूतियों की अभिव्यक्ति के साधन, प्रभाव, परिणति सभी कुछ एक साथ हैं। यह प्रकृति कविता की प्रकृति से मूलतः भिन्न है।

आज की कविता के एक वर्ग में, काव्य-अनुभूतियों का उत्स, प्रमाण और सन्दर्भ स्वयं कवि होता है, वह उन्हें निरपेक्ष, सम्पूर्ण-सत्य मानकर ही चलता है और उनकी अभिव्यक्ति के लिए 'अप्रस्तुत' बिम्बों का सहारा लेता है जो अनुभूतियों में अन्तर्भुक्त (इन्टिग्रल-पार्ट) न होकर आरोपित और बाहर से खोजकर लाए गए होते हैं। अपनी व्यक्तिगत-अनुभूतियों के लिए कवि, व्यक्तिगत तर्क और कल्पना द्वारा कहीं से भी उपमा, उत्प्रेक्षा, रूपक, प्रतीक लाता है और उनके संघटन से साम्य या वैषम्य संकेतित करके प्रभाव को 'अनुमेय' बनाता है। शास्त्रीय भाषा में यह पद्धति अन्योक्ति पद्धति के अधिक निकट है। कवि द्वारा प्रयुक्त किसी भी अनुभूति

---

1. "जीवन की सारी समस्याएँ सिमटकर कवि अथवा कलाकार की सृजन-प्रक्रिया की समस्याएँ बन गईं।"
—केदारनाथ सिंह, '60 के बाद की हिन्दी-कविता ('धर्मयुग'; 4 जुलाई, 1965)।

को, किन्हीं भी प्रतीकों और अप्रस्तुतों के माध्यम से अनुमेय करने का भार चूँकि पाठक पर ही अधिक होता है, इसलिए कवि की समस्या नए अप्रस्तुतों-प्रतीकों की खोज के समय यह भी होती है कि वह उन्हें सुनिश्चित दे, प्रिसाइज़ करे। निरन्तर व्यवहार से ही अप्रस्तुतों और प्रतीकों के अर्थ, आशय और अनुमेय-अनुभूतियाँ प्रिसाइज़ हो पाते हैं, इसलिए अभिव्यक्ति की इस अस्पष्टता से बचने के लिए या तो कवि, व्यवहृत और पूर्वत: ही सुनिश्चित अर्थ और अनुमेय अनुभूति वाले प्रतीक और अप्रस्तुत चुनता है, या सर्वथा नवीन अप्रस्तुतों-प्रतीकों की खोज करके निरन्तर व्यवहार से उन्हें सुनिश्चित अर्थ देता है।

व्यक्तिगत और महत्त्वपूर्ण अनुभूतियों के चुनाव के प्रश्न की ओर चूँकि यह कवि विशेष ध्यान नहीं देता, इसलिए मूलत: उसकी समस्या अभिव्यक्ति के इसी संकट की रह जाती है। व्यक्तिगत में भी आज काव्योचित और अ-काव्योचित अनुभूति की सीमा-रूढ़ि नहीं रह गई है, परिणामत: अभिव्यक्ति-क्षेत्र में शब्दों-प्रतीकों-अप्रस्तुतों की अनिश्चितता-अस्पष्टता तथा उन्हें प्रिसाइज़ करने का संघर्ष साथ-साथ ही दिखाई देता है। कवि का कार्य, नए प्रतीक खोजने, रंगों की नई संगतियाँ पाने और उन्हें नए अर्थ देने जैसा है। लेकिन बार-बार नए रंग, छाया-प्रकाश, प्रतीकों का प्रयोग करके प्रतिभाशाली चित्रकार अपने लिए भले ही उनके अर्थ सुनिश्चित कर ले; औरों के लिए शीघ्र ही रूढ़ियाँ छोड़ जाता है। शायद यही कारण है कि ये दोनों कलाएँ या तो शीघ्र ही इतनी अधिक रूढ़िवादी हो जाती हैं कि एक कलाकार दूसरे की प्रतिलिपि लगता है या इतनी प्रयोगवादी कि इनका आशय किसी अगले कवि की तुलना में ही खुल पाता है, स्वयं स्पष्ट नहीं होता; या कवि को यह कार्य करना पड़ता है स्वयं। अगर उसकी प्रयोगशीलता का अर्थ अभिव्यक्ति की अकुलाहट-भरी अस्पष्टता; और कथ्य सुनिश्चित न होने की कैयौटिक स्थिति है, तो और परम्परावादिता बहुत अधिक सुनिश्चित अभिव्यक्ति—अप्रस्तुत-प्रतीकों—के दुहराने का ही दूसरा नाम।

कविता प्राकृतत: आत्म-सम्बोधन है! अपने आप तथा अभिव्यक्ति के माध्यम के अतिरिक्त, इस स्थिति में, कवि या तो पाठक जैसी किसी तीसरी सत्ता के अस्तित्व से ही अनेक शब्दों में इनकार करता रहा है, या यह सत्ता, पुराने काव्य-संस्कारों से छूटने और नए काव्य-संस्कार ग्रहण करने की खींच-तान के बीच ही भटकती और हर समय एक तीव्र आत्म-विश्वासहीनता से ग्रसित रही है। अपेक्षित ग्रहणशीलता-हीन होने, या अपने अस्तित्वहीन होने का बोध पाठक को कवि की रचना-प्रक्रिया में प्रवेश नहीं पाने देता, कहीं रचना का हिस्सेदार नहीं रहने देता और वह हमेशा अपने को बाहरी या फ़ालतू—बिना टिकट तमाशा देखनेवाले की आशंका से घिरे पाता है। बीच-बीच में 'प्रतिभाशाली' कवियों द्वारा अपने हीन-स्तरीय होने पर गालियाँ सुनकर अपने को और भी बेचारा महसूस करता है...कभी कोई बात पल्ले पड़ जाती है तो अपने को आवश्यकता से अधिक सन्तुष्ट-आह्लादित अनुभव करके 'प्रतिभा की महानता' से आतंकित हो लेता है; जो कुछ हाथ आता है उसे ही अतिरिक्त गद्‌गद गहराई से समझने की कोशिश करता है। इधर इस तीसरे व्यक्ति—यानी पाठक के न होने की स्थिति को कवि चिन्ता या दुख का विषय नहीं मानता। वह उसके होने या सह-भोक्ता हो पाने को कला की अनिवार्यता भी नहीं स्वीकारता। मैं यहाँ उसकी प्रतिभा या कला-दक्षता में सन्देह न करके एक सचाई की ओर ध्यान खींचूँगा : अनुभूति के स्तर पर व्यक्तिगत कलाकार, अभिव्यक्ति के स्तर पर भी व्यक्तिगत ही रह जाता है और 'कालोह्ययनिरवधि विपुला च पृथिवी...' की छलना में सन्तोष खोजता है!

इस कवि का कहानी की ओर आना अपनी कला की इस सीमितता और अक्षमता के तीव्र अनुभव का ही परिणाम होता है। बात कड़ी न हो तो कहना चाहूँगा : कवि, पलायन की स्थिति में ही कहानी की ओर आता है, अपेक्षाकृत अधिक समर्थ और पूर्ण माध्यम और युग के यथार्थ की अभिव्यक्ति की खोज उसे कहानी की ओर आने को मज़बूर करती है।[1] लेकिन यह पलातक अपने साथ, व्यक्तिगत अनुभूतियों, धुँधली-सी रूमानी मन:स्थितियों और आरोपित प्रतीकों की इन्द्र-धनुषी भाषा लाना नहीं भूलता। आदत से मज़बूर, यहाँ आकर वह, (कविता के सारे अनुशासन भूलकर) कहानी में ही खुलकर कविता करने लगता है। परिणामत: कहानी की प्रकृति में आन्तरिक परिवर्तन या मौलिक प्रयोग की अपेक्षा वह गतिहीन अनुभूति के अभिव्यक्ति-संकट का वही घटाटोप कुछ समय तक बनाए रखने में सफल हो जाता है और सारी कथा-चेतना को विषयान्तरित करने की चेष्टा करता है।[2] कथाकार-वेशी इन कवियों के जादू में कहानी भटक ज़रूर जाती है; लेकिन कुछ समय बाद ही उसे अपनी उन मूल समस्याओं से जूझना पड़ता है, जिन्हें वह बिना सुलझाए छोड़ आई थी। हो सकता है, कवियों को भी अपने असली मोर्चे पर उसी प्रकार लौटना पड़ता हो। हाँ, कहानी में उनका अवदान, ख़ूबसूरत अप्रासंगिक प्राकृतिक दृश्यों, घटनात्मक भावुक ट्रैजेडियों, भाषा की पच्चीकारी या व्यक्तिगत मूडों के धुँधले चिन्तन अथवा चित्रण तक ही रह जाता है, क्योंकि उनके प्रयत्न प्राय: प्रमुखत: भाषा-शिल्प सम्बन्धी ही होते हैं। ''प्रबुद्ध साहित्यकार ने कहानी की दिशा में भी प्रयोग किए हैं'' के अतिरिक्त मैं नहीं समझता कि अज्ञेय की अधिकांश कहानियाँ विश्व-कथा-साहित्य की द्वितीय-स्तरीय कहानियों के साथ भी रखी जा सकती हैं, जबकि अपनी सारी रूप-सम्बन्धी परम्परावादिता और प्रयोगहीनता के बावजूद यशपाल को कहीं यह सन्तोष मिल सकता है, मिलना चाहिए।

---

1. यदि नए कवि की केन्द्रीय मनोदशा की व्याख्या की जाए तो वह एलियट-पाउंड आदि कवियों की अपेक्षा, काफ़्का, ब्रेख़्त आदि गद्य-लेखकों के 'मूड' के अधिक निकट पाया जाएगा। यही कारण है कि उसकी कविता आधुनिक उपन्यास की अनेक विशेषताओं को अपने भीतर समोती चली जा रही है...शायद आज के तनावपूर्ण नागरिक जीवन को उसकी निकटतम भाषा में व्यक्त करने के लिए यह आवश्यक था कि कविता को आधुनिक उपन्यास की अपेक्षाकृत ठोस भूमि पर उतारा जाए और यदि नया कवि अपने युग के काव्यादर्शों से हटकर काफ़्का और ब्रेख़्त की गद्यात्मक मनोभूमि के निकट पहुँचने का प्रयास कर रहा है तो इसे कविता का अन्यथाकरण नहीं, बल्कि उसके काव्यात्मक विकास की स्वाभाविक दिशा ही मानना चाहिए। रघुवीर सहाय, श्रीकान्त वर्मा और कुछ दूसरे नए कवियों की कविताओं को पढ़कर हम अपने को जिस परिवेश के बीच पाते हैं, उसकी ऐतिहासिक जटिलता और वस्तुगत रहस्यमयता का निकट सम्बन्ध यदि किसी के साथ जोड़ा जा सकता है तो वह अज्ञेय और शमशेर की कविताओं के साथ नहीं, बल्कि 'लन्दन की एक रात' (निर्मल वर्मा) और 'हत्यारे' (अमरकान्त) जैसी कथा-कृतियों के साथ होगा।'

—सन् '60 के बाद की हिन्दी-कविता : केदारनाथ सिंह 'धर्मयुग', 4 जुलाई, '65

2. अज्ञेय, रघुवीर सहाय, श्रीकान्त, सर्वेश्वर की कुछ अपवादस्वरूप सशक्त कहानियाँ एक और रोचक अध्ययन प्रस्तुत करती हैं कि किस तरह किसी विद्या की परम्परा, और विषय की माँग कभी-कभी रचनाकार की सारी सजगता और सेन्सर के बावजूद अपने को स्थापित करती है और जयशंकर प्रसाद जैसा व्यक्ति अपने सारे संस्कार छोड़कर 'गुण्डा' जैसी कहानियाँ लिखता है। विधा अपने स्रष्टा-व्यक्तित्व के बावजूद अपने को 'एसर्ट' करती है इसका दूसरा उदाहरण शमशेर है। उनकी उर्दू और हिन्दी कविताएँ दो अलग विधा-संस्कार सामने रखती हैं जो एक-दूसरे को छूकर भले ही निकल जाएँ; लेकिन हैं अपनी-अपनी परम्परा में ही। हिन्दी कहानी की स्वस्थ धारा ने कवि कथाकारों को अनेक बार अपने से अलग हटने को मज़बूर किया है।—लेखक।

एक युग-विशेष की संवेदना कभी कविता के माध्यम से अभिव्यक्त होती है, कभी कहानी के से—प्रश्न संवेदना का है—यह दलील मुझे कई कारणों से संगत नहीं लगती। साहित्य के इतिहास में कवि ही कहानी या नाटकों की तरफ़ क्यों आए हैं—संवेदना की किसी भी स्थिति में कथाकार ने कविता की ओर मुड़ना क्यों आवश्यक नहीं समझा?

कहानी और कविता की मूल प्रकृति में ही अन्तर है। जो मन:स्थिति सम्पूर्ण कविता के लिए पर्याप्त है, वह अधिक-से-अधिक कहानी के पूरे फ्रेम में एक स्थिति-भर हो सकती है, या विवरण का एक डिटेल। इस मौलिक भेद को न समझकर कहानी को भी जब अभिव्यक्ति के संकट और प्रयत्न की विधा के रूप में देखा जाता है तो वही कवि मनोवृत्ति प्रकट होती है जो अनुभूति को सम्पूर्ण, स्वयं सत्य, स्थिर[1] मानती है और अभिव्यक्ति के विभिन्न उपादान चाहती है।

अनुभूति के साथ उसका परिवेश और अभिव्यक्ति के साथ उसका पाठक—कहानी-कला के तीन आयाम हैं, क्योंकि वह आत्म-सम्बोधन नहीं, दूसरे के लिए सम्बोधन है। अत: झगड़ा वहाँ इस तरह नहीं होता कि अनुभूति को किन अप्रस्तुतों-प्रतीकों या भाषा-चित्रों से अभिव्यक्त किया जाए कि बाहर खड़ा एक 'फ़ालतू' आदमी उसका अनुमान करके रस ले ले; बल्कि समस्या वहाँ यह होती है कि अनुभूति और परिवेश दोनों को किन सार्थक चुने हुए बिम्बों, घटनाओं और स्थितियों द्वारा जीवित मुहावरे में अनुवादित-सम्प्रेषित कर दिया जाए कि पाठक की चेतना का ही अंश बन सके, तादात्म्य या साधारणीकरण पा सके, और पाठक उस अनुभूति का हिस्सेदार होकर उसे अपनी संवेदना का ही एक अंग बना ले—उस जीवन को पुन: राग-बोध के स्तर पर जी ले। वह अधिक मूर्त (कॉन्क्रीट) विधा है, और वहाँ अमूर्त भावों को मूर्त रूप देने की प्रवृत्ति है। कविता की प्रकृति शायद उलटी है।

कहानी के दोनों ओर समाज होता है। हर बात उसे चुने हुए ठोस, नाटकीय और प्रतिनिधि चित्रों में देखनी और उतने ही ठोस गतिशील चित्रों में सम्प्रेषित करनी होती है...इन चित्रों में रूप-रस-गन्ध सभी होते हैं और वे पाठक की इन्हीं संवेदनाओं से छनकर उसकी चेतना तक पहुँचते हैं। परिणामत: कहानी अधिक दूर और देर तक पाठक को अभिभूत रख सकती है। अभिव्यक्ति की चुनौती को वहाँ 'कहीं और से' प्रतीक, बिम्ब इत्यादि लाकर हल नहीं किया जा सकता। वह अन्योक्ति की अपेक्षा समासोक्ति होने को अधिक बाध्य है, जिसमें विषय या कथ्य स्वयं ही अप्रस्तुत या प्रतीकार्थ भी ध्वनित कर सके। इसलिए उनकी अस्पष्टता या अनिश्चित अर्थ-सन्दर्भ की समस्या भी वह नहीं है जो कविता में है। कवि जब एक बिम्ब या प्रतीक का दुबारा प्रयोग करता है तो वह उसका अर्थ निश्चित करता है—कहानीकार जब ऐसा करता है तो अपने विषय को दुहराता है। कवि दूसरों के प्रतीक, बिम्बों का उपयोग करके भी अपनी मौलिकता बनाए रख सकता है—कहानीकार जब ऐसा करता है तो प्राय: नक़ल करता है।

मैं समझता हूँ कि कहानी के सिलसिले में भी जब शैली और भाषा के स्तर पर बिम्ब-प्रतीक, सांकेतिकता, संगीतात्मकता की बात क़ी जाती है तो कहानी की इस प्रकृति को न

1. "वन एँरर, इन फ़ैक्ट, ऑफ़ ऐक्सैंट्रिसिटी इन पोइट्री इज़ टु सीक फ़ॉर न्यू ह्यूमन इमोशन्स टु ऐक्सप्रेस, एंड इन दिस सर्च फ़ॉर नॉवेल्टी इन द रोंग प्लैस इट डिस्कवर्स द परवर्स। द बिजनैस ऑफ़ द पोइट इज़ नॉट टु फ़ाइंड न्यू इमोशन्स, बट टू यूज़ द ऑर्डनरी-वन्स एंड, इन वर्किंग दैम अप इन टु पोइट्री, टु ऐक्सप्रेस फ़ीलिंग्स ह्विच आर नॉट इन ऐक्चुअल इमोशन्स ऐट-ऑल।"

—टी.एस. एलियट—'ट्रैडीशन एंड द इंडिविजुअल टैलेंट'

समझने का दुराग्रह ही होता है। वस्तुतः कविता के ये गुण, कहानी के अपने विशिष्ट रस-बोध के विषयान्तर हैं। आलंकारिक संगीतात्मक ध्वनियाँ, बिम्ब-प्रतीकों की बीच-बीच में भाषागत आवृत्ति, उसी प्रकार कथा के रस-बोध में बाधक और विषयान्तर हो जाती हैं जैसे कहानी के बीच-बीच में तसवीरें; गम्भीर लेखों में उद्धरण; पत्रिका के रनिंग-मैटर में बॉक्स देकर चुटकुले, सूक्तियाँ या आप्त-वाक्य...ये प्रसंगान्तर अपने-आप में चाहे जितने सुन्दर, सार्थक और शक्तिशाली हों—मगर कथ्य की आन्तरिक माँग या स्वाभाविक प्रसंग-निसृत अन्वितियाँ न होकर आरोपित होते हैं, इसलिए रसास्वादन में कड़वी या मीठी झुँझलाहट बनकर ही आते हैं। पाठक कहानी की एक विशेष स्थिति या भाव-प्रवाह के साथ तादात्म्य किए है कि अचानक भाषा का ख़ूबसूरत या भौंडा आरोपित सौन्दर्य, उसका ध्यान वहाँ से तोड़कर अपनी ओर खींच लेता है और सारा सम्मोहन झटके से टूट जाता है। 'नदी के द्वीप' में इस स्थिति का सामना पाठक को दर्जनों बार करना पड़ता है। कथा-विकास की सूक्ष्म-जटिल स्थितियों की चुनौती से कतराकर, दूसरों की अभिव्यक्तियों को वहाँ भर देना, लेखकीय संघर्ष को सरल भले ही कर देता हो; पाठक के रसास्वादन में बहुत बड़ी बाधा ले आता है। यदि उन बँगला या अंग्रेज़ी पंक्तियों के किसी पाठक के अपने स्वतन्त्र आसंग (एसोसिएशन्स) हैं तो वे उनके पढ़ते ही अपने-आप उभरने लगते हैं और पाठक रेखा-भुवन को भूलकर उनमें खो जाता है, फिर झटके से जागकर रेखा-भुवन के साथ आ जाता है। इसी प्रकार कभी-कभी कुछ शब्दों का प्रयोग भी पाठक को कथा से छिटका देता है। मुझे ठीक याद नहीं : 'नदी के द्वीप' में ही कहीं अज्ञेय ने प्रकृति-वर्णन में लिखा है : "पश्चिमी आकाश में संध्या ने लालिमा ओप दी, या चाँदनी ओप दी।" इस सन्दर्भ में 'ओपना' शब्द इतना मौज़ूँ है कि तबीयत 'फड़क' उठती है, लेकिन साथ ही मुझे अज्ञेय की कविता की पंक्ति याद आती है : "ओप देगा व्योम श्लथ कुहासे का जाल," एक और पंक्ति है : "ओप देगी भाल तेरा..." इसके साथ ही बचपन में पढ़ा बिहारी का दोहा : "आनन ओप उजास" और उस पंक्ति के साथ ही तब की अनेक स्मृतियाँ, अनेक दोहे, देव-मतिराम के कवित्त...मैं समझता हूँ कि चाहे अज्ञेय की भाषा-सम्बन्धी नक़्क़ाशी हो या निर्मल वर्मा की तैरते बिम्बों की लड़ियाँ—ये कथा-प्रवाह के अपने विशिष्ट रस-बोध में बाधक ही हैं, जबकि रेणु के ध्वनि-चित्र, कथ्य-बिम्बों को और भी सजीव नाटकीयता देते हैं।

जिस तरह कविता से, स्वर-संगीत हटाकर अर्थ की लय; संगीत से, शब्द का अर्थ हटाकर नाद का शब्द, स्वर-लय; चित्रकला से, रेखाएँ और रूपाकार हटाकर भाव के चित्र बनाना—इन कलाओं की मूल-प्रवृत्ति के अन्वेषण की दिशा में, स्थूल से सूक्ष्म की ओर जाकर इनकी आत्मा और तात्त्विक अस्तित्व को पाना होता है, उसी तरह कहानी में भी भाषा के चित्रों (फ़िगर ऑफ़ स्पीच) को हटाकर, चित्रों की भाषा (स्पीच ऑफ़ फ़िगर) को खोजना-निथारना, शुद्ध कहानी की अपनी प्रकृति के अनुकूल है।[1] उसमें भाषा के चित्र जितना ही कम-से-कम ध्यान बँटाएँ, उतनी ही यह चित्रों की भाषा अधिक सजीव-अविकृत होगी और 'कहानी' तथा पाठक के बीच भाषा उसी प्रकार एक अस्तित्वहीन, लेकिन अनिवार्य माध्यम होकर आएगी जैसे दृश्य और दृष्टि के बीच सही नम्बर का काँच...

---

1. सत्यजित रे ने अपने एक लेख में 'फ़ोटोग्राफ़' और फ़िल्म के सूक्ष्म अन्तर को रेखांकित करके बताया है कि 'फ़ोटोग्राफ़' में कलाकार दृश्य की सार्थक सम्पूर्णता को देखता है; फ़िल्म में सार्थक गतिशीलता को। फ़िल्म 'स्टिल्स' का संकलन नहीं, एक स्वतन्त्र कला है और 'शुद्ध फ़ोटोग्राफ़र' की दृष्टि उसकी मूल-प्रकृति को नष्ट ही करती है।

'शुद्ध कहानी' की खोज में हिन्दी में, प्रेमचन्द से भी अधिक मैं जैनेन्द्र, अमरकान्त और रामकुमार, किसी हद तक अश्क-यशपाल को (अंग्रेज़ी में हैमिंग्वे को) देखता हूँ जिन्होंने अभिव्यक्ति के स्तर पर हर प्रसंगान्तर को अस्वीकारने की कोशिश की है। चंडीप्रसाद 'हृदयेश', प्रसाद, अज्ञेय, निर्मल वर्मा और प्रारम्भिक कमलेश्वर-रमेश बक्षी की भाषा-विषयक अतिरिक्त चेतना, रूमानी और मधुर वातावरण चाहे जितना पैदा कर दे, लेकिन कहानी की प्रकृति और रसबोध के लिए उतनी ही असुविधाजनक है जितनी ऑस्कर वाइल्ड की स्मार्ट-चुस्त-दुरुस्त-वाक्यों-भरी भाषा। यही कठिनाई भाषा के अत्यधिक आंचलिक प्रयोगों को लेकर आती है।

लेकिन कथ्य की आभ्यन्तरिक माँग को पहचानकर जैनेन्द्र, अमरकान्त और रघुवीर सहाय की तरह व्यंजना को पारदर्शी बनाना लेखकीय संवेदना की तीव्रता और घनत्व से प्रेरित प्रयत्न है और सपाट-असमर्थ भाषा लिखकर उसकी 'अनगढ़ता' और 'कच्चाई' को सादगी कहना चालाकी है। देखना यह है कि क्या भाषा की प्रकृति और बिम्ब, कथ्य की आन्तरिक माँग के साथ सामंजस्य पाते हैं—उसके प्रभाव में सहायक हैं ? 'बादलों के घेरे' की सारी व्यंजना-शैली कथा के अपने आन्तरिक मूड के अनुरूप ही है—हालाँकि उसकी सायास कवित्वमयता में अज्ञेय की भाषावाला दोष भी बार-बार उभर आता है। मैं समझता हूँ अज्ञेय ने भी कहानी की मूल-प्रकृति और भाषा के सम्बन्ध को 'अपने-अपने अजनबी' में अधिक गहराई से महसूस किया है।

जीवन्त चित्र नहीं; बल्कि उनके प्रभाव को स्वयं निचोड़कर, चित्रात्मक भाषा द्वारा उस प्रभाव की पुनर्सृष्टि का कवि-सुलभ प्रयत्न करना निर्मल और रमेश बक्षी की अपनी धारणा हो सकती है, लेकिन काव्य-कुष्ठ की चकतीदार भाषा को प्रभाव-सृष्टि का प्रयोग मानना लक्ष्मीनारायण लाल और शिवप्रसाद सिंह की असमर्थता ही लगती है। ताज़े आम के रस की अपनी एक अलग सौंधी महक है; लेकिन उसके 'प्रभाव' को और बढ़ाने के लिए उसमें आम के रस का एसेन्स और ऊपर से डाल देना उलटा प्रभाव पैदा कर सकता है। हो सकता है आम के अपने सौंधेपन के साथ इस बने-बनाए एसेन्स की मूलभूत गन्ध का मेल ही न हो...उन कहानियों का तो कहना ही क्या, जिनमें आम के रस में ख़स का एसेन्स डालकर 'प्रभाव-सृष्टि' की जाती है...विषय की प्रकृति और माँग कुछ और है, और भाषा कोई और ही प्रभाव पैदा कर रही है।

वस्तुतः कहानी में प्रतीक, बिम्ब इत्यादि भाषा और शब्दों के स्तर पर नहीं; विषय-बोध और उसे ध्वनित कर सकनेवाले शिल्प के धरातल पर आते हैं। कहानी की सांकेतिकता शब्दों, या ध्वनि, लहजे की सांकेतिकता नहीं; विषय के प्रस्तुतीकरण, संघटन, कोण, निर्वाह और सब मिलाकर प्रभाव की सांकेतिकता होती है। उसमें वातावरण का संगीत नहीं, प्रभाव का संगीत होता है।

विषय-बोध से भी पहले कथाकार की समस्या अपने अस्तित्व-बोध की है, उसके प्रति उसके एप्रोच की है—जीवन और परिवेश के प्रति उसकी धारणा और दृष्टिकोण की है। कहानी तो उस सबका परिणाम और प्रतिफलन ही हो सकती है। इसलिए अनुभव-स्रोत, ऐन्द्रिय-बोध, अनुभूति और उसके सम्प्रेषण से लेकर प्रभाव तक, वह पूरा एक वृत्त बनाती है—एक ऐसी संश्लिष्ट इकाई के रूप में, जिसे कहीं से भी तोड़ा नहीं जा सकता। चरित्र-

चित्रण, देश–काल, पात्र, कथानक या शैली के सतही रूपगत आधार पर तो उसे समझ पाने का कोई प्रश्न ही नहीं उठता।

चूँकि कहानी से भी अधिक प्रयत्न जीवन को समझने, समाहृत करने का है, इसलिए इस प्रयत्न में हर कहानीकार की अपनी धारणाएँ, अनुभव और दृष्टिकोण हैं और इस सबको घेरे है उसका बदलता संस्कार। हर कहानीकार का दूसरे से अलग अपना तरीक़ा है, अपना व्यक्तित्व है। इस अनिवार्यत: सामाजिक विधा के माध्यम से उसे स्वयं अपने विषय को देखना, चुनना और पकाकर पाठक तक पहुँचाकर उसमें से अर्थ पाना होता है। उसके इस प्रयत्न में सभी साझीदार हैं, क्योंकि सभी गुँथे हैं।

ईमानदारी से अपने अनुभवों को सुनाकर हर व्यक्ति, सामाजिक और ऐतिहासिक परिपार्श्व में उनका अर्थ पाना चाहता है। अख़बार पढ़ने तक में यही दृष्टि आज प्रमुख है। हम समाचार और वक्तव्यों को पढ़ते समय, उनके महीन–से–महीन संकेतों पर निगाह जमाए हुए भी, उनके पीछे के अर्थों, आशयों, शक्तियों और परिणामों को भी जानना चाहते हैं। जो केवल समाचारों और वक्तव्यों तक ही रह जाते हैं, बड़े परिप्रेक्ष्य में उनके अर्थ नहीं पकड़ पाते, उन्हें हम गम्भीर और समझदार अख़बार–पाठक भी नहीं मानते। इस प्रकार एक समाचार हमें दुहरे–तिहरे स्तरों पर पढ़ना होता है : एक वह जो हम पढ़ते हैं, एक या अनेक बड़े स्तर वे, जिनमें उस वक्तव्य–समाचार को रखकर सारी स्थिति को आत्मसात् करते हैं। पढ़ने का यह ढंग हमें दुहरी दृष्टि देता है : जो सामने है उसके सारे डिटेल्स, सारे अर्थ, सारी ध्वनियाँ पकड़ी जाएँ, कहीं कुछ छूट न जाए—ताकि उन सबको बड़े धरातलों के सन्दर्भ में रखकर वास्तविक अर्थ निकाला जा सके। इसलिए प्रस्तुत के विन्यास में भी सम्पादक को अतिरिक्त सावधानी बरतनी होती है, जिससे बड़े धरातलों पर भी वही अर्थ निकलें, जो उसे अभीष्ट हैं।

रोज़–रोज़ दुनिया–भर के समाचार–वक्तव्य पढ़कर हम दुनिया की स्थिति ही नहीं जानते, उस दुनिया में अपनी स्थिति भी जानते रहना चाहते हैं, हमारी अपनी जीवन–प्रणाली को प्रभावित करनेवाली शक्तियों और वृत्तियों के निरन्तर सम्पर्क में रहना चाहते हैं। संवेदनाओं, अनुभूतियों और मूल्यों के धरातल पर यह काम कहानी का है। अपने से अलग, दूसरे के दृष्टिकोण, अनुभव, धारणा या बोध इत्यादि को जानना, अपने को जानना है, अपने नैतिक धरातल को पाना है, अपने को आध्यात्मिक स्तरों पर अधिक सुसंस्कृत करना है। अख़बार व्यक्ति को प्रबुद्ध करता है, कला सुसंस्कृत या संस्कार–समृद्ध। दूसरे के मानस–जगत् में कला के माध्यम से प्रवेश करने के पीछे निरापद अनुभवों का संचयन; अपनी सीमाओं—या स्वार्थों—से उठने का प्रयत्न; जिज्ञासा या सहानुभूति; अपनी कमियों से प्रेरित पूर्णता की खोज, स्वप्न–सम्पूर्ति या कभी–कभी केवल अपने से पलायन की ही भावना हो सकती है; मगर कहानी में पाठक की निरन्तर उपस्थिति लेखक के नए एप्रोच या नए प्रयोगों में बाधक नहीं, साधक ही होती है। अत: प्रयोगधर्मा होते हुए भी कहानी सामाजिक होने को बाध्य है। कुछ ने कला की सामाजिकता को कलाहीनता का पर्याय माना है; क्योंकि वहाँ कला के साथ 'समाज' जुड़ा है, और 'समाज' को छुतहा–बीमारी मानने का एक अजीब 'फ़ोबिया' हिन्दी–कथा–समीक्षकों में प्रचलित है। मैं इसे कहानी को कविता के स्तर पर ठेल देने का कलावादी प्रयत्न मानता हूँ। अगर सामाजिक या लोकप्रिय होना किसी विधा के प्रयोगधर्मा होने में बाधक हो सकता हो, तो यह बात नाटकों के बारे में सबसे अधिक लागू होती है। जबकि हम जानते हैं; आज पिरान्देलो, ब्रैख़्त, बैकेट, आर्थर मिलर, इयानास्को इत्यादि के हाथों नाटक न केवल सबसे

अधिक प्रयोगशील विधा हो उठी है; बल्कि आधुनिक संवेदना को सबसे अधिक वही वहन कर रही है। और उसमें समाज कहानी से अधिक अपरिहार्य है।

जैसा कि मैंने कहा : आज जो कहानी हम पढ़ते हैं वह केवल उसका एक स्तर है, उसके वास्तविक और विशिष्ट स्तर तो नेपथ्य में चलते रहते हैं। मोपासाँ, प्रेमचन्द, यशपाल की कहानियों में यह स्तर नहीं था, ऐसा नहीं है; लेकिन वहाँ वह मन्तव्य बनकर था, कथ्य बनकर नहीं; अर्थात् कहानी के अन्त में सहसा संकेतित हो उठता था—लेखक की चेतना में वर्तमान रहता था। आज वह कहानी में (परिणामत: पाठक के मन में भी) समानान्तर चलता महसूस होता रहता है।[1] कहानी के अन्त की ओर आना उस स्तर को प्राप्त करने की ओर आना नहीं, बल्कि इन दोनों के अर्थवाही सम्बन्ध को पाना है। इस विधा में कुछ अत्यन्त ही सफल कहानियों के उदाहरण-स्वरूप मैं सॉएल बैलो और जे.डी. सैलिंजर की कहानियों को रखना चाहूँगा। बैलो की 'लुकिंग फ़ॉर मिस्टर ग्रीन' और सैलिंजर की 'ए परफ़ैक्ट डे फ़ॉर बनाना-फ़िश' हो या 'टैडी' नाम के लड़के की कहानी; हर पंक्ति में लगता है कि एक और भी कहानी है जो इन पंक्तियों के पीछे चल रही है। सारी प्रामाणिकता और सूक्ष्मता के बावजूद 'यह' कहानी 'उस' बड़ी विराट और वास्तविक कहानी का झरोखा है। मिस्टर ग्रीन की खोज, उस खोज का अन्त और टैडी की बुजुर्गी-विद्वत्ता-भरी बातें, चौदह वर्ष की उम्र में बड़े-बड़े डॉक्टरों, प्रोफेसरों को इंटरव्यू देने का आत्म-विश्वास, योग और पुनर्जन्म का ज्ञान, भविष्य-कथन की वृत्ति हमारे यहाँ के किसी बच्चे में केवल 'चमत्कार-बालक' वाला कौतूहल ही जगा सकती है, लेकिन उस कहानी में टैडी समय की किसी विराट ट्रेजेडी का परिणाम और 'टोटल हॉरर' का गवाह लगता है। उसकी ऊँची-ऊँची बातें विस्मय, कुतूहल या आश्चर्य नहीं जगातीं—किसी ज्वालामुखी पर बैठे भोले आदमी की निष्कपट बातों जैसा दिल दहला देनेवाला आतंक जगाती हैं। अमरकांत की कहानियाँ हिन्दी में कुछ ऐसा ही प्रभाव छोड़ जाती हैं, विशेषत: 'असमर्थ हिलता हाथ'।

दुहरी कहानियों की यह भंगिमा, शिल्प और प्रतीक से ऊपर एक दृष्टि ही अधिक है। इस विषय में विस्तार से बाद में कहूँगा। यहाँ केवल इतना काफ़ी है कि शिल्प की सायासता और आरोपित स्थिति की ध्वनि, कथ्य को भी अविकृत नहीं रहने देती। दो स्तरों पर चलनेवाली कहानी 'पठार का धीरज' भी है; लेकिन उसमें वास्तविकता के अनेक स्तर एक-दूसरे से उदासीन और असंपृक्त पठारों की तरह फैले हैं। 'और क्या हमेशा ही हमारा जीवन एकाधिक स्तर पर नहीं चलता? हमारा अधिक तीव्रता के साथ जीना, क्या एक ही स्तर पर अधिक गति या विस्तार की अपेक्षा अधिक या नए स्तरों का हठात् जागा हुआ बोध नहीं है?' की ख़ूबसूरत प्रतिपत्ति के साथ ही जब अज्ञेय, जीवन के इन स्तरों को पठार की तरह जड़, पथराए, एक-दूसरे से उदासीन मान लेते हैं और यह कहते हैं : 'पठार की अपनी एक वास्तविकता है, उनकी अपनी एक वास्तविकता है। दोनों समानान्तर हैं, सहजीवी हैं, संयुक्त हैं—यह बिलकुल आवश्यक नहीं है कि वास्तविकता के अलग-अलग स्तर कहीं भी एक-दूसरे को काटें।' तो ज़िन्दगी के इन स्तरों को काव्य-अनुभूतियों की तरह गतिहीन, पथराया (जैनेन्द्रजी के शब्दों में 'शिलीभूत'?) मान लेना है—उनके जीवन्त लचीलेपन और एक-दूसरे में गुँथे होने की सचाई से बचना है। इस प्रकार अज्ञेय की यह कहानी हमें किसी सामाजिक,

1. 'हिन्दी-कहानी की रचना-क्रिया' डॉक्टर परमानन्द श्रीवास्तव, पृष्ठ-298

मनोवैज्ञानिक, ऐतिहासिक या तात्त्विक (मैटाफ़िज़िकल) सचाई से अनुस्यूत नहीं करती—जीवन के जड़ीभूत (शिलीभूत) स्तरों—के प्रति एक व्यक्ति की निहायत व्यक्तिगत तर्क-प्रणाली सामने रखती है, जो द्रष्टा की अपनी कल्पना भी हो सकती है। अज्ञेयजी जिन्हें पठार कहकर जस्टीफ़ाई करते हैं, दूसरा आदमी उन्हें ही कुतुबमीनार के एक-दूसरे पर टिके खंड कह सकता था। इसी जगह मैं अपनी 'छोटे-छोटे ताजमहल' को अधिक आधुनिक कहना चाहूँगा, क्योंकि वह संवेदनाओं के जड़त्व को 'धीरज' के विलक्षणत्व से मंडित नहीं करती। वह संवेदनाओं और वास्तविकता के अनेक स्तरों को ज्यों-का-त्यों स्वीकार करके, उनकी एक-दूसरे के आर-पार जा सकने की प्रकृति, प्रभावित कर सकने या परिवेशित करने की स्थिति को प्रस्तुत करती है। ताजमहल का प्रतीक भी किसी तर्क के रूप में पेश नहीं किया गया। इस दृष्टि से अज्ञेय की ही 'जयदोल' कहानी अधिक सार्थक प्रयोग है, क्योंकि वहाँ वास्तविकता के स्तर खोलने के साथ-ही-साथ दो समानान्तर लेटे पठारों की तरह असंपृक्त, अप्रभावित रहते हुए ही उन स्तरों को 'देखने' जैसा दम्भ नहीं है।

जब सायास आरोपित ही हों, तो किस प्रकार दो अलग-अलग युगों की वास्तविकताएँ एक-दूसरी के समानान्तर आकर दो युगों के मूल्यगत अन्तर्विरोधों को उजागर कर जाती हैं, सारी मान्यताओं के टूटने की ट्रैजेडी को सामने रख देती हैं, इसके लिए कमलेश्वर की 'राजा निरबंसिया' कहानी को पढ़ा जा सकता है। लेकिन जैसा कि मैंने पहले कहा है, कहानी की वर्ण्य सीमाओं से टूटकर, 'कहीं से' समानताएँ या विरोध लाना (या पात्र को सिर्फ़ इसीलिए वहाँ पहुँचा देना) मूलतः काव्य-उपमाओंवाली प्रवृत्ति है। आज कहानी की दिशा एक ही वास्तविकता के पीछे छिपे युग-बोध के अनेक स्तरों की संगति में अर्थ खोजने की है। इसके लिए वास्तविकता की प्रामाणिकता और युग-बोध की आत्मीयता (इनजैन्युटी) दोनों ही लेखकीय अपेक्षा की अनिवार्यताएँ हैं।

बात फिर कथाकार की दृष्टि, उसकी अपेक्षा, परिवेश को ग्रहण और सम्प्रेषित करने के दृष्टिकोण पर आ जाती है, क्योंकि इसके बिना आज की कहानी के रूप और विधागत प्रयोगों को समझा ही नहीं जा सकता। जिस प्रकार चेख़व के यथार्थ-बोध ने उसकी कहानियों को तत्कालीन शास्त्रीय कहानियों से एकदम 'नया' या अलग कर दिया, उसी प्रकार आज की कहानी की परिकल्पना या स्थापत्य-सम्बन्धी आमूल परिवर्तन को समझने के लिए आज के लेखक का यथार्थ-बोध समझना पड़ेगा। चेख़व की कहानियों को मैं शिल्प-प्रयोग के रूप में देख ही नहीं पाता—वह तो तत्कालीन यथार्थ को देखने का उसका अपना बोध था जो रूप (फ़ॉर्म) की चिन्ता किए बिना कहानी में प्रगट होता था और अनजाने ही कहानी एकदम 'नई' हो उठी थी। कहानी ही क्यों, उसी बोध ने चेख़व के हाथों नाटक की रूढ़-धारणा में भी क्रान्ति कराई। एक ही यथार्थ के प्रति चेख़व और गोर्की दोनों अपनी-अपनी तरह प्रतिबद्ध थे और दोनों 'नए' थे; लेकिन आपस में कितने अलग पड़ गए थे। निर्वैयक्तिक-यथार्थ के प्रति वैयक्तिक एप्रोच, या वैयक्तिक-यथार्थ एक ही है, लेकिन उसे देखने, महसूस करने के स्तर अलग-अलग हैं। ध्यान दीजिए, स्तर अलग-अलग हैं, वैयक्तिक (सब्जैक्टिव) हैं, लेकिन कवि कथाकारों की तरह व्यक्तिगत (पर्सनल) नहीं। 'प्रर्सनल वर्ल्ड' का यह भ्रम (मिथ) मुझे सचाई कम, किसी पश्चिमी आलोचक से लिया गया ख़ूबसूरत 'क्लिशे' अधिक लगता है।

अतीत-मुक्त वर्तमान क्षण में स्थित, आत्म-सजग व्यक्ति की संवेदना, अपने और परिवेश के अविच्छिन्न संघातों (इम्पैक्ट्स) के प्रति ही उसे सचेत नहीं रखती—यथार्थ को देखने के सारे दृष्टिकोण, राग-बोध को ही बदल देती है और कहानी की बुनावट, निर्वाह और शैली-स्थापत्य सभी में मौलिक अन्तर आ जाते हैं। कहानी की सारी शक्ल ही बदल जाती है—यहाँ तक कि पुराने संस्कारी पाठक के लिए पहचान सकना ही मुश्किल हो जाता है कि यह 'कहानी' ही है या कुछ और? उसके लिए तो कहानी अभी तक छह शास्त्रीय तत्त्वों और प्रारम्भ विकास, द्वन्द्व, क्लाइमैक्स और परिणति में फैला एक साहित्य-प्रकार भर है (और यह शास्त्र भी आज सौ साल पुराना हो गया है। कहानी 'पो' के शास्त्र को बहुत पहले पार कर आई है), अनुभूतियों-संवेदनाओं की सम्प्रेषणीयता का प्रयोग-साध्य माध्यम नहीं...

लेकिन आज जहाँ लेखक का कहानी-सम्बन्धी दृष्टिकोण उसके परिवेश के अनेक तत्त्वों से प्रभावित-परिवर्तित हुआ है, वहीं उसने अपने पूर्ववर्ती लेखकों की कमियों-शक्तियों को भी पहचाना है। समाजवादी यथार्थवाद में मनुष्य के खोए व्यक्तित्व को प्रतिष्ठित करना और व्यक्तिवादी द्वीपों को सामाजिक सन्दर्भों में देखना भी उसे अपने लेखकीय दायित्व के ही अंग लगते हैं। समाजवादी लेखकों का परिवेश-बोध और व्यक्तिवादी लेखकों की आत्म-सजगता (सैल्फ़-कॉन्शसनेस नहीं, कॉन्शसनेस ऑफ़ द सैल्फ़) का समन्वय, अपने अनुभवों-संस्कारों के साथ मिलकर उसकी चेतना को बनाता है। इस सबके साथ ही वह अपने युग और यथार्थ को अत्यन्त संवेदनशील मानस पर ग्रहण करता है...जीवन के निहायत 'वैयक्तिक' अनुभवों को आज के परिवेश में तटस्थता से रखता है—इसलिए वह पहले दोनों वर्गों से अधिक प्रामाणिक और विश्वसनीय लगता है। परिवेश की विश्वसनीयता और अनुभूति की प्रामाणिकता का यह सामंजस्य हिन्दी कहानी में पहली बार इस रूप में आया है।

जैनेन्द्र, अज्ञेय की कहानियों में व्यक्ति ही इतना महान, सारी शंकाओं-प्रश्नों से ऊपर था कि अपनी हर 'व्यक्तिगत' अनुभूति को वह महत्त्वपूर्ण मानता था, इसलिए वही उसे 'प्रामाणिक' भी लगती थी। अपने व्यक्तिगत मूड्स के इम्प्रैशन्स को ही वह कहानी का वातावरण बनाकर चला देता था और यह 'वातावरण' उस अनुभूति को एक रहस्यमय ज्योतिर्वलय से मंडित कर देता था...कहानी तब मुक्त-आसंगों—फ्री-एसोसिएशन्स—की चेतना-प्रवाही शैली में उतारा गया, मूड का चित्र ही होती थी...दूसरे शब्दों में, अचेतन का रिपोर्ताज़, या मनोविश्लेषणीय भंगिमा में लिखा गया मन:स्थिति का संस्मरण। ये लेखक, सामाजिक घटनाओं के रिपोर्ताज़ या परिस्थितियों के संस्मरण लिखनेवालों से अपने को अलग और ऊँचा रखते थे। कहानी के रूपगत गठन की जड़ता को तोड़ने और उसे मुक्त सहज-प्रवाही बनाने में इस शैली ने ही महत्त्वपूर्ण योग दिया...लेकिन इसमें न कोई अर्थ पाने का आग्रह था, न दृष्टि खोजने का...वह एक ऐसा प्रवाह था जिसे जब चाहे काट दीजिए, जब तक चाहे बहने दीजिए...

युद्ध और उथल-पुथल के दिनों में जहाँ जीवन की और सारी मूल्य-मान्यताएँ टूटीं; वहीं कहानी की रूपगत जड़ता (या एक्ज़ैक्टनेस) को आन्तरिक स्तर पर एक ओर सुर-रियलिस्टिक धारा के इन चेतना-प्रवाही लेखकों ने तोड़ा तो दूसरी ओर बाहरी अनुशासन को इम्प्रैशनिस्टिक रिपोर्ताज़ी लेखकों ने...ये दोनों परिवर्तन इतने आकस्मिक ढंग से समानान्तर और एक साथ ही हुए कि कहानी की शास्त्रीय परिभाषाएँ तेज़ी से छोटी और ओछी पड़ गईं...तब हिन्दी कहानी एक नया मोड़ लेने के लिए छटपटाने लगी। यहाँ यह बिलकुल नहीं भूलना चाहिए कि कला या जीवन के मूल्यों का टूटना तो परिणाम था, कारण तो यथार्थ

को प्रामाणिक स्तर पर ग्रहण करने की अकुलाहट थी...एक अन्तश्चेतना की ख़ुर्दबीन से व्यक्ति के भीतरी गह्वरों में यथार्थ की प्रामाणिकता पाना चाहता था, तो दूसरा बाहरी दर्शन के चश्मे से...

इन दोनों प्रवृत्तियों ने कहानी के जिस परम्परागत रूप को तोड़ा उस पर भी दृष्टिपात कर लेना आवश्यक है।

युद्ध से पहले के अपेक्षाकृत स्थिर यथार्थ में 'समस्यावादी' कहानियों का बोलबाला था और इसमें भी दो कथा-दृष्टियाँ थीं।

प्रेमचन्द, यशपाल, अश्क और इलाचन्द्र जोशी में अपनी कला-चेतना तथा दृष्टिकोण का अन्तर ज़रूर है; लेकिन प्राय: उनका यथार्थ-बोध और उसे प्रस्तुत करने का तरीक़ा कहीं समान है...सहज-मानवीय, गांधीवादी सुधारात्मक दृष्टि से प्रेमचन्द; तीव्र बौद्धिक मार्क्सवादी दृष्टि से यशपाल; व्यक्तिगत अनुभवों, निरीक्षणों की निर्वैयक्तिक दृष्टि से अश्क, चन्द्रगुप्त विद्यालंकार और प्राय: फ्रॉयडीय मनोविज्ञान की दृष्टि से इलाचन्द्र जोशी, पहाड़ी—अपने आस-पास के यथार्थ का निर्माण करते हैं। पढ़ी-सुनी या गुनी हुई कोई सूक्ति उन्हें आइडिया देती है और अपने अनुभवों, स्मृति और कल्पना से, चरित्र, परिस्थितियाँ और उनके नाटकीय सम्बन्धों को 'बना' कर[1] ये लोग शास्त्रीय दृष्टि से परफ़ेक्ट कहानियाँ गढ़ देते हैं। इन सबके दृष्टिकोण अलग हैं, कलात्मक धरातल अलग हैं और उपलब्धियाँ-प्रभाव भी कम-ज़्यादा हैं; लेकिन विषय की अवधारणा और रचना-प्रक्रिया में कहीं एक समानता है। इनके लिए आइडिया पहले आता है और उसके अनुरूप जीवन 'बना' लिया जाता है, उसके तर्कसंगत मोड़ गढ़ लिये जाते हैं, प्रभाव साध लिया जाता है।

ये मान्यताएँ, विचार या आइडिया, समाज के सुधार या संक्रान्ति-काल में सचेत लेखक के लिए 'समस्या' का रूप लेकर आते हैं। हममें से बहुत से लेखक भूले नहीं होंगे कि पिछले कुछ दिनों तक किसी कहानी का ज़िक्र आते ही दो सवाल पूछे जाते थे, "संक्षेप में उसकी कहानी क्या है?" या "उसका सेंट्रल आइडिया क्या है?" जिस प्रकार घटना-प्रधान कहानियों के युग में कहानी का सारांश जानकर पता लगा लिया जाता था, उसी प्रकार समस्या-युग में बताया जाता था, "समस्या यह है कि मान लीजिए, लड़कियों से छेड़खानी करनेवाला एक छोकरा दूर से ही लड़कियों का झुंड देखकर फ़िक़रे कसता है। अब उन लड़कियों में उसकी एक बहन भी हो सकती है।" (यशपाल की कहानी '80।100') या "इज़्ज़त को नाक माननेवाले की नैतिकता कितनी सतही है कि वह नाक को ही इज़्ज़त मानने लगता है, वह भी उसके अभिधार्थ में। इस तर्क से यह 'नाक' ऐसी सुविधा या दिखावे की चीज़ हो गई कि जब चाहे लगा दीजिए, जब चाहे उतारकर रख दीजिए।" इस आइडिया के लिए नक़ली दाँतों की तरह यशपाल को नक़ली नाक की भी कल्पना करनी पड़ी ('दूसरी नाक')।

आइडिया अध्ययन के निचोड़ से आया हो या जीवन के—उसे ही केन्द्र बनाकर चलनेवाले को जीवन से सामग्री एक ही आधार पर लेनी पड़ती है, और वह है "मान लीजिए कि..." या "यह भी हो सकता है..." और यह सारी प्रक्रिया कहानी को दृष्टान्त कथाओं के अधिक निकट ले आती थी।

---

1. "मैं प्राय: अपने विषय का स्पष्टीकरण करनेवाली घटनाओं की कल्पना कर लेता हूँ, फिर घटना के लिए परिस्थितियों की और उनके अनुकूल पात्रों की। ध्यान इस बात का ज़रूर रखता हूँ कि मेरी रचना वास्तविक जान पड़े।" यशपाल—'कहानी' : विशेषांक, 1955।

"यह भी हो सकता है" ही उस समय का यथार्थ था और इसी "भी हो सकता है" के पंख लगाकर कथाकार जहाँ चाहे जा सकता था, चाहे जिन लोगों की कहानियाँ लिख सकता था। अपने आइडिया या समस्या को चाहे वह बौद्ध-युग का जामा पहनाकर प्रस्तुत कर दे, चाहे मध्य-युग का। पृष्ठभूमि के रूप में इलाहाबाद, लखनऊ का मध्यवर्गीय घर भी हो सकता है, लन्दन-पैरिस का कोई एपार्टमेंट भी। आइडिया पकाकर उसके अनुकूल पात्र, परिस्थिति और समय का चुनाव हो जाता था और सारी कहानी इस तरह रख दी जाती थी कि वह आइडिया अपने-आप ही ध्वनित या रेखांकित हो जाए। ओ' हेनरी, मोपासाँ, मॉम-निकाय की ये आइडिया-समस्या या सूक्तिमूलक बौद्धिक प्रेरणा से लिखी गई कहानियाँ शास्त्रीय दृष्टि से बहुत सटीक, परफ़ैक्ट और एक्ज़ैक्ट होती थीं। हिन्दी की पहली अधिकांश शक्तिशाली कहानियाँ प्राय: इसी विधा में लिखी गईं।

यथार्थ के प्रति इस एप्रोच में कहानियाँ भले ही बहुत परफ़ैक्ट बन जाएँ, वैयक्तिक विश्वसनीयता का अभाव बराबर पाठक को शंकाकुल रखता था। यथार्थ वहाँ संवेदित और सम्प्रेषित नहीं, निर्मित होता था, घटनाओं के मोड़ कल्पित होते थे। चरित्र विश्वसनीय है तो उसको गति या परिणति देनेवाली घटनाएँ या घटनाओं को मिलानेवाले खाँचे गढ़े जाते थे। घटनाएँ प्रामाणिक हैं तो चरित्र उनके प्रति समर्पित कठपुतला हो जाता था। इस सारी प्रक्रिया में ये कल्पना-संघटित चरित्र, स्थितियाँ इत्यादि कुछ ऐसे मशीनी हो उठते थे कि कहानी फ़ेबुल और पैरेबुल के बीच भटकती थी। वहाँ अपने और केवल अपने परिवेश के प्रति संवेदनात्मक लगाव कम, बौद्धिक दायित्व अधिक था।

इस अप्रामाणिकता को चरित्रों के स्तर पर व्यक्तिवादी और परिस्थितियों के धरातल पर समाजवादी लेखकों ने चैलेंज किया। अर्थात् ये भीतरी और बाहरी रिपोर्ताज़-संस्मरण-लेखक (जो अधिकांश 'मैं' शैली में लिखते थे), यथार्थ को अधिक प्रामाणिक ढंग से प्रस्तुत करते समय इसी बौद्धिक दृष्टि या स्नॉब-रिजिडिटी के ख़िलाफ़ विद्रोह करते हैं और कहानी का परम्परागत रूप टूटने लगता है। कारण यह था कि युद्ध और उसके आगे-पीछे आँख खोलनेवाले लेखकों के लिए यथार्थ, बौद्धिक धरातल पर नहीं; संवेदनात्मक धरातल पर—व्यक्तिगत अनुभव बनकर आया था और उस कल्पना-प्रसूत यथार्थ के नक़लीपन से ऊबकर ये अपने अनुभव का ही यथार्थ प्रस्तुत कर सकते थे...परिस्थितियाँ इस तेज़ी से बदल रही थीं कि एक उनमें बह गया था और दूसरा अपने अन्दर की गुफ़ाओं में छिपा बैठा था। ऐसे समय में 'अपना अनुभव' ही सबसे सुरक्षित और विश्वसनीय भी लगता था। चाहें तो यह भी कह लें कि यह 'अपना अनुभव' एक संवेदनशील मानस की प्रतिक्रिया, पहले की अविश्वनीयता तथा अप्रामाणिकता के ख़िलाफ़ चैलेंज तो था ही, मजबूरी और दृष्टि की सीमा भी थी।

'अनुभव-तन्त्र' के लेखकों को एक और भी बात रास नहीं आती थी : परिस्थितियों के द्रुत परिवर्तन में इतना अवकाश भी नहीं था, कि कहानी एक चमत्कार या 'टाइट रोप वॉकिंग' विधा ही बनी रहे और उसका शास्त्र कहानी के प्राण को भी उसी तरह मारकर रख दे जैसे संस्कृत व्याकरण ने संस्कृत भाषा को ही दफ़ना दिया। इस प्रकार चालीस से पचास के समय में जीवन के सारे परम्परागत पैटर्न के साथ-साथ कहानी-कविता की लीकें भी बिखर गईं...

और यहीं वे देश-व्यापी परिवर्तन आए जिनकी छाया में आज की कहानी ने साँस ली—वही स्वप्न-भंग, विश्वासघात, सत्तासक्ति और सारे 'उदात्त' मूल्यों का विघटन शुरू हुआ...

अगली-पिछली परम्परागत कहानियों से इस कहानी को जो असन्तोष थे उन्हें एक बार फिर कोष्ठबद्ध रूप में दुहरा लेना आवश्यक है :

- संवेदना, अनुभूति, अनुभव से विचार या दर्शन की ओर अग्रसर न होकर लेखक विचार या दर्शन के लिए इनकी खोज या निर्माण में अधिक विश्वास करता था।
- आइडिया, सूक्ति या विचार बाहर से लिये हुए, आरोपित या उधार के थे—वे अपने युग की पीड़ा और यथार्थ-बोध से सीधे निकाले गए नतीजे (डिडक्शन्स) नहीं थे। मनोविश्लेषण, दर्शन, राजनीति या विज्ञान की किसी किताब से उन्हें ले लिया जाता था और उनकी व्याख्या के लिए मैटर या सामग्री जुटाने की चिन्ता की जाती थी।
- इस मानसिक तैयारी के बाद लेखक सोचता था कि उसका यह आइडिया किन पात्रों, किस युग, किस समाज और किन परिस्थितियों में सबसे अधिक कन्विसिंग लगेगा, और इसी हिसाब से उन्हें चुन या गढ़कर अपना क़िस्सा फैला लेता था और अन्त में अपने इस पूर्व-निश्चित आइडिया को झटके से निकालकर, जादूगर के गोले की तरह पाठकों के सामने रख देता था। उसके हाथ का कमाल देखकर पाठक 'मुग्ध' हो जाते थे, रो उठते थे या प्रसन्न हो जाते थे और कहानी उन्हें तात्कालिक प्रतिक्रिया के एक अप्रत्याशित धक्के में विभोर, क्रुद्ध या चिन्तित छोड़ जाती थी, कुछ प्रश्न उठा जाती थी।
- इस प्रक्रिया में यथार्थ या तो उस लेखक को 'समस्या' लगता था या निर्जीव मिट्टी का लौंदा, जिसके मनचाहे खिलौने बनाए जा सकते थे। स्थितियों के जोड़-तोड़, पात्रों के व्यवहार, भावनाओं के संघर्ष और भाषा के प्रयोग की कुछ रूढ़ियाँ बन गई थीं और लेखक उन्हें ही आज़माकर मनचाहा प्रभाव पैदा कर लेता था...शोषित, निरीह, असहायों के प्रति दया; स्त्रियों, वेश्याओं के प्रति करुणा; बूढ़ों, अपाहिजों के प्रति श्रद्धा...दवा न दे सकने पर बेटी-बेटे या पत्नी का मर जाना, प्रेम-तिकोन, प्रेमी या प्रेमिका की बेवफ़ाई और मजबूरी, प्रेम के नाम पर त्याग—ज़िन्दगी की ऐसी सच्चाइयाँ हैं जो आज भी हैं और कहानीकार को खींचती हैं; लेकिन इन्हें अगर स्वानुभूति की ताज़गी की बजाय केवल कथा-मोड़ों के झटकों, लटकों या कथा-रूढ़ियों की तरह इस्तेमाल किया जाएगा तो या तो झुँझलाहट होगी या अपने ठगे जाने का अहसास। इन्हें पढ़कर आज पाठक अपने को उसी क्षोभ-आक्रोश में पाता है जिसमें अधिकांश हिन्दी फ़िल्मों का दर्शक...
- कहानी में ये रूढ़ियाँ उस समय आती हैं जब आइडिया या समस्या के लिए, घटनाओं, स्थिति-परिस्थितियों, पात्रों और भावनाओं का 'सपाटीकरण' कर दिया जाता है—उसके सूक्ष्म रंगों को पकड़ने का धीरज और अन्तर्दृष्टि नहीं होती और लेखक जल्दी-से-जल्दी आइडिया को घटित कर देना चाहता है।

हिन्दी का अपना कथा-साहित्य चूँकि अधिक यथार्थग्रही रहा है, इसलिए यह धारा आज यहाँ या तो बहुत ही क्षीण है या उन लेखकों के हाथ में है जिन्हें लेखन के क्षेत्र में गम्भीरता से नहीं लिया जाता। लेकिन हिन्दी में आनेवाली उर्दू और बँगला की कहानियाँ आज भी आँसू-उच्छ्वास के मुखौटे की आड़ में कहानी की इसी प्रवृत्ति का फिर से निर्यात कर रही हैं और निर्गुण या लक्ष्मीनारायण लाल जैसे लेखक—जो मातृत्व-पीड़ित प्रेमिकाओं की सफ़रिंग के लटकों या अन्य कथा-परिपाटियों (थीमैटिक कन्वेन्शन्स) को कहानी कहते हैं—अजब संकट

में पड़ गए हैं। हाँ, इस दिशा में बँगला-कहानी अपने सँवार के कारण 'सुरुचि' का आडम्बर खड़ा करके 'बाज़ार' में छा गई है, उर्दू-कहानी उसके मुक़ाबले अधिक अनगढ़, क्रूड है और अभी तक 'अब्बा हुज़ूर' के खोए वैभव या किसी अनवर या यूसुफ की बेवफ़ाइयाँ ही लिख रही है। बँगला कहानियाँ घटनागत भावुकता और उर्दू कहानियाँ ज़बान की ख़ूबसूरती में इस खोखलेपन को छिपा ले जाती हैं। भावुकता की अपनी अलग रूढ़ियाँ हैं और बँगला और उर्दू की सचेत पीढ़ी आज इसे साफ़-साफ़ महसूस कर रही है। दीपेन बन्द्योपाध्याय ने मार्च, '64 के 'ज्ञानोदय' में प्रकाशित अपने लेख में, स्पष्ट शब्दों में ताराशंकर, गजेन्द्र मित्र, प्रेमेन्द्र मित्र, नरेन्द्र मित्र, विमल मित्र, आशापूर्णा देवी, बानीराय के ख़िलाफ़ आवाज़ उठाई है कि ये लोग 'क़िस्सागो' हैं, गम्भीर कथा-लेखक नहीं। ठीक यही स्वर 'धर्मयुग' में प्रकाशित अनवर अज़ीम के लेख में उर्दू की स्थापित कथा-पीढ़ी के प्रति है। मैं भी यही समझता हूँ कि बँगला इत्यादि के इन 'सफल' लोकप्रिय लेखकों का कहानी के प्रति जो रवैया है वह इन्हें अधिक-से-अधिक सामरसेट मॉम बना छोड़ेगा, विश्व के गम्भीर लेखकों का ज़िक्र करते समय जिसका प्राय: ज़िक्र नहीं किया जाता—कम-से-कम ऐसे लेखकों में तो उसके लिए कोई जगह ही नहीं है जो मानव-नियति के साथ अपने को अनुबद्ध पाते हैं। इस लेखन के लिए अंग्रेज़ी में एक शब्द है—'पॉट बॉयलर', बाज़ार की माँग पर धड़ाधड़ तैयार किया गया माल।

वस्तुत: आज का लेखक मानता है कि कहीं से भी आइडिया लेकर उसे किसी भी युग या परिस्थिति में फ़िट नहीं किया जा सकता। हर आइडिया, विचार या दर्शन किन्हीं विशेष परिस्थिति, युग, स्थान की ही उपज होती है। उसे बौद्धिक जिज्ञासा से पाकर घटित नहीं किया जा सकता। व्यक्ति और परिवेश की संवेदना में, उसके जीवन-प्रवाह में रहते हुए ही उसे पाया जा सकता है। कहानी में 'शाश्वत-तत्त्व' का यही सापेक्ष अर्थ है कि देश-काल की सीमाओं में जो एक जगह भोगा जाता है, वही दूसरी जगह सम्भव और सम्प्रेष्य भी है। लेकिन जो दूसरे स्थान-समय में सम्भव और अनुमेय हो वही आज यहाँ भी संवेद्य हो—बिलकुल ज़रूरी नहीं है।

पुरानी परम्परा के लेखकों ने जीवन और समाज को लेकर, स्थापित नैतिक मूल्यों को लेकर कुछ ईमानदार सवाल उठाए थे, समस्याएँ रखी थीं, संवेदनात्मक प्रभाव पैदा किए थे और जो जीवन देखा था उसे कथा-तन्त्र में झटकों की तरह प्रयुक्त किया था। उनसे स्थापित जीवन का प्रवाह—और कथा-प्रवाह—मोड़ और समाप्ति पाता था।

आवश्यकता आज उस भोगे जानेवाले यथार्थ को झटकों और झलकियों में देखने की नहीं; बल्कि उसे नए अनुभव-प्रसंगों के रूप में प्रस्तुत करने की है, क्योंकि जो वास्तविकता कल तक चौंका देती थी, जिसके दर्शन-मात्र से कुछ आस्थाएँ-भावनाएँ बन या बिगड़ जाती थीं, कहानी का प्रारम्भ और अन्त बन जाती थीं, वे या तो आज जीवन का रोज़मर्रा यथार्थ हो गई हैं, अथवा जीवन ने तय कर दिया है कि वे कभी यथार्थ नहीं होंगी।

मगर साथ ही पुराना सवाल उठता है कि अनुभव-प्रसंग कौन-से? यथार्थ कौन-सा? जिसे आदमी अपनी चेतना में उतरकर पाता है वह, या बाहर समाज में फैला है वह? फिर, क्या भीतर और बाहर के यथार्थ को अपने परिप्रेक्ष्य से काटकर आइडिया के रूप में मनचाहे ढंग से ढाला जा सकता है? "और तीस साल बाद...दिल्ली की सड़कों पर एक पागल भटक रहा था, जो हर आने-जानेवाले से पूछता था—तुमने मेरी कमला देखी है?" जैसी समय-

छलाँगों से भावनात्मक 'प्रभाव' पैदा करके क्या प्रामाणिक अनुभूतियों की एकान्विति और यथार्थ की रक्षा की जा सकती है ? और क्या यही सच है कि 'कमला' को खोकर आदमी 'पागल' ही हो जाए ? जो सचाई हम देखते हैं वह तो यह है कि अपने सारे 'ईमानदार, एकनिष्ठ प्यार' के बावजूद, 'कमला' को खोकर नायक प्रायः पागल नहीं होता—अपनी कमी को भरने के दूसरे साधन खोज लेता है, या किसी लड़की की सारी ज़िन्दगी से खेलकर अपनी 'प्रौढ़ता' के क्षणों में उसे बेवकूफ़ी मानता है, उस 'जाल' से बच निकलने का सन्तोष पाता और दोस्तों में बैठकर शेख़ी बघारता है (अमरकान्त की कहानी 'पलाश के फूल')। तर्क के लिए मेरे सामने एक भोला-सा चेहरा आता है, "अगर प्यार सच्चा है तो आदमी को पागल हो ही जाना चाहिए।" और यह भोला चेहरा उस व्यक्ति का है जो अपनी कमला को खोकर विमला के साथ परम-सुखी है। हो सकता है, हज़ार में से एक पागल भी हो जाता हो; लेकिन हज़ार में एक की—और वह भी सम्भावना पर—कहानी क्यों हो ? क्या हज़ार में नौ सौ निन्यानवे की कहानी नहीं हो सकती ? ये नौ सौ निन्यानवे या तो समय के प्रवाह में सब-कुछ भूल जाते हैं या मन में हल्का-सा दर्द पाले हुए चुपचाप जीवन को स्वीकार कर लेते हैं। उनकी ज़िन्दगी में तो कोई लॉटरी नहीं खुलती। निश्चय ही कहानीकार के लिए बहुत बड़ा प्रलोभन और भावनाओं के नाटक का क्षण है, जब एक आदमी की ज़िन्दगी में लॉटरी खुलती है; लेकिन यह विषय भी कम सार्वभौमिक और कम नाटकीय नहीं है कि किस तरह हज़ारों लोग ज़िन्दगी-भर रैफ़ल-टिकट, क्रॉसवर्ड भरते रहते हैं, हथेलियाँ दिखाते और अँगूठियाँ पहनते रहते हैं, किसी लॉटरी खुलने की उम्मीद में घिसटते रहते हैं और लॉटरी कभी नहीं खुलती ('भाग्यरेखा'—भीष्म साहनी, 'मिस्टर भाटिया'—मोहन राकेश, 'भविष्यवक्ता'—राजेन्द्र यादव), गोली खाकर मर जानेवाला आदमी ही शहीद नहीं होता, शहीद वह भी होता है (और नौ-नौ निन्यानवे वही होते हैं) जो आदमी सारी महत्त्वाकांक्षाओं को दफनाकर अपने को 'मार' लेता है (श्रीलाल शुक्ल की कहानी, 'शहीद')। अपवाद घटनाएँ-दुर्घटनाएँ, अपवाद अनुभूतियाँ और अनुभव-प्रसंग, अपवाद व्यक्ति (हीरो) ही कहानी क्यों बनाएँ, बिलकुल ही सामान्य लोग, अपनी और आस-पास की सामान्य घटनाएँ और सामान्य अनुभूतियाँ क्यों न कहानी बनें ? हर आदमी की कहानी उतनी ही सशक्त, नाटकीय और अर्थपूर्ण कहानी है—वह चाहे जितना सामान्य और लघु क्यों न हो...

इस प्रकार सरल, सामान्य स्थितियों और लघु-मानव का (हीन-मानव का नहीं) जो आन्दोलन कविता में '50- '60 के बीच में हिन्दी में आया, कहानी में उसकी चेतना '40- '50 के बीच ही आ गई थी और बिना आकस्मिक मोड़ों, दुर्घटनाओं, संयोगों वाले निहायत ही साधारण लोगों की कहानियाँ, वर्ग-संघर्ष के घटनापूर्ण कैनवास पर रखकर, समाजवादी लेखक लिख रहे थे—अगर वहाँ दुर्घटनाएँ और घटनाएँ थीं तो वे देश के इतिहास, या ऐतिहासिक अवस्था की थीं। सामान्य व्यक्ति की यह चेतना व्यक्तिवादियों में भी थी। लेकिन एक के सामने सामान्य और अपवादहीन वास्तविकता के लिए 'अकेले' आदमी की विलक्षण, विचित्र अनुभूतियाँ और मन के स्तर-प्रस्तर हो गए थे, और दूसरे के लिए साधनहीन, शोषित, उपेक्षित मानव की ऐतिहासिक महत्ता। और दोनों को चूँकि प्रारम्भ में स्थापित अपवाद व्यक्ति अर्थात् हीरो और अपवाद परिस्थितियों (संयोगों) के ख़िलाफ़ खड़े होना था—इसलिए अपने-अपने नायकों को लेकर उनका लहज़ा वकील का होता था और दोनों अपने-अपने नायकों में उन्हीं महानताओं की खोज और प्रतिष्ठा करते थे जिसका उन्होंने पहले नायक में विरोध किया था।

यथार्थ की इस संचेतना में एक ज़िन्दगी की स्लाइस को ऊपर से नीचे की तरफ़ काटता था तो दूसरा विस्तार की तरफ़। अपने अनुभवों और प्रभावों से बाहर गए बिना, एक अतीत की ओर जाना कहानी का विकास मानता था तो दूसरा भविष्य की ओर...एक के लिए कहानी संस्मरण-स्मृति थी तो दूसरे के लिए दिवा-स्वप्न या स्वप्नाशा...एक सिर्फ़ अपनी कहानी लिख सकता था तो दूसरा अपने सिवाय हरेक की। 'पर्सनल ऐसे' लिखना छोड़कर तब लोग कहानी लिखने लगे थे, वही उसका रूप था...

इन दोनों कथाकारों की दिक़्क़त यह थी कि जिस वर्तमान और जिस यथार्थ की खोज में इन्होंने पुरानी विधा को झुठलाया—अपवाद (एक्सेप्शनल) से सामान्य (कॉमन) की ओर मुँह किया था, वही वर्तमान यथार्थ अब भी अनदेखा ही रह गया। जिस क्षण और व्यक्ति से बाहर और भीतर, आगे और पीछे, लम्बाई और गहराई में, व्यक्ति और समाज में, इतिहास-सत्य और अनुभूत-सत्य की ओर, स्मृति और स्वप्न के क्षेत्रों में ये यात्राएँ होती थीं—वे क्षण और व्यक्ति दोनों ही नगण्य या निमित्त हो उठे थे। न उस क्षण का कोई अर्थ था, न उस व्यक्ति का कोई व्यक्तित्व। दोनों ही यात्रा-प्रारम्भ के बहाने थे। ऐसे चिह्न थे जो ईंट से भी बनाए जा सकते थे और पेड़ से भी। 'भविष्य का अनन्त विस्तार' और 'अतीत का अजस्त्र भंडार' अपने आगे कोई सीमा-रेखा नहीं मान रहा था, इसलिए कहानी का रूप भी ढीला हो गया—वह कहाँ से शुरू होकर कहाँ समाप्त होगी, कोई भी नहीं जानता था। "ज़िन्दगी की क्या कोई मर्यादा और सीमा है?" का तर्क साथ था और जिधर कहानी बह जाती थी, वही उसकी दिशा हो जाती थी। जहाँ ज़िन्दगी रुकती थी वही कहानी का प्रारम्भ या अन्त था। व्यक्ति के अतीत की खोज में शेखर की फाँसी की रात कहानी का प्रारम्भ है, तो समाज के भविष्य की खोज में निकले (देशद्रोही) खन्ना की मृत्यु कहानी का अन्त। यहाँ गहराई और विस्तार की, दिशा और काल की यात्राएँ भी द्रष्टव्य हैं। इस प्रकार यथार्थ पहले गढ़ा जाता था, फिर विशृंखलित हो गया। शृंखला-सूत्र व्यक्ति या प्रवृत्ति ही रह गए। गठन अभी भी अपेक्षित था।

अपने यथार्थ-बोध और कहानी के इस रूप-प्रयोग के साथ-साथ, दोनों वर्ग एक और रूढ़ि का निर्माण कर रहे थे। कुलीन, धीरोदात्त नायकों की भीतरी विकृतियों और कुंठाओं को शहीदों की तरह स्वीकार करना हो या अकुलीनों-उपेक्षितों में धीरोदात्त नायकों के गुणों की प्रतिष्ठा; दोनों वर्ग धीरोदात्तता की सामन्ती नैतिक मान्यताओं को ही स्वीकार कर रहे थे। 'मनुष्य की महानता' का अर्थ सामन्ती नायक की महानता या चरित्र-गुण, शील और उन्हीं नैतिक मूल्यों की खोज या उनका एकदम बहिष्कार हो गया था। विवाह, शील, प्रेम, त्याग, उदारता, दया इत्यादि को मूल्यों के रूप में नहीं, रूढ़ियों की तरह ही ज्यों-का-त्यों स्वीकार कर लिया गया था। 'समस्या' उन्हें एक वर्ग से उठाकर दूसरे वर्ग में ले आने की थी। जिस तरह हताश सामन्त कहता है : 'अपनी सारी दौलत को मैं ख़ुद फूँक दूँगा; लेकिन तुम्हें नहीं दूँगा।' उसी तरह यह वर्ग भी मानो कहता था कि मैं अपनी महानता और उपलब्धियों को ख़ुद अपने ही हाथों तोड़ दूँगा, दूसरों में उनकी प्रतिष्ठा को स्वीकार नहीं करूँगा। उधर मानो दूसरा कहता था, 'महानता का कोई गुण तुम्हारे पास नहीं रहेगा, उसे तुम्हारे सिवाय सबको बाँट दिया जाएगा।' लगता था जैसे महानता के गुणों को जड़, निर्जीव और परिवर्तनीय मानकर उनके लिए छीना-झपटी हो रही थी। सामन्तों, पूँजीपतियों की अच्छी बातें, अच्छी चीज़ें छीनकर शोषितों में बाँट देनेवाले नारे का ही यह 'सांस्कृतिक रूप' था। 'उनसे झाड़-

फ़ानूस, कालीन-परदे, धन-दौलत छीनकर हम झोंपड़ियों में सजा देंगे' की दृष्टि महानता को भी ऐसी ही जड़ वस्तु मान बैठी थी और वह भूल गई थी कि हर वर्ग और युग की नैतिक मान्यता, नैतिक महानता अलग-अलग ही नहीं होती, बदलती भी रहती है। शील, विवाह, नैतिकता, सैक्स के बारे में या तो प्रगतिशीलों की अपनी कोई धारणा ही नहीं थी (मैं केवल भारत की बात कह रहा हूँ) : और एक अजब उच्छृंखलता का माहौल था, या फिर वही आर्य-समाजी सामन्ती नैतिकता ही उनकी अपनी भी मूल्य-संहिता थी। शील, विवाह, परिवार, व्यक्ति की पुरानी मर्यादाओं को शाश्वत-मूल्य स्वीकार करके वे 'नारी-मुक्ति' का आन्दोलन चला रहे थे। और यह सब औद्योगिकीकरण की नई परिस्थितियाँ आते ही छिन्न-भिन्न होने लगा...

इन कुछ रूढ़ियों और बिन्दुओं से आज की कहानी का 'आन्दोलन' शुरू होता है।

नौजवान लोगों के पास कोई अतीत नहीं है, और भविष्य उनसे छीन लिया गया है। न वे भविष्य के यूटोपियन सपनों में भाग सकते हैं, न अतीत के फ़्लैशबैकीय संसार में। वर्तमान उनके लिए आशा और अतीत में छलाँग लगाने का निमित्त बनकर नहीं, ऐसी अनिवार्यता बनकर आया है, जिससे कोई छुटकारा नहीं है। बड़ी-बड़ी कल्पनाएँ की थीं, मधुरतम यादों में खोए रहे थे, लेकिन वर्तमान को झुठलाया नहीं जा सका। अब अगला-पिछला, वर्तमान को समझने के लिए आए तो आए। हर प्राचीन झूठ था और हर भावी एक छलावा...बाहर और भीतर कोई दर्शन, कोई संस्था, कोई व्यवस्था, कोई आदर्श नहीं—इसलिए कहीं और से 'दृष्टि' लेकर अपनी समस्या को हल कर लेने का भी सवाल नहीं है।

यों नए लोगों—विशेषकर श्रीकान्त वर्मा इत्यादि—ने भी बाहर से अस्तित्ववादी दृष्टि लेकर 'अपनी स्थितियों' पर कहानियाँ लिखी ज़रूर हैं, मगर यह भी वही 'झाड़ी' (श्रीकान्त वर्मा) है जिसमें मार्क्सवादी और व्यक्तिवादी दोनों उलझे रह गए थे। युग का स्वर जिन लोगों से बनता है, उनके सामने दीवार है और कोई खिड़की खुले आसमान या फैले सागर की ओर नहीं खुलती। उन्हें अपनी कोई परछाईं भी दिखाई नहीं देती, और बिना परछाइयों के ये लोग, राष्ट्रीय-अन्तर्राष्ट्रीय दबावों में घुटते चले जा रहे हैं। बड़े-बड़े निर्माणों और सृजनों में इनके लिए कोई जगह नहीं है और सामने 'कोई लक्ष्य ऐसा नहीं है जिस पर इनका सारा व्यक्तित्व खिंचे धनुष की प्रत्यंचा की तरह तन उठे।' निर्माण तथा सृजन की यह इच्छा 'अपने से बड़ा' कोई आधार, उदात्तीकरण का कोई गवाक्ष न पाकर अपने में ही लौट आई है। सारी सिसृक्षा अपने मूल-उत्स, सैक्स-अर्ज पर ही केन्द्रित हो गई है और अधिकांश कहानियाँ बड़े सृजनों से तोड़े और फेंके गए लोगों की सैक्स-केन्द्रित कहानियाँ ही लगती हैं। यहाँ भी पुरानी नैतिकता का कोई बन्धन, मर्यादा का कोई पुराना अंकुश नहीं है, क्योंकि वे सब पुरानों के ढोंग और ढाल हैं। नए व्यक्ति को ऐसे किसी भी 'पूर्वग्रह' में विश्वास नहीं है, परिणामत: सैक्स के चित्रण अधिक संकोचहीन और इनहिबिशन्स-मुक्त हो गए हैं, और उन्हें विद्रोह के रूप में नहीं, स्थिति के रूप में ही अधिक लिया जा रहा है—साहसपूर्वक और ज़िन्दगी की शर्त कहकर। मुझे बड़ा अजब लगता है जब यहाँ पर भी 'श्लील-अश्लील' की समस्या को लेडी चैटर्लीज़-लवर, लोलिता, वैल ऑफ़ लोनलीनेस, पेटन-प्लेस या फ़ैनीहिल के सन्दर्भों में सुलझाया जाता है।

सारी 'जिम्मेदारियों, जवाबदेहियों' से युक्त संवेदनशील व्यक्ति सामनेवाले क्षण से ही चिपका है। आज व्यक्ति, समाज में उतरने का माध्यम और क्षण, पीछे लौट जाने का निमित्त

भी नहीं रह गया—क्योंकि कम-उम्र के लोगों के लिए नौस्टेल्जिया का कोई ऐसा शरणस्थल भी तो नहीं है। बीस-पचीस साल के अतीत में ऐसा कुछ भी तो महान, स्मरणीय, आकर्षक नहीं है—सिवाय कुछ एडोलेसेंट ऐडवेन्चरों के, जो आज बड़े सतही लगते हैं। वर्तमान की विभीषिका से भागकर मुँह छिपाने के लिए वह अतीत बहुत ही नाकाफ़ी लगता है...भविष्य का तो कोई सवाल ही नहीं उठता। वर्तमान की मूल्यहीन विभीषिका को सम्पूर्णत: स्वीकार और बाक़ी सबको सम्पूर्णत: अस्वीकार कर देने के सिवाय कोई चारा नहीं है। अत: कहानी का अनुभूति और समय-क्षेत्र सिमट गया है और दोनों जगहों पर वह वर्तमान और केवल वर्तमान की कहानी रह गई है...

लेकिन 'नदी के द्वीप' की तरह कटे-छँटे इकलौते वर्तमान व्यक्ति की कहानी नहीं, आस-पास के सम्बन्धों, राष्ट्रीय-अन्तर्राष्ट्रीय घातों-प्रतिघातों, भीतरी-बाहरी दबावों अपने हर सम्पर्क-सन्दर्भ के खिंचावों को निरन्तर महसूस करके जीनेवाले व्यक्ति की यह इकाई स्वयं परिणाम भी है और दूसरे में उन परिणामों को जन्म देनेवाला कारण भी। इसलिए आज कहीं कोई खलनायक नहीं है। पहले लोगों ने जब नायक को ख़त्म किया था तो समाज या व्यवस्था को खलनायक बनाया था। ('नदी के द्वीप' में चन्द्र माधव के रूप में एक विचारधारा खलनायक है) आज हीरो और विलेन दोनों ग़ायब हैं, या एक ही व्यक्ति दोनों हैं। यह अधूरा यथार्थ नहीं, अच्छाई-बुराई को एक साथ मिलाकर—सम्पूर्ण, अविभाज्य वास्तविकता की स्वाकृति है।

स्थितियों ने कहानी के प्रारम्भ और अन्त भी बदल दिए हैं। किसी एक ज़िन्दगी को स्वीकार करके उसके लिए जीने और मरने से कहानी का अन्त और आरम्भ नहीं होता; बल्कि चुनने और न चुनने के द्वन्द्व, या चुन लेने की मजबूरी और उसके बोझ के नीचे छटपटाने से कहानी बनती और बढ़ती है जो कहीं-कहीं विरोधहीन समर्पण की स्थिति तक आ गई है। यह चुनाव जीविका का भी है और जीवन-सम्पर्कों का भी...आदमी जहाँ है वहाँ अपने को फ़ालतू और मिस-फिट पाता है। अपने दर्द को अकेला भोगता और इस भोगने की प्रक्रिया में अकेला होता चला जाता है—लगता है जैसे एक आदमी दूसरे को समझता ही नहीं। हरेक दूसरे के लिए अन-समझा और बिरादरी-बाहर है। वह जनाकीर्ण रेगिस्तान में अकेला और अजनबी है और इस अकेले-अजनबीपने से घुट या ऊबकर भीड़ में भी भाग जाना चाहता है। औद्योगीकृत शहरों की ओर दौड़ता है और 'वापसी' के इस प्रयत्न में कहीं 'अलग' पड़ता जाता है। यह कशमकश और छटपटाहट ही आज की कहानी का 'द्वन्द्व' है, मूल थीम है। आदमी अपने आप से डरता भी है और अपने को समझना भी चाहता है...

सामने की दीवार और भीतरी छटपटाहट के बीच उसकी स्थिति क्या है? उसे कैसे समझा और समझाया जा सकता है? इस व्यक्तिगत उलझन (एनिग्मा) को कैसे सम्प्रेषणीय बनाया जाए, क्योंकि अब इसे अपने तक ही रख पाना असम्भव हो गया है? क्या अपनी बात को कोई ऐसा कोण दिया जा सकता है कि बात अपनी भी हो और युग की भी? क्योंकि चाहे जितनी व्यक्तिगत बात हो, है तो इसी युग में। क्या ऐसा नहीं हो सकता कि वह अपने प्रस्तुत अर्थ में विशिष्ट और अद्वितीय होते हुए भी प्रतीकार्थ में सबकी हो, व्यक्तिगत दर्द का एक सामाजिक और युगपरक अर्थ भी हो? क्या कथ्य में से ही प्रतीकों की खोज और रेखांकन नहीं किया जा सकता? क्या ऐसा नहीं हो सकता कि कहानी के प्रासंगिक—रिलैवेंट—डिटेल्स ही ध्वन्यार्थ में बड़े और युग के पूरे परिवेश को भी छुएँ?

इस धारणा ने प्रतीकों और सांकेतिकता के प्रति भी लेखक के दृष्टिकोण में महत्त्वपूर्ण परिवर्तन कर दिया है।

स्टीनबेक की कहानी 'साँप', अज्ञेय की कहानी 'साँप' या 'हीलोबोन की बत्तखें', पहाड़ी की 'हिरना की आँखें' इत्यादि या तो फ्रॉयडीय प्रतीक हैं, या कम-से-कम उन्हें समझने के लिए फ्रॉयड के स्वप्न और प्रतीक की प्रतिपत्ति को जानना अपेक्षित है वरना इन कहानियों का कोई अर्थ नहीं रह जाता। दूसरे शब्दों में, इन प्रतीकों की परिकल्पना को बाहर से लाकर गूँथा गया है।

दूसरी ओर जैनेन्द्र की 'पाज़ेब', कमलेश्वर की 'साँप' या राजेन्द्र यादव की 'खेल-खिलौने' के प्रतीक कथ्य के ही अविच्छिन्न भाग हैं और उनके अर्थ समझने के लिए कहानी को ही ध्यान से पढ़ने और ज़िन्दगी को जानने के अतिरिक्त किसी दर्शन या मनोवैज्ञानिक प्रतिपत्ति को नहीं समझना पड़ता। 'पाज़ेब' का प्रारम्भ-वाक्य है : "बाज़ार में एक नई तरह की पाज़ेब चली है...उनकी कड़ियाँ आपस में लचक के साथ जुड़ी रहती हैं कि पाजेब का मानो निज का आकार कुछ नहीं है, जिस पाँव में पड़ें उसी के अनुकूल हो रहती हैं।" यह पाज़ेब उस 'झूठ' का प्रतीक है जिसकी एक के बाद दूसरी कड़ी पाँव में पड़ती ही चली जाती है। सार्त्र की 'दीवार' के प्रतीक को समझने के लिए कहीं-न-कहीं अस्तित्ववाद के दर्शन को समझने की ज़रूरत है, हालाँकि दीवार कहानी की अनिवार्य स्थिति भी है। लेकिन राकेश की 'मलवे का मालिक', 'आख़िरी सामान', निर्मल की 'परिन्दे', मन्नू की 'चश्मे', 'ऊँचाई', रघुवीर सहाय की 'सेब', शिवप्रसाद सिंह की 'अन्धकूप' इत्यादि कहानियों के प्रतीकों को कहीं बाहर से समझने नहीं जाना पड़ता।

प्रतीक की सांकेतिक सार्थकता, बड़ी बात को संकेत और व्यंजना द्वारा स्पष्ट कर सकना, पूरे परिवेश को ध्वनित कर सकने की शक्ति और सम्प्रेषण की सार्वभौमिकता—स्थिति को समझने, उसकी गहराई या घनत्व (इन्टेन्सिटी) के संवेदन में सहायता ज़रूर देती है; लेकिन गतिशील यथार्थ को समझने का जो प्रयत्न अज्ञेय ने 'शरणदाता', अमरकान्त ने 'ज़िन्दगी और जोंक', कमलेश्वर ने 'राजा निरबंसिया', 'नीली झील' में किया है वह प्रतीक के प्रयोग की दृष्टि को बदलने में भी सहायक है। 'राजा निरबंसिया' में दो युगों की संवेदनाओं को एक ही अन्विति में प्रस्तुत करने के प्रयत्न में, प्रतीक की सार्थकता को कमलेश्वर, 'माँ कहानी सुनाया करती थी' कहकर बाहर से ही लाता है, अमरकान्त की 'छिपकली' की तरह प्रतीक कहानी का अपरिहार्य भाग नहीं, अन्तर्भुक्त स्थिति नहीं है।

प्रतीक की शक्ति और प्रभाव स्वीकारते हुए भी; उसकी अपनी एक सीमा है। उससे एक स्थिति और कथ्य स्पष्ट होकर रह जाते हैं, सन्दर्भों के अन्वेषण की दिशा में गति नहीं आ पाती। बल्कि कहना यह चाहिए कि प्रतीक बहाव को बाँधकर ही अपने अर्थ स्थापित कर पाते हैं। प्रतीक की यह सीमा रमेश बक्षी की कहानियों में बहुत अधिक स्पष्ट है। जहाँ इस तरीके को मैनरिज़्म—रूढ़ि—की हद तक स्वीकार कर लिया गया है, वहाँ प्रतीक रह-रहकर रूपक और अन्योक्ति बनने लगते हैं—यथार्थ उनके हिसाब से मरोड़ा जाने लगता है। उस स्थिति में प्रतीक, कथ्य के सन्दर्भ में स्थितियाँ उजागर करने या उन्हें संगति देने नहीं आते, पुराने लेखक के आइडिया की तरह पहले प्रतीक आते हैं, फिर उनके लिए कहानी, स्थितियों की कल्पना कर ली जाती है। प्रतीक कहानी से नहीं निकलता, कहानी उसके लिए निकाली जाती है और प्रकारान्तर से प्रतीक ही कथ्य हो जाते हैं। नाटकों में 'मादा कैक्टस' इसका उदाहरण है।

कहानी में प्रतीक बहुत भटकानेवाले (मिस-गाइडिंग) भी हैं और बात को कहने, स्पष्ट करने, सम्प्रेषित करने का सशक्त माध्यम भी। बूनिन की कहानी 'जैंटिलमैन फ्रॉम सैनफ्रान्सिस्को' में मरा हुआ आदमी, मनुष्य की मरी आत्मा और जहाज़-पूँजीवादी सभ्यता का प्रतीक है और आज के युग की विराटतम ट्रैजेडी की विभीषिका को जिस तरह प्रस्तुत कर देता है, मैं नहीं समझता इतनी बड़ी बात को किसी और तरह भी कहा जा सकता था। वह कहानी की एक अनिवार्य अन्विति भी है और कहानी की गति उससे कहीं रुकती भी नहीं। हैमिंग्वे की कहानी 'स्नोज़ ऑफ़ किलिमंजारो' या जॉयस की 'द डैड' में बर्फ़ की पृष्ठभूमि केवल वातावरण ही नहीं बनाती, एक और बहुत बड़ी बात भी कहती है और वह बात बिना प्रतीक का माध्यम अपनाए कहना शायद सम्भव नहीं था। कथा का उपजीव्य बन जाने के ख़तरे और बाहरी सीमाओं के बावजूद प्रतीक ही एक ऐसा विधान है जिसमें दूर तक चले जाते प्रभावों और परिणतियों को व्यंजित किया जा सकता है और पाठक प्रस्तुत के कथ्य की विराटता को स्वयं, सायास प्राप्त करने की सन्तुष्टि महसूस करता है। कहानी, बोध के कई स्तरों पर घटती हुई लगती है। प्रतीक के अर्थ को आत्मसात् करना, चलती हुई रेल की (जिसमें अपना जीवन भी जिया जा रहा है) खिड़की खोलकर लहराते सागर का विस्तार, हिमानी चोटियों के गर्वोन्नत भाल, या लैंडस्केप्स को स्वयं खोजने और उसमें अभिभूत होने की अनुभूति को जीना है।

इस प्रकार के प्रतीक-विधान की ख़ूबी यह भी है कि पाठक की पकड़ से यदि प्रतीक चूक जाए तब भी कहानी के भाव-बोध और आस्वादन में बाधा नहीं पहुँचती—नहीं पहुँचनी चाहिए। इसलिए इसमें ख़तरा यही होता है कि कहानी इतनी प्रतीक सापेक्ष्य न हो जाए कि या तो युक्ति-हीन स्थितियों का अभौतिक अम्बार लगे या बाक़ी सारी कहानी फ़्लैट होकर रह जाए। 'पाज़ेब' का प्रतीकार्थ समझे बिना भी उसे एक अत्यन्त सफल मनोवैज्ञानिक कहानी की तरह पढ़ा जा सकता है। शायद आज तक वह कहानी इसी तरह पढ़ी भी जाती रही है। हैमिंग्वे की 'ओल्डमैन एंड द सी', स्टीनबैक की 'द पर्ल', टामस मान की 'ब्लैक स्वान' इत्यादि कहानियाँ प्रतीक समझ में आए बिना भी पर्याप्त रोचक और सशक्त कहानियों की तरह पढ़ी जा सकती हैं।

मगर जैनेन्द्र की 'नीलम देश की राजकन्या', पार लागरविस्ट की 'नरक ले जानेवाली लिफ्ट' और काफ़्का जैसे लोगों की कहानियाँ इतनी अधिक प्रतीकाश्रित हैं कि बिना उन्हें समझे वे जादू की कहानी या फ़ैंटेसी ही लगती हैं। अच्छा-ख़ासा आदमी सोए और जागकर पाए कि वह कीड़ा बन गया है (मैटामाफ़ोंसिस), या आदमी ऐसे द्वीप में जा पहुँचे जहाँ तरह-तरह की यंत्रणादायक मशीनों का आविष्कार होता हो (पीनल सैटिलमेंट)...ये कहानियाँ कम और रूपक अधिक हैं और इतनी छूट लेने पर हर असम्भाव्य घटना को प्रतीक बनाकर चला दिया जाता है। बिना वायुयान इत्यादि के आदमी का पक्षियों की तरह उड़ना पहले एक किशोर-कल्पना थी, फिर स्वप्न-सीक्वेन्स का एक दृश्य हुआ और आज आप 'चारु चन्द्रलेख' की तरह किसी भी आदमी को उड़ाकर आसानी से बता सकते हैं कि यह प्रतीक है।

बहुत अधिक प्रतीकाग्रह अप्रस्तुत के नाम पर प्रस्तुत को एकदम फ़्लैट, नीरस, युक्तिहीन और असम्भाव्य बना देता है। भगवतीचरण वर्मा के 'सीमा और सामर्थ्य' उपन्यास में रानी को आज की सत्ता का प्रतीक बनाकर उसे प्राप्त करनेवालों की जो स्थिति और व्यक्तित्व बनाए गए हैं वे हास्यास्पद, अवैज्ञानिक और असम्भाव्य हैं—यह स्थिति उपन्यास के अन्तिम

दृश्य में सबसे अधिक स्पष्ट है। प्रतीकों का यह वल्गराइज़ेशन जैनेन्द्र की 'विज्ञान' जैसी कहानी में भी स्पष्ट है।

इस तरह देखा जाए तो दुनिया की हर चीज़ ही प्रतीक है। कहानी का कोई भी पात्र अपने आपमें कुछ नहीं होता, किसी-न-किसी का प्रतीक होता है। क्लर्क असंख्य मध्यवर्गीयों की एकरस जद्दोजहद का प्रतीक हो जाता है और बस पर लटकते हुए जाना आज की गति में आपाधापी मचाते सन्तुलन खोजने का। जब मेज़, मकान, पेड़-पौधे सभी प्रतीक हो जाते हैं तो अपना रूप, अर्थ और व्यक्तित्व खो देते हैं—हम उन्हें उनके अपने रूप में न देखकर, किसी बड़े और 'अपने पार' को व्यंजित करने के माध्यम के रूप में ही देखना पसन्द करते हैं, देखकर भी उन्हें नहीं देखते। इस प्रक्रिया में ध्वन्यार्थ अस्पष्ट और प्रतीक एब्स्ट्रैक्ट होते चले जाते हैं...एक ही प्रतीक इतने ध्वन्यार्थ देने लगता है कि कथ्य का पता लगाना मुश्किल हो जाता है। तब अनेक प्रतीक मिलाने की दूसरी प्रक्रिया शुरू होती है, अर्थ-निश्चिति की दिशा में प्रतीकों के कवि-सुलभ सम्मिश्रण-प्रयोग होते हैं और अच्छी-खासी कहानी क्रॉसवर्ड पहेली बन जाती है। निर्मल वर्मा की 'जलती झाड़ी' और मोहन राकेश की 'ग्लास-टैंक' पढ़ दीजिए। 'ग्लास-टैंक' में पूरी स्थिति, गति ग्लास-टैंक में तैरती मछलियों के जीवन का प्रतीक है, फिर हर पात्र स्वतन्त्र रूप से ग्लास-टैंक है जिसमें अनेक मछलियाँ कुलबुलाती हैं और सारी कहानी शून्यवाद की ऐसी पहेली है जिसमें ग्लास-टैंक में से ग्लास-टैंक घटाओ तो ग्लास-टैंकों की यह सारी क़तार लगाई गई है। लगभग उसी भूमि पर लिखी गई दूधनाथ सिंह की कहानी 'आइसबर्ग' या शानी की 'एक नाव के यात्री', मुझे लगता है, उस दर्द को अधिक प्रभविष्णुता से अभिव्यक्त करती हैं।

हिन्दी की आज की कहानी को प्रतीकों ने निश्चय ही सार्थक कलात्मकता और सांकेतिकता प्रदान की है। अन्तर्जगत के लक्ष्यहीन बहते यथार्थ को लक्ष्य; और बहिर्जगत की लक्ष्योन्मुख दौड़ती वास्तविकता को गहराई दी है। यथार्थ—कथानक—पहले गढ़ा जाता था, फिर उसकी प्रतिक्रिया में विशृंखलित हो गया—अब उसे सार्थक गठन देने का श्रेय भी प्रतीकों को ही दिया जाएगा।

हाँ, प्रतीकों का महत्त्व इतना ही नहीं, इससे कुछ अधिक भी है। उनकी लाक्षणिक प्रकृति ने जहाँ गम्भीर अर्थवत्ता को पकड़ने और उनके सम्प्रेषण के 'साधारणीकरणता' की दिशा में अनेक प्रयोग करने का गौरव दिया, वहाँ व्यक्ति के अपने अनुभवों को तटस्थ होकर देखने की निर्वैयक्तिकता भी दी। बल्कि यह कहना ज़्यादा सही होगा कि प्रतीक-पद्धति से हम अपनी संवेदनाओं, अनुभवों से हटकर उन्हें दूसरे आदमी की निगाह से देखते हैं, उन्हें परिष्कार देते हैं और अनजाने ही यह 'दूसरे की निगाह' पाठक के साधारणीकरण की समस्या को भी हल कर देती है। उनके अधूरे और नाकाफ़ीपन को पाठक अपनी कल्पना से पूरा कर लेता है और जो कुछ उपलब्ध होता है वह उसे दृष्टि-संस्कार देता है, उसके अपने राग-बोध का अंग हो जाता है।

वस्तुतः आज की कहानी में प्रतीक हैं क्या ? मैं जानता हूँ ऐसा सीधा-सा सवाल करके कोई सीधा-सादा जवाब पकड़ा देना बेहद ख़तरनाक है, लेकिन शास्त्रीय दृष्टि से देखा जाए तो शब्द और अक्षर भी प्रतीक ही हैं। पहले हर बात पूरे-पूरे चित्रों में कही जाती थी, क्रमशः चित्रों से रेखाएँ कम होती गईं और अनावश्यक डिटेल्स छोड़कर ऐसी आवश्यक और प्रतिनिधि

रेखाओं के चुनाव की प्रक्रिया शुरू हुई जिसमें पूरा चित्र ध्वनित किया जा सके। पाठक के संस्कार में पूरा चित्र था ही, केवल उसे याद कराने के लिए किसी संकेत या प्रतीक की आवश्यकता थी। क्रमश: वे रेखाएँ और भी सूक्ष्म और छोटी हुईं—यहाँ तक कि कालान्तर में लोग उनके पीछे के संकेतित चित्रों को अनावश्यक समझकर भूलते गए और वे रेखाएँ ही उनके लिए अभिधा हो बैठीं। प्रतीक अपने अर्थ खो बैठे। उनकी अपनी स्वतन्त्र सत्ता हो गई और अनेक अक्षर मिलकर फिर किसी वस्तु का संकेत देने लगे और वस्तुएँ शब्दों के प्रतीकों से व्यंजित होने लगीं। निराकार भावों को संकेत देने की प्रक्रिया में वस्तुएँ स्वयं ही इन भाषा-प्रतीकों को सूक्ष्म करने लगीं।

इस जटिल विश्लेषण में न पड़कर यह कहा जा सकता है कि कहानी मूलत: चित्रों की ही भाषा है—मनुष्य की आदिम भाषा। पहले चित्र ठोस वस्तुओं के होते थे, आज वे बेहद संश्लिष्ट हो गए हैं। घटनाओं, स्थितियों, भावनाओं, संवेदनाओं, विचारों के सरल-जटिल चित्र होते हैं। इसीलिए पहले के चित्र रेखाओं, स्वरों, अभिनय से बनते थे—आज कहानी में शब्दों से चित्र या बिम्ब बनते हैं। चित्रकार के रेखा और रंग को ही लेखन में भाषा और उसकी शक्ति कहते हैं। चूँकि भाषा द्वारा व्यंजित ये चित्र घटनाओं, स्थितियों, व्यक्तियों, अनुभूतियों के होते हैं, इसलिए आज भी हम इन्हें 'देख' सकते हैं। 'फ़िक्शन एंड द अनकॉन्शस' में साइमन ओ लेसर का तो कहना यह है कि कहानी की भाषा ही उन चित्रों की भाषा है जिन्हें 'देखा जा सकता है'। चित्र चाहे कितनी ही सूक्ष्म-संवेदनाओं के क्यों न हो, कहानी के माध्यम से हम उन्हें 'देख' सकते हैं। शायद इसीलिए कथा को किसी ने 'जेबी-नाटक' कह डाला है।

बहरहाल, इन्हीं चित्रों की किन्हीं विशिष्ट रेखाओं को, अधिक प्रभावशाली बनाने के लिए प्रस्तुत बिम्बों को जब अतिरिक्त अर्थों से संयुक्त कर दिया जाता है तो वे घुलकर प्रतीक बनने लगते हैं; और जब सारे चित्र का विधान ही इस आशय से होता है तो रूपक। 'कामायनी' या आन्द्रेज़ीद की कहानियों की तरह कभी यह क्रिया सचेत और जान-बूझकर होती है, कभी अनजाने। कभी रचनाकार द्वारा होती ही नहीं। युगबोध के सन्दर्भ में कभी बाद का पाठक स्वयं अपनी ओर से ही उनके अतिरिक्त अर्थों को खोज निकालता है, या आरोप कर लेता है। मुझे नहीं पता, भगवतीचरण वर्मा ने कभी जाने-अनजाने 'चित्रलेखा' के पात्रों को इस प्रकार के अर्थ देने चाहे थे या नहीं—लेकिन आज आसानी ने बीजगुप्त को प्रवृत्ति और कुमारगिरि को निवृत्ति का प्रतीक मानकर चित्रलेखा को इन दोनों के बीच भटकते 'मन' का रूपक दिया जा सकता है। जब हम सारी कथा को इस कोण से देखते हैं तो तीनों पात्रों के व्यक्तित्व और चरित्र के डिटेल्स घुलकर निराकार हो जाते हैं और अपने पार वे तत्कालीन मानस के नैतिक-द्वन्द्व को व्यंजित करते, एक बहुत बड़ी बात कहते लगते हैं। 'लेडी चेटर्लीज़ लवर' का लकवा-मारा सर चैटर्ली, देखते-देखते असमर्थ-अशक्त अभिजात वर्ग का प्रतीक बन जाता है, गेमकीपर मेलर सर्वहारा वर्ग का और मनुष्य की चिर-युवा जीवनी-शक्ति कोनी, उसी के पास शरीर-सुख की आध्यात्मिक तृप्ति पाती है...इस प्रकार युग की सबसे बदनाम अनैतिक-अश्लील कृति, युग का सबसे सशक्त-सार्थक रूपक बनने लगती है।

वस्तुत: आज कहानी युग के सन्दर्भों, दबावों से प्राप्त 'अपने अनुभवों' को आत्मसात् करके, उन्हें पात्रों, स्थितियों में फैलाकर तटस्थ-भाव से देखने-समझने और पाठक तक पहुँचाने का प्रयास है। अपने राग-बोध को अलग-अलग नाम-रूपधारी व्यक्तियों

स्थितियों में फैलाना, उन्हें अपने से तोड़कर सामने रख लेना है, उन्हें समझना और अनुशासित कर लेना है। इस प्रक्रिया को व्यक्तिगत अनुभवों से गुज़रने के साथ-साथ निर्वैयक्तिक दृष्टि से उन्हें देखने-समझने का द्वन्द्व भी कह सकते हैं। व्यक्तिगत अनुभवों के अन्वेषण की दिशा में अधिक ग्रहणशील, संवेदनशील होने और उन्हें निर्वैयक्तिक दृष्टि से देखने में अधिक सजग बनाने की प्रशिक्षण-क्रिया भी है—अपने से ऊपर उठने का प्रयत्न और बोध दोनों। जिन संवेदना-चित्रों से लेखक उन अनुभवों-अनुभूतियों को पाता है, उन्हें अधिक समृद्ध-सम्पादित और सार्थक करके, अधिक युक्तिपूर्ण ढंग से अनुशासित करके, इस प्रकार सम्प्रेषित करता है कि दूसरे के लिए भी संवेदनीय बन जाएँ। या कहें कि यह 'दूसरा' ही इस निर्वैयक्तिकरण की प्रेरणा है। अत: पाठक के लिए कहानी पढ़ना उस अनुभव को अपने भीतर घटित होते हुए पाना और स्वयं उससे होकर गुज़रना भी है। अपने अनुभव को अधिक-से-अधिक सम्प्रेषणीय बनाने के लिए लेखक को भाषा से लेकर स्थितियों तक अधिक-से-अधिक अपने को इन्द्रिय-संवेद्य बनाना पड़ता है, ऐसे ही चित्रों में बात कहनी होती है। परिणामत: आज पाठक केवल घटनाओं को समझता, वातावरण को देखता या चरित्रों को पढ़ता ही नहीं, पात्रों की संवेदना को अपनाकर, सिचुएशन्स और परिवेश को अपने भीतर घटते हुए 'देखता' है। 'परिन्दे', 'नीली झील', 'यही सच है', या 'बादलों के घेरे' जैसी वातावरण-प्रधान कहानियों को भी पाठक जानता-भर नहीं, जीता भी है। उस सारे वातावरण को अपने भीतर जागा हुआ पाता है, नए सिरे से अपनी संवेदनाओं से छानकर राग-बोध का अंग बनाता है—अपने-आप को अतिक्रमित करके, दूसरे की काया में, दूसरे के जीवन-परिवेश को जीता है।[1]

परिवेश और घटनाओं से असम्पृक्त व्यक्ति या तो स्थित-प्रज्ञ होता है या पागल, और व्यक्ति से अलग परिवेश-घटनाएँ सूचनाएँ होती हैं या आँकड़े। ऐतिहासिक दौर से गुज़रते हर व्यक्ति के भीतर से पूरा-का-पूरा इतिहास गुज़रता है—वह इतिहास कोई भी हो। इसी बोध से सम्बद्ध व्यक्ति को उसकी सम्पूर्ण सिचुएशन, या जीवन-परिवेश में पकड़ना, उसकी व्यर्थता या सार्थकता को रेखांकित करना ही आज की कहानी का काम्य हो सकता है। मैं इसे ही युग का राग-बोध या आज कला का ऐतिहासिक दायित्व कहना चाहूँगा।

इस गहरे दायित्व से प्रतिबद्ध कहानी का ध्यान बहुत कम उसके रूप और प्रकार की रूढ़ियों की ओर है। उसकी वर्णन-शैली पत्रात्मक है या आत्मकथात्मक, वह डायरी है या विवरण, वह अपनी टेकनीक में ऐंटी-स्टोरी है या एब्स्ट्रैक्ट-स्टोरी—ये सब रूप हैं और जो लोग रूप (फ़ॉर्म) लिखते हैं उन्हें रैडीमेड कपड़ों की दुकान खोल लेनी चाहिए। जब जिस चीज़ का फैशन आ जाए, वही उनके शो-केश की शोभा बढ़ाए। भोक्ता के जीवन-बोध के लिए ये सब बड़ी ऊपरी सतह पर आ प्रकट होनेवाले परिणाम हैं—इसीलिए आज एक तो

---

1. 'कथाकार यदि सचमुच जीवन का गहरा और व्यापक ज्ञान रखता है तो वह प्रसंग-स्थिति में बद्ध मनुष्य की संवेदनात्मक प्रतिक्रियाओं को ही महत्त्व नहीं देगा, वरन उस स्थिति से सम्बन्ध रखनेवाले जो वस्तु-सत्य हैं उनको बनानेवाले तत्त्वों पर अर्थात् व्यक्ति-स्वभाव की विशेषताओं, वास्तविकता की पेचीदगियों और अब तक चलते आए इन सबके विकास-क्रम पर, इन सब पर, अवश्य ही ध्यान देकर इस प्रसंग-स्थिति के वस्तु-सत्य के ताने-बाने (कलात्मक प्रभावशाली रूप में, भौंडे ढंग से नहीं) प्रस्तुत करेगा। और इस प्रकार व्यक्ति-समस्या को मानव-समस्या बनाकर एक व्यापकतर पार्श्वभूमि में उसे उपस्थित करेगा। वैसा करना चाहिए।'

—गजानन माधव मुक्तिबोध ('एक साहित्यिक की डायरी', पृष्ठ-108)

इस प्रकार के प्रयोग, प्रयोग के लिए हो ही नहीं रहे, और हों भी तो कहानी की प्रकृति से इनका सम्बन्ध बहुत ही कम है। कहानी की प्रकृति आज विवरणात्मक, रूपात्मक नहीं, संवेदनात्मक (इन्वोकेटिव) है। व्यक्ति और परिवेश के जीवन्त सम्बन्ध-क्षण को स्पन्दनशील और सार्थक सिचुएशन्स के रूप में प्रस्तुत कर देना, अपने अनुभव की प्रामाणिकता को बरकरार रखते हुए उनकी सीमितता को लाँघना भी है। वह लेखक के लिए निर्वैयक्तिकरण और अनुभूति के अनुशासन की प्रक्रिया, या अपने व्यक्तित्व की मुक्ति और विसर्जन ही नहीं; पाठक की संवेदनाओं का विस्तार और संस्कार भी है—उसके व्यक्ति-जगत में कुछ और अनुभूत-इकाइयों की अभिवृद्धि भी है।

जिन्हें आज की कहानी से यह शिकायत है कि वह व्यक्तिगत कुंठा का चिट्ठा रह गई है, उन्हें एक अन्य बात की ओर भी ध्यान देने की आवश्यकता है। पहली अधिकांश कहानियों के नायक 'मैं' हुआ करते थे, और वह 'मैं' प्रायः लेखक ही हुआ करता था। आज की कहानियाँ फिर से तृतीय-पुरुष की कहानियाँ हैं, लेकिन इस तृतीय-पुरुष का व्यक्तित्व 'मैं' जैसा ही अधिकारी और प्रामाणिक है—हालाँकि हमेशा यह 'वह' लेखक स्वयं ही नहीं होता। इधर समकालीन कहानी के नाम पर इतिहास-चक्र को फिर पीछे लौटाया जा रहा है और कहानियों का तृतीय-पुरुष 'वह' अनिवार्यतः लेखक 'मैं' ही का प्रक्षेपित रूप, और सिचुएशन, लेखक का ऐसा व्यक्तिगत मूड है जिसमें वह कविता न लिखकर कहानी लिखने बैठ जाता है। जैसा कि हम देख आए हैं—आज की कहानी इसी लीक के विरुद्ध एक विद्रोह थी। इस कहानी का 'वह' अगर 'मैं' हो भी तो उसे अपने से दूर खड़ा करके बताना कि देखो—'वह' 'मैं' हूँ—कहानी की सारी दृष्टि में आधारभूत परिवर्तन का सूचक है। वह 'क' जो हार गया है; वह 'ख' जो घुट-घुटकर बिखर रहा है; वह 'ग' जो आस-पास की हर पवित्रता, आस्था, नैतिकता, विश्वास की रूढ़ि को तोड़ देना चाहता है; वह 'घ' जो दुराचारी है, भ्रष्ट है, चोर है; वह 'प' जो रिश्वत लेता है, ऑपरेटर-टाइपिस्ट लड़की की मज़बूरी भोगता है; वह 'त' जो पति को 'धोखा' देती है; वह 'न' जो व्यर्थ ज़िन्दगी में कहीं भी तन और मन के सुख का एक पल नोंच लेना चाहती है—'वह' कोई भी हो, 'मैं' हूँ—शायद हम सब हैं।

यह स्वर भटकी, नैतिकताविहीन, थकी, भविष्यहीन, दिग्भ्रान्त किसी पीढ़ी का भी हो सकता है, नाम उसे कोई भी दिया जा सकता है; लेकिन इनकार इससे नहीं किया जा सकता कि यह 'कनफ़ैशन' करनेवाले व्यक्ति की उदात्त ईमानदारी और ललकारते साहस की सिंसियर आत्मा का स्वर है। आध्यात्मिक, सांस्कृतिक, नैतिक 'महानता' के हर सेतु के बीच में ही विश्वासघात कर देने पर, इस झूठ और फ़रेब के दंश से अपने-आप को मुक्त कर लेना बहुत बड़ी यातना से गुज़रना है, बड़ी ही तकलीफ़देह प्रक्रिया है...इस व्यक्ति की मज़बूरी को सिर्फ़ सहानुभूति चाहिए...

नहीं, सहानुभूति फिर एक को अपने से ऊँचा स्वीकार करने और उससे करुणा की वांछा लगती है और वह उसे और भी चिड़चिड़ाती है...'तुम मुझे क्या सहानुभूति दोगे? तुम ख़ुद भी तो उन्हीं टूटे सेतुओं के शिकार हो!' उसे चाहिए, सिर्फ़ एक टिप्पणीहीन सह-अनुभूति...अनक्रिटीकली आइडैंटीफ़ाइड अंडरस्टैंडिंग...

यह 'वह' 'मैं' ज़रूर है; लेकिन सबसे अपने कपड़े बचाता, हर कीचड़ से बच-बचकर चलता, आस-पास की बदबू-कुरूपता से झुंझलाया, नाक पर रूमाल रखे, भौंहें ताने, अपनी

'विशिष्टताओं' को सँभालता-घोषित करता, कार से उतरकर जल्दी-जल्दी 'गेलार्ड' के दरवाज़े तक की दूरी, या किसी मन्दिर की सीढ़ियाँ तय करता 'मैं' नहीं है। वह रामनामी मुसकान में झुक-झुककर सबके गले मिलता, एक आँख फ़ोटोग्राफ़र पर रखे, हँस-हँसकर कम्बल, दूध, शिक्षा, शान्ति और परलोक बाँटता भेड़िया 'मैं' भी नहीं है—इन दोनों के दंश का नासूर भोगता, स्थिति से अन्तिम रूप से निराश, अपनी नियति की आँखों में आँखें डालता 'वह' है जो कल तक 'बेचारा वह' था और आज 'मैं वह हूँ' के कनफ़ैशनल आत्म-विश्वास के साथ अपनी छोटी-से-छोटी, ओछी-से-ओछी और अच्छी-से-अच्छी बात को आपस में सचाई और भोलेपन के साथ कह डालता है। बड़ी-बड़ी राष्ट्रीय और अन्तर्राष्ट्रीय बातों को झेलता है; लेकिन उन्हें कोई महत्त्व नहीं देता। 'वे' करें तो उन्हें करने दो। न उनकी बातें हमें छूती हैं, न उनसे हमारा भाग्य बँधा है। ऊँची-ऊँची बातें बोलना 'उनकी' आदत है। वे ख़ुद जानते हैं कि जो कुछ वे कहते हैं उनका आशय क़तई नहीं है। यह तो सिर्फ़ हमें फ़ुसलाने की एक नई शब्दावली है। उनके पास प्रेस और माइक्रोफ़ोन हैं, इसलिए उनकी बातें तो हमारे आकाश में मँडराएँगी ही; लेकिन अपनी यातना को तो हमें स्वयं ही भोगना है। सिवाय उस यातना में अभिवृद्धि करने के वे हमारी कोई भी मदद नहीं कर पाएँगे—नहीं करेंगे। हमें उनकी कोई बात नहीं छूती। राष्ट्रीय-अन्तर्राष्ट्रीय संकट की घोषणाएँ, चीन और पाकिस्तान के पैंतरे, इंग्लैंड और मिडिल-ईस्ट के झगड़े, क्यूबा की मार्फ़त रूस और अमेरिका की खींचातानी, पूर्व और पश्चिमी जर्मनी, रूस और चीन के सैद्धान्तिक मतभेद—सभी के स्वर ऊपर माइकों से मँडराते हैं और कोल्ड-वार के नस-तोड़ दबाव, कोलाहल के कान-फोड़ कुम्भीपाक में हमें तो एक ही बात पता है—किसी भी दिन कोई बम जान-बूझकर या ग़लती से फटेगा और कुछ करोड़ लोग मुक्ति-लाभ करेंगे—हो सकता है उनमें हम भी हों; कि अगली बार के बजट में फिर कुछ नए टैक्स लग जाएँगे, गेहूँ साठ से सत्तर रुपए मन हो जाएगा, चुनावों की आपाधापी होगी, फिर कमीशन बैठेंगे, किसी अयोग्य-भ्रष्ट मंत्री को बचाने के लिए ख़ून-पसीना एक कर दिया जाएगा, दफ़्तरों से रहस्य और फ़ाइलें चुपचाप खिसक जाएँगे, न्याय-नियम को घोटकर कुछ को शील्ड किया जाएगा, प्रधानमंत्रित्व-पद के लिए जोड़-तोड़ होंगे, किसी 'चूके हुए' की बकवास को अकादमी-पुरस्कार मिलेगा, हर अपराधी और अयोग्य सोर्स और प्रभाव खोज लेगा...और कहीं दूर गोलियाँ चलती रहेंगी...कराह-कराहकर रोते आदमियों की चीख़ें हमारे कानों तक आती रहेंगी...अस्तित्व की माँग करनेवाले वियतनामी, अमेरिकन टैंकों और जैटों के नीचे कुचले जाते रहेंगे...फिर उन सबके ऊपर मख़मली कालीन बिछा दिए जाएँगे और फिर बल्बोंवाली झंडियों के द्वारों से क्वीन ऐलिज़ाबेथ पधारेंगी, रेडियो रनिंग कमेंटरी देगा...लेकिन हम उस सबको स्विच-ऑफ़ करके किसी क्रिकेट की कमेंटरी सुन रहे होंगे, किसी रेस्तराँ में ट्विस्ट देख रहे होंगे, किसी प्रेमिका के साथ 'सुख' का एक क्षण छीन रहे होंगे...लेकिन यह सब ऊपर-ही-ऊपर होगा। नीचे वही मजबूरी, असहायता, भविष्यहीनता...हाँ, इस सबको सहने का एक परत बोझ और आत्मा पर बढ़ जाएगा...

इस 'वह' को अपनी तादात्म्यता के साथ देखना, और 'मैं' को 'वह' की तटस्थता से आँकना आज की कहानी की बहुत महत्त्वपूर्ण विशेषता है। शायद यह दृष्टिकोण परिस्थिति की विभीषिका को इस हद तक स्वीकार कर लेने पर ही आता है जहाँ विसर्जन और समर्पण के सिवाय कोई रास्ता ही न बचे। लेकिन यहाँ यह कहना बड़ा मुश्किल है कि यह व्यक्तित्व

का खंडित हो जाना है, या खंडित-व्यक्तित्व के मूल, अविच्छिन्न अन्तर्सूत्रों को पा लेना है। यहाँ अनायास ही सार्त्र की कहानी 'दीवार', और नाटक 'बिना परछाइयों के लोग' का ध्यान ज़रूर आता है। स्थिति की भयावहता, लाचारी को नियति की हद तक स्वीकार कर लेना, कैसे एक-एक आदमी को तोड़-तोड़कर 'मैं'—'मैं' और 'मैं' 'वह' में बाँट देता है, किस तरह 'वह' फाँसी या मृत्यु की तरफ़ बढ़ता है और कैसे 'वह' इस बढ़ते हुए 'मैं' को दूर खड़ा होकर देखता है, और यों अपने-आप को अपने से तोड़ पाना कितना मुश्किल है, कैसी भीषण शारीरिक-मानसिक यातना का परिणाम है—कुछ तो इसी प्रक्रिया में ढह जाते हैं। शायद आज की स्थिति की भयावहता को ये दोनों रचनाएँ एक सार्वभौमिक रूपक देती हैं और अपने सन्दर्भ में लगता है जैसे हमारी सारी पीढ़ी को कहीं ऐसी घाटी में भटकाकर ले आया गया है, जहाँ मौत के सिवाय कोई रास्ता ही नहीं है। एक राक्षस है जो रोज़ हममें से एक-दो को ले जाकर अपना भोजन बना लेता है...इस यंत्रणा के मुक़ाबले यही मुक्ति वरेण्य लगती है कि कोई हमें ख़रीद ले; नौकरी, पुरस्कार, स्कॉलरशिप की गोलियाँ मारकर अपने ड्राइंग-रूमों, दफ़्तरों में हमारे भुस-भरे चेहरे सजा ले, ताकि हर आने-जाने-वाले 'हम' प्रशंसा कर सकें—कैसी स्वाभाविक भराई है, कैसी 'जीवित' आँखें हैं...

हैमिंग्वे की 'अपराजेय' के मैटाडोर की तरह लड़ते-लड़ते इस स्थिति को तिल-तिल स्वीकारने जैसी असहायता भी तो हममें शायद नहीं रह गई है...यह तो बन्द देग़ में पड़े चूज़ों का निष्क्रिय सीझन है...

काश, अपने-आपको मारने का या जान-बूझकर अपने को मरने के लिए छोड़ देने का अपराध-बोध इस स्थिति की दूसरी नियति न होती तो मैं इसे 'नियतिवाद' कहकर छुट्टी पा-लेता...

हमने इसी जीवन-बोध के सन्दर्भ खोजे हैं, अपने-आपमें और अपने से बाहर, इसी अपराध-भाव—गिल्ट—को युग की पीठिका में देखना चाहा है और यही हमारी कहानी का कथ्य है। लेकिन हमारे बाद आनेवाली कथा-पीढ़ी के कुछ लोगों ने उन सन्दर्भों और उन सामाजिक सूत्रों की खोज भी छोड़ दी है और कहानी गति तथा सन्दर्भ से कटी हुई जड़ अनुभूति की उस अन्ध-सीमा पर आ गई है, जहाँ आज की कविता खड़ी है[1]...'वह' होते हुए भी हमारे 'मैं'

1. " 'नई कहानी' में आधुनिक मानव (इसका मतलब चाहे जो लीजिए, प्रगतिवादी अर्थ मत लीजिए) की जो विचित्र मनोदशा है उसको अगर आप उसके सारे सन्दर्भों से काटकर, उसके सारे बाह्य सामाजिक-पारिवारिक इत्यादि सम्बन्धों से काटकर, उस मनोदशा को मानो अधर में लटकाकर—चित्रित करेंगे तो मनोदशा के नाम पर (कहानी में) एक धुन्ध समा जाएगा : कहानी में अगर सिर्फ़ भीतरी धुन्ध हो और सिर्फ़ वही वह रहे और उसी की इतनी प्रधानता हो कि वस्तु-सत्यों के संवेदनात्मक चित्रों का प्राय: लोप हो जाए तो आप वही ग़लती करेंगे जो (मेरे ख़याल से) 'नई कविता' ने की। कविता की कला कथा की कला से अधिक अमूर्त तो वैसे ही होती है, इसलिए संभवत: उसमें वे बातें खप भी जाती हैं। किन्तु कहानी में ? यानी मैं यह चाहता हूँ कि साहित्य में मानव की पूर्णमूर्ति (फिर वह जैसी भी हो) स्थापित की जाए। तभी हम अपनी झलक उसमें देख सकेंगे। अगर नई कहानी—या कोई कहानी—वैसा नहीं करती तो मेरे ख़याल से यह उचित नहीं है। मैं तो सिर्फ़, एक ख़तरे की ओर आपका ध्यान दिला रहा हूँ।"

—गजानन माधव मुक्तिबोध ('एक साहित्यिक की डायरी', पृष्ठ-109)

का एक व्यक्तित्व था, एक सामाजिक परिवेश था, ऐतिहासिक परिप्रेक्ष्य था; मगर इन लोगों का 'वह' उस नाम और व्यक्तित्वहीन छाया की प्रतिध्वनि है जो अब अनुगूँज भी नहीं पैदा करती। इसके अतिरिक्त इसमें न कविता की तरह बाहर कहीं से प्रतीक लाकर अभिव्यक्ति का प्रयत्न है, और न अपने कथ्य को ही प्रतीक की सार्थक-सामर्थ्य देकर अनुभूति को अनुशासित, परिभाषित करने की छटपटाहट...मनुष्य और परिणामत: कला के लिए शायद इससे भीषण संकट-बिन्दु कोई भी नहीं रहा—कभी भी नहीं रहा।

और इस बिन्दु पर कहानी के किसी भी अगले मोड़ की भविष्यवाणी नहीं की जा सकती—शायद जीवन के भी किसी भविष्य की ओर इंगित नहीं किया जा सकता। सामान्यत: नियतिवादी व्यक्ति में ज्योतिष और हस्तरेखाओं द्वारा वर्तमान की दीवार तोड़कर भविष्य को झाँक लेने की आकुल प्रवृत्ति होती है—वह चाहे जितनी तर्कहीन, असंगत और अन्धविश्वास पर आधारित ही क्यों न हो लेकिन यह तो उस तरह का नियतिवाद भी नहीं है; क्योंकि किसी भविष्य का अस्तित्व ही नहीं लगता जिसकी झलक पा-लेने की अकुलाहट हो...हथेली पढ़ने का कोई अन्धविश्वास भी नहीं है। जो है, भूत और भविष्य के बीच निरन्तर भिंचता-घुटता चला जाता वर्तमान-क्षण ही है...

हाँ, एक अन्धविश्वास है और वह है जीने का अन्धविश्वास। शायद जीवन से चिपके रहने का अन्ध मोह, उसे न छोड़ सकने की प्राकृतिक मजबूरी...साँस लेते और छोड़ते रहने का लाचार दंड—शायद इसी को कुछ लोग 'जीवन के प्रति आस्था' कहते हों; लेकिन अपने मूल रूप में यह जीवन की उसी आदिम-इन्स्टिंक्ट से जा चिपकना है जो मरने नहीं देती...हर अवस्था और दुर्गति में भी छलती रहती है—पहले आशा बनकर, फिर आशाहीन असहायता बनकर। तब यह पता लगाना मुश्किल हो जाता है कि आदमी जोंक की तरह ज़िन्दगी से चिपका है या ज़िन्दगी जोंक बनी आदमी को पी रही है : अमरकान्त ने कहानी 'ज़िन्दगी और जोंक' में 'जीवन के प्रति आस्था' का जो दिल दहला देने वाला रूप रखा है, वही शायद इस स्थिति की एक सीमा है...यहाँ आदमी पशु के स्तर पर ज़िन्दगी को ग्रहण कर लेने के सिवाय कुछ भी नहीं कर सकता...

लेकिन आदमी का इस स्तर पर उतर आना ही शायद तनाव का चरम-बिन्दु होता है, जहाँ या तो वह मारनेवाले कारणों के बीच, मरने की राह न देखकर पहले ही आत्महत्या कर लेता है, गोलों से फटते जहाज़ से कूदकर गोलियों का शिकार हो जाता है, आग-लगे वायुयान में जल मरने से पहले ही हज़ारों फीट नीचे धरती पर छलाँग लगा लेता है—और या तब बेहद डैस्परेट, हताश होकर फिर से नई सामूहिक जीवन-स्थितियों की रचना करता है, नई नीति और नैतिकता की नींवें डालता है। यह उसकी जीवन के प्रति हीरोइक आस्था न सही, मज़बूरी और लाचारी ही सही...

और मुझे लगता है आज हमारी नई कहानी जहाँ आ गई है, वह उसका समाप्त होना नहीं है, आगे गति न हो पाने के कारण बिखर जाना है...किसी बड़े प्रारम्भ के बन्द दरवाज़ों पर सिर

पटककर साँस तोड़ देना है...शायद ज़िन्दगी भी किसी ऐसे ही बन्द प्रारम्भ की दहलीज़ पर आ गई है...मगर ज़िन्दगी और कहानी को दरवाज़ा तो खोजना ही होगा। इस वर्तमान को किसी-न-किसी भविष्य तक तो खींचना ही होगा, उस आशा को तो प्राप्त करना ही होगा जो अनागत है, अगले जीवन और अगली कहानी की थीम है...

मुझे नहीं पता इस नई दुनिया के अन्वेषक और स्रष्टा को इतिहास क्या कहना चाहेगा—विश्वामित्र...या ब्रह्मा? वह खलनायक बनकर उठेगा या नायक? आज तो सचमुच, विश्वासपूर्वक यह ज़ानना भी असम्भव है कि इन दोनों में खलनायक कौन है?

ज़िन्दगी और जोंक

अमरकान्त

मुहल्ले में जिस दिन उसका आगमन हुआ, सवेरे तरकारी लाने के लिए बाज़ार जाते समय मैंने उसको देखा था। शिवनाथ बाबू के घर के सामने, सड़क की दूसरी ओर स्थित खँडहर में, नीम के पेड़ के नीचे, एक दुबला-पतला काला आदमी, गन्दी लुंगी में लिपटा चित पड़ा था, जैसे रात में आसमान से टपककर बेहोश हो गया हो अथवा दक्षिण भारत का कोई भूला-भटका साधु निश्चिन्त स्थान पाकर चुपचाप नाक से हवा खींच-खींचकर प्राणायाम कर रहा हो!

फिर मैंने शायद एक-दो बार और भी उसको कठपुतले की भाँति डोल-डोलकर सड़क को पार करते या मुहल्ले के एक-दो मकानों के सामने चक्कर लगाते या बैठकर हाँफते हुए देखा। इसके अलावा मैं उसके बारे में उस समय तक कुछ नहीं जानता था।

रात के लगभग दस बजे खाने के बाद बाहर आ लेटा था। चैत का महीना, हवा तेज़ चल रही थी। चारों ओर घुप अँधियारा। प्रारम्भिक झपकियाँ ले ही रहा था कि 'मारो-मारो' का हल्ला सुनकर चौंक पड़ा। यह शोरगुल बढ़ता गया। मैं तत्काल उठ बैठा। शायद आवाज़ शिवनाथ बाबू के मकान की ओर से आ रही थी। जल्दी से पाँव चप्पल में डाल उधर को चल पड़ा।

मेरा अनुमान ठीक था। शिवनाथ बाबू के मकान के सामने ही भीड़ लगी थी। मुहल्ले के दूसरे लोग भी शोरगुल सुनकर अपने घरों से भागे चले आ रहे थे। मैंने भीतर घुसकर देखा और कुछ चकित रह गया। खँडहर का वही भिखमंगा था। शिवनाथ बाबू का लड़का रघुवीर उस भिखमंगे की दोनों बाँहों को पीछे से पकड़े हुए था और दो-तीन व्यक्ति आँख मूँद तथा उछल-कूदकर उसे बेतहाशा पीट रहे थे। शिवनाथ बाबू तथा अन्य लोग उसे भयजन्य क्रोध से आँखें फाड़-फाड़कर घूर रहे थे।

भिखमंगा नाटा था। गाल पिचके हुए, आँखें धँसी हुईं और छाती की हड्डियाँ साफ़ बाँस की खपचियों की तरह दिखाई दे रही थीं। पेट नाँद की तरह फूला हुआ। मार पड़ने पर वह बेतहाशा चिल्ला रहा था, "मैं बरई हूँ, बरई हूँ, बरई हूँ..."

"साला छँटा हुआ चोर है, साहब!" शिवनाथ बाबू मेरे पास सरक आए थे, "पर यह हमारा-आपका दोष है कि आदमी नहीं पहचानते। ग़रीबों को देखकर हमारा-आपका दिल पसीज जाता है और मौक़ा-बे-मौक़ा खुद्दी-चुन्नी, साग-सत्तू दे ही दिया जाता है। आपने तो इसको देखा ही होगा, मालूम होता था महीनों से खाना नहीं मिला है, पर कौन जानता था कि साला ऐसा निकलेगा। हरामी का पिल्ला... !" फिर भिखमंगे की ओर मुड़कर गरज पड़े, "बता साले, साड़ी कहाँ रखी है? नहीं वह मार पड़ेगी कि नानी याद आ जाएगी।"

उनका गला ज़ोर से चिल्लाने के कारण किंचित् बैठ गया था, इसलिए सम्भवतः थककर वह चुप हो गए। पीटनेवालों ने भी इस समय पीटना बन्द कर दिया था, लेकिन शिवनाथ बाबू के वक्तव्य से रामजी का शोहदा पहलवान लड़का तन्नू अत्यधिक प्रभावित मालूम पड़ा। वह अभी-अभी आया था और शिवनाथ बाबू का बयान समाप्त होते ही आव देखा न ताव, भीड़ में से आगे लपक, जूता हाथ में ले गन्दी गालियाँ देते हुए भिखमंगे को पीटना शुरू कर दिया।

"एक-डेढ़ हफ्ते से मुहल्ले में आया हुआ है," शिवनाथ बाबू जैसे निश्चिन्त होकर फिर बोले, "लालची कुत्तों की तरह इधर-उधर घूमा करता था, सो हमारे घर में दया आ गई। एक रोज़ उसे बुलाकर उन्होंने कटोरे में दाल-भात-तरकारी खाने को दे दी। बस फिर क्या था, परक गया! रोज़ आने लगा। ख़ैर, कोई बात नहीं थी, आपकी दया से ऐसे दो-तीन भर-भिखमंगे रोज़ ही खाकर दुआ दे जाते हैं। यह घर में आने लगा तो मौक़ा पड़ने पर एकाध काम भी कर देता था, अब यह किसको पता था कि आज यह घर से नई साड़ी चुरा लेगा!"

"आपको ठीक से पता है कि साड़ी इसी ने चुराई है?"

मेरे इस प्रश्न से वे बिगड़ गए। बोले, "आप भी खूब बात करते हैं! यही पता लग गया तो चोर कैसा? मैं तो खूब जानता हूँ कि ये सब चोरी का माल होशियारी से छिपा देते हैं और जब तक इनकी कड़ी पिटाई न की जाए, कुछ नहीं बताते। अब यही समझिए कि क़रीब नौ बजे साड़ी ग़ायब हुई। जमुना का कहना है कि उसी समय उसने इसको किसी सामान के साथ घर से निकलते हुए देखा। फिर मैं यह पूछता हूँ कि आज दस वर्ष से मेरे घर का दरवाज़ा इसी तरह खुला रहता है, लेकिन कभी चोरी नहीं हुई। आज ही कौन-सी नई बात हो गई कि वह आया नहीं और मुहल्ले में चोरी-बदमाशी शुरू हो गई! अरे, मैं इन सालों को खूब जानता हूँ!"

वह भिखमंगा अब भी तेज़ मार पड़ने पर चिल्ला उठता, "मैं बरई हूँ, बरई हूँ, बरई हूँ..." स्पष्ट था कि इतने लोगों को देखकर वह काफ़ी भयभीत हो गया था और अपने समर्थन में कुछ न पाकर बेतहाशा अपनी जाति का नाम ले रहा था, जैसे हर जाति के लोग चोर हो सकते हैं, लेकिन बरई कतई नहीं हो सकते।

नए लोग अब भी आ रहे थे। वे क्रोध और उत्तेजना में आकर उसे पीटते और फिर भीड़ में मिल जाते। और जब लगातार मार पड़ने पर भी उसने कुछ नहीं बताया तो लोग ख्वाहमख्वाह थक गए। कुछ लोग वहाँ से सरकने भी लगे। किसी ने उसे पेड़ में बाँधने और किसी ने पुलिस के सिपुर्द करने की सलाह दी। मैं भी कुछ ऐसी ही सलाह देकर खिसकना चाहता था कि शिवनाथ बाबू का मँझला लड़का योगेन्द्र दौड़ता हुआ आया और अपने पिताजी को अलग ले जाते हुए फुस-फुस कुछ बातें कीं।

कुछ देर बाद शिवनाथ बाबू जब वापस आए तो उनके चेहरे पर हवाइयाँ-सी उड़ रही थीं। एक-दो क्षण इधर-उधर तथा मेरी ओर बेचारे की तरह देखने के बाद वह बोले, "अच्छा, इस बार छोड़ देते हैं। साला काफ़ी पिट चुका है, आइन्दा ऐसा करते चेतेगा।"

लोग शिवनाथ बाबू को बुरा-भला कहकर रास्ता नापने लगे। मैंने उनकी ओर मुसकराकर देखा तो मेरे पास आकर झेंपते हुए बोले, "इस बार तो साड़ी घर में ही मिल गई है, पर कोई बात नहीं। चमार-सियार डाँट-डपट पाते ही रहते हैं। अरे, इस पर क्या पड़ी है, चोर-चाँईं तो रात-रात भर मार खाते हैं और कुछ भी नहीं बताते।" फिर बाईं आँख को खूबी

से दबाते हुए दाँत खोलकर हँस पड़े, "चलिए साहब, नीच और नीबू को दबाने से ही रस निकलता है।"

कभी-कभी मुझे आश्चर्य होता है कि उस दिन पिटाई के बाद भी खँडहर का वह भिखमंगा मुहल्ले में टिके रहने की हिम्मत कैसे कर सका? हो सकता है, उसने सोचा हो कि निर्दोष छूट जाने के बाद मुहल्ले के लोगों का विश्वास और सहानुभूति उसको प्राप्त हो जाएगी और दूसरी जगह उसी अनिश्चितता का सामना करना पड़ेगा।

चाहे जो हो, उसके प्रति मेरी दिलचस्पी अब और बढ़ गई थी। मैं उसको खँडहर में बैठकर कुछ खाते या चुपचाप सोते या मुहल्ले में डग-डग सरकते हुए देखता। लोग अब उसको कुछ-न-कुछ दे देते। बचा हुआ बासी या जूठा खाना पहले कुत्तों या गाय-भैंसों को दे दिया जाता, परन्तु अब औरतें बच्चों को दौड़ा देतीं कि जाकर भिखमंगे को दे आओ। कुछ लोगों ने तो उसको कोई पहुँचा हुआ साधु-महात्मा तक कह डाला।

और धीरे-धीरे उसने खँडहर का परित्याग कर दिया और आम सहानुभूति एवं विश्वास का आश्चर्यजनक लाभ उठाते हुए, जब वह किसी-न-किसी के ओसारे या दालान में ज़मीन पर सोने-बैठने लगा तो लोग उससे हल्के-फुल्के काम भी लेने लगे। दया-माया के मामले में शिवनाथ बाबू से पार पाना टेढ़ी खीर है, किन्तु भिखमंगा उनके दरवाज़े पर जाता ही न था।

लेकिन एक दिन उन्होंने किसी शुभ मुहूर्त में उसे सड़क से गुज़रते समय संकेत से अपने पास बुलाया और तिरछी नज़र से देखते हुए, मुसकराकर बोले, "देख बे, तूने चाहे जो भी किया, हमसे तो यह सब नहीं देखा जाता। दर-दर भटकता रहता है। कुत्ते-सूअर का जीवन जीता है। आज से इधर-उधर भटकना छोड़, आराम से यहीं रह और दोनों जून भरपेट खा।"

पता नहीं, यह शिवनाथ बाबू के स्नेह से सम्भव हुआ या डर से, पर भिखमंगा उनके यहाँ स्थायी रूप से रहने लगा। उन्हीं के यहाँ उसका नामकरण भी हुआ। उसका नाम गोपाल था, लेकिन शिवनाथ बाबू के दादा का नाम गोपाल सिंह था, इसलिए घर की औरतों की ज़बान से वह नाम उतरता ही न था। उन्होंने उसको 'रजुआ' कहना आरम्भ किया और धीरे-धीरे यही नाम सारे मुहल्ले में प्रसिद्ध हो गया।

किन्तु रजुआ के भाग्य में बहुत दिनों तक शिवनाथ बाबू के यहाँ टिकना न लिखा था। बात यह है कि मुहल्ले के लोगों को यह कतई पसन्द न था कि केवल दोनों जून भोजन पर रजुआ शिवनाथ बाबू की सेवा करे। जब भगवान ने उनके बीच एक नौकर भेज ही दिया था तो उस पर उनका भी उतना ही अधिकार था और उन्होंने मौक़ा देखकर उसको अपनी सेवा करने का अवसर देना आरम्भ कर दिया। वह शिवनाथ बाबू के किसी काम से जाता तो रास्ते में कोई-न-कोई उसको पैसे देकर किसी काम की फ़रमाइश कर देता और यदि वह आनाकानी करता तो सम्बन्धित व्यक्ति बिगड़कर कहता, "साला, तू शिवनाथ का गुलाम है? वह क्या कर सकते हैं? मेरे यहाँ बैठकर खाया कर, वह क्या खिलाएँगे, बासी भात ही तो देते होंगे!"

रजुआ शिवनाथ बाबू से अब भी डरता था, इसीलिए उनसे छिपाकर ही वह अन्य लोगों का काम करता। किन्तु उसको पीटने का और व्यक्तियों को भी उतना ही अधिकार था। एक बार जमुनालाल के लड़के जंगी ने रजुआ से तीन-चार आने की लकड़ी लाने के लिए कहा

और रजुआ फौरन आने का वायदा करके चला गया। पर वह शीघ्र न आ सका, क्योंकि शिवनाथ बाबू के घर की औरतों ने उसे इस या उस काम में बाँध रखा। बाद में वह जब जमुनालाल के यहाँ पहुँचा तो जंगी ने पहला काम यह किया कि दो थप्पड़ उसके गाल पर जड़ दिए, फिर गरजकर बोला, "सूअर, धोखा देता है? कह देता नहीं आऊँगा। अब आज मैं तुझसे दिन-भर काम कराऊँगा, देखें कौन साला रोकता है! आख़िर हम भी मुहल्ले में रहते हैं कि नहीं!"

और सचमुच जंगी ने उससे दिन-भर काम लिया। शिवनाथ बाबू को सब पता लग गया, लेकिन उनकी उदार व्यावहारिक बुद्धि की प्रशंसा किए बिना नहीं रहा जाता, क्योंकि उन्होंने चूँ तक नहीं की।

ऐसी ही कई घटनाएँ हुईं, पर रजुआ पर किसी का स्थायी अधिकार निश्चित न हो सका। उसकी सेवाओं की उपयोग सम्बन्धी खींचातानी से उसका समाजीकरण हो गया। मुहल्ले का कोई भी व्यक्ति उसे दो-चार रुपए देकर स्थायी रूप से नौकर रखने को तैयार न हुआ, क्योंकि वह इतना शक्तिशाली कतई न था कि चौबीस घंटे नौकर की महान ज़िम्मेदारियाँ सम्हाल सके। वह तेज़ी के साथ पच्चीस-पचास गगरे पानी न भर सकता था, बाज़ार से दौड़कर भारी सामान-सौदा न ला सकता था, अतएव लोग उससे छोटा-मोटा काम ले लेते और इच्छानुसार उसे कुछ-न-कुछ दे देते। अब न वह शिवनाथ बाबू के यहाँ टिकता और न जमुनालाल के यहाँ, क्योंकि उसको कोई टिकने ही न देता। इसको रजुआ ने भी समझ लिया और मुहल्ले के लोगों ने भी। वह अब किसी व्यक्ति-विशेष का नहीं, बल्कि सारे मुहल्ले का नौकर हो गया।

रजुआ के लिए छोटे-मोटे कामों की कमी न थी। किसी के यहाँ खा-पीकर वह बाहर की चौकी या ज़मीन पर सो रहता और सवेरे उठता तो मुहल्ले के लोग उसका मुँह जोहते। नौकर-चाकर किसी के यहाँ बहुत दिनों तक टिकते नहीं थे और वे भाग-भागकर रिक्शे चलाने लगते या किसी मिल या कारखाने में काम करने लगते। दो-चार व्यक्तियों के यहाँ ही नौकर थे, अन्य घरों में कहार पानी भर देता, लेकिन वह गगरों के हिसाब से पानी देता और यदि एक गगरा भी अधिक दे देता तो उसका मेहनताना पाई-पाई वसूल कर लेता। इस स्थिति में रजुआ का आगमन जैसे भगवान का वरदान था।

लोग उससे छोटा-बड़ा काम लेकर इच्छानुसार उसकी मज़दूरी चुका देते। यदि उसने कोई छोटा काम किया तो उसे बासी रोटी या भात या भुना चना या सत्तू दे दिया जाता और वह एक कोने में बैठकर चापुड़-चापुड़ खा-फाँक लेता। अगर कोई बड़ा काम कर देता तो एक जून का खाना मिल जाता, पर उसमें अनिवार्य रूप से एकाध चीज़ बासी रहती और कभी-कभी तरकारी या दाल नदारद होती। कभी भात-नमक मिल जाता, जिसे वह पानी के साथ खा जाता। कभी-कभी रोटी-अचार और कभी-कभी तो सिर्फ़ तरकारी ही खाने या दाल पीने को मिलती। कभी खाना न होने पर दो-चार पैसे मिल जाते या मोटा, पुराना कच्चा चावल या दाल या चार-छह आलू। कभी उधार भी चलता। वह काम कर देता और उसके एवज़ में फिर किसी दिन कुछ-न-कुछ पा जाता।

इसी तरह वह मेरे घर भी आने लगा था, क्योंकि मेरी श्रीमती जी बुद्धि के मामले में किसी से पीछे न थीं। रजुआ आता और काम करके चला जाता। एक-दो बार मुझसे भी मुठभेड़ हुई, पर कुछ बोला नहीं।

कोई छुट्टी का दिन था। मैं बाहर बैठा एक किताब पढ़ रहा था कि इतने में रजुआ भीतर आया और कोने में बैठकर कुछ खाने लगा। मैंने घूमकर एक निगाह उस पर डाली। उसके हाथ में एक रोटी और थोड़ा-सा अचार था और वह सूअर की भाँति चापुड़-चापुड़ खा रहा था। बीच-बीच में वह मुसकरा पड़ता, जैसे कोई बड़ी मंज़िल सर करके बैठा हो।

मैं उसकी ओर देखता रहा और मुझे वह दिन याद आ गया, जब चोरी के अभियोग में उसकी पिटाई हुई थी। जब वह खाकर उठा तो मैंने पूछा, "क्यों रे रजुआ, तेरा घर कहाँ है ?"

वह सकपकाकर खड़ा हो गया, फिर मुँह टेढ़ा करके बोला, "सरकार, रामपुर का रहनेवाला हूँ।" और उसने दाँत निपोर दिए।

"गाँव छोड़कर यहाँ क्यों चला आया ?" मैंने पुनः प्रश्न किया।

क्षण-भर वह असमंजस में मुझे खड़ा ताकता रहा, फिर बोला, "पहले रसड़ा में था मालिक।"

जैसे रामपुर से सीधे बलिया आना अपराध हो। उसके लिए सम्भवतः 'क्यों' का कोई महत्त्व नहीं था, जैसे गाँव छोड़ने का जो भी कारण हो, वह अत्यन्त सामान्य एवं स्वाभाविक था और वह न उसके बताने की चीज़ थी और न किसी के समझने की।

"रामपुर में कोई है तेरा ?" मैंने एक-दो क्षण उसको गौर से देखने के बाद दूसरा सवाल किया।

"नहीं मालिक, बाप और दो बहनें थीं, ताऊन में मर गईं," वह फिर दाँत निपोरकर हँस पड़ा।

उसके बाद मैंने कोई प्रश्न नहीं किया। हिम्मत नहीं हुई। वह फौरन वहाँ से सरक गया और मेरा हृदय कुछ अजीब-सी घृणा से भर उठा। उसकी खोपड़ी किसी हलवाई की दुकान पर दिन में लटकते काले गैस-लैम्प की भाँति हिल-डुल रही थी। हाथ-पैर पतले, पेट अब भी हँड़िया की तरह फूला हुआ और सारा शरीर निहायत गन्दा एवं घृणित...मेरी इच्छा हुई, जाकर बीवी से कह दूँ कि इससे काम न लिया करो, यह रोगी है...फिर टाल गया, क्योंकि इसमें मेरा ही घाटा था। मैं जानता था कि नौकरों की कितनी किल्लत थी और रजुआ के रहने से इतना आराम हो गया था कि मैं हर पहली या दूसरी तारीख़ को राशन, मसाला आदि ख़रीदकर महीने-भर के लिए निश्चिन्त हो जाता।

"इनख़िलाफ़ ज़िन्दाबाद। महात्मा गान्ही की जै।"

कुछ महीने बाद एक दिन जब मैं अपने कमरे में बैठा था कि मुझे रजुआ के नारे लगाने और फिर 'ही-ही' हँसने की आवाज़ सुनाई दी।

मैं चौंका और मैंने सुना, आँगन में पहुँचकर वह ज़ोर से कह रहा है, "मलिकाइन, थोड़ा नमक होगा, मिसिर के यहाँ से रोटियाँ मिल गई हैं, दाल बनाऊँगा।"

मेरी पत्नी चूल्हे-चौके में लगी हुई थी। उसने कुछ देर बाद उसको नमक देते हुए पूछा, "रजुआ, सच बताना, तुझे नहाए हुए कितने दिन हो गए ?"

"खिचड़ी की खिचड़ी नहाता हूँ न मलिकाइन जी।" वह नमक लेकर बोला और हँसते हुए भाग गया।

मैं कमरे में बैठा यह सब सुन रहा था। सम्भवतः उसको मेरी उपस्थिति का ज्ञान न था, अन्यथा वह ऐसी बातें न करता। लेकिन यह बात साफ़ थी कि अब वह मुहल्ले में जम गया

है। उसको खाने-पीने की चिन्ता नहीं है। इतनी ही नहीं, अब वह मुहल्ले-भर से शह पा रहा है। लोग अब उससे हँसी-मज़ाक़ भी करने लगे हैं और उसे मारे-पीटे जाने का किंचित् मात्र भी भय नहीं। अवश्य यही बात थी और वह स्थिति में परिवर्तन से लाभ उठाते हुए ढीठ हो गया था। इसीलिए उसने अपने आगमन की सूचना देने के लिए राजनीतिक नारे लगाए थे, जैसे वह कहना चाहता हो कि मैं हँसी-मज़ाक का विषय हूँ, लोग मुझसे मज़ाक करें, जिससे मेरे हृदय में हिम्मत और ढाढ़स बँधे।

मुझे बड़ा ही आश्चर्य हुआ। लेकिन कुछ ही दिन बाद मैंने उसकी एक और हरक़त देखी, जिससे मेरे अनुमान की पुष्टि होती थी।

सायंकाल दफ़्तर से आ रहा था कि जीउतराम के गोले के पास मैंने रजुआ की आवाज़ सुनी। पतिया की स्त्री बर्तन माँज रही थी और उसके पास खड़ा रजुआ टेढ़ा मुँह करके बोल रहा था, ''सलाम हो भौजी, समाचार है न!'' अन्त में बेमतलब 'ही-ही' हँसने लगा।

पतिया की बहू ने थोड़ा मुस्की काटते हुए सुनाया, ''दूर हो पापी, समाचार पूछने का तेरा ही मुँह है? चला जा, नहीं तो जूठ की काली हाँड़ी चलाकर वह मारूँगी कि सारी लफंगई...'' यहाँ उसने एक गन्दे मुहावरे का इस्तेमाल किया।

लेकिन, मालूम पड़ता है कि रजुआ इतने ही से ख़ुश हो गया, क्योंकि वह मुँह फैलाकर हँस पड़ा और फिर तुरन्त उसने दो-तीन बार सिर को ऊपर झटका देते हुए ऐसी किलकारियाँ लगाईं जैसे घास चरता हुआ गदहा अचानक सिर उठाकर ढीचूँ-ढीचूँ कर उठता है।

फिर तो यह उसकी आदत हो गई। सारे मुहल्ले की छोटी जातियों की औरतों से उसने भौजाई का सम्बन्ध जोड़ लिया था। उनको देखकर वह कुछ हल्की-फुल्की छेड़खानी कर देता, और तब वह गधे की भाँति ढीचूँ-ढीचूँ कर उठता।

कुएँ पर पहुँचकर वह किसी औरत को कनखी से निहारता और अन्त में पूछ बैठता, ''यह कौन है? अच्छा, बड़की भौजी हैं। सलाम, भौजी। सीताराम, सीताराम, राम-राम जपना पराया माल अपना।'' इतना कह वह दुष्टतापूर्वक हँस पड़ता।

वह किसी काम से जा रहा होता, पर रास्ते में किसी औरत को बर्तन माँजते या अपने दरवाज़े पर बैठे हुए या कोई काम करते हुए देख लेता तो एक-दो मिनट के लिए वहाँ पहुँच जाता, बेहया की तरह हँसकर कुशल-क्षेम पूछता और अन्त में झिड़की-गाली सुनकर किलकारियाँ मारता हुआ वापस चला जाता। धीरे-धीरे वह इतना बहक गया कि नीची जाति की किसी जवान स्त्री को देखकर, चाहे वह जान-पहचान की हो या न हो, दूर से ही हिचकी दे-देकर किलकने लगता।

मेरी तरह मुहल्ले के अन्य लोगों ने भी उसके इस परिवर्तन पर गौर किया था और सम्भवत: इसी कारण लोग उसे रजुआ से 'रजुआ साला' कहने लगे। अब कोई बात कहनी होती, कितने गम्भीर काम के लिए पुकारना होता, लोग उसे 'रजुआ साला' कहकर बुलाते और अपने काम की फ़रमाइश करके हँस पड़ते। उनकी देखा-देखी लड़के भी ऐसा ही करने लगे, जैसे 'साला' कहे बिना रजुआ का कोई अस्तित्व ही न हो! और इससे रजुआ भी बड़ा प्रसन्न था, जैसे इससे उसके जीवन की अनिश्चितता कम हो रही हो और उस पर अचानक कोई संकट आने की सम्भावना संकुचित होती जा रही हो!

और अब लोग उसे चिढ़ाने भी लगे।

"क्यों बे रजुआ साला, शादी करेगा?" लोग उसे छेड़ते। रजुआ उनकी बातों पर 'खी-खी' हँस पड़ता और फिर अपनी आदत के अनुसार सिर को ऊपर की ओर दो-तीन बार झटके देता तथा मुँह से ऐसी हिचकी की आवाज़ निकालता हुआ, जो अधिक कड़वी चीज़ खाने पर निकलती है, चलता बनता। वह समझ गया था कि लोग उसे देखकर ख़ुश होते हैं और अब वह सड़क पर चलते, गली से गुज़रते, घर में घुसते, काम की फ़रमाइश लेकर घर से निकलते और कुएँ पर पानी भरते समय ज़ोरों से चिल्लाकर उस समय के प्रचलित राजनीतिक नारे लगाता या कबीर की कोई ग़लत-सलत बानी बोलता या किसी सुनी हुई कविता या दोहे की एक-दो पंक्तियाँ गाता। ऐसा करते समय वह किसी की ओर देखता नहीं, बल्कि टेढ़ा मुँह करके ज़मीन की ओर देखता हुआ मुँह फैलाकर हँसे जाता, जैसे वह दिमाग की आँखों से देख रहा हो कि उसकी हरक़तों को बहुत-से लोग देख-सुनकर प्रसन्न हो रहे हैं।

सायंकाल दफ़्तर से आने और नाश्ता-पानी करने के बाद मैं हवाखोरी करने निकल जाता हूँ। रेलवे लाइन पकड़कर बाँसडीह की ओर जाना मुझे सबसे अच्छा लगता है। सरयू पार करके गंगाजी के किनारे घूमना-टहलना कम आनन्ददायी नहीं है, लेकिन उसमें सबसे बड़ी कठिनाई यह है कि बरसात में दोनों नदियाँ बढ़कर समुद्र का रूप ले लेती हैं और जाड़े में इतने दलदल मिलते हैं कि जाने की हिम्मत नहीं होती। लेकिन कभी-कभी ऐसा भी होता है कि मुझे देर हो जाती है या अधिक चलने-फिरने की कोई इच्छा नहीं होती और स्टेशन के प्लेटफ़ॉर्म का चक्कर लगाकर वापस लौट आता हूँ।

पन्द्रह-बीस दिन के बाद एक दिन सायंकाल स्टेशन के प्लेटफ़ॉर्म पर टहलने गया। स्टेशन के फाटक से प्लेटफ़ॉर्म पर आने के बाद मैं बाईं तरफ़ जी.आर.पी. की चौकी की ओर बढ़ चला। किन्तु कुछ क़दम ही चला था कि मेरा ध्यान रजुआ की ओर गया, जो मुझसे कुछ दूर आगे था। वह भी उधर ही जा रहा था। मुझे कुछ आश्चर्य नहीं हुआ, क्योंकि शहर के काफ़ी लोग दिशा-मैदान के लिए कटहर नाला जाते थे, जो स्टेशन के पास ही बहता है। मैं धीरे-धीरे चलने लगा।

पर रजुआ कटहर नाला नहीं गया, बल्कि जी.आर.पी. की चौकी के पास कुछ ठिठककर खड़ा हो गया। अब मुझे कुछ आश्चर्य हुआ। क्या वह किसी मामले में पुलिसवालों के चक्कर में आ गया है? मेरी समझ में कुछ न आया और उत्सुकतावश मैं तेज़ चलने लगा। आगे बढ़ने पर स्थिति कुछ-कुछ समझ में आने लगी।

चौकी के सामने एक बेंच पर बैठे पुलिस के दो-तीन सिपाही कोई हँसी-मज़ाक कर रहे थे और उनसे थोड़ी ही दूरी पर नीचे एक नंगी औरत बैठी हुई थी। वह औरत और कोई नहीं एक पगली थी, जो कई दिनों से शहर का चक्कर काट रही थी। उसको मैंने कई बार चौक में तथा एक बार सरयू के किनारे देखा था। उसकी उम्र लगभग तीस वर्ष होगी और वह बदसूरत, काली तथा निहायत गन्दी थी। वह जहाँ जाती, कुछ लफंगे 'हा-हू' करते उसके पीछे हो जाते। वे उसको चिढ़ाते, उस पर ईंट फेंकते और जब वह तंग आकर चीखती-चिल्लाती भागती तो लड़के उसके पीछे दौड़ते।

रजुआ उस पगली के पास ही खड़ा था। वह कभी शंकित आँखों से पुलिसवालों को देखता, फिर मुँह फैलाकर हँस पड़ता और मुटर-मुटर पगली को ताकने लगता। परन्तु पुलिसवाले सम्भवतः उसकी ओर ध्यान न दे रहे थे।

मुझे बड़ी शर्म मालूम हुई, किन्तु मैं इतना समीप पहुँच गया था कि अचानक घूमकर लौटना सम्भव न हो सका। असली बात जानने की उत्सुकता भी थी। मैं शून्य की ओर देखता हुआ आगे बढ़ा, लेकिन लाख कोशिश करके भी दृष्टि उधर चली ही जाती।

रजुआ शायद पुलिसवालों की लापरवाही का फ़ायदा उठाते हुए आगे बढ़ गया था और सिर नीचे झुकाकर अत्यन्त ही प्रसन्न होकर हँसते हुए पुचकारती आवाज़ में पूछ रहा था, "क्या है पागलराम, भात खाओगी ?"

इतने में पुलिसवालों में से एक ने कड़ककर प्रश्न किया, "कौन है बे साला, चलता बन, नहीं तो मारते-मारते भूसा बना दूँगा।"

रजुआ वहाँ से थोड़ा हट गया और हँसते हुए बोला, "मालिक, मैं रजुआ हूँ।"

"भाग जा साले, गिद्ध की तरह न मालूम कहाँ से आ पहुँचा!" सम्भवत: दूसरे सिपाही ने कहा और फिर वे सभी ठहाका मारकर हँस पड़े।

मैं अब काफ़ी आगे निकल गया था और इससे अधिक मुझे कुछ सुनाई न पड़ा। मैं जल्दी-जल्दी प्लेटफ़ॉर्म से बाहर निकल गया।

किन्तु, मामला यहीं समाप्त नहीं हो गया। घर आकर मैंने आँगन में चारपाई डाल, बड़ी मुश्किल से आधा घंटा आराम किया होगा कि मेरी पत्नी भागती हुई आई और कुछ मुसकराती हुई तेज़ी से बोली, "अरे, ज़रा जल्दी से बाहर आइए तो, एक तमाशा दिखाती हूँ। हमारी कसम, ज़रा जल्दी उठिए।"

मैं अनिच्छापूर्वक उठा और बाहर आकर जो दृश्य देखा उससे मेरे हृदय में एक ही साथ आश्चर्य एवं घृणा के ऐसे भाव उठे जिन्हें मैं व्यक्त नहीं कर सकता। रजुआ स्टेशन की नंगी पगली के आगे-आगे आ रहा था। पगली कभी इधर-उधर देखने लगती या खड़ी हो जाती तो रजुआ पीछे होकर पगली की अँगुली पकड़कर थोड़ा आगे ले जाता और फिर उसे छोड़कर थोड़ा आगे चलने लगता तथा पीछे घूम-घूमकर पगली से कुछ कहता जाता। इसी तरह वह पगली को सड़क की दूसरी ओर स्थित क्वार्टरों की छत पर ले गया। ये क्वार्टर मेरे मकान के सामने दूसरी पटरी पर बने थे और वे एक-दूसरे से सटे थे। उनकी छतें खुली थीं और उन पर मुहल्ले के लोग जाड़े में धूप लिया करते और गरमी में रात को लावारिस लफंगे सोया करते थे।

तभी रजुआ नीचे उतरा, किन्तु पगली उसके साथ न थी। हम लोगों की उत्सुकता बढ़ गई थी कि देखें, वह आगे क्या करता है। हम लोग वहीं खड़े रहे और रजुआ तेज़ी से स्टेशन की ओर गया तथा कुछ ही देर में वापस भी आ गया। इस बार उसके हाथ में एक दोना था। दोना लेकर वह ऊपर चढ़ गया और हम समझ गए कि वह पगली को खिलाने के लिए बाज़ार से कुछ लाया है।

इसके बाद दो-तीन दिन तक रजुआ को मैंने मुहल्ले में नहीं देखा। उस दिन की घटना से हृदय में एक उत्सुकता बनी हुई थी, इसलिए एक दिन मैंने अपनी पत्नी से पूछा, "क्या बात है, रजुआ आजकल दिखाई नहीं देता! अब यहाँ नहीं आता क्या ?"

पत्नी ने थोड़ा चौंककर उत्तर दिया, "अरे, आपको नहीं मालूम, उसको किसी ने बुरी तरह पीट दिया है और वह बरन की बहू के यहाँ पड़ा हुआ है।"

"क्यों, क्या बात है ?" मैंने अपनी उत्सुकता प्रकट किए बिना धीमे स्वर में पूछा।

पत्नी ने मुसकराकर बताया, "अरे, वही बात है। रजुआ उस पगली को छत पर छोड़ नरसिंह बाबू के यहाँ काम करने लगा। नरसिंह बाबू की स्त्री बताती हैं कि वह उस दिन बड़ा

गम्भीर था और काम करते-करते चहककर जैसे किलकारी मारता है, वैसे नहीं करता था। उसकी तबीयत काम में नहीं लगती थी। वह एक काम करता और मौक़ा देख कोई बहाना बनाकर क्वार्टर की छत पर जाकर पगली का समाचार ले आता। नरसिंह बाबू की स्त्री ने जब उसे खाना दिया तो उसने वहाँ भोजन नहीं किया, बल्कि खाने को एक काग़ज़ में लपेटकर अपने साथ लेता गया। उसने वह खाना ख़ुद थोड़े खाया, बल्कि उसको वह ऊपर छत पर ले गया। रात के क़रीब ग्यारह बजे की बात है। रजुआ जब ऊपर पहुँचा तो देखा कि पगली के पास कोई दूसरा सोया है। उसने आपत्ति की तो उसको उस लफंगे ने खूब पीटा और पगली को लेकर कहीं दूसरी जगह चला गया।''

''तुम्हें यह सब कैसे मालूम हुआ?'' मेरा हृदय एक अनजान क्रोध से भरा आ रहा था।

''बरन की बहू बता रही थी।'' पत्नी ने उत्तर दिया और अकारण ही हँस पड़ी।

बहुत दिन हो गए थे। गरमी का मौसम था और भयंकर लू चलना शुरू हो गई थी। छत पर मार खाने के चार-पाँच दिन बाद रजुआ फिर मुहल्ले में आकर काम करने लगा था। लेकिन उसमें एक ज़बर्दस्त परिवर्तन यह हुआ कि उसका स्त्रियों के साथ छेड़खानी करके गधे की भाँति हिचकना-किलकना बन्द हो गया।

''रजुआ ने आजकल दाढ़ी क्यों रख छोड़ी है?'' मैंने पत्नी से पूछा।

रजुआ की बात छिड़ने पर मेरी बीवी अवश्य हँस देती। मुसकराकर उसने उत्तर दिया, ''आजकल वह भगत हो गया है। बरन की बहू को उसके कृत्य की सजा देने को उसने दाढ़ी बढ़ा ली है और रोज़ाना शनीचरी देवी पर जल चढ़ाता है।''

मेरे प्रश्नसूचक दृष्टि से देखने पर पत्नी ने अपनी बात स्पष्ट की, ''बात यह है कि रजुआ पिछले कुछ महीनों से रात को बरन की बहू के यहाँ ही सोता था और उससे बुआ का रिश्ता भी उसने जोड़ लिया था। रजुआ दो-चार आने जो कुछ कमाता, वह अपनी बुआ के यहाँ जमा करता जाता। वह बताता है कि इस तरह करते-करते दस रुपए तक इकट्ठे हो गए हैं। एक बार उसने बरन की बहू से अपने रुपए माँगे तो वह इनकार कर गई कि उसके पास रजुआ की एक पाई भी नहीं। रजुआ के दिल को इतनी चोट लगी कि उसने दाढ़ी रख ली। वह कहता है कि जब तक बरन की बहू को कोढ़ न फूटेगा, वह दाढ़ी न मुड़ाएगा। इसी काम के लिए वह शनीचरी देवी पर रोज़ जल भी चढ़ाता है।''

शनीचरी देवी का जहाँ तक सम्बन्ध है, मुझे अब ख़याल आया। शनीचरी अपने ज़माने की एक प्रचंड डोमिन थी। ताड़का की तरह लम्बी-तगड़ी और लड़ने-झगड़ने में उस्ताद। वह किसी से भी नहीं डरती थी और नित्य ही किसी-न-किसी से मोर्चा लेती थी। एक बार किसी लड़ाई में एक डोम ने शनीचरी की खोपड़ी पर एक लट्ठ जमा दिया, जिससे उसका प्राणान्त हो गया। लेकिन एक-डेढ़ हफ्ते बाद ही उस डोम के चेचक निकल आई और वह मर गया। लोगों ने उसकी मृत्यु का कारण शनीचरी देवी का प्रकोप समझा। डोमों ने श्रद्धा में उसका चबूतरा बना दिया और तब से वह छोटी जातियों में शनीचरी माता या शनीचरी देवी के नाम से प्रसिद्ध हो गई थी।

मैं कुछ नहीं बोला, लेकिन पत्नी ने सम्भवत: कुछ उदास स्वर में कहा, ''उसको आजकल थोड़ा बुखार रहता है। उसका विश्वास है कि बरन की बहू ने उस पर जादू-टोना कर दिया है।

वह कहता है कि शनीचरी बहुत चलती देवी हैं। अरे, एक महीने में ही बरन की बहू कोढ़ फूट-फूटकर मरेगी।''

पता नहीं, उसका ज्वर टूटा कि नहीं। मैंने जानने की कोशिश भी नहीं की। बीमार तो वह सदा ही का था। सोचा, शायद उतर गया हो, क्योंकि काम तो वह उसी तरह कर रहा था। हाँ, बीच में उसके चेहरे पर जो चुस्ती और ख़ुशी चमक-चमक उठती, वह तिरोहित हो गई थी। न वह उतना चहकता था, न उतना बोलता था, अपेक्षाकृत वह अधिक गम्भीर और सुस्त हो गया।

उसकी रुचि धर्म की ओर मुड़ गई और शनीचरी देवी की मन्नत मानते वह अच्छा-भला भगत बन बैठा।

मेरे घर के सामने सड़क की दूसरी ओर क्वार्टर में एक पंडित जी रहते हैं। यों तो वह लकड़ियाँ बेचते हैं, लेकिन साथ-साथ सत्तू-नमक-तेल वगैरह भी रखते हैं। फलस्वरूप उनके यहाँ इक्के-ताँगेवालों और गाड़ीवानों की भीड़ लगी रहती है, जो पंडित जी के यहाँ से सत्तू लेकर अपनी भूख मिटाते हैं और उनकी दुकान के छायादार नीम के नीचे पाँच-दस मिनट विश्राम करते हुए ठट्ठा-मज़ाक भी करते हैं। रात को वहीं उनकी मजलिस लगती है।

उस रात गरमी इतनी थी कि आँगन में दम घुटा जा रहा था। मैं खाने के पश्चात् चारपाई को घसीटते हुए लगभग सड़क के किनारे ले गया। उमस तो यहाँ भी थी, पर अपेक्षाकृत शान्ति मिली।

मुझे लेटे हुए अभी दो-चार मिनट ही बीते होंगे कि पंडित जी की दुकान से आती हुई आवाज़ सुनाई पड़ी, ''तो का हो रज्जू भगत, गोसाईंजी का कह गए हैं? महावीरजी समुन्दर में कूदते हैं तो ताड़का महरानी का कहती हैं?''

''सुनो-सुनो,'' प्रश्नकर्ता की बात के उत्तर में रजुआ (शायद वह भगत कहलाने लगा था) तत्काल जोश से ऐसे बोला, जैसे आशंका हो कि यदि वह देर कर देगा तो कोई दूसरा ही बता देगा, ''बजरंगबली बड़े जबर थे। वह समुन्दर में कुछ दूर तक तैर लेते हैं तो उनको ताड़का महारानी मिलती हैं। ताड़का महारानी अपना रूप दिखाती हैं तो बजरंगबली किससे कम हैं? ये मियाँ एढ़े तो हम तुमसे ड्यौढ़े, बजरंगबली भी उतने हो जाते हैं। इसके बाद ताड़का महारानी और बड़ी हो हैं तो बजरंगबली मच्छर बनकर ताड़का महारानी के कान से बाहर निकल आते हैं।''

''तो ए रज्जू भगत, गान्ही महात्मा भी तो जेहल से निकल आते हैं?'' किसी दूसरे ने पूछा।

रजुआ ने और ज़ोर से बताया, ''सुनो-सुनो, गान्ही महात्मा को सरकार जब जेहल में डाल देती है तो एक दिन क्या होता है कि सभी सिपाही-प्यादा के होते हुए भी गान्ही महात्मा जेहल से निकल आते हैं और सबकी आँखों पर पट्टी बँधी रह जाती है। गान्ही महात्मा सात समुन्दर पार करके जब देहली पहुँचते हैं तो सरकार उन पर गोली चलाती है। गोली गान्ही महात्मा की छाती पर लगकर सौ टुकड़े हो जाती है और गान्ही महात्मा आसमान में उड़कर ग़ायब हो जाते हैं।''

इसके पूर्व महात्मा गांधी की मृत्यु का ऐसा दिलचस्प क़िस्सा मैंने कभी नहीं सुना था, यद्यपि गांधीजी की हत्या हुए चार वर्ष गुज़र गए थे।

उसकी दाढ़ी जैसे-जैसे बढ़ती गई, रजुआ के धर्म-प्रेम का समाचार भी फैलता गया। निचले तबके के लोगों में अब वह 'रज्जू भगत' के नाम से पुकारा जाने लगा। बड़े लोगों में भी कोई-

कोई हँसी-मज़ाक में उसको इसी नाम से सम्बोधित करता, लेकिन उनके कहने पर वह शरमाकर हँसते हुए चला जाता, पर छोटी जातियों के समाज में वह कुछ-न-कुछ ऐसी कह गुज़रता जो सबसे अलग होती। अक्सर उनकी मजलिसें रात को पंडित जी की दुकान के आगे जमतीं और रजुआ उनसे राम-सीताजी की चर्चा करता, भूत-प्रेत, बरम-डीह के महत्त्व पर प्रकाश डालता और झाड़-फूँक, मंत्र-जप का महत्त्व समझाता। वे नाना प्रकार की शंकाएँ प्रकट करते और रजुआ उनका समाधान करता।

लेकिन इतनी धार्मिक चर्चाएँ करने, शनीचरी देवी पर जल चढ़ाने तथा दाढ़ी रखने के बावजूद उसकी मनोकामना पूरी न हुई।

शाम को दफ़्तर से लौटा ही था कि बीवी ने चिन्तातुर स्वर में सूचना दी, "अरे, जानते नहीं, रजुआ को हैजा हो गया है।"

उन दिनों गरमी अपनी चरम सीमा पर थी और गड्ढे तथा बमपुलिस की गली में, जो शहर के अत्यधिक गन्दे स्थान थे, हैजे की कई घटनाएँ हो गई थीं। मुझे आश्चर्य नहीं हुआ, क्योंकि रजुआ को हैजा न होता तो और किसको होता!

"ज़िन्दा है या मर गया?" मैंने उदासीन स्वर में पूछा।

मेरी पत्नी ने अफसोस प्रकट करते हुए कहा, "क्या बताएँ, मेरा दिल छटपटाकर रह गया। वहीं खँडहर में पड़ा हुआ है। कै-दस्त से पस्त हो गया है। लोग बताते हैं कि आध-एक घंटे में मर जाएगा।"

"कोई दवा-दारू नहीं हुई?"

"कौन उसका सगा बैठा है जो दवा-दारू करता! शिवनाथ बाबू के यहाँ काम कर रहा था, पर जहाँ उसको एक कै हुई कि उन लोगों ने उसको अपने यहाँ से खदेड़ दिया। फिर वह रामजी मिश्र के ओसारे में जाकर बैठ गया, लेकिन जब उन लोगों को पता लगा तो उन्होंने भी उसको भगा दिया। उसके बाद वह किसी के यहाँ नहीं गया, जाकर खँडहर में पेड़ के नीचे पड़ गया।"

मैंने जैसे व्यंग्य किया, "तुमने अपने यहाँ क्यों नहीं बुला लिया?"

पत्नी को यह आशा नहीं थी कि मैं ऐसा प्रश्न करूँगा, इसलिए स्तम्भित होकर मुझे देखने लगी। अन्त में बिगड़कर बोली, "मैं उसे यहाँ बुलाती, कैसी बात करते हैं आप? मेरे भी बाल-बच्चे हैं, भगवान न करे, उनको कुछ हो गया तो?"

मैं हँस पड़ा, फिर उठ खड़ा हुआ। "ज़रा देख आऊँ," दरवाज़े की ओर बढ़ता हुआ बोला।

"आपके पैरों पड़ती हूँ, उसको छुइएगा नहीं और झटपट चले आइएगा।" पत्नी गिड़गिड़ाने लगी।

जब मैं खँडहर में पहुँचा तो दो-तीन व्यक्ति सड़क के किनारे खड़े होकर रजुआ को निहार रहे थे। वे मुहल्ले के नहीं, बल्कि रास्ता चलते मुसाफिर थे, जो रजुआ की दशा देखकर अकर्मण्य दया एवं उत्सुकता से वहाँ खड़े हो गए थे।

"रजुआ?" मैंने निकट पहुँचकर पूछा।

लेकिन उसको किसी बात की सुध-बुध न थी। वह पेड़ के नीचे एक गन्दे अँगोछे पर पड़ा हुआ था और उसका शरीर कै-दस्त से लथपथ था। उसकी छाती की हड्डियाँ और उभर आई थीं, पेट तथा आँखें पिचककर धँस गई थीं और गालों में गड्ढे बन गए थे। उसकी

आँखों के नीचे भी गहरे काले गड्ढे दिखाई दे रहे थे और उसका मुँह कुछ खुला हुआ था। पहले देखने से ऐसा मालूम होता था कि वह मर गया है, लेकिन उसकी साँस धीमे-धीमे चल रही थी।

मैं कुछ निश्चय न कर पा रहा था, क्या किया जाए कि मालूम नहीं कहाँ से शिवनाथ बाबू मेरी बग़ल में आकर खड़े हो गए और धीरे से उन्होंने अपनी सम्मति भी प्रकट की, "ही कांट सरवाइव—यह बच नहीं सकता।"

मैंने तेज़ दृष्टि से उनको देखा। शिवनाथ बाबू पर तो मुझे ग़ुस्सा आ ही रहा था, लेकिन अपने ऊपर भी कम झुँझलाहट न थी। कभी जी होता था कि जाकर घर बैठ रहूँ, जब और लोगों को मतलब नहीं तो मुझे ही क्या पड़ी है! लेकिन उसे यों अपनी आँखों के सामने मरते हुए देखा नहीं जाता था। पर मैं उसका इलाज भी क्या करवा सकता था? मैं लगभग सौ रुपए वेतन पाता था, इसके अलावा महीने का अन्तिम सप्ताह था, मेरे पास एक पाई नहीं थी। पर उसे अस्पताल भी तो भिजवाया जा सकता है? अचानक मन में विचार कौंधा, मेरी झुँझलाहट जैसे अचानक दूर हो गई और मैं तेज़ी से अस्पताल रवाना हो गया।

अस्पताल पहुँचकर मैंने सम्बन्धित अधिकारियों को सूचित किया। वहाँ से अस्पताल की मोटरगाड़ी पर बैठकर मैं स्वयं साथ आया। रजुआ की साँस अब भी चल रही थी। अस्पताल के दो मेहतरों ने, जो साथ आए थे, उसको खींचकर गाड़ी पर लाद दिया। जब गाड़ी चली गई तो मैंने सन्तोष की साँस ली जैसे मेरे सिर से कोई बहुत बड़ा बोझ हट गया हो।

सबकी यही राय थी कि रजुआ बच नहीं सकता, परन्तु वह मरा नहीं। यदि अस्पताल पहुँचने में थोड़ा भी विलम्ब हो गया होता तो बेशक काल के गाल से उसकी रक्षा न हो पाती। अस्पताल में वह चार-पाँच दिन रहा, फिर वहाँ से बर्खास्त कर दिया गया।

किन्तु उसकी हालत बेहद ख़राब थी। वह एकदम दुबला-पतला हो गया था। मुश्किल से चल पाता और जब बोलता तो हाँफने लगता। न मालूम क्यों, वह अस्पताल से सीधे मेरे घर ही आया। यद्यपि मेरी पत्नी को उसका आना बहुत बुरा लगा, लेकिन मैंने उससे कह दिया कि दो-चार दिन उसे पड़ा रहने दे, फिर वह अपने आप ही इधर-उधर आने-जाने तथा काम करने लगेगा।

वह चार-पाँच दिन रहा, खाने को कुछ-न-कुछ पा ही जाता। वह कोई-न-कोई काम करने की कोशिश करता, पर उससे होता नहीं था। किसी को घर में बैठकर मुफ़्त खिलाना मेरी श्रीमतीजी को बहुत बुरा लगता था, परन्तु सबसे बड़ा भय उनको यह था कि उसके रहने से घर में किसी को हैजा न हो जाए।

और एक दिन घर आने पर रजुआ नहीं दिखाई पड़ा। पूछने पर बीवी ने बताया कि वह अपनी तबीयत से पता नहीं कब कहीं चला गया।

वह कहीं गया न था, बल्कि मुहल्ले ही में था। लेकिन अब वह बहुत कम दिखाई पड़ता। मैंने उसको एक-दो बार सड़क पर पैर घिसट-घिसटकर जाते हुए देखा। सम्भवतः वह अपना पेट भरने के लिए कुछ-न-कुछ करने का प्रयत्न कर रहा था।

फिर एक दिन मैंने उसे खँडहर में पुनः पड़ा पाया।

शिवनाथ बाबू अपने दरवाज़े पर बैठ अपने शरीर में तेल की मालिश कर रहे थे। मैंने उनसे जाकर नमस्कार करते हुए प्रश्न किया, "रजुआ खँडहर में क्यों पड़ा हुआ है? उसे फिर हैजा हुआ है क्या?"

शिवनाथ बाबू बिगड़ गए, "गोली मारिए साहब, आख़िर कोई कहाँ तक करे, अब साले को खुजली हुई है। जहाँ जाता है, खुजलाने लगता है। कौन उससे काम कराए! फिर काम भी तो वह नहीं कर सकता। साहब, अभी दो-तीन रोज़ की बात है, मैंने कहा एक गगरा पानी ला दो। गया ज़रूर, लेकिन कुएँ से उतरते समय गिर गए बच्चू! पानी तो ख़राब हुआ ही, गगरा भी टूट-पिचक गया। मैंने तो साफ़-साफ़ कह दिया कि मेरे घर के अन्दर पैर न रखना, नहीं तो पैर तोड़ दूँगा। ग़रीबों को देखकर मुझे भी दया-माया सताती है, पर अपना भी तो देखना है!"

मैं कुछ नहीं बोला और चुपचाप घर लौट आया। इस बार मेरी हिम्मत नहीं हुई कि जाकर उसे देखूँ या उससे हालचाल पूछूँ।

घर जाकर मैंने पत्नी से पूछा, "तुमने रजुआ से कुछ कहा-सुना तो नहीं था?" मुझे शक था कि बीवी ने ही उसको भगा दिया होगा और इसीलिए वह मेरे घर नहीं आता। मेरी बात सुनकर श्रीमती जी अचकचाकर मुझे देखने लगीं, फिर तिनककर बोलीं, "क्या करती, रोग को पालती? कोई मेरा भाई-बन्धु तो नहीं!"

मैं क्या कहता?

रजुआ को भयंकर खुजली हो गई थी, लेकिन उसने मुहल्ला नहीं छोड़ा। वह अक्सर खँडहर में बैठकर अपने शरीर को खुजलाता रहता। खाने की आशा में वह इधर-उधर चक्कर भी लगाता। कभी-कभी वह मेरे घर के सामने लकड़ी वाले पंडित के यहाँ जाता और पंडित जी थोड़ा सत्तू दे देते। मैंने भी एक-दो बार अपने लड़के के हाथ खाना भिजवा दिया। इसी तरह उसके पेट का पालन होता रहा। उसका चेहरा भयंकर हो गया था—एकदम पीला और हाथ-पैर जली हुई रस्सी की तरह ऐंठे हुए। वह बाहर कम ही निकलता और जब निकलता तो उसको देखकर एक अजीब दहशत-सी लगती, जैसे कोई नर-कंकाल चल रहा हो!

आषाढ़ चढ़ गया था और बरसात का पहला पानी पड़ चुका था। शनिवार का दिन, सवेरे लगभग आठ बजे मैं दफ़्तर का काम लेकर बैठ गया। लेकिन तबीयत नहीं लगी। बाहर नाली में वर्षा का पानी पूरे वेग से दौड़ रहा था और शरीर पर पुरवाई के झोंके आ लगते, जिससे मैं एक मधुर सुस्ती का अनुभव कर रहा था। मैंने कलम मेज़ पर रख दी और कुरसी पर सिर टेककर ऊँघने लगा।

यदि एक आहट ने चौंका न दिया होता तो मैं सो भी जाता। मैंने आँखें खोलकर बाहर झाँका। बाहर ओसारे में खड़ा एक तेरह-चौदह वर्ष का लड़का कमरे में झाँक रहा था। लड़के के शरीर पर एक गन्दी धोती थी और चेहरा मैला था।

मुझे सन्देह हुआ कि वह कोई चोर-चाँई है, इसीलिए मैंने डपटकर पूछा, "कौन है रे, क्या चाहता है?"

लड़का दुबककर कमरे में घुस आया और निधड़क बोला, "सरकार, रजुआ मर गया। उसी के लिए आया हूँ।" और अन्त में हँस पड़ा।

"मर गया? कब मरा? कहाँ मरा?" मैंने साश्चर्य मुँह बनाकर एक ही साथ उससे कई प्रश्न किए।

लड़के ने फिर हँसते हुए कहा, "हाँ, सरकार, मर गया। मालिक, इस कारड पर उसके गाँव एक चिट्ठी लिख दीजिए।"

मैंने इसके आगे रजुआ के सम्बन्ध में कुछ न पूछा। मैं अचानक डर गया कि यदि मैंने मामले में अधिक दिलचस्पी दिखाई तो हो सकता है कि मुझे उसकी लाश फूँकने का भी प्रबन्ध करना पड़े।

लड़के के हाथ में एक पोस्टकार्ड था, जिसको लेते हुए मैंने सवाल किया, "इस पर क्या लिखना होगा? उसके गाँव का क्या पता है?"

"मालिक, रामपुर के भजनराम बरई के यहाँ लिखना होगा। लिख दीजिए कि गोपाल मर गया।" लड़के की आवाज़ कुछ ढीठ हो गई थी।

"गोपाल!"

"जी, वहाँ तो उसका यही नाम है।"

मैंने पोस्टकार्ड पर तेज़ी से मज़मून तथा पता लिखा और पत्र को लड़के के हवाले कर दिया।

मैं लड़के से पूछना चाहता था कि तू कौन है? रजुआ कहाँ मरा? उसकी लाश कहाँ है? परन्तु मैं कुछ नहीं पूछ सका, जैसे मुझे काठ मार गया हो!

सच कहता हूँ, रजुआ की मृत्यु का समाचार सुनकर मेरे हृदय को अपूर्व शान्ति मिली, जैसे दिमाग पर पड़ा हुआ बहुत बड़ा बोझ हट गया हो। उसको देखकर मुझे सदा घृणा होती थी और कभी-कभी सोचकर कष्ट होता था कि इस व्यक्ति ने सदा ऐसे प्रयास किए, जिससे इसको भीख न माँगनी पड़े। और उसको भीख माँगनी भी पड़ी है तो इसमें उसका दोष कतई नहीं रहा है। मैंने उसके बारे में कई बार क्रोधवश सोचा है कि यह कम्बख्त एक ही मुहल्ले से क्यों चिपका हुआ है? घूम-घूमकर शहर में भीख क्यों नहीं माँगता? मुझे कभी-कभी लगता है कि वह किसी का मुहताज न होना चाहता था और इसके लिए उसने कोशिश भी की, जिसमें वह असफल रहा। चूँकि वह मरना न चाहता था, इसलिए जोंक की तरह ज़िन्दगी से चिमटा रहा। लेकिन लगता है, ज़िन्दगी स्वयं जोंक सरीखी उससे चिमटी थी और धीरे-धीरे उसके रक्त की अन्तिम बूँद तक पी गई।

रजुआ को मरे तीन-चार दिन हो गए थे। सारे मुहल्ले में यह समाचार उसी दिन फैल गया था। मुहल्लेवालों ने अफसोस प्रकट किया। और शिवनाथ बाबू ने तो यहाँ तक कह डाला कि जो हो, आदमी वह ईमानदार था।

रात के क़रीब आठ बजे थे और मैं बाहरी ओसारे में बैठा था। आसमान में बादल छाये थे और सारा वातावरण इतना शान्त था जैसे किसी षड्यन्त्र में लीन हो। बग़ल की चौकी पर रखी धुँधली लालटेन कभी-कभी चकमक कर उठती और उसके चारों ओर उड़ते पतंगे कभी क़मीज़ के अन्दर घुस जाते, जिससे तबीयत असहाय खीझ से भर उठती।

मैं भीतर जाने के उद्देश्य से उठा कि सामने एक छाया देखकर एकदम डर गया। रजुआ की शक्ल का नर-कंकाल भीतर चला आ रहा था। सच कहता हूँ यदि मैं भूत-प्रेत में विश्वास करता तो चिल्ला उठता, "भूत-भूत!" मैं आँखें फाड़-फाड़कर देख रहा था। नर-कंकाल धीरे-धीरे घिसटता बढ़ा आ रहा था। यह तो रजुआ ही था—ठठरी मात्र! क्या वह ज़िन्दा है?

वह मेरे निकट आ गया। सम्भवत: मेरी परेशानी भाँपकर बोला, "सरकार, मैं मरा नहीं हूँ, ज़िन्दा हूँ।" अन्त में वह सूखे होंठों से हँसने लगा।

"तब वह लड़का क्यों आया था?" मैंने गम्भीरतापूर्वक प्रश्न किया।

उसने पहले दाँत निपोर दिए, फिर बोला, "सरकार, वह गुदड़ी बाज़ार के बचनराम का लड़का है। मैंने ही उसको भेजा था। बात यह हुई सरकार, कि मेरे सिर पर कौवा बैठ गया था। हजूर, कौवे का सिर पर बैठना बहुत अशुभ माना जाता है। उससे मौअत आ जाती है।"

"फिर गाँव पर चिट्ठी लिखने का क्या मतलब ?" मेरी समझ में अब भी कुछ न आया था।

उसने समझाया, "सरकार, यह मौअत वाली बात किसी सगे-सम्बन्धी के यहाँ लिख देने से मौअत टल जाती है। भजराम बरई मेरे चाचा होते हैं। मालिक, एक और कारड है, इस पर लिख दें, सरकार कि गोपाल ज़िन्दा है, मरा नहीं।"

मैंने पूछना चाहा कि तू क्यों नहीं आया, लड़के को क्यों भेज दिया। लेकिन यह सब व्यर्थ था। सम्भवतः उसने सोचा हो कि उसका मतलब कोई न समझे और लोग बात को मज़ाक समझकर कहीं दुरदुरा न दें।

मैंने पोस्टकार्ड लेकर उस पर उसकी इच्छानुसार लिख दिया।

पोस्टकार्ड लौटाते समय मैंने उसके चेहरे को गौर से देखा। उसके मुख पर मौत की भीषण छाया नाच रही थी और वह ज़िन्दगी से जोंक की तरह चिमटा था—लेकिन जोंक वह था या ज़िन्दगी ? वह ज़िन्दगी का खून चूस रहा था या ज़िन्दगी उसका ? मैं तय न कर पाया।

मछलियाँ

उषा प्रियम्वदा

विजी सड़क के किनारे खड़ी है। पतझर की सुनहरी, रंगभरी शाम सड़क और इमारतों पर छाई हुई है। पूर्व से रह-रहकर हवा आती है जिससे विजी की हल्की, पारदर्शी नॉयलोन की साड़ी पर छपे फूल धीरे-धीरे हिलते हैं। सारे दिन के बाद जूड़ा ढीला हो, नीचे गर्दन पर टिका है और बैम्बूक्लिप का एक सिरा मांस में निरन्तर चुभ रहा है।

विजी अकेली नहीं है, पास ही नटराजन भी खड़ा है। पर विजी ने नटराजन की ओर से मुँह फेर लिया है। क्योंकि विजी की आँखों में आँसू हैं। विजी नहीं चाहती कि नटराजन जाने कि वह रो रही है। तीन महीनों के बाद लौटकर विजी ने जो समाचार सबसे पहले सुना, वह यह था कि नटराजन शीघ्र ही मुकी, नयनतारा मुकर्जी से विवाह करने जा रहा है। कहाँ वह डायन, कहाँ बेचारा नटराजन!

विजी चाहती है कि इस बात का बुरा न माने कि नटराजन को मुकी अच्छी लगती है, कि मुकी ने विजी को निमन्त्रण नहीं दिया है, कि स्वयं नटराजन ने अब तक एक बार भी नहीं पूछा है, विजी, तुम आओगी न? अगर पूछे तो विजी को वह सब कहने का अवसर मिले जो हृदय में कल से उमड़-घुमड़ रहा है।

शाम को सड़क पर आवा-जाही बहुत बढ़ जाती है। लालबत्ती के बदलने पर दोनों सावधानी से सड़क पार करने लगे। कुछ दूर चलने पर भीड़ और रोशनियों वाली सड़क अचानक ही अँधियारी और उदास दीखने लगती है। अब नटराजन को विजी का चेहरा स्पष्ट नहीं दिखाई देता। यहाँ खड़े होकर वह विजी का सिर अपने सीने से लगा लेना चाहता है, क्योंकि उसका उदास-सा, दुखी चेहरा नटराजन से नहीं देखा जाता। पर वह स्वयं जानता है कि वह ऐसा नहीं करेगा। नटराजन को अपने संयम पर गर्व है, और उसके मन में यह सन्तोष है कि उसने कभी विजी के सम्मुख अपनी भावनाओं को नहीं व्यक्त किया। जो अभी तक विजी से गोप्य रखा है, उसे अब कहने की ज़रूरत भी क्या!

विजी का घर पहले आता है। वह वहाँ एक पल ठिठकी और बोली, "आओ, एक कप कॉफ़ी पीकर चले जाना।"

विजी के स्वर में आग्रह न था, आत्मीयता भी न थी; पर कुछ था अवश्य। नटराजन जाते-जाते रुककर खड़ा हो गया।

मुकी को पता लगेगा तो वह बहुत बुरा मानेगी। विजी और मुकी में लम्बी अनबन है। विजी तो मुकी का नाम तक नहीं सुन सकती। पर नटराजन अभी तो स्वतन्त्र है। उसने देखा कि विजी दरवाज़े के ताले में चाबी डालकर घुमाते हुए मुड़कर देख रही थी कि वह आता है या नहीं।

"अच्छा," नटराजन ने कहा।

विजी ने दरवाज़ा खोला, अन्दर जाकर बत्ती जलाई।

"आओ," अपने पर्स को मेज़ पर रखते हुए विजी ने कहा।

नटराजन ने कमरे के मध्य में खड़े होकर चारों ओर नज़र दौड़ाई, दीवार पर एयर इंडिया का पुराना कैलेंडर, मेक्सिकन बास्केट के शेडवाला लम्बा लैम्प, सोफे पर छींट का वही खोल।

"चाय पियोगे या कॉफ़ी?" विजी ने पूछा और उत्तर की आशा में विमनस्क भाव से खड़ी रही।

"कॉफ़ी हो तो कॉफ़ी, नहीं तो एक गिलास पानी से काम चलेगा।"

"लगता है कि मीठा बोलना भूल गए हो।"

"कौन? मैं कि तुम?"

"मैंने तो मीठा बोलना जाना ही कब था। मीठा तो वह बोलती है..." विजी ने कहते-कहते अपने को रोक लिया, और रसोई की ओर चली गई।

कमरे से रसोई का दरवाज़ा दीखता है। नटराजन ने कुरसी से थोड़ा-सा आगे उठँगकर पूछा, "कौन?"

विजी रसाई के अन्दर हो गई, जिससे नटराजन को न दीख सके। तब नटराजन ने कुछ स्वस्ति-सी अनुभव करते हुए पैर फैलाकर सामने रखी मेज़ पर टिका दिए। रसोई में से पानी गिरने की झर-झर आवाज़ आ रही थी। खिड़की के प्लास्टिक परदों के उस पार कुछ नहीं दिखता। अमरीका के इस शहर में विजी नाम की लड़की के घर में अकेले बैठे नटराजन को इस समय, कुछ भी असंगत नहीं लगता। वह भूल-सा जाता है कि कुछ ही दिन बाद वह एक दूसरी लड़की से विवाह करने जा रहा है। जैसे उसने अपनी भावनाओं-विचारों को अलग-अलग कक्षों में बाँट दिया है। छह साल से वह विदेश में रहते-रहते ऊब गया है, पर भारत में पसन्द की नौकरी न मिलने से यहीं कुछ वर्ष और रहना होगा। उसने मुकी से विवाह करने का निश्चय बहुत ठंडे दिमाग से सोचने-विचारने के बाद किया है। मुकी उसे कुछ मायनों में अच्छी लगती है, मुकी के मन में नटराजन के लिए आदर है। दोनों जानते हैं कि विवाह का दायित्व वे अच्छी तरह निबाह सकेंगे।

पर यह सब विजी को कैसे समझाया जाए!

कमरे में घी गर्म किए जाने की सुगन्ध भर उठी, फिर ढेर-सी प्याज मक्खन में छोड़ दी गई।

"विजी, क्या बना रही हो?" नटराजन ने आवाज़ ऊँची करते हुए पूछा।

स्टेनलैस स्टील की कलछी हाथ में पकड़े विजी ने रसोई से थोड़ा-सा इधर आकर कहा, "यों ही कुछ थोड़ा-सा।"

"कितनी बार बताया कि पहले सरसों के दाने चटका लिया करो, प्याज पहले डालने से वह ठीक से नहीं चटकते," नटराजन कहते-कहते कुरसी से थोड़ा उठा, फिर बैठ गया।

आज वह विजी का अतिथि है, रसोई में जाकर बीच में अड़ंगा लगाना उसके लिए शोभन नहीं है। वे दिन नहीं हैं जबकि अपार्टमेंट मनीश और नटराजन का था, और रसोई में उसका आधिपत्य। मनीश को दक्षिणी भोजन अच्छा लगता है, यह जानकर विजी ने सोत्साह नटराजन

की शिष्या बनना स्वीकार कर लिया था। विजी ने कैसे पूर्ण रूप से मनीश की रुचियों के अनुसार ढलना आरम्भ कर दिया। उन दिनों विजी रह-रहकर हँसा करती थी और उसकी उज्ज्वल, तरल आँखों से आन्तरिक उल्लास की आभा झरती थी। अब तो उसके गोरे चेहरे पर कलौंस आ गई है, हँसी जैसे होंठों को हल्के से छूकर लौट जाती है।

विजी दो तश्तरियों में उपमा ले आई और मेज़ पर रखकर कॉफ़ी लेने वापस लौट गई। नटराजन की एक्सपर्ट आँखें देख रही हैं कि प्रिपरेशन ठीक नहीं है, सूजी कहीं कहीं जल गई है, पर कॉफ़ी लाकर विजी ने तश्तरी उसे दी, तो वह चुपचाप खाने लगा। विजी ने स्वयं भी दो चम्मच उपमा खाकर तश्तरी रख दी और कहा, ''ठीक नहीं बना न ?''

उस क्षणांश में जैसे पहलेवाली प्रफुल्ला, हासिनी विजी इस क्लान्त मुख में झाँक गई।

''नहीं तो, अच्छा है,'' नटराजन ने कहा। उसे लगा कि जैसे इस बीच विजी ने अपने को थोड़ा-सा और दूर हटा लिया है। दोनों के बीच की दूरी, अनकही बातों की दीवार बढ़ती जा रही है।

विजी ने कॉफ़ी का प्याला उसकी ओर बढ़ाया। नटराजन ने प्याला थामते हुए, वातावरण को यथासाध्य सहज़ बनाने के प्रयत्न में पूछा, ''वाशिंगटन में कैसा लगा विजी ? यहाँ कब तक रहने का इरादा है ?''

''वाशिंगटन में मैंने एक नाटक देखा था, जो बहुत पसन्द आया। 'छोटी मछली, बड़ी मछली,' जिसमें बड़ी मछली छोटी मछलियों को निगलती रहती है। तब से कभी-कभी सोचती हूँ कि क्या छोटी मछली उलटकर वार भी नहीं कर सकती ?'' कहकर वह अनमनी-सी हँसी, ''तुम नहीं समझोगे, बहुत उलझी-बिखरी मानसिक प्रक्रिया होती जा रही है मेरी।''

''घर में सब ठीक प्रकार है ? पिता, भाई, बहन ?''

विजी ने इस प्रश्न पर चकित आँखें उठाईं और कहा, ''वे लोग मुझे चिट्ठी ही कहाँ लिखते हैं ?''

''तुमने उन्हें सूचना नहीं दी ?''

''इतना लड़-भिड़कर, इतने गर्व के साथ चली आई थी। यह किस मुख से लिखती कि शादी टूट गई है! मनीश का जी मुझसे भर गया है!''

विजी की बात में हल्की-हल्की कड़वाहट है। नटराजन नहीं चाहता कि यह बात आगे बढ़े। विजी और मनीश के विवाह न करने में मुकी का जितना हाथ रहा है, नटराजन से छिपा नहीं। इस नाटक का वह आद्योपान्त दर्शक रहा है।

''थोड़ी कॉफ़ी और दोगी, विजी ?'' उसने पूछा।

बाहर अँधेरा गाढ़ा हो गया है। कमरे में लैम्प-शेड की झिंझरियों से निकलकर दीवार पर गिरता प्रकाश अच्छा दीखता है।

विजी ने अपने बालों में अटका क्लिप निकालकर मेज़ पर रख दिया और सिर को धीरे-धीरे कई झटके दिए, जिससे बाल पूरे खुल जाएँ।

''और तुम कैसे हो ?''

''ठीक हूँ। और तुमने समाचार तो सुना ही होगा ?'' नटराजन ने हल्के से पूछा। पर झगड़ने का मूड अब विजी पर नहीं था। वह एकाएक असीम थकान से भर उठी। दाईं बाँह फैलाकर उसने सोफे पर टिका दी।

''हाँ।''

विजी के स्वर से नटराजन को कुछ अन्दाज़ न हुआ कि विजी की क्या प्रतिक्रिया है। पर विजी ने सायास आँखें पूरी खोलकर पूछा, ''अच्छा नटराजन, तुम्हें वह बहुत पसन्द है? बहुत अच्छी लगती है? उसके बिना रह नहीं सकते?''

नटराजन चौंक गया। एकाएक कुछ उत्तर न दे पाकर वह विजी को देखता रह गया।

''जानती हूँ, जानती हूँ।'' विजी ने कहा, ''उसकी आँखें लम्बी-लम्बी हैं, वह सोफेस्टिकेटेड है, कार चलाती है, अंग्रेजी में कविता लिखती है, पीली मछलियाँ पालती है। वह सभी को अच्छी लगती है, तुम्हें, मनीश को, सबको...''

पहले विजी का कंठ रुद्ध हुआ, फिर ढेर से आँसू आँखों में उमड़ आए। पर वह कहती गई, ''मैं उसके आगे क्या हूँ। अत्यन्त क्षुद्र, उपेक्षणीय! मुझे तो तुम निमन्त्रण पाने तक का अधिकारी भी नहीं समझते...''

नटराजन उठकर विजी के पास बैठ गया, ''कैसी पागलपन की-सी बातें कर रही हो विजी? तुम्हें क्यों नहीं बुलाएँगे? मुकी आजकल बहुत बिजी है, इसी से निमन्त्रण भेजने में देर हो गई होगी।''

नटराजन कह रहा है और मन ही मन अपने को धिक्कार रहा है। क्यों उसमें स्पष्ट बात कहने का साहस नहीं है! अनेक बार चाहने पर भी मुँह से विजी को न जता सका कि वह उसके लिए कितनी प्रिय है! छह वर्षों के इस दीर्घ प्रवास में अनेक युवतियों से परिचय हुआ, पर विजी के मात्र नैकट्य से उसमें जो प्रतिक्रियाएँ होती थीं, वह नटराजन के लिए एक नया ही अनुभव था। पूरी तरह जानते हुए कि विजी मनीश की वाग्दत्ता है, कि कुछ ही महीनों बाद दोनों विवाह कर लेंगे, नटराजन को विजी के बारे में सोचना भला लगता था। दिन-भर अपने को काम में व्यस्त रखने पर भी यह आशा मन में जगी रहती कि शाम को शायद विजी मनीश से मिलने आए। मनीश के पास उन दिनों पैसों की बहुत तंगी थी, इसलिए विजी को अधिक घुमाने-फिराने के बजाय वह सन्ध्याएँ अपार्टमेंट में बैठकर बीयर पीते और संगीत सुनते हुए गुज़ारता था। विजी इधर-उधर अत्यन्त उदास भाव से मँडराती थी, और नटराजन दोनों के अकेलेपन में बाधक न बन अपने कमरे में लेटा पुस्तक पढ़ता हुआ, दीवार के उस पार विजी की हँसी सुना करता था, और एक सुगन्ध-सी सारे घर में छाई रहती थी।

पर वे दिन अब नहीं हैं। नटराजन अब बैठकर उन खोए गए दिनों की याद में सिर नहीं धुनेगा।

अगले सप्ताह वह नयनतारा मुकर्जी नाम की एक सोफेस्टिकेटेड लड़की से शादी करेगा; मनीश और विजी के साथ जिस दायरे में घिर गया था, उसे काट फेंकेगा। मुकी फाइन आर्ट्स की छात्रा है, वह ताँबे के पात्र गढ़ती है, चित्र बनाती है। नटराजन ने विवाह से पहले ही अपने बैंक के अकाउंट में उसका नाम भी चढ़वा दिया है, और उसे पूरी छूट दे दी है। मुकी की राय से एक नई अपार्टमेंट बिल्डिंग की पाँचवीं मंज़िल पर तीन कमरों का फ़्लैट ले लिया गया है। मुकी ने डेनिश पद्धति का फ़र्नीचर आर्डर किया है, और उसकी एक मित्र परदे बना रही है। मुकी ने अपने को नए घर को सजाने में व्यस्त कर लिया है। नहीं, मुकी के साथ घर जमाकर रहना नटराजन को बुरा नहीं लगेगा। पर यहाँ बैठे-बैठे मन में वेदना की एक खरोंच बाक़ी है, यह पास बैठी, रुदिता विजी मन में जितनी अपनी है, वह शायद मुकी कभी न होगी। नटराजन एक दर्शक रहा है, उसे इससे अधिक प्राप्त न होगा।

नटराजन एकाएक कठोर हो आया। ऐसी छिन्न, दलित तो विजी कभी न थी। बन्धु-बान्धवों से दूर, सुबह से शाम तक परिश्रम के बाद अकेले सन्ध्या और रात बिताते हुए विजी को कैसा लगता होगा, इसका नटराजन कुछ-कुछ अनुमान लगा सकता था। और ऐसी साधना मनीश के लिए! मनीश, जिसने एक बहुत ठंडे, अनासक्त भाव से नटराजन से कह दिया था, "विजी के लिए मेरे मन में अब कुछ नहीं बचा। वह बहुत सीधी, सरल अनकॉमप्लिकेटेड लड़की है। मुझे बाँध सके, सन्तुष्टि दे सके, ऐसी मानसिक गहराइयाँ नहीं हैं उसमें। मुझे पत्नी चाहिए तो मुकी जैसी कलात्मक, स्फूर्तिदायक, इंटेलेक्चुअल।" फिर मुकी भी उसे न बाँध सकी।

"विजी, रोओ मत," नटराजन ने कहा।

"कितना चाहती हूँ कि दृढ़ बनूँ, पर फिर न जाने क्यों बहुत दुर्बल हो आती हूँ, और आँसू नहीं रुकते..."

"विजी, तुम अब भी..."

"हाँ, नटराजन, मनीश कहा करता था कि प्यार चुक जाता है, भावनाएँ मर जाती हैं; अक्सर सोचती हूँ कि मुझमें ऐसा क्यों नहीं होता। मैं क्यों निर्मम, कठोर नहीं हो पाती! मुकी मुझ पर हँसती थी—मेरे भारतीय संस्कारों पर, मुझे इस पर लज्जा नहीं है कि मैं उसकी तरह आधुनिक नहीं हूँ..." विजी कुछ याद आने पर चुप हो गई। कुछ देर वह दीवार को एकटक ताकती रही, फिर उसने आँखें पोंछकर झेंपी-सी मुसकान होंठों पर लाकर कहा, "न जाने क्यों, तुम्हें सम्मुख पाकर मैं बिखरने लगती हूँ—जो कुछ मन की तहों में छिपा-छिपाकर रखती हूँ, तुम्हारे आगे चीख-चीखकर कहना चाहती हूँ।"

वहाँ अधिक बैठे रहना नटराजन को असहनीय प्रतीत होने लगा। वह उठ खड़ा हुआ और कुरसी पर पड़ा अपना कोट पहनते हुए कुछ तलखी से बोला, "इसकी चिन्ता न करो विजी। मैं हमेशा हरेक की बातें सुनने को उद्यत हूँ।"

जैसे नटराजन एक बहुत कन्वीनियंट व्यक्ति है, जिससे सभी अपने-अपने मन की बात कह लेते हैं। पर उसके अन्दर भी तो कुछ है जो काटता रहता है, हर समय घुनता रहता है।

कमरे से बाहर आकर ठंडी हो आई रात में नए घर की ओर चलते हुए नटराजन की आँखों के आगे विजी का आहत, दमनीय हो आया चेहरा घूमता रहा। फिर अपने ऊपर आक्रोश भी कि जो स्वयं ही आहत है उसे और दुखी करने से क्या फ़ायदा! अगर चुपचाप उसकी बात सुन लेता तो क्या जाता! पर साथ ही मन में थोड़ी-सी झुँझलाहट, ख़ूब झकझोरकर विजी को जगा देने की इच्छा कि मनीश अब नहीं लौटेगा। फिर वह क्यों उसके नाम को पकड़े बैठी है! मनीश ने तो कभी ज़रा भी विजी की सुविधा या सुख का ख़याल नहीं किया। एक ही मकान में मनीश के साथ रहकर उसके स्वभाव व प्रवृत्तियों से अच्छी तरह परिचय हो गया था। और यह मनीश-सा लापरवाह व्यक्ति ही कर सकता था कि लगातार पत्र लिखकर विजी को भारत से बुलाए, और उसके पहुँचने से पहले ही प्रतीक्षा करने से ऊब अकेला मैक्सिको चल दे। उसके जाने के बाद नटराजन घर में अकेला रह गया था, एक सोई-सी दोपहर में फ़ोन बजने लगा, और एक डरी-सी, रुआँसी आवाज़ मनीश को पूछने लगी। मनीश को अब भी अनेक आवाज़ें पूछा करती थीं, इस बार जो कुछ नटराजन ने सुना, उससे वह कुछ क्षण स्तब्ध बैठा रह गया। फिर जल्दी-जल्दी कपड़े बदल, गराज से कार निकालकर एयरपोर्ट की ओर जाते हुए नटराजन को लगता रहा कि कहीं कुछ गड़बड़ी है। मनीश की मंगेतर भारत में

है, दोनों की कालेज से मैत्री रही है, यह उसे मालूम था। पर वह यहाँ अचानक आ पहुँचेगी, इसका उसे अनुमान भी न था। फिर, मनीश की आर्थिक स्थिति भी अभी विवाह कर गृहस्थी बसाने की न थी।

एयरपोर्ट पहुँचकर नटराजन ने लाउंज के द्वार पर खड़े होकर चारों ओर देखा। अलग हटकर एक कुरसी पर बैठी विजी सहज ही दृष्टि में आ गई। पास जाकर अपना परिचय देते हुए नटराजन को विस्मय का दूसरा झटका-सा लगा। जिस स्मार्ट सेट में मनीश रहता था, उससे विजी भिन्न थी। उसके वस्त्र, केश-विन्यास और झिझकते हुए स्वर में, स्पष्ट निम्न मध्यवर्गीयता थी।

नटराजन ने उससे कुछ मिनटों तक क्या बातें कीं, यह उसे स्वयं याद नहीं। पर उसका सार यह था कि वह चिन्तित न हो, नटराजन उसके रहने का प्रबन्ध कर देगा, और शाम को वह फ़ोन पर मनीश से बातें कर ले, और फिर जैसा भी कुछ निश्चय हो। यह सब कहते हुए नटराजन को गोरे चेहरे पर दो बड़ी-बड़ी तरल, विश्वास-भरी आँखों का ही ज्ञान रहा। उसी क्षण, उसके मन में उस पर छाँह करने, उसे कभी कोई कष्ट न होने देने की भावना जन्म आई। विजी उसके साथ आकर कार में बैठ गई और कार जब शहर की ओर चली तो विजी अपने को संयत न कर सकी, नटराजन की ओर पीठ करते हुए वह दाईं ओर थोड़ा-सा मुड़कर बैठ गई और बाँहों पर सिर रखकर रोती रही। कितनी दुबली-पतली असहाय-सी लग रही थी तब। नटराजन के मन में मनीश के प्रति अत्यन्त क्रोध उमड़ आया। बाद में, जब-जब भी विजी का पक्ष ले, मनीश से लड़ा, मनीश ने विद्रूप-भरी हँसी से कहा, "विजी को तुम चाहते हो न, इसी से उसका दुख तुमसे नहीं सहा जाता।"

मनीश के कनाडा चले जाने के बाद नटराजन के मन में एक बहुत छोटी-सी आशा जगी थी। पर वह शीघ्र ही जान गया था कि विजी उसे सदा एक करुणामय मित्र की तरह समझती है। प्रेमी या पति वह कभी नहीं हो सकता।

नया घर अभी भी तरतीब से सजा है। कमरे के बीच में, कुरसी पर मुकी बैठी है, और सामने मेज़ पर झुकी हुई लिफ़ाफ़ों पर पते लिख रही है। नटराजन दरवाज़े से टिककर खड़ा हो जाता है और मुकी को कुछ देर ताकता है। मुकी ने बादामी रंग की रेशमी साड़ी पहन रखी है, गले में बड़े-बड़े अनगढ़ मनकों की लम्बी काली माला है, बिना बाँहों का ब्लाउज, गोल-चिकनी-साँवली बाँहें। नटराजन को देखकर मुकी ने क़लम रख दी और हल्की-सी मुसकराहट उसके चेहरे पर फैल गई। कमरे में बैठने को कुछ नहीं है, केवल एक कुरसी है, जिस पर मुकी बैठी है। पूरे कमरे में अँधेरा-अँधेरा सा है, प्रकाश का एक वृत्त मेज़ पर है—लिफ़ाफ़े के ऊपर।

"क्या अब तक लैब में थे?" मुकी ने पूछा। मुकी अपेक्षाकृत मन्द स्वर में बोलती है, पर वह अस्वाभाविक नहीं लगता। नटराजन आकर मेज़ के पास खड़ा हो गया, मुकी की आँखें सचमुच लम्बी हैं, पलकों पर, बरौनियाँ जहाँ उगती हैं, शायद आई-लाइनर से खींची गई काली रेखा है, बरौनियाँ घनी हैं, और आँखों पर छाया-सी है। माथे से ऊपर सँवारे गए बाल कानों को पूरा ढके हुए हैं। होंठ बहुत फीके गुलाबी। पर यह सबकुछ मुकी पर बहुत फबता है। मुकी के व्यक्तित्व में ठहराव है, जो वह कुछ सोचती है, उसे आवेष्टित करती है। विजी की तरह तुरन्त विचलित या खुली हुई नहीं है।

नटराजन ने चाहा कि वह विजी और मुकी की तुलना करना छोड़ दे। पर वह ऐसी आदत बन गई है कि सहज नहीं छूटती।

नटराजन ने एक निमन्त्रण-पत्र उठा लिया और कहा, ''तुमने विजयलक्ष्मी को निमन्त्रण भेज दिया?''

उसकी आँखें मुकी के चेहरे पर स्थिर हैं। पर उसमें कोई परिवर्तन नहीं होता।

''अभी नहीं भेज पाई हूँ।''

नटराजन ने निमन्त्रण-पत्र लिफ़ाफ़े में डालते हुए कहा, ''यह मैं रखे ले रहा हूँ। कल दे दूँगा।''

मुकी ने हाथ बढ़ाया और लिफ़ाफ़ा नटराजन से ले लिया, ''तुम क्यों कष्ट करोगे! मैं ही भेज दूँगी।'' बात ख़त्म हो गई। मुकी को यह प्रसंग अच्छा लगा या नहीं, नटराजन के पास यह जानने का कोई साधन नहीं था।

उसने ख़ाली कमरे में एक चक्कर लगाया। अभी नया फ़र्नीचर नहीं आया है। मुकी अपने पुराने फ़्लैट से थोड़ा-थोड़ा सामान लाती जा रही है। शयनकक्ष में बक्स, किताबें, कैनवसें दीवार के किनारे-किनारे रखी हुई हैं। रसोईघर में उपहार-रूप में आया तमाम सामान इकट्ठा हो गया है। मुकी हर काम बड़ी निष्ठा और चाव से कर रही है, पर नटराजन क्यों अपने को इस उत्साह में नहीं डुबा पाता। प्यार की बातें दोनों के बीच कभी नहीं हुईं, यद्यपि काफ़ी समय दोनों ने साथ बिताया है—घूमने-फिरने, पार्टीबाज़ी और उत्सवों में जाने में। मुकी ने कभी न प्यार माँगा, न प्यार देने का वादा किया। जैसे दोनों ने ही सहज भाव से ग्रहण कर लिया कि विवाह के बाद सब ठीक हो जाएगा। पर अब, नटराजन के मन में कुछ संशय जाग उठा है। विजी अब भी मन को बाँधे हुए है, शायद मुकी भी मनीश को मिस करती हो। नटराजन को अपने बारे में भ्रम नहीं है, मनीश को स्त्रियाँ सहज ही आकर्षक पाती हैं, नटराजन दुबला-पतला, मँझोले कद का, बहुत-कुछ स्त्रैण प्रवृत्ति का युवक है। कम बोलता है, अपने में सिमटा-घिरा रहता है। मुकी को रिझा सके, ऐसा है ही क्या? नटराजन ने देखा, मुकी हाथ का काम छोड़कर उसे एकटक देख रही है। नटराजन ने थोड़ा-सा मुसकराकर, अपने विचारों पर आवरण-सा डालते हुए पूछा, ''तुम कब से यहाँ पर हो?''

''शाम से ही आ गई थी। बची हुई किताबें पैक कर ली थीं, नीचे कार में ही हैं अभी।''

''मैं ले आता हूँ,'' नटराजन चलने को तैयार हुआ।

''नहीं, रहने दो। जब तक यहाँ शेल्फ नहीं है, तब तक बक्स में रहने से कोई हर्ज नहीं?''

''कब आ रही हैं शेल्फें?''

''इस सप्ताह के अन्त तक। परदे भी तब तक बन जाएँगे,'' मुकी कुरसी पीछे खिसकाती हुई उठ खड़ी हुई और लिफ़ाफ़े इकट्ठे कर बड़े-से पर्स में डाल दिए। फिर वह नटराजन के पास आकर खड़ी हो गई और खिड़की के पार देखने लगी। रात के समय बाहर देखने को रम्य कुछ भी नहीं है, दूर तक फैला काला, प्रगाढ़ अँधेरा है, और फिर बहुत बिजलियों की एक लम्बी धूमिल पाँत।

मुकी के इतने निकट होने पर उससे किसी महँगे सेंट की सुगन्ध आती है। नटराजन मौन है। मुकी ने पूछा, ''मुझे मेरे घर तक छोड़ने चलोगे?''

''चलो।''

मुकी ने कार की चाबी नटराजन के हाथ में पकड़ा दी और दोनों साथ ही दरवाज़े तक आए, और जब तक नटराजन ने ताला बन्द किया, मुकी तिरछी-सी खड़ी उसकी प्रतीक्षा करती रही।

नटराजन की कार बाहर खड़ी थी, नटराजन मुकी को उसके घर तक पहुँचाकर लौटने लगा। मुकी ने उतरते हुए एक बार खाने के लिए रुकने को कहा था, पर उसे असुविधा होगी, यह कहकर नटराजन ने अस्वीकार कर दिया। मुकी अन्दर चली गई और नटराजन ने एक अँधेरी सड़क पर कार मोड़ दी। अभी नींद नहीं आएगी, यह जानकर उसका मन अपने घर लौटने का नहीं हुआ। सड़क सुनसान थी और तीव्र गति से दौड़ती कार की खिड़की से तेज़ हवा अन्दर आ रही थी। दाईं ओर मुड़ने पर क़ब्रगाह है, और विजी को कई बार इस ओर सैर के लिए ला चुका है। प्रारम्भ में विजी और मुकी कितनी अच्छी मित्र थीं। विजी को एयरपोर्ट से लाकर मुकी के पास ही छोड़ गया था। पर मनीश को मुकी से प्यार है, यह जान विजी बाद में विक्षिप्त-सी हो गई थी, उसने रोते हुए मुकी की बनाई पेंटिंग्ज दीवारों से उतारकर फाड़ डाली थीं, उसके गढ़े हुए बर्तन ज़मीन पर पटक दिए थे, और जब मनीश की वर्जना का उस पर कोई असर नहीं हुआ तो उसने विजी को तड़ातड़ दो चाँटे मार दिए थे। तब नटराजन और न देख सका, मनीश को अलग करते हुए उसने विजी को पकड़ लिया था। विजी शिथिल-गात उसकी पकड़ से सरककर भूमि पर बैठकर रो उठी थी।

मुकी यह सब सुनकर रसोई से निकली थी, और उसके चेहरे का भाव अब भी नटराजन के मन पर अंकित है।

शाम की शुरुआत ठीक हुई थी। मुकी और विजी ने उन दोनों को भोजन पर बुलाया था।

मनीश और विजी को बैठक में छोड़कर मुकी रसोईघर में चली गई और नटराजन के साथ जाकर उसकी सहायता करनी चाही। मुकी ने कहा, "यहाँ सब ठीक है नटराजन। सिर्फ़ सलाद बनाना है, मैं कर लूँगी। तुम तब तक बीयर क्यों नहीं पीते?"

बैठक में जाकर मनीश और विजी के एकान्त में बाधक न बनने के लिए नटराजन टैरेस पर चला गया, जहाँ न चाहते हुए भी उनके वार्तालाप का कुछ अंश उसके कानों में पड़ता रहा। शायद विजी ने कहा कि यहाँ आकर अभी तक विवाह न होने के कारण उसकी काफ़ी बदनामी हो रही है।

मनीश का उत्तर वह सुन न सका, पर अचानक ही चीखने-झगड़ने और चीज़ों के फेंके जाने के स्वर से नटराजन चौंककर कमरे की ओर झपटा। परिचित, भीरू विजी प्रचंड, दुर्दमनीय बन गई थी। बाद में नटराजन द्वारा झकझोरे जाने पर उसने चौंककर आँखें खोलीं, जैसे होश में आई हो। फिर उसकी आँखों से झर-झर आँसू गिरने लगे और उसने कहा, "मैं यहाँ एक पल भी न रह सकूँगी, मुझे कहीं और जगह ले चलो।"

समझा-बुझाकर नटराजन ने उसे जाकर शय्या पर लेटने को बाध्य किया। विजी का चेहरा ऐसा हो आया था कि उसके अन्दर का सारा प्रकाश बुझ गया हो। वह बिना प्रतिवाद किए शयन-कक्ष में चली गई। नटराजन जब विजी को अन्दर भेजकर मुड़ा तो देखा मुकी भूमि पर से फटे काग़ज़ के टुकड़े इकट्ठे कर रही है। फिर उसने ताँबे का दीपाधार उठाया, जो मेज़ के नीचे जा पड़ा था, और उसमें पड़ गए गड्ढों को बार-बार छूने लगी।

मनीश इस बीच जा चुका था।

"इस सबके लिए आप मुझे ही दोषी ठहरा रहे होंगे?" नटराजन को अपनी ओर देखते पा मुकी ने कहा। फिर वह उठकर खड़ी हो गई और बोली, "अगर मनीश को मैं विजी से अच्छी लगती हूँ तो इसमें मेरा क्या दोष? आप ही बताइए, यदि मैं विजी से अधिक आकर्षक और सोफेस्टिकेटेड हूँ, तो क्या यह कोई अपराध है?"

मुकी की इस बात पर नटराजन ने चकित हो उसको देखा। पर यह सब बहुत स्पष्ट दो-टूक भाव से कहा गया था, इसमें न दम्भ था, न अहंकार! मुकी शायद कुछ लोगों को विजी से अच्छी लगी, रंग साँवला है, पर आँख लम्बी, होंठ सुगढ़, देहयष्टि सानुपात। उठने-बैठने में एक लचक, चारों ओर एक व्यक्तित्व-वैशिष्ट्य का आभास।

"मनीश और मेरी रुचि मिलती है। वह लेखक, मैं कलाकार...विजी इज ए नाइस गर्ल, मगर उसमें मनीश-से व्यक्ति को आजन्म पकड़कर बाँध रखने को है ही क्या?"

मुकी कभी भी उद्वेलित नहीं होती, उसके स्वर में एक ठंडापन है। वह विजी की तरह केवल एक गृहिणी-मात्र बनकर सन्तुष्ट नहीं रह सकेगी।

पर इसके बाद जब विजी ज्वर और सर्दी के कारण बीमार हो गई, तब मुकी ने ही एम्बुलेंस बुलाकर उसे यूनिवर्सिटी-अस्पताल में भेजा।

अगली सुबह विजी के लिए गुलाब का एक फूल ख़रीदकर नटराजन उसे देखने गया। विजी अनिश्चित भाव से थोड़ा मुसकराई, नटराजन उसे कृत्रिम रोष से देखने लगा।

कुछ देर दोनों चुप रहे, तकिये के सिरहाने टिकी विजी हाथों में गुलाब की लम्बी डंडी घुमाती रही, फिर पतली-सी आवाज़ में बोली, "एक काम कर दोगे?"

"कहो।"

"कहीं एक छोटा-सा, सस्ता-सा अपार्टमेंट ढूँढ़ दो। मैं उस डायन के साथ नहीं रहूँगी।"

आगे इस पर बात नहीं हुई, इधर-उधर की छोटी-छोटी निरर्थक बातों में समय बीत गया। दोनों ही ओर एक तनाव-सा था। नटराजन चलने को उठा तो विजी ने पूछा, "नटराजन, वो...मनीश कैसे हैं?"

"ठीक हैं," कहते हुए नटराजन ने झुककर उसके बाल थपथपा दिए।

अगले दो दिन अपार्टमेंट ढूँढ़ते हुए बीते, इसी बीच लाइब्रेरी जाकर भी कुछ लोगों से मिल आया। भारतीय भाषाओं की पुस्तकों की कैटेलॉगिंग करने के लिए एक जगह ख़ाली थी, वहाँ विजी काम करे, इसका प्रबन्ध किया और फिर लाइब्रेरी के पास ही एक छोटा-सा अपार्टमेंट भी मिल गया। एक कमरा, छोटी-सी रसोई, बाथरूम।

विजी के अस्पताल से लौटने से पहले ही नटराजन ने उसका सामान वहाँ पहुँचा दिया। सामान मुकी ने पैक कर दिया था। वह नटराजन के साथ आकर चीज़ें ठीक कर गई। बाज़ार से थोड़ा ज़रूरी सामान, फल, दूध, मक्खन आदि लाकर रेफ्रिजरेटर में रख दिया। फिर उदास-सी दीवार पर एयर-इंडिया का कैलेंडर लगा दिया।

न चाहते हुए भी नटराजन को लगा, मुकी भली है, मुकी उदार है। और इसी से मन में थोड़ी-सी श्रद्धा जागी।

विजी ने लौटकर पहली बार अपना नया घर देखा। कुछ देर चुपचाप खड़ी रही, फिर कहा, "तुमने सामान ज़माने की क्यों जहमत की?"

"वह तो मुकी आकर ठीक कर गई। मुझे कुछ नहीं करना पड़ा।"

"ओऽ," विजी ने कहा और दूध की बोतल सिंक में उलट दी।

"विजी?"

"मेरे सामने फिर उसका नाम मत लेना नटराजन!" विजी ने कहा।

इसी स्मृति से जुड़ा एक और प्रसंग है।

नटराजन प्राय: विजी की ओर चला जाता था। चाहता कि उसे किसी तरह उलझाए रखे, जिससे विजी को अधिक सोच-विचारकर अपने को दुखी करने का मौक़ा न मिले। कभी उसे सिनेमा ले जाता, और यदि समय हुआ तो तीस-बत्तीस मील दूर वाशिंगटन, विशेषकर जब मार्च-अप्रैल में वहाँ चेरी के फूल खिलने लगें। पहली बार विजी ने गहरे नीले रंग की साड़ी पहनी थी। उस पर ढेर सारे आड़े-तिरछे-सीधे सफ़ेद हाथी छपे हुए थे। उस साड़ी के गहरे नीलेपन ने विजी के चेहरे का गोरापन बढ़ा दिया था, और वह बहुत कोमल अनछुई-सी लग रही थी। बाद में जब कभी भी विजी को बाहर जाते देखा तो उसी साड़ी में। फिर वह साड़ी आँखों में चुभने-सी लगी, और मन में रह-रहकर प्रश्न उठने लगा कि विजी शादी की तैयारी में सूटकेस-भर जो साड़ियाँ लाई थी, उनमें से क्यों नहीं पहनती।

एक दिन न रहा गया। हँसी में पूछ बैठा, "जब देखता हूँ, यही साड़ी पहने दीखती हो। बहुत अच्छी लगती है क्या?"

विजी ने दीर्घ, समतल दृष्टि से देखते हुए हल्के से उत्तर दिया, "बाक़ी साड़ियाँ मुकी ने रख ली हैं। किराया बाक़ी था!"

कुछ पल चुप रहकर नटराजन ने पूछा, "मुझे क्यों नहीं बताया तुमने?"

विजी चुप रही।

नटराजन ने कुछ आगे झुककर कहा, "विजी, तुम अब भी मुझसे दुराव-सा रखती हो। मैं तो चाहता हूँ कि तुम्हारे हर दुख, हर चिन्ता का भागीदार बन सकूँ। मेरे पास जो कुछ भी है, वह तुम अपना ही समझो...।"

विजी, जो अब तक बैठी पोटोमैक नदी के उस पार एयरपोर्ट की बिजलियाँ देख रही थी, अत्यन्त त्रस्त हो उठी। एक झटके के साथ खड़े होते हुए उसने कहा, "आगे कुछ मत कहो नटराजन। मैं तुमसे विनती करती हूँ।"

नटराजन कुंठित हो चुप हो गया।

उसके बाद विजी जैसे खो गई। नटराजन ने अपने को काम में व्यस्त कर लिया और विजी लाइब्रेरी के बेसमेंट में कहीं छिप गई, नटराजन की दृष्टि से ओझल। जून में मनीश सामान बाँध-बूँधकर कनाडा चला गया और विजी वाशिंगटन लाइब्रेरी ऑफ़ कांग्रेस में काम करने। अकेले घर में गर्मी बिताते हुए नटराजन को लगता कि अब जिधर भी मुड़ता है, हल्के रंगों की सूती साड़ियों में मुकी ही दिखाई देती है। मुकी, जिसे पार्टियों में भी ले जाया जा सकता है, जो कुछ ही देर में आकर्षक, सुस्वादु भोजन तैयार कर देती है, और जिसकी दृष्टि, हर समय नटराजन को पुरुषत्व का बोध कराती रहती है।

हर सुबह दैत्याकार मशीनों के शोर से ही आँखें खुलती हैं। घर के बिलकुल पास यूनिवर्सिटी की एक बड़ी-सी बिल्डिंग बन रही है। उस सुबह जागकर विजी निश्चल पड़ी हुई सीमेंट

की मशीन का भारी घरघराना सुनती रही और रह-रहकर लगता रहा कि ऐसी ही एक मशीन के बीच आकर वह चूर-चूर हो गई है।

कई दिनों से वही सब फिर दोहराया जा रहा था, पहले मन पर छा जानेवाली घनघोर उदासी, बिना कुछ खाए हुए पूरा-पूरा दिन बिता देना, और एक अव्याख्येय आकुलता से ऊपर-नीचे डोलते रहना। विजी अपने को धोखा नहीं दे पाती, वह जानती है कि मुकी और नटराजन का विवाह उसे ज़रा भी नहीं रुच रहा है। वाशिंगटन से मेरीलैंड लौटी ही थी कि मिसेज़ चन्दोला से भेंट हो गई। बोलीं, ''मुकी अब लड्डू खिलानेवाली है।''

''क्यों?'' विजी ने पूछा।

''नटराजन और मुकी ब्याह करने जा रहे हैं। आप ही इनविटेशन लिखे हैं, आप ही बाँट रही है। तुम्हें नहीं मिला क्या?''

मिसेज़ चन्दोला मुकी को कभी नहीं अच्छी लगीं। उसकी झुँझलाहट थोड़ी-सी और बढ़ गई, जब उन्होंने आगे कहा, ''तुम्हारी बारी कब आ रही है विजयलक्ष्मी? कनाडा कब जा रही हो?''

वह बिना कुछ कहे आगे बढ़ गई। पर मन में कुछ आँस रहा था। एक बार भी नटराजन ने व्यक्त नहीं किया कि मुकी से उसकी मित्रता है, और मित्रता इतनी बढ़ गई। विजी ने चाहा कि एक 'उँह' के साथ इस बात को मन से झटक दे। पर वह तो कुंडली-सी मार, मन, विचारों पर जम गई थी।

विजी ने वसन्त की उस सन्ध्या को याद किया जब नटराजन ने घुमा-फिराकर यह कहना चाहा था कि उसे विजी अच्छी लगती है। विजी ने नटराजन को एक मित्र के रूप में ही देखा था, तब वह घबरा उठी थी कि यदि नटराजन को स्पष्ट कहने का अवसर दिया, तो उत्तर में 'न' कैसे कहा जाएगा! उसके कितने अहसानों से लदी हुई थी, और नटराजन को पति-रूप में स्वीकार करना तब असम्भव-सा लगा था। नटराजन बहुत भला था, सहायता करने को तत्पर, उदार, विशाल हृदय, पर विजी को तब भी आशा थी कि शायद मनीश उसके पास फिर लौट आए।

तीन महीनों में अलग, अकेले वाशिंगटन में रहकर विजी ने बार-बार इस बारे में सोचा था। अपने को अनेक प्रकार से समझाया था, और अन्त में इस निश्चय पर पहुँची थी कि मनीश की जगह नटराजन नहीं ले सकता, यह ठीक है, पर नटराजन के साथ भी नई ज़िन्दगी गढ़ी जा सकती है। इसलिए विजी बहुत कुछ इस मन:स्थिति में थी कि यदि नटराजन ने फिर यह प्रसंग छेड़ा तो कह देगी कि उसे सबकुछ स्वीकार है।

पर यहाँ आकर जाना कि मुकी ने एक बार फिर उसे पराजित कर दिया है। निमन्त्रण तक बँट गए हैं और विजी अपने को इन झूठे स्वप्नों में बहलाती रही कि नटराजन को वह बहुत, बहुत अच्छी लगती है, कि नटराजन उससे फिर कुछ अवश्य पूछेगा।

अब मुकी की गर्दन पकड़कर उसे भींचने की इच्छा होती है, मन होता है कि उसकी कॉफ़ी में ज़हर मिलाकर पिला दे, उसके अपार्टमेंट में आग लगा दे और सिल्क की तहों में लेटी मुकी लपटों में घिर जाए और उसकी चीखें धुएँ और चटखती लकड़ियों में खो जाएँ।

विजी ने माथे पर हाथ रख लिया, जैसे इन विचारों पर प्रतिबन्ध लगा देगी, पर मुकी के लिए जो वैर-भाव है रोम-रोम में भिद गया है। उसे कम से कम अपने से नहीं छिपाया जा सकता। विजी चाहती है कि कुछ ऐसा कर सके जिससे मुकी तड़पकर रह जाए, जिससे बहुत-बहुत दिनों तक उसके मुख पर हँसी न आए और वह ऊँचा, दर्पभरा सिर नीचे झुक जाए। नटराजन

के कहने से वह मुकी के पास रहने को तैयार तो हो गई थी, पर उस पहली ही भेंट में वह जान गई थी कि मुकी ने एक दृष्टि डालकर, उसे हेय जानकर त्याग दिया है। विजी को मुकी में ऐसा विशिष्ट तो कुछ न दिखाई दिया। साधारण रंग-रूप, कटे हुए बाल कानों को पूरा ढके हुए थे, और अकेले घर में भी बहुमूल्य साड़ी पहने थी। और तब विजी अपने को बहुत शैबी, बहुत हल्का-सा अनुभव करने लगी। बाद में जाना कि मुकी के पिता अत्यन्त धनिक थे, और उसकी सारी शिक्षा विदेश में हुई थी। तीन साल अमरीका में रहकर भी उच्चारण इंगलिश था। यह 'फेज थ्री' कॉफ़ी-हाउस में गई रात तक बैठी रहती थी, ऊँची साहित्यिक बातें करती थी और अंग्रेजी में कविताएँ लिखती थी, जो कि कभी-कभी भारत में छप जाती थीं। विजी अपने स्वभाव के झेंपूपन पर कभी-कभी लज्जित हो आती, और अपनी भारतीयता पर मुकी और उसके मित्रों के व्यंग्य से कभी-कभी छिपकर रो लेती। वह स्मार्ट या आधुनिक नहीं है, यह जानती थी, होती भी कैसे, बी.ए. में पहली बार लड़कों के साथ क्लास में बैठना हुआ। तब भी सब लड़कियाँ झुंड बनाकर क्लास में जातीं, साथ-साथ बैठतीं और इकट्ठे ही लौट आतीं।

मनीश से परिचय तो मौसी के घर हुआ। और उन्होंने भी जैसे आँखें बन्द कर लीं और दोनों के मिलने-जुलने पर रोक न की। शायद सोचती होंगी कि मृत बहन की लड़की इसी तरह ठिकाने लगे। वैसे घर में किसी को कोई चिन्ता न थी। सगाई की रस्म ऐसे ही हुई थी, न इधर से कोई आया, न उधर से।

मनीश के यहाँ चले आने के बाद भी पत्र-व्यवहार होता रहा, और एक साल बाद अपने लौट आने के बजाय उसने विजी को बुला भेजा तो विजी ने अपनी माँ के गहने मौसी के द्वारा ही बिकवाकर आने का प्रबन्ध किया था। पिता नाराज़ हुए थे, विमाता भुनभुनाई थीं, पर गहने नाना के दिये हुए थे, इसलिए किसी का वश न चला। पर यहाँ पहुँचने पर पाया कि मनीश मैक्सिको गया है। यह बात विजी को बहुत खटकी थी, पर करती भी क्या! उन लम्बे कार्यहीन दिनों को नटराजन ही ने भर दिया था। अपनी लैब से छुट्टी पाकर रोज़ ही उसे सैर के लिए ले जाता, कभी-कभी वाशिंगटन में पूरा दिन बीत जाता। तब मुकी ने अजीब, बहकी-बहकी बातें करनी शुरू कर दीं।

एक दिन बोली, "मनीश लौटने पर पाएँगे कि उनकी भावी पत्नी को उनके मित्र ने हड़प लिया है।"

"क्या?" विजी ने अचकचाकर पूछा।

"कैसी भोली हो! उनकी आँखें नहीं देखतीं, तुम्हारे चेहरे से हटती नहीं हैं। नटराजन की तो लैब थी और वे थे। किसी लड़की से मतलब न था। अब रोज़ वाशिंगटन की सैर होती है, कभी लिंकन मेमोरियल घुमाया जा रहा है, कभी जैफरसन।" मुकी उस समय कैनवस पर रंग लगा रही थी, ब्रश को थोड़ा-सा हवा में उठाकर बोली, "और विजी, यदि तुम्हारी जगह मैं होती तो दोनों में नटराजन को ही चुनती। छह साल से यहाँ हैं, पी-एच.डी. हैं, इंडिया जाकर ज़ोरदार नौकरी मिलेगी, यहाँ भी आठ हज़ार तो मिल रहे होंगे। मनीश के पास तो एक टुटपुँजिया फेलोशिप ही है।"

विजी से कुछ देर कुछ भी कहते न बना, फिर उसने कहा, "कैसी बातें करती हो मुकी, नटराजन मेरे लिए बड़े भाई के समान हैं। मैं उन्हें इसी दृष्टि से देखती हूँ।"

मुकी हँसने लगी। ब्रश रखकर उसने आगे झूल आए बालों को पीछे करते हुए कहा, "तुमने भी क्या वही संकुचित गली-मुहल्लेवाली बात कही। नटराजन तुम्हारे भाई कैसे हो गए, वे मैसूर

के हैं, तुम पटना से आई हो? तुममें और नटराजन में केवल एक रिश्ता है, तुम एक सुन्दर, स्वस्थ युवती हो और वे एक ऐसे युवक हैं जिन्हें तुम अच्छी लगती हो। ऐसी सिचुएशन में मालूम है, क्या होगा?''

''बस मुकी, मुझे और कुछ नहीं सुनना। मुझे और मेरी मान्यताओं को तुम अलग छोड़ दो।'' विजी ने बुरा मानते हुए कहा।

और अब यह विवाह होने जा रहा है, उसमें निश्चय ही नटराजन से अधिक उसके वेतन व भविष्य की सम्भावनाओं का ख़याल किया होगा मुकी ने, विजी को यह दृढ़ विश्वास है। पर दुख तो इस बात का है कि नटराजन कैसे मूढ़ हो गया, क्या वह मुकी की असलियत नहीं जानता।

विजी ने उठकर चाय का पानी स्टोव पर रख दिया, और हथेली पर दो ऐस्परिन की टिकियाँ रख उन्हें कुछ देर देखती रही। पटना में सब कुछ वैसा ही होगा, विमाता का बुदबुदाना, पिता की लम्बी चुप्पियाँ या खीझ, झुँझलाहट-भरा स्वर, छोटी बहन का रेडियो के साथ फ़िल्मी गीत गाना, क्या कभी किसी को उसकी, विजयलक्ष्मी की, कभी भी याद न आती होगी? इन डेढ़ सालों में कितनी दूर आ गई है वह, मुड़कर देखने से मन में ऐसा आश्चर्य-सा भर जाता है कि क्या कभी ज़िन्दगी इससे भिन्न भी थी? अब तो लाइब्रेरी का बेसमेंट है, और किताबों के ऊँचे-ऊँचे ढेर हैं। कभी-कभी काम करते हुए कुछ याद आ जाता है, मनीश की बाँहों की कसी जकड़, उसका मुसकराना, और कभी-कभी वह क्रूर शब्द। तब विजी यहाँ से कहीं दूर चली जाना चाहती है, वह जानती है कि वापस लौटना असम्भव सा ही है, कहाँ से आएँगे किराए के पैसे, और किस मुँह से पिता की देहरी पर जाकर खड़ी होगी! कहीं और नौकरी कर सकती है, पर जैसे विजी के अन्दर की समस्त शक्ति रिस गई है। उस छोटी-सी रसोई में खड़ी विजी सोचती है कि औरों की तरह सहज-सरल जीवन क्यों नहीं हुआ उसका! कब अजाने ही कुछ ऐसा घट गया जिससे वह औरों से अलग छिटक गई! यदि मनीश पर विश्वास न किया होता तो शायद इस दशा तक न पहुँचती, यदि मुक्त-सी कुटिलता आती तो भी आज अकेले यों अपने से द्वन्द्व न करना पड़ता।

चाय का पानी उबलने लगा।

एन्जाइम लैब से लाइब्रेरी तक पहुँचने में सात-आठ मिनट लगते हैं, पर पौने पाँच बजे लैब से निकलकर वहाँ पहुँचने तक नटराजन ने पन्द्रह मिनट लगा दिए, और तब पाया कि विजी अभी-अभी लाइब्रेरी की सीढ़ियाँ उतर रही है।

नटराजन को देखकर वह थोड़ा-सा मुसकराई और आकर लाल बत्ती के पास खड़ी हो गई। आठ घंटे कड़े श्रम के बाद मुख क्लान्त हो ही जाता है, पर उसके व्यवहार में कल-जैसी रुखाई न थी। अधिक बातें न हुईं, और सड़क पार कर दोनों अपनी गली में आ गए। विजी का घर पहले आया और पिछले दिनों की तरह फिर कॉफ़ी के लिए पूछा गया। स्वीकृति देकर नटराजन अन्दर आया तो एकाएक मस्तिष्क में कौंध गया कि यदि विजी ने कॉफ़ी के लिए न पूछ उसे उसके रास्ते चले जाने दिया होता तो बहुत बुरा लगता।

नटराजन विजी के पीछे-पीछे रसोई तक चला गया और बोला, ''एक प्रार्थना है।''

''क्या?'' विजी के प्रश्नभरे नेत्र उसके मुख पर ठिठक गए।

''आज खाने को कुछ न बनाना।''

उसके कहने के ढंग पर विजी थोड़ा-सा हँस दी, नटराजन को वह हँसी उजली धूप-सी सुखद लगी।

"बहुत बुरा बना था न! फिर भी तुमने खा लिया।"

विजी की रसोई इतनी छोटी है कि दो लोग खड़े नहीं हो सकते। सिंक में एक प्लेट पर पानी गिर रहा था। विजी ने कॉफ़ी नापकर पर्कोलेटर में डालते हुए कहा, "तुम चलकर बैठो, मैं अभी आई।"

नटराजन वापस लौट आया।

कुछ देर में जब विजी लौटकर आई तो टूटी हुई मैत्री पुनः स्थापित हो गई है, ऐसा-ही कुछ भाव उसके मुख पर था। नटराजन ने मेज़ पर पैर टिका लिए थे, उन्हें समेट लिया और कहा, "तुम्हारे किसी काम में बाधा तो नहीं दे रहा हूँ विजी?"

"न," विजी ने अपनी साड़ी की सलवटें चिकनी-सी करते हुए कहा, "व्यस्त तो तुम होंगे आजकल।"

"कुछ विशेष नहीं। अगले सप्ताह छुट्टी पर जाने से पहले लैब में थोड़ा काम निबटाना है, बस। अपार्टमेंट तो ठीक हो गया है, फ़र्नीचर आने पर ज़माना बाक़ी है।"

विजी कल से अधिक रिलैक्स्ड लग रही है। उसने हरे रंग की, बिना किनारे की सूती साड़ी पहन रखी है, वह इधर काफ़ी दुबली हो गई है, चेहरे पर पीलापन-सा है, पलकें घनी हैं और नीचे तरल आँखें चमकती हैं।

वह उसे एकटक देखता रहा।

"एक बात कहूँ, बुरा तो न मानोगे?" विजी ने पूछा।

रसोई में कॉफ़ी पर्कोलेटर ख़ुद-बुद करने लगा और कॉफ़ी की सुगन्ध पूरे कमरे में छा गई।

"कहो।"

"बहुत आनन्दित, उत्सुक दूल्हे-से नहीं दिखाई देते, कुछ अनमने, कुछ उदास-से नज़र आते हो।"

नटराजन चौंक गया, सँभलने के लिए कुछ क्षण लेता हुआ बोला, "जैसी कि तुम दीखती थीं उन दिनों? उल्लसित, निरन्तर मुसकुराती हुईं?"

विजी रसोई में जाकर पर्कोलेटर ले आई और मेज़ पर रखती हुई बोली, "अब सोचती हूँ कि वे भी क्या दिन थे! कितने सपने, कितनी उमंगें! कितनी नादान, कितनी विश्वासभरी! इन डेढ़ वर्षों में कितनी पक गई हूँ, जैसे दस वर्ष जी लिये हों!"

"तुम्हें अकेले रहना अच्छा लगता है?"

"अकेले रहना तो नटराजन किसे अच्छा लगता है! कभी खिन्न हो जाती हूँ, दीवार से सिर टकराना चाहती हूँ, फिर अपने को सँभाल भी लेती हूँ, इसी में किसी उपलब्धि की चेष्टा करती हूँ।"

नटराजन को लगा, विजी सचमुच बड़ी हो आई है। पहले तो रह-रहकर हँसती थी, और निरर्थक बातें करती थी।

"अच्छा नटराजन, तुमने बताया नहीं, तुम इस विवाह से प्रसन्न हो?"

पूछ तो लिया, पर उसी क्षण विजी को लगा कि इतना उद्धत, व्यक्तिगत प्रश्न उसे न पूछना चाहिए। जैसे रह-रहकर भूल जाती है कि नटराजन के जीवन में एक नया आयाम आ गया है,

वह मुकी का पति बनने जा रहा है। विजी अब उसके लिए कुछ नहीं है, कभी कुछ थी, अब मात्र परिचिता है। अब मुकी उसके जीवन के समग्र अनुभवों की संगिनी बनेगी।

"हाँ विजी।"

"मुकी सचमुच बड़ी भली, बहुत अच्छी है।" विजी ने कहा।

नटराजन ठठाकर हँस पड़ा, "छल-कपट तुमसे नहीं निभता विजी, मुकी की प्रशंसा करने का प्रयत्न न करो। मैं जानता हूँ कि तुम उसकी परछाईं तक से घृणा करती हो। आश्चर्य है कि मुझे तुमने अब तक घर से बाहर क्यों नहीं किया।"

विजी का चेहरा अप्रतिभ हो आया, "क्या लोग बदलते नहीं? धारणाएँ नहीं बदल सकतीं?"

"ओ विजी, यू आर सो स्वीट। अच्छा, कॉफ़ी दोगी या नहीं?"

विजी के पास से उठकर नटराजन अपने घर आया। आलमारी में थोड़े-से आवश्यक कपड़े छोड़ उसने बाक़ी चीज़ें सूटकेस में रखीं, और फिर मुकी को उसके घर फ़ोन किया। ख़ाली घर में घंटी देर तक बजती रही। नटराजन ने जान लिया कि वह नए घर में होगी।

वह लिफ्ट में ऊपर जाने की बजाय सीढ़ियाँ चढ़ने लगा। उसने पाया कि वह सीटी बजा रहा था। दरवाज़े खटखटाने पर मुकी ने खोला, वह भी गहरे हरे रंग की सूती साड़ी पहने थी, पर उसकी साड़ी में चौड़ा लाल बार्डर था जिसमें जरी के तारों का घना काम था।

"मैंने लैब में फ़ोन किया था, पर तुम नहीं थे।" मुकी ने कहा।

नटराजन एक पल रुका, फिर बोला, "विजयलक्ष्मी मिल गई थी, उसके साथ कॉफ़ी पीने चला गया था।"

मुकी दरवाज़े के पास से हट आई, बोली, "शेल्फें आ गई हैं, मैं किताबें लगा रही थी।"

नटराजन ने कोट उतारकर कुरसी पर डाल दिया, मुकी की दृष्टि उस पर पा उसने कोट उठाकर टाँग दिया, और कुछ हँसता-सा बोला, "अभी से डिसिप्लिन करने लगीं?"

नटराजन का मन हल्का-सा है, वह जान-बूझकर नहीं सोचेगा कि इसका कारण क्या है? पर फिर भी जान रहा है कि आज विजी हँसी थी, खुली-खुली थी। विजी की हँसी मन को भाती है। चाहता है कि विजी पहले की तरह हँसा करे। विजी प्रसन्न रहे।

किताबों को बक्सों से निकालकर मुकी ने फर्श पर फैला दिया था, वह उठा-उठाकर नटराजन को देने लगी और नटराजन उन्हें लगाने लगा। सात खानों की शेल्फ है, दीवार को पूरा ही ढक लिया है, जब सारी किताबें करीने से रख जाएँगी तो कमरा भरा-भरा लगेगा।

मुकी एक कपड़े से किताबों की धूल पोंछती जा रही है।

"तुम्हारी साड़ी धूल से अट जाएगी मुकी। लाओ, मैं साफ़ करूँगा।"

"पुरानी ही तो है," मुकी ने कहा।

तीन खाने भर चुकने के बाद दोनों बक्सों पर बैठकर सुस्ताने लगे।

"कमरे में गर्मी-सी हो रही है। बाहर थोड़ा-सा टहलने चलोगे?"

"चलो।"

कमरे में बत्ती जलती छोड़ दोनों बाहर निकल आए। नीचे पहुँचकर लगा कि शाम सचमुच ठंडी और मोहक है। सड़क की बत्तियाँ बहुत चमकीली और पेड़ चुप, खामोश।

नटराजन ने पूछा, "कार पर थोड़ी दूर चलोगी मुकी?"

"अच्छा।"

नटराजन ने दरवाज़ा खोला और मुकी रुक गई। नटराजन बाईं सीट पर आ बैठा, और कार स्टार्ट की। बिना जाने उसने कार क़ब्रगाह की ओर मोड़ दी।

कार में मुकी के सेंट की सुगन्ध है।

दीर्घ मौन को तोड़ते हुए नटराजन ने पूछा, "मुकी, क्या तुम्हें यह सब सच लग रहा है?"

मुकी गर्दन मोड़ बाहर देखने लगी, जैसे इस बात का उत्तर नहीं देना चाहती।

नटराजन को हरी साड़ी में लिपटी मुकी सच नहीं लगती। उसने आज तक मुकी का स्पर्श नहीं किया है। इस समय हाथ बढ़ाकर खुली बाँह छूना चाहता है, जैसे यह जानने को कि क्या उसकी त्वचा उतनी ही उष्ण और चिकनी है, जैसी कि मनीश कहा करता था।

कुछ समय पहले तक मन में भरी हुई अनजान-सी ख़ुशी तड़ककर टूट गई। नटराजन के मन में अचरज-सा भर आया कि वह बग़ल में इस नितान्त अपरिचित को बैठाकर कहाँ और किसलिए ले जा रहा है! क्या उसके मन में मुकी के लिए सचमुच कहीं ममत्व या स्नेह छिपा है, या यह विवाह चौंतीस साल के जीवन का अकेलापन दूर करने के निमित्त ही किया जा रहा है? पास बैठी नयनतारा मुकर्जी के बारे में वह क्या जानता है? नटराजन ने आकुल होकर पूछना चाहा—तुम क्या हो मुकी, तुम्हारा सत्य रूप क्या है? तुमने मुझसे विवाह करना क्यों स्वीकार किया है? क्या सत्ताइसवें वर्ष में तुम्हें एक पति की कमी महसूस हुई? या मेरे लिए तुम्हारे मन में आदर के अतिरिक्त और भी कुछ है? क्या तुम वैसी ही लोभी, स्वार्थी, क्षुद्र हो जैसा कि विजी ने तुम्हें चित्रित किया? क्या तुम उतनी ही सहज प्राप्य हो जैसा अवज्ञा से मनीश कहा करता था?

"बी केयरफुल," मुकी ने कहा। सँकरी सड़क पर सामने से एक कार आती दिखाई दी और नटराजन ने अपनी कार जल्दी से बाईं ओर मोड़ी तो कार सड़क छोड़ कंकरीली भूमि पर उतर आई। सामनेवाली कार तेज़ी से गुज़र गई। नटराजन फिर सड़क पर आ गया, और कुछ देर बाद याद आया कि मुकी ने बात का कोई उत्तर नहीं दिया है।

विजी न उस रात सो सकी, न उससे अगली रात। और नटराजन विजी को अपनी लैब में आया पा चौंक उठा। हाथ का बीकर मेज़ पर रखकर वह लैब से बाहर निकल आया और बोला, "क्यों विजी, ख़ैरियत तो है?"

"कुछ समय होगा तुम्हारे पास?" विजी ने पूछा।

"हाँ," और विजी कुछ कहे, इस प्रतीक्षा में खड़ा रहा। फिर बोला, "आओ कॉफ़ी-लाउंज में चलें। वहाँ इस समय कोई नहीं होगा।"

विजी चुपचाप साथ चल दी।

"कॉफ़ी लोगी?"

"नहीं, कोकाकोला।"

नटराजन ने मशीन में पैसे डालकर दो बोतलें निकालीं और फिर ढक्कन खोलकर एक विजी के आगे रख दी।

"मैं ज़्यादा भूमिका नहीं बाँधूँगी नटराजन। दो दिन से लगातार सोच रही हूँ कि इस ज़िन्दगी का क्या करूँ! समझ नहीं पाती," विजी रुककर नटराजन का मुख ताकने लगी। फिर एकदम कह डाला, "नटराजन, मुझे एक हज़ार डालर चाहिए। मुझसे अब यहाँ एक दिन भी न रहा जाएगा। मैं वापस जाना चाहती हूँ। कुछ भी हो, वह अपना देश है, वे लोग मेरे अपने हैं। दे सकोगे नटराजन?"

विजी ने उसके चेहरे पर अपनी उत्सुकता, कातर आँखें जमा दीं।

"तुम इतनी जल्दी कैसे जा सकोगी?"

"मैंने पता लगा लिया है, मुझे प्लेन पर जगह मिल जाएगी।"

"न्यूयार्क से लन्दन?"

"नहीं, पहले मैं कनाडा जाना चाहती हूँ।"

"ओ!" नटराजन ने कहा।

"मालूम नहीं कब तुम्हें यह वापस कर सकूँगी, पर मुझे और कोई उपाय नहीं दीखता।"

"पर विजी, तुम पूरी तरह श्योर हो न?"

विजी ने सिर हिलाकर जताया कि हाँ। विजी का हठ नटराजन को मालूम है।

नटराजन ने जेब से चेक-बुक निकाली और पन्द्रह सौ डालर का चैक लिखकर दे दिया।

"नटराजन..." विजी ने कुछ कहना चाहा।

"अगर कुछ और ज़रूरत हो तो बताना, विजी। मांट्रियल कब जाओगी?"

"कल शाम। पर तुम एयरपोर्ट मत आना। अकेले ही जाना चाहती हूँ।"

पर नटराजन उसे एयरपोर्ट ले गया। विजी चुप थी, शायद वह भी वह दिन याद कर रही थी जब कि मनीश के स्थान पर नटराजन उससे यहाँ मिलने आया था।

"एक बात कहना चाहती हूँ नटू" विजी ने जहाज़ पर चढ़ने से कुछ क्षण पहले कहा, "मेरे प्रति बहुत अनुदार मत हो जाना। थोड़ी-सी करुणा..." और उसका गला भर आया।

उसे पहुँचाकर लौटते हुए नटराजन को लगता रहा कि जैसे उसके जीवन में कभी न भर सकनेवाले अनेक अभाव हो गए हैं। साथ ही थोड़ा-सा धीरज कि हर समय विजी की उपस्थिति दंश देने को न रहेगी।

फिर नटराजन को याद आया कि अब तो कुल तीन ही दिन बीच में रह गए हैं। शनिवार को कुछ मित्रों ने उसे और मुकी को भोज पर बुलाया है। रविवार को लैब के मित्र मिलकर नटराजन के लिए स्टैग पार्टी दे रहे हैं, और सोमवार को साढ़े चार बजे सिविल सेरेमनी ही है। फिर उसी रात प्लेन लेकर मेन चले जाएँगे, और वहाँ दसेक दिन बिताएँगे। मुकी के लिए उसकी माँ ने लाल बनारसी साड़ी, शंख की चूड़ियाँ, कुमकुम भेजा है। वही पहनेगी। इस बीच फ़र्नीचर आ गया है, करीने से रखा भी गया है। घर भरा-पूरा लगता है। रसोई अत्यन्त आधुनिक है, सफ़ेद और हल्की पीली, मुकी ने पाँत के पाँत चमकदार स्टेनलेस स्टील के बर्तन सजा दिए हैं। रेफ्रिजरेटर में कुछ बीयर की बोतलें रख दी हैं। सबकुछ साफ़-सुथरा, चमकता हुआ, नया। नटराजन को मन में थोड़ा-सा विस्मय है, मुकी घर-गृहस्थी में इतनी रुचि लेगी, इसकी उसे आशा न थी।

एयरपोर्ट से नटराजन अनमने भाव से अपने फ़्लैट में लौट आया। थोड़ी चीज़ें पैक करनी थीं, पर उन्हें वैसा ही छोड़कर वह कमरे में बैठा रहा। विजी जाते-जाते भी एक बार मनीश से मिलने का मोह न छोड़ सकी। इस भेंट से उसे थोड़ी यातना ही और मिलेगी।

पर नटराजन जानता है कि विजी के अन्दर बल का एक स्रोत है; टूटती है, बिखरती है पर अपने को सँभाल लेती है। नहीं तो कोई और लड़की इन परिस्थितियों में पागल हो गई होती।

सात बजे नटराजन ने उठकर स्नान किया, धुले कपड़े पहने, और फिर मुकी को लेकर कहीं बाहर भोजन करने के विचार से उसकी ओर चल दिया। सोच रहा था कि सन्ध्या के अन्त

तक मुकी को बता देगा कि विजी चली गइ है। सदा के लिए। अब उसका नाम-निशान, उसकी छाया तक दोनों के बीच में नहीं रहेगी। एक सूटकेस लेकर विजयलक्ष्मी आई थी, और केवल वही लेकर लौट गई, पर साथ ही कितनी वेदना का भार भी।

मुकी के घर ताला बन्द था, नटराजन पैदल ही नए घर की ओर चल पड़ा। जो रंग-भरे पत्ते पेड़ों पर छाए थे, जैसे दो-तीन दिनों में ही झर गए थे, और इस समय पैरों के नीचे आकर दीन, आर्त्त स्वर कर रहे थे, और वे सारे ऊँचे पेड़, अपनी काली बाँहें उठाए, अपनी नग्नता में असहाय-से खड़े थे।

नीचे से लिफ्ट लेकर ऊपर तक पहुँचते हुए भी नटराजन यह निश्चय न कर सका कि वह मुकी को विजी के जाने का समाचार किस प्रकार देगा। कोई निकट का आत्मीय खो गया है, ऐसे या फिर ठंडे, निर्विकार भाव से—मुकी, विजी चली गई है।

अपनी चाबी से ताला खोल नटराजन ने दरवाज़ा अन्दर ठेला। कमरे में आकर उसने पाया कि मुकी नए सोफे पर औंधी लेटी है, दाईं बाँह शिथिल-सी नीचे लटक रही है, बाईं को मोड़कर उस पर चेहरा गड़ाए है और उसका पूरा शरीर रह-रहकर हिल रहा है।

''मुकी।'' उसने बहुत चिन्तित हो आए स्वर में पुकारा।

मुकी ने सिर उठाकर उसे देखा, फिर तेज़ी से बाईं उँगली से अँगूठी निकालकर उसकी ओर फेंकती हुई बोली, ''यह लो अपनी अँगूठी और चले जाओ यहाँ से। मैं तुमसे बोलना तक नहीं चाहती।''

इस अप्रत्याशित घटना से नटराजन कुछ क्षण को स्तब्ध खड़ा रहा। फिर उसने झुककर मुकी के कन्धे पकड़ लिए, ''क्यों, मुकी, क्यों?''

मुकी ने उत्तर नहीं दिया, उसके शरीर में तड़पती मछली की तरह एक लहर दौड़ गई।

नटराजन ने उसके कन्धे छोड़कर झुककर फर्श पर गिरी अँगूठी उठा ली और मुकी की बँधी मुट्ठी को खोलकर उसमें अँगूठी ठूँसता हुआ बोला, ''ऐसी आसानी से मुझसे छुटकारा नहीं पाओगी मुकी। मुझे बताओ न, इतने दुख की क्या बात है?''

मुकी वेग से उठकर बैठ गई। सारे दिन रोने से उसकी आँखें फूलकर लाल हो आई थीं, और चेहरे पर गहरी अशान्ति थी।

''मुझसे पूछते हो? क्या स्वयं जानते नहीं? मुझे तो रह-रहकर यही आँसता है कि तुम इतने झूठे, चालबाज़ कैसे हो सके! पूरी गर्मी तुम वाशिंगटन उससे मिलने जाते रहे, मुझसे एक बार भी नहीं बताया। मैं यहाँ फ़र्नीचर ऑर्डर कर रही थी, परदे बना रही थी, तुम वहाँ सैर कर रहे थे!''

''तुमसे यह किसने कहा?'' नटराजन ने धीर कंठ से पूछा।

''जाने से पहले विजी मेरे पास आई थी। जिसे सदा से उसने नफ़रत की, उसे यह बताए बिना कैसे चली जाती! उसी ने बताया कि तुमने उसे पन्द्रह सौ डालर दिये हैं, डॉक्टर के पास जाने और इंडिया लौट जाने के लिए। पहले मैंने उस पर विश्वास नहीं किया। मुझे ख़याल भी न था कि तुम इतना आगे बढ़ जाओगे। पर...पर आज फ़र्नीचर की दुकान से फ़ोन आया कि मैंने जो चैक उन्हें दिया, वह बैंक से वापस लौट आया कि वहाँ पर्याप्त धन नहीं है। तब मुझे लगा कि...'' मुकी का स्वर टूट गया और एक बार फिर भावनाओं की बाढ़ से उसकी आँखों में आँसू भर आए।

''विजी के सारे अत्याचार मैंने चुप होकर सहे। सोचती थी कि वह पागल है, और नादान है। मुझसे विवाह का प्रस्ताव करके भी तुम उससे चुपचाप मिलते रहे, तब भी मैंने कुछ नहीं कहा। सोचती थी कि एक बार जब मेरे निकट आकर पहचान लोगे, तो उसे भूल जाओगे। सोचा था कि तुम्हें इतना सुख दूँगी...'' एक लम्बी सिसकी।

''मुकी, मेरी बात भी तो सुनो।''

''न। अब कुछ नहीं सुनूँगी। मैं भी बहुत मानिनी हूँ, नटराजन। बहुत दर्प मेरे अन्दर भी है। और मैंने बहुत धीरज रखा, पर अब मैं और नहीं सह सकूँगी। गो अवे! यह विवाह नहीं होगा। मैं किस प्रकार तुम्हें आदर और श्रद्धा से देख सकूँगी! मुझे तुम्हारा धन नहीं चाहिए था। मेरे पिता के पास बहुत धन है। मैं समझती थी कि तुम छल-कपट से ऊपर, अत्यन्त विशाल हो, और इसीलिए, मन ही मन प्रारम्भ से ही तुम्हें चाहती आई थी।'' बाहर रात झुक आई है, कमरे में सन्नाटा है, केवल नयनतारा का पतला, टूट-टूट जाता, उठता-गिरता स्वर है। इतने दिनों से जो कुछ अन्तराल में प्रच्छन्न रखा, वह सब एकबारगी फूटकर बाहर आना चाहता है।

नटराजन उसके पास, सब-कुछ सुनता, चुप बैठा है। मुकी के शब्दों ने उसे हिला दिया है। वह समझ नहीं पा रहा है कि विजी ने चलते-चलते ऐसा क्यों किया? उसे प्रतीक्षा है मुकी के थककर चुप हो जाने की, तब वह धीर शब्दों में अपनी बात कहेगा। मन में आशा की नन्ही-सी रेखा है कि शायद नयनतारा उसकी बात पर विश्वास कर ले।

मेरा दुश्मन

कृष्ण बलदेव वैद

वह इस समय दूसरे कमरे में बेहोश पड़ा है। आज मैंने उसकी शराब में कोई चीज़ मिला दी थी, कि ख़ाली शराब वह शरबत की तरह गट-गट पी जाता है, और उस पर कोई ख़ास असर नहीं होता। आँखों में लाल डोरे-से झूलने लगते हैं, माथे की शिकनें पसीने में भीगकर दमक उठती हैं, होंठों का ज़हर और उजागर हो जाता है, और बस—होशोहवास बदस्तूर क़ायम रहते हैं।

हैरान हूँ कि यह तरकीब मुझे पहले कभी क्यों नहीं सूझी। शायद सूझी भी हो, और मैंने कुछ सोचकर इसे दबा दिया हो। मैं हमेशा कुछ-न-कुछ सोचकर कई बातों को दबा जाता हूँ। आज भी मुझे अन्देशा तो था कि वह पहले ही घूँट में ज़ायका पहचानकर मेरी चोरी पकड़ लेगा। लेकिन गिलास ख़त्म होते-होते उसकी आँखें बुझने लगी थीं और मेरा हौसला बढ़ गया था। जी में आया था कि उसी क्षण उसकी गरदन मरोड़ दूँ, लेकिन फिर नतीजों की कल्पना से दिल दहलकर रह गया था। मैं समझता हूँ कि हर बुज़दिल आदमी की कल्पना बहुत तेज़ होती है, हमेशा उसे हर ख़तरे से बचा ले जाती है। फिर भी हिम्मत बाँधकर मैंने एक बार सीधे उसकी ओर देखा ज़रूर था। इतना भी क्या कम है कि साधारण हालात में मेरी निगाहें सहमी हुई-सी उसके सामने इधर-उधर फड़फड़ाती रहती हैं। साधारण हालात में मेरी स्थिति उसके सामने बहुत असाधारण रहती है।

ख़ैर, अब उसकी आँखें बन्द हो चुकी थीं और सिर झूल रहा था। एक ओर लुढ़ककर गिर जाने से पहले उसकी बाँहें दो लदी हुई ढीली टहनियों की सुस्त-सी उठान के साथ मेरी ओर उठ आई थीं। उसे इस तरह लाचार देखकर भ्रम हुआ था कि वह दम तोड़ रहा है।

लेकिन मैं जानता हूँ कि वह मूज़ी किसी भी क्षण उछलकर खड़ा हो सकता है। होश सँभालने पर वह कुछ कहेगा नहीं। उसकी ताक़त उसकी ख़ामोशी में है। बातें वह उस ज़माने में भी बहुत कम किया करता था, लेकिन अब तो जैसे बिलकुल गूँगा हो गया हो।

उसकी गूँगी अवहेलना की कल्पना-मात्र से मुझे दहशत हो रही है। कहा न कि मैं एक बुजदिल इनसान हूँ।

वैसे मैं न जाने कैसे समझ बैठा था कि इतने अरसे की अलहदगी के बाद अब मैं उसकें आतंक से पूरी तरह आज़ाद हो चुका हूँ। इसी ख़ुशफ़हमी में शायद उस रोज़ उसे मैं अपने साथ ले आया था। शायद मन में कहीं उस पर रोब गाँठने, उसे नीचा दिखाने की दुराशा भी रही हो। हो सकता है कि मैंने सोचा हो कि वह मेरी जीती-जागती ख़ूबसूरत बीवी, चहकते-

मटकते तन्दुरुस्त बच्चों, और आरास्ता-पैरास्ता आलीशान कोठी को देखकर ख़ुद ही मैदान छोड़कर भाग जाएगा, और हमेशा के लिए मुझे उससे निजात मिल जाएगी। शायद मैं उस पर यह साबित कर दिखाना चाहता था कि उससे पीछा छुड़ा लेने के बाद किस खुशगवाह हद तक मैंने अपनी ज़िन्दगी को सँभाल-सँवार लिया है।

लेकिन ये सब लँगड़े बहाने हैं। हक़ीक़त शायद यह है कि उस रोज़ मैं उसे अपने साथ नहीं लाया था, बल्कि वह ख़ुद ही मेरे साथ चला आया था, जैसे मैं उसे नहीं बल्कि वह मुझे नीचा दिखाना चाहता हो। ज़ाहिर है कि उस समय यह बारीक बात मेरी समझ में नहीं आई होगी। मौक़े पर ठीक बात मैं कभी नहीं सोच पाता। यही तो मुसीबत है। वैसे मुसीबतें और भी बहुत हैं, लेकिन उन सबका ज़िक्र यहाँ बेकार होगा।

ख़ैर, माला के सामने उस रोज़ मैंने इसी क़िस्म की कोई लँगड़ी सफ़ाई पेश करने की कोशिश की थी और उस पर कोई असर नहीं हुआ था। वह उसे देखते ही बिफर उठी थी। सबसे पहले अपनी बेवकूफ़ी और सारी स्थिति का अहसास शायद मुझे उसी क्षण हुआ था। मुझे उस कमबख़्त से, वहीं घर से दूर, उस सड़क के किनारे किसी-न-किसी तरह निबट लेना चाहिए था। अगर अपनी उस सहमी हुई ख़ामोशी को तोड़कर मैंने अपनी तमाम मजबूरियाँ उसके सामने रख दी होतीं, माला का एक खाका-सा खींच दिया होता, साफ़-साफ़ उससे कह दिया होता—देखो गुरु, मुझ पर दया करो और मेरा पीछा छोड़ दो—तो शायद वहीं हम किसी समझौते पर पहुँच जाते। और नहीं तो वह मुझे कुछ मोहलत तो दे ही देता। छूटते ही दो मोर्चों को एक साथ सँभालने की दिक़्क़त तो पेश न आती। कुछ भी हो, मुझे उसे अपने घर नहीं लाना चाहिए था। लेकिन अब यह सारी समझदारी बेकार थी। माला और वह एक-दूसरे को यूँ घूर रहे थे जैसे दो पुराने और जानी दुश्मन हों। एक क्षण के लिए मैं यह सोचकर आश्वस्त हुआ था कि माला सारी स्थिति ख़ुद सँभाल लेगी, और फिर दूसरे ही क्षण मैं माला की लानत-मलामत की कल्पना कर सहम गया था। बात को मज़ाक में घोल देने की कोशिश में मैंने एक ख़ास गिलगिले लहज़े में—जो मेरे पास ऐसे नाजुक मौक़ों के लिए सुरक्षित रहता है—कहा था, डार्लिंग! ज़रा रास्ता तो छोड़ो, कि हम बहुत लम्बी सैर से लौटे हैं, ज़रा बैठ जाएँ तो जो सजा जी में आए, दे देना।

वह रास्ते से तो हट गई थी, लेकिन उसके तनाव में कोई कमी नहीं हुई थी, और न ही उसने मुझे बैठने दिया था। साथ ही उस मुरदार ने मेरी तरफ़ यूँ देखा था जैसे कह रहा हो—तो तुम वाक़ई इस औरत के गुलाम बनकर रह गए हो। और ख़ुद मैं उन दोनों की तरफ़ यूँ देख रहा था, जैसे एक की नज़र बचाकर दूसरे से कोई साज़िशी सम्बन्ध पैदा कर लेने की ख़्वाहिश हो।

फिर माला ने मौक़ा पाते ही मुझे अलग से जाकर डाँटना-डपटना शुरू कर दिया था—मैं पूछती हूँ कि यह तुम किस आवारागर्द को पकड़कर साथ ले आए हो? ज़रूर कोई तुम्हारा पुराना दोस्त होगा? है न! इत्ते बरस शादी को हो चले; लेकिन तुम अभी तक वैसे-के-वैसे ही रहे। मेरे बच्चे उसे देखकर क्या कहेंगे? पड़ोसी क्या सोचेंगे? अब कुछ बोलोगे भी?

मैं हैरान था कि क्या बोलूँ! माला के सामने मैं बोलता कम हूँ, ज़्यादा समय तोलने में ही बीत जाता है, और उसका मिजाज़ और बिगड़ जाता है। वैसे उसका ग़ुस्सा बजा था। उसका ग़ुस्सा हमेशा बजा होता है। हमारी कामयाब शादी की बुनियाद भी इसी पर क़ायम है—उसकी हर बात हमेशा सही होती है, और मैं अपनी हर ग़लती को चुपचाप और फ़ौरन क़बूल कर

लेता हूँ। ऊपर से वह कुछ भी क्यों न कहे, उसे मेरी फ़रमाबरदारी पर पूरा भरोसा है। बीच-बीच में महज़ मुझे ख़ुश कर देने के ख़याल से वह इस क़िस्म की शिकायतें ज़रूर कर दिया करती है—तुम्हें न जाने हर मामूली-से-मामूली बात पर मेरे ख़िलाफ़ डट जाने में क्या मज़ा आता है ? मानती हूँ कि तुम मुझसे कहीं ज़्यादा समझदार हो, लेकिन कभी-कभी मेरी बात रखने के लिए ही सही...

मुझे उसके ये झूठे उलाहने बहुत पसन्द हैं, गो मैं उनसे ज़्यादा ख़ुश नहीं हो पाता। फिर भी वह समझती है कि इनसे मेरा भ्रम बना रहता है, और मैं जानता हूँ कि बाग़डोर उसी के हाथ में रहती है। और यह ठीक ही है।

तो माला दाँत पीसकर कह रही थी—अब कुछ बोलोगे भी ? मेरे बच्चे पार्क से लौटकर इस मनहूस आदमी को बैठक में बैठा देखेंगे, तो क्या कहेंगे ? उन पर क्या असर होगा ? उफ़, इतना गन्दा आदमी ! सारा घर महक रहा है। बताओ न, मैं अपने बच्चों से क्या कहूँगी ?

अब ज़ाहिर है कि मैं माला को कुछ भी नहीं बता सकता था। सो मैं सिर झुकाए खड़ा रहा, और वह मुँह उठाए बहुत देर तक बरसती रही।

वैसे यहाँ यह साफ़ कर दूँ कि वे बच्चे माला अपने साथ नहीं लाई थी। वे मेरे भी उतने ही हैं जितने कि उसके, लेकिन ऐसे मौक़ों पर वह हमेशा 'मेरे बच्चे' कहकर मुझसे उन्हें यूँ अलग कर लिया करती है, जैसे कोई कीचड़ से लाल निकाल रहा हो। कभी-कभी मुझे इस बात पर बहुत दुख भी होता है, लेकिन फिर ठंडे दिल से सोचने पर महसूस होता है कि शारीरिक सच्चाई कुछ भी हो, रूहानी तौर पर हमारे सभी बच्चे माला के ही हैं। उनके रंग-ढंग में मेरा हिस्सा बहुत कम है। और यह ठीक ही है, क्योंकि अगर वे मुझ पर जाते तो उन्हें भी मेरी तरह सीधा होने में न जाने कितनी देर लग जाती। मैं ख़ुश हूँ कि उनका भविष्य ख़ूब रौशन है और उस रौशनी में मेरा हाथ बस इतना ही है कि मैं उनका क़ानूनी, और शायद जिस्मानी बाप हूँ, उनके लिए पैसे कमाता हूँ, और दिलोजान से उनकी माँ की सेवा में दिन-रात जुटा रहता हूँ।

ख़ैर ! कुछ देर यूँ ही सिर नीचा किए खड़े रहने के बाद आख़िर मैंने निहायत आजिज़ाना आवाज़ में कहना शुरू किया था, अरे भई, मैं तो उस कमबख़्त को ठीक तरह से पहचानता भी नहीं, उससे दोस्ती का तो सवाल ही पैदा नहीं होता। अब अगर रास्ते में कोई आदमी मिल जाए तो...

न जाने मेरे फ़िकरे का अन्त क्योंकर होता ! शायद होता भी कि नहीं। लेकिन माला ने बीच में ही पाँव पटककर कह दिया, झूठ, सरासर झूठ !

यह कहकर वह अन्दर चली गई, और मैं कुछ देर तक और वहीं सिर नीचा किए खड़ा रहने के बाद वापस उस कमरे में लौट आया, जहाँ बैठा वह बीड़ी पी रहा था और मुसकरा रहा था, जैसे सब जानता हो कि मैं किस मरहले से गुज़रकर आ रहा हूँ।

अब हुआ दरअसल यह था कि उस शाम माला से, कुछ दूर अकेला घूम आने की इजाज़त माँगकर मैं यूँ ही—बिना मतलब घर से बाहर निकल गया था। आमतौर पर वह ऐसी इजाज़तें आसानी से नहीं देती, और न ही मैं माँगने की हिम्मत कर पाता हूँ। बिना मतलब घूमना उसे बहुत बुरा लगता है। कहीं भी जाना हो, किसी से भी मिलना हो, कुछ भी करना या न करना हो, मतलब का साफ़ और सही फ़ैसला वह पहले से ही कर लेती है। ठीक ही

करती है। मैं उसकी समझदारी की दाद देता हूँ। वैसे घर से दूर अकेला मैं किसी मतलब से भी नहीं जा पाता। माला की सोहबत की कुछ ऐसी आदत-सी पड़ गई है, कि उसके बिना सब सूना-सूना-सा लगता है। जब वह साथ रहती है तो किसी क़िस्म का कोई ऊल-जलूल विचार मन में उठ ही नहीं पाता, हर चीज़ ठोस और बामतलब दिखाई देती है। अन्दर की हालत ऐसी रहती है जैसे माला के हाथों सजाया हुआ कोई कमरा हो, जिसमें हर चीज़ करीने से पड़ी हो, बेकायदगी की कोई गुंजायश न हो। और जब वह साथ नहीं होती, तो वही होता है जो उस शाम हुआ, या फिर उसी क़िस्म का कोई और हादसा, क्योंकि उससे पहले वैसी बात कभी नहीं हुई थी।

तो उस शाम न जाने किस धुन में मैं घर से बहुत दूर निकल गया था। आमतौर पर घर से दूर रहने पर भी मैं घर ही के बारे में सोचता रहता हूँ। इसलिए नहीं कि घर में किसी क़िस्म की कोई परेशानी है। गाड़ी न सिर्फ़ चल रही है, बल्कि खूब चल रही है। बाग़डोर जब माला-जैसी औरत के हाथ हो, तो चलेगी नहीं तो और करेगी भी क्या? नहीं, घर में कोई परेशानी नहीं—अच्छी तनख्वाह, अच्छी बीवी, अच्छे बच्चे, अच्छे बारसूख दोस्त, उनकी बीवियाँ भी ख़ूब हट्टी-कट्टी और अच्छी, अच्छा सरकारी मकान, अच्छा खुशनुमा लॉन, पास-पड़ोस भी अच्छा, महँगाई के बावजूद दोनों वक़्त अच्छा खाना, अच्छा बिस्तर, और अच्छी बिस्तरी ज़िन्दगी। मैं पूछता हूँ, इस सबके अलावा और चाहिए भी क्या एक अच्छे इनसान को? फिर भी अकेला होने पर घरेलू मामलों को बार-बार उलट-पलटकर देखने से वैसा ही इत्मीनान मिलता है, जैसा किसी भी सेहतमन्द आदमी को बार-बार आईने में अपनी सूरत देखकर मिलता होगा। मेरा मतलब है कि वक़्त अच्छी तरह से कट जाता है, ऊब नहीं होती। यह भी माला के ही सुप्रभाव का फल है नहीं तो एक ज़माना था कि मैं हरदम ऊब का शिकार रहा करता था।

हो सकता है कि उस शाम दिमाग़ कुछ देर के लिए उसी गुज़रे हुए ज़माने की ओर भटक गया हो। कुछ भी हो, मैं घर से बहुत दूर निकल गया था, और फिर अचानक वह मेरे सामने आ खड़ा हुआ था।

महसूस हुआ था जैसे मुझे अकेला देखकर घात में बैठे हुए किसी ख़तरनाक अजनबी ने ही रास्ता रोक लेना चाहा हो। मैं ठिठककर रुक गया था। उसकी सुती हुई आँखों से फिसलकर मेरी निगाह उसकी मुसकराहट पर जा टिकी थी, जहाँ अब मुझे उसके साथ बिताए हुए सारे गर्दआलूद ज़माने की एक टिमटिमाती हुई-सी झलक दिखाई दे रही थी। महसूस हो रहा था कि बरसों तक रूपोश रहने के बाद फिर मुझे पकड़कर किसी के सामने पेश कर दिया गया हो। मेरा सिर इस पेशी के ख़याल से दबकर झुक गया था।

कुछ, या शायद कितनी ही, देर हम सड़क के उस नंगे और आवारा अँधेरे में एक-दूसरे से रू-ब-रू खड़े रहे थे। अगर कोई तीसरा उस समय देख रहा होता, तो शायद समझता कि हम किसी लाश के सिरहाने खड़े कोई प्रार्थना कर रहे हैं, या एक-दूसरे पर झपट पड़ने से पहले किसी मन्त्र का जाप।

वैसे यह सच है कि उसे पहचानते ही मैंने माला को याद करना शुरू कर दिया था, कि हर संकट में मैं हमेशा उसी का नाम लेता हूँ। साथ ही वहाँ से दुम दबाकर भाग उठने की ख़्वाहिश भी मन में उठती रही थी। एक उड़ती हुई-सी तमन्ना यह भी हुई थी कि वापस घर लौटने के बजाय चुपचाप उस कमबख़्त के साथ हो लूँ, जहाँ वह ले जाना चाहे चला जाऊँ,

और माला को ख़बर तक न हो। इस विचार पर तब भी बहुत चौंका था, और अभी तक हैरान हूँ, क्योंकि आख़िर उसी से पीछा छुड़ाने के लिए ही तो मैंने माला की गोद में पनाह ली थी। अगर आज से कुछ बरस पहले मैंने उसके ख़िलाफ़ बग़ावत न की होती तो...लेकिन उस भागने को बग़ावत का नाम देकर मैं अपने-आपको धोखा दे रहा हूँ, मैंने सोचा था, और मेरा मुँह शर्म के मारे जल उठा था। मेरा मुँह अक्सर इस आग में जलता रहता है।

उस हरामज़ादे ने ज़रूर मेरी सारी परेशानी को भाँप लिया होगा। उससे मेरी कोई कमज़ोरी छिपी नहीं, और उससे भागकर माला की गोद में पनाह लेने की एक बड़ी वजह यही थी। उसकी हँसी में मुझे सूखे पत्तों की हैबतनाक खड़खड़ाहट सुनाई दे रही थी, और उस खड़खड़ाहट में उसके साए में गुज़ारे हुए ज़माने की बेशुमार यादें आपस में टकरा रही थीं। बड़ी मुश्किल से आँख उठाकर उसकी ओर देखा था। उसका हाथ मेरी तरफ़ बढ़ा हुआ था। मैं बिदककर दो क़दम पीछे हट गया था, और उसकी हँसी और ऊँची हो गई थी। कसे हुए दाँतों से मैंने उसकी आँखों का सामना किया था। अपना हाथ उसके खुरदरे हाथ में देते हुए और उसकी साँसों की बदबूदार हरारत अपने चेहरे पर झेलते हुए मैंने महसूस किया था जैसे इतनी मुद्दत आज़ाद रह लेने के बाद फिर अपने-आपको उसके हवाले कर दिया हो। अजीब बात है, इस एहसास से जितनी तकलीफ़ मुझे होनी चाहिए थी, उतनी हुई नहीं थी। शायद हर भगोड़ा मुज़रिम दिल से यही चाहता है कि कोई उसे पकड़ ले।

घर पहुँचने तक कोई बात नहीं हुई थी। अपनी-अपनी ख़ामोशी में लिपटे हुए हम धीमे-धीमे चल रहे थे, जैसे कन्धों पर कोई लाश उठाए हुए हों।

सो, जब माला की डाँट-डपट सुन लेने के बाद, मुँह बनाए, मैं वापस बैठक में लौटा, तो वह बदज़ात मज़े में बैठा बीड़ी पी रहा था। एक क्षण के लिए भ्रम हुआ, जैसे वह कमरा उसी का हो। फिर कुछ सँभालकर, उससे नज़र मिलाए बिना, मैंने कमरे की सारी खिड़कियाँ खोल दीं, पंखे को और तेज़ कर दिया, एक झुँझलाई हुई ठोकर से उसके जूतों को सोफे के नीचे धकेल दिया, रेडियो चलाना ही चाहता था कि उसकी फटी हुई हँसी सुनाई दी, और मैं बेबस हो, उससे दूर हटकर चुपचाप बैठ गया।

जी में आया कि हाथ बाँधकर उसके सामने खड़ा हो जाऊँ, सारी हक़ीक़त सुनाकर कह दूँ—देखो दोस्त, अब मेरे हाल पर रहम करो, और माला के आने से पहले चुपचाप यहाँ से चले जाओ, वरना नतीज़ा बहुत बुरा होगा।

लेकिन मैंने कुछ कहा नहीं। कहा भी होता तो सिवाय एक और ज़हरीली हँसी के उसने मेरी अपील का कोई जवाब न दिया होता। वह बहुत ज़ालिम है, हर बात की तह तक पहुँचने का क़ायल, और भावुकता से उसे सख़्त नफ़रत है।

उसे कमरे का जायज़ा लेते देख मैंने दबी निगाह से उसकी ओर देखना शुरू कर दिया। टाँगें समेटे वह सोफे पर बैठा हुआ एक जानवर-सा दिखाई दिया। उसकी हालत बहुत खस्ता दिखाई दी, लेकिन उसकी शक्ल अब भी मुझसे कुछ-कुछ मिलती थी। इस विचार से मुझे कोफ़्त भी हुई, और एक अजीब क़िस्म की ख़ुशी भी महसूस हुई। एक ज़माना था जब वही एकमात्र मेरा आदर्श हुआ करता था, जब हम दोनों घंटों एक साथ घूमा करते थे, जब हमने बार-बार कई नौकरियों से एक साथ इस्तीफ़े दिए थे, कुछेक से एक साथ निकाले गए थे, जब हम अपने-आपको उन तमाम लोगों से बेहतर और ऊँचा समझते थे जो पिटी-पिटाई लकीरों

पर चलते हुए अपनी सारी ज़िन्दगी एक बदनुमा और रिवायती घरौंदे की तामीर में बरबाद कर देते हैं, जिनके दिमाग़ हमेशा उस घरौंदे की चहारदीवारी में क़ैद रहते हैं, जिनके दिल सिर्फ़ अपने बच्चों की किलकारियों पर ही झूमते हैं, जिनकी बेवकूफ़ बीवियाँ दिन-रात उन्हें तिगनी का नाच नचाती हैं, और जिन्हें अपनी सफ़ेदपोशी के अलावा और किसी बात का कोई ग़म नहीं होता। कुछ देर मैं उस ज़माने की याद में डूबा रहा। महसूस हुआ, जैसे वह फिर उसी दुनिया से एक पैग़ाम लाया हो, फिर मुझे उन्हीं रोमानी वीरानों में भटका देने की कोशिश करना चाहता हो, जिनसे भागकर मैंने अपने लिए एक फूलों की सेज सँवार ली है, जिस पर माला क़रीब हर रात मुझसे मेरी फरमाबरदारी का सबूत तलब किया क़रती है, और जहाँ मैं बहुत सुखी हूँ।

वह मुसकरा रहा था, जैसे उसने मेरे अन्दर झाँक लिया हो। उसे इस तरह आसानी से अपने ऊपर काबिज़ होते देख, मैंने बात बदलने के लिए कहा, कितने रोज़ यहाँ ठहरोगे?

उसकी हँसी से एक बार फिर हमारे घर की सजी-सँवरी फ़िज़ा दहल गई, और मुझे ख़तरा हुआ कि माला उसी दम वहाँ पहुँचकर उसका मुँह नोच लेगी। लेकिन यह ख़तरा इस बात का गवाह है कि इतने बरसों की दासता के बावजूद मैं अभी तक माला को पहचान नहीं पाया। थोड़ी ही देर में वह एक बहुत ख़ूबसूरत साड़ी पहने, मुसकराती-इठलाती हुई हमारे सामने आ खड़ी हुई। हाथ जोड़कर बड़े दिलफ़रेब अन्दाज़ में नमस्कार करती हुई बोली, आप बहुत थके हुए दिखाई देते हैं, मैंने गरम पानी रखवा दिया है, आप 'वाश' कर लें, तो कुछ पीकर ताज़ादम हो जाएँ, खाना तो हम लोग देर से ही खाएँगे।

मैं बहुत ख़ुश हुआ। अब मामला माला ने अपने हाथ में ले लिया था, और मैं यूँ ही परेशान हो रहा था। मन हुआ कि उठकर माला को चूम लूँ। मैंने कनखियों से उस हरामज़ादे की तरफ़ देखा। वह वाक़ई सहमा हुआ-सा दिखाई दिया। मैंने सोचा, अब अगर वह ख़ुद-ब-ख़ुद ही न भाग उठा, तो मैं समझूँगा कि माला की सारी समझ-सीख और रूप-रंग बेकार है। कितना लुत्फ़ आए अगर वह कमबख़्त भी भाग खड़ा होने के बजाय माला के दाँव में फँस जाए, और फिर मैं उससे पूछूँ, अब बता, साले, अब बात समझ में आई? मैंने आँखें बन्द कर लीं, और उसे माला के इर्द-गिर्द नाचते हुए, उस पर फ़िदा होते हुए, उसके साथ लेटे हुए देखा। एक अजीब राहत का एहसास हुआ। आँखें खोलीं तो वह गुसलखाने में जा चुका था, और माला झुकी सोफे को ठीक कर रही थी। मैंने उसकी आँखों में आँखें डालकर मुसकराने की कोशिश की, लेकिन फिर उसकी तनी हुई सूरत से घबराकर नज़रें झुका लीं। ज़ाहिर था कि उसने अभी मुझे माफ़ नहीं किया था।

नहाकर वह बाहर निकला, तो उसने मेरे कपड़े पहने हुए थे। इस बीच माला ने बीअर निकाल ली थी और उसका गिलास भरते हुए पूछ रही थी, आप खाने में मिर्च कम लेते हैं या ज़्यादा? मैंने बहुत मुश्किल से हँसी पर काबू किया—उस साले को खाना ही कब मिलता होगा, मैं सोच रहा था, और माला की होशियारी पर ख़ुश हो रहा था।

कुछ देर हम बैठे पीते रहे, माला उससे घुल-मिलकर बातें करती रही, उससे छोटे-छोटे सवाल पूछती रही, आपको यह शहर कैसा लगा? बीअर ठंडी तो है न? आप अपना सामान कहाँ छोड़ आए?—और वह बग़लें झाँकता रहा। हमारे बच्चों ने आकर अपने 'अंकल' को ग्रीट किया, बारी-बारी उसके घुटनों पर बैठकर अपना नाम वगैरह बताया, एक-दो गाने गाए, और फिर 'गुड नाइट' कहकर अपने कमरे में चले गए। माला की मीठी बातों से यूँ लग रहा

था जैसे हमारे अपने ही हलके का कोई बेतकल्लुफ़ दोस्त कुछ दिनों के लिए हमारे पास आ ठहरा हो, और उसकी बड़ी-सी गाड़ी हमारे दरवाज़े के सामने खड़ी हो।

मैं बहुत ख़ुश था, और जब माला खाना लगवाने के लिए बाहर गई, तो उस शाम पहली बार मैंने बेधड़क उस कमीने की तरफ़ देखा। वह तीन-चार गिलास बीअर के पी चुका था, और उसके चेहरे की ज़र्दी कुछ कम हो चुकी थी। लेकिन उसकी मुसकराहट में माला के बाहर जाते ही फिर वही ज़हर और चैलेंज़ आ गया था, और मुझे महसूस हुआ जैसे वह कह रहा हो—बीवी तुम्हारी मुझे पसन्द है, लेकिन बेटे! उसे ख़बरदार कर दो, मैं इतना पिलपिला नहीं जितना वह समझती है।

एक क्षण के लिए फिर मेरा जोश कुछ ढीला पड़ गया। लगा जैसे बात इतनी आसानी से सुलझनेवाली नहीं। याद आया कि ख़ूबसूरत और शोख औरतें उस ज़माने में भी उसे बहुत पसन्द थीं, लेकिन उनका जादू ज़्यादा देर तक नहीं चलता था। फिर भी, मैंने सोचा, बात अब मेरे हाथ से निकल गई है, और सिवाय इन्तज़ार के मैं और कुछ नहीं कर सकता था।

खाना उस रोज़ बहुत उम्दा बना था और खाने के बाद माला ख़ुद उसे उसके कमरे तक छोड़ने गई थी। लेकिन उस रात मेरे साथ माला ने कोई बात नहीं की। मैंने कई मज़ाक किए, कहा, नहा-धोकर वह काफ़ी अच्छा लग रहा था, क्यों? बहुत छेड़-छाड़ की, कई कोशिशें कीं कि सुलहनामा हो जाए, लेकिन उसने मुझे अपने पास फटकने नहीं दिया। नींद उस रात मुझे नहीं आई, फिर भी अन्दर से मुझे इत्मीनान था कि किसी-न-किसी तरह माला दूसरे रोज़ उसे भगा सकने में ज़रूर कामयाब हो जाएगी।

लेकिन मेरा अन्दाज़ा ग़लत निकला। माना कि माला बहुत चालाक है, बहुत समझदार है, बहुत मनमोहिनी है, लेकिन उस हरामज़ादे की ढिठाई का भी कोई मुक़ाबला नहीं। तीन दिन तक माला उसकी ख़ातिर-तवाज़ो करती रही। मेरे कपड़ों में वह अब बिलकुल मुझ-जैसा हो गया था, और नज़र यूँ आता था जैसे माला के दो पति हों। मैं तो सुबह-सवेरे गाड़ी लेकर दफ़्तर को निकल जाता था, पीछे उन दोनों में न जाने क्या बातें होती थीं। लेकिन जब कभी उसे मौक़ा मिलता, वह मुझे अन्दर ले जाकर डाँटने लगती, अब यह मुरदार यहाँ से निकलेगा भी कि नहीं! जब तक यह घर में है, हम किसी को न तो बुला सकते हैं, न किसी के यहाँ जा सकते हैं। मेरे बच्चे कहते हैं कि इसे बात करने तक की तमीज़ नहीं। आख़िर यह चाहता क्या है।

मैं उसे क्या बताता कि वह क्या चाहता है। कभी कहता, थोड़ा सब्र और करो, अब जाने की सोच ही रहा होगा। कभी कहता, क्या बताऊँ, मैं तो ख़ुद शर्मिन्दा हूँ। कभी कहता, तुमने ख़ुद ही तो उसे सिर प्र चढ़ा लिया है। अगर तुम्हारा बरताव रूखा होता तो...

माला ने अपना बरताव तो नहीं बदला, लेकिन चौथे रोज़ अपने बच्चों सहित घर छोड़कर अपने भाई के यहाँ चली गई। मैंने बहुतेरा रोका, लेकिन वह नहीं मानी। उस रोज़ वह कमबख़्त बहुत हँसा था, ज़ोर-ज़ोर से, बार-बार।

आज माला को गए पाँच रोज़ हो गए हैं। मैंने दफ़्तर जाना छोड़ दिया है। वह फिर अपने असली रंग में आ गया है। मेरे कपड़े उतारकर उससे फिर अपना वह मैला-सा कुर्ता-पाज़ामा पहन लिया है। कहता कुछ नहीं, लेकिन मैं जानता हूँ कि वह क्या चाहता है—यह

मौक़ा फिर हाथ नहीं आएगा! वह चली गई है, बेहतर यही है कि उसके लौटने से पहले तुम भी यहाँ से भाग चलो। उसकी चिन्ता मत करो, वह अपना इन्तज़ाम ख़ुद कर लेगी।

और आज आख़िर मैं उसे थोड़ी देर के लिए बेहोश कर देने में कामयाब हो गया हूँ। अब मेरे सामने दो ही रास्ते हैं। एक यह कि होश आने से पहले मैं उसे जान से मार डालूँ। और दूसरा यह कि अपना ज़रूरी सामान बाँधकर तैयार हो जाऊँ और ज्यूँ उसे होश आए, हम दोनों फिर उसी रास्ते पर चल दें, जिससे भागकर कुछ बरस पहले मैंने माला की गोद में पनाह ली थी। अगर माला इस समय यहाँ होती तो वह कोई तीसरा रास्ता भी निकाल लेती। लेकिन वह नहीं है, और मैं नहीं जानता कि मैं क्या करूँ।

बादलों के घेरे

कृष्णा सोबती

भुवाली की इस छोटी सी कॉटेज में लेटा-लेटा मैं सामने के पहाड़ देखता हूँ। पानी-भरे, सूखे-सूखे बादलों के घेरे देखता हूँ। बिना आँखों के भटक-भटक जाती धुँध के निष्फल प्रयास देखता हूँ। और फिर लेटे-लेटे अपने तन का पतझार देखता हूँ। सामने पहाड़ के रूखे हरियाले में रामगढ़ जाती हुई पगडंडी मेरी बाँह पर उभरी लम्बी नस की तरह चमकती है। पहाड़ी हवाएँ मेरी उखड़ी-उखड़ी साँस की तरह कभी तेज़, कभी हौले इस खिड़की से टकराती हैं; पलंग पर बिछी चद्दर और ऊपर पड़े कम्बल से लिपटी मेरी देह चूने की-सी कच्ची तह की तरह घुल-घुल जाती है और बरसों के ताने-बाने से बुनी मेरे प्राणों की धड़कनें हर क्षण बन्द हो जाने के डर में चूक जाती हैं।

मैं लेटा रहता हूँ और सुबह हो जाती है। मैं लेटा रहता हूँ, शाम हो जाती है। मैं लेटा रहता हूँ, रात झुक जाती है। दरवाज़े और खिड़कियों पर पड़े परदे मेरी ही तरह दिन-रात, सुबह-शाम अकेले मौन-भाव से लटकते रहते हैं। कोई इन्हें भरे-भरे हाथों से उठाकर कमरे की ओर बढ़ा नहीं आता। कोई इस देहरी पर अनायास मुसकराकर खड़ा नहीं हो जाता। रात, सुबह, शाम बारी-बारी से मेरी शैया के पास घिर-घिर आते हैं और मैं अपनी इन फीकी आँखों से अँधेरे और उजाले को नहीं, लोहे के पलंग पर पड़े अपने-आपको देखता हूँ। अपने इस छूटते-छूटते तन को देखता हूँ। और देखकर रह जाता हूँ। आज इस रह जाने के सिवाय कुछ भी मेरे वश में नहीं रह गया। सब अलग जा पड़ा है। अपने कन्धों से जुड़ी अपनी बाँहों को देखता हूँ, मेरी बाँहों में लगी वे भरी-भरी बाँहें कहाँ हैं...कहाँ हैं वह सुगन्ध-भरे केश, जो मेरे वक्ष पर बिछ-बिछ जाते थे? कहाँ हैं वे रस-भरे अधर जो मेरे रस में भीग-भीग जाते थे? सब था। मेरे पास सब था, बस, मैं आज-सा नहीं था। जीने का संग था, सोने का संग था और उठने का संग था। मैं धुले-धुले सिरहाने पर सिर डालकर सोता रहता और कोई हौले से चूमकर कहता, "उठोगे नहीं...भोर हो गई!"

आँखें बन्द किए-किए ही हाथ उस मोह-भरी देह को घेर लेते और रात के बीते क्षणों को सूँघ लेने के लिए अपनी ओर झुकाकर कहते, "इतनी जल्दी क्यों उठती हो"...

हल्की सी हँसी...और बाँहें खुल जातीं। आँखें खुल जातीं और गृहस्थी पर सुबह हो आती। फूलों की महक में नाश्ता लगता। धुले-ताजे कपड़ों में लिपटकर गृहस्थी की मालकिन अधिकार-भरे संयम से सामने बैठ रात के सपने साकार कर देती। प्याले में दूध उँडेलती उन उँगलियों को देखता। क्या मेरे बालों को सहला-सहलाकर सिहरा देनेवाला स्पर्श इन्हीं की पकड़ में है? आँचल को थामे आगे की ओर उठा हुआ कपड़ा जैसे दोनों ओर की मिठास को सँभालने को

सतर्क रहता। क्षण-भर को लगता, क्या गहरे में जो मेरा अपना है, यह उसके ऊपर का आवरण है या जो केवल मेरा है, वह इससे परे, इससे नीचे कहीं और है। एक शिथिल मगर बहती-बहती चाह विभोर कर जाती। मैं होता, मुझसे लगी एक और देह होती। उसमें मिठास होती, जो रात में लहरा-लहरा जाती।

और एक रात भुवाली के इस क्षयग्रस्त अँधियारे में आती है। कम्बल के नीचे पड़ा-पड़ा मैं दवा की शीशियाँ देखता हूँ और उन पर लिखे विज्ञापन देखता हूँ। घूँट भरकर जब इन्हें पीता हूँ, तो सोचता हूँ, तन के रस रीत जाने पर हाड़-मांस सब काठ हो जाते हैं। मिट्टी नहीं कहता हूँ, क्योंकि मिट्टी हो जाने से तो मिट्टी से फिर रस उभरता है, अभी तो मुझे मिट्टी होना है।

कैसे सरसते दिन थे! तन-मन को सहलाते-बहलाते उस एक रात को मैं आज के इस शून्य में टटोलता हूँ। सर्दियों के एकान्त मौन में एकाएक किसी का आदेश पाकर मैं कमरे की ओर बढ़ता हूँ। बल्ब के नीले प्रकाश में दो अधखुली थकी-थकी पलकें ज़रा-सी उठती हैं और बाँह के घेरे-तले सोए शिशु को देखकर मेरे चेहरे पर ठहर जाती हैं। जैसे कहती हों, तुम्हारे आलिंगन को तुम्हारा ही तन देकर सजीव कर दिया है। मैं उठता हूँ, ठंडे मस्तक को अधरों से छूकर यह सोचते-सोचते उठता हूँ कि जो प्यार तन में जगता है, तन से उपजता है, वही देह पाकर दुनिया में जी भी जाता है।

पर कहीं एक दूसरा प्यार भी होता है, जो पहाड़ के सूखे बादलों की तरह उठ-उठ आता है और बिना बरसे ही भटक-भटककर रह जाता है।

वर्षों बीते। एक बार गर्मी में पहाड़ गया था। बुआ के यहाँ पहली बार उन आँखों-सी आँखों को देखा था। धुपाती सुबह थी। नाश्ते की मेज़ से उठा, तो परिचय करवाते-करवाते न जाने क्यों बुआ का स्वर ज़रा-सा अटका था...साँस लेकर कहा, ''मन्नो से मिलो, रवि, दो ही दिन यहाँ रुकेगी।''—बुआ के मुख से यह फीका परिचय अच्छा नहीं लगा। साँस भरकर बुआ का वह 'दो दिन' कहना किसी कड़ेपन को झेल लेने-सा लगा। वह कुछ बोली नहीं, सिर हिलाकर अभिवादन का उत्तर दिया और ज़रा-सा हँस दी। उस दूर-दूर लगनेवाले चेहरे से मैं अपने को लौटा नहीं सका। उस पतले, किन्तु भरे-भरे मुख पर कसकर बाँधे घुँघराले बालों को देखकर मन में कुछ ऐसा-सा हो आया कि किसी ने गहरे उलाहने की सजा अपने को दे डाली है।

सब उठकर बाहर आए, तो बुआ के बच्चे उस दुबली देह पर पड़े आँचल को खींच स्नेहवश उन बाँहों से लिपट-लिपट गए—मन्नो जीजी...मन्नो जीजी। बुआ किसी काम से अन्दर जा रही थी, खिलखिलाहट सुनकर लौट पड़ी। बुआ का वह कठिन, बँधा और खिंचावट को छिपानेवाला चेहरा मैं आज भी भूला नहीं हूँ। कड़े हाथों से बच्चों को छुड़ाती, ठंडी निगाह से मन्नो को देखती हुई ढीले स्वर में बोली, ''जाओ मन्नो, कहीं घूम आओ। तुम्हें उलझा-उलझाकर तो ये बच्चे तंग कर डालेंगे।''...माँ की घुड़की आँखों-ही-आँखों में समझकर बच्चे एक ओर हो गए। बुआ के ख़ाली हाथ जैसे झेंपकर नीचे लटक गए और मन्नो की बड़ी-बड़ी आँखों की घनी पलकें न उठीं, न गिरीं, बस एकटक बुआ की ओर देखती रह गईं...

बुआ इस संकोच से उबरी, तो मन्नो धीमी गति से फाटक से बाहर हो गई थी। कुछ समझ लेने के लिए आग्रह से बुआ से पूछा, ''कहो तो बुआ, बात क्या है?''

बुआ अटकी, फिर झिझककर बोली, ''बीमार है, रवि, दो बरस सैनेटोरियम में रहने के बाद अब जेठजी ने वहीं कॉटेज ले दी है। साथ घर का पुराना नौकर रहता है। कभी अकेले जी ऊब जाता है, तो दो-चार दिन को शहर चली जाती है।''

"नहीं, नहीं बुआ!" मैं धक्का खाकर जैसे विश्वास नहीं करना चाहता।

"रवि, जब कभी चार-छह महीने बाद लड़की को देखती हूँ, तो भूख-प्यास सब सूख जाती है।"

मैं बुआ की इस सच्चाई को कुरेद लेने को कहता हूँ, "बुआ, बच्चों को एकदम अलग करना ठीक नहीं हुआ, पल-भर तो रुक जाती।"

बुआ ने बहुत कड़ी निगाह से देखा, जैसे कहना चाहती हो, 'तुम यह सब नहीं समझोगे' और अन्दर चली गई। बच्चे अपने खेल में जुट गए थे। मैं खड़ा-खड़ा बार-बार सिगरेट के धुएँ से अपने तन का भय और मन की जिज्ञासा उड़ाता रहा। कितनी घुटन होगी उन प्राणों में! पर हुआ भी तो कुछ ग़लत नहीं था। उलझा-उलझा-सा मैं बाहर निकला और उतराई उतरकर झील के किनारे-किनारे हो गया। सड़क के साथ-साथ इस ओर छाँह थी। उछल-उछल आती पानी की लहरें कभी धूप से रुपहली हो जाती थीं। देवी के मन्दिर के आगे पहुँचा, तो रुका, जंगले पर हाथ टिकाए झील में नौकाओं की दौड़ देखता रहा। बलिष्ठ हाथों में चप्पू थामे कुछ युवक तेज़ रफ़्तार से तल्लीताल की ओर जा रहे हैं, पीछे की किश्ती में अपने तन-मन से बेख़बर एक प्रौढ़ बैठा ऊँघ रहा है। उसके पीछे बोट-क्लब की किश्ती में विदेशी युवतियाँ...फिर और दो-चार पालवाली नौकाएँ...

एकाएक किश्ती में नहीं, जैसे पानी की नीची सतह पर वही पीला चेहरा देखता हूँ, वही बड़ी-बड़ी आँखें, वही दुबली-पतली बाँहें, वही बुआ के घर वाली मन्नो। दो-चार बार मन-ही-मन नाम दोहराता हूँ, मन्नो, मन्नो, मन्नो...लगता है मैं ऊँचे किनारे पर खड़ा हूँ और पानी के साथ-साथ मन्नो बही चली जा रही है। खिंचे घुँघराले बाल, अनझपी पलकें...पर बुआ कहती थी बीमार है, मन्नो बीमार है।

जंगले पर से हाथ उठाकर बुआ के घर की दिशा में देखता हूँ। चीना की चोटी अपने पहाड़ी संयम से सिर उठाए सदा की तरह सीधी खड़ी है। एक ढलती-सी पथरीली ढलान को उसने जैसे हाथ से थाम रखा है। और मैं नीचे इस सड़क पर खड़े-खड़े सोचता हूँ कि सब कुछ रोज़ जैसा है, केवल मन से उभर-उभर आती वे दो आँखें नई हैं और उन दो आँखों के पीछे की बीमारी...जिसे कोई छू नहीं सकता, कोई उबार नहीं सकता।

घर पहुँचा, तो बुआ बच्चों को लेकर कहीं बाहर चली गई थी। कुछ देर ड्राइंग-रूम में बैठा-बैठा बुआ के सुघड़ हाथों द्वारा की गई सजावट को देखता रहा। क़ीमती फूलदानों में लगाई गई पहाड़ी झाड़ियाँ सुन्दर लगती थीं। कैबिनेट पर बड़ी फ्रेम में लगे सपरिवार चित्र के आगे खड़ा हुआ, तो बुआ के साथ खड़े फूफा की ओर देखकर सोचता रहा कि बुआ के लिए इस चेहरे पर कौन सा आकर्षण है, जिससे बँधी-बँधी वह दिन-रात, वर्ष-मास अपने को निभाती चली आती है, पर नहीं, बुआ के ही घर में होकर यह सोचना मन के शील से परे है...

झिझककर ड्राइंग-रूम से निकलता हूँ और अपने कमरे की सीढ़ियाँ चढ़ जाता हूँ। सिगरेट जलाकर झील के दक्खिनी किनारे पर खुलती खिड़की के बाहर देखने लगता हूँ। हरे पहाड़ों के छोटे-बड़े आकारों में टीन की लाल-लाल छतें और बीच-बीच में मटियाली पगडंडियाँ। बुआ खाने तक लौट आएँगी और मन्नो भी तो...देर तक बैठा-बैठा किसी पुराने अख़बार के पन्ने पलटता रहा। बुआ लौटी नहीं। घड़ी की टन-टन के साथ नौकर ने खाने के लिए अनुरोध किया।

"खाना लगेगा, साहिब ?"

''बुआ कब तक लौटेंगी ?''

''खाने को तो मना कर गई हैं।''

कथन के रहस्य को मैं इन अर्थहीन-सी आँखों में पढ़ जाने के प्रयत्न में रहता हूँ।

''और जो मेहमान हैं ?''

नौकर तत्परता से झुककर बोला, ''आपके साथ नहीं, साहिब ! वह अलग से ऊपर खाएँगी।''

मैं एक लम्बी साँस भरकर जले सिगरेट के टुकड़े को पैर के नीचे कुचल देता हूँ। शायद साथ खाने के डर से छुटकारा पाने पर या शायद साथ न खा सकने की विवशता पर। उस दिन खाने की मेज़ पर अकेले खाना खाते-खाते क्या सोचता रहा था, आज तो याद नहीं, बस इतना-सा याद है, काँटे-छुरी से उलझता बार-बार मैं बाहर की ओर देखता था।

मीठा कौर मुँह में लेते ही घोड़े की टाप सुनाई दी, ठिठककर सुना, ''सलाम, साहिब।''

धीमी मगर सधी आवाज़, ''दो घंटे तक पहुँच सकोगे न ?''

''जी, हुजूर।''

सीढ़ियों पर आहट हुई और शायद अपने कमरे तक पहुँचकर ख़त्म हो गई। खाने के बरतन उठ गए। मैं उठा नहीं। दोबारा कॉफ़ी पी लेने के बाद भी वहीं बैठा रहा। एकाएक मन में आया कि किसी के छोटे से परिचय से मन में इतनी दुविधा उपजा लेना कम छोटी दुर्बलता नहीं है। आख़िर किसी से मिल ही लिया हूँ, तो उसके लिए ऐसा-सा क्यों हुआ जा रहा हूँ!

घंटे-भर बाद मैं किसी की पैरों चली सीढ़ियों पर ऊपर चढ़ा जा रहा था। खुले द्वार पर परदा पड़ा था। हौले से थाप दी।

''चले आइए।''

परदा उठाकर देहरी पर पाँव रखा। हाथ में कश्मीरी शॉल लिये मन्नो सूटकेस के पास खड़ी थी। देखकर चौंकी नहीं। सहज स्वर में कहा, ''आइए।'' फिर सोफे पर फैले कपड़े उठाकर कहा, ''बैठिए।''

बैठते-बैठते सोचा, बुआ के घर-भर में सबसे अधिक सजा और साफ़ कमरा यही है। नया-नया फ़र्नीचर, क़ीमती परदे और इन सबमें हल्के पीले कपड़ों में लिपटी मन्नो। अच्छा लगा।

बात करने को कुछ भी न पाकर बोला, ''आप लंच तो...''

''जी, मैं कर चुकी हूँ।'' और भरपूर मेरी ओर देखती रही।

मैं जैसे कुछ कहलवा लेने को कहता हूँ, ''बुआ तो कहीं बाहर गई हैं।''

सिर हिलाकर मन्नो शॉल की तह लगाती है और सूटकेस में रखते-रखते कहती है, ''शाम से पहले ही नीचे उतर जाऊँगी। बुआ से कहिएगा एक ही दिन को आई थी।''

''बुआ तो आती ही होंगी।''

इसका उत्तर न शब्दों में आया, न चेहरे पर से। कहते-कहते एक बार रुका, फिर न जाने कैसे आग्रह से कहा, ''एक दिन और नहीं रुक सकेंगी!''

वह कुछ बोली नहीं। बन्द करते सूटकेस पर झुकी रही।

फिर पल-भर बाद जैसे स्नेह-भरे हाथ से अपने बालों को छुआ और हँसकर कहा, ''क्या करूँगी यहाँ रहकर ? भुवाली के इतने बड़े गाँव के बाद यह छोटा-सा शहर मन को भाता नहीं।''

वह छोटी-सी खिलखिलाहट, वह कड़वाहट से परे का व्यंग्य, आज इतने वर्षों के बाद भी, मैं वैसे ही, बिलकुल वैसे ही सुन रहा हूँ। वही शब्द हैं, वही हँसी और वही पीली-सी सूरत...

हम संग-संग नीचे उतरे थे। मेरी बाँह पर मन्नो का कोट था। नौकर और माली ने झुककर सलाम किया और अतिथि से इनाम पाया। साईस ने घोड़े को थपथपाया।

''हुजूर, चढ़ेंगी!''

उड़ती-उड़ती नज़र उन आँखों की, बाँह पर लटके कोट पर अंटकी।

''पैदल आऊँगी। घोड़ा आगे-आगे लिये चलो।''

चाहा कि घोड़े पर चढ़ जाने के लिए अनुरोध करूँ, पर कह नहीं पाया। फाटक से बाहर होते-होते वह पल-भर को पीछे मुड़ी, जैसे छोड़ने के पहले घर को देखती हो। फिर एकाएक अपने को सँभालकर नीचे उतर गई। राह में कोई भी कुछ बोला नहीं।

टैक्सी खड़ी थी। सामान लगा। ड्राइवर ने उन कठिन क्षणों को मानो भाँपकर कहा, ''कुछ देर है, साहिब?''

मन्नो ने इस बार कहीं देखा नहीं। कोट लेने के लिए मेरी ओर हाथ बढ़ा दिया। कार में बैठी तो कुली ने तत्परता से पीछे से कम्बल निकाला और घुटनों पर डालते हुए कहा, ''कुछ और, मेम साहिब?''

घुँघराली छाँह ढीली-सी होकर सीट के साथ जा टिकी। घुटनों पर पतली-पतली-सी विवश बाँहें फैलाते हुए धीरे से कहा, ''नहीं-नहीं, कुछ और नहीं। धन्यवाद।''

अधखुले काँच में से अन्दर झाँका। मुख पर थकान के चिह्न थे। बाँहों में मछलीमुखी कंगन थे। आँखों में क्या था, यह मैं पढ़ नहीं पाया। वही पीली, पतझड़ी दृष्टि उन हाथों पर जमी थी, जो कम्बल पर एक-दूसरे से लगे मौन पड़े थे।

कार स्टार्ट हुई। मैं पीछे हटा और कार चल दी। विदाई के लिए न हाथ उठे, न अधर हिले। मोड़ तक पहुँचने तक पीछे के शीशे से सादगी से बँधा बालों का रिबन देखता रहा और देर तक वह दर्दीले धन्यवाद की गूँज सुनता रहा—नहीं-नहीं, कुछ और नहीं।

वे पल अपनी कल्पना से आज भी लौटाता हूँ तो जी को कुछ होने लगता है। उस कार को भगा ले जानेवाली सूखी सड़क से घूमकर मैं ताल के किनारे-किनारे चला जा रहा हूँ। अपने को समझाने-बुझाने पर भी वह चेहरा, वह बीमारी मन पर से नहीं उतरती। रुक-रुककर, थक-थककर जैसे मैं उस दिन घर की चढ़ाई चढ़ा था, उसे याद कर आज भी निढाल हो जाता हूँ। घर पहुँचा। बरामदे में से कुली फ़र्नीचर निकाल रहे थे। मन धक्का खाकर रह गया। तो उस मन्नो के कमरे की सजावट, सुख-सुविधा, सब किराए पर बुआ ने ज़ुटाए थे। दुपहर में बुआ के प्रति जो कुछ जितना भी अच्छा लगा था, वह सब उल्टा हो गया।

आगे बढ़ा, तो द्वार पर बुआ खड़ी थी। सन्देह से मुझे देख और पास होकर फीके गले से कहा, ''रवि, मुँह-हाथ धो डालो, सामान सब तैयार मिलेगा वहाँ, जल्दी लौटोगे न, चाय लगने को ही है!''

चुपचाप बाथरूम में पहुँच गया। सामान सब था। मुँह-हाथ धोने से पहले गिलास में ढककर रखे गर्म पानी से गला साफ़ किया। ऐसा लगा, किसी की घुटी-घुटी जकड़ में से बाहर निकल आया हूँ। कपड़े बदलकर चाय पर जा बैठा। बच्चे नहीं, केवल बुआ थी। बुआ ने चाय उँडेली और प्याला आगे कर दिया।

''बुआ!''

बुआ ने जैसे सुना नहीं।

"बुआ, बुआ!"—पल-भर के लिए अपने को ही कुछ ऐसा-सा लगा कि किसी और को पुकारने के लिए बुआ को पुकार रहा हूँ। बुआ ने विवश हो आँखें ऊपर उठाईं। समझ गया कि बुआ चाहती हैं, कुछ कहूँ नहीं, पर मैं रुका नहीं।

"बुआ, दो दिन की मेहमान तो एक ही दिन में चली गई।"

सुनकर बुआ चम्मच से अपनी चाय हिलाती रही। कुछ बोली नहीं। इस मौन से मैं और भी निर्दयी हो गया।

"कहती थी, बुआ से कहना मैं एक ही दिन को आई थी।"

इसके आगे बुआ जैसे कुछ और सुन नहीं सकी। गहरा लम्बा श्वास लेकर आहत आँखों से मुझे देखा, "तुम कुछ और नहीं कहोगे, रवि..." और चाय का प्याला वहीं छोड़ कमरे से बाहर हो गई।

उस रात दौरे से फूफा के लौटने की बात थी। नौकर से पूछा तो पता लगा, दो दिन के बाद आने का तार आ चुका है। चाहा, एक बार बुआ के कमरे तक हो आऊँ, पर संकोचवश पाँव उठे नहीं! देर बाद सीढ़ियों में अपने को पाया, तो सामने मन्नो का ख़ाली कमरा था। आगे बढ़कर बिजली जलाई, सब ख़ाली था, न परदे, न फ़र्नीचर...न मन्नो...एकाएक अँगीठी में लगी लकड़ियों को देख मन में आया, आज वह यहाँ रहती, तो रात देर गए इसके पास यहीं बैठी रहती और मैं शायद इसी तरह जैसे अब यहाँ आया हूँ, उसके पास आता, उसके...

यह सब मैं क्या सोच रहा हूँ, क्यों सोच रहा हूँ...

किसी अनदेखे भय से घबराकर नीचे उतर आया। खिड़की से बाहर देखा, अँधेरा था। सिरहाना खींचा, बिजली बुझाई और बिस्तर पर पड़े-पड़े भुवाली की वह छोटी-सी कॉटेज देखता रहा, जहाँ अब तक मन्नो पहुँच गई होगी।

"रवि!"

मैं चौंका नहीं, यह बुआ का स्वर था। बुआ अँधेरे में ही पास आ बैठी और हौले-हौले सिर सहलाती रही।

"बुआ।"

बुआ का हाथ पल-भर को थमा। फिर कुछ झुककर मेरे माथे तक आ गया। रुँधे स्वर से कहा, "रवि, तुम्हें नहीं, उस लड़की को दुलराती हूँ। अब यह हाथ उस तक नहीं पहुँचता..."

मैं बुआ का नहीं, मन्नो का हाथ पकड़ लेता हूँ।

बुआ देर तक कुछ नहीं बोली। फिर जैसे कुछ समझते हुए अपने को कड़ा कर कहा, "रवि, उसके लिए कुछ मत सोचो, उसे अब रहना नहीं है।"

मैं बुआ के स्पर्श-तले सिहरकर कहता हूँ, "बुआ, मुझे ही कौन रहना है?"

आज वर्षों बाद भुवाली में पड़े-पड़े मैं असंख्य बार सोचता हूँ कि उस रात मैं अपने लिए यह क्यों कह गया था? क्यों कह गया था वे अभिशाप के बोल, जो दिन-रात मेरे इस तन-मन पर से सच्चे उतरे जा रहे हैं? सुनकर बुआ को कैसा लगा, नहीं जानता। वे हाथ खींचकर उठीं। रोशनी की, और पूरी आँखों से मुझे देखकर अविश्वास और भर्त्सना से कहा, "पागल हो गए हो, रवि! उसके साथ अपनी बात जोड़ते हो, जिसके लिए कोई राह नहीं रह गई, कोई और राह नहीं रह गई।"

फिर कुरसी पर बैठते-बैठते कहा, "रवि, तुम तो उसे सुबह-शाम तक ही देख पाए हो। मैं वर्षों से उसे देखती आई हूँ और आज पत्थर-सी निष्ठुर हो गई हूँ। उसे अपना बच्चा ही करके

मानती रही हूँ, यह नहीं कहूँगी। अपने बच्चों की तरह तो अपने बच्चों के सिवाय और किसे रखा जा सकता है! पर जो कुछ जितना भी था, वह प्यार, वह देखभाल सब व्यर्थ हो गए हैं। कभी छुट्टी के दिन उसकी बोर्डिंग से आने की राह तकती थी, अब उसके आने से पहले उसके जाने का क्षण मनाती हूँ और डरकर बच्चों को लिये घर से बाहर निकल जाती हूँ।''

बुआ के बोल कठिन हो आए।

''रवि, जिसे बचपन में मोहवश कभी डराना नहीं चाहती थी, आज उसी से डरने लगी हूँ। उसकी बीमारी से डरने लगी हूँ।'' फिर स्वर बदलकर कहा, ''तुम्हारा ऐसा जीवट मुझमें नहीं कि कहूँ, डरती नहीं हूँ।'' बुआ ने यह कहकर जैसे मुझे टटोला—और मैं बिना हिले-डुले चुपचाप लेटा रहा।

बुआ असमंजस में देर तक मुझे देखती रही। फिर जाने को उठी और रुक गई। इस बार स्वर में आग्रह नहीं, चेतावनी थी, ''रवि, कुछ हाथ नहीं लगेगा। जिसके लिए सब राह रुकी हों, उसके लिए भटको नहीं।''

पर उस दिन बुआ की बात मैं समझा नहीं, चाहने पर भी नहीं।

अगली सुबह चाहा कि घूम-घूमकर दिन बिता दूँ। घोड़ा दौड़ाता लड़ियाकोटा पहुँचा और उन्हीं पैरों लौट आया। घर की ओर मुँह करते-करते, न जाने क्यों, मन को कुछ ऐसा लगा कि मुझे घर नहीं, कहीं और पहुँचना है। चढ़ाई के मोड़ पर कुछ देर खड़ा-खड़ा सोचता रहा और जब ढलती दुपहरी में तल्लीताल की उतराई उतरा तो मन के आगे सब साफ़ था।

मुझे भुवाली जाना था।

बस से उतरा। अड्डे पर रामगढ़ के लाल-लाल सेबों के ढेर देखकर यह नहीं लगा कि यही भुवाली है। बस में सोचता आया था कि वहाँ घुटन होगी; पर चीड़ के ऊँचे-ऊँचे पेड़ों से लहराती हवाएँ बह-बह आती थीं। छाँह ऊपर उठती है, धूप नीचे उतरती है और भुवाली मन को अच्छी लगती है। तन को अच्छी लगती है। चौराहे से होकर पोस्ट-ऑफ़िस पहुँचा। कॉटेज का पता लगा लिया और छोटे से पहाड़ी बाज़ार में होता हुआ 'पाइंस' की ओर हो लिया। खुली-चौड़ी सड़क के मोड़ से अच्छी सी पतली राह ऊपर जा रही थी। जंगले से नीचे देखा, अलग-अलग खड़े पहाड़ों के बीच की जगह पर एक खुली-चौड़ी घाटी बिछी थी। तिरछे-सीधे, छोटे-छोटे खेत किसी के घुटने पर रखे कसीदे के कपड़े की तरह धरती पर फैले थे। दूर सामने दक्खिन की ओर पानी का ताल धूप में चाँदी के थाल की तरह चमकता था।

इस पहली बार भुवाली आने के बाद मैं एक बार नहीं, कई बार यहाँ आया। लौट-लौटकर यहाँ आया, पर उस आने-जैसा आना तो फिर कभी नहीं आया। मैं चलता हूँ, चलता हूँ और कुछ सोचता नहीं हूँ। न यह सोचता हूँ कि मन्नो के पास जा रहा हूँ। न यह सोचता हूँ, कि मैं जा रहा हूँ। बस, चला जा रहा हूँ। पेड़ के तने पर लिखा है, 'पाइंस'। लकड़ी का फाटक खोलता हूँ और गमलों की कतारों के साथ-साथ बरामदे तक पहुँच जाता हूँ। कार्पेट पर हौले-हौले पाँव रखता हूँ कि कम आवाज़ हो। द्वार खटखटाता हूँ और झुकी कमर पर अनुभवी चेहरा इधर बढ़ा आता है। जान लेता हूँ कि यही पुराना नौकर है।

''घर में हैं?''

''बिटिया को पूछते हो, बेटा?''

मैं सिर हिलाता हूँ।

''बिटिया नीचे ताल को उतरी थीं, लौटती ही होंगी।''

मैं बाहर खुले में बैठा-बैठा प्रतीक्षा करता हूँ। मन्नो अब आ रही है; आनेवाली है, आती ही होगी।

थककर फाटक की ओर पीठ कर लेता हूँ। जब यह सोचूँगा कि वह देर से आएगी, तो वह जल्दी आएगी।

घोड़े की टाप सुन पड़ती है। अपने को रोक लेता हूँ और मुड़कर देखता नहीं।

"बाबा!" पुकार का-सा स्वर। लगा कि दो आँखें मेरी पीठ पर हैं! उठा। बढ़कर मन्नो की ओर देखा, आँखों में न आश्चर्य था, न उत्कंठा थी, न उदासीनता ही। बस, मन्नो की ही आँखों की तरह वह दो आँखें मेरी ओर देखती चली गई थीं।

"बाबा!"

बूढ़ा नौकर लपककर घोड़े के पास आया और लाड़ के से स्वर में बोला, "उतरो बिटिया, बहुत देर कर दी।" और हाथ आगे बढ़ा दिया।

मन्नो सहारा लेकर नीचे उतरी, "तनिक अम्मा को तो बुलाओ, बाबा, मेरा जी अच्छा नहीं।"

"सुख तो है, बिटिया!"

चिन्ता का यह स्वर सुनकर बिटिया ज़रा सा हँस दी, फिर रुककर लम्बी साँस भरकर बोली, "अच्छी-भली हूँ, बाबा, बड़ी अम्मा से कहो, बिछौना लगा दे।"

बाबा ने बिटिया के लिए कुरसी खींच दी। फिर सहमकर पूछा, "बिटिया लेटोगी?"

"हाँ, बाबा।"

इस बार मन्नो ने झिझक से बाबा की ओर देखा नहीं, जैसे कोई अपराध बन आया हो, फिर मेरी ओर झुककर कहा, "क्या बहुत देर हुई?"

"नहीं!"—मैं सिर हिलाता हूँ, पर आँखें नहीं।

ठहरकर अधिकार से पूछता हूँ, "क्या जी अच्छा नहीं?"

मन्नो ने पल-भर को थकी-थकी पलकें मूँद लीं और कुछ बोली नहीं।

बूढ़ी दासी दौड़ी-दौड़ी शॉल लिये आई और कन्धों पर ओढ़ाकर जैसे अपने को ही दिलासा देने के लिए कहा, "मन्नो, ख्याली क्यों घबराने लगी! अभी सब ठीक हुआ जाता है। इनके लिए चाय भेजूँ?"

मन्नो एकदम कुछ कह नहीं पाई। फिर कुछ सोचकर बोली, "अम्मा, पूछ देखो। पिएँगे तो नहीं।"

मैं कुछ ठीक-ठीक समझा नहीं। व्यस्त होकर कहा, "नहीं, नहीं, मुझे अभी कुछ भी पीना नहीं है।"

मन्नो ने जैसे न सुना, न मुझे देखा ही।

फिर जैसे अम्मा को मेरे परिचय की गम्भीरता जताने के लिए पूछा, "चाची तो अच्छी हैं, अभी चाचा लौटे तो न होंगे?"

बड़ी माँ झट समझ गई, मन्नो की चाची के यहाँ से आया हूँ। बोली, "बेटा, आने की ख़बर देते, तो मन्नो के लिए कुछ मँगवा लेती।"

"बड़ी माँ, अन्दर जाके देखो न, मैं थकी हूँ अब बैठूँगी नहीं।"

मैं लज्जित-सा बैठा रहा। कुछ फल ही लिये आता।

मन्नो कुछ देर मेरे चेहरे पर मेरा मन पढ़ती रही, फिर धीमे से ऐसी बोली मानो मुझे नहीं, अपने को कहती है, "यहाँ न कुछ लाना ही ठीक है, न यहाँ से कुछ ले ही जाना..."

मैं अपनी नामसझी पर पछताकर रह गया।

मन्नो अन्दर चली, तो आप ही आप मैं भी साथ हो लिया। कम्बल उठाकर बड़ी माँ ने बिटिया को लिटाया, बाल ढीले करते-करते माथे को छुआ और मेरे लिए कुरसी पास खींचकर बाहर हो गई।

"मन्नो !..."

मन्नो बोली नहीं। दुबली सी बाँह तनिक सी आगे की, और...फिर एकाएक कुछ सोचकर पीछे खींच ली।...

आज जब स्वयं भी मन्नो-सा बन गया हूँ, सौ बार अपने को न्यौछावर कर उसी क्षण को लौटा लेना चाहता हूँ। मैं कुरसी पर बैठा-बैठा क्यों उस बाँह को छू नहीं सका था ? क्यों उस हाथ को सहला नहीं सका था ? उमड़ते मन को किसी ने जैसे जकड़कर वहीं, उस कुरसी पर ठहरा लिया था।

क्या था उस झिझक में ? क्या था उस झिझकनेवाले मन में ? रहा होगा, यही भय रहा होगा, जो अब मुझसे मेरे प्रियजनों को दूर रखता है। उस रात जब जाने को उठा था, तो आँखों का मोह पीछे बाँधता था, मन का भय आगे खींचता था और जब जल्दी-जल्दी चलकर डाक-बँगले में पहुँच गया, तो लगा कि मुक्त हो गया हूँ, क्षण-क्षण जकड़ते बन्धन से मुक्त हो गया हूँ। उस अभागी रात में जो मुक्ति पाई थी, वह मुझे कितनी फली, चाहता हूँ, आज एक बार मन्नो देखती तो।

रात-भर ठीक से सो नहीं पाया। बार-बार नींद में लगता कि भुवाली में हूँ। भुवाली में सोया हूँ। वही 'पाइंस' का बड़ी-बड़ी खिड़कियों वाला कमरा है। मन्नो के पलंग पर लेटा हूँ और पास पड़ी कुरसी पर बैठी-बैठी मन्नो अपनी उन्हीं दो आँखों से मुझे निहारती है। मैं हाथ आगे करता हूँ और वह थोड़ा सा हँसकर सिर हिलाती हुई कहती है, 'नहीं, इसे कम्बल के नीचे कर लो। अब इसे कौन छुएगा ?'

मन्नो !

मन्नो कुछ कहती नहीं हँस-भर देती है। रात-भर इन दुःस्वप्नों में भटकने के बाद जगा, तो बुआ दीख पड़ी, "कुछ हाथ नहीं लगेगा, रवि !"

उस सुबह फिर मैं रुका नहीं, न डाक-बँगले में, न भुवाली में। बस के अड्डे पर पहुँचा, तो धूप में बुझी-बुझी भुवाली मुझे भयावनी लगी। एक बार जी को टटोला—'पाइंस' नहीं...नहीं...कुछ नहीं...लौट जाओ।

घर पहुँचकर बुआ मिली। कड़ी चेतावनीवाला खिंचा-खिंचा चेहरा था। भरपूर मुझे देखकर जैसे साँस रोके पूछा, "कहाँ थे कल ?"

"रानीखेत तक गया था, बुआ !"

"कह तो जाते।"

मैं न जाने किस उलझन में खोया कह गया, "कहने को, बुआ, था क्या ?"

दोपहर में फूफा मिले। कल लौटे थे और सदा की तरह गम्भीर थे। खाना खाते उन्हें देखता रहा। एकाएक उन्हें प्लेट पर से आँखें उठाकर बुआ की ओर देखते हुए देखा, तो सचमुच मैं जान गया कि फूफा के भाई अवश्य ही मन्नो के पिता होंगे। दृष्टि में वही ठहराव था, वही अचंचलता थी।

फूफा ने खाने पर से उठते-उठते उलझे से स्वर में मुझसे पूछा, "रवि, बुआ तुम्हारी लखनऊ तक जाना चाहती हैं, पहुँचा आ सकोगे ?"

"जी, सकूँगा।"

मैं, बुआ और बच्चे नैनी से उतर रहे हैं। मैं पीछे की सीट पर बैठा-बैठा विदा हो जाने की आकस्मिकता को सिगरेट के धुएँ में भूल जाने का प्रयत्न करता हूँ। चौड़े मोड़ से बस नीचे की ओर मुड़ी। खिड़की से बाहर देखा, तो पहाड़ की हरियाली में वही कलवाली भुवाली की सफ़ेदी दीख रही थी।

काठगोदाम से लखनऊ। एक रात बुआ की ससुराल रुककर बुआ से विदा लेने गया, तो बुआ ने पूछा, "कहाँ जाने की सोच रहे हो, रवि, कुछ दिन यहीं रुको!"

"नहीं, बुआ।"

बुआ इस 'नहीं' को एकाएक स्वीकार नहीं कर सकी। पास बिठाकर कुछ देर देखती रही। फिर स्नेह से कहा, "फिर जाओगे कहाँ?"

"बुआ, कुछ पता नहीं।"

बुआ कुछ कहना चाहती थी, पर कह नहीं पा रही थी। कुछ रुकते-रुकते कहा, "रवि, तुम्हारे फूफा तो तुम्हें वापस नैनी लौटने को कहते थे!"

"नहीं, बुआ! अब तो दक्खिन जाऊँगा, पिताजी के पास।"

बुआ को जैसे विश्वास नहीं हुआ। कुछ याद-सी करती बोली, "रवि, इस बार तुम्हें वहाँ अच्छा नहीं लगा।"

"ऐसा नहीं, नहीं बुआ।"

बुआ चाहती थी, मुझसे कुछ पूछें। मैं चाहता था, बुआ से कुछ कहूँ। पर किसी से भी शब्द जुड़े नहीं।

स्टेशन पर जाने लगा, तो बुआ के पाँव छुए! बुआ बहुत बड़ी नहीं है मुझसे। पिताजी की सबसे छोटी मौसेरी बहन होती है, पर दिल में कुछ ऐसा-सा लगा कि बुआ का आशीर्वाद चाहता हूँ।

बुआ हैरान हुई, फिर हँसकर बोली, "रवि, तुमने पाँव छुए हैं, तो आशीर्वाद ज़रूर दूँगी...बहुत सुन्दर बहू पाओ।"

मैं न हँसा, न लजाया। बुआ चुप सी रह गई। जिस नटखट भाव से वह कुछ कह गई थी, उसे मानो अनदेखे संकोच ने घेर लिया।

टिकट लिया, कुली के पास सामान छोड़ प्लेटफ़ार्म पर घूमने लगा। आमने-सामने कोई गाड़ी नहीं थी। लाइनों पर बिछे ख़ालीपन ने उलझे मन को एकाएक खोल दिया। जो कुछ भी सोच रहा था, सोचता चला गया। मन न भुवाली पर अटका, न 'पाइंस' पर, न मन्नो पर। पिछला सब बीत गया लगा। बुआ का आशीर्वाद कल्पना में मुखर हो आया। घर होगा, घर की रानी होगी, मैं हूँगा...

बुआ का आशीर्वाद झूठ नहीं निकला। सच में ही मेरा घर बना। सुन्दर घरनी आई और उसे मैं ही ब्याह कर लाया। पर उस दिन जहाँ का टिकट ले लिया था, वहाँ की गाड़ी मुझे खींचकर प्लेटफ़ार्म पर से ले जा नहीं सकी।

गाड़ी आ लगी है। कुली सामान लगाता है और मैं बाहर खड़े-खड़े देखता हूँ—मुसाफिर, कुली, सामान, बच्चे, बूढ़े...

"साहिब, गाड़ी छूटने में दस मिनट हैं!"

मैं अपनी घड़ी देखता हूँ, और सिर हिला देता हूँ कि मैं जानता हूँ।

कुली एक बार फिर अन्दर जाकर असबाब ऊपर-नीचे करता है और साफा ठीक करते हुए बाहर निकलकर कहता है, ''हरी बत्ती हो गई है, साहिब!''

बत्ती की ओर देखता हूँ। और देखता चला जाता हूँ, वही कद है, वही दुबली-पतली देह, वही धुला-धुला-सा चेहरा। वही...वही...

आवेश से कहता हूँ, ''कुली, सामान उतार लो।''

''साहिब!''

''जल्दी करो, जल्दी।''

कुली फिर मेरे सामान के पास है। टिकट वापिस कर नया ले लिया। स्टेशन से फल के टोकरे बँधवाए, चाय पी और बरेली के लिए गाड़ी में जा बैठा। जहाँ मुझे जाना है, वहीं जाकर रहूँगा। जब मैं ही नहीं रुकता हूँ तो मुझे कौन रोकेगा? क्यों रोकेगा?

घर में आगे लॉन में बैठा सर्दियों की ढलती धूप में अलसा रहा हूँ। अन्दर से माँ निकली और पास बैठते हुए कहा, ''बेटा, इस बार छुट्टी में आ ही गए हो तो ठहर जाओ। बार-बार इनकार करना अच्छा नहीं लगता।''

माँ की बात सुनकर मैं सयाने बेटे की तरह हँसता हूँ और मन-ही-मन सोचता हूँ कि माँ कितना ठीक कहती है। अपनी नौकरी पर रहता हूँ और अकेले आदमी के ख़र्च से कहीं अधिक कमाता हूँ, फिर क्यों इनकार करूँगा! माँ की आशा के विपरीत बड़ी आवाज़ में कहता हूँ, ''माँ, जो तुम्हें रुचे, वही मुझे भायेगा।''

''बेटा, लड़की देखना चाहोगे?''

''हाँ, माँ!''

लगा, माँ मन-ही-मन हँसी।

खाने के बाद रात को घूमकर आया, तो कमरे में शान्ति थी, मन में शान्ति थी। किसी को देखने के लिए कॉलेज के दिनोंवाली उतावली-जिज्ञासा मन में नहीं रह गई थी। लगा कि अकेले रहते-रहते किसी के संग की आशा नहीं कर रहा, उसे तो अपना अधिकार करके मान रहा हूँ।

हाथ में किताब लेकर रात को लेटा, तो पढ़ते-पढ़ते ऊब गया। आँखों के अँधेरे में देखा, किसी पहाड़ पर चढ़ा जा रहा हूँ। दूर चीड़ के पेड़ों के झुंड-के-झुंड दिखते हैं, आसमान सब सुनसान है, अपनी पदचाप के सिवाय कोई आवाज़ नहीं। एकाएक किसी का स्वर गूँजता है, इधर...उधर और अँधेरे में हिलता एक हाथ आगे बढ़ा-बढ़ा आता है, मेरे गले की ओर, निकट और निकट...

दुबली कलाई...पतली अँगुलियाँ....मैं डरता हूँ...पीछे हटता हूँ और घबराकर आँखें खोल देता हूँ।

उठा, खिड़की का परदा उठाकर बाहर झाँका। लॉन के दाहिने हरी घास पर पिताजी के कमरे की लाइट फैली थी। सँभला! लम्बी साँस लेकर बालों को छुआ, तो माथा ठंडा लगा। भयावना सूनापन और अँधेरे में वह हाथ...वह हाथ...

मन से जिसे भूल चुका हूँ, उसे आज ही याद क्यों आना था...क्यों याद आना था...क्यों दीख जाना था उस हाथ को, जो वर्षों गए 'पाइंस' की उतराई से उतरते-उतरते मैंने अन्तिम बार

देखा था? छुआ था नहीं कहूँगा, क्योंकि असंख्य बार सोच-सोचकर छू-भर लेने के लिए बाँह आगे करना, छू लेना नहीं होता।

महीना-भर नैनी में रहते हुए बार-बार भुवाली से लौटने के बाद जब अन्तिम बार मैं मन्नो के पास से लौटा था, तो लौट-लौटकर उस लौटने को न लौटना करना चाहता था। तीन बार नीचे उतरा था और तीन बार मुड़कर ऊपर गया था।

मन्नो शॉल में लिपटी आरामकुरसी पर अधलेटी थी! पास खड़े होकर उसकी चुप्पी को जैसे उस पर से उतार देने को उदास स्वर में कहा, ''कल तो नैनी से नीचे उतर जाऊँगा।''

मन्नो ने नीचे फैले शॉल को सहज-सहज सहेजा। एक महीने पहलेवाली दृष्टि मुख पर लौट आई। वही पराया-सा देखना, वही दूर-दूर-सा लगता चेहरा...

मन्नो...चाहता हूँ, मन्नो से कुछ तो कहूँ, पर क्या कहूँ? यह कि जल्दी लौटूँगा।

क्षण-क्षण अपने से कहता हूँ, 'आऊँगा, फिर आऊँगा', पर जिस निगाह से मन्नो मुझे देखती है, वह जैसे बिना बोल के यह कहे जा रही है कि 'अब तुम यहाँ नहीं आओगे।'

''मन्नो।''

''रवि।''—और...और बस कठिन-सी होकर थोड़ा सा हँसी और हाथ जोड़ दिए—नमस्कार!

इन जुड़े-जुड़े हाथों को देखता रहा। ज़रा-सा आगे बढ़ा कि विदा लूँ, विदा दूँ, पर न जाने क्यों खड़ा-का-खड़ा रह गया।

समझाने के-से स्वर में मन्नो बोली, ''देर होती है, रवि।''

जी भरकर देखनेवाली अपनी आँखों को झुकाकर मैं जल्दी-जल्दी नीचे उतर गया।

मैं फिर लौटूँगा...फिर...पर क्या सदा के लिए चला जा रहा हूँ...

मुड़कर पीछे देखा और खिंचकर ठिठक गया। मन्नो वहीं उसी मुद्रा में बैठी थी।

मानो वह जानती थी कि लौटूँगा। साथ पड़ी कुरसी की ओर संकेत कर कहा, ''बैठो, रवि।''—स्वर में न व्यथा थी, न संग छूटने की उदासी थी, न मेरे आने का आश्चर्य था। आँखों-ही-आँखों ने कुछ ऐसा देखा, जैसे पूछती हो—कुछ कहना है क्या?

मैं अपने को बच्चे की तरह छोटा करके कहता हूँ, ''मन्नो, मन नहीं होता जाने को।''

मन्नो कुछ देर तक देखती रहती है। मैं चाहता हूँ, मन्नो कुछ भी कहे, कहे तो...

एक छोटी-सी साँस जैसे छोटी-से-छोटी घड़ी के लिए उसके गले में अटकी, फिर घने स्वर में कहा, ''एक-न-एक बार तो तुम्हें चले ही जाना है, रवि...''

मैं हाथों से घेरकर उस देह को नहीं तो उस स्वर को छू लेना चाहता हूँ, चूम लेना चाहता हूँ, ''मन्नो!''—आगे बढ़ता हूँ, कुछ रोक लेने की, थाम लेने की मुद्रा में मन्नो दोनों हाथ आगे डाल देती है, बस।

''मन्नो!''...अपना अनुरोध उस तक पहुँचाना चाहता हूँ।

''नहीं!''...इस 'नहीं' के आगे नहीं है, और कुछ नहीं।

मन्नो दुबला-सा हाथ हिलाकर आँखों से मुझे विदा देती है और मैं विवश-सा व्यर्थ-सा नीचे उतरता हूँ।

आँखों पर धुंध-सी उमड़ आती है, सँभलता हूँ, सँभलता हूँ और एक बार फिर पीछे देखता हूँ।

बिलकुल ऐसे लगता है कि किनारे पर खड़ा हूँ और किश्ती में बैठी मन्नो बही चली जा रही है...वह मुझे नहीं देखती, नहीं देखती, उसकी आँखों के आगे उसके अपने हाथों की रोक है, अपने हाथों की ओट है।

हाथों पर टिका मन्नो का सिर नीचे झुका है, आँखें शायद बन्द हैं, शायद गीली हैं। उस कड़े आहत अभिमान की बात सोचकर छटपटाता हूँ।

क़दम उठाकर फाटक के पास पहुँचा, तो सिसकियाँ सुनकर रुक गया।

मन-ही-मन दुहराकर कहा, 'मन्नो!...मन्नो!...'

इसी पुकार को पलटकर जैसे उत्तर आया, 'ठहरो नहीं! रुको नहीं!'

सच ही मैं ठहरा नहीं। उतरता चला गया और हर पग के साथ दूर होता चला गया, उस कॉटिज से, कॉटिज में रहनेवाली मन्नो से, मन्नो की उन दो आँखों से, पर मन्नो की स्मृति से नहीं। मन्नो की याद मुझे आज भी आती है। आज भी वह याद आती है, वह दुपहरी, जब मन्नो और मैं उस बड़ी झील के किनारे से लगी पगडंडी पर घूमते रहे थे। मीठा-मीठा-सा दिन था। पहली बार उस पीले चेहरे की मिठास के सम्मुख मैं पानी-सा बह गया था। एकटक उन घुँघराले बालों को देखता रह गया था। और देखता गया था शॉल में लिपटे उन कन्धों को, जो पैरों की धीमी चाल से थककर भी झुकते नहीं थे।

परिक्रमा का अन्तिम मोड़ आया, तो बहुत बड़े घने वृक्ष के नीचे देवी के दो छोटे-छोटे मन्दिर दिखे। टीन के कपाट बन्द थे। कुछ अधिक न सोचकर आगे बढ़ने को हुआ कि मन्नो को देखकर रुक गया। खड़ी-खड़ी कुछ देर सोचती रही। फिर जूते उतार नंगे पाँव किनारे के पत्थरों से नीचे उतर गई। बड़े से पत्थर पर पाँव जमाया और झुककर डंठल से कमल तोड़ वापस लौट आई। मैं तो कुछ सोच नहीं रहा था। बस, देखता चला जा रहा था। शॉल सिर पर कर लिया था और उन बन्द कपाटों के आगेवाली दहलीज पर फूल रखकर सिर नवा दिया।

मन्दिर के बन्द कपाटों के आगे माथा टेक मन्नो उठी, तो मानो मन्नो-सी नहीं लग रही थी। ऐसे दिखा कि यह झुकी छाया मन्नो नहीं, मन्नो की व्यर्थ हो गई विवशता थी, जिसने भाग्य के इन बन्द कपाटों के आगे माथा टेक दिया था। इस निर्मम अकेलेपन के लिए मन में ढेर-सा दर्द उठ आया। बहते-से स्वर में कहा, "दर्शन करने का मन हो, मन्नो, तो किसी से पुजारी का स्थान पूछूँ?"

मन्नो ने कुछ कहने से पहले स्वर को सँभाला, फिर सिर हिलाकर कहा, "नहीं, रवि, ऐसा कुछ नहीं। मुझे कौन वरदान माँगने हैं! अपने लिए तो कपाट बन्द हो गए हैं। बस, इतना ही चाहती हूँ, यह कपाट उनके लिए खुले रहें, जिनसे बिछुड़कर मैं अलग आ पड़ी हूँ।"

मन्नो को छूने का भय, उसके रोग का भय, जो अब तक मुझे रोकता था, बींधता था, अलग जा पड़ा। झील की ठंडी हवा में फहराते-से घुँघराले बालों पर झुककर बाँह से घेरते हुए कहा, "मन्नो!..."

मन्नो चौंकी नहीं। कन्धे पर पड़ा हाथ धीरे से अलग कर दिया और समूची आँखों से देखते हुए बोली, "रवि, जिसे तुम झेल नहीं सकते, उसके लिए हाथ न बढ़ाओ।"

आवाज़ में न उलाहना था, न व्यंग्य था, न कटुता। बस, जो कहने को था, वही कहा गया था। इस कहने का उत्तर मैं उस दिन नहीं दे पाया। बार-बार मन्नो के पास जाने पर भी नहीं दे पाया और नहीं दे पाया विदा के उन क्षणों में, जब मन्नो को रोता छोड़ मैं अन्तिम बार 'पाइंस'

की उतराई उतरता चला गया था। जिस दुर्बलता से कायर बनकर डरा था, वह आज अपने पर ही बीत गई है। आज अपने लिए, मन्नो के लिए उस कायरता को कोसता हूँ।

घर में चहल-पहल थी। माँ को सुन्दर बहू मिली, मुझे भली संगिनी। भोलेपन से मुसकराती मीरा को देखता हूँ, तो कहीं खो जाने को मन चाहता है। लेकिन अब खोऊँगा क्यों? अब तो बँध गया हूँ, बँधा रहूँगा। आसपास नाते-रिश्ते हैं, मित्र-बन्धु हैं। ब्याहवाले घर के ऊँचे कहकहे सुनकर ख़ुशी से मन उमड़-उमड़ आता है। कैसा आयोजन होता है वह भी। एक दिन जो बात शुरू हो जाती है, उसे सम्पूर्णतया पूर्ण कर दिया जाता है। इतने समूचे मन से ब्याह के सिवाय और क्या होता है, जो सम्पन्न होकर, एक टेक पर, एक विराम पर पहुँच जाता है! तन-मन, घर-द्वार, अन्दर-बाहर सब एक ही प्यार में भीग जाते हैं। कल मीरा को लेकर समुद्र किनारे चला जाऊँगा। महीना-भर रुककर वहाँ के लिए प्रस्थान करेंगे, जहाँ अब तक मैं बेघर-सा होकर रहता रहा हूँ।

उस अपार, असीम सागर के किनारे एक-दूसरे पर छा-छा जाते हम घंटों घूमते रहे। बीच-बीच में ठहरते और मोहवश एक-दूसरे में छिपे अपने-अपने प्यार को चूमते। सुबह-शाम, दिन-रात कहाँ छिपते, कहाँ डूबते, यह हम देख-देखकर भी नहीं देखते थे।

इसके बाद, प्रहरों की तरह बीत गए वे दस वर्ष। संग-संग लगे बिछोह से दूर मग्न दिन-रात। मीरा और बच्चों से दूर इस कॉटेज में पड़ा-पड़ा आज भी पीछे लौटता हूँ, तो बहुत निकट से किसी साँस का स्वर सुनता हूँ।

हम कितने सुखी हैं, कितने! चाहता हूँ किसी की आँखों में देखकर इसका उत्तर दूँ। किसी को छूकर कुछ कहूँ, पर सुननेवाला कोई पास नहीं। बच्चों के लिए मीरा ने मेरा मोह छोटा कर लिया।

गए महीने रानीखेत जाते मीरा बच्चों के संग घंटे-भर को यहाँ रुकी थी। बरामदे में लेटे-लेटे उन तीनों को ऊपर आते देखता रहा। फाटक पर पहुँचकर मीरा पल-भर को ठिठकी थी। फिर दोनों हाथों से बच्चों को घेरे अन्दर ले आई।

"मुन्ना, रानी, प्रणाम करो, बेटा!"

बच्चों के झिझक से बँधे हाथ मेरी ओर उठे।

देखकर कंठ भर आया। मेरा भाग्य मुझसे दूर, मुझसे अलग जा पड़ा है। मेरे ही बच्चे आश्चर्य की दृष्टि से मुझे देख माँ की आज्ञा का पालन कर रहे हैं।

मीरा जब तक रही, आँखें पोंछती रही। कुछ कहने को, कुछ पूछने को उसका स्वर बँधा नहीं। अपने सुन्दर सुकुमार बच्चों को अपने ही डर के कारण पूरी तरह निरख नहीं पाया। केवल मीरा की ओर देखता रहा कि जो आज मुझे मिलने आई है, उसमें मेरी पत्नी कहाँ है, कहाँ है वह, जो सचमुच में मेरी थी!

भरी आँखों से मीरा की कलाई की घड़ी देखने की निठुराई से आहत हो मैं फटी-फटी, रूखी दृष्टि से फाटक की ओर देखने लगा कि मेरा ही परिवार कुछ क्षण में मुझे यहाँ अकेला छोड़, मुझसे दूर चला जाएगा। एक बार मन हुआ कि बच्चों को पकड़नेवाली उन दो बाँहों को अपनी ओर खींचकर कहूँ, मैं तुम्हें नहीं जाने दूँगा, नहीं जाने दूँगा। पर बच्चों की छोटी-छोटी आँखों का अपरिचय उस आवेश को दूर तक काटता चला गया।

चौंककर देखा, मीरा पास आकर झुकी और अधरों से मस्तक छूकर हौले से पीछे हट गई। उठ बैठा कि एक बार प्यार दूँ, एक बार प्यार लूँ...कि हाथों में मुँह छिपा रोते-रोते मीरा इन बाँहों से आ लगी।

मीरा की आँखों से भीगी अपनी रोती आँखों को पोंछकर आसपास देखा, तो टूटा बाँध सबकुछ बहा ले गया था। न पास मीरा थी, न बच्चे...

तकियों के सहारे सिर ऊँचा करके देखा, उतराई के तीसरे मोड़ पर तीनों चले जा रहे थे। मीरा मेरी ओर से पीठ मोड़े आगे की ओर झुकी थी, बच्चे एक-दूसरे की उँगली पकड़े कभी माँ को देखते होंगे, कभी राह को।

साँस रोके प्रतीक्षा करता रहा, पर किसी ने पीछे नहीं देखा, न मीरा ने, न मेरे बेटे ने...केवल छोटी रानी के बालों में गुँथा गुलाबी रिबन देर तक हिल-हिलकर मेरी आँखों से कहता रहा—'पापा, हम चले गए, पापा, हम चले गए!'

सच ही सब चले गए हैं। इसलिए नहीं कि उन्हें जाना था, इसलिए कि मैं चला जा रहा हूँ। ऐसे ही एक दिन मन्नो के जाने को भाँपकर मैं उतराई से उतरता चला गया था। मेरी ही तरह अकेले में मन्नो रोई थी। अब जान पाया हूँ कि हाथों में मुँह छिपाकर वह रोना, कितना अकेला रोना था। पर उस बार जाकर बरसों मैंने मन्नो की सुधि नहीं ली। जब कभी नींद में देखता वह दुबली देह, बड़ी-बड़ी आँखें और कम्बल पर फैली पतली-पतली बाँहें, तो जागकर उद्वेग से मीरा की ओर बढ़ जाता।

एक बार दौरे पर लखनऊ आया, तो बुआ मिली। देर तक इधर-उधर की बातें करने के बाद एकाएक स्वर बदल बोली, "रवि, मन्नो तो अब नहीं रही।"

"नहीं, बुआ!" मैं पिता हो जाने के गाम्भीर्य को सँभालते कहता हूँ, "नहीं बुआ, नहीं...!"

बुआ जैसे मुझे, कहीं वर्षों पहले के उस रवि को, कहती है, "रात को सोई तो जगी नहीं। अम्मा छुट्टी पर थी। सुबह-सुबह ख्याली अन्दर आया, तो साँस चुक गई थी।"

मैं रुँधे गले से जैसे कुछ पूछने को कहता हूँ, "बुआ!"

बुआ आँख पोंछती कुछ सोचती रही, फिर दर्द से बोली, "रवि, एक बार उसे पत्र तो लिखते!"

मैं रूमाल से रुलाई सोखने लगा।

"तुम्हारे नाम का एक पार्सल छोड़ गई थी आलमारी में। खोला तो जर्सी थी।"

दूसरे दिन बुआ के पास फिर आया, तो जल्दी-जल्दी पाँव छूकर कहा, "अच्छा, बुआ..."

"रवि!"—बुआ की वही कलवाली आवाज़ थी।

मैंने सिर हिलाकर घोर विवशता के-से स्वर में कहा, "नहीं बुआ, नहीं।"

बुआ समझ गई, मैं कुछ भी जानना नहीं चाहता हूँ। पर जैसे मन-ही-मन मन्नो के लिए टूटकर बोली, "यही बार-बार सोचती हूँ कि जिसके प्यार को भी कोई न छू सके, ऐसा दुर्भाग्य उसे क्यों मिला, क्यों मिला?"

लखनऊ से लौटकर मैं कई दिन मन से मन्नो को उतार नहीं पाया। यही देखता कि 'पाइंस' में कुरसी पर बैठी वह मेरे लिए जर्सी तैयार कर रही है, वही हाथ हैं, वही दृष्टि है...

और एक दिन साल-भर घर में बीमार रहने के बाद मैं भुवाली पहुँच गया। वही चीड़ की ठंडी हवाएँ थीं, वही सुहानी धूप थी। वही भुवाली थी और वही मैं था। पर इस बार किसी का पता करने मुझे पोस्ट-ऑफ़िस की ओर नहीं जाना था। 'पाइंस' के सामनेवाले पहाड़ पर किसी के अभिशाप से बनी कॉटेज में पहली बार सोया, तो भर-भर आते कंठ से रात-भर एक ही नाम पुकारता रहा—'मन्नो !... मन्नो !'...आज वह होती...तो...

हर रोज़ सुबह उठते बरामदे से 'पाइंस' देखता हूँ और मन-ही-मन कहता हूँ 'मन्नो !...मन्नो !'...

जिस मीरा को मैंने वर्षों जाना है, वह अब पास-सी नहीं लगती, अपनी-सी नहीं लगती। उसे मैंने छू-छूकर छुआ था, चूम-चूमकर चूमा था, पर मन पर जब मोह और प्यार की उछलन आती है, तो मीरा नहीं, मन्नो की आँखें ही सगी दिखती हैं।

खिड़की के सामने लेटे-लेटे, अकेलेपन से घबराकर जब मैं बाहर देखता हूँ तो धुँध-भरे बादलों के घेरों में घुँघराले बालोंवाला वही चेहरा दीखता है, वही...

आए दिन दवा के नए बदलते हुए रंग देखकर अब इतना तो जान गया हूँ कि इस छूटते-छूटते तन में मन को बहुत देर भटकना नहीं होगा। एक दिन खिड़की से बाहर देखते-देखते इन्हीं बादलों के घेरे में समा जाऊँगा।...इन्हीं घेरों में...

खोई हुई दिशाएँ

कमलेश्वर

सड़क के मोड़ पर लगी रेलिंग के सहारे चन्दर खड़ा था। सामने दाएँ-बाएँ आदमियों का सैलाब था। शाम हो रही थी और कनॉट प्लेस की बत्तियाँ जगमगाने लगी थीं। थकान से उसके पैर जवाब दे रहे थे। कहीं दूर आया-गया भी तो नहीं, फिर भी थकान सारे शरीर में भरी हुई थी। दिल और दिमाग़ इतना थका हुआ था कि लगता था वही थकान धीरे-धीरे उतरकर तन में फैलती जा रही है।

पूरा दिन बरबाद हो गया, यही खड़ा सोच रहा था। घर लौटने को भी मन नहीं कर रहा था। आती-जाती एक-सी औरतों को देखकर मन और भी ऊबने लगता था।

भूख...पता नहीं लगी है या नहीं। वह दिमाग़ पर ज़ोर डालता—सवेरे आठ बजे घर से निकला था। एक प्याली कॉफ़ी के अलावा तो कुछ पेट में गया नहीं...और तब उसे अहसास हुआ कि थोड़ी-थोड़ी भूख लग रही है। दिमाग़ और पेट का साथ ऐसा हो गया है कि भूख भी सोचने से लगती है।

निगाह दूर आसमान पर अटक जाती है, जहाँ चीलें उड़ रही हैं और मोज़े की शक्ल में कटा हुआ आसमान दिखाई दे रहा है। उस गँदले आसमान के नीचे जामा मस्जिद का गुम्बद और मीनार दिखाई पड़ रहा है, उनकी नोकें बड़ी अजीब-सी लग रही हैं।

पीछेवाली दुकानों के बाहर चोलियों का विज्ञापन है। रीगल बस स्टॉप के नीम के पेड़ों से धीरे-धीरे पत्तियाँ झड़ रही हैं। बसें जूँ-जूँ करती आती हैं—एक क्षण ठिठकती हैं—एक ओर से सवारियों को उगलती हैं और दूसरी ओर से निगलकर आगे बढ़ जाती हैं। चौराहे पर बत्तियाँ लगी हैं। बत्तियों की आँखें लाल-पीली हो रही हैं। आस-पास से सैकड़ों लोग गुज़रते हैं पर कोई उसे नहीं पहचानता। हर आदमी या औरत लापरवाही से दूसरों को नकारता या झूठे दर्प में डूबा हुआ गुज़र जाता है।

और तब उसे अपना वह शहर याद आता है जहाँ से तीन साल पहले वह चला आया था—गंगा के सुनसान किनारे पर भी अगर कोई अनजान मिल जाता तो उसकी नज़रों में पहचान की एक झलक तैर जाती थी।

और यह राजधानी! जहाँ सब अपना है, अपने देश का है...पर कुछ भी अपना नहीं है, अपने देश का नहीं है।

तमाम सड़कें हैं जिन पर वह जा सकता है, लेकिन वे सड़कें कहीं नहीं पहुँचातीं। उन सड़कों के किनारे घर हैं, बस्तियाँ हैं पर किसी भी घर में वह नहीं जा सकता। उन घरों के बाहर

फाटक हैं, जिन पर कुत्तों से सावधान रहने की चेतावनी है, फूल तोड़ने की मनाही है और घंटी बजाकर इन्तज़ार करने की मजबूरी है।

...घर पर निर्मला इन्तज़ार कर रही होगी। वहाँ पहुँचकर भी पहले मेहमान की तरह कुरसी पर बैठना होगा, क्योंकि बिस्तर पर कमरे का पूरा सामान सजा होगा और वह हीटर पर खाना पका रही होगी। उन्मुक्त होकर वह हवा के झोंके की तरह कमरे में घुस भी नहीं सकता और न उसे बाँहों में लेकर प्यार ही कर सकता है, क्योंकि गुप्ताजी अभी मिल से लौटे नहीं होंगे और मिसेज़ गुप्ता बेकारी में बैठी गप लड़ा रही होंगी या किसी स्वेटर की बुनाई सीख रही होंगी। अगर वह चला भी गया तो कमरे में बहुत अदब से घुसेगा, फिर मिसेज़ गुप्ता से इधर-उधर की दो-चार बातें करेगा। तब बीवी खाना खाने की बात कहेगी। और खाने की बात सुनकर मिसेज़ गुप्ता घर जाने के लिए उठेंगी...

और फिर उसके बाद बड़ी खिड़की का परदा खिसकाना पड़ेगा। किसी बहाने खुराना की तरफ़ वाली खिड़की को बन्द करना पड़ेगा। घूमकर मेज़ के पास पहुँचना होगा और तब पानी का एक गिलास माँगने के बहाने वह पत्नी को बुलाएगा, और तब उसे बाँहों में लेकर प्यार से यह कह सकने का मौक़ा आएगा—बहुत थक गया हूँ।

लेकिन ऐसा होगा नहीं। इतनी लम्बी प्रक्रिया से गुज़रने के पहले ही उसका मन झुँझला उठेगा और यह कहने पर मजबूर हो जाएगा, "अरे भई, खाने में कितनी देर है ?" सारा प्यार और समूची पहचान न जाने कहाँ छिप चुकी होगी, अजीब-सा बेगानापन होगा। बेकरीवालों के यहाँ भर्राई आवाज़ में रेडियो गा रहा होगा और गुलाटी के थके क़दमों की खोखली आवाज़ जीने पर सुनाई पड़ेगी।

गली में कोई स्कूटर आकर रुकेगा और उसी में से कोई बिन-पहचाना आदमी किसी और के घर में चला जाएगा। मोटरों की मरम्मत करनेवाले गैरेज़ का मालिक सरदार चाबियाँ लेकर घर जाने के इन्तज़ार में आधी रात तक बैठा रहेगा, क्योंकि उसे पन्द्रह साल पुराने मैकेनिक पर भी शायद विश्वास नहीं है।

और सामने रहनेवाले बिशन कपूर के आने की आहट-भर मिलेगी। पिछले दो साल से उसने सिर्फ़ उसके नाम की प्लेट देखी है—बिशन कपूर जर्नलिस्ट...और उसकी शक्ल के बारे में वह सिर्फ़ यह जानता है कि सामनेवाली खिड़की से जब बिजली की रोशनी छनने लगती है और सिगरेट का धुआँ सलाखों से लिपट-लिपटकर बाहर के अँधेरे में डूब जाता है तो बिशन कपूर नाम का एक आदमी भीतर होता है और सुबह जब उसकी खिड़की के नीचे अंडे का छिलका, डबलरोटी का रैपर और जली हुई सिगरेटें, तीलियाँ और राख बिखरी हुई होती हैं तो बिशन कपूर नाम का आदमी जा चुका होता है।

सोचते-सोचते उसे लगा कि मोज़े की बदबू और भी तेज़ होती जा रही है और अब रेलिंग के पास खड़ा रहना मुश्किल है। जेब से डायरी निकालकर उसने अगले दिन की मुलाक़ातों के बारे में जान लेना चाहा।

...अंग्रेजी दैनिक में पहले फ़ोन करना है, फिर समय तय करके मिलना है। रेडियो में एक चक्कर लगाना है। पिछला चेक रिज़र्व बैंक से कैश कराना है और घर एक मनीऑर्डर भेजना है। कल का पूरा वक़्त भी इसी में निकल जाएगा, क्योंकि अख़बार का सम्पादक परिचित नहीं है जो फ़ौरन बुला ले और खुलकर बात कर ले, और कोई बात तय हो जाए। रेडियो में भी

कोई बात दस मिनट में तय नहीं हो सकती और रिज़र्व बैंक से काउंटर पर इलाहाबाद वाला अमरनाथ नहीं है, जो फ़ौरन चेक लेकर रुपया ला दे। डाकखाने पर व्यापारियों के चपरासियों की भीड़ होगी जो दस-दस मनीऑर्डर के फार्म लिये लाइन में खड़े होंगे और एक काग़ज़ पर पूरी रकम और मनीऑर्डर कमीशन का मीजान लगाने में मशगूल होंगे। उनमें से कोई भी उसे नहीं पहचानता होगा।

एक क्षण की जान-पहचान का सिलसिला सिर्फ़ पेन होगा, जो कोई-न-कोई दो हरुफ़ लिखने के लिए माँगेगा और लिख चुकने के बाद अपना ख़त पढ़ते हुए वह बाएँ हाथ से उसे क़लम लौटाकर शायद धीरे से थैंक्यू कहेगा और टिकिटवाले काउंटर की ओर बढ़ जाएगा।

और तब उसे झुँझलाहट-सी हुई। डायरी हाथ में थी और उसकी निगाहें फिर दूर की ऊँची इमारतों पर अटक गई थीं, जिस पर बिजली के मुकुट जगमगा रहे थे। और उन नामों में से वह किसी को नहीं जानता था। इलाहाबाद में सबसे बड़े कपड़े वाले के बारे में इतना तो मालूम था कि पहले वह बहुत ग़रीब था और कन्धे पर कपड़ा रखकर फेरी लगाता था और अब उसका लड़का विदेश पढ़ने गया हुआ है और वह ख़ुद बहुत धार्मिक आदमी है जो अब माथे पर छापा-तिलक लगाकर मनमाना मुनाफ़ा वसूल करता है और कार्पोरेशन का चुनाव लड़ने की तैयारियाँ कर रहा है। यहाँ कुछ भी पता नहीं चलता, किसी के बारे में कुछ भी मालूम नहीं पड़ता।

कनॉट प्लेस में खुले हुए लॉन हैं। तनहा पेड़ हैं और उन दूर-दूर खड़े तनहा पेड़ों के नीचे नगर-निगम की बेंचें हैं, जिन पर थके हुए लोग बैठे हैं और लॉन में एकाध बच्चे दौड़ रहे हैं। बच्चों की शक्लें और शरारतें तो बहुत पहचानी-सी लगती हैं, पर गोलगप्पे खाती हुई उनकी मम्मी अजनबी है, क्योंकि उसकी आँखों में मासूमियत और गरिमा से भरा प्यार नहीं है। उसके शरीर में मातृत्व का सौन्दर्य और दर्प भी नहीं है, उसमें सिर्फ़ एक खुमार है और एक बहुत बेमानी और पिटी हुई ललकार है; जिसे न तो नकारा जा सकता है और न स्वीकार किया जा सकता है—वह ललकार सब कानों में गूँजती है और सब बहरों की तरह गुज़र जाते हैं।

लॉन पर कुछ क्षण बैठने को मन हुआ पर उसे लगा कि वहाँ भी कोई ठिकाना नहीं, अभी कल ही तो चोर की तरह दबे पाँव घास में बहता हुआ पानी आया था और उसके कपड़े भीग गए थे।

तनहा खड़े पेड़ों और उनके नीचे सिमटते अँधेरे में अजीब-सा ख़ालीपन है। तनहाई ही सही पर उसमें अपनापन तो हो। वह तनहाई भी किसी की नहीं है, क्योंकि हर दस मिनट बाद पुलिस का आदमी उधर से घूमता हुआ निकल जाता है। झाड़ियों की सूखी टहनियों में आइसक्रीम के ख़ाली काग़ज़ और चने की ख़ाली पुड़ियाँ उलझी हुई हैं या कोई बेघर-बार आदमी शराब की ख़ाली बोतल फेंककर चला गया है।

डायरी पर फिर उसकी नज़र जम जाती है...और शोर-शराबे से भरे उस सैलाब में वह बहुत अकेला-सा महसूस करता है और लगता है कि इन तीन सालों में ऐसा कुछ भी नहीं हआ जो उसका अपना हो, जिसकी कचोट अभी तक हो, ख़ुशी या दर्द अब भी मौजूद हो, रेगिस्तान की तरह फैली तनहाई है, अनजान सागर-तटों की ख़ामोशी और सूनापन है और पछाड़ खाती लहरों का शोर-भर है, जिससे वह ख़ामोशी और भी गहरी होती है।

मोज़े की शक्ल में कटा हुआ आसमान है और जामा मस्जिद के गुम्बद के ऊपर चक्कर काटती हुई चीलें हैं। औरतों का पीछा करते हुए फूल बेचने वाले और यतीम बच्चों के हाथ में शाम की ख़बरों के अख़बार हैं।

...और तभी चन्दर को लगा कि एक अरसा हो गया, एक ज़माना गुज़र गया, वह ख़ुद अपने से नहीं मिल पाया। अपने से बातें करने का वक़्त ही नहीं मिला। यह भी नहीं पूछा कि आख़िर तेरा हाल-चाल क्या है और तुझे क्या चाहिए? हल्की-सी मुसकराहट उसके होंठों पर आई और उसने हर शुक्रवार के आगे नोट किया—ख़ुद से मिलना है। शाम सात बजे से नौ बजे तक...और आज भी तो शुक्रवार ही है। यह मुलाक़ात आज ही होनी चाहिए। घड़ी पर नज़र जाती है, सात बजा है। पर मन का चोर हावी हो जाता है। क्यों न टी-हाउस में एक प्याला चाय पी ली जाए? न जाने क्यों मन अपने से मिलने में घबराता है। रह-रहकर कतराता है।

तभी उस पार से आता हुआ आनन्द दिखाई देता है। वह उससे भी नहीं मिलना चाहता। बड़ा बुरा मर्ज़ है आनन्द को। वह उस छूत से बचा रहना चाहता है। आनन्द दुनिया में दोस्त खोजता है, ऐसे दोस्त जो ज़िन्दगी में गहरे न उतरें पर उसके साथ कुछ देर रह सकें और बात कर सकें। उसकी बातों में अजीब-सा बनावटीपन है, वह बनावटीपन जो आदमी किताबों से सीखता है। और उसे लगता है कि वही बनावटीपन ख़ुद उसमें भी कहीं-न-कहीं है...जब कॉलेज और यूनिवर्सिटी के दर्जों में बैठ-बैठकर वह किताबों से ज़िन्दगियों के मरे हुए ब्यौरे पढ़ रहा था।

और अब आज उसे लगता है कि वह सारा वक़्त बड़ी बेरहमी से बरबाद किया गया है। उसने उन खँडहरों में समय बरबाद किया है, जिनकी कथाएँ अधपढ़े गाइडों की ज़बान पर रहती हैं, जो हर बार उन मरी हुई कहानियों को हर दर्शक के सामने दोहराते जाते हैं—यह दीवाने-ख़ास है, ज़रा नक्काशी देखिए...यहाँ हीरे-जवाहरातों से जड़ा सिंहासन था, यह ज़नाना हमाम है और यह वह जगह है, जहाँ से बादशाह अपनी रिआया को दर्शन देते थे...यह महल सर्दियों का है, यह बरसात का और यह हवादार महल गर्मियों का...और इधर आइए, सँभल के...यह वह जगह है जहाँ फाँसी दी जाती थी...

चन्दर को लगा, ज़िन्दगी के पच्चीस साल वह उन गाइडों के साथ खँडहरों में बिताकर आया है जिनकी जीवन्त कथाओं को वह कभी नहीं जान पाया, सिर्फ़ दीवाने-ख़ास उसे दिखाया गया, नक़्क़ाशी दिखाई गई और ज़नाने हमाम में घुमाकर गाइड ने उसे फाँसीवाले अँधेरे और बदबूदार कमरे में छोड़ दिया, जहाँ चमगादड़ लटके हुए बिलबिला रहे हैं और एक बहुत पुरानी ऐतिहासिक रस्सी लटक रही है, जिसका फन्दा गरदन में कस जाता है और आदमी झूल जाता है। और उसके बाद अन्धे कुएँ में फेंकी गई सिर्फ़ वे लाशें रह जाती हैं।

उसमें और उनमें कोई अन्तर नहीं है।

और आनन्द उनसे अलग नहीं है। चन्दर कतरा जाना चाहता था, क्योंकि आनन्द आते ही किताबी तरीके से कहेगा, "यार, तुम्हारे बाल बहुत ख़ूबसूरत हैं, ब्रिलक्रीम लगाते हो? लड़कियाँ तो तबाह हो जाती होंगी।"

और तभी चन्दर को सामने पाकर आनन्द रुक जाता है, "हलो, यहाँ कैसे? क्यों लड़कियों पर जुल्म ढा रहे हो?" सुनकर उसे हँसी आ जाती है।

"किधर से आ रहे हो?" डायरी जेब में रखते हुए वह पूछता है।

"आज तो यूँ ही फँस गए। आओ, एक प्याला कॉफ़ी हो जाए।" आनन्द कहता है, फिर एक क्षण रुककर वह दूसरी बात सुझाता है, "या और कुछ..."

चन्दर इसका मतलब समझकर न कर देता है। वह ज़ोर देता है, "चलो फिर आज तो हो ही जाए, क्या रखा है इस ज़िन्दगी में?" कहते हुए वह झूठी हँसी हँसता है और धीरे से हाथ दबाकर पूछता है, "प्लीज़, इफ यू डोंट माइंड, कुछ पैसे हैं?" उसके कहने में कोई हिचक नहीं है और न उसे शरम ही आती है। बड़ी सीधी-सी बात है, पैसे कम हैं।

"अच्छा पार्टनर, मैं अभी इन्तज़ाम करके आया।" वह विश्वास को गहराता हुआ कहता है, "यहीं रुकना, चले मत जाना।" और वह जाता है तो फिर नहीं आता।

चन्दर यह पहले से जानता है।

कुछ देर बाद वह टी-हाउस में घुस जाता है और मेज़ों के पास चक्कर काटता हुआ कोनेवाले काउंटर से सिगरेट का पैकेट लेकर एक मेज़ पर जम जाता है।

"हैलो!" कोई एक अधजाना चेहरा कहता है, "बहुत दिनों बाद इधर आना हुआ।" और वह भी वहीं बैठ जाता है। दोनों के पास बात करने के लिए कुछ भी नहीं है।

टी-हाउस में बेपनाह शोर है। खोखली हँसी के ठहाके हैं और दीवार पर एक घड़ी है जो हमेशा वक़्त से आगे चलती है। तीन रास्ते बाहर से आने और जाने के लिए हैं और चौथा रास्ता बाथरूम जाता है। बाथरूम के पॉट्स में फ़िनाइल की गोलियाँ पड़ी हैं और गैलरी में एक शीशा लगा हुआ है। हर वह आदमी जो बाथरूम जाता है, उस शीशे में अपना मुँह देखकर लौटता है।

गेलार्ड में डिनर डांस की तैयारी हो रही है। कुरसियों की तीन कतारें बाहर निकालकर रख दी गई हैं। उधर वोल्गा पर विदेशियों की भीड़ बढ़ रही होगी।

और तभी एक जोड़ा भीतर आता है। महिला सजी-बजी है और जूड़े में फूल भी हैं। आदमी के चेहरे पर अजीब-सा ग़रूर है और वे दोनों फ़ैमिलीवाली सीट पर आमने-सामने बैठ जाते हैं। बैठने से पहले उनमें कोई ताल्लुक़ नज़र नहीं आ रहा था। सिर्फ़ इतना-भर कि जब महिला बैठने के लिए मुड़ी थी तो साथवाले आदमी ने उसकी कमर पर हाथ रखकर सहारा-भर दिया था। इतना-सा साथ था दोनों में।

उनके पास भी बात करने के लिए शायद कुछ नहीं है।

महिला अपना जूड़ा ठीक करते हुए औरों को देख रही है और साथवाला आदमी पानी के गिलास को देख रहा है। किसी के देखने में कोई मतलब नहीं है। आँखें हैं इसलिए देखना पड़ता है। अगर न होतीं तो सवाल ही नहीं था। एक जगह देखते-देखते आँखों में पानी आ जाता है, इसलिए ज़रूरी है कि इधर-उधर देखा जाए।

बेयरा उसकी मेज़ पर सामान रख जाता है और दोनों खाने में मशगूल हो जाते हैं। कोई बात नहीं करता। आदमी खाना खाकर दाँत कुरेदने लगता है और वह महिला रूमाल निकालकर अन्दाज़ से लिपस्टिक ठीक करती है।

अन्त में बेयरा आकर पैसे लौटाता है तो आदमी कुछ टिप छोड़ता है, जिसे महिला गौर से देखती है और दोनों लापरवाही से उठ खड़े होते हैं। फिर उन दोनों में हल्का-सा सम्बन्ध उसे नज़र आता है, वह आदमी ठिठककर साथवाली महिला को आगे निकलने का इशारा करता है और उसके पीछे-पीछे चला जाता है।

चन्दर का मन और भारी हो जाता है। अकेलेपन का नागपाश और भी कस जाता है। अपने साथ बैठे हुए अनजान दोस्त की तरफ़ वह गहरी नज़रों से देखता है और सोचता है—अजनबी

ही सही, पर इसने पहचाना तो, इतनी पहचान भी बड़ा सहारा देती है...चन्दर को अपनी ओर देखते हुए वह साथवाला दोस्त कुछ कहने को होता है पर जैसे उसे कुछ याद नहीं आता, फिर अपने को सँभालकर उसने चन्दर से पूछा, "आप...आप तो शायद कॉमर्स मिनिस्ट्री में हैं? मुझे याद पड़ता है कि..." कहते हुए वह रुक जाता है।

चन्दर का पूरा शरीर झनझना उठता है और एक घूँट में बची हुई कॉफ़ी पीकर वह बड़े संयत स्वर में जवाब देता है, "नहीं, मैं कॉमर्स मिनिस्ट्री में कभी नहीं था..."

वह आदमी आगे अटकलें भिड़ाने की कोशिश नहीं करता, सीधे-सीधे उस अनजान सम्बन्ध को मज़बूत बनाते हुए कहता है, "ऑल राइट पार्टनर, फिर कभी मुलाक़ात होगी।" और सिगरेट सुलगाता हुआ उठ जाता है।

चन्दर बाहर निकलकर बस-स्टॉप की ओर बढ़ता है। मद्रास होटल के पीछे बस-स्टॉप पर चार-पाँच लोग खड़े हैं और पुलिसवाला स्टॉप की छतरी के नीचे बैठा सिगरेट पी रहा है।

चन्दर वहीं जाकर खड़ा हो जाता है। सब जानना चाहते हैं कि बस कब तक आएगी पर कोई किसी से कुछ भी नहीं पूछता। पेड़ के अँधेरे में वह चुपचाप खड़ा है। नीचे पीले पत्ते पड़े हैं जो उसके पैरों से दबकर चुरमुराने लगते हैं और पीले पत्तों की वह आवाज़ उसे वर्षों पीछे खींच ले जाती है। इस आवाज़ में एक बहुत गहरा अपनापन है, उसे बड़ी राहत-सी मिलती है।

...ऐसे ही पीले पत्ते पड़े हुए थे। उस राह पर बहुत साल पहले इन्द्रा के साथ एक दिन वह चला जा रहा था, कुछ भी नहीं था उसके सामने—वह खँडहरों में अपनी ज़िन्दगी ख़राब कर रहा था और तब इन्द्रा से ही उससे कहा था, "चन्दर, तुम क्या नहीं कर सकते।" वही पहचानी हुई आवाज़ फिर उसके कानों से टकराती है, "तुम क्या नहीं कर सकते।" और यह कहते-कहते इन्द्रा की आँखों में अदम्य विश्वास झलक आया था।

और इन्द्रा की उन प्यार-भरी आँखों में झाँकते हुए उसने कहा था, "मेरे पास है ही क्या? समझ में नहीं आता कि ज़िन्दगी कहाँ ले जाएगी, इन्द्रा! इसीलिए मैं यह नहीं चाहता कि तुम अपनी ज़िन्दगी मेरी ख़ातिर बिगाड़ लो। पता नहीं मैं किस किनारे लगूँ, भूखा मरूँ या पागल हो जाऊँ..."

इन्द्रा की आँखों में प्यार के बादल और गहरे हो आए थे और उसने कहा था, "ऐसी बातें क्यों करते हो, चन्दर, मैं तुम्हारे साथ हर हालत में सुखी रहूँगी।"

चन्दर ने उसे बहुत ग़ौर से देखा था। इन्द्रा की आँखों में नमी आ गई थी। उसकी कँटीली बरौनियों से विश्वास-भरी मासूमियत छलक रही थी। माथे पर आई हुई लट छूने को उसका मन हो आया था पर वह झिझककर रह गया था। इन्द्रा के कानों में पड़े हुए कुंडल पानी में तैरती मछलियों की तरह झलक जाते थे और तब उसने कहा था, "आओ, इधर पेड़ के नीचे बैठेंगे।"

वे दोनों साथ-साथ चल दिए थे। सरस के पेड़ के नीचे एक सीमेन्ट की बेंच बनी थी। राह पर पीली पत्तियाँ बिखरी हुई थीं। उनके कुचलने से ऐसी ही आवाज़ आई थी जो अभी-अभी उसने सुनी थी...वही पहचान-भरी आवाज़।

दोनों बेंच पर बैठ गए थे और चन्दर धीरे से उसकी कलाई पर अँगुली की लकीरें खींचने लगा था। दोनों ख़ामोश बैठे थे, बहुत-सी बातें थीं जो वे कह नहीं पा रहे थे। कुछ क्षणों बाद इन्द्रा ने आँखें चुराते हुए उसे देखा था और शरमा गई थी, फिर उसी बात पर आ गई थी जैसे उसी एक बात में सारी बातें छिपी हों, "तुम ऐसा क्यों सोचते हो, चन्दर? मुझ पर भरोसा नहीं?"

तब चन्दर ने कहा था, ''भरोसा तो बहुत है, इन्द्रा, पर मैं खानाबदोशों की तरह ज़िन्दगी-भर भटकता रहूँगा...उन परेशानियों में तुम्हें खींचने की बात सोचता हूँ तो बरदाश्त नहीं कर पाता। तुम बहुत अच्छी और सुविधाओं से भरी ज़िन्दगी जी सकती हो। मैंने तो सिर पर कफ़न बाँधा है...मेरा क्या ठिकाना।''

''तुम चाहे जो कुछ बनो चन्दर, अच्छे या बुरे, मेरे लिए एक-से रहोगे। कितना इन्तज़ार करती हूँ तुम्हारा, पर तुम्हें कभी वक़्त ही नहीं मिलता।'' फिर कुछ देर मौन रहकर उसने पूछा था, ''इधर कुछ लिखा?''

''हाँ!'' धीरे से चन्दर ने कहा था।

''दिखाओ।'' इन्द्रा ने माँगा था।

और तब चन्दर ने पसीजे हुए हाथों से डायरी बढ़ा दी थी। इन्द्रा ने तुरन्त उस डायरी को अपनी किताबों में रख लिया था और बोली थी, ''अब यह कल मिलेगी, इस बहाने तो अब आओगे...''

''नहीं, नहीं...मैं डायरी अपने साथ ले जाऊँगा, मुझे वापस दो।'' चन्दर ने कहा था तो इन्द्रा शैतानी से मुसकराती रही थी और उसकी आँखों में प्यार की गहराइयाँ और बढ़ गई थीं।

हारकर चन्दर वापस चला आया था और दूसरे दिन अपनी डायरी लेने पहुँचा था तो इन्द्रा ने कहा था, ''इसमें कुछ मैंने भी लिखा है, पढ़कर फाड़ देना ज़रूर से।''

''मैं नहीं फाड़ूँगा।''

''तो कुट्टी हो जाएगी!'' इन्द्रा ने बच्चों की तरह बड़ी मासूमियत से कहा था और उस वक़्त उसके मुँह से वह बेहद बचपने की बात भी बड़ी अच्छी लगी थी।

और एक दिन...

एक दिन इन्द्रा घर आई थी। इधर-उधर से घूम-फिरकर वह चन्दर के कमरे में पहुँच गई थी और तब चन्दर ने पहली बार उसे बिलकुल अपने पास महसूस किया था और उसके माथे पर रंग से बिन्दी बना दी थी और कई क्षणों तक मुग्ध-सा देखता रह गया था। और अनजाने ही उसने होंठ इन्द्रा के माथे पर रख दिए थे। इन्द्रा की पलकें झेंप गई थीं और रोम-रोम से गन्ध फूट उठी थी। उसकी अँगुलियाँ चन्दर की बाँहों पर थरथराने लगी थीं और माथे पर आया पसीना उसके होंठों ने सोख लिया था। रेशमी रोएँ पसीने से चिपक गए थे और उन उन्माद के क्षणों में दोनों ने ही प्रतिज्ञा की थी...वह प्रतिज्ञा जिसमें शब्द नहीं थे, जो होंठों तक भी नहीं आई थी।

तब से उसे ये शब्द हमेशा याद रहते हैं, ''तुम क्या नहीं कर सकते।''

और तभी एक दूसरे नम्बर की बस आती है और ठिठककर चली जाती है। चन्दर को अहसास होता है कि वह बस-स्टॉप पर खड़ा है, वह गहरी पहचान...कहीं कोई तो है...और वह बहुत दूर भी तो नहीं।

इन्द्रा भी तो यहीं है दिल्ली में...

दो महीने पहले ही तो वह मिला था। तब भी इन्द्रा की आँखों में वह चार बरस पहले की पहचान थी और उसने अपने पति से किसी बात पर कहा था, ''अरे, चन्दर की आदतें मैं ख़ूब जानती हूँ।''

और इन्द्रा के पति ने बड़े खुले दिल से कहा था, ''तो फिर भई, इनकी ख़ातिर-वातिर करो...''

और इन्द्रा ने मुसकराते हुए चार बरस पहले की तरह चिढ़ाने के अन्दाज़ में बयान किया था, "चन्दर को दूध से चिढ़ है और कॉफ़ी इन्हें धुआँ पीने की तरह लगती है, चाय में अगर दूसरा चम्मच चीनी डाल दी गई तो इनका गला ख़राब हो जाएगा!" कहकर वह खिलखिलाकर हँस दी थी और इस बात से उसने पिछली बातों की याद ताज़ी कर दी थी...सचमुच चन्दर दो चम्मच चीनी नहीं पी सकता।

बस आने का नाम नहीं ले रही थी।

खड़े-खड़े चन्दर को लगा कि इन अनजानी और बिन जान-पहचान से भरी नगरी में एक इन्द्रा है जो उसे इतने सालों के बाद भी पहचानती है, अब तक जानती है। उसका मन अपने-आप इन्द्रा से मिलने के लिए छटपटाने लगा, ताकि यह अजनबीपन किसी तरह टूट सके...

तभी एक फटफटवाला आवाज़ लगाता हुआ आ जाता है—'गुरदारा रोड...करोल बाग, गुरदारा रोड!' चन्दर एक क़दम आगे बढ़ता है और वह सरदार उसे देखते ही जैसे एकदम पहचान जाता है, "आइए बाबूजी, करोलबाग-गुरदारा रोड।" उसकी आँखों में पहचान की झलक देखकर चन्दर का मन हल्का हो जाता है। आख़िर एक ने तो पहचाना। चन्दर सरदार को पहचानता है, बहुत बार वह इसी सरदार के फटफट में बैठकर कनॉट प्लेस आया है।

आँखों में पहचान देखते ही चन्दर लपककर फटफट पर बैठ जाता है। तीन सवारियाँ और आ जाती हैं और दस मिनट बाद ही गुरुद्वारा रोड के चौराहे पर फटफट रुकता है। चन्दर एक चवन्नी निकालकर सरदार की हथेली पर रख देता है और पहचान-भरी नज़रों से उसे देखता हुआ चलने लगता है।

तभी पीछे से आवाज़ आती है, "ऐ बाबूजी, कितना पैसा दिया है?" चन्दर मुड़कर देखता है तो सरदार उसकी तरफ़ आता हुआ कहता है, "दो आने और दीजिए, साहब!"

"हमेशा चार आने लगते हैं, सरदार जी!" चन्दर पहचान जताता हुआ कहता है, पर सरदार की आँखों में पहचान की परछाई तक नहीं है। वह फिर कहता है, "सरदारजी, आपके फटफट पर ही बीसों बार चार आने देकर आया हूँ।"

"किसे होरने लये होणगे चार आने...असी ते छै आने तों घट नहीं लेंदे, बादशाहो!" सरदार इस बार पंजाबी में बोला था और उसकी हथेली फैली हुई थी।

बात दो आने की नहीं थी। चन्दर ने बाक़ी पैसे उसकी हथेली पर रख दिए और इन्द्रा के घर की तरफ़ मुड़ गया।

और इन्द्रा उसे मिली तो वैसे ही। वह अपने पति का इन्तज़ार कर रही थी। बड़ी अच्छी तरह उसने चन्दर को बैठाया और बोली, "इधर कैसे भूल पड़े आज?" फिर आँखों में वही पहचान की परछाई तैर गई थी। कुछ क्षणों बाद इन्द्रा ने कहा था, "अब तो नौ बज रहे हैं, ये आठ ही बजे फैक्टरी बन्द करके लौट आते हैं, पता नहीं आज क्यों देर हो गई। अच्छा, चाय तो पियोगे?"

"चाय के लिए इनकार तो नहीं की जा सकती।" चन्दर ने बड़े उत्साह से कहा था और कुरसी पर आराम से टाँगें फैलाकर बैठ गया था। उसकी सारी थकान उतर गई थी और मन का अकेलापन डूब गया था।

नौकरानी आकर चाय रख गई। इन्द्रा ने प्याले सीधे करके चाय बनाई तो वह उसकी बाँहों, चेहरे और हाथों को देखता रहा...सब कुछ वही था, वैसा ही था...चिर-परिचित। तभी इन्द्रा ने पूछा, ''चीनी कितनी दूँ?''

और एक झटके से सब कुछ बिखर गया, उसका गला सूखने-सा लगा और शरीर फिर थकान से भारी हो गया। माथे पर पसीना आ गया। फिर भी उसने पहचान का रिश्ता जोड़ने की एक नाकाम कोशिश की और बोला, ''दो चम्मच।'' और उसे लगा कि अभी इन्द्रा को सब कुछ याद आ जाएगा और वह कहेगी कि दो चम्मच चीनी से अब गला ख़राब नहीं होता?

पर इन्द्रा ने प्याले में दो चम्मच चीनी डाल दी और उसकी ओर बढ़ा दिया। जहर के घूँटों की तरह वह चाय पीता रहा। इन्द्रा इधर-उधर की बातें करती रही पर उनमें उसे मेहमाननवाज़ी की बू लग रही थी और चन्दर का मन कर रहा था कि इन्द्रा के पास से किसी भी तरह भाग जाए और किसी दीवार पर अपना सिर पटक दे।

जैसे-तैसे उसने चाय पी और पसीना पोंछता हुआ बाहर निकल आया। इन्द्रा ने क्या-क्या बातें कीं, उसे बिलकुल याद नहीं।

सड़क पर निकलकर वह एक गहरी साँस लेता है और कुछ क्षणों के लिए खड़ा रह जाता है। उसका गला बुरी तरह सूख रहा है और मुँह का स्वाद बेहद बिगड़ा हुआ है।

चौराहे पर कुछ टैक्सी ड्राइवर नशे में ग़ालियाँ बक रहे हैं और एक कुत्ता दूर सड़क पर भागा चला जा रहा है। मछलियाँ तलने की गन्ध यहाँ तक आ रही है और पान वाले की दुकान पर कुछ जवान लोग कोकाकोला की बोतलें मुँह में लगाए खड़े हैं। स्कूटरों में कुछ लोग भागे जा रहे हैं। और शहर से दूर जानेवाले लोग बस-स्टॉप पर खड़े अब भी प्रतीक्षा कर रहे हैं।

कारें, टैक्सियाँ, बसें और स्कूटर आ-जा रहे हैं। चौराहे पर लगी बत्तियों की आँखें अब भी लाल-पीली हो रही हैं।

चन्दर थका-सा अपने घर की ओर लौट रहा है। चौराहे पर लगी बत्तियों की आँखें अब भी लाल-पीली हो रही हैं।

चन्दर थका-सा अपने घर की ओर लौट रहा है। अँगुलियों पर जूता काट रहा है और मोज़े की बदबू और भी तेज़ हो गई है।

आख़िर वह थका-हारा घर पहुँचता है और मेहमान की तरह कुरसी पर बैठ जाता है। यह कोई नई बात नहीं है। निर्मला उसे देखकर मुसकराती है और धीरे से बाँहों पर हाथ रखकर पूछती है, ''बहुत थक गए?''

''हाँ।'' चन्दर कहता है और उसे बहुत प्यार से देखता है। उसका मन भीतर से उमड़ आता है। वह किराए का मकान भी उस क्षण उसे राहत देता है और लगता है कि वह उसी का है।

निर्मला खाना लगाते हुए कहती है, ''हाथ-मुँह धो लो...''

''अभी खाने का मन नहीं है।'' चन्दर कहता है तो बहुत प्यार से देखते हुए पूछती है, ''क्यों, क्या बात है? सुबह भी तो खाकर नहीं गए थे, दोपहर में कुछ खाया था?''

''हाँ।'' वह कहता है और निर्मला को देखता रह जाता है।

निर्मला कुछ अचकचाती है और कुछ देर बाद थकी-सी उसके पास बैठ जाती है।

चन्दर कुछ देर खोई-खोई नज़रों से कमरे की हर चीज़ देखता रहता है, बीच-बीच में बड़ी गहरी नज़रों से निर्मला को ताकता है। निर्मला कोई किताब खोलकर पढ़ने लगती है और चन्दर उसे देखे जा रहा है।

पीछे से पड़ती हुई रोशनी में निर्मला के बाल रेशम की तरह चमक रहे हैं, उसकी बरौनियाँ मुलायम काँटों की तरह लग रही हैं और कनपटी के पास रेशमी बालों के सिरे अपने-आप घूम गए हैं। पलक के नीचे पड़ती हुई परछाई बहुत पहचानी-सी लग रही है। उसने कड़ा आधी कलाई तक सरका लिया है।

चन्दर की निगाहें उसके अंग-प्रत्यंग में पुरानी पहचान खोज रही हैं, उसके नाख़ून, अँगुलियाँ और कानों की गुदारी लवें...

उठकर वह परदे खींच देता है और आराम से लेट जाता है। उसे लगता है कि वह अकेला नहीं है। अजनबी और तनहा नहीं है। सामनेवाला गुलदस्ता उसका अपना है, पड़े हुए कपड़े उसके अपने हैं, उनकी गन्ध वह पहचानता है।

इन सभी चीज़ों में एक गहरी पहचान है। घोर अँधेरी रात में भी वह उन्हें टटोल कर पहचान सकता है। किसी भी दरवाज़े से बिना टकराए निकल सकता है।

...तभी ज़ीने पर गुलाटी के थके क़दमों की खोखली आहट सुनाई पड़ती है और उसे घबराहट-सी होती है। वह धीरे-से निर्मला को अपने पास बुला लेता है। उसे लिटाकर छाती पर हाथ रख लेता है।

कई क्षणों तक वह उसकी साँस से उठती-बैठती छाती को महसूस करता है...और चाहता है कि निर्मला के शरीर का अंग-अंग और मन की हर धड़कन उसे पहचान की साक्षी दे...गहरी आत्मीयता और निर्बन्ध एकता का अहसास दे...

अँधेरे ही में वह उसके नाख़ूनों को टटोलता है, उसकी पलकों को छूता है, उसकी गरदन में मुँह छिपाकर खो जाना चाहता है, धुले हुए बालों की चिर-परिचित गन्ध उसके रन्ध्र-रन्ध्र में रिसने लगती है और उसके हाथ पहचान के लिए पोर-पोर पर थरथराते हुए सरकते हैं। निर्मला की साँस भारी हो आती है।

वह उसकी मांसल बाँहों को महसूस करता है और गोल गुदारे कन्धों पर हाथ से थपथपाता रहता है, निर्मला के शरीर का अंग-अंग अनूठे अनुराग से खींचता-सा आता है। उसका रोम-रोम उसे पहचान रहा था, जोड़-जोड़ कसाव से पूरित था, तन के भीतर गरम रक्त के ज्वार उठ रहे थे और हर साँस पास खींचती जा रही थी। अंग-प्रत्यंग में, पोर-पोर में गहरी पहचान थी...

तभी बिशन कपूर की खिड़की में उजाला होता है और धुआँ सलाखों से लिपट-लिपटकर गली के अँधेरे में डूबने लगता है।

और उसका तनहा मन तनहाइयों को छोड़कर उस परिचित गन्ध, परिचित साँसों और पहचाने स्पर्शों में डूबता जाता है। उसे और कुछ भी नहीं चाहिए...परिचय की एक माँग है और उस अँधेरे में वह साँसों से, गन्ध से, तन के टुकड़े-टुकड़े से पहचान चाहता है, पुरानी प्रतीति चाहता है।

चारों तरफ़ सन्नाटा छा जाता है।

और उस ख़ामोशी में वह आश्वस्त होता है...वह दोनों बाँहों में उसे भर लेता है, ज्वार और उठता है, तन की गरमाहट और बढ़ती है और रन्ध्र-रन्ध्र में एकता का सागर लहराने लगता है।

धीरे-धीरे निर्मला की तेज़ साँसें धीमी पड़ती हैं और चुम्बकीय कशिश ढीली पड़ जाती है। खिंचाव टूटने लगता है और अंगों के ज्वार उतरने लगते हैं...

चन्दर कसकर उसकी बाँहों को जकड़े रहता है...उतरता हुआ ज्वार उसे फिर अकेला छोड़े जा रहा है...अनजान तटों पर छोड़ी हुई सीपी की तरह।

निर्मला अपनी दबी हुई बाँह निकाल लेती है और गहरी साँस लेकर ढीली-सी लेट जाती है।

धीरे-धीरे सब कुछ सो जाता है और रात बहुत नीचे उतर आती है। कहीं कोई आवाज़ नहीं, कोई आहट नहीं।

धीरे-से निर्मला करवट बदलती है और दूसरी ओर मुँह करके गहरी नींद में डूब जाती है।

करवट बदलकर लेटी हुई निर्मला को वह अलसाया-सा देखता रहता है...

और चन्दर फिर अपने को बेहद अकेला महसूस करता है...वह निर्मला के कन्धे पर हाथ रखता है, चाहता है कि उसकी करवट बदल दे, पर उसकी अँगुलियाँ बेजान होकर रह जाती हैं। कुछ क्षण वह अँधेरे में ही निर्मला को उधर मुँह किए लेटा हुआ देखता है और हताश-सा ख़ुद भी लेट जाता है। पता नहीं कब उसकी पलकें झपक जाती हैं...

और फिर बहुत देर बाद थाने का घड़ियाल दो के घंटे बजाता है और उसकी नींद उचट जाती है। नींद के खुमार में ही वह चौंक-सा पड़ता है। कमरे की ख़ामोशी और सूनेपन से उसे डर-सा लगता है। अँधेरे में ही वह निर्मला को टटोलता है, तकिये पर बिखरे उसके बालों पर उसका हाथ पड़ता है और वह उन बालों की चिकनाई को महसूस करता है...सिर झुकाकर वह उन्हें सूँघता है...

फिर निर्मला पर हाथ रखता है—उसके गोल कन्धों को छूता है...वह स्पर्श भी पहचाना हुआ है...धीरे-धीरे वह उसके पूरे शरीर को पहचानने के लिए टटोलता है और उसकी साँसों की हल्की आवाज़ को सुनने और पहचानने की कोशिश करता है।

निर्मला अब भी करवट लिए पड़ी थी। वह धीरे से नींद में कुनमुनाती है। चन्दर का दिल धक् से रह जाता है। कहीं निर्मला जाग न जाए, अनजाने ही इस स्पर्श से अजनबियों की तरह चौंक न जाए।

निर्मला सोते-सोते एक बार रुक-रुककर साँस लेती है, जैसे उसे डर-सा लग रहा हो...या कोई भयंकर सपना देख रही हो...चन्दर सुन्न-सा रह जाता है...क्या वह उसके स्पर्श को नहीं पहचानती?

और फिर निर्मला को झकझोरकर वह उठाता है, "निर्मला...निर्मला..." वह बदहवासी में कहता है।

निर्मला चौंककर उठती है और आँखें मलते हुए प्रकृतिस्थ होने की कोशिश करती है।

और बिजली जलाकर वह निर्मला को दोनों कन्धों से पकड़कर अपना मुँह उसके सामने करके डरी हुई आवाज़ में पूछता है, "मुझे पहचानती हो? मुझे पहचानती हो, निर्मला?"

निर्मला आँखें फाड़े देखती रह जाती है, धीरे-से आश्चर्य-भरे स्वर में कहती है, "क्या हुआ?"

और वह निर्मला को ताकता रह जाता है। उसकी आँखें उसके चेहरे पर कुछ खोजती रह जाती हैं।

गुलकी बन्नो

धर्मवीर भारती

"ऐ मर कलमुँहे!" अकस्मात् घेघा बुआ ने कूड़ा फेंकने के लिए दरवाज़ा खोला और चौतरे पर बैठे मिरवा को गाते हुए देखकर कहा, "तोरे पेट में फोनोगिराफ़ उलियान बा का, जौन भिनसार भवा कि तान तौड़े लाग! राम जानै, रात के कैसन एकरा दीदा लागत है!" मारे डर के कि कहीं घेघा बुआ सारा कूड़ा उसी के सिर पर न फेंक दें, मिरवा थोड़ा खिसक गया और ज्यों ही घेघा बुआ अन्दर गई कि फिर चौतरे की सीढ़ी पर बैठ, पैर झुलाते हुए मिरवा ने उलटा-सुलटा गाना शुरू किया, "तुमे बछ याद कलते अम छनम तेली कछम!" मिरवा की आवाज़ सुनकर जाने कहाँ से झबरी कुतिया भी कान-पूँछ झटकारते आ गई और नीचे सड़क पर बैठकर मिरवा का गाना बिलकुल उसी अन्दाज़ में सुनने लगी, जैसे हिज़ मास्टर्स वायस के रिकॉर्ड पर तसवीर बनी होती है।

अभी सारी गली में सन्नाटा था। सबसे पहले मिरवा (असली नाम मिहिरलाल) जागता था और आँख मलते-मलते घेघा बुआ के चौतरे पर आ बैठता था। उसके बाद झबरी कुतिया, फिर मिरवा की छोटी बहन मटकी और उसके बाद एक-एक कर गली के तमाम बच्चे—खोंचेवाली का लड़का मेवा, ड्राइवर साहब की लड़की निरमल, मनीजर साहब के मुन्ना बाबू—सभी आ जुटते थे। जब से गुलकी ने घेघा बुआ के चौतरे पर तरकारियों की दुकान रखी थी, तब से यह जमावड़ा वहाँ होने लगा था। उसके पहले बच्चे हकीमजी के चौतरे पर खेलते थे। धूप निकलते-निकलते गुलकी सट्टी से तरकारियाँ ख़रीदकर अपनी कुबड़ी पीठ पर लादे, डंडा टेकती आती और अपनी दुकान फैला देती। मूरी, नीबू, कद्दू, लौकी, घिया-बंडा, कभी-कभी सस्ते फल! मिरवा और मटकी जानकी उस्ताद के बच्चे थे, जो एक भयंकर रोग में गल-गलकर मरे थे और दोनों बच्चे भी विकलांग, विक्षिप्त और रोगग्रस्त पैदा हुए थे। सिवा झबरी कुतिया के और कोई उनके पास नहीं बैठता था और सिवा गुलकी के कोई उन्हें अपनी देहरी या दुकान पर चढ़ने नहीं देता था।

आज भी गुलकी को आते देखकर सबसे पहले मिरवा गाना छोड़कर बोला, "छलाम गुलको!" और मटकी अपने बढ़े हुए तिल्लीवाले पेट पर से खिसकता हुआ जाँघिया सँभालते हुए बोली, "एक ठो मूली दै देव, ए गुलकी!" गुलकी पता नहीं किस बात से खीजी हुई थी कि उसने मटकी को झिड़क दिया और अपनी दुकान लगाने लगी। झबरी भी पास गई कि गुलकी ने डंडा उठाया। दुकान लगाकर गुलकी अपनी कुबड़ी पीठ दुहराकर बैठ गई और जाने किसे बुड़बुड़ाकर गालियाँ देने लगी। मटकी एक क्षण चुपचाप खड़ी रही, फिर उसने रट लगाना शुरू

किया, ''एक मूरी! ए गुलकी, एक!'' गुलकी ने फिर झिड़का तो चुप हो गई और अलग हटकर लोलुप नेत्रों से सफ़ेद धुली हुई मूलियों की ओर देखने लगी। इस बार वह बोली नहीं। चुपचाप उन मूलियों की ओर हाथ बढ़ाया ही था कि गुलकी चीखी, ''हाथ हटाओ! छूना मत। कोढ़िन, कहीं खाने-पीने की चीज़ देखी कि जोंक की तरह चिपक गई, चल उधर!'' मटकी पहले तो पीछे हटी, पर फिर उसकी तृष्णा ऐसी अदम्य हो गई कि उसने हाथ बढ़ाकर एक मूली खींची। गुलकी का मुँह तमतमा उठा और उसने बाँस की खपच्ची उठाकर उसके हाथ पर चट से मारी! मूली नीचे जा गिरी और 'हाय! हाय! हाय!' कर दोनों हाथ झटकते हुए मटकी पाँव पटक-पटककर रोने लगी।

''जाओ, अपने घर रोओ! हमारी दुकान पर मरने को गली-भर के बच्चे हैं,'' गुलकी चीखी।

''दुकान दैके हम बिपता मोल लै लिया। छन-भर पूजा-भजन में भी कचर धाँव मची रहती है!'' अन्दर से घेघा बुआ ने स्वर मिलाया। खासा हंगामा मच गया कि इतने में झबरी भी खड़ी हो गई और लगी उदात्त स्वर में भूँकने।

''लेफ़्ट राइट! लेफ़्ट राइट!'' चौराहे पर तीन-चार बच्चों का जलूस चला आ रहा था। आगे-आगे दर्जा 'ब' में पढ़नेवाले मुन्ना बाबू नीम की संटी को झंडे की तरह थामे जलूस का नेतृत्व कर रहे थे, पीछे थे मेवा और निरमल। जलूस आकर दुकान के सामने रुक गया। गुलकी सतर्क हो गई। दुश्मन की ताक़त बढ़ गई थी।

मटकी सिसकते-सिसकते बोली, ''हमके गुलकी मारिस है हाय! हाय! हमके नरिया में ढकेल दिहिस। अरे बाप रे!'' निरमल, मेवा, मुन्ना सब पास आकर उसकी चोट देखने लगे। फिर मुन्ना ने ढकेलकर सबको पीछे हटा दिया और संटी लेकर तनकर खड़े हो गए, ''किसने मारा है इसे?''

''हम मारा है!'' कुबड़ी गुलकी ने बड़े कष्ट से खड़े होकर कहा, ''का करौगे? हमें मारौगे!''

''मारेंगे क्यों नहीं?'' मुन्ना बाबू ने अकड़कर कहा। गुलकी इसका कुछ जवाब देती, कि बच्चे पास घिर आए। मटकी ने जीभ निकालकर मुँह बिराया। मेवा ने पीछे जाकर कहा, ''ए कुबड़ी, ए कुबड़ी, अपना कूबड़ दिखाओ!'' और एक मुट्ठी धूल उसकी पीठ पर छोड़कर भागा। गुलकी का मुँह तमतमा आया और रुँधे गले से कराहते हुए उसने पता नहीं क्या कहा, किन्तु उसके चेहरे पर भय की छाया बहुत गहरी हो गई थी। बच्चे सब एक-एक मुट्ठी धूल लेकर शोर मचाते हुए दौड़े, कि अकस्मात् घेघा बुआ का स्वर सुनाई पड़ा, ''ए मुन्ना बाबू, जात हौ कि अबहिन बहनजी का बुलाय के दुइ-चार कनेठी दिलवाई!''

''जाते तो हैं!'' मुन्ना ने अकड़ते हुए कहा, ''ए मिरवा, बिगुल बजाओ।'' मिरवा ने दोनों हाथ मुँह पर रखकर कहा, 'धुतु धुतु धू।' जलूस चल पड़ा और कप्तान ने नारा लगाया—

'अपने देश में अपना राज!
गुलकी की दुकान बाईकाट!'

नारा लगाते हुए जलूस गली में मुड़ गया। कुबड़ी ने आँसू पोंछे, तरकारी पर से धूल झाड़ी और साग पर पानी के छींटे देने लगी।

गुलकी की उम्र ज़्यादा नहीं थी। यही हद से हद 25-26, पर चेहरे पर झुर्रियाँ आने लगी थीं और कमर के पास से वह इस तरह दोहरी हो गई थी, जैसे 80 वर्ष की बुढ़िया हो। बच्चों ने जब पहली बार उसे मुहल्ले में देखा तो उन्हें ताज्जुब भी हुआ और थोड़ा भय भी। कहाँ से

आई ? कैसे आ गई ? पहले कहाँ थी ? उसका उन्हें कुछ अनुमान नहीं था। निरमल ने ज़रूर अपनी माँ को उसके पिता ड्राइवर से रात को कहते हुए सुना, ''यह मुसीबत और खड़ी हो गई। मरद ने निकाल दिया तो हम थोड़े ही यह ढोल गले बाँधेंगे। बाप अलग हम लोगों का रुपया खा गया। सुना, चल बसा तो कहीं मकान हम लोग न दख़ल कर लें तो मरद को छोड़कर चली आई। ख़बरदार जो चाभी दी तुमने।''

''क्या छोटेपन की बात करती हो ! रुपया उसके बाप ने ले लिया तो क्या हम उसका मकान मार लेंगे ? चाभी हमने दे दी है। दस-पाँच दिन का नाज-पानी भेज दो उसके यहाँ।''

''हाँ-हाँ, सारा घर उठाके भेज देव। सुन रही हो घेघा बुआ!''

''तो का भवा बहू, अरे निरमल के बाबू से तो एकरे बाप की दाँतकाटी रही।'' घेघा बुआ की आवाज़ आई, ''बेचारी बाप की अकेली सन्तान रही। एही के बियाह में मटियामेट हुई गवा। पर ऐसे कसाई के हाथ में दिहिस कि पाँचै बरस में कूबड़ निकर आवा।''

''साला यहाँ आवे तो हंटर से ख़बर लूँ मैं।'' ड्राइवर साहब बोले, ''पाँच बरस बाद बाल-बच्चा हुआ। अब मरा हुआ बच्चा पैदा हुआ तो उसमें इसका क्या कसूर ? साले ने सीढ़ी से ढकेल दिया। ज़िन्दगी-भर के लिए हड्डी ख़राब हो गई न। अब कैसे गुज़ारा हो उसका ?''

''बेटवा, इसको दुकान खुलवाय देव। हमरा चौतरा ख़ाली पड़ा है। यही रुपया- दुई रुपया किरावा दै देवा करै, दिन-भर अपना सौदा लगाय ले। हम का मना करित हैं ? एत्ता बड़ा चौतरा मुहल्लेवालन के काम न आई तो का हम छाती पर धै लै जाब! पर हाँ, मुला रुपया दै देवा करै।''

दूसरे दिन यह सनसनीखेज ख़बर बच्चों में फैल गई। वैसे तो हकीमजी का चबूतरा बड़ा था, पर वह कच्चा था, उस पर छाजन नहीं थी। बुआ का चौतरा लम्बा था, उस पर पत्थर जड़े थे। लकड़ी के खम्भे थे। उस पर टीन छाई थी। कई खेलों की सुविधा थी। खम्भों के पीछे किल-किल काँटे की लकीरें खींची जा सकती थीं। एक टाँग से उचक-उचककर बच्चे चिबिड्डी खेल सकते थे। पत्थर पर लकड़ी का पीढ़ा रखकर नीचे से मुड़ा हुआ तार घुमाकर रेलगाड़ी चला सकते थे। जब गुलकी ने अपनी दुकान के लिए चबूतरे के खम्भों में बाँस बाँधे तो बच्चों को लगा कि उनके साम्राज्य में किसी अज्ञात शत्रु ने आकर क़िलेबन्दी कर ली है। वे सहमे हुए दूर से कुबड़ी गुलकी को देखा करते थे। निरमल ही उसकी एकमात्र संवाददाता थी और निरमल का एकमात्र विश्वस्त सूत्र था उसकी माँ। उससे जो सुना था, उसके आधार पर निरमल ने सबको बताया था कि यह चोर है। इसका बाप 100 रुपया चुराकर भाग गया। यह भी उसके घर का सारा रुपया चुराने आई है। ''रुपया चुराएगी तो यह भी मर जाएगी।'' मुन्ना ने कहा, ''भगवान सबको दंड देता है।'' निरमल बोली, ''सुसराल में भी रुपया चुराई होगी।'' मेवा बोला, ''अरे कूबड़ थोड़े है। ओही रुपया बाँधे है पीठ पर। मनसेधू का रुपया है।'' ''सचमुच ?'' निरमल ने अविश्वास से कहा। ''और नहीं क्या! कूबड़ थोड़े है। है तो दिखावै!'' मुन्ना द्वारा उत्साहित होकर मेवा पूछने ही जा रहा था कि देखा, साबुनवाली सत्ती खड़ी बात कर रही है गुलकी से—कह रही थी, ''अच्छा किया तुमने! मेहनत से दुकान करो। अब कभी थूकने भी न जाना उसके यहाँ। हरामज़ादा दूसरी औरत कर ले, चाहे दस और कर ले। सबका ख़ून उसी के माथे चढ़ेगा। यहाँ कभी आवे तो कहलाना मुझसे। इसी चाकू से दोनों आँखें निकाल लूँगी।''

बच्चे डरकर पीछे हट गए। चलते-चलते सत्ती बोली, "कभी रुपए-पैसे की ज़रूरत हो तो बताना बहिन!"

कुछ दिन बच्चे डरे रहे। पर अकस्मात् उन्हें यह सूझा कि सत्ती को गुलकी डराने के लिए बुलाती है। इसने उनके गुस्से में घी का काम किया। पर कर क्या सकते थे? अन्त में उन्होंने एक तरीक़ा ईज़ाद किया। वे एक बुढ़िया का खेल खेलते थे। उसको उन्होंने संशोधित किया। मटकी को लैमजूस देने का लालच देकर कुबड़ी बनाया गया। वह उसी तरह पीठ दोहरी करके चलने लगी। बच्चों ने सवाल-जवाब शुरू किए—

"कुबड़ी-कुबड़ी का हेराना?"
"सुई हिरानी।"
"सुई लैके का करबे?"
"कन्था सीबै!"
"कन्था सीके का करबे?"
"लकड़ी लाबै।"
"लकड़ी लाय के का करबे?"
"भात पकइबै!'
"भात पकाय के का करबे?"
"भात खाबै!"
"भात के बदले लात खाबे?"

और इसके पहले कि कुबड़ी बनी हुई मटकी कुछ कह सके, वे उसे ज़ोर से लात मारते और मटकी मुँह के बल गिर पड़ती; उसकी कोहनियाँ और घुटने छिल जाते; आँख में आँसू आ जाते और होंठ दबाकर वह रुलाई रोकती, बच्चे ख़ुशी से चिल्लाते, "मार डाला कुबड़ी को! मार डाला कुबड़ी को!" गुलकी यह सब देखती और मुँह फेर लेती।

एक दिन जब इसी प्रकार मटकी को कुबड़ी बनाकर गुलकी की दुकान के सामने ले गए तो इसके पहले कि मटकी जवाब दे, उन्होंने अनचित्त में उसे इतनी ज़ोर से ढकेल दिया कि वह कुहनी भी न टेक सकी और सीधे मुँह के बल गिरी। नाक, होंठ और भौंह ख़ून से लथपथ हो गए। वह 'हाय! हाय' कर इस बुरी तरह चीखी कि लड़के 'कुबड़ी मर गई!' चिल्लाते हुए भी सहम गए और हतप्रभ हो गए। अकस्मात् उन्होंने देखा कि गुलकी उठी। वे जान छोड़कर भागे। पर गुलकी उठकर आई, मटकी को गोद में लेकर पानी से उसका मुँह धोने लगी और धोती से ख़ून पोंछने लगी। बच्चों ने पता नहीं क्या समझा, कि वह मटकी को मार रही है, या क्या कर रही है कि वे अकस्मात् उस पर टूट पड़े। गुलकी की चीखें सुनकर मुहल्ले के लोग आए तो उन्होंने देखा कि गुलकी के बाल बिखरे हैं, दाँत से ख़ून बह रहा है, अधउघारी चबूतरे के नीचे पड़ी है, और सारी तरकारी सड़क पर बिखरी है। घेघा बुआ ने उसे उठाया, धोती ठीक की और बिगड़कर बोली, "औकात रत्ती भर नै और तेहा पौवा भर। आपन बखत देख के चुप नै रहा जाता। काहे लड़कन के मुँह लगत हौ?" लोगों ने पूछा तो कुछ नहीं बोली, जैसे उसे पाला मार गया हो! उसने चुपचाप अपनी दुकान ठीक की और दाँत से ख़ून पोंछा, कुल्ला किया और बैठ गई।

उसके बाद अपने उस कृत्य से बच्चे जैसे ख़ुद सहम गए थे। बहुत दिन तक वे शान्त रहे। आज जब मेवा ने उसकी पीठ पर धूल फेंकी तो जैसे उसे ख़ून चढ़ गया, पर फिर न जाने वह

क्या सोचकर चुप रह गई और जब नारा लगाते हुए जलूस गली में मुड़ गया तो उसने आँसू पोंछे, पीठ पर से धूल झाड़ी और साग पर पानी छिड़कने लगी। ''लड़के का हैं गल्ली के, राच्छस हैं!'' घेघा बुआ बोली।

''अरे उन्हें काहे कहो बुआ! हमारा भाग ही खोटा है।'' गुलकी ने गहरी साँस लेकर कहा।...

इस बार जो झड़ी लगी तो पाँच दिन तक लगातार सूरज के दर्शन नहीं हुए। बच्चे सब घर में कैद और गुलकी कभी दुकान लगाती थी, कभी नहीं। राम-राम करके छठवें दिन तीसरे पहर झड़ी बन्द हुई। बच्चे हकीमजी के चौतरे पर जमा हो गए। मेवा बिलबोटी बीन लाया था और निरमल ने टपकी हुई निमकौड़ियाँ बीनकर एक दुकान लगा ली थी और गुलकी की तरह आवाज़ लगा रही थी, ''ले खीरा, आलू, मूरी, घिया-बंडा!'' थोड़ी देर में काफ़ी शिशु ग्राहक दुकान पर जुट गए। अकस्मात् शोरगुल को चीरता हुआ बुआ के चौतरे से गीत का स्वर उठा। बच्चों ने घूमकर देखा, मिरवा और मटकी गुलकी की दुकान पर बैठे हैं। मटकी खीरा खा रही है और मिरवा झबरी का सर अपनी गोद में रखे बिलकुल उसकी आँखों में आँखें डालकर गा रहा है, ''सनम तेरी कसम...।''

तुरन्त मेवा गया और पता लगाकर आया कि गुलकी ने दोनों को एक-एक अधन्ना दिया है और दोनों मिलकर झबरी कुतिया के कीड़े निकाल रहे हैं। चौतरे पर हलचल मच गई और मुन्ना ने कहा, ''निरमल! मिरवा मटकी को एक भी निमकौड़ी मत देना। रहे उसी कुबड़ी के पास।''

''हाँ जी!'' निरमल ने आँखें चमकाकर गोल मुँह करके कहा, ''हमार अम्मा कहत रही उन्हें छूओ न। न साथ खायो, न खेलो। उन्हें बड़ी बुरी बीमारी है।''

''आक थू!'' मुन्ना ने उनकी ओर देखकर उबकाई-जैसा मुँह बनाकर थूक दिया।

गुलकी बैठी-बैठी सब समझ रही थी और जैसे इस निरर्थक घृणा में उसे कुछ रस-सा आने लगा था। उसने मिरवा से कहा, ''तुम दोनों मिल के गाओ तो एक अधन्ना दें। ख़ूब ज़ोर से!'' दोनों भाई-बहन ने गाना शुरू किया—'माल कताली मल जाना, पर अकियाँ किछी से....' अकस्मात् फटाक से दरवाज़ा खुला और एक लोटा पानी दोनों के ऊपर फेंकती हुई घेघा बुआ गरजी, ''दुर कलमुँहे! अबहिन बित्तौभर के नाहीं ना और पतुरियन के गाना गावै लागे। न बहिन का ख़याल, न बिटिया का। और ए कुबड़ी। हम तुहूँ से कहे देइत है कि हम चकला-खाना खोलै के बरे अपना चौतरा नहीं दिया रहा। हुँह! चली हुआँ से मुजरा करावै।''

गुलकी ने उधर पानी छिटकाते हुए कहा, ''बुआ, बच्चे हैं। गा रहे हैं। कौन कसूर हो गया!''

''ऐ हाँ! बच्चे हैं। तुहूँ तो दूध पियत बच्ची हौ। कह दिया ज़बान न लड़ायो हमसे; हाँ! हम बहुतै बुरी हैं। एक तो पाँच महीने से किरावा नाहीं दियो और हियाँ दुनिया-भर के अंधे कोढ़ी बटुरे रहत हैं। चलौ उठाओ अपनी दुकान हियाँ से। कल से न देखी हियाँ तुम्हें। राम! राम! सब अधरम की सन्तान राच्छस पैदा भये मुहल्ले में! धरतियौ नाहीं फाटत कि मर बिलाय जायँ।''

गुलकी सन्न रह गई। उसने किराया सचमुच पाँच महीने से नहीं दिया था। बिक्री ही नहीं थी। मुहल्ले में कोई उससे कुछ लेता ही नहीं था, पर इसके लिए बुआ उसे निकाल देंगी, वह उसे कभी आशा नहीं थी। वैसे ही महीने में 20 दिन भूखी सोती थी। धोती में दस-दस पैबन्द थे। मकान गिर चुका था। एक दालान में थोड़ी-सी जगह में वह सो जाती थी। पर दुकान तो वहाँ रखी नहीं जा सकती। उसने चाहा कि वह बुआ के पैर पकड़ ले, मिन्नत कर ले। पर बुआ ने जितनी ज़ोर से दरवाज़ा खोला था, उतनी ही ज़ोर से बन्द कर दिया। जब से चौमासा आया

था, पुरवाई बही थी, उसकी पीठ में भयानक पीड़ा उठती थी। उसके पाँव काँपते थे। सट्टी में उस पर उधार बुरी तरह चढ़ गया था। पर अब होगा क्या? वह मारे खीज के रोने लगी।

इतने में कुछ खटपट हुई और उसने घुटनों से मुँह उठाकर देखा कि मौक़ा पाकर मटकी ने एक ताज़ा फूट निकाल लिया है और मरभुखी की तरह उसे हबर-हबर खाती जा रही है। एक क्षण वह उसके फूलते-पिचकते पेट को देखती रही, फिर ख़याल आते ही कि फूट पूरे 10 पैसे का है, वह उबल पड़ी और सड़ासड़ तीन-चार खपच्ची मारते हुए बोली, "चोट्टी! कुतिया! तोरे बदन में कीड़ा पड़ै!" मटकी के हाथ से फूट गिर पड़ा, पर वह नाली में से फूट के टुकड़े उठाते हुए भागी। न रोई, न चीखी, क्योंकि मुँह में भी फूट भरा था। मिरवा हक्का-बक्का इस घटना को देख रहा था कि गुलकी उसी पर बरस पड़ी। सड़-सड़ उसने मिरवा को मारना शुरू किया, "भाग यहाँ से। हरामज़ादे।" मिरवा दर्द से तिलमिला उठा, "हमला पइछा देव तो जाई।" "देते हैं पैसा, ठहर तो!" सड़! सड़!...रोता हुआ मिरवा चौतरे की ओर भागा।

निरमल की दुकान पर सन्नाटा छाया था। सब चुप उसी ओर देख रहे थे। मिरवा ने आकर कुबड़ी की शिकायत मुन्ना से की। मुन्ना चुप रहा। फिर मेवा की ओर घूमकर बोला, "मेवा, बता दो इसे!" मेवा पहले हिचकिचाया, फिर बड़ी मुलायमियत से बोला, "मिरवा, तुम्हें बीमारी हुई है न! तो हम लोग अब तुम्हें नहीं छुएँगे। साथ नहीं खिलाएँगे। तुम उधर बैठ जाओ।"

"हम बिमाल हैं मुन्ना?"

मुन्ना कुछ पिघला, "हाँ, हमें छुओ मत। निमकौड़ी ख़रीदना हो तो उधर बैठ जाओ, हम दूर से फेंक देंगे! समझे!" मिरवा समझ गया, सर हिलाया और अलग जाकर बैठ गया। मेवा ने निमकौड़ी उसके पास रख दी और वह चोट भूलकर पकी निमकौड़ी का बीजा निकालकर छीलने लगा।

इतने में ऊपर से घेघा बुआ की आवाज़ आई, "ऐ मुन्ना! तईं तू लोग परे हो जाओ! अबहिन पानी गिरी ऊपर से।" बच्चों ने ऊपर देखा। तिछत्ते पर घेघा बुआ कछोटा मारे पानी में छपछप करती घूम रही थी। कूड़े से तिछत्ते की नाली बन्द थी और पानी भरा था। जिधर बुआ खड़ी थी, उसके ठीक नीचे गुलकी का सौदा था। बच्चे वहाँ से दूर थे, पर गुलकी को सुनाने के लिए बात बच्चों से कही गई थी। गुलकी कराहती हुई उठी। कूबड़ की वजह से वह तनकर तिछत्ते की ओर देख भी नहीं सकती थी। उसने धरती की ओर देखकर ऊपर बुआ से कहा, "इधर की नाली काहे खोल रही हो? उधर की नाली खोलो न!"

"काहे इधर की खोली! उधर हमारी चौका है कि नै!"

"इधर हमार सौदा लगा है।"

"ऐ है!" बुआ हाथ चमकाकर बोली, "सौदा लगा है रानी साहब का! किरावा देय के दाईं हियाव फाटत है और टर्राय के दाईं नटई में गामा पहलवान का ज़ोर तो देखो! सौदा लगा है तो हम का करी? नारी तो इहै खुली!"

"खोलौ तो देखैं।" अकस्मात् गुलकी ने तड़पकर कहा। आज तक किसी ने उसका स्वर नहीं सुना था, "पाँच महीने का दस रुपया नहीं दिया, बेशक, पर हमारे घर की धन्नी निकाल के बसन्तू के हाथ किसने बेचा? तुमने! पच्छिम ओर का दरवाज़ा चिरवाके किसने जलवाया? तुमने। हम ग़रीब हैं। हमरा बाप नहीं है। सारा मुहल्ला मिलके हमें मार डालो।"

"हमें चोरी लगाती है। अरे, कल की पैदा हुई।" बुआ मारे ग़ुस्से के खड़ी बोली बोलने लगी थी।

बच्चे चुप खड़े थे। वे कुछ-कुछ सहमे हुए थे। कुबड़ी का यह रूप उन्होंने कभी न देखा, न सोचा था।

"हाँ! हाँ! हाँ! तुमने, ड्राइवर चाचा ने, चाची ने, सबने मिलके हमारा मकान उजाड़ा है। अब हमारी दुकान बहाव देव। देखेंगे हम भी। निरबल के भी भगवान हैं!"

"ले! ले! ले! भगवान हैं तो ले!" और बुआ ने पागलों की तरह दौड़कर नाली में जमा कूड़ा लकड़ी से ठेल दिया। छह इंच मोटी गन्दे पानी की धार धड़-धड़ करती हुई उसकी दुकान पर गिरने लगी। तरोइयाँ पहले नाली में गिरीं, फिर मूली, खीरे, साग, अदरक उछल-उछलकर दूर जा गिरे। गुलकी आँखें फाड़े पागल-सी देखती रही और फिर दीवार पर सर पटककर हृदय विदारक स्वर में डकराकर रो पड़ी, "अरे मोर बाबू—हमें कहाँ छोड़ गए—अरे मोरी माई! पैदा होते ही हमें क्यों नहीं मार डाला! अरे धरती मैया, हमें काहे नहीं लील लेतीं!"

सर खोले, बाल बिखरे, छाती कूट-कूटकर वह रो रही थी और तिछत्ते का पिछले नौ दिन का जमा पानी धड़-धड़-धड़-धड़ गिर रहा था।

बच्चे चुप खड़े थे। अब तक तो जो हो रहा था, उनकी समझ में आ रहा था। पर आज यह क्या हो गया, यह उनकी समझ में नहीं आ सका। पर वे कुछ बोले नहीं। सिर्फ़ मटकी उधर गई और नाली में बहता हुआ एक मोटा खीरा निकालने लगी कि मुन्ना ने डाँटा, "ख़बरदार! जो कुछ चुराया।" मटकी पीछे हट गई। वे सब किसी अप्रत्याशित भय, संवेदना या आशंका से जुड़-बटुरकर खड़े हो गए। सिर्फ़ मिरवा अलग सर झुकाए खड़ा था। झींसी फिर पड़ने लगी थी और वे एक-एक कर अपने घर चले गए।

दूसरे दिन चौतरा ख़ाली था। दुकान का बाँस उखड़वाकर बुआ ने नाँद में गाड़कर उस पर तुरई की लतर चढ़ा दी थी। उस दिन बच्चे आए, पर उनकी हिम्मत उस चौतरे पर जाने की नहीं हुई, जैसे वहाँ कोई मर गया हो! बिलकुल सुनसान चौतरा था और फिर तो ऐसी झड़ी लगी कि बच्चों का निकलना बन्द। चौथे या पाँचवें दिन रात को भयानक वर्षा तो हो ही रही थी, पर बादल भी ऐसे गरज रहे थे कि मुन्ना अपनी खाट से उठकर अपनी माँ के पास घुस गया। बिजली चमकते ही जैसे कमरा रोशनी से नाच-नाच उठता था। छत पर बूँदों की पटर-पटर कुछ धीमी हुई, थोड़ी हवा भी चली और पेड़ों का हर-हर सुनाई पड़ा कि इतने में धड़-धड़-धड़ धड़ाम! भयानक आवाज़ हुई। माँ भी चौंक पड़ी। पर उठी नहीं। मुन्ना आँखें खोले अँधेरे में ताकने लगा। सहसा लगा, मुहल्ले में कुछ लोग बातचीत कर रहे हैं। घेघा बुआ की आवाज़ सुनाई पड़ी, "किसका मकान गिरा है रे!" "गुलकी का?"—किसी का दूरागत उत्तर आया। "अरे बाप रे! दब गई क्या?" "नहीं, आज तो मेवा की माँ के यहाँ सोई है!" मुन्ना लेटा था और उसके ऊपर अँधेरे में यह सवाल-जवाब इधर से उधर और उधर से इधर जा रहे थे। वह फिर काँप उठा, माँ के पास घुस गया और सोते-सोते उसने साफ़ सुना—कुबड़ी फिर उसी तरह रो रही है, गला फाड़कर रो रही है! कौन जाने मुन्ना के ही आँगन में बैठकर रो रही हो। नींद में वह स्वर कभी दूर, कभी पास आता हुआ ऐसा लग रहा है जैसे कुबड़ी मुहल्ले के हर आँगन में जाकर रो रही हो, पर कोई सुन नहीं रहा, सिवाय मुन्ना के।

बच्चों के मन में कोई बात इतनी गहरी लकीर नहीं बनाती कि उधर से उनका ध्यान हटे ही नहीं। सामने गुलकी थी तो वह एक समस्या थी, पर उसकी दुकान हट गई, फिर वह जाकर साबुनवाली सत्ती के गलियारे में सोने लगी और दो-चार घर से माँग-जाँचकर खाने

लगी, उस गली में दिखती ही नहीं थी। बच्चे भी दूसरे कामों में व्यस्त हो गए। अब जाड़ा आ रहा था, तो उनका जमावड़ा सुबह न होकर तीसरे पहर होता था। जमा होने के बाद जलूस निकलता था और जिस जोशीले नारे से गली गूँज उठती थी, वह था, 'घेघा बुआ को वोट दो।' पिछले दिनों म्युनिसिपैलटी का चुनाव हुआ था और उसी में बच्चों ने यह नारा सीखा था। वैसे कभी-कभी बच्चों में दो पार्टियाँ भी होती थीं, पर दोनों को घेघा बुआ से अच्छा उम्मीदवार कोई नहीं मिलता था, अतः दोनों ही गला फाड़-फाड़कर उनके लिए वोट माँगती थीं।

उस दिन जब घेघा बुआ के धैर्य का बाँध टूट गया और नई-नई गालियों से विभूषित अपनी प्रथम इलेक्शन स्पीच देने ज्यों ही चौतरे पर अवतरित हुई कि उन्हें डाकिया आता हुआ दिखाई पड़ा। वह अचकचाकर रुक गई। डाकिया के हाथ में एक पोस्टकार्ड था और वह गुलकी को ढूँढ़ रहा था। बुआ ने लपककर पोस्टकार्ड लिया, एक साँस में पढ़ गई। उसकी आँखें मारे अचरज के फैल गईं और डाकिया को यह बताकर कि गुलकी सत्ती साबुनवाले के ओसरे में रहती है, वह झट से दौड़ी। निरमल की माँ ड्राइवर की पत्नी के यहाँ गईं, बड़ी देर तक दोनों में सलाह-मशविरा होता रहा और अन्त में बुआ आई और उसने मेवा को भेजा, "जा, गुलकी को बुलाय ला!"

पर जब मेवा लौटा तो उसके साथ गुलकी नहीं, वरन् सत्ती साबुनवाली थी और सदा की भाँति इस समय भी उसकी कमर में वह काले बेंट का चाकू लटक रहा था, जिससे वह साबुन की टिक्की काटकर दुकानदारों को देती थी। उसने आते ही भौंह सिकोड़कर बुआ को देखा और कड़े स्वर में बोली, "क्यों बुलाया है गुलकी को ? तुम्हारा दस रुपया किराया बाक़ी था, तुमने पच्चीस रुपए का सौदा उजाड़ दिया! अब क्या काम है ?"

"अरे! राम! राम! कैसा किराया बेटी! अन्दर आओ, अन्दर आओ!" बुआ के स्वर में असाधारण मुलायमियत थी। सत्ती के अन्दर जाते ही बुआ ने फटाक से किवाड़ बन्द कर लिए। बच्चों का कौतूहल बहुत बढ़ गया था। बुआ के चौके में एक झँझरी थी। सब बच्चे वहाँ पहुँचे और आँख लगाकर कनपटियों पर दोनों हथेलियाँ रखकर घंटीवाला बाइसकोप देखने की मुद्रा में खड़े हो गए।

अन्दर सत्ती गरज रही थी, "बुलाया है तो बुलाने दो। क्यों जाए गुलकी ? अब बड़ा ख़याल आया है। इसलिए कि उसकी रखैल को बच्चा हुआ है तो जाके गुलकी झाड़-बुहारू करे, खाना बनावै, बच्चा खिलावै, और वह मरद का बच्चा गुलकी की आँख के आगे रखैल के साथ गुलछर्रे उड़ावै!"

निरमल की माँ बोली, "अरे बिटिया! पर गुज़र तो अपने आदमी के साथ करैगी न। जब उसकी पत्री आई है तो गुलकी को जाना चाहिए। और मरद तो मरद। एक रखैल को छोड़ दुई-दुई रखैल रख ले तो औरत उसे छोड़ देगी ? राम! राम!"

"नहीं, छोड़ नहीं देगी तो जायके लात खाएगी ?" सत्ती बोली।

"अरे बेटा!" बुआ बोली, "भगवान रहें न! तौन मथुरापुरी में कुब्जा दासी के लात मारिन तो ओकर कूबर सीधा हुइ गवा। पति तो भगवान है बिटिया! ओके जाय देव!"

"हाँ! हाँ! बड़ी हितू न बनिये। उनके आदमी से आप लोग मुफ़्त में गुलकी का मकान झटकना चाहती हैं। मैं सब समझती हूँ।"

निरमल की माँ का चेहरा जर्द पड़ गया। पर बुआ ने ऐसी कच्ची गोली नहीं खेली थी। वह डपटकर बोली, "ख़बरदार जो कच्ची जबान निकाल्यो! तुम्हारा चलित्तर कौन नै जानता! ओही छोकरा मानिक...."

"ज़बान खींच लूँगी," सत्ती गला फाड़कर चीखी, "जो आगे एक हरुफ़ कहा।" और उसका हाथ अपने चाकू पर गया...

"अरे! अरे! अरे!" बुआ सहमकर दस क़दम पीछे हट गई, "तो का ख़ून करबो का, कतल करबो का?" सत्ती जैसे आई थी वैसे ही चली गई।

तीसरे दिन बच्चों ने तय किया कि होरी बाबू के कुएँ पर चलकर बर्रें पकड़ी जाएँ। उन दिनों उनका ज़हर शान्त रहता है, बच्चे उन्हें पकड़कर उनका छोटा-सा काला डंक निकाल लेते और फिर डोरी में बाँधकर उन्हें उड़ाते हुए घूमते। मेवा, निरमल और मुन्ना एक-एक बर्रे उड़ाते हुए जब गली में पहुँचे तो वहाँ देखा, बुआ के चौतरे पर टीन की कुरसी डाले कोई आदमी बैठा है। उसकी अजीब शक्ल थी। कान पर बड़े-बड़े बाल, मिचमिची आँखें, मोछा और तेल से चुचुआते हुए बाल। कमीज़ और धोती, पुराने बदरंग बूट। मटकी हाथ फैलाए कह रही है, "एक डबल दै देव! ए दै देव ना।" मुन्ना को देखकर मटकी ताली बजा-बजाकर कहने लगी, "गुलकी का मनसेधू आवा है। ए मुन्ना बाबू! ई कुबड़ी का मनसेधू है।" फिर उधर मुड़कर, "एक डबल दै देव।" तीनों बच्चे कौतूहल से रुक गए। इतने में निरमल की माँ एक गिलास में चाय भरकर लाई और उसे देते-देते निर्मल के हाथ में बर्रें देखकर उसे डाँटने लगी। बर्रें छुड़ाकर निरमल को पास बुलाया और बोली, "बेटा, ई हमारी निर्मला है! ए निरमल, जीजाजी हैं, हाथ जोड़ो! बेटा, गुलकी हमारी जात-बिरादर की नहीं है तो का हुआ! हमारे लिए जैसे निरमल वैसे गुलकी। अरे निरमल के बाबू और गुलकी के बाप की दाँतकाटी रही। एक मकान बचा है उनकी चिन्हारी, और का!" एक गहरी साँस लेकर निरमल की माँ ने कहा।

"अरे तो का उन्हें कोई इनकार है।" बुआ आ गई थी, "अरे सौ रुपया तुम देबै किए रह्यु; चलो तीन सौ रुपया और दै देव। अपने नाम कराय लेव!"

"पाँच सौ रुपया से कम नहीं होगा!" उस आदमी का मुँह खुला, एक वाक्य निकला और मुँह फिर बन्द हो गया।

"भवा! भवा! ऐ बेटा, दामाद हौ, पाँच सौ रुपया कहबो तो का निरमल की माँ को इनकार है।"

अकस्मात् वह आदमी उठकर खड़ा हो गया। आगे-आगे सत्ती चली आ रही थी, पीछे-पीछे गुलकी। सत्ती चौतरे के नीचे खड़ी हो गई। बच्चे दूर हट गए। गुलकी ने सर उठाकर देखा और अचकचाकर सर पर पल्ला डालकर माथे तक खींच लिया। सत्ती दो-एक क्षण उसकी ओर एकटक देखती रही और फिर गरजकर बोली, "यही कसाई है। गुलकी, आगे बढ़कर मार दो चपोटा इसके मुँह पर! ख़बरदार, जो कोई बोला!" बुआ चट से देहरी के अन्दर हो गई, निरमल की माँ की जैसे घिग्घी बँध गई और वह आदमी हड़बड़ाकर पीछे हटने लगा।

"बढ़ती क्यों नहीं, गुलकी! बड़ा आया उहाँ से बिदा कराने!"

गुलकी आगे बढ़ी—सब सन्न थे—सीढ़ी चढ़ी, उस आदमी के चेहरे पर हवाइयाँ उड़ने लगीं। गुलकी चढ़ते-चढ़ते रुकी, सत्ती की ओर देखा, ठिठकी, अकस्मात् लपकी और फिर उस आदमी के पाँव पर गिरकर फफक-फफककर रोने लगी, "हाय, हमें काहे को छोड़ दियौ! तुम्हरे सिवा हमरा लोक-परलोक और कौन है। अरे, हमरे मरै पर कौन चुल्लू-भर पानी चढ़ाई..."

सत्ती का चेहरा स्याह पड़ गया। उसने बड़ी हिकारत से गुलकी की ओर देखा और ग़ुस्से में थूक निगलते हुए कहा, "कुतिया!" और तेज़ी से चली गई। निरमल की माँ और बुआ गुलकी के सर पर हाथ फेर-फेरकर कह रही थीं, "मत रो बिटिया! मत रो! सीता मइया भी तो बनवास

भोगिन रहा! उठो गुलकी बेटा, धोती बदल लेव, कंघी-चोटी करो! पति के सामने ऐसे आना असगुन होता है! चलो।"

गुलकी आँसू पोंछती-पोंछती निरमल की माँ के घर चली। बच्चे पीछे-पीछे चले तो बुआ ने डाँटा, "ऐ चलो एहर, हुँआ लड्डू बँट रहा है का!"

दूसरे दिन निरमल के बाबू (ड्राइवर साहब), गुलकी और जीजा दिन-भर कचहरी में रहे। शाम को लौटे तो निरमल की माँ ने पूछा, "पक्का काग़ज़ लिख गया?" "हाँ, हाँ रे, हाकिम के सामने लिख गया।" फिर ज़रा निकट आकर फुसफुसाकर बोले, "मट्टी के मोल मकान मिला है। अब कल दोनों को बिदा करो!" "अरे, पहले सौ रुपया लाओ! बुआ का हिस्सा भी तो देना है!" निरमल की माँ उदास स्वर में बोली, "बड़ी चंट है बुढ़िया, गाड़-गाड़ के रख रही है, मरके साँप होएगी।"

सुबह निरमल की माँ के यहाँ मकान ख़रीदने की कथा थी। शंख, घंटा, घड़ियाल, केले का पत्ता, पंजीरी, पंचामृत का आयोजन देखकर मुन्ना के अलावा सब बच्चे जमा हो गए थे। गुलकी एक पीली धोती पहने, माथे तक घूँघट काढ़े सुपारी काट रही थी और बच्चे झाँक-झाँककर देख रहे थे। मेवा ने पास पहुँचकर कहा, "ए गुलकी, ए गुलकी, जीजाजी के साथ जाओगी क्या?" कुबड़ी ने झेंपकर कहा, "धत्त रे! ठिठोली करता है!" और लज्जा-भरी जो मुसकान किसी भी तरुणी के चेहरे पर मनमोहक लाली बनकर फैल जाती, वह उसके झुर्रियोंदार, बेडौल, नीरस चेहरे पर विचित्र रूप से बीभत्स लगने लगी। उसके काले पपड़ीदार होंठ सिकुड़ गए, आँखों के कोने मिचमिचा उठे और अत्यंत कुरुचिपूर्ण ढंग से उसने अपने पल्ले से सर ढँक लिया और पीठ सीधी करके जैसे कूबड़ छिपाने का प्रयास करने लगी। मेवा पास ही बैठ गया। कुबड़ी ने पहले इधर-उधर देखा, फिर फुसफुसाकर मेवा से कहा, "क्यों रे! जीजाजी कैसे लगे तुझे?" मेवा ने असमंजस में या संकोच में पड़कर कोई जवाब नहीं दिया तो जैसे अपने को समझाते हुए गुलकी बोली, "कुछ भी होय, है तो अपना आदमी! हारे-गाढ़े कोई और काम आवेगा? औरत को दबाकर रखना ही चाहिए।" फिर थोड़ी देर चुप रहकर बोली, "मेवा भइया, सत्ती हमसे नाराज़ है। अपनी सगी बहन क्या करेगी जो सत्ती ने किया हमारे लिए। ये चाची और बुआ तो सब मतलब के साथी हैं, हम क्या जानते नहीं? पर भइया, अब जो कहो कि हम सत्ती के कहने से अपने मरद को छोड़ दें, सो नहीं हो सकता।" इतने में किसी का छोटा-सा बच्चा घुटनों के बल चलते-चलते मेवा के पास आकर बैठ गया। गुलकी क्षण-भर उसे देखती रही। फिर बोली, "पति से हमने अपराध किया तो भगवान ने बच्चा छीन लिया, अब भगवान हमें क्षमा कर देंगे।" फिर कुछ क्षण के लिए चुप हो गई, "क्षमा करेंगे तो दूसरी सन्तान देंगे? तुम्हारे जीजाजी को भगवान बनाए रक्खे। खोट तो हमीं में है फिर सन्तान होगी तब तो सौत का राज नहीं चलेगा।"

इतने में गुलकी ने देखा कि दरवाज़े पर उसका आदमी खड़ा बुआ से कुछ बातें कर रहा है। गुलकी ने तुरन्त पल्ले से सिर ढँका और लजाकर उधर पीठ कर ली। बोली, "राम! राम! कितने दुबरा गए हैं। हमारे बिना खाने-पीने का कौन ध्यान रखता? अरे, सौत तो अपने मतलब की होगी। ले भइया मेवा, जा, दो बीड़ा पान दे आ जीजा को!" फिर उसके मुँह पर वही लज्जा की बीभत्स मुद्रा आई, "तुझे कसम है, बताना मत, किसने दिया है।"

मेवा पान लेकर गया, पर वहाँ किसी ने उस पर ध्यान ही नहीं दिया। वह आदमी बुआ से कह रहा था, "इसे ले तो जा रहे हैं, पर इतना कहे देते हैं, आप भी समझा दें उसे—कि रहना हो तो दासी बनकर रहे। न दूध की, न पूत की। हमारे कौन काम की; पर हाँ, औरतिया की सेवा करे, उसका बच्चा खिलावे, झाड़ू-बुहारू करे तो दो रोटी खाय पड़ी रहे। पर कभी उससे ज़बान लड़ाई तो ख़ैर नहीं। हमारा हाथ बड़ा ज़ालिम है। एक बार कूबड़ निकला, तो अगली बार प्रान ही निकलेगा।"

"क्यों नहीं बेटा! क्यों नहीं!" बुआ बोली और उन्होंने मेवा के हाथ से पान लेकर अपने मुँह में दबा लिये!

करीब तीन बजे इक्का लाने के लिए निरमल की माँ ने मेवा को भेजा। कथा की भीड़-भाड़ से उनका 'मूड़ पिराने' लगा था, अतः अकेली गुलकी सारी तैयारी कर रही थी। मटकी कोने में खड़ी थी। मिरवा और झबरी बाहर गुमसुम बैठे थे। निरमल की माँ ने बुआ को बुलवाकर पूछा कि विदा-विदाई में क्या करना होगा, तो बुआ मुँह बिगाड़कर बोली, "अरे, कोई जात-बिरादरी की है का? एक लोटा में पानी भरके इकन्नी-दुअन्नी उतार के परजा-पजारू को दे दियो बस!" और फिर बुआ शाम की तैयारी में लग गई।

इक्का आते ही जैसे झबरी पागल-सी इधर-उधर दौड़ने लगी। उसे जाने कैसे आभास हो गया कि गुलकी जा रही है, सदा के लिए। मेवा ने अपने छोटे-छोटे हाथों से बड़ी-बड़ी गठरियाँ रखीं, मटकी और मिरवा चुपचाप आकर इक्के के पास खड़े हो गए। सिर झुकाए पत्थर-सी चुप गुलकी निकली। आगे-आगे हाथ में पानी का भरा लोटा लिये निरमल थी। वह आदमी जाकर इक्के पर बैठ गया। "अब जल्दी करो!" उसने भारी गले से कहा। गुलकी आगे बढ़ी, फिर रुकी और उसने टेंट से दो अधन्ने निकाले, "ले मिरवा, ले मटकी!" मटकी जो हमेशा हाथ फैलाये रहती थी, इस समय जाने कैसा संकोच उसे आ गया कि वह हाथ नीचे कर दीवार से सटकर खड़ी हो गई और सर हिलाकर बोली, "नहीं!" "नहीं बेटा! ले लो!" गुलकी ने पुचकारकर कहा। मिरवा मटकी ने पैसे ले लिये और मिरवा बोला, "छलाम गुलकी! ए आदमी, छलाम!"

"अब क्या गाड़ी छोड़नी है!" वह फिर भारी गले से बोला।

"ठहरो बेटा, कहीं ऐसे दामाद की बिदाई होती है!" सहसा एक बिलकुल अजनबी, किन्तु अत्यंत मोटा स्वर सुनाई पड़ा। बच्चों ने अचरज से देखा, मुन्ना की माँ चली आ रही है। "हम तो मुन्ना का आसरा देख रहे थे कि स्कूल से आ जाए, उसे नाश्ता करा लें तो आएँ, पर इक्का आ गया तो हमने समझा, अब तू चली। अरे निरमल की माँ, कहीं ऐसे बेटी की बिदाई होती है! लाओ ज़रा रोली, घोलो जल्दी से, चावल लाओ और सिन्दूर भी ले आना निरमल बेटा! तुम बेटा, उतर आओ इक्के से!"

निरमल की माँ का चेहरा स्याह पड़ गया था। बोली, "जितना हमसे बन पड़ा, किया। किसी को दौलत का घमंड थोड़े ही दिखाना था!" "नहीं बहन! तुमने तो किया, पर मुहल्ले की बिटिया तो सारे मुहल्ले की बिटिया होती है। हमारा भी तो फर्ज था। अरे माँ-बाप नहीं हैं तो मुहल्ला तो है। आओ बेटा।" और उन्होंने टीका करके आँचल के नीचे छिपाये हुए कुछ कपड़े और एक नारियल उसकी गोद में डालकर उसे चिपका लिया। गुलकी जो अभी तक पत्थर-सी चुप थी, सहसा फूट पड़ी। उसे पहली बार लगा, जैसे वह मायके से जा रही है। मायके

से...अपनी माँ को छोड़कर...छोटे-छोटे भाई-बहनों को छोड़कर...और वह अपने कर्कश फटे हुए गले से विचित्र स्वर में रो पड़ी।

"ले! चुप हो जा! तेरा भाई भी आ गया।" वह बोली। मुन्ना बस्ता लटकाए स्कूल से चला आ रहा था। कुबड़ी को अपनी माँ के कन्धे पर सर रखकर रोते देखकर वह बिलकुल हतप्रभ-सा खड़ा हो गया।

"आओ बेटा! गुलकी जा रही है न आज! दीदी है न! बड़ी बहन है। चल, पाँव छू ले! आ इधर!" माँ ने फिर कहा। मुन्ना...और कुबड़ी के पाँव छुए? क्यों? पर माँ की बात! एक क्षण में उसके मन में जैसे एक पूरा पहिया घूम गया और वह गुलकी की ओर बढ़ा। गुलकी ने दौड़कर उसे चिपका लिया और फूट पड़ी, "हाय मेरे भइया! अब हम जा रहे हैं! अब किससे लड़ोगे मुन्ना भइया! अरे मेरे बीरन, अब किससे लड़ोगे?" मुन्ना को लगा, जैसे उसकी छोटी-छोटी पसलियों में एक बहुत बड़ा-सा आँसू जमा हो गया जो अब छलकने ही वाला है। इतने में उस आदमी ने फिर आवाज़ दी और गुलकी कराहकर मुन्ना की माँ का सहारा लेकर इक्के पर बैठ गई। इक्का खड़-खड़ कर चल पड़ा। मुन्ना की माँ मुड़ी कि बुआ ने व्यंग्य किया, "एक-आध गाना भी बिदाई का गाये जाओ बहन! गुलकी बन्नो ससुराल जा रही है!" मुन्ना की माँ ने कुछ जवाब नहीं दिया, मुन्ना से बोली, "जल्दी घर आना बेटा। नाश्ता रखा है!"

पर पागल मिरवा ने, जो बम्बे पर पाँव लटकाए बैठा था, जाने क्या सोचा कि वह सचमुच गला फाड़कर गाने लगा, "बन्नो डाले दुपट्टे का पल्ला, मुहल्ले से चली गई राम!" यह उस मुहल्ले में हर लड़की की विदा पर गाया जाता था। बुआ ने घुड़का तब भी वह चुप नहीं हुआ, उल्टे मटकी बोली, "काहे न गावे, गुलकी ने पैसा दिया है!" और उसने भी सुर मिलाया, "बन्नो तली गई लाम! बन्नो तली गई लाम! बन्नो तली गई लाम!"

मुन्ना चुपचाप खड़ा रहा। मटकी डरते-डरते आई, "मुन्ना बाबू! कुबड़ी ने अधन्ना दिया है, ले लें?"

"ले ले!" बड़ी मुश्किल से मुन्ना ने कहा और उसकी आँखों में दो बड़े-बड़े आँसू डबडबा आए। उन्हीं आँसुओं की झिलमिली में कोशिश करके मुन्ना ने जाते हुए इक्के की ओर देखा। गुलकी आँसू पोंछते हुए परदा उठाकर सबको मुड़-मुड़कर देख रही थी। मोड़ पर एक धचके से इनका इक्का मुड़ा और फिर अदृश्य हो गया।

सिर्फ़ झबरी सड़क तक इक्के के साथ गई और फिर लौट आई।

परिन्दे

निर्मल वर्मा

अँधेरे कॉरीडोर में चलते हुए लतिका ठिठक गई। दीवार का सहारा लेकर उसने लैम्प की बत्ती बढ़ा दी। सीढ़ियों पर उसकी छाया एक बेडौल कटी-फटी आकृति खींचने लगी। सात नम्बर कमरे से लड़कियों की बातचीत और हँसी-ठहाकों का स्वर अभी तक आ रहा था। लतिका ने दरवाज़ा खटखटाया। शोर अचानक बन्द हो गया।

''कौन है ?''

लतिका चुप खड़ी रही। कमरे में कुछ देर तक ,खुसर-पुसर होती रही, फिर दरवाज़े की चिटखनी के खुलने का स्वर आया। लतिका कमरे की देहरी से कुछ आगे बढ़ी, लैम्प की झपकती लौ में लड़कियों के चेहरे सिनेमा के परदे पर ठहरे हुए 'क्लोज-अप' की भाँति उभरने लगे।

''कमरे में अँधेरा क्यों कर रखा है ?'' लतिका के स्वर में हल्की-सी झिड़की का आभास था।

''लैम्प में तेल ही ख़त्म हो गया, मैडम !''

यह सुधा का कमरा था, इसलिए उसे ही उत्तर देना पड़ा। हॉस्टल में शायद वह सबसे अधिक लोकप्रिय थी, क्योंकि सदा छुट्टी के समय या रात को डिनर के बाद आस-पास के कमरों में रहनेवाली लड़कियों का जमघट उसी के कमरे में लग जाता था। देर तक गप-शप, हँसी-मज़ाक चलता रहता।

''तेल के लिए करीमुद्दीन से क्यों नहीं कहा ?''

''कितनी बार कहा मैडम, लेकिन उसे याद रहे तब तो !''

कमरे में हँसी की फुहार एक कोने से दूसरे कोने तक फैल गई। लतिका के कमरे में आने से अनुशासन की जो घुटन घिर आई थी, वह अचानक बह गई। करीमुद्दीन हॉस्टल का नौकर था। उसके आलस और काम में टालमटोल करने के क़िस्से हॉस्टल की लड़कियों में पीढ़ी-दर-पीढ़ी चले आते थे।

लतिका को हठात् कुछ स्मरण हो आया। अँधेरे में लैम्प घुमाते हुए चारों ओर निगाहें दौड़ाईं। कमरे में चारों ओर घेरा बनाकर वे बैठी थीं—पास-पास एक-दूसरे से सटकर। सबके चेहरे परिचित थे, किन्तु लैम्प के पीले मद्धिम प्रकाश में मानो कुछ बदल गया था, या जैसे वह उन्हें पहली बार देख रही थी।

''जूली, अब तक तुम इस ब्लॉक में क्या कर रही हो ?''

जूली खिड़की के पास पलंग के सिरहाने बैठी थी। उसने चुपचाप आँखें नीची कर लीं। लैम्प का प्रकाश चारों ओर से सिमटकर अब केवल उसके चेहरे पर गिर रहा था।

"नाइट-रजिस्टर पर दस्तख़त कर दिए?"

"हाँ, मैडम।"

"फिर... ?" लतिका का स्वर कड़ा हो आया। जूली सकुचाकर खिड़की से बाहर देखने लगी।

जब से लतिका इस स्कूल में आई है, उसने अनुभव किया कि हॉस्टल के इस नियम का पालन डाँट-फटकार के बावजूद भी नहीं किया जाता। नाइट-रजिस्टर पर दस्तख़त करने के बाद अपना ब्लॉक छोड़ने पर कड़ी पाबन्दी है, किन्तु किसी-न-किसी बहाने से प्रत्येक लड़की इसका उल्लंघन करती है।

"मैडम, कल से छुट्टियाँ शुरू हो जाएँगी, इसलिए आज रात हम सबने मिलकर..." और सुधा पूरी बात न कहकर हेमन्ती की ओर देखते हुए मुसकराने लगी।

"हेमन्ती के गाने का प्रोग्राम है, आप भी कुछ देर बैठिए न, मैडम।"

लतिका खिसियानी-सी हो आई। इस समय यहाँ आकर उसने इनके मज़े को किरकिरा कर दिया।

इस छोटे-से हिल-स्टेशन पर रहते आज उसे अरसा हो गया, लेकिन कब समय पतझड़ और गर्मियों का घेरा पार कर सर्दियों की छुट्टियों की गोद में सिमट जाता है, उसे कभी याद नहीं रहता।

चोरों की तरह चुपचाप उसने अपने पाँव देहरी से बाहर कर लिए। उसके चेहरे का तनाव ढीला पड़ गया। वह मुसकराने लगी।

"मेरे संग स्नो-फॉल देखने कोई नहीं ठहरेगा?"

"मैडम, छुट्टियों में क्या आप घर नहीं जा रही हैं?" सब लड़कियों की आँखें उस पर जम गईं।

"अभी कुछ पक्का नहीं है—आई लव द स्नो-फॉल!"

लतिका को लगा कि यही बात उसने पिछले साल भी कही थी और शायद पिछले-से-पिछले साल भी। उसे लगा, मानो लड़कियाँ उसे सन्देह की दृष्टि से देख रही हैं, मानो उन्होंने उसकी बात पर विश्वास नहीं किया। उसका सिर चकराने लगा, मानो बादलों का स्याह झुरमुट किसी अनजाने कोने से उठकर उसे अपने में डुबो लेगा। वह थोड़ा-सा हँसी, फिर धीरे से उसने सिर को झटक दिया।

"जूली, तुमसे कुछ काम है, अपने ब्लॉक में जाने से पहले मुझसे मिल लेना—वेल गुडनाइट!" लतिका ने अपने पीछे दरवाज़ा बन्द कर दिया।

"गुडनाइट मैडम, गुडनाइट, गुडनाइट..."

कॉरीडोर की सीढ़ियाँ न उतरकर लतिका रेलिंग के सहारे खड़ी हो गई। लैम्प की बत्ती को नीचे घुमाकर कोने में रख दिया। बाहर धुन्ध की नीली तहें इतनी घनी हो चली थीं कि उन्हें चाकू से छीला जा सकता था। लॉन पर लगे हुए चीड़ के पत्तों की सरसराहट हवा के झोंकों के संग कभी तेज़, कभी धीमी होकर भीतर बह आती थी। हवा में कुनकुनी सर्दी का आभास पाकर लतिका के मस्तिष्क में कल से आरम्भ होनेवाली छुट्टियों का ध्यान भटक आया। उसने आँखें मूँद लीं। उसे लगा कि जैसे उसकी टाँगें बाँस की लकड़ियों की तरह उसके शरीर से बँधी हैं, जिसकी गाँठें धीरे-धीरे खुलती जा रही हैं। सिर की चकराहट अभी मिटी नहीं थी, मगर अब जैसे वह भीतर न होकर बाहर फैली हुई धुन्ध का हिस्सा बन गई थी।

सीढ़ियों पर बातचीत का स्वर सुनकर लतिका जैसे सोते से जगी। शॉल को कन्धों पर समेटा और लैम्प उठा लिया। डॉक्टर मुकर्जी मिस्टर ह्यू बर्ट के संग एक अंग्रेजी धुन गुनगुनाते हुए ऊपर आ रहे थे। सीढ़ियों पर अँधेरा था और ह्यू बर्ट को बार-बार अपनी छड़ी से रास्ता टटोलना पड़ता था। लतिका ने दो-चार सीढ़ियाँ उतरकर लैम्प को नीचे झुका दिया।

"गुड इवनिंग डॉक्टर, गुड इवनिंग मिस्टर ह्यू बर्ट!"

"थैंक्यू मिस लतिका," ह्यू बर्ट के स्वर में कृतज्ञता का भाव था। सीढ़ियाँ चढ़ने से उसकी साँस तेज़ हो गई थी और वह दीवार से सटा हुआ हाँफ रहा था। लैम्प के प्रकाश में उसके चेहरे का पीलापन ताम्रवर्णित हो आया था, जिन पर उभरी हुई हड्डियों का उतार-चढ़ाव अधिक तीखा-सा हो गया था।

"यहाँ अकेली क्या कर रही हो मिस लतिका?" डॉक्टर ने होंठों के भीतर से सीटी बजाई।

"चेकिंग करके लौट रही थी। आज इस समय ऊपर कैसे आना हुआ मिस्टर ह्यू बर्ट?"

ह्यू बर्ट ने मुसकराकर अपनी छड़ी डॉक्टर के कन्धों से छुआ दी, "इनसे पूछो, यही मुझे ज़बर्दस्ती घसीट लाए हैं।"

"मिस लतिका, हम आपको निमंत्रण देने आ रहे थे। आज रात मेरे कमरे में एक छोटा-सा कन्सर्ट होगा जिसमें मिस्टर ह्यू बर्ट शोपाँ और चेखोवस्की के कम्पोजीशन बजाएँगे और फिर क्रीम कॉफ़ी पी जाएगी। और उसके बाद यदि समय रहा, तो पिछले साल हमने जो गुनाह किए हैं, उन्हें हम सब मिलकर 'कन्फेस' करेंगे।" डॉक्टर मुकर्जी के चेहरे पर भरी मुसकान खेल गई।

"डॉक्टर, मुझे माफ़ करें, मेरी तबीयत कुछ ठीक नहीं है।"

"चलिए, यह ठीक रहा। फिर तो आप वैसे भी मेरे पास आतीं।" डॉक्टर ने धीरे से लतिका के कन्धों को पकड़कर अपने कमरे की ओर मोड़ दिया।

डॉक्टर मुकर्जी का कमरा ब्लॉक के दूसरे सिरे पर टैरेस से जुड़ा हुआ था। वह आधे बर्मी थे, जिसके चिह्न उनकी थोड़ी दबी हुई नाक और छोटी-छोटी चंचल आँखों से लक्षित हो जाते थे। बर्मा पर जापानियों का आक्रमण होने के बाद वह इस छोटे-से पहाड़ी शहर में आ बसे थे। प्राइवेट प्रैक्टिस के अलावा वह कॉन्वेंट स्कूल में हाइजीन-फिजियोलॉजी भी पढ़ाया करते थे और इसलिए उनको स्कूल के हॉस्टल में ही एक कमरा रहने के लिए दे दिया गया था। कुछ लोगों का कहना था कि बर्मा से आते हुए रास्ते में उनकी पत्नी की मृत्यु हो गई थी, लेकिन इस सम्बन्ध में निश्चित रूप से कुछ नहीं कहा जा सकता क्योंकि डॉक्टर स्वयं कभी अपनी पत्नी की चर्चा नहीं उठाते।

बातों के दौरान डॉक्टर अक्सर कहा करते, "मरने से पहले मैं एक दफ़ा बर्मा ज़रूर जाऊँगा।" और तब एक क्षण के लिए उनकी आँखों में एक नमी-सी छा जाती। लतिका चाहने पर भी उनसे कुछ पूछ नहीं पाती। उसे लगता कि डॉक्टर नहीं चाहते कि कोई उनके अतीत के सम्बन्ध में प्रश्न पूछे या सहानुभूति प्रकट करे। दूसरे ही क्षण अपनी गम्भीरता को दूर ठेलते हुए वह हँस पड़ते—एक सूखी, सिनिकल हँसी।

"होम-सिकनैस ही एक ऐसी बीमारी है जिसका इलाज करना किसी डॉक्टर के वश की बात नहीं।"

टैरेस पर मेज़-कुर्सियाँ बिछा दी गईं और भीतर कमरे में पर्कुलेटर में कॉफ़ी का पानी चढ़ा दिया गया।

"सुना है, अगले दो-तीन वर्षों में यहाँ पर बिजली का इन्तज़ाम हो जाएगा!" डॉक्टर ने स्प्रिट लैम्प जलाते हुए कहा।

"यह बात तो पिछले दस सालों से सुनने में आ रही है। कहते हैं, अंग्रेजों ने एक लम्बी-चौड़ी स्कीम बनाई थी, पता नहीं उसका क्या हुआ!" ह्यू बर्ट आरामकुरसी पर अधलेटा-सा लॉन की ओर देख रहा था।

लतिका कमरे से दो मोमबत्तियाँ ले आई। मेज़ के दोनों सिरों पर टिकाकर उन्हें जला दिया गया। टैरेस का अँधेरा फीके पीले प्रकाश के इर्द-गिर्द सिमटने लगा। एक घनी नीरवता चारों ओर घिरने लगी। हवा में चीड़ के वृक्षों की साँय-साँय दूर-दूर तक फैली पहाड़ियों और घाटियों में अजीब-सी सीटियों की गूँज छोड़ती जा रही थी।

"इस बार शायद बर्फ जल्दी गिरेगी, अभी से हवा में एक सर्द खुश्की-सी महसूस होती है!" डॉक्टर का सिगार अँधेरे में लाल बिन्दी-सा चमक रहा था।

"पता नहीं, मिस वुड को स्पेशल सर्विस का गोरखधन्धा क्यों पसन्द आता है? छुट्टियों में घर जाने से पहले क्या यह ज़रूरी है कि लड़कियाँ फ़ादर एलमंड का 'सरमन' सुनें?" ह्यू बर्ट ने कहा।

"पिछले पाँच साल से मैं सुनता आ रहा हूँ, फ़ादर एलमंड के सरमन में कहीं हेर-फेर नहीं होता।"

डॉक्टर को फ़ादर एलमंड एक आँख नहीं सुहाते थे।

लतिका कुरसी पर आगे झुककर प्यालों में कॉफ़ी उँडेलने लगी। हर साल स्कूल बन्द होने के दिन यही दो प्रोग्राम होते हैं—चैपल में स्पेशल सर्विस और उसके बाद दिन में पिकनिक। लतिका को याद आया पहला साल जब वह डॉक्टर के संग पिकनिक के बाद क्लब गई थी। डॉक्टर बार में बैठे थे। बाल-रूम कुमाऊँ रेजीमेंट के अफ़सरों से भरा हुआ था। कुछ देर तक बिलियर्ड का खेल देखने के बाद जब वह वापस बार की ओर लौट रही थी, तब उसने दाईं ओर क्लब की लाइब्रेरी में देखा...किन्तु उसी समय डॉक्टर मुकर्जी पीछे से आ गए थे। "मिस लतिका, यह मेजर गिरीश नेगी हैं।" बिलियर्ड रूम से आते हुए हँसी-ठहाकों के बीच वह नाम दब-सा गया था। वह किसी पुस्तक के बीच उँगली रखकर लाइब्रेरी की खिड़की के बाहर देख रहा था।

"हैलो डॉक्टर!" वह पीछे मुड़ा, तब उस क्षण...

उस क्षण न जाने क्यों लतिका का हाथ काँप गया और कॉफ़ी की कुछ गरम बूँदें उसकी साड़ी पर छलक आईं। अँधेरे में किसी ने नहीं देखा कि लतिका के चेहरे पर एक उनींदा रीतापन घिर आया है।

हवा के झोंके से मोमबत्तियों की लौ फड़कने लगीं। टैरेस के ऊपर काठगोदाम जानेवाली सड़क पर यू.पी. रोडवेज़ की आख़िरी बस डाक लेकर जा रही थी। बस की हेड लाइट्स में आस-पास फैली हुई झाड़ियों की छायाएँ टैरेस की दीवार पर सरकती हुई ग़ायब होने लगीं।

"मिस लतिका, आप इस साल भी छुट्टियों में यहीं रहेंगी?" डॉक्टर ने पूछा।

डॉक्टर का सवाल हवा में टँगा रहा। उसी क्षण पियानो पर शोपाँ का नॉक्टर्न ह्यू बर्ट की उँगलियों के नीचे से फिसलता हुआ धीरे-धीरे टैरेस के अँधेरे में घुलने लगा, जैसे जल पर कोमल स्वप्निल उर्मियाँ भँवरों का झिलमिलाता जाल बुनती हुई फैलती जा रही हैं—दूर-दूर किनारों तक। लतिका को लगा जैसे कहीं बहुत दूर बर्फ की चोटियों से परिन्दों के झुंड नीचे अनजान देशों की ओर उड़े जा रहे हैं। इन दिनों अक्सर उसने अपने कमरे की खिड़की

से उन्हें देखा है—धागे में बँधे चमकीले लट्टुओं की तरह वे एक लम्बी, टेढ़ी-मेढ़ी कतार में उड़े जाते हैं—पहाड़ों की सुनसान नीरवता से परे, उन विचित्र शहरों की ओर जहाँ शायद वह कभी नहीं जाएगी।

लतिका आर्म-चेयर पर झुकती हुई ऊँघने लगी। डॉक्टर मुकर्जी का सिगार अँधेरे में चुपचाप जल रहा था। डॉक्टर को आश्चर्य हुआ कि लतिका न जाने क्या सोच रही है। लतिका सोच रही थी, क्या वह बूढ़ी होती जा रही है? उसके सामने स्कूल की प्रिंसिपल मिस वुड का चेहरा घूम गया—पोपला मुँह, आँखों के नीचे झूलती हुई मांस की थैलियाँ, ज़रा-ज़रा-सी बात पर चिढ़ जाना, कर्कश आवाज़ में चीखना। सब उसे 'ओल्डमेड' कहकर पुकारते हैं...कुछ वर्षों बाद वह भी हूबहू वैसी ही बन जाएगी, लतिका के समूचे शरीर में झुरझुरी-सी दौड़ गई, मानो अनजाने में उसने किसी गलीज़ वस्तु को छू लिया हो। उसे याद आया, कुछ महीने पहले अचानक उसे ह्यू बर्ट का प्रेमपत्र मिला था—भावुक याचना से भरा हुआ पत्र, जिसमें उसने न जाने क्या कुछ लिखा था, जो उसकी समझ में कभी नहीं आया। उसे ह्यू बर्ट की इस बचकाना हरक़त पर हँसी आई थी, किन्तु भीतर-ही-भीतर प्रसन्नता भी हुई थी; उसकी उम्र अभी बीती नहीं है, अब भी वह दूसरों को अपनी ओर आकर्षित कर सकती है। ह्यू बर्ट का पत्र पढ़कर उसे क्रोध नहीं आया, आई थी केवल ममता। वह चाहती तो उसकी ग़लतफ़हमी को दूर करने में देर न लगती, किन्तु कोई शक्ति उसे रोके रहती है, उसके कारण अपने पर विश्वास रहता है, अपने सुख का भ्रम मानो ह्यू बर्ट की ग़लतफ़हमी से जुड़ा है...

ह्यू बर्ट ही क्यों, वह क्या किसी को भी चाह सकेगी, उस अनुभूति के संग, जो अब नहीं रही, जो छाया-सी उस पर मँडराती रहती है, न स्वयं मिटती है, न उसे मुक्ति दे पाती है। उसे लगा, जैसे बादलों का झुरमुट फिर उसके मस्तिष्क पर धीरे-धीरे छाने लगा है, उसकी टाँगें फिर निर्जीव, शिथिल-सी हो गई हैं।

वह झटके से उठ खड़ी हुई, "डॉक्टर, माफ़ करना, मुझे बहुत थकान-सी लग रही है..." बिना वाक्य पूरा किए हुए लतिका चली गई।

कुछ देर तक टैरेस पर निस्तब्धता छाई रही। मोमबत्तियाँ बुझने लगी थीं। डॉक्टर मुकर्जी ने सिगार का नया कश लिया, "सब लड़कियाँ एक जैसी होती हैं—बेवकूफ़ और सेंटीमेंटल।"

ह्यू बर्ट की उँगलियों का दबाव पियानो पर ढीला पड़ता गया, अन्तिम सुरों की झिझकी-सी गूँज कुछ क्षणों तक हवा में तिरती रही।

"डॉक्टर, आपको मालूम है...मिस लतिका का व्यवहार पिछले कुछ अरसे से अजीब-सा लगता है!" ह्यू बर्ट के स्वर में लापरवाही का भाव था। वह नहीं चाहता था कि डॉक्टर को लतिका के प्रति उसकी भावनाओं का आभास-मात्र भी मिल सके। जिस कोमल अनुभूति को वह इतने समय से सँजोता आया है, डॉक्टर उसे हँसी के एक ही ठहाके में उपहासास्पद बना देगा।

"क्या तुम नियति में विश्वास करते हो ह्यू बर्ट?" डॉक्टर ने कहा। ह्यू बर्ट दम रोके प्रतीक्षा करता रहा। वह जानता था कि कोई भी बात कहने से पहले डॉक्टर को फिलॉसोफ़ाइज़ करने की आदत थी। डॉक्टर टैरेस के जंगले से सटकर खड़े हो गए। फीकी-सी चाँदनी में चीड़ के पेड़ों की छायाएँ लॉन पर गिर रही थीं। कभी-कभी कोई जुगनू अँधेरे में हरा प्रकाश छिड़कता हवा में ग़ायब हो जाता था।

"मैं कभी-कभी सोचता हूँ, इनसान ज़िन्दा किसलिए रहता है—क्या उसे कोई और बेहतर काम करने को नहीं मिला? हज़ारों मील अपने मुल्क से दूर मैं यहाँ पड़ा हूँ, यहाँ कौन मुझे जानता है! यहीं शायद मर भी जाऊँ। ह्यू बर्ट, क्या तुमने कभी महसूस किया है कि एक अजनबी की हैसियत से पराई ज़मीन पर मर जाना काफ़ी खौफनाक बात है...!"

ह्यू बर्ट विस्मित-सा डॉक्टर की ओर देखने लगा। उसने पहली बार डॉक्टर मुकर्जी के इस पहलू को देखा था। अपने सम्बन्ध में वह अक्सर चुप रहता था।

"कोई पीछे नहीं है, यह बात मुझमें एक अजीब क़िस्म की बेफिक्री पैदा कर देती है। लेकिन कुछ लोगों की मौत अन्त तक पहेली बनी रहती है...शायद वे ज़िन्दगी से बहुत उम्मीद लगाते थे। उसे ट्रैजिक भी नहीं कहा जा सकता, क्योंकि आख़िरी दम तक उन्हें मरने का अहसास नहीं होता...।"

"डॉक्टर, आप किसका ज़िक्र कर रहे हैं?" ह्यू बर्ट ने परेशान होकर पूछा।

डॉक्टर कुछ देर तक चुपचाप सिगार पीते रहे। फिर मुड़कर वह मोमबत्तियों की बुझती हुई लौ को देखने लगे।

"तुम्हें मालूम है, किसी समय लतिका बिला नागा क्लब जाया करती थी? गिरीश नेगी से उसका परिचय वहीं हुआ था। कश्मीर जाने से एक रात पहले उसने मुझे सब कुछ बता दिया था। मैं अब तक लतिका से उस मुलाक़ात के बारे में कुछ नहीं कह सका हूँ। किन्तु उस रात कौन जानता था कि वह वापस नहीं लौटेगा। और अब...अब क्या फ़र्क़ पड़ता है! लैट द डेड डाई..."

डॉक्टर की सूखी सर्द हँसी में खोखली-सी शून्यता भरी थी।

"कौन गिरीश नेगी?"

"कुमाऊँ रेजीमेंट में कैप्टेन था।"

"डॉक्टर, क्या लतिका..." ह्यू बर्ट से आगे कुछ नहीं कहा गया। उसे याद आया वह पत्र, जो उसने लतिका को भेजा था...कितना अर्थहीन और उपहासास्पद, जैसे उसका एक-एक शब्द उसके दिल को कचोट रहा हो। उसने धीरे से पियानो पर सिर टिका लिया। लतिका ने उसे क्यों नहीं बताया, क्या वह इसके योग्य भी नहीं था?

"लतिका...वह तो बच्ची है, पागल! मरनेवाले के संग ख़ुद थोड़े ही मरा जाता है!"

कुछ देर चुप रहकर डॉक्टर ने अपने प्रश्न को फिर दोहराया।

"लेकिन ह्यू बर्ट, क्या तुम नियति पर विश्वास करते हो?"

हवा के हल्के झोंके से मोमबत्तियाँ एक बार प्रज्वलित होकर बुझ गईं। टैरेस पर ह्यू बर्ट और डॉक्टर अँधेरे में एक-दूसरे का चेहरा नहीं देख पा रहे थे, फिर भी वे एक-दूसरे की ओर देख रहे थे। कॉन्वेंट स्कूल से कुछ दूर 'मीडोज़' में बहते पहाड़ी नाले का स्वर आ रहा था। जब बहुत देर बाद कुमाऊँ रेजीमेंट सेंटर का बिगुल सुनाई दिया, तो ह्यू बर्ट हड़बड़ाकर खड़ा हो गया।

"अच्छा, चलता हूँ, डॉक्टर, गुडनाइट।"

"गुडनाइट ह्यू बर्ट...मुझे माफ़ करना, मैं सिगार ख़त्म करके उठूँगा।"

सुबह बदली छाई थी। लतिका के खिड़की खोलते ही धुन्ध का गुब्बारा-सा भीतर घुस आया, जैसे रात-भर दीवार के सहारे सर्दी में ठिठुरता हुआ वह भीतर आने की प्रतीक्षा कर रहा हो। स्कूल से ऊपर चैपल जानेवाली सड़क बादलों में छिप गई थी, केवल चैपल का 'क्रॉस' धुन्ध के परदे पर एक-दूसरे को काटती हुई पेंसिल की रेखाओं-सा दिखाई दे जाता था।

लतिका ने खिड़की से आँखें हटाईं, तो देखा कि करीमुद्दीन चाय की ट्रे लिये खड़ा है। करीमुद्दीन मिलिटरी में अर्दली रह चुका था, इसलिए ट्रे मेज़ पर रखकर 'अटेंशन' की मुद्रा में खड़ा हो गया।

लतिका झटके से उठ बैठी। सुबह से आलस करके कितनी बार जागकर वह सो चुकी है। अपनी खिसियाहट मिटाने के लिए लतिका ने कहा, "बड़ी सर्दी है आज, बिस्तर छोड़ने को जी नहीं चाहता।"

"अजी मेम साहब, अभी क्या सर्दी आई है, बड़े दिनों में देखना, कैसे दाँत कटकटाते हैं!" और करीमुद्दीन अपने हाथों को बग़लों में डाले हुए इस तरह सिकुड़ गया जैसे उन दिनों की कल्पना मात्र से उसे जाड़ा लगना शुरू हो गया हो। गंजे सिर पर दोनों तरफ़ के उसके बाल ख़िजाब लगाने से कत्थई रंग के भूरे हो गए थे। बात चाहे किसी विषय पर हो रही हो, वह हमेशा खींचतान कर उसे ऐसे क्षेत्र में घसीट लाता था, जहाँ वह बेझिझक अपने विचारों को प्रकट कर सके।

"एक दफ़ा तो यहाँ लगातार इतनी बर्फ गिरी थी कि भुवाली से लेकर डाक बँगले तक सारी सड़कें जाम हो गईं। इतनी बर्फ थी मेम साहब कि पेड़ों की टहनियाँ तक सिकुड़कर तनों से लिपट गई थीं, बिल्कुल ऐसे।" और करीमुद्दीन नीचे झुककर मुर्गा-सा बन गया।

"कब की बात है?" लतिका ने पूछा।

"अब यह तो जोड़-हिसाब करके ही पता चलेगा, मेम साहब...लेकिन इतना याद है कि उस वक़्त अंग्रेज बहादुर यहीं थे। कंटोनमेंट की इमारत पर कौमी झंडा नहीं लगा था। बड़े जबर थे ये अंग्रेज, दो घंटों में ही सारी सड़कें साफ़ करवा दीं। उन दिनों एक सीटी बजाते ही पचास घोड़ेवाले जमा हो जाते थे। तो अब सारे शेड ख़ाली पड़े हैं। वे लोग अपनी खिदमत भी करवाना जानते थे, अब तो सब उजाड़ हो गया है।" करीमुद्दीन उदास भाव से बाहर देखने लगा।

आज यह पहली बार नहीं है जब लतिका करीमुद्दीन से उन दिनों की बातें सुन रही है जब 'अंग्रेज बहादुर' ने इस स्थान को स्वर्ग बना रखा था।

"आप छुट्टियों में इस साल भी यहीं रहेंगी मेम साहब?"

"दिखता तो कुछ ऐसा ही है करीमुद्दीन, तुम्हें फिर तंग होना पड़ेगा।"

"क्या कहती हैं मेम साहब! आपके रहने से हमारा भी मन लग जाता है, वरना छुट्टियों में तो यहाँ कुत्ते लोटते हैं।"

"तुम आज ज़रा मिस्त्री से कह देना कि इस कमरे की छत की मरम्मत कर जाए। पिछले साल बर्फ का पानी दरारों से टपकता रहता था।" लतिका को याद आया कि पिछली सर्दियों में जब कभी बर्फ गिरती थी, तो उसे पानी से बचने के लिए रात-भर कमरे के कोने में सिमटकर सोना पड़ता था।

करीमुद्दीन चाय की ट्रे उठाता हुआ बोला, "ह्यूबर्ट साहब तो शायद कल ही चले जाएँ— कल रात उनकी तबीयत फिर ख़राब हो गई। आधी रात के वक़्त मुझे जगाने आए थे। कहते थे, छाती में तकलीफ़ है। उन्हें यह मौसम नहीं रास आता। कह रहे थे, लड़कियों की बस में वह भी कल ही चले जाएँगे।"

करीमुद्दीन दरवाज़ा बन्द करके चला गया। लतिका की इच्छा हुई कि ह्यूबर्ट के कमरे में जाकर उनकी तबीयत की पूछताछ कर आए। किन्तु फिर न जाने क्यों स्लीपर पैरों में टँगे रहे और वह खिड़की के बाहर बादलों को उड़ता हुआ देखती रही। ह्यूबर्ट का चेहरा जब उसे

देखकर सहमा-सा दयनीय हो जाता है, तब उसे लगता है कि वह अपनी मूक-निरीह याचना में उसे कोस रहा है—न वह उसकी ग़लतफ़हमी को दूर करने का प्रयत्न कर पाती है, न उसे अपनी विवशता की सफ़ाई देने का साहस होता है। उसे लगता है कि इस जाले से बाहर निकलने के लिए वह धागे के जिस सिरे को पकड़ती है, वह ख़ुद एक गाँठ बनकर रह जाता है।

बाहर बूँदाबाँदी होने लगी थी। कमरे की टीन की छत 'खट-खट' बोलने लगी। लतिका पलंग से उठ खड़ी हुई, बिस्तर को तहाकर बिछाया। फिर पैरों में स्लीपरों को घसीटते हुए वह बड़े आईने तक आई और उसके सामने स्टूल पर बैठकर बालों को खोलने लगी। किन्तु कुछ देर तक कंघी बालों में ही उलझी रही और वह गुमसुम सी शीशे में अपना चेहरा ताकती रही। करीमुद्दीन को यह कहना याद ही नहीं रहा कि धीरे-धीरे आग जलाने की लकड़ियाँ जमा कर ले। इन दिनों सस्ते दामों पर सूखी लकड़ियाँ मिल जाती हैं। पिछले साल तो कमरा धुएँ से भर जाता था जिसके कारण कँपकँपाते जाड़े में भी उसे खिड़की खोलकर ही सोना पड़ता था।

आईने में लतिका ने अपना चेहरा देखा, वह मुसकरा रही थी। पिछले साल अपने कमरे की सीलन और ठंड से बचने के लिए कभी-कभी वह मिस वुड के ख़ाली कमरे में चोरी-चुपके सोने चली जाया करती थी। मिस वुड का कमरा बिना आग के भी गरम रहता था, उनके गदीले सोफ़े पर लेटते ही आँख लग जाती थी। कमरा छुट्टियों में ख़ाली पड़ा रहता है, किन्तु मिस वुड से इतना नहीं होता कि दो महीनों के लिए उसके हवाले कर जाएँ। हर साल कमरे में ताला ठोंक जाती हैं। वह तो पिछले साल गुसलखाने में भीतर की साँकल देना भूल गई थी, जिसे लतिका चोर दरवाज़े के रूप में इस्तेमाल करती रही थी।

पहले साल अकेले में उसे बड़ा डर-सा लगता था। छुट्टियों में सारे स्कूल और हॉस्टल के कमरे साँय-साँय करने लगते हैं। डर के मारे उसे जब कभी नींद नहीं आती थी, तब वह करीमुद्दीन को रात में देर तक बातों में उलझाए रखती। बातों में जब खोई-सी वह सो जाती, तब करीमुद्दीन चुपचाप लैम्प बुझाकर चला जाता। कभी-कभी बीमारी का बहाना करके वह डॉक्टर को बुलवा भेजती थी और बाद में बहुत ज़िद करके दूसरे कमरे में उनका बिस्तर लगवा देती।

लतिका ने कंघे से बालों का गुच्छा निकाला और उसे बाहर फेंकने के लिए वह खिड़की के पास आ खड़ी हुई। बाहर छत की ढलान से बारिश के जल की मोटी-सी धार बराबर लॉन पर गिर रही थी। मेघाच्छन्न आकाश में सरकते हुए बादलों के पीछे पहाड़ियों के झुंड कभी उभर आते थे, कभी छिप जाते थे, मानो चलती हुई ट्रेन से कोई उन्हें देख रहा हो। लतिका ने खिड़की से सिर बाहर निकाल लिया। हवा के झोंके से उसकी आँखें झिप गईं। उसे जितने काम याद आते हैं, उतना ही आलस घना होता जाता है। बस की सीटें रिज़र्व करवाने के लिए चपरासी को रुपए देने हैं। जो सामान हॉस्टल की लड़कियाँ पीछे छोड़े जा रही हैं, उन्हें गोदाम में रखवाना होगा। कभी-कभी तो छोटी क्लास की लड़कियों को पैकिंग करवाने के काम में भी उसे हाथ बँटाना पड़ता था।

वह इन कामों से ऊबती नहीं। धीरे-धीरे सब निपटते जाते हैं, कोई ग़लती इधर-उधर रह जाती है, सो बाद में सुधर जाती है। हर काम में किच-किच रहती है, परेशानी और दिक्कत होती है किन्तु देर-सबेर इससे छुटकारा मिल ही जाता है। किन्तु जब लड़कियों की आख़िरी बस चली जाती है, तब मन उचाट-सा हो जाता है, ख़ाली कॉरीडोर में घूमती हुई वह कभी इस कमरे में जाती है और कभी उसमें। वह नहीं जान पाती कि अपने से क्या करे। दिल कहीं भी नहीं टिक पाता, हमेशा भटका-भटका-सा रहता है।

इस सबके बावजूद जब कोई सहज भाव से पूछ बैठता है, ''मिस लतिका, छुट्टियों में आप घर नहीं जा रहीं?'' तब...वह क्या कहे?

डिंग-डांग-डिंग...स्पेशल सर्विस के लिए स्कूल चैपल के घंटे बजने लगे थे। लतिका ने अपना सिर खिड़की के भीतर कर लिया। उसने झटपट साड़ी उतारी और पेटीकोट में ही कन्धे पर तौलिया डाले गुसलखाने में घुस गई।

लेफ़्ट-राइट-लेफ़्ट...लेफ़्ट...

कंटोनमेंट जानेवाली पक्की सड़क पर चार-चार की पंक्ति में कुमाऊँ रेजीमेंट के सिपाहियों की एक टुकड़ी मार्च कर रही थी। फ़ौजी बूटों की भारी खुरदरी आवाज़ें स्कूल चैपल की दीवारों से टकराकर भीतर 'प्रेयर-हॉल' में गूँज रही थीं।

''ब्लेसिड आर द मीक...'' फ़ादर एलमंड एक-एक शब्द चबाते हुए खँखारते स्वर में 'सर्मन ऑफ़ द माउंट' पढ़ रहे थे। ईसा मसीह की मूर्ति के नीचे 'कैंडलब्रियम' के दोनों ओर मोमबत्तियाँ जल रही थीं, जिनका प्रकाश आगे बेंचों पर बैठी हुई लड़कियों पर पड़ रहा था। पिछली लाइनों के बेंच अँधेरे में डूबे हुए थे, जहाँ लड़कियाँ प्रार्थना की मुद्रा में बैठी हुई सिर झुकाए एक-दूसरे से खुसर-पुसर कर रही थीं। मिस वुड स्कूल सीज़न के सफलतापूर्वक समाप्त हो जाने पर विद्यार्थियों और स्टाफ सदस्यों को बधाई का भाषण दे चुकी थी और अब फ़ादर के पीछे बैठी हुई अपने में ही कुछ बुड़बुड़ा रही थी मानो धीरे-धीरे फ़ादर को 'प्रॉम्प्ट' कर रही हो।

''आमीन...'' फ़ादर एलमंड ने बाइबिल मेज़ पर रख दी और 'प्रेयर-बुक' उठा ली। हॉल की ख़ामोशी क्षण-भर के लिए टूट गई। लड़कियों ने खड़े होते हुए जान-बूझकर बेंचों को पीछे धकेला; बेंच फर्श पर रगड़ खाते सीटी बजाते हुए पीछे खिसक गए। हॉल के कोने से हँसी फूट पड़ी। मिस वुड का चेहरा तन गया, भृकुटियाँ चढ़ गईं। फिर अचानक निस्तब्धता छा गई। हॉल के उस घुटे हुए धुँधलके में फ़ादर का तीखा फटा हुआ स्वर सुनाई देने लगा, ''जीसस सेड, आई एम द लाइट ऑफ़ द वर्ल्ड ही दैट फॉलोएथ मी शैल नॉट वाक इन डार्कनेस, बट शैल हैव द लाइट ऑफ़ लाइफ़...।''

डॉक्टर मुकर्जी ने ऊब और उकताहट से भरी जम्हाई ली। ''कब यह क़िस्सा ख़त्म होगा?'' उन्होंने इतने ऊँचे स्वर में लतिका से पूछा कि वह सकुचाकर दूसरी ओर देखने लगी। स्पेशल सर्विस के समय डॉक्टर मुकर्जी के होंठों पर व्यंग्यात्मक मुसकान खेलती रहती थी और वह धीरे-धीरे अपनी मूँछों को खींचते रहते थे।

फ़ादर एलमंड की वेशभूषा देखकर लतिका के दिल में गुदगुदी-सी दौड़ गई। जब वह छोटी थी, तो अक्सर यह बात सोचकर विस्मित हुआ करती थी कि क्या पादरी लोग सफ़ेद चोगे के नीचे कुछ नहीं पहनते, अगर धोखे से वह ऊपर उठ जाए तो?

लेफ़्ट...लेफ़्ट...लेफ़्ट...मार्च करते हुए फ़ौजी बूट चैपल से दूर होते जा रहे थे—केवल उनकी गूँज हवा में शेष रह गई थी।

''हिम नम्बर 117—'' फ़ादर ने प्रार्थना-पुस्तक खोलते हुए कहा। हॉल में प्रत्येक लड़की ने डेस्क पर रखी हुई हिम-बुक खोल ली। पन्नों के उलटने की खड़खड़ाहट फिसलती हुई एक सिरे से दूसरे सिरे तक फैल गई।

आगे की बेंच से उठकर ह्यू बर्ट पियानो के सामने स्टूल पर बैठ गया। संगीत शिक्षक होने के कारण हर साल स्पेशल सर्विस के अवसर पर उसे 'कॉयर' के संग पियानो बजाना पड़ता

था। ह्यू बर्ट ने अपने रूमाल से नाक साफ़ की। अपनी घबराहट छिपाने के लिए ह्यू बर्ट हमेशा ऐसा ही किया करता था। कनखियों से हॉल की ओर देखते हुए उसने काँपते हाथों से हिम-बुक खोली।

लीड काइंडली लाइट...

पियानो के सुर दबे, झिझकते-से मिलने लगे। घने बालों से ढकी ह्यू बर्ट की लम्बी, पीली अँगुलियाँ खुलने-सिमटने लगीं। 'कॉयर' में गानेवाली लड़कियों के स्वर एक-दूसरे से गुँथकर कोमल, स्निग्ध लहरों में बिंध गए।

लतिका को लगा, उसका जूड़ा ढीला पड़ गया है, मानो गरदन के नीचे झूल रहा है। मिस वुड की आँख बचाकर लतिका ने चुपचाप बालों में लगे क्लिपों को कसकर खींच दिया।

"बड़ा झक्की आदमी है...सुबह मैंने ह्यू बर्ट को यहाँ आने से मना किया था, फिर भी चला आया।" डॉक्टर ने कहा।

लतिका को करीमुद्दीन की बात याद हो आई। रात-भर ह्यू बर्ट को खाँसी का दौरा पड़ा था...कल जाने के लिए कह रहे थे।

लतिका ने सिर टेढ़ा करके ह्यू बर्ट के चेहरे की एक झलक पाने की विफल चेष्टा की। इतने पीछे से कुछ भी देख पाना असम्भव था; पियानो पर झुके हुए ह्यू बर्ट का केवल सिर दिखाई देता था।

लीड काइंडली लाइट...संगीत के सुर मानो एक ऊँची पहाड़ी पर चढ़कर हाँफती हुई साँसों को आकाश की अबाध शून्यता में बिखेरते हुए नीचे उतर रहे हैं। बारिश की मुलायम धूप चैपल के लम्बे-चौकोर शीशों पर झिलमिला रही है, जिसकी एक महीन चमकीली रेखा ईसा मसीह की प्रतिमा पर तिरछी होकर गिर रही है। मोमबत्तियों का धुआँ धूप में नीली-सी लकीर खींचता हुआ हवा में तिरने लगा है। पियानो के क्षणिक 'पॉज़' में लतिका को पत्तों का परिचित मर्मर कहीं दूर अनजानी दिशा से आता हुआ सुनाई दे जाता है। एक क्षण के लिए उसे भ्रम हुआ कि चैपल का फीका-सा अँधेरा उस छोटे से 'प्रेयर हॉल' के चारों कोनों से सिमटता हुआ उसके आस-पास घिर आया है, मानो कोई उसकी आँखों पर पट्टी बाँधकर उसे यहाँ तक ले आया हो और अचानक उसकी आँखें खोल दी हों। उसे लगा कि जैसे मोमबत्तियों के धूमिल आलोक में कुछ भी ठोस, वास्तविक न रहा हो, चैपल की छत, दीवारें, डेस्क पर रखा हुआ डॉक्टर का सुघड़-सुडौल हाथ— और पियानो के सुर अतीत की धुन्ध को भेदते हुए स्वयं उस धुन्ध का भाग बनते जा रहे हैं...

एक पगली-सी स्मृति, एक उद्भ्रान्त भावना, चैपल के शीशों के परे पहाड़ी सूखी हवा में झुकी हुई वीपिंग विलोज़ की काँपती टहनियाँ, पैरों तले चीड़ के पत्तों की धीमी-सी चिर-परिचित खड़...खड़...। वहीं पर गिरीश एक हाथ में मिलिटरी का ख़ाकी हैट लिये खड़ा है— चौड़े, उठे हुए सबल कन्धे, अपना सिर वहाँ टिका दो, तो जैसे सिमटकर खो जाएगा...चार्ल्स बोअर, यह नाम उसने रखा था। वह झेंपकर हँसने लगता।

"तुम्हें आर्मी में किसने चुन लिया, मेजर बन गए हो, लेकिन लड़कियों से भी गए-बीते हो...ज़रा-ज़रा-सी बात पर चेहरा लाल हो जाता है।" यह सब वह कहती नहीं, सिर्फ़ सोचती भर थी। सोचा था कभी कहूँगी, वह 'कभी' कभी नहीं आया...

बुरुँस का लाल फूल!

"लाए हो?"

"न।"

"झूठे!"

ख़ाकी कमीज़ के जिस जेब पर बैज चिपके थे, उसी में से मुसा हुआ बुरुँस का फूल निकल आया।

"छि: सारा मुरझा गया।"

"अभी खिला कहाँ है?"

"हाउ क्लम्जी?"

उसके बालों में गिरीश का हाथ उलझ रहा है। फूल कहीं टिक नहीं पाता, फिर उसे क्लिप के नीचे फँसाकर उसने कहा, "देखो।"

वह मुड़ी और इससे पहले कि वह कुछ कह पाती, गिरीश ने अपना मिलिटरी का हैट धप्प से उसके सिर पर रख दिया। वह मंत्रमुग्ध-सी वैसे ही खड़ी रही। उसके सिर पर गिरीश का हैट है, माथे पर छोटी-सी बिन्दी है। बिन्दी पर उड़ते हुए बाल हैं। गिरीश ने उस बिन्दी को अपने होंठों से छुआ है, उसने उसके नंगे सिर को अपने दोनों हाथों में समेट लिया है।

"लतिका।"

"बोलो नहीं!"

गिरीश ने चिढ़ाते हुए कहा, "मैन ईटर ऑफ़ कुमाऊँ!"—(उसका यह नाम गिरीश ने उसे चिढ़ाने के लिए रखा था)...वह हँसने लगी।

"लतिका, सुनो..." गिरीश का स्वर कैसा हो गया था!

"ना, मैं कुछ भी नहीं सुन रही।"

"लतिका...मैं कुछ महीनों में वापस लौट आऊँगा।"

"ना! मैं कुछ भी नहीं सुन रही।" किन्तु वह सुन रही है—वह नहीं जो गिरीश कह रहा है, किन्तु वह जो नहीं कहा जा रहा, जो उसके बाद कभी नहीं कहा गया।

लीड काइंडली लाइट...

लड़कियों का स्वर पियानो के सुरों में डूबा हुआ गिर रहा है, उठ रहा है...ह्यू बर्ट ने सिर मोड़कर लतिका को निमिष भर देखा—आँखें मूँदे ध्यानमग्ना प्रस्तर मूर्ति-सी वह स्थिर-निश्चल खड़ी थी। क्या यह भाव उसके लिए है? क्या लतिका ने ऐसे क्षणों में उसे अपना साथी बनाया है? ह्यू बर्ट ने एक गहरी साँस ली और उस साँस में ढेर-सी थकान उमड़ आई।

"देखो...मिस वुड कुरसी पर बैठी-बैठी सो रही है।" डॉक्टर होंठों में ही फुसफुसाया। यह डॉक्टर का पुराना मज़ाक था कि मिस वुड प्रार्थना करने के बहाने आँखें मूँदे हुए नींद की झपकियाँ लिया करती है।

फ़ादर एलमंड ने कुरसी पर फैले अपने गाउन को समेट लिया और प्रेयर-बुक बन्द करके मिस वुड के कानों में कुछ कहा। पियानो का स्वर क्रमश: मन्द पड़ने लगा, ह्यू बर्ट की अँगुलियाँ ढीली पड़ने लगीं। सर्विस समाप्त होने से पूर्व मिस वुड ने ऑर्डर पढ़कर सुनाया। बारिश होने की आशंका से आज के कार्यक्रम में कुछ आवश्यक परिवर्तन करने पड़े थे। पिकनिक के लिए झूला देवी के मन्दिर ज़ाना सम्भव नहीं हो सकेगा, इसलिए स्कूल से कुछ दूर 'मीडोज़' में ही सब लड़कियाँ नाश्ते के बाद जमा होंगी। सब लड़कियों को दोपहर का 'लंच' हॉस्टल किचेन से ही ले जाना होगा, केवल शाम की चाय 'मीडोज़' में बनेगी।

पहाड़ों की बारिश का क्या भरोसा! कुछ देर पहले धुआँधार बादल गरज रहे थे, सारा शहर पानी में भीगा ठिठुर रहा था, अब धूप में नहाता नीला आकाश धुन्ध की ओट से बाहर निकलता

हुआ फैल रहा था। लतिका ने चैपल से बाहर आते हुए देखा कि वीपिंग विलोज़ की भीगी शाखाओं से धूप में चमकती हुई बारिश की बूँदें टपक रही थीं।

लड़कियाँ चैपल से बाहर निकलकर छोटे-छोटे गुट्ट बनाकर कॉरीडोर में जमा हो गई हैं। नाश्ते के लिए अभी पौन घंटा बाक़ी था और उनमें से अभी कोई भी लड़की हॉस्टल जाने के लिए इच्छुक नहीं थी। छुट्टियाँ अभी शुरू नहीं हुई थीं, किन्तु शायद इसीलिए वे इन चन्द बचे-खुचे क्षणों में अनुशासन के घेरे के भीतर भी मुक्त होने का भरपूर आनन्द उठा लेना चाहती थीं।

मिस वुड को लड़कियों का यह गुल-गपाड़ा अखरा, किन्तु फ़ादर एलमंड के सामने वह उन्हें डाँट-फटकार नहीं सकी। अपनी झुँझलाहट दबाकर वह मुसकराते हुए बोली, ''कल सब चली जाएँगी, सारा स्कूल वीरान हो जाएगा।''

फ़ादर एलमंड का लम्बा ओजपूर्ण चेहरा चैपल की घुटी हुई गरमाई से लाल हो उठा था। कॉरीडोर के जंगले पर अपनी छड़ी लटकाकर वह बोले, ''छुट्टियों में पीछे हॉस्टल में कौन रहेगा?''

''पिछले दो-तीन सालों से मिस लतिका ही रहती है।''

''और डॉक्टर मुकर्जी?'' फ़ादर का ऊपरी होंठ तनिक खिंच आया।

''डॉक्टर तो सरदी-गरमी यहीं रहते हैं।'' मिस वुड ने विस्मय से फ़ादर की ओर देखा। वह समझ नहीं सकी कि फ़ादर ने डॉक्टर का प्रसंग क्यों छेड़ दिया है।

''डॉक्टर मुकर्जी छुट्टियों में कहीं नहीं जाते?''

''दो महीनों की छुट्टियों में बर्मा जाना काफ़ी मुश्किल है, फ़ादर!'' मिस वुड हँसने लगी।

किन्तु फ़ादर एलमंड ने मिस वुड की हँसी में योग नहीं दिया। उनके चेहरे पर तनाव की रेखाएँ खिंची रहीं।

''मिस वुड, पता नहीं आप क्या सोचती हैं। मुझे तो मिस लतिका का हॉस्टल में अकेले रहना कुछ समझ में नहीं आता!''

''लेकिन फ़ादर,'' मिस वुड ने कहा, ''यह तो कॉन्वेंट स्कूल का नियम है कि कोई भी टीचर छुट्टियों में अपने ख़र्चे पर हॉस्टल में रह सकती है।''

''मैं फ़िलहाल स्कूल के नियमों की बात नहीं कर रहा। मिस लतिका डॉक्टर के संग यहाँ अकेली ही रह जाएगी और सच पूछिए मिस वुड, डॉक्टर के बारे में मेरी राय कुछ बहुत अच्छी नहीं है।''

''फ़ादर, आप कैसी बात कर रहे हैं! मिस लतिका बच्चा थोड़े ही है!'' मिस वुड को ऐसी आशा नहीं थी कि फ़ादर एलमंड अपने दिल में ऐसी दकियानूसी भावना को स्थान देंगे।

फ़ादर एलमंड कुछ हतप्रभ-से हो गए, बात पलटते हुए बोले, ''मिस वुड, मेरा मतलब यह नहीं था। आप तो जानती हैं, मिस लतिका और उस मिलिटरी अफ़सर को लेकर एक अच्छा-खासा स्कैंडल बन गया था, स्कूल की बदनामी होने में क्या देर लगती है!''

''वह बेचारा तो अब नहीं रहा। मैं उसे जानती थी फ़ादर! ईश्वर उसकी आत्मा को शान्ति दे।''

मिस वुड ने धीरे से अपनी दोनों बाँहों से क्रॉस किया।

फ़ादर एलमंड को मिस वुड की मूर्खता पर इतना अधिक क्षोभ हुआ कि उनसे आगे और कुछ नहीं बोला गया। डॉक्टर मुकर्जी से उनकी कभी नहीं पटती थी, इसीलिए मिस

वुड की आँखों में वह डॉक्टर को नीचा दिखाना चाहते थे। किन्तु मिस वुड लतिका का रोना ले बैठी। आगे बात बढ़ाना व्यर्थ था। उन्होंने छड़ी को जंगले से उठाया और ऊपर साफ़ धुले आकाश को देखते हुए बोले, ''प्रोग्राम आपने यों ही बदला, मिस वुड, अब क्या बारिश होगी!''

ह्यू बर्ट जब चैपल से बाहर निकला तो उसकी आँखें चकाचौंध-सी हो गईं। उसे लगा जैसे किसी ने अचानक ढेर-सी चमकीली उबलती हुई रोशनी मुट्ठी में भरकर उसकी आँखों में झोंक दी हो। पियानो के संगीत के सुर रुई के छुई-मुई रेशों से अब तक उसके मस्तिष्क की थकी-माँदी नसों पर फड़फड़ा रहे थे। वह काफ़ी थक गया था। पियानो बजाने से उसके फेफड़ों पर हमेशा भारी दबाव पड़ता था, दिल की धड़कन तेज़ हो जाती थी। उसे लगता था कि संगीत के एक नोट को दूसरे नोट में उतारने के प्रयत्न में वह एक अँधेरी खाई पार कर रहा है।

आज चैपल में मैंने जो महसूस किया, वह कितना रहस्यमय, कितना विचित्र था, ह्यू बर्ट ने सोचा। मुझे लगा, पियानो का हर नोट चिरन्तन ख़ामोशी की अँधेरी खोह से निकलकर बाहर फैली नीली धुन्ध को काटता, तराशता हुआ एक भूला-सा अर्थ खींच लाता है। गिरता हुआ हर 'पॉज़' एक छोटी-सी मौत है, मानो घने छायादार वृक्षों की काँपती छायाओं में कोई पगडंडी गुम हो गई हो—एक छोटी-सी मौत जो आनेवाले सुरों को अपनी बची-खुची गूँजों की साँसें समर्पित कर जाती है...जो मर जाती है, किन्तु मिट नहीं पाती, मिटती नहीं इसलिए मरकर भी जीवित है, दूसरे सुरों में लय हो जाती है।

डॉक्टर, क्या मृत्यु ऐसे ही आती है? अगर मैं डॉक्टर से पूछूँ तो वह हँसकर टाल देगा। मुझे लगता है, वह पिछले कुछ दिनों से कोई बात छिपा रहे हैं। उसकी हँसी में जो सहानुभूति का भाव होता है, वह मुझे अच्छा नहीं लगता। आज उसने मुझे स्पेशल सर्विस में आने से रोका था। कारण पूछने पर वह चुप रहे थे। कौन-सी ऐसी बात है, जिसे मुझसे कहने में डॉक्टर कतराते हैं! शायद मैं शक्की मिजाज होता जा रहा हूँ, और बात कुछ भी नहीं है।

ह्यू बर्ट ने देखा, लड़कियों की कतार स्कूल से हॉस्टल जानेवाली सड़क पर नीचे उतरती जा रही है। उजली धूप में उनके रंग-बिरंगे रिबन, हल्की आसमानी रंग की फ्रॉकें और सफ़ेद पेटियाँ चमक रही हैं। सीनियर कैम्ब्रिज की कुछ लड़कियों ने चैपल की वाटिका से गुलाब के फूलों को तोड़कर अपने बालों में लगा लिया है। कंटोनमेंट के तीन-चार सिपाही लड़कियों को देखते हुए अश्लील मज़ाक करते हुए हँस रहे हैं और कभी-कभी किसी लड़की की ओर ज़रा-सा झुककर सीटी बजाने लगते हैं।

''हलो मिस्टर ह्यू बर्ट,'' ह्यू बर्ट ने चौंककर पीछे देखा। लतिका एक मोटा-सा रजिस्टर बग़ल में दबाए खड़ी थी।

''आप अभी यहीं हैं?'' ह्यू बर्ट की दृष्टि लतिका पर टिकी रही। वह क्रीम रंग की पूरी बाँहों की ऊनी जैकेट पहने हुई थी। कुमाऊँनी लड़कियों की तरह लतिका का चेहरा गोल था, धूप की तपन से पका गेहुँआ रंग कहीं-कहीं हल्का-सा गुलाबी हो आया था, मानो बहुत धोने पर भी गुलाल के कुछ धब्बे इधर-उधर बिखरे रह गए हों।

''उन लड़कियों के नाम नोट करने थे, जो कल जा रही हैं...सो पीछे रुकना पड़ा। आप भी तो कल जा रहे हैं मिस्टर ह्यू बर्ट?''

"अभी तक तो यही इरादा है। यहाँ रुककर भी क्या करूँगा! आप स्कूल की ओर जा रही हैं?"

"चलिए।"

पक्की सड़क पर लड़कियों की भीड़ जमा थी, इसलिए वे दोनों पोलो ग्राउंड का चक्कर काटते हुए पगडंडी से नीचे उतरने लगे।

हवा तेज़ हो चली। चीड़ के पत्ते हर झोंके के संग टूट-टूटकर पगडंडी पर ढेर लगाते जाते थे। ह्यू बर्ट रास्ता बनाने के लिए अपनी छड़ी से उन्हें बुहारकर दोनों ओर बिखेर देता था। लतिका पीछे खड़ी हुई देखती रहती थी। अल्मोड़ा की ओर से आते हुए छोटे-छोटे बादल रेशमी रूमालों-से उड़ते हुए सूरज के मुँह पर लिपटे-से जाते थे, फिर हवा में बह निकलते थे। इस खेल में धूप कभी मन्द, फीकी-सी पड़ जाती थी, कभी अपना उजला आँचल खोलकर समूचे शहर को अपने में समेट लेती थी।

लतिका तनिक आगे निकल गई। ह्यू बर्ट की साँस चढ़ गई थी और वह धीरे-धीरे हाँफता हुआ पीछे आ रहा था। जब वे पोलो ग्राउंड के पवेलियन को छोड़कर सिमिट्री के दाईं ओर मुड़े, तो लतिका ह्यू बर्ट की प्रतीक्षा करने के लिए खड़ी हो गई। उसे याद आया, छुट्टियों के दिनों में जब कभी कमरे में अकेले बैठे-बैठे उसका मन ऊब जाता था, तो वह अक्सर टहलते हुए सिमिट्री तक चली जाती थी। उससे सटी पहाड़ी पर चढ़कर वह बर्फ में ढँके देवदार वृक्षों को देखा करती थी, जिनकी झुकी हुई शाखाओं से रुई के गालों-सी बर्फ नीचे क़ब्रों पर गिरा करती थी। नीचे बाज़ार जानेवाली सड़क पर बच्चे स्लेज पर फिसला करते थे। वह खड़ी-खड़ी बर्फ में छिपी हुई उस सड़क का अनुमान लगाया करती थी जो फ़ादर एलमंड के घर से गुज़रती हुई मिलिटरी अस्पताल और डाकघर से होकर चर्च की सीढ़ियों तक जाकर गुम हो जाती थी। जो मनोरंजन एक दुर्गम पहेली को सुलझाने में होता है, वही लतिका को बर्फ में खोए रास्तों को खोज निकालने में होता था।

"आप बहुत तेज़ चलती हैं, मिस लतिका।" थकान से ह्यू बर्ट का चेहरा कुम्हला गया था। माथे पर पसीने की बूँदें छलक आई थीं।

"कल रात आपकी तबीयत क्या कुछ ख़राब हो गई थी, मिस्टर ह्यू बर्ट?"

"आपने कैसे जाना? क्या मैं अस्वस्थ दीख रहा हूँ?" ह्यू बर्ट के स्वर में हल्की-सी खीज का आभास था। सब लोग मेरी सेहत को लेकर क्यों बात शुरू करते हैं? उसने सोचा।

"नहीं, मुझे तो पता भी नहीं चलता, वह तो सुबह करीमुद्दीन ने बातों-ही-बातों में जिक्र छेड़ दिया था।" लतिका कुछ अप्रतिभ-सी हो आई।

"कोई ख़ास बात नहीं, वही पुराना दर्द शुरू हो गया था; अब बिल्कुल ठीक है।" अपने कथन की पुष्टि के लिए ह्यू बर्ट छाती सीधी करके तेज़ क़दम बढ़ाने लगे।

"डॉक्टर मुकर्जी को दिखलाया था?"

"वह सुबह आए थे। उनकी बात समझ में नहीं आती। हमेशा दो बातें एक-दूसरे से उल्टी कहते हैं। कहते थे कि इस बार मुझे छह-सात महीने की छुट्टी लेकर आराम करना चाहिए, लेकिन अगर मैं ठीक हूँ, तो भला इसकी क्या ज़रूरत है?"

ह्यू बर्ट के स्वर में व्यथा की छाया लतिका से छिपी न रह सकी। बात को टालते हुए उसने कहा, "आप तो नाहक चिन्ता करते हैं मिस्टर ह्यू बर्ट! आजकल मौसम बदल रहा है, अच्छे-भले आदमी तक बीमार हो जाते हैं।"

ह्यू बर्ट का चेहरा प्रसन्नता से दमकने लगा। उसने लतिका को ध्यान से देखा। वह अपने दिल का संशय मिटाने के लिए निश्चिन्त हो जाना चाहता था कि कहीं लतिका उसे केवल दिलासा देने के लिए ही तो झूठ नहीं बोल रही।

"यही तो मैं सोच रहा था मिस लतिका! डॉक्टर की सलाह सुनकर तो मैं डर ही गया। भला छह महीने की छुट्टी लेकर मैं अकेला क्या करूँगा! स्कूल में तो बच्चों के संग मन लगा रहता है। सच पूछो तो दिल्ली में ये दो महीनों की छुट्टियाँ काटनी भी दूभर हो जाती हैं।"

"मिस्टर ह्यू बर्ट...कल आप दिल्ली जा रहे हैं... ?"

लतिका चलते-चलते हठात् ठिठक गई। सामने पोलो ग्राउंड फैला था, जिसके दूसरी ओर मिलिटरी के ट्रक कंटोनमेंट की ओर जा रहे थे। ह्यू बर्ट को लगा, जैसे लतिका की आँखें अधमुँदी-सी खुली रह गई हैं, मानो पलकों पर एक पुराना भूला-सा सपना सरक आया है।

"मिस्टर ह्यू बर्ट, आप दिल्ली जा रहे हैं?" इस बार लतिका ने प्रश्न नहीं दुहराया; उसके स्वर में केवल एक असीम दूरी का भाव घिर आया था।

"बहुत अरसा पहले मैं भी दिल्ली गई थी मिस्टर ह्यू बर्ट! तब मैं बहुत छोटी थी; न जाने कितने बरस बीत गए। हमारी मौसी का ब्याह वहीं हुआ था। बहुत-सी चीज़ें देखी थीं, लेकिन अब तो सब कुछ धुँधला-सा पड़ गया है। इतना याद है कि हम कुतुब पर चढ़े थे। सबसे ऊँची मंज़िल से हमने नीचे झाँका था, न जाने कैसा लगा था! नीचे चलते हुए आदमी चाभी भरे हुए खिलौनों-से लगते थे। हमने ऊपर से उन पर मूँगफलियों के छिलके फेंके थे, लेकिन हम बहुत निराश हुए क्योंकि उनमें से किसी ने हमारी तरफ़ नहीं देखा। शायद माँ ने मुझे डाँटा भी था, क्योंकि मैं सीढ़ियाँ उतरती हुई रो रही थी। और मैं सिर्फ़ नीचे झाँकते हुए डर गई थी। सुना है, अब तो दिल्ली इतनी बदल गई है कि पहचाना नहीं जाता..."

वे दोनों फिर चलने लगे। हवा का वेग ढीला पड़ने लगा। उड़ते हुए बादल अब सुस्ताने-से लगे थे, उनकी छायाएँ नन्दा देवी और पंचचूली की पहाड़ियों पर गिर रही थीं। स्कूल के पास पहुँचते-पहुँचते चीड़ के पेड़ पीछे छूट गए, कहीं-कहीं खूबानी के पेड़ों के आस-पास बुरुँस के लाल फूल धूप में चमक जाते थे। स्कूल तक आने में उन्होंने पोलो ग्राउंड का लम्बा चक्कर लगा लिया था।

"मिस लतिका, आप छुट्टियों में कहीं जाती क्यों नहीं? सर्दियों में तो यहाँ सब कुछ वीरान हो जाता होगा?"

"अब मुझे यहाँ अच्छा लगता है," लतिका ने कहा, "पहले साल अकेलापन कुछ अखरा था, अब आदी हो गई हूँ। क्रिसमस से एक रात पहले क्लब में डिनर होता है, लॉटरी डाली जाती है और रात को देर तक नाच-गाना होता रहता है। नए साल के दिन कुमाऊँ रेजीमेंट की ओर से परेड ग्राउंड में कार्नीवाल किया जाता है, बर्फ पर स्केटिंग होती है, रंग-बिरंगे गुब्बारों के नीचे मिलिटरी बैंड बजता है, फ़ौजी अफ़सर फैंसी ड्रेस में भाग लेते हैं। हर साल ऐसा ही होता है मिस्टर ह्यू बर्ट। फिर कुछ दिनों बाद विंटर स्पोर्ट्स के लिए अंग्रेज टूरिस्ट आते हैं। हर साल मैं उनसे परिचित होती हूँ, वापस लौटते हुए वे हमेशा वादा करते हैं कि अगले साल भी आएँगे, पर मैं जानती हूँ कि वे नहीं आएँगे, वे भी जानते हैं कि वे नहीं आएँगे, फिर भी हमारी दोस्ती में कोई अन्तर नहीं पड़ता। फिर...फिर कुछ दिनों बाद पहाड़ों पर बर्फ पिघलने लगती है, छुट्टियाँ ख़त्म होने लगती हैं, आप सब लोग अपने-अपने घरों से वापस

लौट आते हैं—और मिस्टर ह्यू बर्ट, पता भी नहीं चलता कि छुट्टियाँ कब शुरू हुई थीं, कब ख़त्म हो गईं।''

लतिका ने देखा कि ह्यू बर्ट उसकी ओर आतंकित भयाकुल दृष्टि से देख रहा है। वह सिटपिटाकर चुप हो गई। उसे लगा, मानो वह इतनी देर से पागल-सी अनर्गल प्रलाप कर रही हो।

''मुझे माफ़ करना मिस्टर ह्यू बर्ट, कभी-कभी मैं बच्चों की तरह बातों में बहक जाती हूँ।''

''मिस लतिका...'' ह्यू बर्ट ने धीरे से कहा। वह चलते-चलते रुक गया था। लतिका ह्यू बर्ट के भारी स्वर से चौंक-सी गई।

''क्या बात है मिस्टर ह्यू बर्ट?''

''वह पत्र...उसके लिए मैं लज्जित हूँ। उसे आप वापस लौटा दें, समझ लें कि मैंने उसे कभी नहीं लिखा था।''

लतिका कुछ समझ नहीं सकी, दिग्भ्रान्त-सी खड़ी हुई ह्यू बर्ट के पीले, उद्विग्न चेहरे को देखती रही।

ह्यू बर्ट ने धीरे से लतिका के कन्धे पर हाथ रख दिया।

''कल डॉक्टर ने मुझे सब कुछ बता दिया। अगर मुझे पहले से मालूम होता तो...तो...,'' ह्यू बर्ट हकलाने लगा।

''मिस्टर ह्यू बर्ट...'' किन्तु लतिका से आगे कुछ भी नहीं कहा गया। उसका चेहरा सफ़ेद हो गया था।

दोनों चुपचाप कुछ देर तक स्कूल के गेट के बाहर खड़े रहे।

मीडोज़—पगडंडियों, पत्तों, छायाओं से घिरा छोटा-सा द्वीप, मानो कोई घोंसला दो हरी घाटियों के बीच आ दबा हो। भीतर घुसते ही पिकनिक के काले आग से झुलसे हुए पत्थर, अधजली टहनियाँ, बैठने के लिए बिछाए गए पुराने अख़बारों के टुकड़े इधर-उधर बिखरे हुए दिखाई दे जाते हैं। अक्सर टूरिस्ट पिकनिक के लिए यहाँ आते हैं। मीडोज़ को बीच में काटता हुआ टेढ़ा-मेढ़ा बरसाती नाला बहता है, जो दूर से धूप में चमकता हुआ सफ़ेद रिबन-सा दिखाई देता है।

यहीं पर काठ के तख्तों का बना हुआ टूटा-सा पुल है, जिस पर लड़कियाँ हिचकोले खाते हुई चल रही हैं।

''डॉक्टर मुकर्जी, आप तो सारा जंगल जला देंगे।'' मिस वुड ने अपनी ऊँची एड़ी के सैंडल से जलती हुई दियासलाई को दबा डाला, जो डॉक्टर ने सिगार सुलगाकर चीड़ के पत्तों के ढेर पर फेंक दी थी। वे नाले से कुछ दूर हटकर चीड़ के दो पेड़ों से गुँथी हुई छाया के नीचे बैठे थे। उनके सामने एक छोटा-सा रास्ता नीचे पहाड़ी गाँव की ओर जाता था, जहाँ पहाड़ की गोद में शकरपारों-से खेत एक-दूसरे के नीचे बिछे हुए थे। दोपहर के सन्नाटे में भेड़-बकरियों के गलों में बँधी हुई घंटियों का स्वर हवा में बहता हुआ सुनाई दे जाता था।

घास पर लेटे-लेटे डॉक्टर सिगार पीते रहे।

''जंगल की आग कभी देखी है, मिस वुड...एक अलमस्त नशे की तरह धीरे-धीरे फैलती जाती है।''

"आपने कभी देखी है डॉक्टर?" मिस वुड ने पूछा, "मुझे तो बड़ा डर लगता है!"

"बहुत साल पहले शहरों को जलते हुए देखा था।" डॉक्टर लेटे हुए आकाश की ओर ताक रहे थे, "एक-एक मकान ताश के पत्तों की तरह गिरता जाता है। दुर्भाग्यवश ऐसे अवसर देखने में बहुत कम आते हैं।"

"आपने कहाँ देखा, डॉक्टर?"

"लड़ाई के दिनों में अपने शहर रंगून को जलते हुए देखा था।"

मिस वुड की आत्मा को ठेस लगी, किन्तु फिर भी उनकी उत्सुकता शान्त नहीं हुई।

"आपका घर? क्या वह भी जल गया था?"

डॉक्टर कुछ देर तक चुपचाप लेटा रहा।

"हम उसे ख़ाली छोड़कर चले आए थे, मालूम नहीं बाद में क्या हुआ!" अपने व्यक्तिगत जीवन के सम्बन्ध में कुछ भी कहने में डॉक्टर को कठिनाई महसूस होती है।

"डॉक्टर, क्या आप कभी वापस बर्मा जाने की बात नहीं सोचते?" डॉक्टर ने अँगड़ाई ली और करवट बदलकर औंधे मुँह लेट गए। उनकी आँखें मुँद गईं और माथे पर बालों की लटें झूल आईं।

"सोचने से क्या होता है मिस वुड...जब बर्मा में था, तब क्या कभी सोचा था कि यहाँ आकर उम्र काटनी होगी?"

"लेकिन डॉक्टर, कुछ भी कह लो, अपने देश का सुख कहीं और नहीं मिलता। यहाँ आप चाहे कितने वर्ष रह लें, अपने को हमेशा अजनबी ही पाएँगे।"

डॉक्टर ने सिगार के धुएँ को धीरे-धीरे हवा में छोड़ दिया, "दरअसल अजनबी तो मैं वहाँ भी समझा जाऊँगा, मिस वुड। इतने वर्षों बाद मुझे कौन पहचानेगा! इस उम्र में नए सिरे से रिश्ते जोड़ना काफ़ी सिरदर्दी का काम है; कम-से-कम मेरे वश की बात नहीं है।"

"लेकिन डॉक्टर, आप कब तक इस पहाड़ी कस्बे में पड़े रहेंगे, इसी देश में रहना है तो किसी बड़े शहर में प्रैक्टिस शुरू कीजिए।"

"प्रैक्टिस बढ़ाने के लिए कहाँ-कहाँ भटकता फिरूँगा, मिस वुड? जहाँ रहो, वहीं मरीज़ मिल जाते हैं। यहाँ आया था कुछ दिनों के लिए, फिर मुद्दत हो गई और टिका रहा। जब कभी जी ऊबेगा, कहीं चला जाऊँगा। जड़ें कहीं नहीं जमतीं, तो पीछे भी कुछ नहीं छूट जाता। मुझे अपने बारे में कोई ग़लतफ़हमी नहीं है मिस वुड, मैं सुखी हूँ।"

मिस वुड ने डॉक्टर की बात पर विशेष ध्यान नहीं दिया। दिल में वह हमेशा डॉक्टर को उच्छृंखल, लापरवाह और सनकी समझती रही है, किन्तु डॉक्टर के चरित्र में उसका विश्वास है—न जाने क्यों, हालाँकि डॉक्टर ने जाने-अनजाने में इसका कोई प्रमाण दिया हो, याद नहीं पड़ता।

मिस वुड ने एक ठंडी साँस भरी। वह हमेशा यह सोचती थी कि यदि डॉक्टर इतना आलसी और लापरवाह न होता, तो अपनी योग्यता के बल पर काफ़ी चमक सकता था। इसीलिए उन्हें डॉक्टर पर क्रोध भी आता था और दुख भी होता था।

मिस वुड ने अपने बैग से ऊन का गोला और सलाइयाँ निकालीं, फिर उसके नीचे से अख़बार में लिपटा हुआ चौड़ा टॉफी का डिब्बा उठाया, जिसमें अंडों की सैंडविचें और हैम्बर्गर दबे हुए थे। थर्मस से प्यालों में कॉफ़ी उँड़ेलते हुए मिस वुड ने कहा, "डॉक्टर, कॉफ़ी ठंडी हो रही है..."

डॉक्टर लेटे-लेटे बुड़बुड़ाए। मिस वुड ने नीचे झुककर देखा, वह कोहनी पर सिर टिकाए सो रहे थे। ऊपर का होंठ ज़रा-सा फैलकर मुड़ गया था, मानो किसी से मज़ाक करने से पहले मुसकरा रहे हों।

उनकी अँगुलियों में दबा हुआ सिगार नीचे झुका हुआ लटक रहा था।

"मेरी, मेरी, ह्वाट डू यू वांट, ह्वाट डू यू वांट..." दूसरे स्टैंडर्ड में पढ़नेवाली मेरी ने अपनी चंचल, चपल आँखें ऊपर उठाईं। लड़कियों का दायरा उसे घेरे हुए कभी पास आता था, कभी दूर खिंचता चला जाता था।

"आई वांट...आई वांट ब्लू—" दोनों हाथों को हवा में घुमाते हुए मेरी चिल्लाई। दायरा पानी की तरह टूट गया। सब लड़कियाँ एक-दूसरे पर गिरती-पड़ती किसी नीली वस्तु को छूने के लिए भाग-दौड़ करने लगीं।

लंच समाप्त हो चुका था। लड़कियों के छोटे-छोटे दल मीडोज़ में बिखर गए थे। ऊँची क्लास की कुछ लड़कियाँ चाय का पानी गरम करने के लिए पेड़ों पर चढ़कर सूखी टहनियाँ तोड़ रही थीं।

दोपहर की उस घड़ी में मीडोज़ अलसाया-ऊँघता-सा जान पड़ता था। हवा का कोई भूला-भटका झोंका आ जाता था, तब चीड़ के पत्ते खड़खड़ा उठते थे। कभी कोई पक्षी अपनी सुस्ती मिटाने झाड़ियों से उड़कर नाले के किनारे बैठ जाता था, पानी में सिर डुबोता था, फिर उड़कर हवा में दो-चार निरुद्देश्य चक्कर काटकर दोबारा झाड़ियों में दुबक जाता था।

किन्तु जंगल की ख़ामोशी शायद कभी चुप नहीं रहती। गहरी नींद में डूबी सपनों-सी कुछ आवाज़ें नीरवता के हल्के झीने परदे पर सलवटें बिछा जाती हैं...मूक लहरों-सी तिरती हैं।...मानो कोई दबे पाँव झाँककर अदृश्य संकेत कर जाता है, "देखो, मैं यहाँ हूँ।"

लतिका ने जूली के 'बॉब हेयर' को सहलाते हुए कहा, "तुम्हें कल रात बुलाया था।"

"मैडम, मैं गई थी, आप अपने कमरे में नहीं थीं।" लतिका को याद आया कि कल रात वह डॉक्टर के कमरे के टैरेस पर देर तक बैठी रही थी और भीतर ह्यू बर्ट पियानो पर शोपाँ का नौक्टर्न बजा रहा था।

"जूली, तुमसे कुछ पूछना था।" उसे लगा, वह जूली की आँखों से अपने को बचा रही है।

जूली ने अपना चेहरा ऊपर उठाया। उसकी भूरी आँखों से कौतूहल झाँक रहा था।

"तुम ऑफ़िसर्स मेस में किसी को जानती हो?"

जूली ने अनिश्चित भाव से सिर हिलाया। लतिका कुछ देर तक जूली को अपलक घूरती रही।

"जूली, मुझे विश्वास है, तुम झूठ नहीं बोलोगी।"

कुछ क्षण पहले जूली की आँखों में जो कौतूहल था, वह भय में परिणत होने लगा।

लतिका ने अपनी जैकेट की जेब से एक नीला लिफ़ाफ़ा निकालकर जूली की गोद में फेंक दिया।

"यह किसकी चिट्ठी है?"

जूली ने लिफ़ाफ़ा उठाने के लिए हाथ बढ़ाया, किन्तु फिर एक क्षण के लिए उसका हाथ काँपकर ठिठक गया। लिफ़ाफ़े पर उसका नाम और हॉस्टल का पता लिखा हुआ था।

"थैंक्यू मैडम, मेरे भाई का पत्र है, वह झाँसी में रहते हैं।" जूली ने घबराहट में लिफ़ाफ़े को अपने स्कर्ट की तहों में छिपा लिया।

"जूली, ज़रा मुझे लिफ़ाफ़ा दिखलाओ।" लतिका का स्वर तीखा, कर्कश-सा हो आया।

जूली ने अनमने भाव से लतिका को पत्र दे दिया।

"तुम्हारे भाई झाँसी में रहते हैं?"

जूली इस बार कुछ नहीं बोली। उसकी उद्भ्रान्त उखड़ी-सी आँखें लतिका को देखती रहीं।

"यह क्या है?"

जूली का चेहरा सफ़ेद फ़क पड़ गया। लिफ़ाफ़े पर कुमाऊँ रेजीमेंटल सेंटर की मुहर उसकी ओर घूर रही थी।

"कौन है यह?" लतिका ने पूछा। उसने पहले भी हॉस्टल में उड़ती हुई अफ़वाह सुनी थी कि जूली को क्लब में किसी मिलिटरी अफ़सर के संग देखा गया था, किन्तु ऐसी अफ़वाहें अक्सर उड़ती रहती थीं, और उसने उस पर विश्वास नहीं किया था।

"जूली, तुम अभी बहुत छोटी हो।" जूली के होंठ काँपे, उसकी आँखों में निरीह याचना का भाव घिर आया।

"अच्छा, अभी जाओ...तुमसे छुट्टियों के बाद बातें करूँगी।"

जूली ने ललचाई दृष्टि से लिफ़ाफ़े की ओर देखा, कुछ बोलने को उद्यत हुई, फिर बिना कुछ कहे चुपचाप वापस लौट गई।

लतिका देर तक जूली को देखती रही, जब तक वह आँखों से ओझल नहीं हो गई। 'क्या मैं किसी खूसट बुढ़िया से कम हूँ? अपने अभाव का बदला क्या मैं दूसरों से ले रही हूँ?'

शायद...कौन जाने...शायद जूली का यह प्रथम परिचय हो उस अनुभूति से, जिसे कोई भी लड़की बड़े चाव से सँजोकर, सँभालकर अपने में छिपाए रहती है, एक अनिर्वचनीय सुख, जो पीड़ा लिये है, पीड़ा और सुख को डुबोती हुई उमड़ते ज्वार की खुमारी...जो दोनों को अपने में समो लेती है...एक दर्द, जो आनन्द से उपजा है और पीड़ा देता है।

यहीं इसी देवदार के नीचे उसे भी यही लगा था, जब गिरीश ने पूछा था, "तुम चुप क्यों हो?" वह आँखें मूँदे सोच रही थी—सोच कहाँ रही थी, जी रही थी, उस क्षण को जो भय और विस्मय के बीच भिंचा था—बहका-सा पागल क्षण। वह अभी पीछे मुड़ेगी तो गिरीश की 'नर्वस' मुसकराहट दिखाई दे जाएगी। उस दिन से आज दोपहर तक का अतीत एक दुःस्वप्न की मानिन्द टूट जाएगा... वही देवदार है, जिस पर उसने अपने बालों के क्लिप से गिरीश का नाम लिखा था। पेड़ की छाल उतरती नहीं थी, क्लिप टूट-टूट जाता था। तब गिरीश ने अपने नाम के नीचे उसका नाम लिखा था। जब कभी कोई अक्षर बिगड़कर टेढ़ा-मेढ़ा हो जाता था तब वह हँसती थी और गिरीश का काँपता हाथ और भी काँप जाता था...

लतिका को लगा, जो वह याद करती है, वही भूलना भी चाहती है, लेकिन जब वह सचमुच भूलने लगती है, तब उसे भय लगता है कि जैसे कोई उसकी किसी चीज़ को उसके हाथों से छीने लिये जा रहा है, ऐसा कुछ जो सदा के लिए खो जाएगा। बचपन में जब कभी वह अपने किसी खिलौने को खो देती थी, तो वह गुमसुम-सी होकर सोचा करती थी, कहाँ रख दिया मैंने। जब बहुत दौड़-धूप करने पर खिलौना मिल जाता, तो वह बहाना करती कि अभी उसे खोज ही रही है, कि वह अभी मिला नहीं है। जिस स्थान पर खिलौना रखा होता, जान-बूझकर

उसे छोड़कर घर के दूसरे कोने में उसे खोजने का उपक्रम करती। तब खोई हुई चीज़ याद रहती, इसलिए भूलने का भय नहीं रहता था।

आज वह उस बचपन के खेल का बहाना क्यों नहीं कर पाती? 'बहाना'...शायद करती है, उसे याद करने का बहाना, जो भूलता जा रहा है...दिन, महीने बीत जाते हैं, और वह उलझी रहती है, अनजाने में गिरीश का चेहरा धुँधला पड़ता जाता है। याद वह करती है, किन्तु जैसे किसी पुरानी तसवीर के धूल-भरे शीशे को साफ़ कर रही हो। अब वैसा दर्द नहीं होता, सिर्फ़ उस दर्द को याद करती है, जो पहले कभी होता था। तब उसे अपने पर ग्लानि होती है। वह फिर जान-बूझकर उस घाव को कुरेदती है, जो भरता जा रहा है, ख़ुद-ब-ख़ुद उसकी कोशिशों के बावजूद भरता जा रहा है...

देवदार पर खुदे हुए अधमिटे नाम लतिका की ओर निस्तब्ध निरीह भाव से निहार रहे थे। मीडोज़ के घने सन्नाटे में नाले पार से खेलती हुई लड़कियों की आवाज़ें गूँज जाती थीं :

"ह्वाट डू यू वांट? ह्वाट डू यू वांट?"

तितलियाँ, झींगुर, जुगनू...मीडोज़ पर उतरती हुई साँझ की छायाओं में पता नहीं चलता, कौन आवाज़ किसकी है? दोपहर के समय जिन आवाज़ों को अलग-अलग करके पहचाना जा सकता था, अब वे एकस्वरता की अविरल धारा में घुल गई थीं। घास से अपने पैरों को पोंछता हुआ कोई रेंग रहा है। झाड़ियों के झुरमुट से परों को फड़फड़ाता हुआ झपटकर कोई ऊपर से उड़ जाता है...किन्तु ऊपर देखो तो कहीं कुछ भी नहीं है। मीडोज़ के झरने का गड़गड़ाता स्वर...जैसे अँधेरी सुरंग में झपाटे से ट्रेन गुज़र गई हो, और देर तक उसमें सीटियों और पहियों की चीत्कार गूँजती रही हो।

पिकनिक कुछ देर तक और चलती, किन्तु बादलों की तहें एक-दूसरे पर चढ़ती जा रही थीं। पिकनिक का सामान बटोरा जाने लगा। मीडोज़ के चारों ओर बिखरी हुई लड़कियाँ मिस वुड के इर्द-गिर्द जमा होने लगीं। अपने संग वे अजीबोग़रीब चीज़ें बटोर लाई थीं। कोई किसी पक्षी के टूटे पंख को बालों में लगाए हुए थी, किसी ने पेड़ की टहनी को चाकू से छीलकर छोटी-सी बेंत बना ली थी। ऊँची क्लास की कुछ लड़कियों ने अपने-अपने रूमालों में नाले से पकड़ी हुई छोटी-छोटी बालिश्त-भर की मछलियों को दबा रखा था जिन्हें मिस वुड से छिपाकर वे एक-दूसरे को दिखा रही थीं।

मिस वुड लड़कियों की टोली के संग आगे निकल गई। मीडोज़ से पक्की सड़क तक तीन-चार फर्लांग की चढ़ाई थी। लतिका हाँफने लगी। डॉक्टर मुकर्जी सबसे पीछे आ रहे थे। लतिका के पास पहुँचकर वह ठिठक गए। डॉक्टर ने दोनों घुटनों को ज़मीन पर टेकते हुए सिर झुकाकर एलिजाबेथयुगीन अंग्रेजी में कहा, "मैडम, आप इतनी परेशान क्यों नज़र आ रही हैं?"

और डॉक्टर की नाटकीय मुद्रा को देखकर लतिका के होंठों पर एक थकी-सी ढीली-ढीली मुसकराहट बिखर गई।

"प्यास के मारे गला सूख रहा है...और यह चढ़ाई है कि ख़त्म होने में नहीं आती।"

डॉक्टर ने अपने कन्धे पर लटकते हुए थर्मस को उतारकर लतिका के हाथों में देते हुए कहा, "थोड़ी-सी कॉफ़ी बची है, शायद कुछ मदद कर सके।"

"पिकनिक में तुम कहाँ रह गए डॉक्टर, कहीं दिखाई नहीं दिए?"

"दोपहर-भर सोता रहा, मिस वुड के संग। मेरा मतलब है, मिस वुड पास बैठी थी। मुझे लगता है, मिस वुड मुझसे मोहब्बत करती है।" कोई भी मज़ाक करते समय डॉक्टर अपनी मूँछों के कोनों को चबाने लगते हैं।

"क्या कहती थीं?" लतिका ने थर्मस से कॉफ़ी को मुँह में उँडेल लिया।

"शायद कुछ कहती, लेकिन बदक़िस्मती से बीच में ही मुझे नींद आ गई। मेरी ज़िन्दगी के कुछ ख़ूबसूरत प्रेम-प्रसंग कमबख़्त इस नींद के कारण अधूरे रह गए हैं।"

और इस दौरान जब दोनों बातें कर रहे थे, उनके पीछे मीडोज़ और मोटर रोड के संग चढ़ती हुई चीड़ और बाँज के वृक्षों की कतारें साँझ के घिरते अँधेरे में डूबने लगीं, मानो प्रार्थना करते हुए उन्होंने चुपचाप अपने सिर नीचे झुका लिए हों। इन्हीं पेड़ों के ऊपर बादलों के गिरजे का क्रॉस कहीं उलझा पड़ा था। उनके नीचे पहाड़ों की ढलान पर बिछे हुए खेत भागती हुई गिलहरियों-से लग रहे थे, जो मानो किसी की टोह में स्तब्ध ठिठक गई हों।

"डॉक्टर, मिस्टर ह्यू बर्ट पिकनिक पर नहीं आए?"

डॉक्टर मुकर्जी टॉर्च जलाकर लतिका के आगे-आगे चल रहे थे।

"मैंने उन्हें मना कर दिया था।"

"किसलिए?"

अँधेरे में पैरों के नीचे दबे हुए पत्तों की चरमराहट के अतिरिक्त कुछ सुनाई नहीं देता था। डॉक्टर मुकर्जी ने धीरे से खाँसा।

"पिछले कुछ दिनों से मुझे सन्देह होता जा रहा है कि ह्यू बर्ट की छाती का दर्द शायद मामूली दर्द नहीं है।" डॉक्टर थोड़ा-सा हँसे, जैसे उसे अपनी यह गम्भीरता अरुचिकर लग रही हो।

डॉक्टर ने प्रतीक्षा की, शायद लतिका कुछ कहेगी। किन्तु लतिका चुपचाप उसके पीछे चल रही थी।

"यह मेरा महज़ शक है, शायद मैं बिल्कुल ग़लत हूँ, किन्तु फिर भी यह बेहतर होगा कि वह अपने एक फेफड़े का एक्सरे करा लें, इससे कम-से-कम कोई भ्रम तो नहीं रहेगा।"

"आपने मिस्टर ह्यू बर्ट से इसके बारे में कुछ कहा?"

"अभी तक कुछ नहीं कहा। ह्यू बर्ट ज़रा-सी बात पर चिन्तित हो उठता है, इसलिए कभी साहस नहीं हो पाता।"

डॉक्टर को लगा, उसके पीछे आते हुए लतिका के पैरों का स्वर सहसा बन्द हो गया है। उन्होंने पीछे मुड़कर देखा, लतिका बीच सड़क पर अँधेरे में छाया-सी चुपचाप निश्चल खड़ी है।

"डॉक्टर!" लतिका का स्वर भर्राया हुआ था।

"क्या बात है मिस लतिका, आप रुक क्यों गईं?"

"डॉक्टर, क्या मिस्टर ह्यू बर्ट..."

डॉक्टर ने अपनी टॉर्च की मद्धिम रोशनी लतिका पर उठा दी। उन्होंने देखा, लतिका का चेहरा एकदम पीला पड़ गया है और वह रह-रहकर पत्ते-सी काँप जाती है।

"मिस लतिका, क्या बात है, आप तो बहुत डरी-सी जान पड़ती हैं?"

"कुछ नहीं डॉक्टर...मुझे...मुझे...कुछ याद आ गया था।"

वे दोनों फिर चलने लगे। कुछ दूर जाने पर उनकी आँखें ऊपर उठ गईं। पक्षियों का एक बेड़ा धूमिल आकाश में त्रिकोण बनाता हुआ पहाड़ों के पीछे से उनकी ओर आ रहा था। लतिका

और डॉक्टर सिर उठाकर इन पक्षियों को देखते रहे। लतिका को याद आया, हर साल सर्दी की छुट्टियों से पहले ये परिन्दे मैदानों की ओर उड़ते हैं, कुछ दिनों के लिए बीच के इस पहाड़ी स्टेशन पर बसेरा करते हैं, प्रतीक्षा करते हैं बर्फ के दिनों की, जब वे नीचे अजनबी, अनजाने देशों में उड़ जाएँगे।

क्या वे सब भी प्रतीक्षा कर रहे हैं? वह, डॉक्टर मुकर्जी, मिस्टर ह्यू बर्ट! 'लेकिन कहाँ के लिए, हम कहाँ जाएँगे?'

किन्तु उसका कोई उत्तर नहीं मिला, उस अँधेरे में मीडोज़ के झरने का भुतैला स्वर और चीड़ के पत्तों की सरसराहट के अतिरिक्त कुछ सुनाई नहीं देता था।

लतिका हड़बड़ाकर चौंक गई। अपनी छड़ी पर झुए हुए डॉक्टर धीरे-धीरे सीटी बजा रहे थे।

''मिस लतिका, जल्दी कीजिए, बारिश शुरू होनेवाली है।''

हॉस्टल पहुँचते-पहुँचते बिजली चमकने लगी थी, किन्तु उस रात बारिश देर तक नहीं हुई। बादल बरसने भी नहीं पाते थे कि हवा के थपेड़ों से धकेल दिए जाते थे। दूसरे दिन तड़के ही बस पकड़नी थी, इसलिए 'डिनर' के बाद लड़कियाँ सोने के लिए अपने-अपने कमरों में चली गई थीं।

जब लतिका अपने कमरे में गई, तो उस समय कुमाऊँ रेजीमेंट सेंटर का बिगुल बज रहा था। उसके कमरे में करीमुद्दीन कोई पहाड़ी धुन गुनगुनाता हुआ लैम्प में गैस पम्प कर रहा था। लतिका उन्हीं कपड़ों में तकिये को दुहरा करके लेट गई। करीमुद्दीन ने उड़ती हुई निगाह से लतिका को देखा, फिर अपने काम में जुट गया।

''पिकनिक कैसी रही मेम साहब?''

''तुम क्यों नहीं आए, सब लड़कियाँ तुम्हें पूछ रही थीं?'' लतिका को लगा, दिन-भर की थकान धीरे-धीरे उसके शरीर की पसलियों पर चिपटती जा रही है। अनायास उसकी आँखें नींद के बोझ से झपकने लगीं।

''मैं चला आता तो ह्यू बर्ट साहब की तीमारदारी कौन करता? दिन-भर उनके बिस्तरे से सटा हुआ बैठा रहा...और अब वह ग़ायब हो गए ।''

करीमुद्दीन ने कन्धे पर लटकते हुए मैले-कुचैले तौलिये को उतारा और लैम्प के शीशों की गर्द पोंछने लगा।

लतिका की अधमुँदी आँखें खुल गईं, ''क्या ह्यू बर्ट साहब अपने कमरे में नहीं हैं?''

''ख़ुदा जाने, इस हालत में कहाँ गए! पानी गरम करने कुछ देर के लिए बाहर गया था, वापस आने पर देखता हूँ कि कमरा ख़ाली पड़ा है।''

करीमुद्दीन बड़बड़ाता हुआ बाहर चला गया। लतिका ने लेटे-लेटे पलंग के नीचे चप्पलों को पैरों से उतार दिया।

ह्यू बर्ट इतनी रात में कहाँ गए? किन्तु लतिका की आँखें फिर झपक गईं। दिन-भर की थकान ने सब परेशानियों, प्रश्नों पर कुंजी लगा दी थी; जैसे दिन-भर आँख-मिचौली खेलते हुए उसने अपने कमरे में 'दैया' को छू लिया था। अब वह सुरक्षित थी, कमरे की चहारदीवारी के भीतर उसे कोई नहीं पकड़ सकता। दिन के उजाले में वह गवाह थी, मुजरिम थी, हर चीज़ का उससे तकाज़ा था, अब इस अकेलेपन में कोई गिला नहीं, उलाहना नहीं, सब खींचातान ख़त्म हो गई है, जो अपना है, वह बिल्कुल अपना-सा हो गया है, जो पराया है, उसका दुख नहीं, अपनाने की फुर्सत नहीं...

लतिका ने दीवार की ओर मुँह घुमा लिया। लैम्प के फीके आलोक में हवा में काँपते परदों की छायाएँ हिल रही थीं। बिजली कड़कने से खिड़कियों के शीशे चमक जाते थे, दरवाज़े चटखने लगते थे, जैसे कोई बाहर से धीमे-धीमे खटखटा रहा हो। कॉरीडोर से अपने-अपने कमरों में जाती हुई लड़कियों की हँसी, बातों के कुछ शब्द... फिर सब कुछ शान्त हो गया, किन्तु फिर भी देर तक कच्ची नींद में वह लैम्प का धीमा-सा 'सी-सी' का स्वर सुनती रही। कब वह स्वर भी मौन का भाग बनकर मूक हो गया, उसे पता न चला।

कुछ देर बाद उसको लगा, सीढ़ियों से कुछ दबी आवाज़ें ऊपर आ रही हैं, बीच-बीच में कोई चिल्ला उठता है, और फिर सहसा आवाज़ें धीमी पड़ जाती हैं।

"मिस लतिका, ज़रा अपना लैम्प ले आइए।" कॉरीडोर के जीने से डॉक्टर मुकर्जी की आवाज़ आई थी।

कॉरीडोर में अँधेरा था। वह तीन-चार सीढ़ियाँ नीचे उतरी, लैम्प नीचे किया। सीढ़ियों से सटे जंगले पर ह्यू बर्ट ने अपना सिर रख दिया था, उसकी एक बाँह जंगले के नीचे लटक रही थी और दूसरी डॉक्टर के कन्धे पर झूल रही थी, जिसे डॉक्टर ने अपने हाथों में जकड़ रखा था।

"मिस लतिका, लैम्प ज़रा और नीचे झुका दीजिए...ह्यू बर्ट...ह्यू बर्ट..." डॉक्टर ने ह्यू बर्ट को सहारा देकर ऊपर खींचा। ह्यू बर्ट ने अपना चेहरा ऊपर किया। व्हिस्की की तेज़ बू का झोंका लतिका के सारे शरीर को झिंझोड़ गया। ह्यू बर्ट की आँखों में सुर्ख डोरे खिंच आए थे, कमीज़ का कॉलर उल्टा हो गया था और टाई की गाँठ ढीली होकर नीचे खिसक आई थी। लतिका ने काँपते हाथों से लैम्प सीढ़ियों पर रख दिया और आप दीवार के सहारे खड़ी हो गई। उसका सिर चकराने लगा था।

"इन ए बैकलेन ऑफ़ द सिटी, देयर इज ए गर्ल हू लव्ज मी..." ह्यू बर्ट हिचकियों के बीच गुनगुना उठता था।

"ह्यू बर्ट प्लीज...प्लीज," डॉक्टर ने ह्यू बर्ट के लड़खड़ाते शरीर को अपनी मज़बूत गिरफ्त में पकड़ लिया।

"मिस लतिका, आप लैम्प लेकर आगे चलिए।" लतिका ने लैम्प उठाया। दीवार पर उन तीनों की छायाएँ डगमगाने लगीं।

"इन द बैकलेन ऑफ़ द सिटी, देयर इज ए गर्ल हू लव्ज मी..." ह्यू बर्ट डॉक्टर मुकर्जी के कन्धे पर सिर टिकाए अँधेरी सीढ़ियों पर उल्टे-सीधे पैर रखता हुआ चढ़ रहा था।

"डॉक्टर, हम कहाँ हैं?" ह्यू बर्ट सहसा इतनी ज़ोर से चिल्लाया कि उसकी फटती हुई आवाज़ सुनसान अँधेरे कॉरीडोर की छत से टकराकर देर तक हवा में गूँजती रही।

"ह्यू बर्ट!" डॉक्टर को एकदम ह्यू बर्ट पर गुस्सा आ गया, फिर अपने ग़ुस्से पर ही उसे खीझ-सी हो आई और वह ह्यू बर्ट की पीठ थपथपाने लगे।

"कुछ बात नहीं है ह्यू बर्ट डियर, तुम सिर्फ़ थक गए हो।" ह्यू बर्ट ने अपनी आँखें डॉक्टर पर गड़ा दीं, उनमें एक भयभीत बच्चे की-सी कातरता झलक रही थी, मानो डॉक्टर के चेहरे से वह किसी प्रश्न का उत्तर पा लेना चाहता हो।

ह्यू बर्ट के कमरे में पहुँचकर डॉक्टर ने उसे बिस्तरे पर लिटा दिया। ह्यू बर्ट ने बिना किसी विरोध के चुपचाप जूते-मोजे उतारने दिए। जब डॉक्टर ह्यू बर्ट की टाई उतारने लगे, तो ह्यू बर्ट अपनी कुहनी के सहारे उठा, कुछ देर तक डॉक्टर को आँखें फाड़ते हुए घूरता रहा, फिर धीरे से उसका हाथ पकड़ लिया।

"डॉक्टर, क्या मैं मर जाऊँगा?"

"कैसी बात करते हो ह्यू बर्ट!" डॉक्टर ने हाथ छुड़ाकर धीरे से ह्यू बर्ट का सिर तकिये पर टिका दिया।

"गुडनाइट ह्यू बर्ट!"

"गुडनाइट डॉक्टर!" ह्यू बर्ट ने करवट बदल ली।

"गुडनाइट मिस्टर ह्यू बर्ट!" लतिका का स्वर सिहर गया।

किन्तु ह्यू बर्ट ने कोई उत्तर नहीं दिया। करवट बदलते ही उसे नींद आ गई थी।

कॉरीडोर में वापस आकर डॉक्टर मुकर्जी रेलिंग के सामने खड़े हो गए। हवा के तेज़ झोंकों से आकाश में फैले बादलों की परतें जब कभी इकहरी हो जातीं, तब उनके पीछे से चाँदनी बुझती हुई आग के धुएँ-सी आस-पास की पहाड़ियों पर फैल जाती थी।

"आपको मिस्टर ह्यू बर्ट कहाँ मिले?" लतिका कॉरीडोर के दूसरे कोने में रेलिंग पर झुकी हुई थी।

"क्लब के बार में उन्हें देखा था, मैं न पहुँचता तो न जाने कब तक बैठे रहते!" डॉक्टर मुकर्जी ने सिगरेट जलाई। उन्हें अभी एक-दो मरीज़ों के घर जाना था। कुछ देर तक उन्हें टाल देने के इरादे से वह कॉरीडोर में खड़े रहे।

नीचे अपने क्वार्टर में बैठा हुआ करीमुद्दीन माउथ आर्गन पर कोई पुरानी फ़िल्मी धुन बजा रहा था।

"आज दिन-भर बादल छाए रहे, लेकिन खुलकर बारिश नहीं हुई।"

"क्रिसमस तक शायद मौसम ऐसा ही रहेगा।" कुछ देर तक दोनों चुपचाप खड़े रहे। कॉन्वैंट स्कूल के बाहर फैले लॉन से झींगुरों का अनवरत स्वर चारों ओर फैली निस्तब्धता को और भी अधिक घना बना रहा था। कभी-कभी ऊपर मोटर रोड पर किसी कुत्ते की रिरियाहट सुनाई पड़ जाती थी।

"डॉक्टर...कल रात आपने मिस्टर ह्यू बर्ट से कुछ कहा था मेरे बारे में?"

"वही जो सब लोग जानते हैं और...ह्यू बर्ट, जिसे जानना चाहिए था, नहीं जानता था..."

डॉक्टर ने लतिका की ओर देखा, वह जड़वत् अविचलित रेलिंग पर झुकी हुई थी।

"वैसे हम सबकी अपनी-अपनी ज़िद होती है, कोई छोड़ देता है, कुछ लोग आख़िर तक उससे चिपके रहते हैं।" डॉक्टर मुकर्जी अँधेरे में मुसकराए। उनकी मुसकराहट में सूखा-सा विरक्ति का भाव भरा था।

"कभी-कभी मैं सोचता हूँ मिस लतिका, किसी चीज़ को न जानना यदि ग़लत है, तो जान-बूझकर न भूल पाना, हमेशा जोंक की तरह उससे चिपटे रहना—यह भी ग़लत है। बर्मा से आते हुए मेरी पत्नी की मृत्यु हुई थी, मुझे अपनी ज़िन्दगी बेकार-सी लगी थी। आज इस बात को अरसा गुज़र गया और जैसा आप देखती हैं, मैं जी रहा हूँ, उम्मीद है कि काफ़ी अरसा और जीऊँगा। ज़िन्दगी काफ़ी दिलचस्प लगती है, और यदि उम्र की मजबूरी न होती तो शायद मैं दूसरी शादी करने में न हिचकता। इसके बावजूद कौन कह सकता है कि मैं अपनी पत्नी से प्रेम नहीं करता था। आज भी करता हूँ..."

"लेकिन डॉक्टर..." लतिका का गला रुँध आया था।

"क्या मिस लतिका?"

"डॉक्टर, सब कुछ होने के बावजूद वह क्या कुछ है जो हमें चलाए चलता है, हम रुकते हैं तो भी अपने बहाव में वह हमें घसीट लिये जाता है?" लतिका से आगे कुछ नहीं कहा गया, जैसे जो वह कहना चाह रही है, कह नहीं पा रही, जैसे अँधेरे में कुछ खो गया है, जो मिल नहीं पा रहा, शायद कभी नहीं मिल पाएगा।

"यह तो आपको फ़ादर एलमंड ही बता सकेंगे मिस लतिका!" डॉक्टर की खोखली हँसी में उनका पुराना सनकीपन उभर आया था।

"अच्छा चलता हूँ, मिस लतिका, मुझे काफ़ी देर हो गई है।" डॉक्टर ने दियासलाई जलाकर घड़ी को देखा।

"गुडनाइट, मिस लतिका!"

"गुडनाइट डॉक्टर!"

डॉक्टर के जाने पर लतिका कुछ देर तक अँधेरे में रेलिंग से सटी खड़ी रही। हवा चलने से कॉरीडोर में जमा हुआ कुहरा सिहर उठता था। शाम को सामान बाँधते हुए लड़कियों ने अपने-अपने कमरे के सामने जो पुरानी कॉपियों, अख़बारों और रद्दी काग़ज़ों के ढेर लगा दिए थे, वे अब अँधेरे कॉरीडोर में हवा के झोंकों से इधर-उधर बिखरने लगे थे।

लतिका ने लैम्प उठाया और अपने कमरे की ओर जाने लगी। कॉरीडोर में चलते हुए उसने देखा, जूली के कमरे से प्रकाश की एक पतली शहतीर दरवाज़े के बाहर खिंच आई है। लतिका को कुछ याद आया। वह साँस रोक जूली के कमरे के बाहर खड़ी रही। कुछ देर बाद उसने दरवाज़ा खटखटाया। भीतर से कोई आवाज़ नहीं आई। जूली लैम्प बुझाना भूल गई थी। लतिका धीरे-धीरे दबे पाँव जूली के पलंग के पास चली आई। जूली का सोता हुआ चेहरा लैम्प के फीके आलोक में पीला-सा दीख रहा था। लतिका ने अपनी जेब से वही नीला लिफ़ाफ़ा निकाला और उसे धीरे से जूली के तकिये के नीचे दबाकर रख दिया।

जब वह बाहर कॉरीडोर में आई बारिश की बौछार तेज़ी से पड़ने लगी थी। करीमुद्दीन ने अपने माउथ ऑर्गन पर एक नई फ़िल्मी धुन छेड़ दी थी।

सामान

प्रयाग शुक्ल

उसका जी धक्-से होकर रह गया और अचानक उसने अपना हाथ पास रखे हुए सूटकेस पर रख दिया। ज़रूर वह टेबल-क्लाथ वहीं पर रह गया है। उसने सहमी दृष्टि से बग़ल में बैठे रवि की ओर देखा, वह सिर झुकाए हुए जैसे कुछ सोच रहा था। बात उसके होंठों तक आकर रह गई और वह मुँह घुमाकर बाहर की ओर देखने लगी। दूर तक फैले हुए कटे पड़े खेत और कहीं-कहीं पेड़। वह हर चीज़ के बारे में सोचने लगी। चलते समय उसने सारी चीज़ें सहेजकर रख ली थीं। टेबल-क्लाथ समेटकर बराबर खुली रहनेवाली आलमारी में रख तो दिया था, पर फिर उसे सूटकेस में रखा था या नहीं, यह उसे याद नहीं आ रहा था। उसने एक बार फिर सोचा कि वह रवि से टेबल-क्लाथ के बारे में बता दे। फिर उसने सोचा कि वह व्यर्थ ही बहुत अधिक चिन्तित हो उठेगा और खीझकर बहुत सारे प्रश्न पूछने लगेगा। शादी के बाद, पिछले दो वर्ष में वह यह बात अच्छी तरह जान गई थी कि रवि अक्सर छोटी-छोटी बातों को लेकर बहुत चिन्तित हो उठता है और खीझकर उससे कितने ही प्रश्न पूछ बैठता है। पर वह उसकी खीझ का कारण धीरे-धीरे समझने लगी थी...वह समझने लगी थी कि रवि किसी चीज़ के खो जाने पर, एक नए ख़र्च और एक अव्यवस्था की बात सोचकर ही खीझ उठता है। इसीलिए अब उसके प्रश्नों से उसे बहुत दुख नहीं होता था।

थोड़ी देर बाद एक जगह बस रुकी तो रवि ने उसकी ओर देखकर पूछा, ''पानी पिओगी?''

''नहीं,'' उसने धीरे से कहा, हालाँकि उसे थोड़ी-सी प्यास लगी थी, पर मन में एक तरह की घबराहट भर गई थी और वह बिलकुल चुपचाप बैठी रहना चाहती थी। उसने बाहर की ओर नज़र दौड़ाई, छोटी-छोटी कपड़े या अनाज की दुकानें, चबूतरों के ऊपर चारपाइयों पर लेटे हुए लोग। दुकानों के ऊपर कमरों और बरामदों में दिखाई पड़नेवाले चेहरों की ओर देखकर वह हलके आश्चर्य से भर गई। यहाँ दिन-भर धूल-सी उड़ा करती है, बसें और लारियाँ रुकती हैं और बहुत से लोग रात-दिन यहीं रहते हैं। बग़ल से एक लॉरी निकल गई तो उसने मुँह भीतर की ओर कर लिया।

टूथ-पेस्ट और ब्रुश तक उसने रख लिये थे...टेबल-क्लाथ भी शायद उसने रख लिया था...नहीं, वह वहीं पर छूट गया है...उस कमरे का पूरा दृश्य उसकी आँखों के सामने घूम गया। वह एक बार फिर टेबल-क्लाथ के बारे में सोचने का प्रयत्न करने लगी, पर वह कुछ सोच न पा रही थी। मन के किसी कोने में वह बात घर कर गई थी कि अगर यह मालूम हो गया

कि टेबल-क्लाथ वहीं छूट गया है तो उसकी घबराहट और खीझ बढ़ जाएगी। इसीलिए वह उसके बारे में एक संशय बनाए रखना चाहती थी।

...छोटी बहन के घर अब वह कब जाएगी, ठीक नहीं। और उसके यहाँ से कोई कब आएगा, कहा नहीं जा सकता...टेबल-क्लाथ कितना सुन्दर और क़ीमती था! और उसने कितनी मेहनत से उस पर कढ़ाई की थी! जिस दिन उसने टेबल के ऊपर उसे बिछाया था, पूरा कमरा बहुत सुन्दर दिखने लगा था। और रवि ने ख़ुश होकर कहा था, ''यह काम तुमने इनाम देने लायक किया है।''

उसने एक गहरी साँस ली। घबराहट बढ़ती जा रही थी। उसे अब अपने दोनों कमरे याद आने लगे, जिनमें उसकी कई दिन की अनुपस्थिति के कारण धूल जम गई होगी। वह कल से ही सोच रही थी कि जाते ही कमरे साफ़ करेगी और सब सामान ठीक से सजा देगी। पर अब उसे लग रहा था जैसे कमरे का साफ़ होना या न होना बहुत महत्त्व नहीं रखता। रवि अक्सर कहा करता है कि टेबल-लैम्प का नीला शेड और टेबल क्लाथ, ये दोनों चीज़ें उससे बहुत काम करा लेती हैं। और उसने ग़ौर किया था कि सचमुच वह टेबल-क्लाथ पर झुका हुआ कभी बहुत देर तक कापियाँ जाँचा करता था और कभी लगातार कुछ लिखता रहता था। जाड़े की शामों को वह स्वयं कभी घर में अकेली होती, टेबल पर झुककर कोई पुस्तक पढ़ना या पलंग पर लेटकर कुछ सोचना उसे बहुत अच्छा लगता था। कभी-कभी वह सलाइयाँ और ऊन लेकर बहुत देर तक कुछ बुनती रह जाती।

''सामान सहेज लो,'' रवि ने धीरे से कहा।

उसकी इच्छा हुई, कह दे, सामान है ही क्या?

पर उसने पैरों के पास रखे हुए बैग और झोले को सामने की ख़ाली सीट पर रख दिया और सैंडल पहन ली।

''उठो।''

सामान उतारकर रवि ने रिक्शा किया। धूप बहुत तेज़ थी और सड़कें सूनी थीं।

''जाते ही स्नान करूँगा,'' रवि ने धीरे से कहा।

उसने कुछ कहा नहीं। वह अभी भी टेबल-क्लाथ के बारे में सोच रही थी...जब तक वह सूटकेस खोलकर देख न लेगी तब तक रवि से उसके बारे में कुछ न कहेगी।

घर पहुँचते-पहुँचते उसे लगा, जैसे वह बहुत थक गई है। रास्ते-भर वह रिक्शा में चुपचाप बैठी रही थी और सोचती रही थी कि वह घर पहुँचकर बिस्तर पर लेट जाएगी और थकान उतारने की चेष्टा करेगी। वह बिस्तर पर लेटकर तकिये में मुँह छिपा लेगी और रवि अगर टेबल-क्लाथ छोड़ आने के लिए कुछ कहेगा तो पड़े-पड़े चुपचाप सुन लेगी।

घर पहुँचकर उसने दरवाज़ा खोला और पलंग पर बैठकर प्रतीक्षा करने लगी कि रवि स्नान करने चला जाए तो सूटकेस खोलकर देखे, टेबल-क्लाथ है या नहीं। थोड़ी देर बैठकर रवि बैग में सोपकेस ढूँढ़ने लगा।

''क्या ढूँढ़ रहे हो?''

''सोपकेस तुमने कहाँ रखा है?''

''इसी में तो था।''

''इसमें तो नहीं है।''

उसके मन में एक खीझ भर गई। कहीं से चलना हुआ तो इतनी जल्दी मचाएँगे, जैसे कोई आफ़त आ पड़ी हो। ऐसे में चीज़ें छूटेंगी नहीं?

"देखो, सूटकेस में तो नहीं है ?"

"सोपकेस...सूटकेस में ?"

पर उसने चाबियों का गुच्छा लेकर सूटकेस खोला। इसी बहाने वह देख लेगी कि टेबल-क्लाथ है या नहीं। वह घबराई-सी कपड़े निकाल-निकालकर बाहर रखने लगी। टेबल-क्लाथ वहीं छूट गया था। सोपकेस भी नहीं था।

"इसमें तो नहीं है।—रुको, आलमारी में साबुन रखा है।" कहकर उसने आलमारी खोली और साबुन की टिकिया निकालकर रवि की ओर बढ़ा दी। वह तोलिया और साबुन की टिकिया लेकर बाथरूम की ओर चला गया।

किवाड़ उड़काकर वह पलंग पर लेट गई और ख़ुद को समझाने का प्रयत्न करने लगी...बस, रवि थोड़ा-बहुत नाराज़ हो लेगा और वे लोग जाकर कोई कपड़ा ख़रीद लाएँगे और वह उस पर फिर कढ़ाई कर लेगी...पर न जाने क्यों घबराहट कम नहीं हो रही थी। उसने महसूस किया कि रवि के नाराज़ होने की सम्भावना का उसे उतना दुख नहीं है, जितना टेबल-क्लाथ के छूट जाने का।

पलंग के पास ही टेबल पड़ा हुआ था और बिना टेबल-क्लाथ का टेबल उसे बहुत अजीब लग रहा था और हलके अँधेरे में पूरा कमरा उसे बहुत सूना-सूना और बेतरतीब मालूम पड़ रहा था।

रवि स्नान करके लौटा तो उसने पूछा, "नहाओगी नहीं ?"

"नहा लूँगी," उसने धीरे से कहा, "टेबल-क्लाथ वहीं पर छूट गया है।" वह आगे कहना चाहती थी कि उसने तो मना किया था कि उसे न ले चलो, तुम्हें वहाँ कौन लिखना-पढ़ना है और फिर किसी के यहाँ इस तरह की कोई चीज़ बिछाकर, क्या वापस लौटते समय उसे समेट लेना अच्छा लगता है ?..."मुझे तो हर जगह पढ़ना-लिखना रहता है।" रवि ने कहा था।

वह रवि की ओर देखने लगी कि वह क्या कहता है।

"यह भी ख़ूब रही!" कहकर रवि ने आलमारी से छोटा-सा शीशा उठा लिया और बाल सँवारकर चेहरा देखने लगा।

रवि के हाथ में वह शीशा देखकर उसे याद आया कि क़रीब एक महीने पहले किस तरह दीवार पर टँगा हुआ बड़ा-सा सुन्दर शीशा साफ़ करते समय उसकी ज़रा-सी असावधानी से गिरकर टूट गया था। और तब रवि कितना खीझ उठा था और कई दिन तक उसे बीच-बीच में यह बताता रहा था कि उतना क़ीमती शीशा फिर ख़रीदकर लाना बहुत मुश्किल है...शीशे के नीचे कंघा, पाउडर वगैरह रखने की जगह थी और तब कितनी सुविधा होती थी! अब कंघा कहीं पड़ा रहता है और शीशा कहीं। सारी बातें सोचकर उसे लग रहा था, जैसे उसमें उठने की शक्ति न बची हो। सहसा उसे इस बात का भान हुआ कि टेबल-क्लाथ छूट जाने की बात सुनकर रवि नाराज़ नहीं हुआ। शायद वह इस यात्रा से बहुत सन्तुष्ट है।

"उन्हें चिट्ठी लिख देंगे कि वह टेबल-क्लाथ भेज दें।"

"नहीं-नहीं, जल्दी क्या है, वहाँ से कोई आएगा तो आ जाएगा!" रवि ने कहा।

रवि की इस बात को सुनकर उसे लगा, जैसे अचानक उसके सिर से बहुत बड़ा बोझ उतर गया है।

"जल्दी से नहा आओ तो चाय पी जाए।"

"अभी आई," कहकर वह उठी और कपड़े लेकर बाथरूम की ओर चली गई।

नहा-धोकर लौटी तो उसे ताज़गी महसूस हो रही थी। अब वह टेबल-क्लाथ के बारे में लगातार नहीं सोच रही थी। पर जब उसने साबुन की टिकिया टेबल के ऊपर रखी तो अचानक उसे फिर टेबल-क्लाथ और सोपकेस के छूट जाने की बात याद आ गई और वह फिर कुछ अनमनी-सी हो गई।

इतनी गरमी में उसे चाय पीना अच्छा नहीं लगता था, पर आज उसकी भी चाय पीने की इच्छा हो रही थी। उसने जल्दी से चाय बनाई और एक कप रवि को देकर एक कप में चाय डालकर स्वयं भी पीने लगी।

चाय पीते हुए उसने एक बार कमरे में चारों ओर निगाह दौड़ाई। जगह-जगह धूल जम गई थी और छोटी-बड़ी चीज़ें इधर-उधर बिखरी थीं। सहसा उसने सूटकेस की ओर देखा और चौंक पड़ी। एक कोने में चमड़ा किसी चीज़ से कटकर उघड़ आया था...इस पर कितने दिन से कवर लगना है। इस तरह तो यह बिलकुल ख़राब हो जाएगा।

रास्ते-भर उसे लग रहा था, जैसे वह कुछ भी देख-सुन नहीं रही। पर इस वक़्त उसे यात्रा की एक-एक बात याद आ रही थी और वह उन जगहों के बारे में सोचने लगी, जो रास्ते में मिली थीं, धूल-भरी और बेतरतीब! और उसके मन में छोटी बहन और उसके आस-पास के घरों की याद ताज़ी हो उठी...वह उसकी बेतरतीबी और अभाव को बहुत स्पष्ट रूप से अनुभव करने लगी और एकाएक अनजाने ही उसके मन में अजीब-अजीब भावनाएँ घुमड़ने लगीं...वह अपनी कल्पना में उन घरों और कमरों को सामान से भरा और सजा हुआ देखने लगी...

"और चाय है?" रवि ने पूछा, तो वह जैसे चौंक उठी और 'हाँ' कहकर उसने रवि के हाथ से कप ले लिया।

"किसी दिन चलकर टेबल-क्लाथ का कपड़ा ख़रीद लाएँगे। बिना उसके टेबल अच्छा नहीं लगता।"

"किसी दिन क्यों, आज ही। वह आ जाएगा तो दो हो जाएँगे और बारी-बारी से धुलवा लिया करेंगे।"

फिर रवि ने हँसते हुए कहा, "अच्छा हुआ वह वहाँ छूट गया। तुमने छोटी बहन को कुछ दिया ही नहीं था।"

"एक शीशा भी..." उसने धीरे से कहा।

"हाँ-हाँ," कहकर रवि ने कप रख दिया और आँखें मूँद लीं।

वह हलके अँधेरे में कमरे को देखने लगी। आज उसे अपने और दूसरों के अभाव बहुत स्पष्ट नज़र आने लगे...उसके मन में फिर वही भावनाएँ और कल्पनाएँ भर गईं और बहुत-से सामान उसकी आँखों के आगे घूमने लगे, जिनसे सब-कुछ सजा हुआ और सुन्दर मालूम हो सकता है।

तीसरी कसम उर्फ़ मारे गए गुलफ़ाम

फणीश्वरनाथ रेणु

हिरामन गाड़ीवान की पीठ में गुदगुदी लगती है...

पिछले बीस साल से गाड़ी हाँकता है हिरामन। बैलगाड़ी। सीमा के उस पार, मोरंग-राज नेपाल से धान और लकड़ी ढो चुका है। कंट्रोल के ज़माने में चोरबाज़ारी का माल इस पार से उस पार पहुँचाया है। लेकिन कभी तो ऐसी गुदगुदी नहीं लगी पीठ में!...

कंट्रोल का ज़माना! हिरामन कभी भूल सकता है उस ज़माने को! एक बार चार खेप सीमेंट और कपड़े की गाँठों से भरी गाड़ी, जोगबनी से विराटनगर पहुँचाने के बाद हिरामन का कलेजा पुख्ता हो गया था। फारबिसगंज का हर चोर-व्यापारी उसको पक्का गाड़ीवान मानता। उसके बैलों की बड़ाई बड़ी गद्दी के बड़े सेठजी ख़ुद करते, अपनी भाषा में...

गाड़ी पकड़ी गई पाँचवीं बार, सीमा के इस पार तराई में।

महाजन का मुनीम उसी की गाड़ी पर गाँठों के बीच चुक्की-मुक्की लगाकर छिपा हुआ था। दारोगा साहब की डेढ़ हाथ लम्बी चोरबत्ती की रोशनी कितनी तेज़ होती है, हिरामन जानता है। एक घंटे के लिए आदमी अन्धा हो जाता है, एक छटक भी पड़ जाए आँखों पर! रोशनी के साथ कड़कती हुई आवाज़, "ऐ-य! गाड़ी रोको! साले, गोली मार देंगे!"

बीसों गाड़ियाँ एक साथ कचकचाकर रुक गईं। हिरामन ने पहले ही कहा था, "यह बीस विषावेगा!" दारोगा साहब उसकी गाड़ी में दुबके हुए मुनीमजी पर रोशनी डालकर पिशाची हँसी हँसे, "हा-हा-हा! मुड़ीमजी ई-ई-ई! ही-ही-ही!...ऐ-य, साला गाड़ीवान, मुँह क्या देखता है रे-ए-ए! कम्बल हटाओ इस बोरे के मुँह पर से!" हाथ की छोटी लाठी से मुनीमजी के पेट में खोंचा मारे हुए कहा था, "इस बोरे को! स-स्साला!"

बहुत पुरानी अखज-अदावत होगी दारोगा साहब और मुनीमजी में। नहीं तो उतना रुपया कबूलने पर भी पुलिस-दारोगा का मन न डोले भला! चार हज़ार तो गाड़ी पर बैठा-बैठा ही दे रहा था। लाठी से दूसरी बार खोंचा मारा दारोगा ने। "पाँच हज़ार!" फिर खोंचा, "उतरो पहले!"

मुनीम को गाड़ी से नीचे उतारकर दारोगा ने उसकी आँखों पर रोशनी डाल दी। फिर दो सिपाहियों के साथ सड़क से बीस-पच्चीस रस्सी दूर झाड़ी के पास ले गए। गाड़ीवान और गाड़ियों पर पाँच-पाँच बन्दूकवाले सिपाहियों का पहरा!... हिरामन समझ गया, इस बार निस्तार नहीं...जेल? हिरामन को जेल का डर नहीं। लेकिन उसके बैल? न जाने कितने दिनों तक बिना चारा-पानी के सरकारी फाटक में पड़े रहेंगे—भूखे-प्यासे। फिर नीलाम हो जाएँगे। भैया और

भौजी को वह मुँह नहीं दिखा सकेगा कभी। नीलाम की बोली उसके कानों के पास गूँज गई—एक-दो-तीन! दारोगा और मुनीम में बात पट नहीं रही थी शायद।

हिरामन की गाड़ी के पास तैनात सिपाही ने अपनी भाषा में दूसरे सिपाही से धीमी आवाज़ में पूछा, "का हो? मामला गोल होखी का?" फिर खैनी-तम्बाकू देने के बहाने उस सिपाही के पास चला गया।

एक-दो-तीन! तीन-चार गाड़ियों की आड़। हिरामन ने फ़ैसला कर लिया। उसने धीरे-से अपने बैलों के गले की रस्सियाँ खोल लीं। गाड़ी पर बैठे-बैठे दोनों को जुड़वाँ बाँध दिया। बैल समझ गए उन्हें क्या करना है। हिरामन उतरा, जुती हुई गाड़ी में बाँस की टिकटी लगाकर बैलों के कन्धों को बेलाग किया। दोनों के कानों के पास गुदगुदी लगा दी और मन-ही-मन बोला, "चलो भैयन, जान बचेगी तो ऐसी-ऐसी सग्गड़ गाड़ी बहुत मिलेगी।...एक-दो-तीन! नौ-दो-ग्यारह!"

गाड़ियों की आड़ में सड़क के किनारे दूर तक घनी झाड़ी फैली हुई थी। दम साधकर तीनों प्राणियों ने झाड़ी को पार किया—बेखटक, बेआहट! फिर एक ले, दो ले...दुलकी चाल! दोनों बैल सीना तानकर फिर तराई के घने जंगलों में घुस गए। राह सूँघते, नदी-नाला पार करते हुए भागे पूँछ उठाकर। पीछे-पीछे हिरामन। रात-भर भागते रहे थे तीनों जन...

घर पहुँचकर दो दिन तक बेसुध पड़ा रहा हिरामन। होश में आते ही उसने कान पकड़कर कसम खाई थी—अब कभी ऐसी चीज़ों की लदनी नहीं लादेंगे। चोर-बाज़ारी का माल? तोबा, तोबा!...पता नहीं, मुनीमजी का क्या हुआ! भगवान जाने उसकी सग्गड़ गाड़ी का क्या हुआ! असली इस्पात लोहे की धुरी थी। दोनों पहिये तो नहीं, एक पहिया एकदम नया था। गाड़ी में रंगीन डोरियों के फुँदने बड़े जतन से गूँथे गए थे।

दो कसमें खाई हैं उसने। एक चोरबाज़ारी का माल नहीं लादेंगे। दूसरी—बाँस। अपने हर भाड़ेदार से वह पहले ही पूछ लेता है—'चोरी-चमारीवाली चीज़ तो नहीं?' और, बाँस? बाँस लादने के लिए पचास रुपए भी दे कोई, हिरामन की गाड़ी नहीं मिलेगी। दूसरे की गाड़ी देखे...

बाँस लदी हुई गाड़ी! गाड़ी से चार हाथ आगे बाँस का अगुआ निकला रहता है और पीछे की ओर चार हाथ पिछुआ। काबू के बाहर रहती है गाड़ी हमेशा। सो बेकाबूवाली लदनी और खरैहिया शहरवाली बात! तिस पर बाँस का अगुआ पकड़कर चलनेवाला भाड़ेदार का महाभकुआ नौकर, लड़की-स्कूल की ओर देखने लगा। बस, मोड़ पर घोड़ागाड़ी से टक्कर हो गई। जब तक हिरामन बैलों की रस्सी खींचे, तब तक घोड़ागाड़ी की छतरी बाँस के अगुआ में फँस गई। घोड़ागाड़ीवाले ने तड़ातड़ चाबुक मारते हुए गाली दी थी!...

बाँस की लदनी ही नहीं, हिरामन ने खरैहिया शहर की लदनी भी छोड़ दी। और जब फारबिसगंज से मोरंग का भाड़ा ढोना शुरू किया तो गाड़ी ही पार!...कई वर्षों तक हिरामन ने बैलों को आधीदारी पर जोता। आधा भाड़ा गाड़ीवाले का और आधा बैलवाले का। हिस्स! गाड़ीवानी करो मुफ़्त! आधीदारी की कमाई से बैलों के ही पेट नहीं भरते। पिछले साल ही उसने अपनी गाड़ी बनवाई है।

देवी मैया भला करें उस सरकस-कम्पनी के बाघ का। पिछले साल इसी मेले में बाघगाड़ी को ढोनेवाले दोनों घोड़े मर गए। चम्पानगर से फारबिसगंज मेला आने के समय सरकस-कम्पनी के मैनेजर ने गाड़ीवान-पट्टी में ऐलान करके कहा, "सौ रुपया भाड़ा मिलेगा!" एक-दो गाड़ीवान राजी हुए। लेकिन, उनके बैल बाघगाड़ी से दस हाथ दूर ही डर से डिकरने लगे—

बाँ-आँ! रस्सी तुड़ाकर भागे। हिरामन ने अपने बैलों की पीठ सहलाते हुए कहा, "देखो भैयन, ऐसा मौक़ा फिर हाथ न आएगा। यही है मौक़ा अपनी गाड़ी बनवाने का। नहीं तो फिर आधेदारी...। अरे, पिंजड़े में बन्द बाघ का क्या डर? मोरंग की तराई में दहाड़ते हुए बाघों को देख चुके हो। फिर पीठ पर मैं तो हूँ।..."

गाड़ीवानों के दल में तालियाँ पटपटा उठी थीं एक साथ। सभी की लाज रख ली हिरामन के बैलों ने। हुमककर आगे बढ़ गए और बाघगाड़ी में जुट गए—एक-एक करके। सिर्फ़ दाहिने बैल ने जुतने के बाद ढेर-सा पेशाब किया। हिरामन ने दो दिन तक नाक से कपड़े की पट्टी नहीं खोली थी। बड़ी गद्दी के बड़े सेठजी की तरह नकबन्धन लगाए बिना बघाइन गन्ध बरदास्त नहीं कर सकता कोई।

बाघगाड़ी की गाड़ीवानी की है हिरामन ने। कभी ऐसी गुदगुदी नहीं लगी पीठ में। आज रह-रहकर उसकी गाड़ी में चम्पा का फूल महक उठता है। पीठ में गुदगुदी लगने पर वह अँगोछे से पीठ झाड़ लेता है। हिरामन को लगता है, दो वर्ष से चम्पानगर मेले की भगवती मैया उस पर प्रसन्न हैं। पिछले साल बाघगाड़ी जुट गई। नकद एक सौ रुपए भाड़े के अलावा बुताद, चाह-बिस्कुट और रास्ते-भर बन्दर-भालू और जोकर का तमाशा देखा सो फोकट में!

और, इस बार यह जनानी सवारी। औरत है या चम्पा का फूल! जब से गाड़ी में बैठी है, गाड़ी मह-मह महक रही है। कच्ची सड़क के एक छोटे-से खड्ड में गाड़ी का दाहिना पहिया बेमौक़े हिचकोला खा गया। हिरामन की गाड़ी से एक हल्की 'सिस' की आवाज़ आई। हिरामन ने दाहिने बैल को दुआली से पीटते हुए कहा, "साला! क्या समझता है, बोरे की लदनी है क्या?"

"अहा! मारो मत!" अनदेखी औरत की आवाज़ ने हिरामन को अचरज में डाल दिया। बच्चों की बोली-जैसी महीन, फेनूगिलासी बोली!

मथुरामोहन नौटंकी कम्पनी में लैला बननेवाली हीराबाई का नाम किसने नहीं सुना होगा भला! लेकिन हिरामन की बात निराली है। उसने सात साल तक लगातार मेलों की लदनी लादी है, कभी नौटंकी, थियेटर या बायस्कोप सिनेमा नहीं देखा। लैला या हीराबाई का नाम भी उसने नहीं सुना कभी। देखने की क्या बात! सो मेला टूटने के पन्द्रह दिन पहले आधी रात की बेला में काली ओढ़नी में लिपटी औरत को देखकर उसके मन में खटका अवश्य लगा था। बक्सा ढोनेवाले नौकर ने गाड़ी-भाड़ा में मोल-मोलाई करने की कोशिश की तो ओढ़नीवाली ने सिर हिलाकर मना कर दिया। हिरामन ने गाड़ी जोतते हुए नौकर से पूछा, "क्यों भैया, कोई चोरी-चमारी का माल-वाल तो नहीं?" हिरामन को फिर अचरज हुआ। बक्सा ढोनेवाले आदमी ने हाथ के इशारे से गाड़ी हाँकने को कहा और अँधेरे में ग़ायब हो गया। हिरामन को मेले में तम्बाकू बेचनेवाली बूढ़ी की काली साड़ी की याद आई थी।

ऐसे में कोई क्या गाड़ी हाँके!

एक तो पीठ में गुदगुदी लग रही है, दूसरे रह-रहकर चम्पा का फूल खिल जाता है उसकी गाड़ी में। बैलों को डाँटो तो 'इस-बिस' करने लगती है, उसकी सवारी।... उसकी सवारी! औरत अकेली, तम्बाकू बेचनेवाली बूढ़ी नहीं! आवाज़ सुनने के बाद वह बार-बार मुड़कर टप्पर में एक नज़र डाल देता है; अँगोछे से पीठ झाड़ता है। भगवान जाने क्या लिखा है इस बार उसकी क़िस्मत में! गाड़ी जब पूरब की ओर मुड़ी, एक टुकड़ा चाँदनी उसकी गाड़ी में समा गई। सवारी की नाक पर एक जुगनू जगमगा उठा। हिरामन को सब कुछ रहस्यमय—

अजगुत-अजगुत—लग रहा है। सामने चम्पानगर से सिन्धिया गाँव तक फैला हुआ मैदान!...कहीं डाकिन-पिशाचिन तो नहीं ?

हिरामन की सवारी ने करवट ली। चाँदनी पूरे मुखड़े पर पड़ी तो हिरामन चीखते-चीखते रुक गया—'अरे बाप! ई तो परी है!'

परी की आँखें खुल गईं। हिरामन ने सामने सड़क की ओर मुँह कर लिया और बैलों को टिटकारी दी। वह जीभ को तालू से सटाकर टि-टि-टि-टि आवाज़ निकालता है। हिरामन की जीभ न जाने कब से सूखकर लकड़ी-जैसी हो गई थी!

"भैया, तुम्हारा नाम क्या है?"

हू-ब-हू फेनूगिलास!...हिरामन के रोम-रोम बज उठे। मुँह से बोली नहीं निकली। उसके दोनों बैल भी कान खड़े करके इस बोली को परखते हैं।

"मेरा नाम!...नाम मेरा है हिरामन!"

उसकी सवारी मुसकराती है।...मुसकराहट में खुशबू है।

"तब तो मीता कहूँगी, भैया नहीं।...मेरा नाम भी हीरा है।"

"इस्स!" हिरामन को परतीत नहीं, मर्द और औरत के नाम में फ़र्क़ होता है।

"हाँ जी, मेरा नाम भी हीराबाई है।"

कहाँ हिरामन और कहाँ हीराबाई, बहुत फ़र्क़ है!

हिरामन ने अपने बैलों को झिड़की दी, "कान चुनियाकर गप सुनने से ही तीस कोस मंज़िल कटेगी क्या? इस बाएँ नाटे के पेट में शैतानी भरी है।" हिरामन ने बाएँ बैल को दुआली की हल्की झड़प दी।

"मारो मत; धीरे-धीरे चलने दो। जल्दी क्या है!"

हिरामन के सामने सवाल उपस्थित हुआ, वह क्या कहकर 'गप' करे हीराबाई से? 'तोह' कहे या 'अहाँ'? उसकी भाषा में बड़ों को 'अहाँ' अर्थात् 'आप' कहकर सम्बोधित किया जाता है, कचराही बोली में दो-चार सवाल-जवाब चल सकता है, दिल-खोल गप तो गाँव की बोली में ही की जा सकती है किसी से।

आसिन-कातिक के भोर में छा जानेवाले कुहासे से हिरामन को पुरानी चिढ़ है। बहुत बार वह सड़क भूलकर भटक चुका है। किन्तु आज के भोर के इस घने कुहासे में भी वह मगन है। नदी के किनारे धन-खेतों से फूले हुए धान के पौधों की पवनिया गन्ध आती है। पर्व-पावन के दिन गाँव में ऐसी ही सुगन्ध फैली रहती है। उसकी गाड़ी में फिर चम्पा का फूल खिला। उस फूल में एक परी बैठी है।...जै भगवती!

हिरामन ने आँख की कनखियों से देखा, उसकी सवारी...मीता...हीराबाई की आँखें गुजुर-गुजुर उसको हेर रही हैं। हिरामन के मन में कोई अजानी रागिनी बज उठी। सारी देह सिरसिरा रही है। वह बोला, "बैल को मारते हैं तो आपको बहुत बुरा लगता है?"

हीराबाई ने परख लिया, हिरामन सचमुच हीरा है।

चालीस साल का हट्टा-कट्टा, काला-कलूटा, देहाती नौजवान अपनी गाड़ी और अपने बैलों के सिवाय दुनिया की किसी और बात में विशेष दिलचस्पी नहीं लेता। घर में बड़ा भाई है, खेती करता है। बाल-बच्चेवाला आदमी है। हिरामन भाई से बढ़कर भाभी की इज़्ज़त करता

है। भाभी से डरता भी है। हिरामन की भी शादी हुई थी, बचपन में ही गौने के पहले ही दुलहिन मर गई। हिरामन को अपनी दुलहिन का चेहरा याद नहीं।...दूसरी शादी? दूसरी शादी न करने के अनेक कारण हैं। भाभी की जिद्द, कुमारी लड़की से ही हिरामन की शादी करवाएगी। कुमारी का मतलब हुआ पाँच-सात साल की लड़की। कौन मानता है सरधा-क़ानून? कोई लड़कीवाला दोब्याहू को अपनी लड़की गरज में पड़ने पर ही दे सकता है। भाभी उसकी तीन-सत्त करके बैठी है, सो बैठी है। भाभी के आगे भैया की भी नहीं चलती!...अब हिरामन ने तय कर लिया है, शादी नहीं करेगा। कौन बलाय मोल लेने जाए! ब्याह करके फिर गाड़ीवानी क्या करेगा कोई! और सब कुछ छूट जाए, गाड़ीवानी नहीं छोड़ सकता हिरामन।

हीराबाई ने हिरामन के जैसा निश्छल आदमी बहुत कम देखा है। पूछा, "आपका घर कौन जिल्ला में पड़ता है?" कानपुर नाम सुनते ही जो उसकी हँसी छूटी, तो बैल भड़क उठे। हिरामन हँसते समय सिर नीचा कर लेता है। हँसी बन्द होने पर उसने कहा, "वाह रे कानपुर! तब तो नाकपुर भी होगा?" और जब हीराबाई ने कहा कि नाकपुर भी है, तो वह हँसते-हँसते दुहरा हो गया।

"वाह रे दुनिया! क्या-क्या नाम होता है! कानपुर, नाकपुर!" हिरामन ने हीराबाई के कान के फूल को गौर से देखा। नाक की नकछवि के नग देखकर सिहर उठा—लहू की बूँद!

हिरामन ने हीराबाई का नाम नहीं सुना कभी। नौटंकी कम्पनी की औरत को वह बाईजी नहीं समझता है।...कम्पनी में काम करनेवाली औरतों को वह देख चुका है। सरकस कम्पनी की मालकिन, अपनी दोनों जवान बेटियों के साथ बाघगाड़ी के पास आती थी, बाघ को चारा-पानी देती थी, प्यार भी करती थी खूब। हिरामन के बैलों को भी डबलरोटी-बिस्कुट खिलाया था बड़ी बेटी ने।

हिरामन होशियार है। कुहासा छँटते ही अपनी चादर से टप्पर में परदा कर दिया, "बस दो घंटा! उसके बाद रास्ता चलना मुश्किल है। कातिक की सुबह की धूप आप बर्दास्त न कर सकिएगा। कजरी नदी के किनारे तेगछिया के पास गाड़ी लगा देंगे। दोपहरिया काटकर... ।"

सामने से आती हुई गाड़ी को दूर से ही देखकर वह सतर्क हो गया। लीक और बैलों पर ध्यान लगाकर बैठ गया। राह काटते हुए गाड़ीवान ने पूछा, "मेला टूट रहा है क्या भाई?"

हिरामन ने जवाब दिया, वह मेले की बात नहीं जानता। उसकी गाड़ी पर 'विदागी' (नैहर या ससुराल जाती हुई लड़की) है। न जाने किस गाँव का नाम बता दिया हिरामन ने!

"छत्तापुर-पचीरा कहाँ है?"

"कहीं हो, यह लेकर आप क्या करिएगा?" हिरामन अपनी चतुराई पर हँसा। परदा डाल देने पर भी पीठ में गुदगुदी लगती है।

हिरामन परदे के छेद से देखता है। हीराबाई एक दियासलाई की डिब्बी के बराबर आईने में अपने दाँत देख रही है।...मदनपुर मेले में एक बार बैलों को नन्हीं-चित्ती कौड़ियों की माला ख़रीद दी थी हिरामन ने, छोटी-छोटी, नन्ही-नन्ही कौड़ियों की पाँत।

तेगछिया के तीनों पेड़ दूर से ही दिखलाई पड़ते हैं। हिरामन ने परदे को ज़रा सरकाते हुए कहा, "देखिए, यही है तेगछिया। दो पेड़ जटामासी बड़ हैं और एक...उस फूल का क्या नाम है, आपके कुरते पर जैसा फूल छपा हुआ है, वैसा ही, खूब महकता है, दो कोस दूर तक गन्ध जाती है, उस फूल को खमीरा तम्बाकू में डालकर पीते भी हैं लोग।"

"और उस अमराई की आड़ से कई मकान दिखाई पड़ते हैं, वहाँ कोई गाँव है या मन्दिर?"

हिरामन ने बीड़ी सुलगाने के पहले पूछा, "बीड़ी पीएँ? आपको गन्ध तो नहीं लगेगी?...वही है नामलगर ड्योढ़ी। जिस राजा के मेले से हम लोग आ रहे हैं, उसी का दिमाद-गोतिया है।...जा रे ज़माना!"

हिरामन ने 'जा रे ज़माना' कहकर बात को चाशनी में डाल दिया। हीराबाई ने टप्पर के परदे को तिरछे खोंस दिया।...हीराबाई की दन्तपंक्ति।

"कौन ज़माना?" ठुड्डी पर हाथ रखकर साग्रह बोली।

"नामलगर ड्योढ़ी का ज़माना! क्या था और क्या-से-क्या हो गया!"

हिरामन गप रसाने का भेद जानता है। हीराबाई बोली, "तुमने देखा था वह ज़माना?"

"देखा नहीं, सुना है। राज कैसे गया, बड़ी हैफवाली कहानी है। सुनते हैं, घर में देवता ने जन्म ले लिया। कहिए भला, देवता आख़िर देवता है। है या नहीं? इन्द्रासन छोड़कर मिरतूभुवन में जन्म ले ले तो उसका तेज़ कैसे सँभाल सकता है कोई! सूरजमुखी फूल की तरह माथे के पास तेज़ खिला रहता। लेकिन नज़र का फेर, किसी ने नहीं पहचाना। एक बार उपलैन में लाट साहब मय लाटनी के, हवागाड़ी से आए थे। लाट ने भी नहीं, पहचाना आख़िर लाटनी ने। सूरजमुखी तेज़ देखते ही बोल उठी, ए मैन राजा साहब, सुनो, यह आदमी का बच्चा नहीं है, देवता है।"

हिरामन ने लाटनी की बोली की नक़ल उतारते समय खूब डैम-फैट-लैट किया। हीराबाई दिल खोलकर हँसी।...हँसते समय उसकी सारी देह दुलकती है। हीराबाई ने अपनी ओढ़नी ठीक कर ली। तब हिरामन को लगा कि...लगा कि...

"तब? उसके बाद क्या हुआ मीता?"

"इस्स! कत्था सुनने का बड़ा शौक है आपको?...लेकिन, काला आदमी, राजा क्या महाराजा भी हो जाए, रहेगा काला आदमी ही। साहेब के जैसा अक्किल कहाँ से पावेगा! हँसकर बात उड़ा दी सभी ने। तब रानी को बार-बार सपना देने लगा देवता! सेवा नहीं कर सकते तो जाने दो नहीं रहेंगे तुम्हारे यहाँ। इसके बाद देवता का खेल शुरू हुआ। सबसे पहले दोनों दन्तार हाथी मरे, फिर घोड़ा, फिर पटपटाँग...।"

"पटपटाँग क्या है?"

हिरामन का मन पल-पल में बदल रहा है। मन में सतरंगा छाता धीरे-धीरे खिल रहा है, उसको लगता है।...उसकी गाड़ी पर देवकुल की औरत सवार है। देवता आख़िर देवता है!

"पटपटाँग! धन-दौलत, माल-मवेशी सब साफ़! देवता इन्द्रासन चला गया।"

हीराबाई ने ओझल होते हुए मन्दिर के कँगूरे की ओर देखकर लम्बी साँस ली।

"लेकिन देवता ने जाते-जाते कहा, इस राज में कभी एक छोड़कर दो बेटा नहीं होगा। धन हम अपने साथ ले जा रहे हैं, गुन छोड़ जाते हैं। देवता के साथ सभी देव-देवी चले गए, सिर्फ़ सरोसती मैया रह गई। उसी का मन्दिर है।"

देसी घोड़े पर पाट के बोझ लादे हुए बनियों को आते देखकर हिरामन ने टप्पर के परदे को गिरा दिया। बैलों को ललकारकर बिदेशिया नाच का वन्दना गीत गाने लगा—

"जै मैया सरोसती, अरजी करत बानी;
हमरा पर होखू सहाई हे मैया, हमरा पर होखू सहाई!"

घोड़लद्दे बनियों से हिरामन ने हुलसकर पूछा, "क्या भाव पटुआ ख़रीदते हैं महाजन?"

लँगड़े घोड़ेवाले बनिये ने बटगमनी जवाब दिया, "नीचे सताइस-अठाइस, ऊपर तीस। जैसा माल, वैसा भाव।"

जवान बनिये ने पूछा, "मेला का क्या हाल-चाल है, भाई? कौन नौटंकी कम्पनी का खेल हो रहा है, रौता कम्पनी या मथुरामोहन?"

"मेले का हाल मेलावाला जाने!" हिरामन ने फिर छत्तापुर-पचीरा का नाम लिया।

सूरज दो बाँस ऊपर आ गया था। हिरामन अपने बैलों से बात करने लगा, "एक कोस ज़मीन! ज़रा दम बाँधकर चलो। प्यास की बेला हो गई न! याद है, उस बार तेगछिया के पास सरकस कम्पनी के जोकर और बन्दर नचानेवाले साहब में झगड़ा हो गया था। जोकड़वा ठीक बन्दर की तरह दाँत किटकिटाकर किकियाने लगा था...न जाने किस-किस देश-मुलुक के आदमी आते हैं?"

हिरामन ने फिर परदे के छेद से देखा, हीराबाई एक काग़ज़ के टुकड़े पर आँख गड़ाकर बैठी है। हिरामन का मन आज हल्के सुर में बँधा है। उसको तरह-तरह के गीतों की याद आती है। बीस-पच्चीस साल पहले, बिदेशिया, बलवाही, छोकरा-नाचनेवाले एक-से-एक ग़ज़ल-खेमटा गाते थे! अब तो, भोंपा में भोंपू-भोंपू करके कौन गीत गाते हैं लोग! जा रे ज़माना! छोकरा-नाच के गीत की याद आई हिरामन को—

"सजनवा बैरी हो ग'य हमारो! सजनवा...!
अरे, चिठिया हो तो सब कोई बाँचे; चिठिया हो तो...
हाय! करमवा, होय करमवा...
कोई न बाँचे हमारो, सजनवा...हो करमवा...!"

गाड़ी की बल्ली पर उँगलियों से ताल देकर गीत को काट दिया हिरामन ने। छोकरा नाच के मनुवाँ नटुवा का मुँह हीराबाई-जैसा ही था।...कहाँ चला गया वह ज़माना? हर महीने गाँव में नाचवाले आते थे। हिरामन ने छोकरा-नाच के चलते अपनी भाभी की न जाने कितनी बोली-ठोली सुनी थी। भाई ने घर से निकल जाने को कहा था।

आज हिरामन पर माँ सरस्वती सहाय हैं, लगता है। हीराबाई बोली, "वाह, कितना बढ़िया गाते हो तुम!"

हिरामन का मुँह लाल हो गया। वह सिर नीचा करके हँसने लगा।

आज तेगछिया पर रहनेवाले महावीर स्वामी भी सहाय हैं हिरामन पर। तेगछिया के नीचे एक भी गाड़ी नहीं। हमेशा गाड़ी और गाड़ीवानों की भीड़ लगी रहती है यहाँ। सिर्फ़ एक साइकिलवाला बैठकर सुस्ता रहा है। महावीर स्वामी को सुमरकर हिरामन ने गाड़ी रोकी। हीराबाई परदा हटाने लगी। हिरामन ने पहली बार आँखों से बात की हीराबाई से—साइकिलवाला इधर ही टकटकी लगाकर देख रहा है। बैलों के खोलने के पहले बाँस की टिकटी लगाकर गाड़ी को टिका दिया। फिर साइकिलवाले की ओर बार-बार घूरते हुए पूछा, "कहाँ जाना है? मेला? कहाँ से आना हो रहा है? बिसनपुर से? बस, इतनी ही दूर में थसथसाकर थक गए?...जा रे जवानी!"

साइकिलवाला दुबला-पतला नौजवान मिनमिनाकर कुछ बोला और बीड़ी सुलगाकर उठ खड़ा हुआ।

हिरामन दुनिया-भर की निगाह से बचाकर रखना चाहता है हीराबाई को। उसने चारों ओर नज़र दौड़ाकर देख लिया—कहीं कोई गाड़ी या घोड़ा नहीं।

कजरी नदी की दुबली-पतली धारा तेगछिया के पास आकर पूरब की ओर मुड़ गई है। हीराबाई पानी में बैठी हुई भैंसों और उनकी पीठ पर बैठे हुए बगुलों को देखती रही।

हिरामन बोला, "जाइए, घाट पर मुँह-हाथ धो आइए!"

हीराबाई गाड़ी से नीचे उतरी। हिरामन का कलेजा धड़क उठा।...नहीं, नहीं! पाँव सीधे हैं, टेढ़े नहीं। लेकिन, तलुवा इतना लाल क्यों है? हीराबाई घाट की ओर चली गई, गाँव की बहू-बेटी की तरह सिर नीचा करके धीरे-धीरे। कौन कहेगा कि कम्पनी की औरत है।...औरत नहीं, लड़की। शायद कुमारी ही है।

हिरामन टिकटी पर टिकी गाड़ी पर बैठ गया। उसने टप्पर में झाँककर देखा। एक बार इधर-उधर देखकर हीराबाई के तकिये पर हाथ रख दिया। फिर तकिये पर केहुनी डालकर झुक गया, झुकता गया। खुशबू उसकी देह में समा गई। तकिये के गिलाफ पर कढ़े फूलों को उँगलियों से छूकर उसने सूँघा, हाय रे हाय! इतनी सुगन्ध! हिरामन को लगा, एक साथ पाँच चिलम गाँजा फूँककर वह उठा है। हीराबाई के छोटे आईने में उसने अपना मुँह देखा। आँखें उसकी इतनी लाल क्यों हैं?

हीराबाई लौटकर आई तो उसने हँसकर कहा, "अब आप गाड़ी का पहरा दीजिए, मैं आता हूँ तुरत।"

हिरामन ने अपनी सफरी झोली से सहेजी हुई गंजी निकाली। गमछा झाड़कर कन्धे पर लिया और हाथ में बालटी लटकाकर चला। उसके बैलों ने बारी-बारी से 'हँक-हँक' करके कुछ कहा। हिरामन ने जाते-जाते उलटकर कहा, "हाँ, हाँ, प्यास सभी को लगी है। लौटकर आता हूँ तो घास दूँगा, बदमाशी मत करो!"

बैलों ने कान हिलाए।

नहा-धोकर कब लौटा हिरामन, हीराबाई को नहीं मालूम। कजरी की धारा को देखते-देखते उसकी आँखों में र ा की उचटी हुई नींद लौट आई थी। हिरामन पास के गाँव से जलपान के लिए दही-चूड़ा-चीनी ले आया है।

"उठिए, नींद तोड़िए! दो मुट्ठी जलपान कर लीजिए!"

हीराबाई आँख खोलकर अचरज में पड़ गई। एक हाथ में मिट्टी के नए बरतन में दही, केले के पत्ते। दूसरे हाथ में बालटी-भर पानी। आँखों में आत्मीयतापूर्ण अनुरोध!

"इतनी चीज़ें कहाँ से ले आए?"

"इस गाँव का दही नामी है।...चाह तो फारबिसगंज जाकर ही पाइएगा।" हिरामन ने कहा।

हिरामन की देह की गुदगुदी मिट गई। हीराबाई ने कहा, "तुम भी पत्तल बिछाओ।...क्यों? तुम नहीं खाओगे तो समेटकर रख लो अपनी झोली में। मैं भी नहीं खाऊँगी।"

"इस्स!" हिरामन लजाकर बोला, "अच्छी बात है! आप खा लीजिए पहले।"

"पहले-पीछे क्या? तुम भी बैठो।"

हिरामन का जी जुड़ा गया। हीराबाई ने अपने हाथ से उसका पत्तल बिछा दिया, पानी छींट दिया, चूड़ा निकालकर दिया। इस्स! धन्न है, धन्न है! हिरामन ने देखा, भगवती मैया भोग लगा रही है। लाल होंठों पर गोरस का परस!...पहाड़ी तोते को दूध-भात खाते देखा है?

दिन ढल गया।

टप्पर में सोई हीराबाई और ज़मीन पर दरी बिछाकर सोए हिरामन की नींद एक ही साथ खुली।...मेले की ओर जानेवाली गाड़ियाँ तेगछिया के पास रुकी हैं। बच्चे कचर-पचर कर रहे हैं। हिरामन हड़बड़ाकर उठा। टप्पर के अन्दर झाँककर इशारे से कहा—दिन ढल गया! गाड़ी में बैलों

को जोतते समय उसने गाड़ीवानों के सवालों का कोई जवाब नहीं दिया। गाड़ी हाँकते हुए बोला, "सिरपुर बाज़ार के इसपिताल की डागडरनी हैं। रोगी देखने जा रही हैं। पास ही कुड़मागाम।"

हीराबाई छत्तापुर-पचीरा का नाम भूल गई। गाड़ी जब कुछ दूर आगे बढ़ आई तो उसने हँसकर पूछा, "पत्तापुर-छपीरा?"

हँसते-हँसते पेट में बल पड़ गए हिरामन के, "पत्तापुर-छपीरा! हा हा! वे लोग छत्तापुर-पचीरा के ही गाड़ीवान थे, उनसे कैसे कहता! ही-ही!"

हीराबाई मुसकराती हुई गाँव की ओर देखने लगी।

सड़क तेगछिया गाँव के बीच से निकलती है। गाँव के बच्चों ने परदेवाली गाड़ी देखी और तालियाँ बजा-बजाकर रटी हुई पंक्तियाँ दुहराने लगे—

"लाली-लाली डोलिया में
लाली रे दुलहिनिया
पान खाये...!"

हिरामन हँसा।...दुलहिनिया...लाली-लाली डोलिया! दुलहिनिया पान खाती है, दुलहा की पगड़ी में मुँह पोंछती है। ओ दुलहिनिया, तेगछिया गाँव के बच्चों को याद रखना। लौटती बेर गुड़ का लड्डू लेती आइयो। लाख बरिस तेरा दुलहा जीए...! कितने दिनों का हौसला पूरा हुआ है हिरामन का! ऐसे कितने सपने देखे हैं उसने! वह अपनी दुलहिन को लेकर लौट रहा है। हर गाँव के बच्चे तालियाँ बजाकर गा रहे हैं। हर आँगन से झाँककर देख रही हैं औरतें। मर्द लोग पूछते हैं, 'कहाँ की गाड़ी है, कहाँ जाएगी?' उसकी दुलहिन डोली का परदा थोड़ा सरकाकर देखती है और भी कितने सपने...

गाँव के बाहर निकलकर उसने कनखियों से टप्पर के अन्दर देखा, हीराबाई कुछ सोच रही है। हिरामन भी किसी सोच में पड़ गया। थोड़ी देर के बाद वह गुनगुनाने लगा—

"सजन रे झूठ मति बोलो, ख़ुदा के पास जाना है।
नहीं हाथी, नहीं घोड़ा, नहीं गाड़ी—
वहाँ पैदल ही जाना है। सजन रे...।"

हीराबाई ने पूछा, "क्यों मीता? तुम्हारी अपनी बोली में कोई गीत नहीं है क्या?"

हिरामन अब बेखटक हीराबाई की आँखों में आँखें डालकर बात करता है। कम्पनी की औरत भी ऐसी होती है? सरकस कम्पनी की मालकिन मेम थी। लेकिन हीराबाई! गाँव की बोली में गीत सुनना चाहती है। वह खुलकर मुसकराया, "गाँव की बोली आप समझिएगा?"

"हूँ-ऊँ-ऊँ!" हीराबाई ने गर्दन हिलाई। कान के झुमके हिल गए।

हिरामन कुछ देर तक बैलों को हाँकता रहा चुपचाप। फिर बोला, "गीत ज़रूर ही सुनिएगा? नहीं मानिएगा?...इस्स! इतना शौक गाँव का गीत सुनने का है आपको! तब लीक छोड़नी होगी। चालू रास्ते में कैसे गीत गा सकता है कोई!" हिरामन ने बाएँ बैल की रस्सी खींचकर दाहिने को लीक से बाहर किया और बोला, "हरिपुर होकर नहीं जाएँगे तब।"

चालू लीक को काटते देखकर हिरामन की गाड़ी के पीछेवाले गाड़ीवान ने चिल्लाकर पूछा, "काहे हो गाड़ीवान, लीक छोड़कर बेलीक कहाँ उधर?"

हिरामन ने हवा में दुआली घुमाते हुए जवाब दिया, "कहाँ है बेलीक? वह सड़क ननपुर तो नहीं जाएगी।" फिर अपने-आप बड़बड़ाया, "इस मुलुक के लोगों की यही आदत बुरी है। राह चलते एक सौ जिरह करेंगे। अरे भाई, तुमको जाना है, जाओ।...देहाती भुच्च सब!"

ननपुर की सड़क पर गाड़ी लाकर हिरामन ने बैलों की रस्सी ढीली कर दी। बैलों ने दुलकी चाल छोड़कर क़दमचाल पकड़ी।

हीराबाई ने देखा, सचमुच ननपुर की सड़क बड़ी सूनी है। हिरामन उसकी आँखों की बोली समझता है, "घबड़ाने की बात नहीं। यह सड़क भी फारबिसगंज जाएगी, राह-घाट के लोग बहुत अच्छे हैं...एक घड़ी रात तक हम लोग पहुँच जाएँगे।"

हीराबाई को फारबिसगंज पहुँचने की जल्दी नहीं। हिरामन पर उसको इतना भरोसा हो गया है कि डर-भय की कोई बात ही नहीं उठती है मन में। हिरामन ने पहले जी-भर मुसकरा लिया। कौन गीत गाए वह! हीराबाई को गीत और कथा दोनों का शौक है...इस्स! महुआ घटवारिन? वह बोला, "अच्छा, जब आपको इतना शौक है तो सुनिए महुआ घटवारिन का गीत। इसमें गीत भी है, कथ्था भी है।"

...कितने दिनों के बाद भगवती ने यह हौसला भी पूरा कर दिया। जै भगवती! आज हिरामन अपने मन को खलास कर लेगा। वह हीराबाई की थमी हुई मुसकराहट को देखता रहा।

"सुनिए! आज भी परमार नदी में महुआ घटवारिन के कई पुराने घाट हैं। इसी मुलुक की थी महुआ! थी तो घटवारिन, लेकिन सौ सतवन्ती में एक थी। उसका बाप दारू-ताड़ी पीकर दिन-रात बेहोश पड़ा रहता। उसकी सौतेली माँ साक्षात राकसनी! बहुत बड़ी नज़र-चालाक। रात में गाँजा-दारू-अफीम चुराकर बेचनेवाले से लेकर तरह-तरह के लोगों से उसकी जान-पहचान थी। सबसे घुट्टी-भर हेल-मेल। महुआ कुमारी थी। लेकिन काम कराते-कराते उसकी हड्डी निकाल दी थी राकसनी ने। जवान हो गई, कहीं शादी-ब्याह की बात भी नहीं चलाई। एक रात की बात सुनिए!"

हिरामन ने धीरे-धीरे गुनगुनाकर गला साफ़ किया—

"हे अ-अ-अ सावना-भादवा के-र-उमड़ल नदिया-गे मै-यो-ओ-ओ,
मैयो गे रैनि भयावनि-हे-ए-ए-ए;
तड़का-तड़के धड़के करेज-आ-आ मोरा,
कि हमहुँ जे बार-नान्ही रे-ए-ए... ।"

"ओ माँ, सावन-भादों की उमड़ी हुई नदी, भयावनी रात, बिजली कड़कती है, मैं बारी-कुमारी नन्ही-बच्ची, मेरा कलेजा धड़कता है। अकेली कैसे जाऊँ घाट पर? सो भी एक परदेशी राही-बटोही के पैर में तेल लगाने के लिए! सत-माँ ने अपनी बज्जर-किवाड़ी बन्द कर ली। आसमान में मेघ हड़बड़ा उठे और हरहराकर बरसा होने लगी। महुआ रोने लगी, अपनी माँ को याद करके। आज उसकी माँ रहती तो ऐसे दुरदिन में कलेजे से सटाकर रखती अपनी महुआ बेटी को। गे मइया, इसी दिन के लिए, यही दिखाने के लिए तुमने कोख में रखा था? महुआ अपनी माँ पर ग़ुस्सायी—क्यों वह अकेली मर गई; जी-भर कोसती हुई बोली।"

हिरामन ने लक्ष्य किया, हीराबाई तकिये पर केहुनी गड़ाकर, गीत में मगन एकटक उसकी ओर देख रही है।...खोई हुई सूरत कैसी भोली लगती है!

हिरामन ने गले में कँपकँपी पैदा की—

"हूँ-ऊँ-ऊँ-रे डाइनियाँ मैयो मोरी-ई-ई,
नोनवा चटाई काहे नाहिं मारलि सौरी-घर-अ-अ।
एहि दिनवाँ ख़ातिर छिनरो धिया
तेंहु पोसलि कि नेनू-दूध उटगन... ।"

हिरामन ने दम लेते हुए पूछा, "भाखा भी समझती हैं कुछ या ख़ाली गीत ही सुनती हैं?"

हीरा बोली, "समझती हूँ। उटगन माने उबटन—जो देह में लगाते हैं।"

हिरामन ने विस्मित होकर कहा, "इस्स!"...सो रोने-धोने से क्या होय! सौदागर ने पूरा दाम चुका दिया था महुआ का। बाल पकड़कर घसीटता हुआ नाव पर चढ़ा और माँझी को हुकुम दिया, नाव खोलो, पाल बाँधो! पालवाली नाव परवाली चिड़िया की तरह उड़ चली। रात-भर महुआ रोती-छटपटाती रही। सौदागर के नौकरों ने बहुत डराया-धमकाया, 'चुप रहो, नहीं तो उठाकर पानी में फेंक देंगे।' बस, महुआ को बात सूझ गई। भोर का तारा मेघ की आड़ से ज़रा बाहर आया, फिर छिप गया। इधर महुआ भी छपाक् से कूद पड़ी पानी में।...सौदागर का एक नौकर महुआ को देखते ही मोहित हो गया था। महुआ की पीठ पर वह भी कूदा। उलटी धारा में तैरना खेल नहीं, सो भी भरी भादों की नदी में। महुआ असल घटवारिन की बेटी थी। मछली भी भला थकती है पानी में! सफरी मछली-जैसी फरफराती, पानी चीरती भागी चली जा रही है। और उसके पीछे सौदागर का नौकर पुकार-पुकारकर कहता है, 'महुआ ज़रा थमो, तुमको पकड़ने नहीं आ रहा, तुम्हारा साथी हूँ। ज़िन्दगी-भर साथ रहेंगे हम लोग।' 'लेकिन...।'

हिरामन का बहुत प्रिय गीत है यह। महुआ घटवारिन गाते समय उसके सामने सावन-भादों की नदी उमड़ने लगती है; अमावस्या की रात और घने बादलों में रह-रहकर बिजली चमक उठती है। उसी चमक में लहरों से लड़ती हुई बारी-कुमारी महुआ की झलक उसे मिल जाती है। सफरी मछली की चाल और तेज़ हो जाती है। उसको लगता है, वह ख़ुद सौदागर का नौकर है। महुआ कोई बात नहीं सुनती। परतीत करती नहीं। उलटकर देखती भी नहीं। और वह थक गया है, तैरते-तैरते।...

इस बार लगता है महुआ ने अपने को पकड़ा दिया। ख़ुद ही पकड़ में आ गई है। उसने महुआ को छू लिया है, पा लिया है, उसकी थकन दूर हो गई है। पन्द्रह-बीस साल तक उमड़ी हुई नदी की उलटी धारा में तैरते हुए उसके मन को किनारा मिल गया। आनन्द के आँसू कोई रोक नहीं मानते।...

उसने हीराबाई से अपनी गीली आँखें चुराने की कोशिश की। किन्तु हीरा तो उसके मन में बैठी न जाने कब से सब कुछ देख रही थी। हिरामन ने अपनी काँपती हुई बोली को काबू में लाकर बैलों को झिड़की दी, "इस गीत में न जाने क्या है कि सुनते ही दोनों थसथसा जाते हैं। लगता है सौ मन बोझ लाद दिया किसी ने।"

हीराबाई लम्बी साँस लेती है। हिरामन के अंग-अंग में उमंग समा जाती है।

"तुम तो उस्ताद हो मीता!"

"इस्स!"

आसिन-कातिक का सूरज दो बाँस दिन रहते ही कुम्हला जाता है। सूरज डूबने से पहले ही ननपुर पहुँचना है, हिरामन अपने बैलों को समझा रहा है, "क़दम खोलकर और कलेजा बाँधकर चलो...ए...छि: छि:! बढ़के भैयन! ले-ले-ले-ए-हे-य!"

ननपुर तक वह अपने बैलों को ललकारता रहा। हर ललकार के पहले वह अपने बैलों को बीती हुई बातों की याद दिलाता—याद नहीं, चौधरी की बेटी की बरात में कितनी गाड़ियाँ थीं; सबको कैसे मात किया था! हाँ, वही क़दम निकालो। ले-ले-ले! ननपुर से फारबिसगंज तीन कोस! दो घंटे और!

ननपुर के हाट पर आजकल चाय भी बिकने लगी है। हिरामन अपने लोटे में चाय भरकर ले आया।...कम्पनी की औरत को जानता है वह, सारा दिन, घड़ी-घड़ी-भर में, चाय पीती रहती है। चाय है या जान!

हीरा हँसते-हँसते लोट-पोट हो रही है, "अरे, तुमसे किसने कह दिया कि क्वाँरे आदमी को चाय नहीं पीनी चाहिए?"

हिरामन लजा गया। क्या बोले वह?...लाज की बात। लेकिन वह भोग चुका है एक बार। सरकस कम्पनी की मेम के हाथ की चाय पीकर उसने देख लिया है। बड़ी गरम तासीर!

"पीजिए गुरुजी!" हीरा हँसी।

"इस्स!"

ननपुर हाट पर ही दीया-बाती जल चुकी थी। हिरामन ने अपना सफरी लालटेन जलाकर पिछवा में लटका दिया।...आजकल शहर से पाँच कोस दूर के गाँववाले भी अपने को शहरू समझने लगे हैं। बिना रोशनी की गाड़ी को पकड़कर चालान कर देते हैं। बारह बखेड़ा।

"आप मुझे गुरुजी मत कहिए।"

"तुम मेरे उस्ताद हो। हमारे शास्तर में लिखा हुआ है, एक अच्छर सिखानेवाला भी गुरु और एक राग सिखानेवाला भी उस्ताद!"

"इस्स! शास्तर-पुरान भी जानती हैं!...मैंने क्या सिखाया? मैं क्या...?"

हीरा हँसकर गुनगुनाने लगी, "हे-अ-अ-अ-सावना-भादवा के-र...।"

हिरामन अचरज के मारे गूँगा हो गया।...इस्स! इतना तेज़ ज़ेहन! हू-ब-हू महुआ घटवारिन!

गाड़ी सीताधार की एक सूखी धारा की उतराई पर गड़गड़ाकर नीचे की ओर उतरी। हीराबाई ने हिरामन का कन्धा धर लिया एक हाथ से। बहुत देर तक हिरामन के कन्धे पर उसकी उँगलियाँ पड़ी रहीं। हिरामन ने नज़र फिराकर कन्धे पर केन्द्रित करने की कोशिश की, कई बार। गाड़ी चढ़ाई पर पहुँची तो हीरा की ढीली उँगलियाँ फिर तन गईं।

सामने फारबिसगंज शहर की रोशनी झिलमिला रही है। शहर से कुछ दूर हटकर मेले की रोशनी...टप्पर में लटके लालटेन की रोशनी में छाया नाचती है आस-पास।...डबडबाई आँखों से, हर रोशनी सूरजमुखी फूल की तरह दिखाई पड़ती है।

फारबिसगंज तो हिरामन का घर-दुआर है!

न जाने कितनी बार वह फारबिसगंज आया है। मेले की लदनी लादी है। किसी औरत के साथ? हाँ, एक बार। उसकी भाभी जिस साल आई थी गौने में। इसी तरह तिरपाल से गाड़ी को चारों ओर से घेरकर बासा बनाया गया था।...

हिरामन अपनी गाड़ी को तिरपाल से घेर रहा है, गाड़ीवान पट्टी में। सुबह होते ही रौता नौटंकी कम्पनी के मैनेजर से बात करके भरती हो जाएगी हीराबाई। परसों मेला खुल रहा है। इस बार मेले में पालचट्टी खूब जमी है।...बस, एक रात। आज रात-भर हिरामन की गाड़ी में रहेगी वह।...हिरामन की गाड़ी में नहीं, घर में!

"कहाँ की गाड़ी है?...कौन, हिरामन! किस मेले से? किस चीज़ की लदनी है?"

गाँव-समाज के गाड़ीवान, एक-दूसरे को खोजकर, आसपास गाड़ी लगाकर बासा डालते हैं। अपने गाँव के लालमोहर, धुन्नीराम और पलटदास वगैरह गाड़ीवानों के दल को देखकर हिरामन अचकचा गया। उधर पलटदास टप्पर में झाँककर भड़का। मानो बाघ पर नज़र पड़

गई। हिरामन ने इशारे से सभी को चुप किया। फिर गाड़ी की ओर कनखी मारकर फुसफुसाया, "चुप! कम्पनी की औरत है, नौटंकी कम्पनी की।"

"कम्पनी की-ई-ई-ई?"

"??...?? म म...!"

एक नहीं, अब चार हिरामन! चारों ने अचरज से एक-दूसरे को देखा।...कम्पनी नाम में कितना असर है! हिरामन ने लक्ष्य किया, तीनों एक साथ सटक-दम हो गए। लालमोहर ने ज़रा दूर हटकर बतियाने की इच्छा प्रकट की, इशारे से ही। हिरामन ने टप्पर की ओर मुँह करके कहा, "होटिल तो नहीं खुला होगा कोई, हलवाई के यहाँ से पक्की ले आवें!"

"हिरामन, ज़रा इधर सुनो।...मैं कुछ नहीं खाऊँगी अभी। लो, तुम खा आओ।"

"क्या है, पैसा? इस्स!"...पैसा देकर हिरामन ने कभी फारबिसगंज में कच्ची-पक्की नहीं खाई। उसके गाँव के इतने गाड़ीवान हैं, किस दिन के लिए? वह छू नहीं सकता पैसा। उसने हीराबाई से कहा, "बेकार, मेला-बाज़ार में हुज्जत मत कीजिए। पैसा रखिए।" मौक़ा पाकर लालमोहर भी टप्पर के क़रीब आ गया। उसने सलाम करते हुए कहा, "चार आदमी के भात में दो आदमी ख़ुशी से खा सकते हैं। बासा पर भात चढ़ा हुआ है। हें-हें-हें! हम लोग एकहि गाँव के हैं। गौंवाँ-गरामिन के रहते होटिल और हलवाई के यहाँ खाएगा हिरामन?"

हिरामन ने लालमोहर का हाथ टीप दिया, "बेसी भचर-भचर मत बको।"

गाड़ी से चार रस्सी दूर जाते-जाते धुन्नीराम ने अपने कुलबुलाते हुए दिल की बात खोल दी, "इस्स! तुम भी खूब हो हिरामन! उस साल कम्पनी का बाघ, इस बार कम्पनी की जनानी!"

हिरामन ने दबी आवाज़ में कहा, "भाई रे, यह हम लोगों के मुलुक की जनाना नहीं कि लटपट बोली सुनकर भी चुप रह जाए। एक तो पच्छिम की औरत, तिस पर कम्पनी की!"

धुन्नीराम ने अपनी शंका प्रकट की, "लेकिन कम्पनी में तो सुनते हैं पतुरिया रहती है।"

"धत्!" सभी ने एक साथ उसको दुरदुरा दिया, "कैसा आदमी है! पतुरिया रहेगी कम्पनी में भला! देखो इसकी बुद्धि!...सुना है, देखा तो नहीं है कभी!"

धुन्नीराम ने अपनी ग़लती मान ली। पलटदास को बात सूझी, "हिरामन भाई, जनाना जात अकेली रहेगी गाड़ी पर? कुछ भी हो, जनाना आख़िर जनाना ही है। कोई ज़रूरत ही पड़ जाए!"

यह बात सभी को अच्छी लगी। हिरामन ने कहा, "बात ठीक है। पलट, तुम लौट जाओ, गाड़ी के पास ही रहना। और देखो, गपशप ज़रा होशियारी से करना। हाँ!"

...हिरामन की देह से उतर-गुलाब की खुशबू निकलती है। हिरामन करमसाँड़ है। उस बार महीनों तक उसकी देह से बघाइन गन्ध नहीं गई। लालमोहर ने हिरामन की गमछी सूँघ ली, "ए-ह!"

हिरामन चलते-चलते रुक गया, "क्या करें लालमोहर भाई, ज़रा कहो तो! बड़ी ज़िद करती है, कहती है, नौटंकी देखना ही होगा।"

"फोकट में ही?"

"और गाँव नहीं पहुँचेगी यह बात?"

हिरामन बोला, "नहीं जी! एक रात नौटंकी देखकर ज़िन्दगी-भर बोली-ठोली कौन सुने?...देशी मुर्गी विलायती चाल!"

धुन्नीराम ने पूछा, "फोकट में देखने पर भी तुम्हारी भौजाई बात सुनाएगी?"

लालमोहर के बासा के बग़ल में, लकड़ी की दुकान लादकर आए हुए गाड़ीवानों का बासा है। बासा के मीर-गाड़ीवान मियाँजानू बूढ़े ने सफरी गुड़गुड़ी पीते हुए पूछा, ''क्यों भाई, मीनाबाज़ार की लदनी लादकर कौन आया है?''

मीनाबाज़ार! मीनाबाज़ार तो पतुरिया-पट्टी को कहते हैं।...क्या बोलता है यह बूढ़ा मियाँ? लालमोहर ने हिरामन के कान में फुसफुसाकर कहा, ''तुम्हारी देह मह-मह महकती है। सच।''

लहसनवाँ लालमोहर का नौकर गाड़ीवान है। उम्र में सबसे छोटा है। पहली बार आया है तो क्या? बाबू-बबुआइनों के यहाँ बचपन से नौकरी कर चुका है। वह रह-रहकर वातावरण में कुछ सूँघता है, नाक सिकोड़कर। हिरामन ने देखा, लहसनवाँ का चेहरा तमतमा गया है।...कौन आ रहा है धड़धड़ाता हुआ? ''कौन, पलटदास? क्या है?''

पलटदास आकर खड़ा हो गया चुपचाप। उसका मुँह भी तमतमाया हुआ था। हिरामन ने पूछा, ''क्या हुआ? बोलते क्यों नहीं?''

क्या जवाब दे पलटदास। हिरामन ने उसको चेतावनी दे दी थी, गपशप होशियारी से करना। वह चुपचाप गाड़ी की आसनी पर जाकर बैठ गया, हिरामन की जगह पर। हीराबाई ने पूछा, ''तुम भी हिरामन के साथ हो?'' पलटदास ने गरदन हिलाकर हामी भरी। हीराबाई फिर लेट गई।...चेहरा-मोहरा और बोली-बानी देख-सुनकर, पलटदास का कलेजा काँपने लगा; न जाने क्यों। हाँ, रामलीला में सिया सुकुमारी इसी तरह थकी लेटी हुई थी। जै! सियावर रामचन्द्र की जै!...पलटदास के मन में जै-जैकार होने लगा। वह दास-बैस्नव है, कीर्तनिया है। थकी हुई सीता महारानी के चरण टीपने की इच्छा प्रकट की उसने, हाथ की उँगलियों के इशारे से; मानो हारमोनियम की पटरियों पर नचा रहा हो। हीराबाई तमककर बैठ गई, ''अरे, पागल है क्या? जाओ, भागो!...''

पलटदास को लगा ग़ुस्सायी हुई कम्पनी की औरत की आँखों से चिंगारी निकल रही है—छटक-छटक! वह भागा।...

पलटदास क्या जवाब दे! वह मेला से भी भागने का उपाय सोच रहा है। बोला, ''कुछ नहीं। हमको व्यापारी मिल गया। अभी ही टीशन जाकर माल लादना है। भात में तो अभी देर है। मैं लौट आता हूँ तब तक।''

खाते समय धुन्नीराम और लहसनवाँ ने पलटदास की टोकरी-भर निन्दा की। छोटा आदमी है। कमीना है। पैसे-पैसे का हिसाब जोड़ता है। खाने-पीने के बाद लालमोहर के दल ने अपना बासा तोड़ दिया। धुन्नी और लहसनवाँ गाड़ी जोतकर हिरामन के बासा पर चले, गाड़ी की लीक धरकर। हिरामन ने चलते-चलते रुककर, लालमोहर से कहा, ''ज़रा मेरे इस कन्धे को सूँघो तो। सूँघकर देखो न?''

लालमोहर ने कन्धा सूँघकर आँखें मूँद लीं। मुँह से अस्फुट शब्द निकला, ''ए-ह!''

हिरामन ने कहा, ''ज़रा-सा हाथ रखने पर इतनी खुशबू!...समझे!''

लालमोहर ने हिरामन का हाथ पकड़ लिया, ''कन्धे पर हाथ रखा था? सच? सुनो हिरामन, नौटंकी देखने का ऐसा मौक़ा फिर कभी हाथ नहीं लगेगा। हाँ!''

''तुम भी देखोगे?''

लालमोहर की बत्तीसी चौराहे की रोशनी में झिलमिला उठी।

बासा पर पहुँचकर हिरामन ने देखा, टप्पर के पास खड़ा बतिया रहा है कोई, हीराबाई से। धुन्नी और लहसनवाँ ने एक ही साथ कहा, ''कहाँ रह गए पीछे? बहुत देर से खोज रही है कम्पनी...!''

हिरामन ने टप्पर के पास जाकर देखा—अरे, यह तो वही बक्सा ढोनेवाला नौकर है, जो चम्पानगर मेले में हीराबाई को गाड़ी पर बिठाकर अँधेरे में ग़ायब हो गया था।

"आ गए हिरामन! अच्छी बात, इधर आओ।...यह लो अपना भाड़ा और यह लो अपनी दच्छिना! पच्चीस-पच्चीस, पचास।"

हिरामन को लगा, किसी ने आसमान से धकेलकर धरती पर गिरा दिया। किसी ने क्यों, इस बक्सा ढोनेवाले आदमी ने। कहाँ से आ गया? उसकी जीभ पर आई हुई बात जीभ पर ही रह गई...इस्स! दच्छिना! वह चुपचाप खड़ा रहा।

हीराबाई बोली, "लो, पकड़ो! और सुनो, कल सुबह रौता कम्पनी में आकर मुझसे भेंट करना। पास बनवा दूँगी।...बोलते क्यों नहीं?"

लालमोहर ने कहा, "इलाम-बकसीस दे रही है मालकिन, ले लो हिरामन!" हिरामन ने कटकर लालमोहर की ओर देखा।...बोलने का ज़रा भी ढंग नहीं इस लालमोहरा को।

धुन्नीराम की स्वगतोक्ति सभी ने सुनी, हीराबाई ने भी—गाड़ी-बैल छोड़कर नौटंकी कैसे देख सकता है कोई गाड़ीवान, मेले में।

हिरामन ने रुपया लेते हुए कहा, "क्या बोलेंगे!" उसने हँसने की चेष्टा की।...कम्पनी की औरत कम्पनी में जा रही है। हिरामन का क्या! बक्सा ढोनेवाला रास्ता दिखाता हुआ आगे बढ़ा, "इधर से।" हीराबाई जाते-जाते रुक गई। हिरामन के बैलों को सम्बोधित करके बोली, "अच्छा, मैं चली भैयन!"

बैलों ने, भैया शब्द पर कान हिलाए।

"??...??म म...!"

"भा-इ-यो, आज रात! दि रौता संगीत नौटंकी कम्पनी के स्टेज पर! गुलबदन देखिए, गुलबदन! आपको यह जानकर ख़ुशी होगी कि मथुरामोहन कम्पनी की मशहूर एक्ट्रेस मिस हीरादेवी, जिसकी एक-एक अदा पर हज़ार जान फिदा हैं, इस बार हमारी कम्पनी में आ गई हैं। याद रखिए। आज की रात। मिस हीरादेवी गुलबदन...!"

नौटंकीवालों के इस ऐलान से मेले की हर पट्टी में सरगर्मी फैल रही है।...हीराबाई? मिस हीरादेवी? लैला, गुलबदन...? फिलिम एक्ट्रेस को मात करती है।...

"...तेरी बाँकी अदा पर मैं ख़ुद हूँ फिदा,
तेरी चाहत हो दिलबर बयाँ क्या करूँ!
यही खाहिश है कि इ-इ-इ तू मुझको देखा करे
और दिलोजान मैं तुमको देखा करूँ।"

...किर्र-र्र-र्र-र्र...कड़ड़ड़ड़र्र-र्र-घन-घन-धड़ाम!

हर आदमी का दिल नगाड़ा हो गया है!

लालमोहर दौड़ता-हाँफता बासा पर आया, "ऐ, ऐ हिरामन, यहाँ क्या बैठे हो, चलकर देखो कैसा जै-जैकार हो रहा है! मय बाजा-गाजा, छापी-फाहरम के साथ हीराबाई की जै-जै कर रहा है।"

हिरामन हड़बड़ाकर उठा। लहसनवाँ ने कहा, "धुन्नी काका, तुम बासा पर रहो, मैं भी देख आऊँ।"

धुन्नी की बात कौन सुनता है! तीनों जन नौटंकी कम्पनी की ऐलानिया पार्टी के पीछे-पीछे चलने लगे। हर नुक्कड़ पर रुककर, बाजा बन्द करके ऐलान किया जाता है। ऐलान के

हर शब्द पर हिरामन पुलक उठता है। हीराबाई का नाम, नाम के साथ अदा-फिदा वगैरह सुनकर उसने लालमोहर की पीठ थपथपा दी, "धन्न है, धन्न है! है या नहीं?"

लालमोहर ने कहा, "अब बोलो! अब भी नौटंकी नहीं देखोगे?"

सुबह से ही धुन्नीराम और लालमोहर समझा रहे थे, समझाकर हार चुके थे, "कम्पनी में जाकर भेंट कर आओ। जाते-जाते पुरसिस कर गई हैं।" लेकिन हिरामन की बस एक बात, "धत्त्, कौन भेंट करने जाए! कम्पनी की औरत, कम्पनी में गई। अब उससे क्या लेना-देना! चीन्हेगी भी नहीं!"

वह मन-ही-मन रूठा हुआ था। ऐलान सुनने के बाद उसने लालमोहर से कहा, "ज़रूर देखना चाहिए, क्यों लालमोहर?"

दोनों आपस में सलाह करके रौता कम्पनी की ओर चले। खेमे के पास पहुँचकर हिरामन ने लालमोहर को इशारा किया, पूछताछ करने का भार लालमोहर के सिर। लालमोहर कचराही बोलना जानता है। लालमोहर ने एक काले कोटवाले से कहा, "बाबू साहेब, ज़रा सुनिए तो!"

काले कोटवाले ने नाक-भौं चढ़ाकर कहा, "क्या है? इधर क्यों?"

लालमोहर की कचराही बोली गड़बड़ा गई—तेवर देकर बोला, "गुलगुल...नहीं-नहीं...बुल-बुल...नहीं।"

हिरामन ने झट-से सँभाल दिया, "हीरादेवी किधर रहती हैं, बता सकते हैं?"

उस आदमी की आँखें हठात् लाल हो गईं। सामने खड़े नेपाली सिपाही को पुकारकर कहा, "इन लोगों को क्यों आने दिया इधर?"

"हिरामन!"...वही फेनूंगिलासी आवाज़ किधर से आई? खेमे के परदे को हटाकर हीराबाई ने बुलाया, "यहाँ आ जाओ, अन्दर!...देखो, बहादुर! इसको पहचान लो। यह मेरा हिरामन है। समझे!"

नेपाली दरबान हिरामन की ओर देखकर ज़रा मुसकराया और चला गया। काले कोटवाले से जाकर कहा, "हीराबाई का आदमी है। नहीं रोकने बोला!"

लालमोहर पान ले आया नेपाली दरबान के लिए, "खाया जाए!"

"इस्स! एक नहीं, पाँच पास। चारों अठनिया! बोली कि जब तक मेले में हो, रोज़ रात में आकर देखना। सबका ख़याल रखती है। बोली कि तुम्हारे और साथी हैं, सभी के लिए पास ले जाओ। कम्पनी की औरतों की बात निराली होती है! है या नहीं?"

लालमोहर ने लाल काग़ज़ के टुकड़ों को छूकर देखा, "पा-स! वाह रे हिरामन भाई!...लेकिन पाँच पास लेकर क्या होगा? पलटदास तो फिर पलटकर आया ही नहीं है अभी तक।"

हिरामन ने कहा, "जाने दो अभागे को। तकदीर में लिखा नहीं।...हाँ, पहले गुरुकसम खानी होगी सभी को, कि गाँव-घर में यह बात एक पंछी भी न जान पाए।"

लालमोहर ने उत्तेजित होकर कहा, "कौन साला बोलेगा, गाँव में जाकर? पलटा ने अगर बदमाशी की तो दूसरी बार से फिर साथ नहीं लाऊँगा।"

हिरामन ने अपनी थैली आज हीराबाई के जिम्मे रख दी है। मेले का क्या ठिकाना! क़िस्म-क़िस्म के पॉकिटकाट लोग हर साल आते हैं। अपने साथी-संगियों का भी क्या भरोसा! हीराबाई मान गई। हिरामन के कपड़े की काली थैली को उसने अपने चमड़े के बक्से में बन्द कर

दिया। बक्से के ऊपर भी कपड़े का खोल और अन्दर भी झलमल रेशमी अस्तर! मन का मान-अभिमान दूर हो गया।

लालमोहर और धुन्नीराम ने मिलकर हिरामन की बुद्धि की तारीफ़ की; उसके भाग्य को सराहा बार-बार। इसके भाई और भाभी की निन्दा की, दबी ज़बान से। हिरामन के जैसा हीरा भाई मिला है, इसीलिए! कोई दूसरा भाई होता तो...।

लहसनवाँ का मुँह लटका हुआ है। ऐलान सुनते-सुनते न जाने कहाँ चला गया कि घड़ी-भर साँझ होने के बाद लौटा है। लालमोहर ने एक मालिकाना झिड़की दी है, गाली के साथ, "सोहदा कहीं का!"

धुन्नीराम ने चूल्हे पर खिचड़ी चढ़ाते हुए कहा, "पहले यह फ़ैसला कर लो कि गाड़ी के पास कौन रहेगा?"

"रहेगा कौन, यह लहसनवाँ कहाँ जाएगा?"

लहसनवाँ रो पड़ा, "हे-ए-ए मालिक, हाथ जोड़ते हैं। एक्को झलक! बस, एक झलक!"

हिरामन ने उदारतापूर्वक कहा, "अच्छा-अच्छा, एक झलक क्यों, एक घंटा देखना। मैं आ जाऊँगा।"

नौटंकी शुरू होने के दो घंटे पहले ही नगाड़ा बजना शुरू हो जाता है। और नगाड़ा शुरू होते ही लोग पतंगों की तरह टूटने लगते हैं। टिकटघर के पास भीड़ देखकर हिरामन को बड़ी हँसी आई, "लालमोहर, उधर देख, कैसी धक्कमधुक्की कर रहे हैं लोग!"

"हिरामन भाय!"

"कौन, पलटदास! कहाँ की लदनी लाद आए?" लालमोहर ने पराए गाँव के आदमी की तरह पूछा।

पलटदास ने हाथ मलते हुए माफ़ी माँगी, "क़सूरवार हैं, जो सजा दो तुम लोग, सब मंजूर है। लेकिन सच्ची बात कहें कि सिया सुकुमारी...।"

हिरामन के मन का पुरइन नगाड़े के ताल पर विकसित हो चुका है। बोला, "देखो पलटा, यह मत समझना कि गाँव-घर की जनाना है। देखो, तुम्हारे लिए भी पास दिया है; पास ले लो अपना, तमाशा देखो।"

लालमोहर ने कहा, "लेकिन एक शर्त पर पास मिलेगा। बीच-बीच में लहसनवाँ को भी...।"

पलटदास को कुछ बताने की ज़रूरत नहीं। वह लहसनवाँ से बातचीत कर आया है अभी।

लालमोहर ने दूसरी शर्त सामने रखी, "गाँव में अगर यह बात मालूम हुई किसी तरह...।"

"राम-राम!" दाँत से जीभ को काटते हुए कहा पलटदास ने।

पलटदास ने बताया, "अठनिया फाटक इधर है।" फाटक पर खड़े दरबान ने हाथ से पास लेकर उनके चेहरे को बारी-बारी से देखा। बोला, "यह तो पास है। कहाँ से मिला?"

अब लालमोहर की कचराही बोली सुने कोई! उसके तेवर देखकर दरबान घबरा गया, "मिलेगा कहाँ से? अपनी कम्पनी से पूछ लीजिए जाकर। चार ही नहीं, देखिए एक और है।" जेब से पाँचवाँ पास निकालकर दिखाया लालमोहर ने।

एक रुपयावाले फाटक पर नेपाली दरबान खड़ा था। हिरामन ने पुकारकर कहा, "ए सिपाही दाजू, सुबह को ही पहचनवा दिया और अभी भूल गए?"

नेपाली दरबान बोला, ''हीराबाई का आदमी है सब। जाने दो। पास है तो फिर काहे को रोकना है?''

अठनिया दर्जा!

तीनों ने 'कपड़घर' को अन्दर से पहली बार देखा। सामने कुरसी-बेंचवाले दर्जे हैं। परदे पर राम-वन-गमन की तसवीर है। पलटदास पहचान गया। उसने हाथ जोड़कर नमस्कार किया, परदे पर अंकित राम, सिया सुकुमारी और लखनलाल को। ''जै हो, जै हो!'' पलटदास की आँखें भर आईं।

हिरामन ने कहा, ''लालमोहर, छापी सभी खड़े हैं या चल रहे हैं?''

लालमोहर अपने बग़ल में बैठे दर्शकों से जान-पहचान कर चुका है। उसने कहा, ''खेला अभी परदा के भीतर है। अभी जमिनका दे रहा है, लोग ज़माने के लिए।''

पलटदास ढोलक बजाना जानता है, इसलिए नगाड़े के ताल पर गरदन हिलाता है और दियासलाई पर ताल काटता है। बीड़ी आदान-प्रदान करके हिरामन ने भी एकाध जान-पहचान कर ली। लालमोहर के परिचित आदमी ने चादर से देह को ढकते हुए कहा, ''नाच शुरू होने में अभी देर है, तब तक एक नींद ले लें।...सब दर्जा से अच्छा अठनिया दर्जा। सबसे पीछे सबसे ऊँची जगह पर है। ज़मीन पर गरम पुआल! हें-हें कुरसी-बेंच पर बैठकर इस सरदी के मौसम में तमाशा देखनेवाले अभी घुच-धुच कर उठेंगे चाह पीने।''

उस आदमी ने अपने संगी से कहा, ''खेला शुरू होने पर जगा देना। नहीं-नहीं, खेला शुरू होने पर नहीं, हिरिया जब स्टेज पर उतरे, हमको जगा देना।''

हिरामन के कलेजे में ज़रा आँच लगी।...बड़ा लटपटिया आदमी मालूम पड़ता है। उसने लालमोहर को आँख के इशारे से कहा, ''इस आदमी से बतियाने की ज़रूरत नहीं।''

...घन-घन-घन-धड़ाम! परदा उठ गया। हे-ए, हे-ए, हीराबाई शुरू में ही उतर गई स्टेज पर! कपड़घर खचमखच भर गया है। हिरामन का मुँह अचरज से खुल गया। लालमोहर को न जाने क्यों ऐसी हँसी आ रही है। हीराबाई के गीत के हर पद पर वह हँसता है, बेवजह।

गुलबदन दरबार लगाकर बैठी है। ऐलान कर रही है: जो आदमी तख़्तहज़ारा बनाकर ला देगा, मुँहमाँगी चीज़ इनाम में दी जाएगी।...अजी, है कोई ऐसा फनकार, तो हो जाए तैयार, बनाकर लाए तख़्तहज़ारा-आ! किड़किड़-किर्रि...! अलबत्त नाचती है। क्या गला है! मालूम है, यह आदमी कहता है कि हीराबाई पान-बीड़ी, सिगरेट-जर्दा कुछ नहीं खाती!...ठीक कहता है। बड़ी नेमवाली रंडी है।...कौन कहता है कि रंडी है! दाँत में मिस्सी कहाँ है। पौडर से दाँत धो लेती होगी। हरगिज नहीं।...कौन आदमी है, बात की बेबात करता है! कम्पनी की औरत को पतुरिया कहता है! तुमको बात क्यों लगी? कौन है रंडी का भड़वा? मारो साले को! मारो! तेरी...।

हो-हल्ले के बीच, हिरामन की आवाज़ कपड़घर को फाड़ रही है, ''आओ, एक-एक की गरदन उतार लेंगे।''

लालमोहर दुआली से पटापट पीटता जा रहा है सामने के लोगों को। पलटदास एक आदमी की छाती पर सवार है, ''साला, सिया सुकुमारी को गाली देता है, सो भी मुसलमान होकर?''

धुन्नीराम शुरू से ही चुप था। मारपीट शुरू होते ही कपड़घर से निकलकर बाहर भागा।

काले कोटवाले नौटंकी के मैनेजर नेपाली सिपाही के साथ दौड़े आए। दारोगा साहब ने हंटर से पीट-पाट शुरू की। हंटर खाकर लालमोहर तिलमिला उठा; कचराही बोली में भाषण

देने लगा, "दारोगा साहब, मारते हैं, मारिए। कोई हर्ज नहीं। लेकिन यह पास देख लीजिए, एक पास पॉकिट में भी है। देख सकते हैं हुजूर। टिकस नहीं पास!...तब हम लोगों के सामने कम्पनी की औरत को कोई बुरी बात कहे तो कैसे छोड़ देंगे?"

कम्पनी के मैनेजर की समझ में आ गई सारी बात। उसने दारोगा को समझाया, "हुजूर, मैं समझ गया। यह सारी बदमाशी मथुरामोहन कम्पनीवालों की है। तमाशे में झगड़ा खड़ा करके कम्पनी को बदनाम...नहीं हुजूर, इन लोगों को छोड़ दीजिए, हीराबाई के आदमी हैं। बेचारी की जान ख़तरे में है। हुजूर से कहा था न!"

हीराबाई का नाम सुनते ही दारोगा ने तीनों को छोड़ दिया। लेकिन तीनों की दुआली छीन ली गई। मैनेजर ने तीनों को एक रुपएवाले दरजे में कुरसी पर बिठाया, "आप लोग यहीं बैठिए। पान भिजवा देता हूँ।" कपड़घर शान्त हुआ और हीराबाई स्टेज पर लौट आई।

नगाड़ा फिर घनघना उठा।

थोड़ी देर बाद तीनों को एक साथ ही धुन्नीराम का ख़याल हुआ, "अरे, धुन्नीराम कहाँ गया?"

"मालिक, ओ मालिक!" लहसनवाँ कपड़घर के बाहर चिल्लाकर पुकार रहा है, "ओ लालमोहर मा-लि-क!"

लालमोहर ने तार स्वर में जवाब दिया, "इधर से, इधर से! एकटकिया फाटक से।" सभी दर्शकों ने लालमोहर की ओर मुड़कर देखा। लहसनवाँ को नेपाली सिपाही लालमोहर के पास ले आया। लालमोहर ने जेब से पास निकालकर७ दिखा दिया। लहसनवाँ ने आते ही पूछा, "मालिक, कौन आदमी क्या बोल रहा था? बोलिए तो ज़रा। चेहरा दिखला दीजिए, उसकी एक झलक!"

लोगों ने लहसनवाँ की चौड़ी और सपाट छाती देखी। जाड़े के मौसम में भी ख़ाली देह!...चेले-चाटी के साथ हैं ये लोग!

लालमोहर ने लहसनवाँ को शान्त किया।

...तीनों-चारों से मत पूछे कोई, नौटंकी में क्या देखा। क़िस्सा कैसे याद रहे! हिरामन को लगता था, हीराबाई शुरू से ही उसी की ओर टकटकी लगाकर देख रही है, गा रही है, नाच रही है। लालमोहर को लगता था, हीराबाई उसी की ओर देखती है। वह समझ गई है, हिरामन से भी ज़्यादा पावरवाला आदमी है लालमोहर! पलटदास क़िस्सा समझता है।...क़िस्सा और क्या होगा, रमैन की ही बात है। वही राम, वही सीता, वही लखनलला और वही रावन! सिया सुकुमारी को रामजी से छीनने के लिए रावन तरह-तरह का रूप धरकर आता है। राम और सीता भी रूप बदल लेते हैं। यहाँ भी तख़्तहज़ारा बनानेवाला माली का बेटा राम है। गुलबदन सिया सुकुमारी है। माली के लड़के का दोस्त लखनलला है और सुलतान है रावन।...धुन्नीराम को बुखार है तेज़! लहसनवाँ को सबसे अच्छा जोकर का पार्ट लगा है...चिरैया तोंहके लेके ना, जइवै नरहट के बजरिया! वह उस जोकर से दोस्ती लगाना चाहता है।...नहीं लगावेगा दोस्ती, जोकर साहब?

हिरामन को एक गीत की आधी कड़ी हाथ लगी है—'मारे गए गुलफ़ाम!' कौन था यह गुलफ़ाम! हीराबाई रोती हुई गा रही थी, "अजी हाँ, मारे गए गुलफ़ाम!" टिड़िडिड़ि...बेचारा गुलफ़ाम!

तीनों की दुआली वापस देते हुए पुलिस के सिपाही ने कहा, "लाठी-दुआली लेकर नाच देखने आते हो?"

दूसरे दिन मेले-भर में यह बात फैल गई—मथुरामोहन कम्पनी से भागकर आई है हीराबाई, इसलिए इस बार मथुरामोहन कम्पनी नहीं आई है।...उसके गुंडे आए हैं।...हीराबाई भी कम नहीं। बड़ी खेलाड़ औरत है। तेरह-तेरह देहाती लठैत पाल रही है।...'वाह मेरी जान' भी कहे तो कोई! मजाल है!

दस दिन। दिन-रात!...

दिन-भर भाड़ा ढोता हिरामन। शाम होते ही नौटंकी का नगाड़ा बजने लगता। नगाड़े की आवाज़ सुनते ही हीराबाई की पुकार कानों के पास मँडराने लगती—भैया...मीता... हिरामन...उस्ताद...गुरुजी! हमेशा कोई-न-कोई बाजा उसके मन के कोने में बजता रहता, दिन-भर। कभी हारमोनियम, कभी नगाड़ा, कभी ढोलक और कभी हीराबाई की पैजनी। उन्हीं साजों की गत पर हिरामन उठता-बैठता, चलता-फिरता। नौटंकी कम्पनी के मैनेजर से लेकर परदा खींचनेवाले तक उसको पहचानते हैं।...हीराबाई का आदमी है।

पलटदास हर रात नौटंकी शुरू होने के समय श्रद्धापूर्वक स्टेज को नमस्कार करता, हाथ जोड़कर। लालमोहर, एक दिन अपनी कचराही बोली सुनाने गया था हीराबाई को। हीराबाई ने पहचाना ही नहीं। तब से उसका दिल छोटा हो गया है। उसका नौकर लहसनवाँ उसके हाथ से निकल गया है, नौटंकी कम्पनी में भर्ती हो गया है। जोकर से उसकी दोस्ती हो गई है। दिन-भर पानी भरता है, कपड़े धोता है। कहता है गाँव में क्या है जो जाएँगे! लालमोहर उदास रहता है। धुन्नीराम घर चला गया है, बीमार होकर।

हिरामन आज सुबह से तीन बार लदनी लादकर स्टेशन आ चुका है। आज न जाने क्यों उसको अपनी भौजाई की याद आ रही है।...धुन्नीराम ने कुछ कह तो नहीं दिया, बुखार की झोंक में! यहीं कितना अटर-पटर बक रहा था—गुलबदन, तख़्तहज़ारा!... लहसनवाँ मौज में है। दिन-भर हीराबाई को देखता होगा। कल कह रहा था, हिरामन मालिक, तुम्हारे अकबाल से खूब मौज में हूँ। हीराबाई की साड़ी धोने के बाद कठौते का पानी अतरगुलाब हो जाता है। उसमें अपनी गमछी डुबाकर छोड़ देता हूँ। लो, सूँघोगे?...हर रात, किसी-न-किसी के मुँह से सुनता है वह—हीराबाई रंडी है। कितने लोगों से लड़े वह! बिना देखे ही लोग कैसे कोई बात बोलते हैं! राजा को भी लोग पीठ-पीछे गाली देते हैं!...आज वह हीराबाई से मिलकर कहेगा, नौटंकी कम्पनी में रहने से बहुत बदनाम करते हैं लोग। सरकस कम्पनी में क्यों नहीं काम करती?...सबके सामने नाचती है, हिरामन का कलेजा दप-दप जलता रहता है उस समय। सरकस कम्पनी में बाघ को...उसके पास जाने की हिम्मत कौन करेगा! सुरक्षित रहेगी हीराबाई! किधर की गाड़ी आ रही है?

"हिरामन, ए हिरामन भाय!" लालमोहर की बोली सुनकर हिरामन ने गरदन मोड़कर देखा।...क्या लादकर लाया है लालमोहर?

"तुमको ढूँढ़ रही है हीराबाई, इशटीशन पर। जा रही है।" एक ही साँस में सुना गया। लालमोहर की गाड़ी पर ही आई है मेले से।

"जा रही है? कहाँ? हीराबाई रेलगाड़ी से जा रही है?"

हिरामन ने गाड़ी खोल दी। मालगोदाम के चौकीदार से कहा, "भैया, ज़रा गाड़ी-बैल देखते रहिए। आ रहे हैं।"

"उस्ताद!" जनाना मुसाफिरखाने के फाटक के पास हीराबाई ओढ़नी से मुँह-हाथ ढककर खड़ी थी। थैली बढ़ाती हुई बोली, "लो! हे भगवान! भेंट हो गई, चलो, मैं तो उम्मीद खो चुकी थी। तुमसे अब भेंट नहीं हो सकेगी।...मैं जा रही हूँ गुरुजी!"

बक्सा ढोनेवाला आदमी आज कोट-पतलून पहनकर बाबूसाहब बन गया है। मालिकों की तरह कुलियों को हुक्म दे रहा है, "जनाना दर्जा में चढ़ाना। अच्छा?"

हिरामन हाथ में थैली लेकर चुपचाप खड़ा रहा। कुरते के अन्दर से थैली निकालकर दी है हीराबाई ने।...चिड़िया की देह की तरह गर्म है थैली।

"गाड़ी आ रही है।" बक्सा ढोनेवाले ने मुँह बनाते हुए हीराबाई की ओर देखा। उसके चेहरे का भाव स्पष्ट है—इतना ज़्यादा क्या है...?

हीराबाई चंचल हो गई। बोली, "हिरामन, इधर आओ, अन्दर। मैं फिर लौटकर जा रही हूँ मथुरामोहन कम्पनी में। अपने देश की कम्पनी है...बनैली मेला आओगे न?"

हीराबाई ने हिरामन के कन्धे पर हाथ रखा...इस बार दाहिने कन्धे पर। फिर अपनी थैली से रुपया निकालते हुए बोली, "एक गरम चादर ख़रीद लेना...।"

हिरामन की बोली फूटी, इतनी देर के बाद, "इस्स! हरदम रुपैया-पैसा! रखिए रुपैया!...क्या करेंगे चादर?"

हीराबाई का हाथ रुक गया। उसने हिरामन के चेहरे को गौर से देखा। फिर बोली, "तुम्हारा जी बहुत छोटा हो गया है। क्यों मीता?...महुआ घटवारिन को सौदागर ने ख़रीद जो लिया है गुरुजी!"

गला भर आया हीराबाई का। बक्सा ढोनेवाले ने बाहर से आवाज़ दी, "गाड़ी आ गई।" हिरामन कमरे से बाहर निकल आया। बक्सा ढोनेवाले ने नौटंकी के जोकर-जैसा मुँह बनाकर कहा, "लाटफारम से बाहर भागो। बिना टिकट के पकड़ेगा तो तीन महीने की हवा...।"

हिरामन चुपचाप फाटक से बाहर जाकर खड़ा हो गया।...टीशन की बात, रेलवे का राज! नहीं तो इस बक्सा ढोनेवाले का मुँह सीधा कर देता हिरामन।...

हीराबाई ठीक सामनेवाली कोठरी में चढ़ी। इस्स! इतना टान! गाड़ी में बैठकर भी हिरामन की ओर देख रही है, टुकुर-टुकुर।...लालमोहर को देखकर जी जल उठता है, हमेशा पीछे-पीछे; हरदम हिस्सादारी सूझती है।

गाड़ी ने सीटी दी। हिरामन को लगा, उसके अन्दर से कोई आवाज़ निकलकर सीटी के साथ ऊपर की ओर चली गई—कू-उ-उ-इ-स्स...!

...छि-ई-ई-छक्क! गाड़ी हिली। हिरामन ने अपने दाहिने पैर के अँगूठे को बाएँ पैर की एड़ी से कुचल लिया। कलेजे की धड़कन ठीक हो गई।...हीराबाई हाथ की बैंगनी साफी से चेहरा पोंछती है। साफी हिलाकर इशारा करती है...अब जाओ।... आख़िरी डब्बा गुज़रा; प्लेटफ़ार्म ख़ाली...सब ख़ाली...खोखले...मालगाड़ी के डब्बे! दुनिया ही ख़ाली हो गई मानो! हिरामन अपनी गाड़ी के पास लौट आया।

हिरामन ने लालमोहर से पूछा, "तुम कब तक लौट रहे हो गाँव?"

लालमोहर बोला, "अभी गाँव जाकर क्या करेंगे? यही तो भाड़ा कमाने का मौक़ा है! हीराबाई चली गई, मेला अब टूटेगा।"

"अच्छी बात। कोई संवाद देना है घर?"

लालमोहर ने हिरामन को समझाने की कोशिश की। लेकिन हिरामन ने अपनी गाड़ी गाँव की ओर जानेवाली सड़क की ओर मोड़ दी।...अब मेले में क्या धरा है! खोखला मेला!

रेलवे लाइन की बग़ल से बैलगाड़ी की कच्ची सड़क गई है दूर तक। हिरामन कभी रेल पर नहीं चढ़ा है। उसके मन में फिर पुरानी लालसा झाँकी, रेलगाड़ी पर सवार होकर, गीत गाते हुए जगरनाथ-धाम जाने की लालसा।...उलटकर अपने ख़ाली टप्पर की ओर देखने की हिम्मत नहीं होती है। पीठ में आज भी गुदगुदी लगती है। आज भी रह-रहकर चम्पा का फूल खिल उठता है, उसकी गाड़ी में। एक गीत की टूटी कड़ी पर नगाड़े का ताल कट जाता है, बार-बार!...

उसने उलटकर देखा, बोरे भी नहीं, बाँस भी नहीं, बाघ भी नहीं...परी...देवी...मीता...हीरादेवी...महुआ घटवारिन—को-ई नहीं। मरे हुए मुहूर्तों की गूँगी आवाज़ें मुखर होना चाहती हैं। हिरामन के होंठ हिल रहे हैं। शायद वह तीसरी कसम खा रहा है—कम्पनी की औरत की लदनी...।

हिरामन ने हठात् अपने दोनों बैलों को झिड़की दी, दुआली से मारते हुए बोला, ''रेलवे लाइन की ओर उलट-उलटकर क्या देखते हो?'' दोनों बैलों ने क़दम खोलकर चाल पकड़ी। हिरामन गुनगुनाने लगा, ''अजी हाँ, मारे गए गुलफ़ाम...!''

1956

चीफ़ की दावत

भीष्म साहनी

आज मिस्टर शामनाथ के घर चीफ़ की दावत थी।

शामनाथ और उनकी धर्मपत्नी को पसीना पोंछने की फुर्सत न थी। पत्नी ड्रेसिंग गाउन पहने, उलझे हुए बालों का जूड़ा बनाए, मुँह पर फैली हुई सुर्खी और पाउडर को भूले, और मिस्टर शामनाथ सिगरेट-पर-सिगरेट फूँकते हुए, चीज़ों की फेहरिस्त हाथ में थामे, एक कमरे से दूसरे कमरे में आ-जा रहे थे।

आख़िर पाँच बजते-बजते तैयारी मुक़म्मल होने लगी। कुर्सियाँ, मेज़, तिपाइयाँ, नैपकिन, फूल—सब बरामदे में पहुँच गए। ड्रिंक का इन्तज़ाम बैठक में कर दिया गया। अब घर का फ़ालतू सामान अलमारियों के पीछे और पलंगों के नीचे छिपाया जाने लगा। तभी शामनाथ के सामने सहसा एक अड़चन खड़ी हो गई, माँ का क्या होगा?

इस बात की ओर न उनका और न उनकी कुशल गृहिणी का ध्यान गया था। मिस्टर शामनाथ श्रीमती की ओर घूमकर अंग्रेजी में बोले, "माँ का क्या होगा?"

श्रीमती काम करते-करते ठहर गई, और थोड़ी देर तक सोचने के बाद बोली, "इन्हें पिछवाड़े इनकी सहेली के घर भेज दो। रात भर बेशक वहीं रहें। कल आ जाएँ।"

शामनाथ सिगरेट मुँह में रखे, सिकुड़ी आँखों से श्रीमती के चेहरे की ओर देखते हुए पल-भर सोचते रहे, फिर सिर हिलाकर बोले, "नहीं, मैं नहीं चाहता कि उस बुढ़िया का आना-जाना यहाँ फिर से शुरू हो। पहले ही बड़ी मुश्किल से बन्द किया था। माँ से कहें कि जल्दी ही खाना खाकर शाम को ही अपनी कोठरी में चली जाएँ। मेहमान कहीं आठ बजे आएँगे, इससे पहले ही अपने काम से निबट लें।"

सुझाव ठीक था। दोनों को पसन्द आया। मगर फिर सहसा श्रीमती बोल उठी, "जो वह सो गईं और नींद से खर्राटे लेने लगीं, तो? साथ ही तो बरामदा है, जहाँ लोग खाना खाएँगे।"

"तो इन्हें कह देंगे कि अन्दर से दरवाज़ा बन्द कर लें। मैं बाहर से ताला लगा दूँगा। या माँ को कह देता हूँ कि अन्दर जाकर सोएँ नहीं, बैठी रहें और क्या?"

"और जो सो गईं, तो? डिनर का क्या मालूम कब तक चले? ग्यारह-ग्यारह बजे तक तो तुम ड्रिंक ही करते रहते हो।"

शामनाथ कुछ खीज उठे, हाथ झटकते हुए बोले, "अच्छी-भली यह भाई के पास जा रही थीं। तुमने यूँ ही ख़ुद अच्छा बनने के लिए बीच में टाँग अड़ा दी!"

"वाह! तुम माँ और बेटे की बातों में मैं क्यों बुरी बनूँ? तुम जानो और वह जानें।"

मिस्टर शामनाथ चुप रहे। यह मौक़ा बहस का न था, समस्या का हल ढूँढ़ने का था। उन्होंने घूमकर माँ की कोठरी की ओर देखा। कोठरी का दरवाज़ा बरामदे में खुलता था। बरामदे की ओर देखते हुए झट-से बोले, "मैंने सोच लिया है," और उन्हीं क़दमों माँ की कोठरी के बाहर जा खड़े हुए। माँ दीवार के साथ एक चौकी पर बैठी, दुपट्टे में मुँह-सिर लपेटे, माला जप रही थीं। सुबह से तैयारी होती देखते हुए माँ का भी दिल धड़क रहा था। बेटे के दफ़्तर का बड़ा साहब घर पर आ रहा है, सारा काम सुभीते से चल जाए।

"माँ, आज तुम खाना जल्दी खा लेना। मेहमान लोग साढ़े सात बजे आ जाएँगे।"

माँ ने धीरे से मुँह पर से दुपट्टा हटाया और बेटे को देखते हुए कहा, "आज मुझे खाना नहीं खाना है, बेटा। तुम तो जानते हो, मांस-मछली बने, तो मैं कुछ नहीं खाती।"

"जैसे भी हो, अपने काम से जल्दी निबट लेना।"

"अच्छा बेटा।"

"और माँ, हम लोग पहले बैठक में बैठेंगे। उतनी देर तुम यहाँ बरामदे में बैठना। फिर जब हम यहाँ आ जाएँ, तो तुम गुसलखाने के रास्ते बैठक में चली जाना।"

माँ अवाक! बेटे का चेहरा देखने लगीं। फिर धीरे-से बोलीं, "अच्छा बेटा।"

"और माँ, आज जल्दी सो नहीं जाना। तुम्हारे खर्राटों की आवाज़ दूर तक जाती है।"

माँ लज्जित-सी आवाज़ में बोली, "क्या करूँ बेटा, मेरे बस की बात नहीं है। जब से बीमारी से उठी हूँ, नाक से साँस नहीं ले सकती।"

मिस्टर शामनाथ ने इन्तज़ाम तो कर दिया, फिर भी उनकी उधेड़-बुन ख़त्म नहीं हुई। जो चीफ़ अचानक उधर जा निकला, तो? आठ-दस मेहमान होंगे, देसी अफ़सर, उनकी स्त्रियाँ होंगी, कोई भी गुसलखाने की तरफ़ जा सकता है। क्षोभ और क्रोध में वह झुँझलाने लगे। एक कुरसी को उठाकर बरामदे में कोठरी के बाहर रखते हुए बोले, "आओ माँ, इस पर ज़रा बैठो तो।"

माँ माला सँभालती, पल्ला ठीक करती उठीं, और धीरे-से कुरसी पर आकर बैठ गईं।

"यूँ नहीं माँ, टाँगें ऊपर चढ़ाकर नहीं बैठते। यह खाट नहीं है।"

माँ ने टाँगें नीचे उतार लीं।

"और ख़ुदा के वास्ते नंगे पाँव नहीं घूमना। न ही वह खड़ाऊँ पहनकर सामने आना। किसी दिन तुम्हारी वह खड़ाऊँ उठाकर मैं बाहर फेंक दूँगा।"

माँ चुप रहीं।

"कपड़े कौन-से पहनोगी, माँ?"

"जो हैं, वही पहनूँगी, बेटा! जो कहो, पहन लूँ।"

मिस्टर शामनाथ सिगरेट मुँह में रखे, फिर अधखुली आँखों से माँ की ओर देखने लगे, और माँ के कपड़ों की सोचने लगे। शामनाथ हर बात में तरतीब चाहते थे। घर का सब संचालन उनके अपने हाथ में था। खूँटियाँ कमरों में कहाँ लगाई जाएँ, बिस्तर कहाँ पर बिछें, किस रंग के पर्दे लगाए जाएँ, श्रीमती कौन-सी साड़ी पहनें, मेज़ किस साइज की हो...शामनाथ को चिन्ता थी कि अगर चीफ़ का साक्षात् माँ से हो गया, तो कहीं लज्जित न होना पड़े। माँ को सिर से पाँव तक देखते हुए बोले, "तुम सफ़ेद कमीज़ और सफ़ेद सलवार पहन लो, माँ। पहन के आओ तो, ज़रा देखूँ।"

माँ धीरे-से उठीं और अपनी कोठरी में कपड़े पहनने चली गईं।

"यह माँ का झमेला ही रहेगा," उन्होंने फिर अंग्रेजी में अपनी स्त्री से कहा, "कोई ढंग की बात हो, तो भी कोई कहे। अगर कहीं कोई उल्टी-सीधी बात हो गई, चीफ़ को बुरा लगा, तो सारा मज़ा जाता रहेगा।"

माँ सफ़ेद कमीज़ और सफ़ेद सलवार पहनकर बाहर निकलीं। छोटा-सा कद, सफ़ेद कपड़ों में लिपटा, छोटा-सा सूखा हुआ शरीर, धुँधली आँखें, केवल सिर के आधे झड़े हुए बाल पल्ले की ओट में छिप पाए थे। पहले से कुछ ही कम कुरूप नज़र आ रही थीं।

"चलो, ठीक है। कोई चूड़ियाँ-वूड़ियाँ हों, तो वह भी पहन लो। कोई हर्ज नहीं।"

"चूड़ियाँ कहाँ से लाऊँ, बेटा? तुम तो जानते हो, सब जेवर तुम्हारी पढ़ाई में बिक गए।"

यह वाक्य शामनाथ को तीर की तरह लगा। तिनककर बोले, "यह कौन-सा राग छेड़ दिया माँ! सीधा कह दो, नहीं है जेवर, बस। इससे पढ़ाई-वढ़ाई का क्या तअल्लुक है! जो जेवर बिका, तो कुछ बनकर ही आया हूँ, निरा लँडूरा तो नहीं लौट आया? जितना दिया था, उससे दुगना ले लेना।"

"मेरी जीभ जल जाए बेटा, तुमसे जेवर लूँगी? मेरे मुँह से यूँ ही निकल गया। जो होते, तो लाख बार पहनती!"

साढ़े पाँच बज चुके थे। अभी मिस्टर शामनाथ को ख़ुद भी नहा-धोकर तैयार होना था। श्रीमती कब की अपने कमरे में जा चुकी थी। शामनाथ जाते हुए एक बार फिर माँ को हिदायत करते गए, "माँ, रोज़ की तरह गुमसुम बन के नहीं बैठी रहना। अगर साहब इधर आ निकलें और कोई बात पूछें तो ठीक तरह से बात का जवाब देना।"

"मैं न पढ़ी, न लिखी, बेटा, मैं क्या बात करूँगी! तुम कह देना, माँ अनपढ़ है, कुछ जानती-समझती नहीं। वह नहीं पूछेगा।"

सात बजते-बजते माँ का दिल धक्-धक् करने लगा। अगर चीफ़ सामने आ गया और उसने कुछ पूछा, तो वह क्या जवाब देंगी? अंग्रेज को तो दूर से ही देखकर घबरा उठती थी, यह तो अमरीकी है। न मालूम क्या पूछे? मैं क्या कहूँगी? माँ का जी चाहा कि चुपचाप पिछवाड़े विधवा सहेली के घर चली जाएँ। मगर बेटे के हुक्म को कैसे टाल सकती थीं? चुपचाप कुरसी पर से टाँगें लटकाए वहीं बैठी रहीं।

एक कामयाब पार्टी वह है, जिसमें ड्रिंक कामयाबी से चल जाएँ। शामनाथ की पार्टी सफलता के शिखर चूमने लगी। वार्तालाप उसी रौ में बह रहा था, जिस रौ में गिलास भरे जा रहे थे। कहीं कोई रुकावट न थी, कोई अड़चन न थी। साहब को व्हिस्की पसन्द आई थी। मेमसाहब को पर्दे पसन्द आए थे, सोफ़ा-कवर का डिज़ाइन पसन्द आया था, कमरे की सजावट पसन्द आई थी। इससे बढ़कर क्या चाहिए। साहब तो ड्रिंक के दूसरे दौर में ही चुटकुले और कहानियाँ कहने लग गए थे। दफ़्तर में जितना रौब रखते थे, यहाँ पर उतने ही दोस्त-परवर हो रहे थे और उनकी स्त्री काला गाउन पहने, गले में सफ़ेद मोतियों का हार, सेंट और पाउडर की महक से ओतप्रोत, कमरे में बैठी सभी देशी स्त्रियों की आराधना का केन्द्र बनी हुई थीं। बात-बात पर हँसतीं, बात-बात पर सिर हिलातीं और शामनाथ की स्त्री से तो ऐसे बातें कर रही थीं, जैसे उनकी पुरानी सहेली हों।

और इसी रौ में पीते-पिलाते साढ़े दस बज गए। वक़्त गुज़रते पता ही न चला।

आख़िर सब लोग अपने-अपने गिलासों में से आख़िरी घूँट पीकर खाना खाने के लिए उठे और बैठक से बाहर निकले। आगे-आगे शामनाथ रास्ता दिखाते हुए, पीछे चीफ़ और दूसरे मेहमान।

बरामदे में पहुँचते ही शामनाथ सहसा ठिठक गए। जो दृश्य उन्होंने देखा, उससे उनकी टाँगें लड़खड़ा गईं, और क्षण-भर में सारा नशा हिरन होने लगा। बरामदे में ऐन कोठरी के बाहर माँ अपनी कुरसी पर ज्यों-की-त्यों बैठी थीं। मगर दोनों पाँव कुरसी की सीट पर रखे हुए, और सिर दाएँ से बाएँ और बाएँ से दाएँ झूल रहा था और मुँह में से लगातार गहरे खर्राटों की आवाज़ें आ रही थीं। जब सिर कुछ देर के लिए टेढ़ा होकर एक तरफ़ को थम जाता, तो खर्राटे और भी गहरे हो उठते। और फिर जब झटके से नींद टूटती, तो सिर फिर दाएँ से बाएँ झूलने लगता। पल्ला सिर पर से खिसक आया था, और माँ के झरे हुए बाल, आधे गंजे सिर पर अस्त-व्यस्त बिखर रहे थे।

देखते ही शामनाथ क्रुद्ध हो उठे। जी चाहा कि माँ को धक्का देकर उठा दें, और उन्हें कोठरी में धकेल दें, मगर ऐसा करना सम्भव न था, चीफ़ और बाक़ी मेहमान पास खड़े थे।

माँ को देखते ही देसी अफ़सरों की कुछ स्त्रियाँ हँस दीं कि इतने में चीफ़ ने धीरे-से कहा, ''पूअर डियर।''

माँ हड़बड़ा के उठ बैठीं। सामने खड़े इतने लोगों को देखकर ऐसी घबराईं कि कुछ कहते न बना। झट से पल्ला सिर पर रखती हुई खड़ी हो गईं और ज़मीन को देखने लगीं। उनके पाँव लड़खड़ाने लगे और हाथों की उँगलियाँ थर-थर काँपने लगीं।

''माँ, तुम जाके सो जाओ, तुम क्यों इतनी देर तक जाग रही थीं ?'' और खिसियाई हुई नज़रों से शामनाथ चीफ़ के मुँह की ओर देखने लगे।

चीफ़ के चेहरे पर मुसकराहट थी। वह वहीं खड़े-खड़े बोले, ''नमस्ते !''

माँ ने झिझकते हुए, अपने में सिमटते हुए दोनों हाथ जोड़े मगर एक हाथ दुपट्टे के अन्दर माला को पकड़े हुए था, दूसरा बाहर, ठीक तरह से नमस्ते भी न कर पाईं। शामनाथ इस पर भी खिन्न हो उठे।

इतने में चीफ़ ने अपना दायाँ हाथ, हाथ मिलाने के लिए माँ के आगे किया। माँ और भी घबरा उठीं।

''माँ, हाथ मिलाओ।''

पर हाथ कैसे मिलातीं ? दाएँ हाथ में तो माला थी। घबराहट में माँ ने बायाँ हाथ ही साहब के दाएँ हाथ में रख दिया। शामनाथ दिल ही दिल में जल उठे। देसी अफ़सरों की स्त्रियाँ खिलखिला पड़ीं।

''यूँ नहीं, माँ ! तुम तो जानती हो, दायाँ हाथ मिलाया जाता है। दायाँ हाथ मिलाओ।''

मगर तब तक चीफ़ माँ का बायाँ हाथ ही बार-बार हिलाकर कह रहे थे, ''हौ डू यू डू ?''

''कहो माँ, मैं ठीक हूँ, ख़ैरियत से हूँ।''

माँ कुछ बड़बड़ाईं।

''माँ कहती हैं, मैं ठीक हूँ कहो माँ, हौ डू यू डू ?''

माँ धीरे-से सकुचाते हुए बोलीं, ''हौ डू डू...''

एक बार फिर कहकहा उठा।

वातावरण हल्का होने लगा। साहब ने स्थिति सँभाल ली थी। लोग हँसने-चहकने लगे थे। शामनाथ के मन का क्षोभ भी कुछ-कुछ कम होने लगा था।

साहब अपने हाथ में माँ का हाथ अब भी पकड़े हुए थे, और माँ सिकुड़ी जा रही थीं। साहब के मुँह से शराब की बू आ रही थी। शामनाथ अंग्रेजी में बोले, ''मेरी माँ गाँव की रहने वाली हैं। उमर-भर गाँव में रही हैं। इसलिए आपसे लजाती हैं।''

साहब इस पर ख़ुश नज़र आए। बोले, ''सच? मुझे गाँव के लोग बहुत पसन्द हैं, तब तो तुम्हारी माँ गाँव के गीत और नाच भी जानती होंगी?'' चीफ़ ख़ुशी से सिर हिलाते हुए माँ को टिकटिकी बाँधे देखने लगे।

''माँ, साहब कहते हैं, कोई गाना सुनाओ। कोई पुराना गीत, तुम्हें तो कितने ही याद होंगे।''

माँ धीरे-से बोलीं, ''मैं क्या गाऊँगी, बेटा! मैंने कब गाया है?''

''वाह, माँ! मेहमान का कहा भी कोई टालता है? साहब ने इतनी रीझ से कहा है, नहीं गाओगी, तो साहब बुरा मानेंगे।''

''मैं क्या गाऊँ, बेटा! मुझे क्या आता है?''

''वाह! कोई बढ़िया टप्पे सुना दो। दो पत्तर अनाराँ दे...''

देसी अफ़सर और उनकी स्त्रियों ने इस सुझाव पर तालियाँ पीटीं। माँ कभी दीन दृष्टि से बेटे के चेहरे को देखतीं, कभी पास खड़ी बहू के चेहरे को।

इतने में बेटे ने गम्भीर आदेश-भरे लहज़े में कहा, ''माँ!''

इसके बाद हाँ या ना का सवाल ही न उठता था। माँ बैठ गईं और क्षीण, दुर्बल, लरजती आवाज़ में एक पुराना विवाह का गीत गाने लगीं—

हरिया नी माये, हरिया नी भैणे
हरिया ते भागी भरिया है!

देसी स्त्रियाँ खिलखिलाकर हँस उठीं। तीन पंक्तियाँ गा के माँ चुप हो गईं।

बरामदा तालियों से गूँज उठा। साहब तालियाँ पीटना बन्द ही न करते थे। शामनाथ की खीज प्रसन्नता और गर्व में बदल उठी थी। माँ ने पार्टी में नया रंग भर दिया था।

तालियाँ थमने पर साहब बोले, ''पंजाब के गाँवों की दस्तकारी क्या है?''

शामनाथ ख़ुशी में झूम रहे थे। बोले, ''ओ, बहुत कुछ, साहब! मैं आपको एक सेट उन चीज़ों का भेंट करूँगा। आप उन्हें देखकर ख़ुश होंगे।''

मगर साहब ने सिर हिलाकर अंग्रेजी में फिर पूछा, ''नहीं, मैं दुकानों की चीज़ नहीं माँगता। पंजाबियों के घरों में क्या बनता है, औरतें ख़ुद क्या बनाती हैं?''

शामनाथ कुछ सोचते हुए बोले, ''लड़कियाँ गुड़ियाँ बनाती हैं, औरतें फुलकारियाँ बनाती हैं।''

''फुलकारी क्या?''

शामनाथ फुलकारी का मतलब समझाने की असफल चेष्टा करने के बाद माँ को बोले, ''क्यों माँ, कोई पुरानी फुलकारी घर में है?''

माँ चुपचाप अन्दर गईं और अपनी पुरानी फुलकारी उठा लाईं।

साहब बड़ी रुचि से फुलकारी देखने लगे। पुरानी फुलकारी थी, जगह-जगह से उसके तागे टूट रहे थे और कपड़ा फटने लगा था। साहब की रुचि को देखकर शामनाथ बोले, ''यह फटी हुई है, साहब, मैं आपको नई बनवा दूँगा। माँ बना देंगी। क्यों माँ, साहब को फुलकारी बहुत पसन्द है, इन्हें ऐसी ही एक फुलकारी बना दोगी न?''

माँ चुप रहीं फिर डरते-डरते धीरे-से बोलीं, ''अब मेरी नज़र कहाँ है, बेटा! बूढ़ी आँखें क्या देखेंगी?''

मगर माँ का वाक्य बीच ही में तोड़ते हुए शामनाथ साहब को बोले, "वह ज़रूर बना देंगी। आप उसे देखकर ख़ुश होंगे।"

साहब ने सिर हिलाया, धन्यवाद किया और हल्के-हल्के झूमते हुए खाने की मेज़ की ओर बढ़ गए। बाक़ी मेहमान भी उनके पीछे-पीछे हो लिए।

जब मेहमान बैठ गए और माँ पर से सबकी आँखें हट गईं, तो माँ धीरे-से कुरसी पर से उठीं, और सबसे नज़रें बचाती हुई अपनी कोठरी में चली गईं।

मगर कोठरी में बैठने की देर थी कि आँखों से छल-छल आँसू बहने लगे। वह दुपट्टे से बार-बार उन्हें पोंछतीं, पर वह बार-बार उमड़ आते, जैसे बरसों का बाँध तोड़कर उमड़ आए हों। माँ ने बहुतेरा दिल को समझाया, हाथ जोड़े, भगवान का नाम लिया, बेटे के चिरायु होने की प्रार्थना की, बार-बार आँखें बन्द कीं, मगर आँसू बरसात के पानी की तरह जैसे थमने में ही न आते थे।

आधी रात का वक़्त होगा। मेहमान खाना खाकर एक-एक करके जा चुके थे। माँ दीवार से सटकर बैठी, आँखें फाड़े दीवार को देखे जा रही थीं। घर के वातावरण में तनाव ढीला पड़ चुका था। मुहल्ले की निस्तब्धता शामनाथ के घर पर भी छा चुकी थी, केवल रसोई में प्लेटों के खनकने की आवाज़ आ रही थी। तभी सहसा माँ की कोठरी का दरवाज़ा ज़ोर-से खटकने लगा।

"माँ, दरवाज़ा खोलो!"

माँ का दिल बैठ गया। हड़बड़ाकर उठ बैठीं। क्या मुझसे फिर कोई भूल हो गई? माँ कितनी देर से अपने आपको कोस रही थीं कि क्यों उन्हें नींद आ गई, क्यों वह ऊँघने लगीं? क्या बेटे ने अभी तक क्षमा नहीं किया? माँ उठीं और काँपते हाथों से दरवाज़ा खोल दिया।

दरवाज़ा खुलते ही शामनाथ झूमते हुए आगे बढ़ आए और माँ को आलिंगन में भर लिया।

"ओ अम्मी! तुमने तो आज रंग ला दिया!...साहब तुमसे इतना ख़ुश हुआ कि क्या कहूँ। ओ अम्मी! अम्मी!"

माँ की छोटी-सी काया सिमटकर बेटे के आलिंगन में छिप गई। माँ की आँखों में फिर आँसू आ गए। उन्हें पोंछती हुई धीरे-से बोलीं, "बेटा, तुम मुझे हरिद्वार भेज दो। मैं कब से कह रही हूँ।"

शामनाथ का झूमना सहसा बन्द हो गया और उनकी पेशानी पर फिर तनाव के बल पड़ने लगे। उनकी बाँहें माँ के शरीर पर से हट आईं।

"क्या कहा, माँ? यह कौन-सा राग तुमने फिर छेड़ दिया?"

शामनाथ का क्रोध बढ़ने लगा था, बोलते गए, "तुम मुझे बदनाम करना चाहती हो, ताकि दुनिया कहे कि बेटा माँ को अपने पास नहीं रख सकता।"

"नहीं, बेटा, अब तुम अपनी बहू के साथ जैसा मन चाहे रहो। मैंने अपना खा-पहन लिया। अब यहाँ क्या करूँगी! जो थोड़े दिन ज़िन्दगानी के बाक़ी हैं, भगवान् का नाम लूँगी। तुम मुझे हरिद्वार भेज दो!"

"तुम चली जाओगी, तो फुलकारी कौन बनाएगा? साहब से तुम्हारे सामने ही फुलकारी देने का इकरार किया है।"

"मेरी आँखें अब नहीं हैं, बेटा, जो फुलकारी बना सकूँ। तुम कहीं और से बनवा लो। बनी-बनाई ले लो।"

"माँ, तुम मुझे धोखा दे के यूँ चली जाओगी? मेरा बनता काम बिगाड़ोगी? जानती नहीं, साहब ख़ुश होगा, तो मुझे तरक्की मिलेगी!"

माँ चुप हो गईं। फिर बेटे के मुँह की ओर देखती हुई बोलीं, "क्या तेरी तरक्की होगी? क्या साहब तेरी तरक्की कर देगा? क्या उसने कुछ कहा है?"

"कहा नहीं, मगर देखती नहीं, कितना ख़ुश गया है? कहता था, जब तेरी माँ फुलकारी बनाना शुरू करेंगी, तो मैं देखने आऊँगा कि कैसे बनाती हैं। जो साहब ख़ुश हो गया, तो मुझे इससे बड़ी नौकरी भी मिल सकती है, मैं बड़ा अफ़सर बन सकता हूँ।"

माँ के चेहरे का रंग बदलने लगा, धीरे-धीरे उनका झुर्रियों-भरा मुँह खिलने लगा, आँखों में हल्की-हल्की चमक आने लगी।

"तो तेरी तरक्की होगी, बेटा?"

"तरक्की यूँ ही हो जाएगी? साहब को ख़ुश रखूँगा, तो कुछ करेगा, वरना उसकी खिदमत करने वाले और थोड़े हैं?"

"तो मैं बना दूँगी, बेटा, जैसे बन पड़ेगा, बना दूँगी।"

और माँ दिल ही दिल में फिर बेटे के उज्ज्वल भविष्य की कामनाएँ करने लगीं और मिस्टर शामनाथ, 'अब सो जाओ, माँ' कहते हुए, तनिक लड़खड़ाते हुए अपने कमरे की ओर घूम गए।

यही सच है

मन्नू भंडारी

कानपुर

सामने आँगन में फैली धूप सिमटकर दीवारों पर चढ़ गई और कन्धे पर बस्ता लटकाए नन्हे-नन्हे बच्चों के झुंड-के-झुंड दिखाई दिए, तो एकाएक ही मुझे समय का आभास हुआ।...घंटा-भर हो गया यहाँ खड़े-खड़े और संजय का अभी तक पता नहीं! झुँझलाती-सी मैं कमरे में आती हूँ। कोने में रखी मेज़ पर किताबें बिखरी पड़ी हैं, कुछ खुली, कुछ बन्द। एक क्षण मैं उन्हें देखती रहती हूँ, फिर निरुद्देश्य-सी कपड़ों की आलमारी खोलकर सरसरी-सी नज़र से कपड़े देखती हूँ। सब बिखरे पड़े हैं। इतनी देर यों ही व्यर्थ खड़ी रही; इन्हें ही ठीक कर लेती...पर मन नहीं करता और फिर बन्द कर देती हूँ।

नहीं आना था तो व्यर्थ ही मुझे समय क्यों दिया? फिर यह कोई आज ही की बात है! हमेशा संजय अपने बताए हुए समय से घंटे-दो घंटे देरी करके आता है, और मैं हूँ कि उसी क्षण से प्रतीक्षा करने लगती हूँ। उसके बाद लाख कोशिश करके भी तो किसी काम में अपना मन नहीं लगा पाती। वह क्यों नहीं समझता कि मेरा समय बहुत अमूल्य है; थीसिस पूरी करने के लिए अब मुझे अपना सारा समय पढ़ाई में ही लगाना चाहिए। पर यह बात उसे कैसे समझाऊँ!

मेज़ पर बैठकर मैं फिर पढ़ने का उपक्रम करने लगती हूँ, पर मन है कि लगता ही नहीं। पर्दे के ज़रा-से हिलने से दिल की धड़कन बढ़ जाती है और बार-बार नज़र घड़ी के सरकते हुए काँटों पर दौड़ जाती है। हर समय यही लगता है, वह आया!...वह आया!...

तभी मेहता साहब की पाँच साल की छोटी बच्ची झिझकती-सी कमरे में आती है, "आंटी, हमें कहानी सुनाओगी?"

"नहीं, अभी नहीं, पीछे आना!" मैं रुखाई से जवाब देती हूँ। वह भाग जाती है।

ये मिसेज़ मेहता भी एक ही हैं! यों तो महीनों शायद मेरी सूरत नहीं देखतीं; पर बच्ची को जब-तब मेरा सिर खाने को भेज देती हैं। मेहता साहब तो फिर भी कभी-कभी आठ-दस दिन में ख़ैरियत पूछ ही लेते हैं, पर वे तो बेहद अकड़ू मालूम होती हैं। अच्छा ही है, ज़्यादा दिलचस्पी दिखातीं तो क्या मैं इतनी आज़ादी से घूम-फिर सकती थी?

खट-खट-खट...वही परिचित पद-ध्वनि! तो आ गया संजय। मैं बरबस ही अपना सारा ध्यान पुस्तक में केन्द्रित कर लेती हूँ। रजनीगन्धा के ढेर-सारे फूल लिये संजय मुसकराता-सा दरवाज़े पर खड़ा है। मैं देखती हूँ, पर मुसकराकर स्वागत नहीं करती। हँसता हुआ वह

आगे बढ़ता है और फूलों को मेज़ पर पटककर, पीछे से मेरे दोनों कन्धे दबाता हुआ पूछता है, ''बहुत नाराज़ हो?''

रजनीगन्धा की महक से जैसे सारा कमरा महकने लगता है।

''मुझे क्या करना है नाराज़ होकर?'' रुखाई से मैं कहती हूँ। वह कुरसी सहित मुझे घुमाकर अपने सामने कर लेता है, और बड़े दुलार के साथ ठोड़ी उठाकर कहता, ''तुम्हीं बताओ क्या करता? क्वालिटी में दोस्तों के बीच फँसा था। बहुत कोशिश करके भी उठ नहीं पाया। सबको नाराज़ करके आना अच्छा भी नहीं लगता।''

इच्छा होती है, कह दूँ, तुम्हें दोस्तों का ख़याल है, उनके बुरा मानने की चिन्ता है, बस मेरी ही नहीं! पर कुछ कह नहीं पाती, एकटक उसके चेहरे की ओर देखती रहती हूँ...उसके साँवले चेहरे पर पसीने की बूँदें चमक रही हैं। कोई और समय होता तो मैंने अपने आँचल से इन्हें पोंछ दिया होता, पर आज नहीं। वह मन्द-मन्द मुसकरा रहा है, उसकी आँखें क्षमा-याचना कर रही हैं, पर मैं क्या करूँ?...तभी वह अपनी आदत के अनुसार कुरसी के हत्थे पर बैठकर मेरे गाल सहलाने लगता है। मुझे उसकी इसी बात पर ग़ुस्सा आता है। हमेशा इसी तरह करेगा और फिर दुनिया-भर का लाड़-दुलार दिखलाएगा। वह जानता जो है कि इसके आगे मेरा क्रोध टिक नहीं पाता।...फिर उठकर वह फूलदान के पुराने फूल फेंक देता है, और नए फूल लगाता है। फूल सजाने में वह कितना कुशल है! एक बार मैंने यों ही कह दिया था कि मुझे रजनीगन्धा के फूल बड़े पसन्द हैं, तो उसने नियम ही बना लिया कि हर चौथे दिन ढेर-सारे फूल लाकर मेरे कमरे में लगा देता है। और अब तो मुझे भी ऐसी आदत हो गई है कि एक दिन भी कमरे में फूल न रहें तो न पढ़ने में मन लगता है, न सोने में। ये फूल जैसे संजय की उपस्थिति का आभास देते रहते हैं।

थोड़ी देर बाद हम घूमने निकल जाते हैं। एकाएक ही मुझे इरा के पत्र की बात याद आती है। जो बात सुनाने के लिए मैं सबेरे से ही आतुर थी, इस ग़ुस्सेबाज़ी में जाने कैसे उसे ही भूल गई!

''सुनो, इरा ने लिखा है कि किसी दिन भी मेरे पास इंटरव्यू का बुलावा आ सकता है, मुझे तैयार रहना चाहिए।''

''कहाँ, कलकत्ता से?'' कुछ याद करते हुए संजय पूछता है, और फिर एकाएक ही उछल पड़ता है, ''यदि तुम्हें वह जॉब मिल जाए तो मज़ा आ जाए, दीपा, मज़ा आ जाए!''

हम सड़क पर हैं, नहीं तो अवश्य ही उसने आवेश में आकर कोई हरक़त कर डाली होती। जाने क्यों, मुझे उसका इस प्रकार प्रसन्न होना अच्छा नहीं लगता। क्या वह चाहता है कि मैं कलकत्ता चली जाऊँ, उससे दूर?...

तभी सुनाई देता है, ''तुम्हें यह जॉब मिल जाए तो मैं भी अपना तबादला कलकत्ता ही करवा लूँ, हेड ऑफ़िस में। यहाँ की रोज़ की किच-किच से तो मेरा मन ऊब गया है। कितनी ही बार सोचा कि तबादले की कोशिश करूँ, पर तुम्हारे ख़याल ने हमेशा मुझे बाँध लिया। ऑफ़िस में शान्ति हो जाएगी, पर मेरी शामें कितनी वीरान हो जाएँगी!''

उसके स्वर की आर्द्रता ने मुझे छू लिया। एकाएक ही मुझे लगने लगा कि रात बड़ी सुहावनी हो चली है।

हम दूर निकलकर अपनी प्रिय टेकरी पर जाकर बैठ जाते हैं। दूर-दूर तक हल्की-सी चाँदनी फैली हुई है और शहर की तरह यहाँ का वातावरण धुएँ से भरा हुआ नहीं है। वह दोनों पैर फैलाकर

बैठ जाता है और घंटों मुझे अपने ऑफ़िस के झगड़े की बात सुनाता है और फिर कलकत्ता जाकर साथ जीवन बिताने की योजनाएँ बनाता है। मैं कुछ नहीं बोलती, बस एकटक उसे देखती हूँ, देखती रहती हूँ।

जब वह चुप हो जाता है तो बोलती हूँ, "मुझे तो इंटरव्यू में जाते हुए बड़ा डर लगता है। पता नहीं, कैसे-क्या पूछते होंगे! मेरे लिए तो यह पहला ही मौक़ा है।"

वह खिलखिलाकर हँस पड़ता है।

"तुम भी एक मूर्खा हो! घर से दूर, यहाँ कमरा लेकर अकेली रहती हो, रिसर्च कर रही हो, दुनिया-भर में घूमती-फिरती हो और इंटरव्यू के नाम से डर लगता है। क्यों?" और गाल पर हल्की-सी चपत जमा देता है। फिर समझाता हुआ कहता है, "और देखो, आजकल ये इंटरव्यू आदि तो सब दिखावा-मात्र होते हैं। वहाँ किसी जान-पहचान वाले से इन्फ्लुएंस डलवाना जाकर!"

"पर कलकत्ता तो मेरे लिए एकदम नई जगह है। वहाँ इरा को छोड़कर मैं किसी को जानती भी नहीं। अब उन लोगों की कोई जान-पहचान हो तो बात दूसरी है।" असहाय-सी मैं कहती हूँ।

"और किसी को नहीं जानतीं?" फिर मेरे चेहरे पर नज़रें गड़ाकर पूछता है, "निशीथ भी तो वहीं है?"

"होगा, मुझे क्या करना है उससे?" मैं एकदम ही भन्नाकर जवाब देती हूँ। पता नहीं क्यों, मुझे लग ही रहा था कि अब वह यही बात कहेगा।

"कुछ नहीं करना?" वह छेड़ने के लहज़े में कहता है।

और मैं भभक पड़ती हूँ, "देखो संजय, मैं हज़ार बार तुमसे कह चुकी हूँ कि उसे लेकर मुझसे मज़ाक मत किया करो! मुझे इस तरह का मज़ाक ज़रा भी पसन्द नहीं है!"

वह खिलखिलाकर हँस पड़ता है, पर मेरा तो मूड ही ख़राब हो जाता है।

हम लौट पड़ते हैं। वह मुझे ख़ुश करने के इरादे से मेरे कन्धे पर हाथ रख देता है। मैं झपटकर हाथ हटा देती हूँ, "क्या कर रहे हो? कोई देख लेगा तो क्या कहेगा?"

"कौन है यहाँ जो देख लेगा? और देख लेगा तो देख ले, आप ही कुढ़ेगा।"

"नहीं, हमें पसन्द नहीं है यह बेशर्मी!" और सच ही मुझे रास्ते में ऐसी हरक़तें पसन्द नहीं हैं, चाहे रास्ता निर्जन ही क्यों न हो; पर है तो रास्ता ही; फिर कानपुर जैसी जगह।

कमरे में लौटकर मैं उसे बैठने को कहती हूँ; पर वह बैठता नहीं; बस, बाँहों में भरकर एक बार चूम लेता है। यह भी जैसे उसका रोज़ का नियम है।

वह चला जाता है। मैं बाहर बालकनी में निकलकर उसे देखती रहती हूँ।...उसका आकार छोटा होते-होते सड़क के मोड़ पर जाकर लुप्त हो जाता है। मैं उधर ही देखती रहती हूँ—निरुद्देश्य-सी खोई-खोई-सी। फिर आकर पढ़ने बैठ जाती हूँ।

रात में सोती हूँ तो देर तक मेरी आँखें मेज़ पर लगे रजनीगन्धा के फूलों को ही निहारती रहती हैं। जाने क्यों, अक्सर मुझे भ्रम हो जाता है कि ये फूल नहीं हैं, मानो संजय की अनेकानेक आँखें हैं, जो मुझे देख रही हैं, सहला रही हैं, दुलरा रही हैं। और अपने को यों असंख्य आँखों से निरन्तर देखे जाने की कल्पना से ही मैं लजा जाती हूँ।

मैंने संजय को भी एक बार यह बात बताई थी, तो वह खूब हँसा था और फिर मेरे गालों को सहलाते हुए उसने कहा था कि मैं पागल हूँ, निरी मूर्खा हूँ!

कौन जाने, शायद उसका कहना ही ठीक हो, शायद मैं पागल ही होऊँ!

कानपुर

मैं जानती हूँ, संजय का मन निशीथ को लेकर जब-तब सशंकित हो उठता है; पर मैं उसे कैसे विश्वास दिलाऊँ कि मैं निशीथ से नफ़रत करती हूँ, उसकी याद-मात्र से मेरा मन घृणा से भर उठता है।...फिर अठारह वर्ष की आयु में किया हुआ प्यार भी कोई प्यार होता है भला! निरा बचपन होता है, महज़ पागलपन! उसमें आवेश रहता है पर स्थायित्व नहीं, गति रहती है पर गहराई नहीं। जिस वेग से वह आरम्भ होता है, ज़रा-सा झटका लगने पर उसी वेग से टूट भी जाता है।...और उसके बाद आहों, आँसुओं और सिसकियों का एक दौर, सारी दुनिया की निस्सारता और आत्महत्या करने के अनेकानेक संकल्प और फिर एक तीखी घृणा। जैसे ही जीवन को दूसरा आधार मिल जाता है, उन सबको भूलने में एक दिन भी नहीं लगता। फिर तो वह सब ऐसी बेवकूफ़ी लगती है, जिस पर बैठकर घंटों हँसने की तबीयत होती है। तब एकाएक ही इस बात का अहसास होता है कि ये सारे आँसू, ये सारी आहें उस प्रेमी के लिए नहीं थीं, वरन् जीवन की उस रिक्तता और शून्यता के लिए थीं, जिसने जीवन को नीरस बनाकर बोझिल कर दिया था।

तभी तो संजय को पाते ही मैं निशीथ को भूल गई। मेरे आँसू हँसी में बदल गए और आहों की जगह किलकारियाँ गूँजने लगीं। पर संजय है कि जब-तब निशीथ की बात को लेकर व्यर्थ ही खिन्न-सा हो उठता है। मेरे कुछ कहने पर वह खिलखिला अवश्य पड़ता है; पर मैं जानती हूँ, वह पूर्ण रूप से आश्वस्त नहीं है।

उसे कैसे बताऊँ कि मेरे प्यार का, मेरी कोमल भावनाओं का, भविष्य की मेरी अनेकानेक योजनाओं का एकमात्र केन्द्र संजय ही है। यह बात दूसरी है कि चाँदनी रात में, किसी निर्जन स्थान में, पेड़-तले बैठकर भी मैं अपनी थीसिस की बात करती हूँ या वह अपने ऑफ़िस की, मित्रों की बातें करता है, या हम किसी और विषय पर बात करने लगते हैं...पर इस सबका यह मतलब तो नहीं कि हम प्रेम नहीं करते! वह क्यों नहीं समझता कि आज हमारी भावुकता यथार्थ में बदल गई है, सपनों की जगह हम वास्तविकता में जीते हैं! हमारे प्रेम को परिपक्वता मिल गई है, जिसका आधार पाकर वह अधिक गहरा हो गया है, स्थायी हो गया है।

पर संजय को कैसे समझाऊँ यह सब? कैसे उसे समझाऊँ कि निशीथ ने मेरा अपमान किया है, ऐसा अपमान, जिसकी कचोट से मैं आज भी तिलमिला जाती हूँ। सम्बन्ध तोड़ने से पहले एक बार तो उसने मुझे बताया होता कि आख़िर मैंने ऐसा कौन-सा अपराध कर डाला था, जिसके कारण उसने मुझे इतना कठोर दंड दे डाला? सारी दुनिया की भर्त्सना, तिरस्कार, परिहास और दया का विष मुझे पीना पड़ा।... विश्वासघाती! नीच कहीं का!...और संजय सोचता है कि आज भी मेरे मन में उसके लिए कोई कोमल स्थान है! छिः! मैं उससे नफ़रत करती हूँ! और सच पूछो तो अपने को भाग्यशालिनी समझती हूँ कि मैं एक ऐसे व्यक्ति के चंगुल में फँसने से बच गई, जिसके लिए प्रेम महज़ एक खिलवाड़ है।

संजय, यह तो सोचो कि यदि ऐसी कोई भी बात होती, तो क्या मैं तुम्हारे आगे, तुम्हारी हर उचित-अनुचित चेष्टा के आगे, यों आत्मसमर्पण करती? तुम्हारे चुम्बनों और आलिंगनों में अपने को यों बिखरने देती? जानते हो, विवाह से पहले कोई भी लड़की किसी को इन सबका अधिकार नहीं देती। पर मैंने दिया। क्या केवल इसीलिए नहीं कि मैं तुम्हें प्यार करती हूँ, बहुत-बहुत प्यार करती हूँ? विश्वास करो संजय, तुम्हारा-मेरा प्यार ही सच है। निशीथ का प्यार तो मात्र छल था, भ्रम था, झूठ था।

कानपुर

परसों मुझे कलकत्ता जाना है। बड़ा डर लग रहा है। कैसे क्या होगा? मान लो, इंटरव्यू में बहुत नर्वस हो गई, तो? संजय को कह रही हूँ कि वह भी साथ चले; पर उसे ऑफ़िस से छुट्टी नहीं मिल सकती। एक तो नया शहर, फिर इंटरव्यू! अपना कोई साथ होता तो बड़ा सहारा मिल जाता। मैं कमरा लेकर अकेली रहती हूँ, यों अकेली घूम-फिर भी लेती हूँ तो संजय सोचता है, मुझमें बड़ी हिम्मत है, पर सच, बड़ा डर लग रहा है।

बार-बार मैं यह मान लेती हूँ कि मुझे नौकरी मिल गई है और मैं संजय के साथ वहाँ रहने लगी हूँ। कितनी सुन्दर कल्पना है, कितनी मादक! पर इंटरव्यू का भय मादकता से भरे इस स्वप्नजाल को छिन्न-भिन्न कर देता है...

काश, संजय भी किसी तरह मेरे साथ चल पाता!

कलकत्ता

गाड़ी जब हावड़ा स्टेशन के प्लेटफ़ॉर्म में प्रवेश करती है तो जाने कैसी विचित्र आशंका, विचित्र-से भय से मेरा मन भर जाता है। प्लेटफ़ॉर्म पर खड़े असंख्य नर-नारियों में मैं इरा को ढूँढ़ती हूँ। वह कहीं दिखाई नहीं देती। नीचे उतरने के बजाय खिड़की में से ही दूर-दूर तक नज़रें दौड़ाती हूँ।...आख़िर एक कुली को बुलाकर, अपना छोटा-सा सूटकेस और बिस्तर उतारने का आदेश दे, मैं नीचे उतर पड़ती हूँ। उस भीड़ को देखकर मेरी दहशत जैसे और बढ़ जाती है। तभी किसी के हाथ के स्पर्श से मैं बुरी तरह चौंक जाती हूँ। पीछे देखती हूँ तो इरा खड़ी है।

रूमाल से चेहरे का पसीना पोंछते हुए कहती हूँ, "ओफ! तुझे न देखकर मैं घबरा रही थी कि तुम्हारे घर भी कैसे पहुँचूँगी!"

बाहर आकर हम टैक्सी में बैठते हैं। अभी तक मैं स्वस्थ नहीं हो पाई हूँ। जैसे ही हावड़ा-पुल पर गाड़ी पहुँचती है, हुगली के जल को स्पर्श करती हुई ठंडी हवाएँ तन-मन को एक ताज़गी से भर देती हैं। इरा मुझे इस पुल की विशेषता बताती है और मैं विस्मित-सी उस पुल को देखती हूँ, दूर-दूर तक फैले हुगली के विस्तार को देखती हूँ, उसकी छाती पर खड़ी और विहार करती अनेक नौकाओं को देखती हूँ, बड़े-बड़े जहाज़ों को देखती हूँ...

उसके बाद बहुत ही भीड़-भरी सड़कों पर हमारी टैक्सी रुकती-रुकती चलती है। ऊँची-ऊँची इमारतों और चारों ओर के वातावरण से कुछ विचित्र-सी विराटता का आभास होता है, और इस सबके बीच जैसे मैं अपने को बड़ा खोया-खोया-सा महसूस करती हूँ। कहाँ पटना और कानपुर और कहाँ यह कलकत्ता! मैंने तो आज तक कभी बहुत बड़े शहर देखे ही नहीं!

सारी भीड़ को चीरकर हम रैड रोड पर आ जाते हैं। चौड़ी शान्त सड़क। मेरे दोनों ओर लम्बे-चौड़े खुले मैदान।

"क्यों इरा, कौन-कौन लोग होंगे इंटरव्यू में? मुझे तो बड़ा डर लग रहा है।"

"अरे, सब ठीक हो जाएगा! तू और डर? हम जैसे डरें तो कोई बात भी है। जिसने अपना सारा कैरियर अपने-आप बनाया, वह भला इंटरव्यू में डरे!" फिर कुछ देर ठहरकर कहती है, "अच्छा, भैया-भाभी तो पटना ही होंगे? जाती है कभी उनके पास भी या नहीं?"

"कानपुर आने के बाद एक बार गई थी। कभी-कभी यों ही पत्र लिख देती हूँ।"

"भई कमाल के लोग हैं! बहन को भी नहीं निभा सके!"

मुझे यह प्रसंग कतई पसन्द नहीं। मैं नहीं चाहती कि कोई इस विषय पर बात करे। मैं मौन ही रहती हूँ।

इरा का छोटा-सा घर है, सुन्दर ढंग से सजाया हुआ। उसके पति के दौरे पर जाने की बात सुनकर पहले तो मुझे अफसोस हुआ था; वे होते तो कुछ मदद ही करते! पर फिर एकाएक लगा कि उनकी अनुपस्थिति में मैं शायद अधिक स्वतन्त्रता का अनुभव कर सकूँ। उनका बच्चा भी बड़ा प्यारा है।

शाम को इरा मुझे कॉफ़ी-हाउस ले जाती है। अचानक मुझे वहाँ निशीथ दिखाई देता है। मैं सकपकाकर नज़र घुमा लेती हूँ। पर वह हमारी मेज़ पर ही आ पहुँचता है। विवश होकर मुझे उधर देखना पड़ता है, नमस्कार भी करना पड़ता है; इरा का परिचय भी करवाना पड़ता है। इरा पास की कुरसी पर बैठने का निमन्त्रण दे देती है। मुझे लगता है, मेरी साँस रुक जाएगी।

"कब आईं?"

"आज सवेरे ही।"

"अभी ठहरोगी? ठहरी कहाँ हो?"

जवाब इरा देती है। मैं देख रही हूँ, निशीथ बहुत बदल गया है। उसने कवियों की तरह बाल बढ़ा लिए हैं। यह क्या शौक चर्राया? उसका रंग स्याह पड़ गया है। वह दुबला भी हो गया है।

विशेष बातचीत नहीं होती और हम लोग उठ पड़ते हैं। इरा को मुन्नू की चिन्ता सता रही थी, और मैं स्वयं भी घर पहुँचने को उतावली हो रही थी। कॉफ़ी-हाउस से धर्मतल्ला तक वह पैदल चलता हुआ हमारे साथ आता है। इरा उससे बात कर रही है, मानो वह इरा का ही मित्र हो! इरा अपना पता समझा देती है और वह दूसरे दिन नौ बजे आने का वायदा करके चला जाता है।

पूरे तीन साल बाद निशीथ का यों मिलना! न चाहकर भी जैसे सारा अतीत आँखों के सामने खुल जाता है। बहुत दुबला हो गया है निशीथ!...लगता है, जैसे मन में कहीं कोई गहरी पीड़ा छिपाए बैठा है।

मुझसे अलग होने का दुःख तो नहीं साल रहा है इसे?

कल्पना चाहे कितनी भी मधुर क्यों न हो, एक तृप्ति-युक्त आनन्द देनेवाली क्यों न हो; पर मैं जानती हूँ, यह झूठ है। यदि ऐसा ही था तो कौन उसे कहने गया था कि तुम इस सम्बन्ध को तोड़ दो? उसने अपनी इच्छा से ही तो यह सब किया था।

एकाएक ही मेरा मन कटु हो उठता है। यही तो है वह व्यक्ति जिसने मुझे अपमानित करके सारी दुनिया के सामने छोड़ दिया था, महज़ उपहास का पात्र बनाकर! ओह, क्यों नहीं मैंने उसे पहचानने से इनकार कर दिया? जब वह मेज़ के पास आकर खड़ा हुआ, तो क्यों नहीं मैंने कह दिया कि माफ़ कीजिए, मैं आपको पहचानती नहीं? ज़रा उसका खिसियाना तो देखती! वह कल भी आएगा। मुझे उसे साफ़-साफ़ मना कर देना चाहिए था कि मैं उसकी सूरत भी नहीं देखना चाहती, मैं उससे नफ़रत करती हूँ...!

अच्छा है, आए कल! मैं उसे बता दूँगी कि जल्दी ही मैं संजय से विवाह करनेवाली हूँ। यह भी बता दूँगी कि मैं पिछला सब कुछ भूल चुकी हूँ। यह भी बता दूँगी कि मैं उससे घृणा करती हूँ और उसे ज़िन्दगी में कभी माफ़ नहीं कर सकती...

यह सब सोचने के साथ-साथ जाने क्यों, मेरे मन में यह बात भी उठ रही थी कि तीन साल हो गए, अभी तक निशीथ ने विवाह क्यों नहीं किया? करे न करे, मुझे क्या...?

क्या वह आज भी मुझसे कुछ उम्मीद रखता है? हूँ! मूर्ख कहीं का!

संजय! मैंने तुमसे कितना कहा था कि तुम मेरे साथ चलो; पर तुम नहीं आए।...इस समय जबकि मुझे तुम्हारी इतनी-इतनी याद आ रही है, बताओ, मैं क्या करूँ?

कलकत्ता

नौकरी पाना इतना मुश्किल है, इसका मुझे गुमान तक नहीं था। इरा कहती है कि डेढ़ सौ की नौकरी के लिए ख़ुद मिनिस्टर तक सिफारिश करने पहुँच जाते हैं, फिर यह तो तीन सौ का जॉब है।...निशीथ सवेरे से शाम तक इसी चक्कर में भटका है, यहाँ तक कि उसने अपने ऑफ़िस से भी छुट्टी ले ली है। वह क्यों मेरे काम में इतनी दिलचस्पी ले रहा है? उसका परिचय बड़े-बड़े लोगों से है और वह कहता है कि जैसे भी होगा, वह काम मुझे दिलाकर ही मानेगा। पर आख़िर क्यों?

कल मैंने सोचा था कि अपने व्यवहार की रुखाई से मैं स्पष्ट कर दूँगी कि अब वह मेरे पास न आए। पौने नौ बजे के क़रीब, जब मैं अपने टूटे हुए बाल फेंकने खिड़की पर गई, तो देखा, घर से थोड़ी दूर पर निशीथ टहल रहा है। वही लम्बे बाल, कुरता-पाजामा। तो वह समय से पहले ही आ गया! संजय होता तो ग्यारह के पहले नहीं पहुँचता, समय पर पहुँचना तो वह जानता ही नहीं।

उसे यों चक्कर काटते देख मेरा मन जाने कैसा हो आया!...और जब वह आया तो मैं चाहकर भी कटु नहीं हो सकी। मैंने उसे कलकत्ता आने का मक़सद बताया, तो लगा कि वह बड़ा प्रसन्न हुआ। वहीं बैठे-बैठे फ़ोन करके उसने इस नौकरी के सम्बन्ध में सारी जानकारी प्राप्त कर ली, कैसे क्या करना होगा, उसकी योजना भी बना डाली; बैठे-बैठे फ़ोन से ऑफ़िस को सूचना भी दे दी कि आज वह ऑफ़िस नहीं आएगा।

विचित्र स्थिति मेरी हो रही थी। उसके इस अपनत्व-भरे व्यवहार को मैं स्वीकार भी नहीं कर पाती थी, नकार भी नहीं पाती थी। सारा दिन मैं उसके साथ घूमती रही; पर काम की बात के अतिरिक्त उसने एक भी बात नहीं की। मैंने कई बार चाहा कि संजय की बात बता दूँ; पर बता नहीं सकी। सोचा, कहीं वह सुनकर यह दिलचस्पी लेना कम न कर दे। उसके आज-भर के प्रयत्नों से ही मुझे काफ़ी उम्मीद हो चली थी। यह नौकरी मेरे लिए कितनी आवश्यक है, मिल जाए तो संजय कितना प्रसन्न होगा, हमारे विवाहित जीवन के आरम्भिक दिन कितने सुख में बीतेंगे!

शाम को हम घर लौटते हैं। मैं उसे बैठने को कहती हूँ; पर वह बैठता नहीं, बस खड़ा ही रहता है। उसके चौड़े ललाट पर पसीने की बूँदें चमक रही हैं। एकाएक ही मुझे लगता है, इस समय संजय होता, तो? मैं अपने आँचल से उसका पसीना पोंछ देती, और वह...क्या बिना बाँहों में भरे, बिना प्यार किए यों ही चला जाता?

"अच्छा, तो चलता हूँ।"

यन्त्रचलित-से मेरे हाथ जुड़ जाते हैं, वह लौट पड़ता है और मैं ठगी-सी देखती रहती हूँ।

सोते समय मेरी आदत है कि मैं संजय के लाए हुए फूलों को निहारती रहती हूँ। यहाँ वे फूल नहीं हैं तो बड़ा सूना-सूना-सा लग रहा है।

पता नहीं संजय, तुम इस समय क्या कर रहे हो! तीन दिन हो गए, किसी ने बाँहों में भरकर प्यार तक नहीं किया...

कलकत्ता

आज सवेरे मेरा इंटरव्यू हो गया है। मैं शायद बहुत नर्वस हो गई थी और जैसे उत्तर मुझे देने चाहिए, वैसे नहीं दे पाई। पर निशीथ ने आकर बताया कि मेरा चुना जाना क़रीब-क़रीब तय हो गया है। मैं जानती हूँ, यह सब निशीथ की वजह से ही हुआ।

ढलते सूरज की धूप निशीथ के बाएँ गाल पर पड़ रही थी और सामने बैठा निशीथ इतने दिन बाद एक बार फिर मुझे बड़ा प्यारा-सा लगा।

मैंने देखा, मुझसे ज़्यादा वह प्रसन्न है। वह कभी किसी का अहसान नहीं लेता; पर मेरी ख़ातिर उसने न जाने कितने लोगों का अहसान लिया। आख़िर क्यों? क्या वह चाहता है कि मैं कलकत्ता आकर रहूँ उसके साथ, उसके पास? एक अजीब-सी पुलक से मेरा तन-मन सिहर उठता है। वह ऐसा क्यों चाहता है? उसका ऐसा चाहना बहुत ग़लत है, बहुत अनुचित है!...मैं अपने मन को समझाती हूँ, ऐसी कोई बात नहीं है, शायद वह केवल मेरे प्रति किए गए अन्याय का प्रतिकार करने के लिए यह सब कर रहा है! पर क्या वह समझता है कि उसकी मदद से नौकरी पाकर मैं उसे क्षमा कर दूँगी, या जो कुछ उसने किया है, उसे भूल जाऊँगी? असम्भव! मैं कल ही उसे संजय की बात बता दूँगी।

"आज तो इस ख़ुशी में पार्टी हो जाए!"

काम की बात के अलावा यह पहला वाक्य मैं उसके मुँह से सुनती हूँ, मैं इरा की ओर देखती हूँ। वह प्रस्ताव का समर्थन करके भी मुन्नू की तबीयत का बहाना लेकर अपने को काट लेती है। अकेले जाना मुझे कुछ अटपटा-सा लगता है। अभी तक तो काम का बहाना लेकर घूम रही थी, पर अब? फिर भी मैं मना नहीं कर पाती। अन्दर जाकर तैयार होती हूँ। मुझे याद आता है, निशीथ को नीला रंग बहुत पसन्द था, मैं नीली साड़ी ही पहनती हूँ। बड़े चाव और सतर्कता से अपना प्रसाधन करती हूँ, और बार-बार अपने को टोकती जाती हूँ—किसको रिझाने के लिए यह सब हो रहा है? क्या यह निरा पागलपन नहीं है?

सीढ़ियों पर निशीथ हल्की-सी मुसकराहट के साथ कहता है, "इस साड़ी में तुम बहुत सुन्दर लग रही हो।"

मेरा चेहरा तमतमा जाता है; कनपटियाँ सुर्ख़ हो जाती हैं। मैं सचमुच ही इस वाक्य के लिए तैयार नहीं थी। यह सदा चुप रहनेवाला निशीथ बोला भी तो ऐसी बात।

मुझे ऐसी बातें सुनने की ज़रा भी आदत नहीं है। संजय न कभी मेरे कपड़ों पर ध्यान देता है, न ऐसी बातें करता है, जबकि उसे पूरा अधिकार है। और यह बिना अधिकार ऐसी बातें करे?...

पर जाने क्या है कि मैं उस पर नाराज़ नहीं हो पाती हूँ; बल्कि एक पुलकमय सिहरन महसूस करती हूँ। सच, संजय के मुँह से ऐसा वाक्य सुनने को मेरा मन तरसता रहता है, पर उसने कभी ऐसी बात नहीं की। पिछले ढाई साल से मैं संजय के साथ रह रही हूँ। रोज़ ही शाम को हम घूमने जाते हैं। कितनी ही बार मैंने शृंगार किया, अच्छे कपड़े पहने, पर प्रशंसा का एक शब्द भी उसके मुँह से नहीं सुना। इन बातों पर उसका ध्यान ही नहीं जाता; वह देखकर भी जैसे यह सब नहीं देख पाता। इस वाक्य को सुनने के लिए तरसता हुआ मेरा मन जैसे रस से नहा जाता है। पर निशीथ ने यह बात क्यों कही? उसे क्या अधिकार है?

क्या सचमुच ही उसे अधिकार नहीं है?...नहीं है?

जाने कैसी मज़बूरी है, कैसी विवशता है कि मैं इस बात का जवाब नहीं दे पाती हूँ। निश्चयात्मक दृढ़ता से नहीं कह पाती कि साथ चलते इस व्यक्ति को सचमुच ही मेरे विषय में ऐसी अवांछित बात कहने का कोई अधिकार नहीं है।

हम दोनों टैक्सी में बैठते हैं। मैं सोचती हूँ, आज मैं इसे संजय की बात बता दूँगी।

"स्काई-रूम!" निशीथ टैक्सीवाले को आदेश देता है।

'टुन' की घंटी के साथ मीटर डाउन होता है और टैक्सी हवा से बातें क़रने लगती है। निशीथ बहुत सतर्कता से कोने में बैठा है, बीच में इतनी जगह छोड़कर कि यदि हिचकोला खाकर भी टैक्सी रुके, तो हमारा स्पर्श न हो। हवा के झोंके से मेरी रेशमी साड़ी का पल्लू उसके समूचे बदन को स्पर्श करता हुआ उसकी गोदी में पड़कर फरफराता है। वह उसे हटाता नहीं है। मुझे लगता है, यह रेशमी, सुवासित पल्लू उसके तन-मन को रस से भिगो रहा है, यह स्पर्श उसे पुलकित कर रहा है, मैं विजय के अकथनीय आह्लाद से भर जाती हूँ।

आज भी मैं संजय की बात नहीं कह पाती। चाहकर भी नहीं कह पाती। अपनी इस विवशता पर मुझे खीज भी आती है, पर मेरा मुँह है कि खुलता ही नहीं। मुझे लगता है कि मैं जैसे कोई बहुत बड़ा अपराध कर रही होऊँ; पर फिर भी मैं कुछ नहीं कह सकी।

यह निशीथ कुछ बोलता क्यों नहीं? उसका यों कोने में दुबककर निर्विकार भाव से बैठे रहना मुझे कतई अच्छा नहीं लगता। एकाएक ही मुझे संजय की याद आने लगती है। इस समय वह यहाँ होता तो उसका हाथ मेरी कमर में लिपटा होता! यों सड़क पर ऐसी हरक़तें मुझे स्वयं पसन्द नहीं; पर जाने क्यों, किसी की बाँहों की लपेट के लिए मेरा मन ललक उठता है। मैं जानती हूँ कि जब निशीथ बग़ल में बैठा हो, उस समय ऐसी इच्छा करना, या ऐसी बात सोचना भी कितना अनुचित है। पर मैं क्या करूँ? जितनी द्रुतगति से टैक्सी चली जा रही है, मुझे लगता है, उतनी ही द्रुत गति से मैं भी बही जा रही हूँ, अनुचित, अवांछित दिशाओं की ओर।

टैक्सी झटका खाकर रुकती है तो मेरी चेतना लौटती है। मैं जल्दी से दाहिनी ओर का फाटक खोलकर कुछ इस हड़बड़ी से नीचे उतर पड़ती हूँ; मानो अन्दर निशीथ मेरे साथ कोई बदतमीज़ी कर रहा हो।

"अजी, इधर से उतरना चाहिए कभी?" टैक्सीवाला कहता है। मुझे अपनी ग़लती का भान होता है। उधर निशीथ खड़ा है, इधर मैं, बीच में टैक्सी!

पैसे लेकर टैक्सी चली जाती है तो हम दोनों एक-दूसरे के आमने-सामने हो जाते हैं। एकाएक ही मुझे ख़याल आता है कि टैक्सी के पैसे आज तो मुझे ही देने चाहिए थे। पर अब क्या हो सकता था! चुपचाप हम दोनों अन्दर जाते हैं। आस-पास बहुत कुछ है, चहल-पहल, रौशनी, रौनक। पर मेरे लिए जैसे सबका अस्तित्व ही मिट जाता है। मैं अपने को सबकी नज़रों से ऐसे बचाकर चलती हूँ, मानो मैंने कोई अपराध कर डाला हो, और कोई मुझे पकड़ न ले।

क्या सचमुच ही मुझसे कोई अपराध हो गया है?

आमने-सामने हम दोनों बैठ जाते हैं। मैं होस्ट हूँ, फिर भी उसका पार्ट वही अदा कर रहा है। वही ऑर्डर देता है। बाहर की हलचल और उससे अधिक मन की हलचल में मैं अपने को खोया-खोया-सा महसूस करती हूँ।

हम दोनों के सामने बैरा कोल्ड-कॉफ़ी के गिलास और खाने का कुछ सामान रख जाता है। मुझे बार-बार लगता है कि निशीथ कुछ कहना चाह रहा है। मैं उसके होंठों की धड़कन तक महसूस करती हूँ। वह जल्दी से कॉफ़ी का स्ट्रॉ मुँह से लगा लेता है।

मूर्ख कहीं का! वह सोचता है, मैं बेवकूफ़ हूँ। मैं अच्छी तरह जानती हूँ कि इस समय वह क्या सोच रहा है।

तीन दिन साथ रहकर भी हमने उस प्रसंग को नहीं छेड़ा। शायद नौकरी की बात ही हमारे दिमाग़ों पर छाई हुई थी। पर आज...आज अवश्य ही वह बात आएगी! न आए, यह कितना अस्वाभाविक है! पर नहीं, स्वाभाविक शायद यही है। तीन साल पहले जो अध्याय सदा के लिए बन्द हो गया, उसे उलटकर देखने का साहस शायद हम दोनों में से किसी में नहीं है। जो सम्बन्ध टूट गए, टूट गए। अब उन पर कौन बात करे? मैं तो कभी नहीं करूँगी। पर उसे तो करना चाहिए। तोड़ा उसने था, बात भी वही आरम्भ करे। मैं क्यों करूँ, और मुझे क्या पड़ी है? मैं तो जल्दी ही संजय से विवाह करनेवाली हूँ। क्यों नहीं मैं इसे अभी संजय की बात बता देती? पर जाने कैसी विवशता है, जाने कैसा मोह है कि मैं मुँह नहीं खोल पाती। एकाएक मुझे लगता है जैसे उसने कुछ कहा...

"आपने कुछ कहा?"

"नहीं तो!"

मैं खिसिया जाती हूँ।

फिर वही मौन! खाने में मेरा ज़रा भी मन नहीं लग रहा है; पर यन्त्रचलित-सी मैं खा रही हूँ। शायद वह भी ऐसे ही खा रहा है। मुझे फिर लगता है कि उसके होंठ फड़क रहे हैं, और स्ट्रॉ पकड़े हुए उँगलियाँ काँप रही हैं। मैं जानती हूँ, वह पूछना चाहता है: दीपा, तुमने मुझे माफ़ तो कर दिया न?

वह पूछ ही क्यों नहीं लेता? मान लो, यदि पूछ ही ले, तो क्या मैं कह सकूँगी कि मैं तुम्हें ज़िन्दगी-भर माफ़ नहीं कर सकती, मैं तुमसे नफ़रत करती हूँ, मैं तुम्हारे साथ घूम-फिर ली, या कॉफ़ी पी ली, तो यह मत समझो कि मैं तुम्हारे विश्वासघात की बात को भूल गई हूँ?

और एकाएक ही पिछला सब कुछ मेरी आँखों के आगे तैरने लगता है। पर यह क्या? असह्य अपमानजनित पीड़ा, क्रोध और कटुता क्यों नहीं याद आती? मेरे सामने तो पटना में गुजारी सुहानी सन्ध्याओं और चाँदनी रातों के वे चित्र उभरकर आते हैं, जब घंटों समीप बैठ, मौन भाव से हम एक-दूसरे को निहारा करते थे। बिना स्पर्श किए भी जाने कैसी मादकता तन-मन को विभोर किए रहती थी, जाने कैसी तन्मयता में हम डूबे रहते थे...एक विचित्र-सी, स्वप्निल दुनिया में!...मैं कुछ बोलना भी चाहती तो वह मेरे मुँह पर उँगली रखकर कहता, "आत्मीयता के ये क्षण अनकहे ही रहने दो, दीपा!"

आज भी तो हम मौन ही हैं, एक-दूसरे के निकट ही हैं। क्या आज भी हम आत्मीयता के उन्हीं क्षणों में गुज़र रहे हैं? मैं अपनी सारी शक्ति लगाकर चीख पड़ना चाहती हूँ, नहीं!...नहीं!...नहीं!...पर कॉफ़ी सिप करने के अतिरिक्त मैं कुछ नहीं कर पाती। मेरा यह विरोध हृदय की न जाने कौन-सी अतल गहराइयों में डूब जाता है!

निशीथ मुझे बिल नहीं देने देता। एक विचित्र-सी भावना मेरे मन में उठती है कि छीना-झपटी में किसी तरह मेरा हाथ इसके हाथ से छू जाए! मैं अपने स्पर्श से उसके मन के तारों

को झनझना देना चाहती हूँ। पर वैसा अवसर नहीं आता। बिल वही देता है, मुझसे तो विरोध भी नहीं किया जाता।

मन में प्रचंड तूफ़ान! पर फिर भी निर्विकार भाव से मैं टैक्सी में आकर बैठती हूँ...फिर वही मौन, वही दूरी। पर जाने क्या है कि मुझे लगता है कि निशीथ मेरे बहुत निकट आ गया है, बहुत ही निकट! बार-बार मेरा मन करता है कि क्यों नहीं निशीथ मेरा हाथ पकड़ लेता, क्यों नहीं मेरे कन्धे पर हाथ रख देता? मैं ज़रा भी बुरा नहीं मानूँगी, ज़रा भी नहीं! पर वह कुछ भी नहीं करता।

सोते समय रोज़ की तरह मैं आज भी संजय का ध्यान करते हुए ही सोना चाहती हूँ, पर निशीथ है कि बार-बार संजय की आकृति को हटाकर स्वयं आ खड़ा होता है...

कलकत्ता

अपनी मज़बूरी पर खीज-खीज जाती हूँ। आज कितना अच्छा मौक़ा था सारी बात बता देने का! पर मैं जाने कहाँ भटकी थी कि कुछ भी नहीं बता पाई।

शाम को मुझे निशीथ अपने साथ 'लेक' ले गया। पानी के किनारे हम घास पर बैठ गए। कुछ दूर पर काफ़ी भीड़-भाड़ और चहल-पहल थी, पर यह स्थान अपेक्षाकृत शान्त था। सामने लेक के पानी में छोटी-छोटी लहरें उठ रही थीं। चारों ओर के वातावरण का कुछ विचित्र-सा भाव मन पर पड़ रहा था।

"अब तो तुम यहाँ आ जाओगी!" मेरी ओर देखकर उसने कहा।

"हाँ!"

"नौकरी के बाद क्या इरादा है?"

मैंने देखा, उसकी आँखों में कुछ जानने की आतुरता फैलती जा रही है, शायद कुछ कहने की भी। मुझसे कुछ जानकर वह अपनी बात कहेगा।

"कुछ नहीं!" जाने क्यों मैं यह कह गई। कोई है जो मुझे कचोटे डाल रहा है। क्यों नहीं मैं बता देती कि नौकरी के बाद मैं संजय से विवाह करूँगी, मैं संजय से प्रेम करती हूँ, वह मुझसे प्रेम करता है? वह बहुत अच्छा है, बहुत ही! वह मुझे तुम्हारी तरह धोखा नहीं देगा; पर मैं कुछ भी तो नहीं कह पाती। अपनी इस बेबसी पर मेरी आँखें छलछला आती हैं। मैं दूसरी ओर मुँह फेर लेती हूँ।

"तुम्हारे यहाँ आने से मैं बहुत ख़ुश हूँ!"

मेरी साँस जहाँ-की-तहाँ रुक जाती है, आगे के शब्द सुनने के लिए पर शब्द नहीं आते। बड़ी कातर, करुण और याचना-भरी दृष्टि से मैं उसे देखती हूँ, मानो कह रही होऊँ कि तुम कह क्यों नहीं देते निशीथ कि आज भी तुम मुझे प्यार करते हो, तुम मुझे सदा अपने पास रखना चाहते हो, जो कुछ हो गया है, उसे भूलकर तुम मुझसे विवाह करना चाहते हो? कह दो, निशीथ, कह दो!...यह सुनने के लिए मेरा मन अकुला रहा है, छटपटा रहा है! मैं बुरा नहीं मानूँगी, ज़रा भी बुरा नहीं मानूँगी। मान ही कैसे सकती हूँ निशीथ! इतना सब हो जाने के बाद भी शायद मैं तुम्हें प्यार करती हूँ—शायद नहीं, सचमुच ही मैं तुम्हें प्यार करती हूँ!

मैं जानती हूँ—तुम कुछ नहीं कहोगे, सदा के ही मितभाषी जो हो। फिर भी कुछ सुनने की आतुरता लिये मैं तुम्हारी तरफ़ देखती रहती हूँ। पर तुम्हारी नज़र तो लेक के पानी पर जमी हुई है...शान्त, मौन!

आत्मीयता के ये क्षण अनकहे भले ही रह जाएँ पर अनबूझे नहीं रह सकते। तुम चाहे न कहो, पर मैं जानती हूँ, तुम आज भी मुझे प्यार करते हो, बहुत प्यार करते हो! मेरे कलकत्ता आ जाने के बाद इस टूटे सम्बन्ध को फिर से जोड़ने की बात ही तुम इस समय सोच रहे हो। तुम आज भी मुझे अपना ही समझते हो, तुम जानते हो, आज भी दीपा तुम्हारी है!...और मैं?

लगता है, इस प्रश्न का उत्तर देने का साहस मुझमें नहीं है। मुझे डर है कि जिस आधार पर मैं तुमसे नफ़रत करती थी, उसी आधार पर कहीं मुझे अपने से नफ़रत न करनी पड़े।

लगता है, रात आधी से भी अधिक ढल गई है।

कानपुर

मन में उत्कट अभिलाषा होते हुए भी निशीथ की आवश्यक मीटिंग की बात सुनकर मैंने कह दिया था कि तुम स्टेशन मत आना। इरा आई थी; पर गाड़ी पर बिठाकर ही चली गई, या कहूँ कि मैंने ज़बर्दस्ती ही उसे भेज दिया। मैं जानती थी कि लाख मना करने पर भी निशीथ आएगा और विदा के उन अन्तिम क्षणों में मैं उसके साथ अकेली ही रहना चाहती थी। मन में एक दबी-सी आशा थी कि चलते समय ही शायद वह कुछ कह दे।

गाड़ी चलने में जब दस मिनट रह गए तो देखा, बड़ी व्यग्रता से डिब्बों में झाँकता-झाँकता निशीथ आ रहा था।...पागल! उसे इतना तो समझना चाहिए कि उसकी प्रतीक्षा में मैं यहाँ बाहर खड़ी हूँ!

मैं दौड़कर उसके पास जाती हूँ, "आप क्यों आए?" पर मुझे उसका आना बड़ा अच्छा लगता है! वह बहुत थका हुआ लग रहा है। शायद सारा दिन बहुत व्यस्त रहा और दौड़ता-दौड़ता मुझे सी-ऑफ़ करने यहाँ आ पहुँचा। मन करता है कुछ ऐसा करूँ, जिससे इसकी सारी थकान दूर हो जाए। पर क्या करूँ? हम डिब्बे के पास आ जाते हैं।

"जगह अच्छी मिल गई?" वह अन्दर झाँकते हुए पूछता है।

"हाँ!"

"पानी-वानी तो है?"

"है।"

"बिस्तर फैला लिया?"

मैं खीज पड़ती हूँ। वह शायद समझ जाता है, सो चुप हो जाता है। हम दोनों एक क्षण को एक-दूसरे की ओर देखते हैं। मैं उसकी आँखों में विचित्र-सी छायाएँ देखती हूँ; मानो कुछ है, जो उसके मन में घुट रहा है, उसे मथ रहा है, पर वह कह नहीं पा रहा है। वह क्यों नहीं कह देता? क्यों नहीं अपने मन की इस घुटन को हल्का कर लेता?

"आज भीड़ विशेष नहीं है," चारों ओर नज़र डालकर वह कहता है।

मैं भी एक बार चारों ओर देख लेती हूँ, पर नज़र मेरी बार-बार घड़ी पर ही जा रही है। जैसे-जैसे समय सरक रहा है, मेरा मन किसी गहरे अवसाद में डूब रहा है। मुझे कभी उस पर दया आती है तो कभी खीज। गाड़ी चलने में केवल तीन मिनट बाक़ी रह गए हैं। एक बार फिर हमारी नज़रें मिलती हैं।

"ऊपर चढ़ जाओ, अब गाड़ी चलनेवाली है।"

बड़ी असहाय-सी नज़र से मैं उसे देखती हूँ; मानो कह रही होऊँ, तुम्हीं चढ़ा दो।...और फिर धीरे-धीरे चढ़ जाती हूँ। दरवाज़े पर मैं खड़ी हूँ और वह नीचे प्लेटफ़ॉर्म पर।

"जाकर पहुँचने की ख़बर देना। जैसे ही मुझे इधर कुछ निश्चित रूप से मालूम होगा, तुम्हें सूचना दूँगा।"

मैं कुछ बोलती नहीं, बस उसे देखती रहती हूँ...

सीटी...हरी झंडी...फिर सीटी। मेरी आँखें छलछला आती हैं।

गाड़ी एक हल्के-से झटके के साथ सरकने लगती है। वह गाड़ी के साथ क़दम आगे बढ़ाता है और मेरे हाथ पर धीरे-से अपना हाथ रख देता है। मेरा रोम-रोम सिहर उठता है। मन करता है चिल्ला पड़ूँ—मैं सब समझ गई, निशीथ, सब समझ गई! जो कुछ तुम इन चार दिनों में नहीं कह पाए, वह तुम्हारे इस क्षणिक स्पर्श ने कह दिया। विश्वास करो, यदि तुम मेरे हो तो मैं भी तुम्हारी हूँ; केवल तुम्हारी, एकमात्र तुम्हारी!...पर मैं कुछ कह नहीं पाती। बस, साथ चलते निशीथ को देखती-भर रहती हूँ। गाड़ी के गति पकड़ते ही वह हाथ को ज़रा-सा दबाकर छोड़ देता है। मेरी छलछलाई आँखें मुँद जाती हैं। मुझे लगता है, यह स्पर्श, यह सुख, यह क्षण ही सत्य है, बाक़ी सब झूठ है; अपने को भूलने का, भरमाने का, छलने का असफल प्रयास है।

आँसू-भरी आँखों से मैं प्लेटफ़ॉर्म को पीछे छूटता हुआ देखती हूँ। सारी आकृतियाँ धुँधली-सी दिखाई देती हैं। असंख्य हिलते हुए हाथों के बीच निशीथ के हाथ को, उस हाथ को, जिसने मेरा हाथ पकड़ा था, ढूँढ़ने का असफल-सा प्रयास करती हूँ। गाड़ी प्लेटफ़ॉर्म को पार कर जाती है, और दूर-दूर तक कलकत्ता की जगमगाती बत्तियाँ दिखाई देती हैं। धीरे-धीरे वे सब दूर हो जाती हैं, पीछे छूटती जाती हैं। मुझे लगता है, यह दैत्याकार ट्रेन मुझे मेरे घर से कहीं दूर ले जा रही है—अनदेखी, अनजानी राहों में गुमराह करने के लिए, भटकाने के लिए!

बोझिल मन से मैं अपने फैलाए हुए बिस्तर पर लेट जाती हूँ। आँखें बन्द करते ही सबसे पहले मेरे सामने संजय का चित्र उभरता है...कानपुर जाकर मैं उसे क्या कहूँगी? इतने दिनों तक उसे छलती आई, अपने को छलती आई, पर अब नहीं।...मैं उसे सारी बात समझा दूँगी। कहूँगी, संजय जिस सम्बन्ध को टूटा हुआ जानकर मैं भूल चुकी थी, उसकी जड़ें हृदय की किन अतल गहराइयों में जमी हुई थीं, इसका अहसास कलकत्ता में निशीथ से मिलकर हुआ। याद आता है, तुम निशीथ को लेकर सदैव ही संदिग्ध रहते थे; पर तब मैं तुम्हें ईर्ष्यालु समझती थी; आज स्वीकार करती हूँ कि तुम जीते, मैं हारी!

सच मानना संजय, ढाई साल मैं स्वयं भ्रम में थी और तुम्हें भी भ्रम में डाल रखा था; पर आज भ्रम के, छलना के सारे ही जाल छिन्न-भिन्न हो गए हैं। मैं आज भी निशीथ को प्यार करती हूँ। और यह जानने के बाद, एक दिन भी तुम्हारे साथ और छल करने का दुस्साहस कैसे करूँ? आज पहली बार मैंने अपने सम्बन्धों का विश्लेषण किया, तो जैसे सब कुछ ही स्पष्ट हो गया और जब मेरे सामने सब कुछ स्पष्ट हो गया, तो तुमसे कुछ भी नहीं छिपाऊँगी, तुम्हारे सामने मैं चाहूँ तो भी झूठ नहीं बोल सकती।

आज लग रहा है, तुम्हारे प्रति मेरे मन में जो भी भावना है वह प्यार की नहीं, केवल कृतज्ञता की है। तुमने मुझे उस समय सहारा दिया था, जब अपने पिता और निशीथ को खोकर मैं चूर-चूर हो चुकी थी। सारा संसार मुझे वीरान नज़र आने लगा था, उस समय तुमने अपने स्नेहिल स्पर्श से मुझे जिला दिया; मेरा मुरझाया, मरा मन हरा हो उठा; मैं कृतकृत्य हो उठी, और समझने लगी कि मैं तुमसे प्यार करती हूँ। पर प्यार की बेसुध घड़ियाँ, वे विभोर

क्षण, तन्मयता के वे पल, जहाँ शब्द चुक जाते हैं, हमारे जीवन में कभी नहीं आए। तुम्हीं बताओ, आए कभी ? तुम्हारे असंख्य आलिंगनों और चुम्बनों के बीच भी, एक क्षण के लिए भी तो मैंने कभी तन-मन की सुध बिसरा देनेवाली पुलक या मादकता का अनुभव नहीं किया।

सोचती हूँ, निशीथ के चले जाने के बाद मेरे जीवन में एक विराट शून्यता आ गई थी, एक खोखलापन आ गया था, तुमने उसकी पूर्ति की। तुम पूरक थे, मैं ग़लती से तुम्हें प्रियतम समझ बैठी।

मुझे क्षमा कर दो संजय और लौट जाओ। तुम्हें मुझ जैसी अनेक दीपाएँ मिल जाएँगी, जो सचमुच ही तुम्हें प्रियतम की तरह प्यार करेंगी। आज एक बात अच्छी तरह जान गई हूँ कि प्रथम प्रेम ही सच्चा प्रेम होता है; बाद में किया हुआ प्रेम तो अपने को भूलने का, भरमाने का प्रयास-मात्र होता है...

इसी तरह की असंख्य बातें मेरे दिमाग में आती हैं, जो मैं संजय से कहूँगी। कह सकूँगी यह सब ? लेकिन कहना तो होगा ही। उसके साथ अब एक दिन भी छल नहीं कर सकती। मन से किसी और की आराधना करके तन से उसकी होने का अभिनय करती रहूँ ? छीः ! नहीं जानती, यही सब सोचते-सोचते मुझे कब नींद आ गई।

लौटकर अपना कमरा खोलती हूँ, तो देखती हूँ, सब कुछ ज्यों-का-त्यों है, सिर्फ़ फूलदान के रजनीगन्धा मुरझा गए हैं। कुछ फूल झरकर ज़मीन पर इधर-उधर भी बिखर गए हैं।

आगे बढ़ती हूँ तो ज़मीन पर पड़ा एक लिफ़ाफ़ा दिखाई देता है। संजय की लिखाई है, खोला तो छोटा-सा पत्र था :

दीपा,

तुमने तो कलकत्ता जाकर कोई सूचना ही नहीं दी। मैं आज ऑफ़िस के काम से कटक जा रहा हूँ। पाँच-छह दिन में लौट आऊँगा। तब तक तुम आ ही जाओगी। जानने को उत्सुक हूँ कि कलकत्ता में क्या हुआ ?

तुम्हारा,
संजय

एक लम्बा निःश्वास निकल जाता है। लगता है, एक बड़ा बोझ हट गया। इस अवधि में तो मैं अपने को अच्छी तरह तैयार कर लूँगी।

नहा-धोकर सबसे पहले मैं निशीथ को पत्र लिखती हूँ। उसकी उपस्थिति से जो हिचक मेरे होंठ बन्द किए हुए थी, दूर रहकर वह अपने-आप ही टूट जाती है। मैं स्पष्ट शब्दों में लिख देती हूँ कि चाहे उसने कुछ नहीं कहा, फिर भी मैं सब कुछ समझ गई हूँ। साथ ही यह भी लिख देती हूँ कि मैं उसकी उस हरक़त से बहुत दुखी थी, बहुत नाराज़ भी; पर उसे देखते ही जैसे सारा क्रोध बह गया। इस अपनत्व में क्रोध भला टिक भी कैसे पाता ? लौटी हूँ, तब से न जाने कैसी रंगीनी और मादकता मेरी आँखों के आगे छाई है... !

एक ख़ूबसूरत-से लिफ़ाफ़े में उसे बन्द करके मैं स्वयं पोस्ट करने जाती हूँ।

रात में सोती हूँ तो अनायास ही मेरी नज़र सूने फूलदान पर जाती है। मैं करवट बदलकर सो जाती हूँ।

कानपुर

आज निशीथ को पत्र लिखे पाँचवाँ दिन है। मैं तो कल ही उसके पत्र की राह देख रही थी। पर आज की भी दोनों डाकें निकल गईं। जाने कैसा सूना-सूना, अनमना-अनमना लगता रहा सारा दिन! किसी भी तो काम में जी नहीं लगता। क्यों नहीं लौटती डाक से ही उत्तर दे दिया उसने? समझ में नहीं आता, कैसे समय गुज़ारूँ!

मैं बाहर बालकनी में जाकर खड़ी हो जाती हूँ। एकाएक ख़याल आता है, पिछले ढाई सालों से क़रीब इसी समय, यहीं खड़े होकर मैंने संजय की प्रतीक्षा की है। क्या आज मैं संजय की प्रतीक्षा कर रही हूँ? या मैं निशीथ के पत्र की प्रतीक्षा कर रही हूँ? शायद किसी की नहीं, क्योंकि जानती हूँ कि दोनों में से कोई भी नहीं आएगा। फिर?

निरुद्देश्य-सी कमरे में लौट पड़ती हूँ। शाम का समय मुझसे घर में नहीं काटा जाता। रोज़ ही तो संजय के साथ घूमने निकल जाया करती थी। लगता है; यहीं बैठी रही तो दम ही घुट जाएगा। कमरा बन्द करके मैं अपने को धकेलती-सी सड़क पर ले आती हूँ।...शाम का धुँधलका मन के बोझ को और भी बढ़ा देता है। कहाँ जाऊँ? लगता है, जैसे मेरी राहें भटक गई हैं, मंज़िल खो गई है। मैं स्वयं नहीं जानती, आख़िर मुझे जाना कहाँ है। फिर भी निरुद्देश्य-सी चलती रहती हूँ। पर आख़िर कब तक यूँ भटकती रहूँ? हारकर लौट पड़ती हूँ।

आते ही मेहता साहब की बच्ची तार का एक लिफ़ाफ़ा देती है।

धड़कते दिल से मैं उसे खोलती हूँ। इरा का तार था।

'नियुक्ति हो गई है। बधाई!'

इतनी बड़ी ख़ुशख़बरी पाकर भी जाने क्या है कि ख़ुश नहीं हो पाती। यह ख़बर तो निशीथ भेजनेवाला था। एकाएक ही एक विचार मन में आता है: क्या जो कुछ मैं सोच गई, वह निरा भ्रम ही था, मात्र मेरी कल्पना, मेरा अनुमान? नहीं-नहीं! उस स्पर्श को मैं भ्रम कैसे मान लूँ, जिसने मेरे तन-मन को डुबो दिया था, जिसके द्वारा उसके हृदय की एक-एक परत मेरे सामने खुल गई थी?...लेक पर बिताए उन मधुर क्षणों को भ्रम कैसे मान लूँ, जहाँ उसका मौन ही मुखरित होकर सब कुछ कह गया था? आत्मीयता के वे अनकहे क्षण! तो फिर उसने पत्र क्यों नहीं लिखा? क्या कल उसका पत्र आएगा? क्या आज भी उसे वही हिचक रोके हुए है?

तभी सामने की घड़ी टन्-टन् करके नौ बजाती है। मैं उसे देखती हूँ। यह संजय की लाई हुई है।...लगता है, जैसे यह घड़ी घंटे सुना-सुनाकर मुझे संजय की याद दिला रही है। फहराते ये हरे पर्दे, यह हरी बुक-रैक, यह टेबल, यह फूलदान, सभी तो संजय के ही लाए हुए हैं। मेज़ पर रखा यह पेन उसने मुझे साल-गिरह पर लाकर दिया था।

अपनी चेतना के इन बिखरे सूत्रों को समेटकर मैं फिर पढ़ने का प्रयास करती हूँ, पर पढ़ नहीं पाती। हारकर मैं पलंग पर लेट जाती हूँ।

सामने के फूलदान का सूनापन मेरे मन के सूनेपन को और अधिक बढ़ा देता है। मैं कसकर आँखें मूँद लेती हूँ।...एक बार फिर मेरी आँखों के आगे लेक का स्वच्छ, नीला जल उभर आता है, जिसमें छोटी-छोटी लहरें उठ रही थीं। उस जल की ओर देखते हुए निशीथ की आकृति उभरकर आती है। वह लाख जल की ओर देखे; पर चेहरे पर अंकित उसके मन की हलचल को मैं आज भी, इतनी दूर रहकर भी महसूस करती हूँ। कुछ न कह पाने की मजबूरी, उसकी विवशता, उसकी घुटन आज भी मेरे सामने साकार हो उठती है। धीरे-धीरे लेक के पानी का विस्तार सिमटता जाता है, और एक छोटी-सी राइटिंग टेबल में बदल जाता है, और मैं देखती

हूँ कि एक हाथ में पेन लिये और दूसरे हाथ की उँगलियों को बालों में उलझाए निशीथ बैठा है...वही मज़बूरी, वही विवशता, वही घुटन लिये।...वह चाहता है; पर जैसे लिख नहीं पाता। वह कोशिश करता है, पर उसका हाथ बस काँपकर रह जाता है।...ओह! लगता है, उसकी घुटन मेरा दम घोंटकर रख देगी।...मैं एकाएक ही आँखें खोल देती हूँ। वही फूलदान, पर्दे, मेज़, घड़ी...!

कानपुर

आख़िर आज निशीथ का पत्र आ गया। धड़कते दिल से मैंने उसे खोला। इतना छोटा-सा पत्र!

प्रिय दीपा,

तुम अच्छी तरह पहुँच गईं, यह जानकर प्रसन्नता हुई।

तुम्हें अपनी नियुक्ति का तार तो मिल ही गया होगा। मैंने कल ही इराजी को फ़ोन करके सूचना दे दी थी, और उन्होंने बताया था कि तार दे देंगी। ऑफ़िस की ओर से भी सूचना मिल जाएगी।

इस सफलता के लिए मेरी ओर से हार्दिक बधाई स्वीकार करना। सच, मैं बहुत ख़ुश हूँ कि तुम्हें यह काम मिल गया! मेहनत सफल हो गई। शेष फिर।

शुभेच्छु,
निशीथ

बस? धीरे-धीरे पत्र के सारे शब्द आँखों के आगे लुप्त हो जाते हैं, रह जाता है केवल : 'शेष फिर!'

तो अभी उसके पास 'कुछ' लिखने को शेष है? क्यों नहीं लिख दिया उसने अभी? क्या लिखेगा वह?

"दीप!"

मैं मुड़कर दरवाज़े की ओर देखती हूँ। रजनीगन्धा के ढेर सारे फूल लिये मुसकराता-सा संजय खड़ा है। एक क्षण मैं संज्ञा-शून्य-सी उसे इस तरह देखती हूँ, मानो पहचानने की कोशिश कर रही होऊँ। वह आगे बढ़ता है, तो मेरी खोई हुई चेतना लौटती है, और विक्षिप्त-सी दौड़कर उससे लिपट जाती हूँ।

"क्या हो गया है तुम्हें, पागल हो गई हो क्या?"

"तुम कहाँ चले गए थे संजय?" और मेरा स्वर टूट जाता है। अनायास ही आँखों से आँसू बह चलते हैं।

"क्या हो गया? कलकत्ता का काम नहीं मिला क्या?...मारो भी गोली काम को। तुम इतनी परेशान क्यों हो रही हो उसके लिए?"

पर मुझसे कुछ नहीं बोला जाता। बस, मेरी बाँहों की जकड़ कसती जाती है, कसती जाती है। रजनीगन्धा की महक धीरे-धीरे मेरे तन-मन पर छा जाती है। तभी मैं अपने भाल पर संजय के अधरों का स्पर्श महसूस करती हूँ, और मुझे लगता है, यह स्पर्श, यह सुख, यह क्षण ही सत्य है, वह सब झूठ था, मिथ्या था, भ्रम था...।

और हम दोनों एक-दूसरे के आलिंगन में बँधे रहते हैं—चुम्बित, प्रति-चुम्बित!

दूध और दवा

मार्कण्डेय

बात बहुत छोटी-सी है, नाजुक और लचीली, पर मौक़ा पाते ही सिर तान लेती है। कोई काम शुरू करने, सोने या पल-भर को आराम से पहले लगता है, कुछ देर इस प्यारी बात के साथ रहना कितना अच्छा है! वैसे मुझे काम करना, करते रहना और करते-करते उसी में खो जाना प्रिय है। इसी की बात भी मैं लोगों से करता हूँ और दूसरों से यही चाहता भी हूँ, पर यह सब तभी होता है, जब मेरे चारों ओर लोग होते हैं। ऐसा नहीं कि लोगों में मेरे बीवी-बच्चे शामिल नहीं हैं। कभी-कभी मुझे ऐसा लगता है, जैसे मैं किसी भीड़ में खड़ा हूँ और असह्य ध्वनियाँ मेरे कानों के परदे को छेदने लगती हैं। मैं भागकर अपने कमरे में घुस जाना चाहता हूँ, पर उसकी बड़ी-बड़ी, आँसुओं में डूबी हुई आँखें...'मैं क्या करूँ इनका? देखते हो, अब मुन्नी भी दूध के लिए ज़िद करती है।' ...ऐसा नहीं कि बात मेरे मन में गहरे तक नहीं उतरती, मैं तो मुन्नी को स्कूल जाने के लिए एक छोटी मोटर ख़रीदना चाहता हूँ। हलके, गुलाबी रंग के फ्राक में लड़खड़ाती, दौड़ती मुन्नी को देखने की मेरी कैसी विचित्र लालसा है, जो कभी,पूरी होती ही नहीं दिखाई देती!

सुबह-सुबह बिस्तर से उठते ही वह ज़ोर-ज़ोर से चीखने लगती है, जब उसकी माँड़े से सूजी आँखें और भी सूजी होती हैं। कई बार मन में डॉक्टर की बात उठती है, डर लगता है, कहीं मुन्नी की माँ की पतली, लम्बी, किश्ती-सी आँखों का पुराना छेद फिर न लगता है, कहीं मुन्नी की माँ की पतली, लम्बी, किश्ती-सी आँखों का पुराना छेद फिर न खुल जाए और सवेरे-सवेरे डूबने-उतराने की मर्मान्तक पीड़ा में मुझे लिखना-पढ़ना छोड़कर सड़क का चक्कर काटना पड़े! मैं चुपचाप एक निश्चय करके कमरे में चला जाता हूँ...पहले डॉक्टर का इन्तजाम करके ही उससे चर्चा करूँगा। पर फिर वही नन्ही-सी बात!...तुम्हें खोजने लगता हूँ, तुम, जो इस कड़ी ज़मीन की चुभन से पल-भर को उठाकर मुझे एक सुनहले, झिलमिलाते लोक में खींच ले जाती हो...तुम्हारे सीने के बीच, मुलायम, उजले देह-भाग में मुँह डालकर पल-भर को साँस लेना कितना अच्छा लगता है मुझे! शायद तुम्हें याद होगा...बात मकड़ी के जाले की तरह तनने लगती है, लेकिन घंटों और घंटों आँखें बन्द रखने पर भी शिकार कोई नहीं फँसता और मैं बीवियों और मज़दूरों के बारे में सोचने लगता हूँ...आख़िर इन दोनों को हरदम शिकायतें क्यों रहती हैं? क्यों इन दोनों के सीने में खारे पानी का इतना विशाल समुद्र फफाया रहता है, मृत्यु की आख़िरी कराह की तरह इस समुद्र की लहरें चीखती हैं, पर किसी खोखले श्राप की तरह मिथ्या बनकर बिखर जाती हैं। मैं इन विनाशकारी लहरों को दुनिया को निगल जाते देखने

के लिए व्याकुल हो उठता हूँ, पर हल्की-सी मुसकराहट या वह भी नहीं तो बस मुलायम कलाइयों की पकड़ और उस समय कुछ भी और न सुनने की बात...जाने भी दो! ...कमर के नीचे नंगी, खुली...मैं इस असामयिक मृत्यु से बचना चाहता हूँ, पर कोई चारा नहीं। मुन्नी की माँ के जीने का यही सहारा है और मेरे पास उन मृत्यु की घाटियों के सूनेपन को दूर करने का यही उपाय। वह विश्वास नहीं करती, पर मैं सच कहता हूँ कि मुझे इतना बहुत अच्छा लगता है! इसलिए मैं समझ नहीं पाता कि स्त्रियाँ और मज़दूर मालिकों को क्यों ओढ़े हुए हैं, महज़ इतनी-सी बात के लिए, या मुन्नी की आँखों के माँड़े की दवा या उसके दूध के लिए!

...ये प्रश्न उसके साथ नहीं उठते, क्या आख़िर? क्या उसे बच्चे नहीं हो सकते या वे दूध पीनेवाले बच्चे नहीं होंगे? धीरे-धीरे यह 'क्यों' धुँधलाता है; पानी, सिर्फ़ एक बूँद; स्याही, जाने कैसी फैलकर एक झील, भूरी आँखों की तरह, वह भी सतही, उथली...अछूता, कच्चा, नुकीला फूल, आसमान में उड़नेवाली लरजती पतंग की लम्बी पूँछ...किसी बँगले के फटे, पुराने परदे...मुल्क में बदअमनी और भूख...वे मित्र जिन्हें नौकरी के लिए पत्र लिखे हैं, जो चाहें तो मैं भी उन्हीं की तरह का लगूँ, बेएतबार और ऊँचे दरजे का नौकरी देनेवाला मुलाज़िम...लेकिन वह नौकरी से चिढ़ती है—तुम नौकरी करोगे? फिर तो मोटर, बँगले और सुख की अनेक कोटियाँ हैं। मेरे लिए जगह कहाँ होगी? मैं ग़रीब बाप की बेटी हूँ।—अजीब बात है, तुम भूख में जी सकती हो, लेकिन वह तो कहती है कि उसके सीने में एक भयंकर ज्वालामुखी दबा पड़ा है, जो कभी भी नहीं भड़केगा, मुन्नी की माँ यह भी जानती है। पर क्यों नहीं भड़केगा, क्यों उसके लावा से मेरा घर-आँगन नहीं पट जाएगा? इसलिए न कि मैं लिखूँगा और लिखने से पैसे मिलेंगे और पैसे उसे ठंडा करते रहेंगे। वह यही तो कहती है कि पैसा दिल को ठंडा और शरीर को गरम रखने की अद्भुत दवा है—ग़रीब दुनिया का सबसे अच्छा इनसान है, ग़रीब लड़की की मुहब्बत दुनिया की सबसे पवित्र निधि!—कभी-कभी वह स्कूल-टीचर की तरह बोलती है! आख़िर यह सब और है ही क्या?

मुन्नी जब जन्मी थी, तो उसके लिए मैंने एक झूला ख़रीदा था, बहुत-सारे कपड़े बने थे और उसे दूध में ग्लूकोज़ और शहद दी जाती थी...फ्रेंच सीखेगी मेरी बेटी, मैं चाहता हूँ, वह पेन्टर बने...सिर्फ़ तीस रुपए तो लगते हैं उसके दूध के। तीस में ऐसा क्या रखा है? ...साल ही भर बाद रुनकू आया तो कितना उत्साह था! ...कोई बात नहीं, दोनों के लिए एक गाड़ी होगी, दोनों कॉन्वेन्ट जाएँगे...लेकिन यह क्या फ़िजूल की बातें हैं, बेओर-छोर की। मैं झटके से उठ बैठता हूँ और लिखने की कॉपी के मसौदे कई बार उथल-पुलटकर देखने लगता हूँ। कई अच्छी चीज़ें लिखे बिना पड़ी रह गई हैं। पर इसी समय उन्हें उठाया तो नहीं जा सकता। मामूली स्तर पर बात बनाने से मुझे चिढ़ है, लेकिन सहसा मुझे मकड़ी के नन्हे तार की स्मृति फिर हो आती है और मैं बिस्तर छोड़कर उठ खड़ा होता हूँ, कहीं जाला फिर न तनने लगे! मुन्नी की माँ ऐसे ही समय आ जाती है, "कहीं बाहर जा रहे हो क्या?" एक तेज़ झनक दिमाग़ में बज उठती है, पर मैं उस पर तुरन्त हाथ रख देता हूँ। कोई कड़वी चीज़ निगलता हूँ, "हाँ, कोई काम है क्या?"

"नहीं तो, ऐसे ही पूछ लिया। अभी तो धूप बहुत तेज़ है, कुछ रुककर जाते!"

और वह कह ही क्या सकती है? थकी भी तो है, बेहद। रुनकू ने सारी दोपहरी परेशान किया है। चौका-बरतन, सामान की सँभाल-सहेज, कपड़ों की सफ़ाई; अभी तो उसे पिलाकर सुलाया है। ब्लाउज़ के बटन खुले ही हैं।

"मुन्नी भी सो रही है क्या?"

"नहीं, सब जग रहे हैं।" वह उगती हुई हँसी को दबाती है, चेहरे पर ख़ून की पतली-सी छलक होती है और फिर क्षण ही भर में सूखकर धीरे-धीरे गाढ़ी होने लगती है। वह दरवाज़ा छोड़कर कमरे में आती है, "आज मुन्नी की आँखों में बहुत दर्द है। चेहरा सुर्ख हो गया है। अभी-अभी तो सिर में तेल डालकर बहुत देर तक सहलाती रही हूँ, तब जाकर सोई है।"

वह चारपाई पर बैठ जाती है। मैं पास आकर कहता हूँ, "ब्लाउज़ के बटन तो ठीक कर लो, तुम्हें अब ठीक ढंग से बॉडी पहनना चाहिए।"

वह बटन बन्द करते-करते बोलने लगती है, "अब इसके सुख की कल्पना मेरे पास नहीं है, न ही तुम्हारे मन में है और अगर है, तो नहीं होनी चाहिए।" उसका बदन गर्म होने लगता है..."मेरे सीने में एक बन्द ज्वालामुखी है, जो कभी नहीं भड़केगा, यह मैं जानती हूँ"...ऐसी ही बातचीत के धरातल पर वह ज्वालामुखी तक पहुँचती है। और मुझे ऐसी ही मन्त्र-सी बातचीत से डर लगता है। मैं ईंधन नहीं डालता और वह उठ खड़ी होती है। कहीं जैसे कोई दर्द रेंग गया हो। मैं चाहता हूँ, जाते-जाते उससे कुछ कहकर जाऊँ, पर ऐसे समय कुछ कहने का मतलब है, कुछ सुनने की सम्भावना।

शायद जिस तरह उसे मालूम है कि मैं कहाँ जाता हूँ, उसी तरह मुझे भी मालूम है कि मैं कहीं नहीं जा रहा हूँ, पर जा रहा हूँ, यह ठीक है।

मेरे घर के सामने एक चौड़ा नाला है और उसके परे कँटीली झाड़ी का एक बड़ा-सा गुम्बद। मैंने कभी इसमें एक खरगोश के जोड़े को घुसते देखा था। वैसे मैं पल-भर की पिछली बात को भूल जाता हूँ, पर उसे आज भी नहीं भूला। घर से निकलता हूँ, तो पल-भर रुककर उधर ज़रूर देख लेता हूँ। स्कूल से लड़कियों को ढोनेवाली गाड़ियाँ बोलती हैं, तीर की तरह सड़क को चीरती हुई कोई चिड़िया उड़ जाती है, पर वह खरगोश का जोड़ा! ...मुन्नी अब तक उठकर मुझे ज़रूर ढूँढ़ गई होगी और फिर अपने कमरे में जाकर लौटी होगी। मेरी मेज़ की गर्द-भरी सतह पर अपने हाथ की थाप बनाने के लिए या तो कुरसी पर चढ़ गई होगी या लुढ़ककर गिरी होगी तो उसकी माँ कुरसी को दो चपत मारकर उसे चुप कराने के बाद समझा रही होगी कि आख़िर उसे इस मेज़ पर रोज़ अपने हाथों के निशान छोड़ने से मिलता क्या है!

"पापा छे कैछे कहूँगी कि मैं तुम्हें खोजती थी?" वह रोज़ कहती है और मैं रोज़ झुठला देता हूँ। लेकिन वह मानती नहीं, मेरी अँगुली पकड़कर मेज़ के पास तक खींच ले जाती है। मेरी आँखों में धुँधलके की एक परत छा जाती है।

उसकी माँ कहती है, "खिड़की कितनी ही बन्द रखो, गर्द आकर ही मानती है।" और मैं...देखता हूँ कि मुन्नी की हथेली की थाप बढ़ती ही जा रही है। कभी-कभी इन थापों की रेखाओं में मनुष्यता का पूरा भविष्य पढ़ा गया है, और कभी आग की बेतरतीब लहरें किसी अनहोने-से वस्तु-सत्य के वीरान अँधेरे से दौड़-दौड़कर मेरे सीने से सटती चली आती हैं...चौकड़ी भरते हिरनों की लम्बी क़तारें और पीछे लोलुप, अन्धा दुष्यन्त...

मैं ख़ुद अपने आगे खड़ा हूँ, मान्यताओं की सलीब पर टँगा हुआ, लहूलुहान! ...पत्थर का एक बहुत बड़ा ढेर है और लोग आँखें मूँदकर पत्थर मारते हैं...लोग फूल चढ़ा रहे हैं मान्यताओं पर...आदमी को बार-बार की नोची-छिछड़ी को दाँतों से नोंच-नोंचकर फेंक रहे हैं...लोग नंगी औरत के कोमल शरीर को खुरदरे जूट के रस्सों से जकड़कर बाँध रहे हैं...सिर्फ़ एक लाचारी का आरोप...आदमी नहीं, टूटा हुआ, पुराना खँडहर...आख़िर क्यों? फिर मैं शिकायतों के बारे

में सोचता हूँ, पर बीवियों और मज़दूरों की नहीं, अपनी ही....तुम रुककर कुछ पूछ नहीं सकती थी, तुम्हें इतना भी ख़याल नहीं कि मैं इतनी तेज़ धूप में कितनी दूर चलकर आया हूँ। तुम्हें पता है, हम कितने दिन पर एक-दूसरे को देख रहे हैं। शायद तुम इसीलिए नहीं रुक सकी कि तुम्हारे साथ तुम्हारी सखी थी और उस पर तुम यह ज़ाहिर होने देना नहीं चाहती थी कि तुम मुझे जानती हो! ...गोल-गोल चक्कर खाकर सूखी पत्तियों के पर लग गए हैं। इनके साथ उस कोने की धूल भी है, जहाँ पार्क में बच्चों के खेलने ने घास को उड़ा दिया है और इस लम्बे युकलिप्टस की छरहरी शाखें अब भी थरथरा रही हैं।

मैं धीरे-धीरे चल रहा हूँ। चारों ओर क़ब्रिस्तान है। सड़क के नीचे, और ऊपर की हवा तक में बातों के टूटे-फूटे अस्थिपंजर उभर आए हैं। मैं सिर्फ़ चुभन, टीस और प्रतारणा को चुन-चुनकर अपने तरकश में भरता जाता हूँ। एक विकलांग, विक्षिप्त योद्धा की तरह मैं पसीने और गर्द से लथपथ हो रहा हूँ। हवा एकदम चुपचाप खड़ी है, मौलसरी की पत्तियाँ दम साधे हैं, युकलिप्टस की लम्बी शाखें मर गई हैं और बच्चों के पार्क की बेघास की उजली ज़मीन घिसी हुई, निर्जीव हड्डी की तरह चमक रही है। मैं चाहता हूँ, हवा फिर गोल-गोल चक्कर खाकर ऊपर उठे और फिर वही सालभर पुराना सब-कुछ आज घट जाए, मौलसरी की पत्तियों, युकलिप्टस की डालों, पार्क की ज़मीन और मेरे साथ...

मैं थककर टूक-टूक हो रहा हूँ। पल-भर कहीं बैठना चाहता हूँ और कुछ देर सब बाहर का ही देखना चाहता हूँ, जैसे कोई मकान का दरवाज़ा लगाकर बरामदे में आ जाए। लेकिन अब बहुत देर हो गई है, लौटने में काफ़ी समय लगेगा...लगता है, वह घर से निकल नहीं पाई...क्यों नहीं निकल पाई? उसे निकलना चाहिए था। उसे लोहे की जूतियाँ पहनकर काँटों को कुचलते हुए आना चाहिए था, लेकिन वह कहती है, "मैं ख़ून से लथपथ होना चाहती हूँ, मैं उन सारे दाग़ों को अपने शरीर पर मुखर रखना चाहती हूँ, मैं सारे घावों की मवाद और गन्दगी को लोगों को दिखाना चाहती हूँ! देखो, सत्य यह है, तुम्हारी सच्चाइयों की तसवीर यह है! तुमने घर को इसलिए स्वर्ग बना रखा है कि तुम्हारी बीवी तुम्हारी कमाई खाती है और एक ख़रीदे हुए दास से भी बदतर ढंग से तुम्हारी सेवा करती है। तुम्हें अगर यह पता लग जाए कि वह तुम्हें नहीं किसी और को चाहती है, तो तुम हवा में नज़र आते हो, क्योंकि तुम्हें अपने से ज़्यादा अपने पैसों पर भरोसा है। यही एक पुरानी टकौरी है तुम्हारे पास!" ...एक नन्हा-सा ऑक्सीजन बैलून हवा में उड़ता चला जाता है, उसमें तुम बैठी हो...गर्दन दर्द करने लगती है देखते-देखते, लेकिन तुम किसी मायाविनी की तरह पीछे से हँसती हुई गोद में बैठ जाती हो, "मुझे प्यार करो, मेरे जाने का समय हो गया, मैं चाहती हूँ, इसकी याद बनी रह जाए!" पर मुन्नी का बैलून तो मेरे कमरे की निचली ही छत में अटका रह जाता है। वह पैर पटकने लगती है, "पापा! उतालो इछे! देखो यह छत चला लही है मेला गुब्बाला, तुम्हीं ने छिखाया है!"

"मैं कैसे पहुँचूँ इतनी ऊँचाई तक?"

"अच्छा, मुझे कन्धे पल उठाओ!"

"फिर भी तो नहीं पहुँचोगी।"

"कुल्छी पल खले हो जाओ।"

उसकी माँ बिगड़ती हुई आती है, "यह क्या तमाशा है! अभी तो आँख ही गई है, अब हाथ-पाँव भी तोड़कर बैठोगी?"

मैं चुपचाप खड़ा हूँ और वह मुन्नी के उतरने का इन्तज़ार करती है। लेकिन यह तो ऑक्सीजन ही निकल गई गुब्बारे से! "मुन्नी!...मुन्नी!"

"अब उसे जाने भी दो! और हाँ, कल रात कुछ लिख रहे थे, वे काग़ज़ कहाँ गए?"

...मुन्नी की दवा और दूध...चुपके से मन में कुछ काँपता है—मैं ऐसी ही नन्ही-नन्ही बातों को लेकर परेशान होता हूँ।

उसका स्वर कानों में बज उठता है, "आख़िर इसमें क्या ऐसा रखा है, जो तुम्हें विचलित कर देता है? मैं रुकी नहीं, कुछ कहा नहीं, तो क्या आसमान फट पड़ा? मैं पूछती हूँ कि मुन्नी के दूध और दवाइयों का क्या हुआ? तुम कुछ लिखकर मुझे देनेवाले थे न?"

और इतने ही समय में यह कुछ धीमी-सी हो गई है। मैं चुप जो रह गया।

"क्या सोच रहे हो? मैंने तो समझा कोई कहानी लिख रहे थे। आज किसी को देकर कुछ रुपए लाते तो अच्छा था। कल दो रुपए का सामान मँगाया था, आज भर और चलेगा।"

इस नन्हे-से अवसर से सँभल गया हूँ, इसलिए बात बनने में देर नहीं लगती, "वह तो पत्र था। तुम्हें गोदावरी ने लिखा था न कि किताबें भिजवा दो, वही प्रकाशक को लिखा कि उसे भेज दें! ...अरे रुको, देखो, वह क्या है?"

"कहाँ?"

"रुको तो! अरे, यह तो वही तिल है!" अँगुलियाँ काँप उठती हैं। चेहरे पर चुनचुनाहट की तरह कुछ बहुत नन्हा-नन्हा उग आता है, एक अजीब-सी ख़ुशी की लहर—

"हटो भी, खिड़की खुली है!"

...मेरे सीने में एक ज्वालामुखी है, जो कभी नहीं भड़केगा, यह मैं जानती हूँ।

...मैं समझ नहीं पाता कि स्त्रियाँ और मज़दूर मालिकों को क्यों ओढ़े हुए हैं महज़ इतनी-सी बात के लिए या मुन्नी की आँखों के माँड़े की दवा या उसके दूध के लिए!

एक और ज़िन्दगी

मोहन राकेश

...और उस एक क्षण के लिए प्रकाश के हृदय की धड़कन जैसे रुकी रही। कितना विचित्र था वह क्षण—आकाश से टूटकर गिरे हुए नक्षत्र जैसा! कोहरे के वक्ष में एक लकीर-सी खींचकर वह क्षण सहसा व्यतीत हो गया।

कोहरे में से गुज़रकर जाती हुई आकृतियों को उसने एक बार फिर ध्यान से देखा। क्या यह सम्भव था कि व्यक्ति की आँखें इस हद तक उसे धोखा दें? तो जो कुछ वह देख रहा था, वह यथार्थ ही नहीं था?

कुछ ही क्षण पहले जब वह कमरे से निकलकर बालकनी पर आया था, तो क्या उसने कल्पना में भी यह सोचा था कि आकाश के ओर-छोर तक फैले हुए कोहरे में, गहरे पानी की निचली सतह पर तैरती हुई मछलियों जैसी जो आकृतियाँ नज़र आ रही हैं, उनमें कहीं वे दो आकृतियाँ भी होंगी। मन्दिरवाली सड़क से आते हुए दो कुहरीले रंगों पर जब उसकी नज़र पड़ी थी, तब भी क्या उसके मन में कहीं ऐसा अनुमान जागा था? फिर भी न जाने क्यों उसे लग रहा था जैसे बहुत समय से, बल्कि कई दिनों से, वह उनके वहाँ से गुज़रने की प्रतीक्षा कर रहा हो, जैसे कि उन्हें देखने के लिए ही वह कमरे से निकलकर बालकनी पर आया हो और उन्हीं को ढूँढ़ती हुई उसकी आँखें मन्दिरवाली सड़क की तरफ़ मुड़ी हों। यहाँ तक कि उस धानी आँचल और नीले नेकर के रंग भी जैसे उसे पहचाने हुए हों और कोहरे के विस्तार में वह उन दो रंगों को ही खोज रहा हो। वैसे उन आकृतियों के बालकनी के नीचे पहुँचने तक उसने उन्हें पहचाना नहीं था। परन्तु एक क्षण में सहसा वे आकृतियाँ इस तरह उसके सामने स्पष्ट हो उठी थीं जैसे जड़ता के क्षण के अवचेतन की गहराई में डूबा हुआ कोई विचार एकाएक चेतना की सतह पर कौंध गया हो।

नीली नेकर वाली आकृति घूमकर पीछे की तरफ़ देख रही थी। क्या उसे भी कोहरे में किसी की खोज थी? और किसकी? प्रकाश का मन हुआ कि उसे आवाज़ दे, मगर उसके गले से शब्द नहीं निकले। कोहरे का समुद्र अपनी गम्भीरता में ख़ामोश था, मगर उसकी अपनी ख़ामोशी एक ऐसे तूफ़ान की तरह थी जो हवा न मिलने से अपने अन्दर ही घुमड़कर रह गया हो। नहीं तो क्या वह इतना ही असमर्थ था कि उसके गले से एक शब्द भी न निकल सके?

वह बालकनी से हटकर कमरे में आ गया। वहाँ अपने अस्त-व्यस्त सामान पर नज़र पड़ी, तो शरीर में निराशा की एक सिहरन दौड़ गई। क्या यही वह ज़िन्दगी थी जिसके लिए उसने... ?

परन्तु उसे लगा कि उसके पास कुछ भी सोचने के लिए समय नहीं है। उसने जल्दी-जल्दी कुछ चीज़ों को उठाया और रख दिया जैसे कि कोई चीज़ ढूँढ़ रहा हो जो उसे मिल न रही हो। अचानक खूँटी पर लटकती पतलून पर नज़र पड़ी, तो उसने पाजामा उतारकर जल्दी से उसे पहन लिया। फिर पल-भर खोया-सा खड़ा रहा। उसे समझ नहीं आ रहा था कि वह क्या चाहता है। क्या वह उन दोनों के पीछे जाना चाहता था? या बालकनी पर खड़ा होकर पहले की तरह उन्हें देखते रहना चाहता था?

अचानक उसका हाथ मेज़ पर रखे ताले पर पड़ गया, तो उसने उसे उठा लिया। जल्दी से दरवाज़ा बन्द करके वह जीने से उतरने लगा। जीने पर आकर ध्यान आया कि जूता नहीं पहना। वह पल भर ठिठककर खड़ा रहा, मगर लौटकर नहीं गया। नीचे सड़क पर पहुँचते ही पाँव कीचड़ में लथपथ हो गए। दूर देखा—वे दोनों आकृतियाँ घोड़ों के अड्डे के पास पहुँच चुकी थीं। वह जल्दी-जल्दी चलने लगा। पास से गुज़रते एक घोड़ेवाले से उसने कहा कि आगे जाकर नीली नेकर वाले बच्चे को रोक ले—उससे कहे कि कोई उससे मिलने के लिए आ रहा है। घोड़ेवाला घोड़ा दौड़ाता हुआ गया, मगर उन दोनों के पास न रुककर उनसे आगे निकल गया। वहाँ जाकर न जाने किसे उसने उसका सन्देश दे दिया।

जल्दी-जल्दी चलते हुए भी प्रकाश को लग रहा था जैसे वह बहुत आहिस्ता चल रहा हो, जैसे उसके घुटने जकड़ गए हों और रास्ता बहुत-बहुत लम्बा हो गया हो। उसका मन इस आशंका से बेचैन था कि उसके पास पहुँचने तक वे लोग घोड़ों पर सवार होकर वहाँ से चल न दें, और जिस दूरी को वह नापना चाहता था, वह ज्यों-की-त्यों न बनी रहे। मगर ज्यों-ज्यों फासला कम हो रहा था, उसका कम होना भी उसे अखर रहा था। क्या वह जान-बूझकर अपने को एक ऐसी स्थिति में नहीं डाल रहा था जिससे उसे अपने को बचाए रखना चाहिए था?

उन लोगों ने घोड़े नहीं लिये थे। वह जब उनसे तीन-चार गज दूर रह गया, तो सहसा उसके पाँव रुक गए। तो क्या सचमुच अब उसे उस स्थिति का सामना करना ही था?

"पाशी?" इससे पहले कि वह निश्चय कर पाता, अनायास उसके मुँह से निकल गया।

बच्चे की बड़ी-बड़ी आँखें उसकी तरफ़ घूम गईं—साथ ही उसकी माँ की आँखें भी। कोहरे में अचानक कई-कई बिजलियाँ कौंध गईं। प्रकाश दो-एक क़दम और आगे बढ़ गया। बच्चा हैरान आँखों से उसकी तरफ़ देखता हुआ अपनी माँ के साथ सट गया।

"पलाश, इधर आ मेरे पास," प्रकाश ने हाथ से चुटकी बजाते हुए कहा, जैसे कि यह हर रोज़ की साधारण घटना हो और बच्चा अभी कुछ मिनट पहले ही उसके पास से अपनी माँ के पास गया हो।

बच्चे ने माँ की तरफ़ देखा। वह अपनी आँखें हटाकर दूसरी तरफ़ देख रही थी। बच्चा अब और भी उसके साथ सट गया और उसकी आँखें हैरानी के साथ-साथ एक शरारत से चमक उठीं।

प्रकाश को खड़े-खड़े उलझन हो रही थी। लग रहा था कि ख़ुद चलकर उस दूरी को नापने के सिवा अब कोई चारा नहीं है। वह लम्बे-लम्बे डग भरकर बच्चे के पास पहुँचा और उसे अपनी बाँहों में उठा लिया। बच्चे ने एक बार किलककर उसके हाथों से छूटने की चेष्टा की, परन्तु दूसरे ही क्षण अपनी छोटी-छोटी बाँहें उसके गले में डालकर वह उससे लिपट गया। प्रकाश उसे लिये हुए थोड़ा एक तरफ़ को हट आया।

"तूने पापा को पहचाना नहीं था क्या?"

"पैताना ता," बच्चा बाँहें उसके गले में डाले झूलने लगा।

"तो तू झट से पापा के पास आया क्यों नहीं?"

"नहीं आया," कहकर बच्चे ने उसे चूम लिया।

"तू आज ही यहाँ आया है?"

"नहीं, तल आया ता।"

"अभी रहेगा या आज ही लौट जाएगा?"

"अबी तीन-चाल दिन लहूँदा।"

"तो पापा के पास मिलने आएगा न?"

"आऊँदा।"

प्रकाश ने एक बार उसे अच्छी तरह अपने साथ सटाकर चूम लिया, तो बच्चा किलककर उसके माथे, आँखों और गालों को जगह-जगह चूमने लगा।

"कैसा बच्चा है!" पास खड़े एक कश्मीरी मज़दूर ने सिर हिलाते हुए कहा।

"तुम तहाँ लहते हो?" बच्चा बाँहें उसी तरह उसकी गर्दन में डाले जैसे उसे अच्छी तरह देखने के लिए थोड़ा पीछे को हट गया।

"वहाँ!" प्रकाश ने दूर अपनी बालकनी की तरफ़ इशारा किया, "तू कब तक वहाँ आएगा?"

"अबी ऊपल जातल दूद पिऊँदा, उछके बाद तुमाले पाछ आऊँदा।" बच्चे ने अब अपनी माँ की तरफ़ देखा और उसकी बाँहों से निकलने के लिए मचलने लगा।

"मैं वहाँ बालकनी में कुरसी डालकर बैठा रहूँगा और तेरा इन्तज़ार करूँगा," बच्चा बाँहों से उतरकर अपनी माँ की तरफ़ भाग गया, तो प्रकाश ने पीछे से कहा। क्षण-भर के लिए उसकी आँखें बच्चे की माँ से मिल गईं, परन्तु अगले ही क्षण दोनों दूसरी-दूसरी तरफ़ देखने लगे। बच्चा जाकर माँ की टाँगों से लिपट गया। वह कोहरे के पार देवदारों की धुँधली रेखाओं को देखती हुई बोली, "तुझे दूध पीकर आज खिलनमर्ग नहीं चलना है?"

"नहीं," बच्चे ने उसकी टाँगों के सहारे उछलते हुए सपाट जवाब दिया, "मैं दूद पीतल पापा ते पाछ जाऊँदा।"

तीन दिन, तीन रातों से आकाश घिरा था। कोहरा धीरे-धीरे इतना घना हो गया था कि बालकनी से आगे कोई रूप, कोई रंग नज़र नहीं आता था। आकाश की पारदर्शिता पर जैसे गाढ़ा सफ़ेदा पोत दिया गया था। ज्यों-ज्यों वक़्त बीत रहा था, कोहरा और घना होता जा रहा था। कुरसी पर बैठे हुए प्रकाश को किसी-किसी क्षण महसूस होने लगता जैसे वह बालकनी पहाड़ियों से घिरे खुले विस्तार में न होकर अन्तरिक्ष के किसी रहस्यमय प्रदेश में बनी हो—नीचे और ऊपर केवल आकाश ही आकाश हो—अतल में बालकनी की सत्ता अपने में पूर्ण और स्वतन्त्र एक लोक की तरह हो...

उसकी आँखें इस तरह एकटक सामने देख रही थीं, जैसे आकाश और कोहरे में उसे कोई अर्थ ढूँढ़ना हो—अपनी बालकनी के वहाँ होने का रहस्य जानना हो।

कोहरे के बादल कई-कई रूप लेकर हवा में इधर-उधर भटक रहे थे। अपनी गहराई में फैलते और सिमटते हुए वे अपनी थाह नहीं पा रहे थे। बीच में कहीं-कहीं देवदारों की

फुनगियाँ एक हरी लकीर की तरह बाहर निकली थीं, कुहरीले आकाश पर लिखी गई एक अनिश्चित-सी लिपि जैसी। देखते-देखते वह लकीर भी गुम हुई जा रही थी—कोहरे का उफान उसे भी रहने देना नहीं चाहता था। लकीर को मिटते देखकर प्रकाश के स्नायुओं में एक तनाव-सा भर रहा था--जैसे किसी भी तरह वह उस लकीर को मिटने से बचा लेना चाहता हो। परन्तु जब लकीर एक बार मिटकर फिर कोहरे से बाहर नहीं निकली, तो उसने सिर पीछे को डाल लिया और ख़ुद भी कोहरे में कोहरा होकर पड़ रहा...

अतीत के कोहरे में कहीं वह दिन भी था जो चार साल में अब तक बीत नहीं सका था... बच्चे की पहली वर्षगाँठ थी उस दिन—वही उनके जीवन की भी सबसे बड़ी गाँठ बन गई थी...

ब्याह के कुछ महीने बाद से ही पति-पत्नी अलग रहने लगे थे। ब्याह के साथ जो सूत्र जुड़ना चाहिए था, वह जुड़ नहीं सका था। दोनों अलग-अलग जगह काम करते थे और अपना-अपना स्वतन्त्र ताना-बाना बुनकर जी रहे थे। लोकाचार के नाते साल-छह महीने में कभी एक बार मिल लिया करते थे। वह लोकाचार ही इस बच्चे को दुनिया में ले आया था...

बीना समझती थी कि इस तरह जान-बूझकर उसे फँसा दिया गया है। प्रकाश सोचता था कि अनजाने में ही उससे एक कसूर हो गया है।

साल-भर बच्चा माँ के ही पास रहा था। बीच में बच्चे की दादी छह-सात महीने उसके पास रह आई थी।

पहली वर्षगाँठ पर बीना ने लिखा था कि वह बच्चे को लेकर अपने पिता के पास लखनऊ जा रही है। वहीं पर बच्चे के जन्मदिन की पार्टी देगी।

प्रकाश ने उसे तार दिया था कि वह भी उस दिन लखनऊ आएगा। अपने एक मित्र के यहाँ हजरतगंज में ठहरेगा। अच्छा होगा कि पार्टी वहीं दी जाए। लखनऊ के कुछ मित्रों को भी उसने सूचित कर दिया था कि बच्चे की वर्षगाँठ के अवसर पर वे उसके साथ चाय पीने के लिए आएँ।

उसने सोचा था कि बीना उसे स्टेशन पर मिल जाएगी, परन्तु वह नहीं मिली। हजरतगंज पहुँचकर नहा-धो चुकने के बाद उसने बीना के पास सन्देश भेजा कि वह वहाँ पहुँच गया है, कुछ लोग साढ़े चार-पाँच बजे चाय पीने आएँगे, इससे पहले वह बच्चे को लेकर ज़रूर वहाँ आ जाए। मगर पाँच बजे, छह बजे, सात बज गए—बीना बच्चे को लेकर नहीं आई। दूसरी बार सन्देश भेजने पर पता चला कि वहाँ उन लोगों की पार्टी चल रही है। बीना ने कहला भेजा कि बच्चा आठ बजे तक ख़ाली नहीं होगा, इसलिए वह अभी उसे लेकर नहीं आ सकती। प्रकाश ने अपने मित्रों को चाय पिलाकर विदा कर दिया। बच्चे के लिए ख़रीदे हुए उपहार बीना के पिता के यहाँ भेज दिए। साथ में यह सन्देश भेजा कि बच्चा जब ख़ाली हो, उसे थोड़ी देर के लिए उसके पास ले आया जाए।

मगर आठ के बाद नौ बजे, दस बजे, बारह बज गए, पर बीना न तो ख़ुद बच्चे को लेकर आई और न ही उसने उसे किसी और के साथ भेजा।

वह रात-भर सोया नहीं। उसके दिमाग को जैसे कोई छैनी से छीलता रहा।

सुबह उसने फिर बीना के पास सन्देश भेजा। इस बार बीना बच्चे को लेकर आ गई। उसने बताया कि रात को पार्टी देर तक चलती रही, इसलिए उसका आना सम्भव नहीं हुआ। अगर

सचमुच उसे बच्चे से प्यार था तो उसे चाहिए था कि उपहार लेकर ख़ुद उनके यहाँ पार्टी में चला आता...।

उस दिन सुबह से शुरू हुई बातचीत आधी रात तक चलती रही। प्रकाश बार-बार कहता रहा, "बीना, मैं इसका पिता हूँ। उस नाते मुझे इतना अधिकार तो है ही कि मैं इसे अपने पास बुला सकूँ।"

परन्तु बीना का उत्तर था, "आपके पास पिता का दिल होता, तो आप पार्टी में न आ जाते? यह तो एक आकस्मिक घटना ही है कि आप इसके पिता हैं।"

"बीना!" वह फटी-फटी आँखों से उसके चेहरे की तरफ़ देखता रह गया, "मैं नहीं समझ पा रहा कि तुम दरअसल चाहती क्या हो!"

"मैं कुछ भी नहीं चाहती। आपसे मैं क्या चाहूँगी?"

"तुमने सोचा है कि तुम्हारे इस तरह व्यवहार करने से बच्चे का क्या होगा?"

"जब हम अपने ही बारे में कुछ नहीं सोच सके, तो इसके बारे में क्या सोचेंगे!"

"क्या तुम पसन्द करोगी कि बच्चे को मुझे सौंप दो और ख़ुद स्वतन्त्र हो जाओ?"

"इसे आपको सौंप दूँ?" बीना के स्वर में वितृष्णा गहरी हो गई, "किस चीज़ के भरोसे? कल को आपकी ज़िन्दगी क्या होगी, यह कौन कह सकता है? बच्चे को उस अनिश्चित ज़िन्दगी के भरोसे छोड़ दूँ—इतनी मूर्ख मैं नहीं हूँ।"

"तो क्या तुम यही चाहोगी कि इसका फ़ैसला करने के लिए अदालत में जाया जाए?"

"आप अदालत में जाना चाहें, तो मुझे कोई एतराज़ नहीं है। ज़रूरत पड़ने पर मैं सुप्रीम कोर्ट तक आपसे लड़ूँगी। आपका बच्चे पर कोई हक नहीं है।"

'बच्चे को पिता से ज़्यादा माँ की ज़रूरत होती है।' कई दिन, कई सप्ताह वह मन-ही-मन संघर्ष करता रहा, 'जहाँ उसे दोनों न मिल सकें वहाँ माँ तो उसे मिलनी ही चाहिए। अच्छा है, मैं बच्चे की बात भूल जाऊँ और नए सिरे से अपनी ज़िन्दगी शुरू करने की कोशिश करूँ।'

'मगर...'

'फिज़ूल की भावुकता में कुछ नहीं रखा है। बच्चे-अच्चे तो होते ही रहते हैं। सम्बन्ध-विच्छेद करके फिर से ब्याह कर लिया जाए, तो घर में और बच्चे हो जाएँगे। मन में इतना ही सोच लेना होगा कि इस बच्चे के साथ कोई दुर्घटना हो गई थी...।'

सोचने-सोचने में दिन, सप्ताह और महीने निकलते गए। मन में आशंका उठती—क्या सचमुच पहले की ज़िन्दगी को मिटाकर इनसान नए सिरे से ज़िन्दगी शुरू कर सकता है? ज़िन्दगी के कुछ वर्षों को वह एक दुःस्वप्न की तरह भूलने का प्रयत्न कर सकता है? कितने इनसान हैं जिनकी ज़िन्दगी कहीं-न-कहीं, किसी-न-किसी दोराहे से ग़लत दिशा की तरफ़ भटक जाती है। क्या उचित यह नहीं कि इनसान उस रास्ते को बदलकर अपने को सही दिशा में ले जाए? आख़िर आदमी के पास एक ही तो ज़िन्दगी होती है—प्रयोग के लिए भी और जीने के लिए भी। तो क्यों आदमी एक प्रयोग की असफलता को ज़िन्दगी की असफलता मान ले?

कोर्ट में काग़ज़ पर हस्ताक्षर करते समय छत के पंखे से टकराकर एक चिड़िया का बच्चा नीचे आ गिरा।

"हाय, चिड़िया मर गई," किसी ने कहा।

"मरी नहीं, अभी ज़िन्दा है," कोई और बोला।

"चिड़िया नहीं है, चिड़िया का बच्चा है," किसी तीसरे ने कहा।

"नहीं, चिड़िया है।"

"नहीं चिड़िया का बच्चा है।"

"इसे उठाकर बाहर हवा में छोड़ दो।"

"नहीं, यहीं पड़ा रहने दो। बाहर इसे कोई बिल्ली-विल्ली खा जाएगी।"

"पर यह यहाँ आया किस तरह ?"

"जाने किस तरह ? रोशनदान के रास्ते आ गया होगा।"

"बेचारा कैसे तड़प रहा है!"

"शुक्र है, पंखे ने इसे काट नहीं दिया।"

"काट दिया होता, तो बल्कि अच्छा था। अब इस तरह लुंजे पंखों से बेचारा क्या जिएगा!"

तब तक पति-पत्नी दोनों ने काग़ज़ पर हस्ताक्षर कर दिए थे। बच्चा उस समय कोर्ट के अहाते में कौओं के पीछे भागता हुआ किलकारियाँ भर रहा था। वहाँ आसपास धूल उड़ रही थी और चारों तरफ़ मटियाली-सी धूप फैली थी...।

फिर दिन, सप्ताह और महीने...!

अढ़ाई साल गुज़र जाने पर भी वह फिर से ज़िन्दगी शुरू करने की बात तय नहीं कर पाया था। उस बीच बच्चा तीन बार उससे मिलने के लिए आया था। वह नौकर के साथ आता और दिन-भर उसके पास रहकर अँधेरा होने पर लौट जाता। पहली बार वह उससे शरमाता रहा था, मगर बाद में उससे हिल-मिल गया था। वह बच्चे को लेकर घूमने चला जाता, उसे आइसक्रीम ख़िलाता, खिलौने ले देता। बच्चा जाने के वक़्त हठ करता, "अबी नहीं दाऊँदा। दूद पीतल दाऊँदा। थाना थातल दाऊँदा।"

जब बच्चा इस तरह की बात कहता, तो उसके अन्दर कोई चीज़ दुखने लगती। उसका मन होता था कि नौकर को झिड़ककर वापस भेज दे और बच्चे को कम-से-कम रात भर के लिए अपने पास रख ले। जब नौकर बच्चे से कहता, "बाबा, चलो, अब देर हो रही है," तो उसका मन एक हताश आवेश से काँपने लगता, और बहुत मुश्किल से वह अपने को सँभाल पाता। आख़िरी बार बच्चा रात के नौ बजे तक रुका रह गया तो एक अपरिचित व्यक्ति उसे लेने के लिए चला आया।

बच्चा उस समय उसकी गोदी में बैठा खाना खा रहा था।

"देखिए, अब बच्चे को भेज दीजिए, इसे बहुत देर हो गई," उस अजनबी ने कहा।

"आप देख रहे हैं, बच्चा खाना खा रहा है," उसका मन हुआ कि मुक्का मारकर उस आदमी के दाँत तोड़ दे।

"हाँ-हाँ, आप खाना खिला लीजिए," अजनबी ने उदारता के साथ कहा, "मैं नीचे इन्तज़ार कर रहा हूँ।"

ग़ुस्से के मारे उसके हाथ इस तरह काँपने लगे कि उसके लिए बच्चे को खाना खिलाना असम्भव हो गया।

जब नौकर बच्चे को लेकर चला गया, तो उसने देखा कि बच्चे की टोपी वहीं रह गई है। वह टोपी लिये हुए दौड़कर नीचे पहुँचा, तो देखा कि नौकर और अजनबी के अलावा बच्चे के साथ कोई और भी है—उसकी माँ। वे लोग चालीस-पचास गज आगे चल रहे थे। उसने

नौकर को आवाज़ दी, तो चारों ने मुड़कर एक साथ उसकी तरफ़ देखा। फिर नौकर टोपी लेने के लिए लौट आया और शेष तीनों आगे चलने लगे।

उस रात कम्बल में मुँह-सिर लपेटकर वह देर तक रोता रहा।

तब नए सिरे से फिर वही सवाल उसके मन में उठने लगा। क्यों वह अपने को इस अतीत से पूरी तरह मुक्त नहीं कर लेता? अगर बसा हुआ घर-बार हो, तो उसकी चहल-पहल में वह इस दुख को भूल नहीं जाएगा? उसने अपने को इसीलिए तो बच्चे से अलग किया था कि अपनी ज़िन्दगी को एक नया मोड़ दे सके, फिर इस तरह अकेली ज़िन्दगी जीकर वह यह यंत्रणा किसलिए सह रहा है?

परन्तु नए सिरे से ज़िन्दगी शुरू करने की कल्पना में सदा एक आशंका मिली रहती थी। वह जितना उस आशंका से लड़ता था, वह उतनी ही और तीव्र हो उठती थी—जब उसका एक प्रयोग सफल नहीं हुआ, तो कैसे कहा जा सकता था कि दूसरा प्रयोग सफल होगा?

वह पहले की भूल दोहराना नहीं चाहता था, इसलिए उसकी आशंका ने उसे बहुत सतर्क कर दिया था। वह जिस किसी लड़की को अपनी भावी पत्नी के रूप में देखता, उसके चेहरे में उसे अपने पहले जीवन की छाया नज़र आने लगती। हालाँकि वह स्पष्ट रूप से इस विषय में कुछ भी सोच नहीं पाता था, फिर भी उसे लगता कि वह किसी ऐसी ही लड़की के साथ जीवन बिता सकता है जो हर लिहाज़ से बीना के उलट हो। बीना में बहुत अहंकार था, वह उसके बराबर पढ़ी-लिखी थी, उससे ज़्यादा कमाती थी। उसे अपनी स्वतन्त्रता का बहुत मान था और उस पर भारी पड़ती थी। बातचीत भी वह खुले मर्दाना ढंग से करती थी। वह अब एक ऐसी लड़की चाहता था जो हर लिहाज़ से उस पर निर्भर करे और जिसकी कमजोरियाँ एक पुरुष के आश्रय की अपेक्षा रखती हों।

कुछ ऐसी ही लड़की थी निर्मला—उसके मित्र कृष्ण जुनेजा की बहन। दो बार उसने उस लड़की को जुनेजा के यहाँ देखा था। बहुत सीधी-सी लड़की थी। साधारण पढ़ी-लिखी थी और साधारण ढंग से ही रहती थी। छब्बीस-सत्ताईस की होकर भी देखने में वह अठारह-उन्नीस से ज़्यादा की नहीं लगती थी। वह जुनेजा के घर की कठिनाइयों को जानता था। उन कठिनाइयों के कारण ही शायद इतनी उम्र तक उस लड़की की शादी नहीं हो सकी थी। जब निर्मला के साथ उसके ब्याह की बात उठाई गई, तो उसे सचमुच लगा कि उसकी ज़िन्दगी अब सही पटरी पर आ जाएगी। बात तय हो जाने के बाद उसे अपना-आप काफ़ी भरा-भरा-सा लगने लगा। हवा और आकाश में उसे एक और ही आकर्षण लगने लगा। निर्मला ब्याहकर घर में आई भी नहीं थी कि वह शाम को लौटते हुए फूलों की बेनियाँ ख़रीदकर घर लाने लगा। अपना पहला घर उसे छोटा लगने लगा, इसीलिए उसने एक बड़ा घर ले लिया और नया फ़र्नीचर ख़रीदकर उसे सजा दिया। पास में ज़्यादा पैसे नहीं थे, फिर भी कर्ज लेकर उसने निर्मला के लिए कितना कुछ बनवा डाला...

निर्मला हँसती हुई उसके घर में आई—और हँसती ही रही...

पहले कुछ दिन तो वह समझ नहीं सका कि वह हँसी क्या है। निर्मला कभी भी बिना बात के हँसना शुरू कर देती और देर तक हँसती रहती। वह हैरान होकर उसे देखता रहता। तीन-चार साल के बच्चे भी वैसे आकस्मिक ढंग से नहीं हँसते थे जैसे वह हँसती थी। कोई उसके सामने गिर जाए या कोई चीज़ किसी के हाथ से गिरकर टूट जाए, तो उसके लिए अपनी

हँसी रोकना असम्भव हो जाता था। ऐसे में लगातार दस-दस मिनट तक वह हँसी से बेहाल रहती। वह उसे समझाने की चेष्टा करता कि ऐसी बातों पर नहीं हँसा जाता, तो निर्मला को और भी हँसी छूटती। वह उसे डाँट देता, तो वह उसी आकस्मिक ढंग से बिस्तर पर लेटकर हाथ-पैर पटकती हुई रोने लगती, चिल्ला-चिल्लाकर अपनी मरी हुई माँ को पुकारने लगती और अन्त में बाल बिखेरकर देवी बन जाती और घर-भर को शाप देने लगती। कभी अपने कपड़े फाड़कर इधर-उधर छिपा देती, अपने गहने जूतों के अन्दर सँभाल देती। कभी अपनी बाँह पर फोड़े की कल्पना करके दो-दो दिन उसके दर्द से कराहती रहती और फिर सहसा स्वस्थ होकर कपड़े धोने लगती और सुबह से शाम तक कपड़े धोती रहती।

जब मन शान्त होता, तो मुँह गोल किए वह अँगूठा चूसने लगती।

उठते-बैठते, खाते-पीते, प्रकाश के सामने निर्मला के तरह-तरह के रूप आते रहते और उसका मन एक अन्धे कुएँ में भटकने लगता। रास्ता चलते हुए उसके मन में एक शून्य-सा घिर आता और वह भौंचक्का-सा सड़क के किनारे खड़ा होकर सोचने लगता कि वह घर से क्यों आया है और कहाँ जा रहा है? उसका किसी से मिलने या कहीं भी आने-जाने को मन न होता। कई बार वह बिलकुल जड़ होकर देर-देर तक एक ही जगह खड़ा या बैठा रहता। एक बार सड़क पर चलते हुए वह खम्भे से टकराकर नाली में गिर गया। एक बार बस पर चढ़ने की कोशिश में नीचे गिर जाने से उसकी बुश्शर्ट पीछे से फट गई और वह इससे बेख़बर दूसरी बस में चढ़कर आगे चल दिया। उसे पता तब चला जब किसी ने रास्ते में उससे कहा, "जेंटलमैन, तुम्हें घर जाकर कपड़े बदल लेने चाहिए।"

उसे लगता जैसे वह जी न रहा हो, सिर्फ़ अन्दर ही अन्दर घुट रहा हो। क्या यही वह ज़िन्दगी थी जिसे पाने के लिए उसने इतने साल अपने से संघर्ष किया था?

उसे क्रोध आता कि जुनेजा ने उसके साथ इस तरह का विश्वासघात क्यों किया? उस लड़की को किसी मानसिक अस्पताल में भेजने की जगह उसका ब्याह क्यों कर दिया? उसने जुनेजा को इस सम्बन्ध में पत्र लिखे, परन्तु उसकी ओर से कोई उत्तर नहीं मिला। उसने जुनेजा को बुला भेजा, तो वह आया भी नहीं। वह स्वयं जुनेजा से मिलने गया, तो जवाब मिला कि निर्मला अब उसकी पत्नी है—उसके मायके के लोगों का उनकी ज़िन्दगी में कोई दख़ल नहीं है।

और निर्मला घर में उसी तरह हँसती और रोती रही...

"तुम मेरे भाई से क्या पूछने गए थे?" वह बाल बिखेरकर 'देवी' का रूप धारण किए हुए कहती, "तुम बीना की तरह मुझे भी तलाक देना चाहते हो? किसी तीसरी को घर में लाना चाहते हो? मगर मैं बीना नहीं हूँ। वह सती स्त्री नहीं थी। मैं सती स्त्री हूँ। तुम मुझे छोड़ने की बात मन में लाओगे, तो मैं इस घर को जलाकर भस्म कर दूँगी—सारे शहर में भूचाल ले आऊँगी। लाऊँ भूचाल?" और बाँहें फैलाकर वह चिल्लाने लगती, "आ भूचाल, आ...आ! मैं सती स्त्री हूँ, तो इस घर की ईंट से ईंट बजा दे। आ, आ, आ!"

वह उसे शान्त करने की चेष्टा करता, तो वह कहती, "देखो, तुम मुझसे दूर रहो, मेरे शरीर को हाथ मत लगाओ। मैं सती स्त्री हूँ। देवी हूँ। तुम मेरा सतीत्व नष्ट करना चाहते हो? मुझे ख़राब करना चाहते हो? मेरा तुमसे ब्याह कब हुआ है? मैं तो अभी कुँवारी हूँ। छोटी-सी बच्ची हूँ। संसार का कोई भी पुरुष मुझे नहीं छू सकता। मैं आध्यात्मिक जीवन जीती हूँ। मुझे कोई छूकर देखे तो सही...।"

और बाल बिखेरे हुए इसी तरह बोलती-चिल्लाती कभी वह घर की छत पर पहुँच जाती और कभी बाहर निकलकर घर के आस-पास चक्कर काटने लगती। उसने दो-एक बार होंठों पर हाथ रखकर निर्मला का मुँह बन्द करना चाहा, तो वह और भी ज़ोर से चिल्लाने लगी, "तुम मेरा मुँह बन्द करना चाहते हो? मेरा गला घोंटना चाहते हो? मुझे मारना चाहते हो? तुम्हें पता है, मैं देवी हूँ? मेरे चारों भाई चार शेर हैं! वे तुम्हें नोच-नोचकर खा जाएँगे। उन्हें पता है उसकी बहन देवी है। कोई मेरा बुरा चाहेगा, तो वे उसे उठाकर ले जाएँगे और काल-कोठरी में बन्द कर देंगे। मेरे बड़े भाई ने अभी-अभी नई कार ली है। मैं उसे चिट्ठी लिख दूँ, तो वह भी कार लेकर आ जाएगा और हाथ-पैर बाँधकर तुम्हें कार में डालकर ले जाएगा। छह महीने बन्द रखेगा, फिर छोड़ेगा। तुम्हें पता नहीं, वे चारों के चारों शेर कितने ज़ालिम हैं? वे राक्षस हैं, राक्षस। आदमी की बोटी-बोटी काट दें और किसी को पता भी न चले। मगर मैं उन्हें नहीं बुलाऊँगी। मैं सती स्त्री हूँ, इसलिए अपने सत्य से ही अपनी रक्षा करूँगी...।"

सब कोशिशों से हारकर वह थका हुआ अपने पढ़ने के कमरे में बन्द होकर पड़ जाता, तो भी आधी रात तक वह साथ के कमरे में उसी तरह बोलती रहती। फिर बोलते-बोलते अचानक चुप कर जाती और थोड़ी देर बाद उसका दरवाज़ा खटखटाने लगती।

"क्या बात है?" वह कहता।

"इस कमरे में मेरी साँस रुक रही है," निर्मला जवाब देती, "दरवाज़ा खोलो, मुझे अस्पताल जाना है!"

"इस समय सो जाओ," वह कहता, "सुबह तुम जहाँ कहोगी, वहाँ ले चलूँगा।"

"मैं कहती हूँ दरवाज़ा खोलो, मुझे अस्पताल जाना है," और वह अचानक ज़ोर-ज़ोर से धक्के देकर दरवाज़ा तोड़ने लगती।

वह दरवाज़ा खोल देता, तो वह हँसती हुई उसके सामने आ जाती, "तुम्हें हँसी किस बात की आ रही है?" वह कहता।

"तुम्हें लगता है मैं हँस रही हूँ?" निर्मला और भी ज़ोर से हँसने लगती, "यह हँसी नहीं, रोना है रोना।"

"तुम अस्पताल चलना चाहती हो?"

"क्यों?"

"अभी तुम कह रही थीं...!"

"मैं अस्पताल जाने के लिए कहाँ कह रही थी? मैं तो कह रही थी कि मुझे उस कमरे में डर लगता है, मैं यहाँ तुम्हारे पास सोऊँगी।"

"देखो निर्मला, इस समय मेरा मन ठीक नहीं है। तुम बाद में चाहे मेरे पास आ जाना, मगर इस समय थोड़ी देर के लिए...!"

"मैं कहती हूँ, मैं अकेली उस कमरे में नहीं सो सकती? मेरे जैसी छोटी-सी बच्ची क्या कभी अकेली सो सकती है?"

"तुम छोटी बच्ची नहीं हो, निर्मला!"

"तो तुम्हें मैं बड़ी नज़र आती हूँ? एक छोटी-सी बच्ची को बड़ी कहते तुम्हारे दिल को कुछ नहीं होता? इसलिए कि तुम मुझे अपने पास सुलाना नहीं चाहते? मगर मैं यहाँ से नहीं जाऊँगी। तुम्हें मुझे अपने साथ सुलाना पड़ेगा। मैं विधवा हूँ जो अकेली सोऊँगी? मैं सुहागिन स्त्री हूँ। कोई सुहागिन क्या कभी अकेली सोती है? मैं भाँवरें लेकर तुम्हारे घर में आई हूँ, ऐसे

ही उठाकर नहीं लाई गई। देखती हूँ तुम कैसे मुझे उस कमरे में भेजते हो?" और वह उसके पास लेटकर उससे लिपट जाती।

कुछ देर में जब उसके स्नायु शान्त हो चुकते तो लगातार उसे चूमती हुई कहती, "मेरा सुहाग! मेरा चाँद! मेरा राजा! मैं तुम्हें कभी अपने से अलग रख सकती हूँ? तुम मेरे साथ एक सौ छत्तीस साल की उम्र तक जिओगे। मुझे यह वर मिला है कि मैं एक सौ छत्तीस साल की उम्र तक सुहागिन रहूँगी। जिसकी भी मुझसे शादी होती, वह एक सौ छत्तीस साल की उम्र तक जीता। तुम देख लेना मेरी बात सच निकलती है या नहीं। मैं सती स्त्री हूँ और सती स्त्री के मुँह से निकली बात कभी झूठ नहीं होती...।"

"तुम सुबह मेरे साथ अस्पताल चलोगी?"

"क्यों, मुझे क्या हुआ है जो मैं अस्पताल जाऊँगी? मुझे तो आज तक कभी सिरदर्द भी नहीं हुआ। मैं अस्पताल क्यों जाऊँ?"

एक दिन प्रकाश उसके लिए कई किताबें ख़रीद लाया। उसने सोचा था कि शायद पढ़ने से निर्मला के मन को एक दिशा मिल जाए और वह धीरे-धीरे अपने मन के अँधेरे से बाहर निकलने लगे। मगर निर्मला ने उन किताबों को देखा, तो मुँह बिचकाकर एक तरफ़ हटा दिया।

"ये किताबें मैं तुम्हारे पढ़ने के लिए लाया हूँ," उसने कहा।

"मेरे पढ़ने के लिए?" निर्मला हैरानी के साथ बोली, "मैं इन किताबों को पढ़कर क्या करूँगी? मैंने तो मार्क्सवाद, मनोविज्ञान और सभी कुछ चौदह साल की उम्र में ही पढ़ लिया था। अब इतनी बड़ी होकर मैं ये किताबें पढ़ने लगूँगी?"

और उसके पास से उठकर अँगूठा चूसती हुई वह दूसरे कमरे में चली गई।

"पापा!"

कोहरे के बादलों में भटका मन सहसा बालकनी पर लौट आया। खिलनमर्ग की सड़क पर बहुत-से लोग घोड़े दौड़ाते जा रहे थे—एक धुँधले चित्र की बुझी-बुझी आकृतियाँ जैसे कुछ वैसे ही बुझी-बुझी आकृतियाँ क्लब से बाज़ार की तरफ़ आ रही थीं। बाईं तरफ़ बर्फ से ढकी पहाड़ी की एक चोटी कोहरे से बाहर निकल आई थी और जाने किधर से आती धूप की एक किरण ने जिसे जगमगा दिया था। कोहरे में भटके कुछ पक्षी उड़ते हुए उस चोटी के सामने आ गए, तो सहसा उनके पंख सुनहरे हो उठे—मगर अगले ही क्षण वे फिर धुँधलके में खो गए।

प्रकाश कुरसी से उठ खड़ा हुआ और झाँककर नीचे सड़क की तरफ़ देखने लगा। क्या वह आवाज़ पलाश की नहीं थी? मगर सड़क पर दूर तक वैसी कोई आकृति दिखाई नहीं दे रही थी। आँखों से टूरिस्ट होटल के गेट तक जाकर वह लौट आया और गले पर हाथ रखकर जैसे निराशा की चुभन को रोके हुए फिर कुरसी पर बैठ गया। दस के बाद ग्यारह, बारह और फिर एक बज गया था और बच्चा नहीं आया था। क्या बच्चे के पहले जन्म दिन की घटना आज फिर दोहराई जानी थी? मुट्ठियाँ बन्द किए उन पर माथा रखकर वह बालकनी पर झुक गया।

"पापा!"

प्रकाश ने चौंककर सिर उठाया। वही कोहरा और वही धुँधली सुनसान सड़क। दूर घोड़ों की टापें और धीमी चाल से उस तरफ़ को आता एक कश्मीरी मज़दूर! क्या वह आवाज़ उसे अपने कानों के परदों के अन्दर से ही सुनाई दे रही थी?

तभी कानों के अन्दर दो नन्हे पैरों की आवाज़ भी गूँज गई और उसके बहुत पास बच्चे का स्वर किलक उठा, "पापा!" साथ ही दो नन्ही बाँहें उसके गले से लिपट गईं और बच्चे के झंडूले बाल उसके होंठों से छू गए।

प्रकाश ने बच्चे के शरीर को सिर से पैर तक छू लिया। फिर उसके माथे और आँखों को हलके से चूम लिया।

"तो मैं जाऊँ, पलाश?" एक भूली हुई मगर परिचित आवाज़ ने प्रकाश को फिर चौंका दिया। उसने घूमकर पीछे देखा। कमरे के दरवाज़े के बाहर बीना दाईं तरफ़ न जाने किस चीज़ पर आँखें गड़ाए खड़ी थी।

"आप?...अन्दर आ जाइए आप...!" कहता हुआ वह बच्चे को बाँहों में लिये अस्त-व्यस्त-सा कुरसी से उठ खड़ा हुआ।

"नहीं, मैं जा रही हूँ," बीना ने फिर भी उसकी तरफ़ नहीं देखा, "मुझे इतना बता दीजिए कि बच्चा कब तक लौटकर आएगा।"

"आप...जब कहें, तभी भेज दूँगा।" प्रकाश बालकनी की दहलीज़ लाँघकर कमरे में आ गया।

"चार बजे इसे दूध पीना होता है।"

"तो चार बजे तक मैं इसे वहाँ पहुँचा दूँगा।"

"इसने हल्का-सा स्वेटर ही पहन रखा है। दूसरे पुलोवर की ज़रूरत तो नहीं पड़ेगी?"

"आप दे दीजिए। ज़रूरत पड़ेगी, तो मैं इसे पहना दूँगा।"

बीना ने दहलीज़ के उस तरफ़ से पुलोवर उसकी तरफ़ बढ़ा दिया। उसने पुलोवर लेकर उसे शाल की तरह बच्चे को ओढ़ा दिया। "आप..." उसने बीना से फिर कहना चाहा कि अन्दर आ जाए, मगर उससे कहा नहीं गया। बीना चुपचाप जीने की तरफ़ चल दी। प्रकाश कमरे से निकल आया। जीने से बीना ने कहा, "देखिए, इसे आइसक्रीम वगैरह मत खिलाइएगा। इसका गला बहुत जल्द ख़राब हो जाता है।"

"अच्छा!"

बीना पल-भर रुकी रही। शायद उसे और भी कुछ कहना था। मगर फिर बिना कुछ कहे नीचे उतर गई। बच्चा प्रकाश की बाँहों में उछलता हुआ हाथ हिलाता रहा, "ममी, टा टा! टा टा!" प्रकाश उसे लिये बालकनी पर लौट आया तो वह उसके गले में बाँहें डालकर बोला, "पापा, मैं आइछक्लीम जलूल थाऊँगा।"

"हाँ-हाँ बेटे!" प्रकाश उसकी पीठ पर हाथ फेरने लगा, "जो तेरे मन में आए सो खाना।"

और कुछ देर वह अपने को, बालकनी को, और यहाँ तक कि बच्चे को भी भूला हुआ सामने कोहरे में देखता रहा।

कोहरे का पर्दा धीरे-धीरे उठने लगा, तो मीलों तक फैले हरियाली के रंगमंच की धुँधली रेखाएँ स्पष्ट हो उठीं।

वे दोनों गॉल्फ-ग्राउंड पार करके क्लब की तरफ़ जा रहे थे। चलते हुए बच्चे ने पूछा, "पापा, आदमी के दो टाँगें क्यों होती हैं? चार क्यों नहीं होतीं?"

प्रकाश ने चौंककर उसकी तरफ़ देखा और कहा, "अरे!"

"क्यों पापा," बच्चा बोला, "तुमने अरे क्यों कहा है?"

"तू, इतना साफ़ बोल सकता है, तो अब तक तुतलाकर क्यों बोल रहा था?" प्रकाश ने उसे बाँहों में उठाकर एक अभियुक्त की तरह सामने कर दिया। बच्चा खिलखिलाकर हँसा। प्रकाश को लगा कि यह वैसी ही हँसी है जैसी कभी वह स्वयं हँसा करता था। बच्चे के चेहरे की रेखाओं से भी उसे अपने बचपन के चेहरे की याद हो आई। उसे लगा जैसे एकाएक उसका तीस साल पहले का चेहरा उसके सामने आ गया हो और वह ख़ुद उस चेहरे के सामने एक अभियुक्त की तरह खड़ा हो।

"ममी तो ऐछे ही अच्छा लदता है," बच्चे ने कहा।

"क्यों?"

"मेले तो नहीं पता। तुम ममी छे पूछ लेना।"

"तेरी ममी तुझे ज़ोर से हँसने से भी मना करती है?" प्रकाश को वे दिन याद आए जब उसके खिलखिलाकर हँसने पर बीना कानों पर हाथ रख लिया करती थी।

बच्चे की बाँहें उसकी गर्दन के पास कस गईं। "हाँ," वह बोला, "ममी तहती है अच्छे बच्चे जोल छे नहीं हँछते।"

प्रकाश ने उसे बाँहों से उतार दिया। बच्चा उसकी उँगली पकड़े घास पर चलने लगा। "त्यों पापा," उसने पूछा, "अच्छे बच्चे जोल छे त्यों नहीं हँछते?"

"हँसते हैं बेटा!" प्रकाश ने उसके सिर को सहलाते हुए कहा, "सब अच्छे बच्चे ज़ोर से हँसते हैं!"

"तो ममी मेरे तो त्यों लोतती है?"

"अब वह तुझे नहीं रोकेगी। और तू तुतलाकर नहीं ठीक से बोला कर। तेरी ममी तुझे इसके लिए भी मना नहीं करेगी। मैं उससे कह दूँगा।"

"तो तुमने पहले ममी छे, त्यों नहीं तहा?"

"ऐसे नहीं, कह कि तुमने पहले ममी से क्यों नहीं कहा।"

बच्चा फिर हँस दिया, "तो तुमने पहले ममी से क्यों नहीं कहा?"

"पहले मुझे याद नहीं रहा। अब याद से कह दूँगा।"

कुछ देर दोनों चुपचाप रहे। फिर बच्चे ने पूछा, "पापा, तुम मेरे जन्मदिन की पार्टी में क्यों नहीं आए? ममी कहती थी तुम विलायत गए हुए थे।"

"हाँ, मैं विलायत गया हुआ था।"

"तो पापा, अब तुम विलायत नहीं जाना।"

"क्यों?"

"मेरे को अच्छा नहीं लगता। विलायत जाकर तुम्हारी शकल और ही तरह की हो गई है।"

प्रकाश एक रूखी-सी हँसी हँसा। "कैसी हो गई है शकल?"

"पता नहीं कैसी हो गई है? पहले दूसरी तरह की थी, अब दूसरी तरह की है।"

"दूसरी तरह की कैसे?"

"पता नहीं पहले तुम्हारे बाल काले-काले थे। अब सफ़ेद-सफ़ेद हो गए हैं।"

"तू इतने दिन मेरे पास नहीं आया, इसीलिए मेरे बाल सफ़ेद हो गए हैं।"

बच्चा इतने ज़ोर से हँसा कि उसके क़दम लड़खड़ा गए। "अरे पापा, तुम तो विलायत गए हुए थे," उसने कहा, "मैं तुम्हारे पास कैसे आता? मैं क्या अकेला विलायत जा सकता हूँ?"

"क्यों नहीं जा सकता? तू इतना बड़ा तो है।"

"मैं सचमुच बड़ा हूँ न पापा ?" बच्चा ताली बजाता हुआ बोला, "तुम यह बात भी ममी से कह देना। वह कहती है, मैं अभी बहुत छोटा हूँ। मैं छोटा नहीं हूँ न पापा ?"

"नहीं, तू छोटा कहाँ है ?" कहकर प्रकाश मैदान में दौड़ने लगा, "अच्छा भागकर मुझे पकड़।"

बच्चा अपनी छोटी-छोटी टाँगें पटकता हुआ दौड़ने लगा। प्रकाश को फिर अपने बचपन की याद आई। उसे दौड़ते देखकर तब एक बार किसी ने कहा था, "अरे, यह बच्चा कैसे टाँगें पटक-पटककर दौड़ता है। इसे ठीक से चलना नहीं आता क्या ?"

बच्चे की उँगली पकड़े प्रकाश क्लब के बार-रूम में दाख़िल हुआ, तो बारमैन अब्दुल्ला उसे देखकर दूर से मुसकराया।

"साहब के लिए दो बोतल बियर," उसने पास खड़े बैरे से कहा, "साहब आज अपने साथ एक मेहमान को लाया है।"

"बच्चे के लिए एक गिलास पानी दे दो," प्रकाश ने काउंटर के पास रुककर कहा, "इसे प्यास लगी है।"

"ख़ाली पानी ?" अब्दुल्ला बच्चे के गालों को प्यार से सहलाने लगा, "और सब दोस्तों को तो साहब बियर पिलाता है और इस बेचारे को ख़ाली पानी ?" और पानी की बोतल खोलकर वह गिलास में पानी डालने लगा। जब वह गिलास बच्चे के मुँह के पास ले गया, तो बच्चे ने यह अपने हाथ में ले लिया, "मैं अपने आप पिऊँगा," उसने कहा, "मैं छोटा थोड़े ही हूँ ? मैं तो बड़ा हूँ।"

"अच्छा तू बड़ा है ?" अब्दुल्ला हँसा, "तब तो तुझे पानी देकर मैंने ग़लती की है। बड़े लोगों को तो मैं बियर ही पिलाता हूँ।"

"बियर क्या होता है ?" बच्चे ने मुँह से गिलास हटाकर पूछा।

"बियर होता नहीं, होती है।" अब्दुल्ला ने झुककर उसे चूम लिया, "तुझे पिलाऊँ क्या ?"

"नहीं," कहकर बच्चे ने अपनी बाँहें प्रकाश की तरफ़ फैला दीं। प्रकाश उसे लेकर ड्योढ़ी की तरफ़ चला, तो अब्दुल्ला भी उन दोनों के साथ-साथ बाहर चला आया।

"किसका बच्चा है, साहब ?" उसने पूछा।

"मेरा लड़का है," कहकर प्रकाश बच्चे को सीढ़ी से नीचे उतारने लगा।

अब्दुल्ला हँस दिया। "साहब बहुत ख़ुशदिल आदमी है," उसने कहा।

"क्यों ?"

अब्दुल्ला हँसता हुआ सिर हिलाने लगा, "आपका भी जवाब नहीं है।"

प्रकाश ग़ुस्से में कुछ कहने को हुआ, मगर अपने को रोककर बच्चे को लिये हुए आगे चल दिया। अब्दुल्ला ड्योढ़ी में रुककर पीछे से सिर हिलाता रहा। बैरा शेर मोहम्मद अन्दर से निकलकर आया, तो वह फिर खिलखिलाकर हँस दिया।

"क्या बात है ? अकेला खड़ा कैसे हँस रहा है ?" शेर मोहम्मद ने पूछा।

"साहब का भी जवाब नहीं है," अब्दुल्ला किसी तरह हँसी पर काबू पाकर बोला।

"किस साहब का जवाब नहीं है ?"

"उस साहब का," अब्दुल्ला ने प्रकाश की तरफ़ इशारा किया, "उस दिन बोलता था कि इसने इसी साल शादी की है और बोलता है कि यह पाँच साल का बाबा इसका लड़का है। जब आया था, तो अकेला था। और आज इसके लड़का भी हो गया!"

प्रकाश ने एक बार घूमकर तीखी नज़र से उसकी तरफ़ देख लिया। अब्दुल्ला एक बार फिर खिलखिला उठा, ''ऐसा ख़ुशदिल आदमी मैंने आज तक नहीं देखा।''

''पापा, घास हरी क्यों होती है ? लाल क्यों नहीं होती ?'' क्लब से निकलकर प्रकाश ने बच्चे को एक घोड़ा किराए पर ले दिया था। लिनेनमर्ग को जानेवाली पगडंडी पर वह ख़ुद उसके साथ-साथ पैदल चल रहा था। घास के रेशमी फैलाव पर कोहरे का आकाश इस तरह झुका था जैसे वासना का उन्माद फिर से उसे घिर आने के लिए प्रेरित कर रहा हो। बच्चा उत्सुक आँखों से आसपास की पहाड़ियों और सामने से बहकर जाती पानी की पतली धार को देख रहा था। कभी कुछ क्षण वह अपने को भूला रहता, फिर अपने अन्दर के किसी भाव से प्रेरित होकर काठी पर उछलने लगता।

''हर चीज़ का अपना रंग होता है,'' प्रकाश ने बच्चे की जाँघ को हाथ से दबाए हुए कहा और कुछ देर ख़ुद भी हरियाली के फैलाव में खोया रहा।

''हर चीज़ का अपना रंग क्यों होता है ?''

''क्योंकि कुदरत की बात है बेटे, कुदरत ने हर चीज़ का अपना रंग बना दिया है।''

''कुदरत क्या होती है ?''

प्रकाश ने झुककर उसकी जाँघ को चूम लिया। ''कुदरत यह होती है,'' उसने कहा। जाँघ पर गुदगुदी होने से बच्चा भी हँसने लगा।

''तुम झूठ बोलते हो,'' उसने कहा।

''क्यों ?''

''तुमको इसका पता ही नहीं है।''

''अच्छा, मुझे पता नहीं है, तो तू बता, घास का रंग हरा क्यों होता है ?''

''घास मिट्टी के अन्दर से पैदा होती है, इसलिए इसका रंग हरा होता है।''

''अच्छा, तुझे इसका कैसे पता चल गया ?''

बच्चा उछलता हुआ लगाम को झटकने लगा, ''मेरे को ममी ने बताया था।''

प्रकाश के होंठों पर एक विकृत-सी मुसकराहट आ गई। उसे लगा जैसे आज भी उसके और बीना के बीच एक द्वन्द्व चल रहा हो और बीना उस द्वन्द्व में उस पर भारी पड़ने की चेष्टा कर रही हो।

''तेरी ममी ने तुझे और क्या-क्या बता रखा है ?'' वह बच्चे को थपथपाकर बोला, ''यह भी बता रखा है कि आदमी के दो टाँगें क्यों होती हैं और चार क्यों नहीं ?''

''हाँ। ममी कहती थी कि आदमी के दो टाँगें इसलिए होती हैं कि वह आधा ज़मीन पर चलता है, आधा आसमान में।''

''अच्छा ?'' प्रकाश के होंठों पर हँसी और मन में उदासी की एक रेखा फैल गई। ''मुझे इसका पता नहीं था।''

''तुमको तो कुछ भी पता नहीं है, पापा!'' बच्चा बोला, ''इतने बड़े होकर भी पता नहीं है!''

घास, बर्फ और आकाश के रंग दिन में कई-कई बार बदल जाते थे। बदलते रंगों के साथ मन भी और से और होने लगता था। सुबह उठते ही प्रकाश बच्चे के आने की प्रतीक्षा करने लगता। बार-बार वह बालकनी पर जाता और टूरिस्ट होटल की तरफ़ देखता हुआ देर-

देर तक वहाँ खड़ा रहता। नाश्ता करने या खाना खाने जाने के लिए भी वह वहाँ से नहीं हटना चाहता था। उसे डर था कि बच्चा इस बीच वहाँ आकर लौट न जाए। तीन दिन में उसे साथ लिये वह कितनी ही बार घूमने के लिए गया था, उसके घोड़े के पीछे-पीछे दौड़ा था और उसके साथ घास पर लोटता रहा था। कभी एक दोस्त की तरह वह उसके साथ खिलखिलाकर हँसता, कभी एक नौकर की तरह उसके हर आदेश का पाल । करता। बच्चा जान-बूझकर रास्ते के कीचड़ में अपने पाँव लथपथ कर लेता और होंठ बिसोरकर कहता, ''पापा, पाँव धो दो।'' वह उसे उठाए इधर-उधर पानी ढूँढ़ता फिरता। बच्चे को वह जिस किसी कोण से देखता, उसी कोण से उसकी तसवीर ले लेना चाहता। जब बच्चा थक जाता और लौटकर अपनी ममी के पास जाने की हठ करने लगता, तो वह उसे तरह-तरह के लालच देकर अपने पास रोक रखना चाहता। एक बार उसने बच्चे को अपनी माँ के साथ दूर से आते देखा और उतरकर नीचे चला गया। जब वह पास पहुँचा, तो बच्चा दौड़कर उसकी तरफ़ आने की जगह माँ के साथ फोटोग्राफर की दुकान के अन्दर चला गया। वह कुछ देर सड़क पर रुका रहा, फिर यह सोचकर ऊपर चला आया कि फोटोग्राफर की दुकान से निकलकर बच्चा अपने-आप ऊपर आ जाएगा। मगर बालकनी पर खड़े-खड़े उसने देखा कि बच्चा दुकान से निकलकर उस तरफ़ आने की बजाय हठ के साथ अपनी माँ का हाथ खींचता हुआ उसे वापस टूरिस्ट होटल की तरफ़ ले जा रहा है। उसका मन हुआ कि फिर नीचे जाकर बच्चे को अपने साथ ले आए, मगर कोई चीज़ उसके पैरों को रोके रही और वह वहीं खड़ा उसे देखता रहा। शाम तक न जाने कितनी बार वह बालकनी पर आया और कितनी-कितनी देर वहाँ खड़ा रहा। आख़िर उससे नहीं रहा गया, तो उसने नीचे जाकर कुछ चेरी ख़रीदी और बच्चे को देने के बहाने टूरिस्ट होटल की तरफ़ चल दिया। अभी वह टूरिस्ट होटल से कुछ फासले पर था कि बच्चा अपनी माँ के साथ बाहर आता दिखाई दिया। मगर उस पर नज़र पड़ते ही वह वापस होटल की गैलरी में भाग गया।

प्रकाश जहाँ था, वहीं खड़ा रहा। पल-भर के लिए उसकी आँखें बीना से मिलीं। उसे लगा कि बीना का चेहरा पहले से कुछ साँवला हो गया है और उसकी आँखों के नीचे स्याह दायरे उभर आए हैं। वह पहले से काफ़ी दुबली भी लग रही थी। कुछ पल रुके रहने के बाद प्रकाश आगे बढ़ गया और चेरी वाला लिफ़ाफ़ा बीना की तरफ़ बढ़ाकर खुश्क गले से बोला, ''यह मैं बच्चे के लिए लाया था।''

बीना ने लिफ़ाफ़ा ले लिया, मगर लेते हुए उसकी आँखें दूसरी तरफ़ मुड़ गईं। ''पलाश!'' उसने कुछ अस्थिर आवाज़ में बच्चे को पुकारा, ''यह ले, तेरे पापा तेरे लिए चेरी लाए हैं।''

''मैं नहीं लेता,'' बच्चे ने गैलरी से कहा और भागकर और भी दूर चला गया।

बीना ने एक असहाय नज़र बच्चे पर डाली और प्रकाश की तरफ़ देखकर बोली, ''कहता है, मैं पापा से नहीं बोलूँगा। वे सुबह रुके क्यों नहीं, चले क्यों गए थे?''

प्रकाश बीना को उत्तर न देकर गैलरी में च ा गया और कुछ दूर बच्चे का पीछा करके उसने उसे बाँहों में उठा लिया।

''मैं तुमसे नहीं बोलूँगा, कभी नहीं बोलूँगा,'' बच्चा अपने को छुड़ाने की चेष्टा करता कहता रहा।

''ऐसी क्या बात है?'' प्रकाश उसे पुचकारने की चेष्टा करने लगा, ''पापा से इस तरह नाराज़ होते हैं क्या?''

''तुमने मेरी तसवीरें क्यों नहीं देखीं?''

"कहाँ थीं तेरी तसवीरें? मुझे तो पता ही नहीं था।"

"पता क्यों नहीं था? तुम दुकान के बाहर से ही क्यों चले गए थे?"

"अच्छा ला, पहले तेरी तसवीरें देखें, फिर घूमने चलेंगे।"

"यह सुबह आपको दिखाने के लिए ही तसवीरें लेने गया था," बीना के साथ खड़ी एक युवा स्त्री ने कहा। प्रकाश ने ध्यान नहीं दिया था कि उसके साथ कोई और भी है।

"तसवीरें मेरे पास थोड़े ही हैं? उसी के पास हैं।"

"सुबह फोटोग्राफर ने निगेटिव दिखाए थे, पाज़िटिव वह अब इस वक़्त देगा," उसी स्त्री ने फिर कहा।

"तो चल, पहले दुकान पर चलकर तेरी तसवीरें ले लें। हाँ, देखें तो सही कैसी तसवीरें हैं!" कहकर प्रकाश फोटोग्राफर की दुकान की तरफ़ चलने लगा।

"मैं ममी को साथ लेकर जाऊँगा," बच्चे ने उसकी बाँहों में मचलते हुए कहा।

"हाँ, हाँ, तेरी ममी भी साथ आ रही है," प्रकाश ने एक बार निरुपाय-सी दृष्टि से पीछे की तरफ़ देख लिया और जैसे किसी अदृश्य व्यक्ति से कहा, 'देखिए, आप भी साथ आ जाइए, नहीं तो यह रोने लगेगा।"

बीना होंठ दाँतों में दबाए हुए कुछ क्षण आँखें झपकती रही, फिर चुपचाप उसके साथ चल दी।

फोटोग्राफर की दुकान में दाख़िल होते ही बच्चा प्रकाश की बाँहों से उतर गया और आदेश के स्वर में फोटोग्राफर से बोला, "मेरे पापा को मेरी तसवीरें दिखाओ।" उसके स्वर से कुछ ऐसा भी लगता था जैसे वह अपने पर लगाए गए किसी अभियोग का उत्तर दे रहा हो। फोटोग्राफर ने तसवीरें निकालकर मेज़ पर फैला दीं, तो बच्चा एक-एक तसवीर उठाकर प्रकाश को दिखाने लगा, "देखो पापा, यह वहीं की तसवीर हैं न जहाँ से तुमने कहा था, सारा कश्मीर नज़र आता है? और यह तसवीर भी देखो, जो तुमने मेरी घोड़े पर बैठे हुए उतारी थी...।"

"दो दिन से बिलकुल साफ़ बोल रहा है," बीना के साथ की युवा स्त्री ने कहा, "कहता है पापा ने कहा है तू बड़ा हो गया है, इसलिए अब तुतलाकर मत बोला कर।"

प्रकाश कुछ न कहकर तसवीरें देखता रहा। फिर दस का नोट निकालकर फोटोग्राफर को देते हुए कहा, "इसमें से आप अपने पैसे काट लीजिए!"

फोटोग्राफर पल-भर असमंजस में उसे देखता रहा। फिर बोला, "पैसे तो अभी आप ही के मेरी तरफ़ निकलते हैं। मेम साहब ने जो बीस रुपए परसों दिए थे, उनमें से दो-एक रुपए अभी बचते होंगे। कहें तो अभी हिसाब कर दूँ।"

"नहीं, रहने दीजिए हिसाब बाद में हो जाएगा," कहकर प्रकाश ने नोट वापस जेब में रख लिया और बच्चे की उँगली पकड़े दुकान से बाहर निकल आया। कुछ क़दम चलने पर पीछे से बीना का स्वर सुनाई दिया, "यह आपके साथ घूमने जा रहा है?"

"हाँ!" प्रकाश ने थोड़ा चौंककर पीछे देख लिया। "मैं अभी थोड़ी देर में इसे वापस छोड़ जाऊँगा।"

"देखिए, आपसे एक बात कहनी थी..."

"कहिए..."

बीना पल-भर कुछ सोचती हुई चुप रही। फिर बोली, "इसे ऐसी कोई बात मत बताइएगा जिससे यह..."

प्रकाश को लगा जैसे कोई ठंडी चीज़ उसके स्नायुओं से छू गई हो। उसकी आँखें झुक गईं और उसने धीरे से कहा, ''नहीं, मैं ऐसी कोई बात इससे नहीं कहूँगा।'' उसे खेद हुआ कि एक दिन पहले जब बच्चा हठ करके कह रहा था कि 'पापा' और 'पिताजी' एक ही व्यक्ति को नहीं कहते—'पापा' को पापा कहते हैं और 'पिताजी' ममी के पापा को कहते हैं—तो वह क्यों उसकी ग़लतफहमी दूर करने की कोशिश करता रहा था।

वह अकेला बच्चे के साथ क्लब की सड़क पर चलने लगा, तो कुछ दूर जाकर बच्चा सहसा रुक गया। ''हम कहाँ जा रहे हैं, पापा?'' उसने पूछा।

''पहले क्लब चल रहे हैं,'' उसने कहा, ''वहाँ से घोड़ा लेकर आगे घूमने जाएँगे।''

''नहीं, मैं वहाँ उस आदमी के पास नहीं जाऊँगा,'' कहकर बच्चा सहसा पीछे की तरफ़ चल दिया।

''किस आदमी के पास?''

''वह जो वहाँ क्लब में था। मैं उसके हाथ से पानी भी नहीं पिऊँगा।''

''क्यों?''

''मुझे वह आदमी अच्छा नहीं लगता।''

प्रकाश पल-भर बच्चे को देखता रहा, फिर उसकी तरफ़ मुड़ आया। ''हाँ, हम उस आदमी के पास नहीं चलेंगे'', उसने कहा, ''मुझे भी वह आदमी अच्छा नहीं लगता।''

बहुत दिनों के बाद उस रात प्रकाश को गहरी नींद आई थी। ऐसी विस्मृति-सी नींद, जिसमें स्वप्न-दुःस्वप्न कुछ न हो, उसके लिए लगभग भूली हुई चीज़ हो चुकी थी। फिर भी जागने पर उसे अपने में ताज़गी का अनुभव नहीं हुआ, अनुभव हुआ एक ख़ालीपन का। जैसे कोई चीज़ उसके अन्दर उफनती रही हो, जो गहरी नींद सो लेने से चुक गई हो। रोज़ की तरह उठकर वह बालकनी पर गया। देखा आकाश साफ़ है। रात को सोया था, तो बारिश हो रही थी। मगर उस धुले-निखरे आकाश को देखकर आभास तक नहीं होता था कि कभी वहाँ बादल भी घिरे रहते थे। सामने की पहाड़ियाँ सुबह की धूप में धुलकर उजली हो उठी थीं।

प्रकाश काफ़ी देर वहाँ खड़ा रहा। अपनी ताज़गी में एक जड़ता का अनुभव करता हुआ। फिर दूर उठते बादल की तरह कोई चीज़ उसे अपने में उमड़ती महसूस होने लगी और उसका मन एक दबी-सी आशंका से सिहर गया। कहीं ऐसा तो नहीं कि... ?

वह बालकनी से हट आया। पिछली शाम बच्चे ने उसे बताया था। उसकी ममी कह रही थी कि दिन साफ़ हुआ, तो वे लोग सुबह वहाँ से चले जाएँगे। रात को जैसे बारिश हो रही थी, उससे सुबह तक आसमान खुलने की कोई सम्भावना नहीं लगती थी। इसलिए सोते वक़्त वह इस तरफ़ से लगभग निश्चिन्त था। मगर रात-रात में आसमान का रूप बिलकुल बदल गया था। तो क्या सचमुच आज वे लोग वहाँ से चले जाएँगे?

उसने कमरे में बिखरे सामान को देखा—कुछ इनी-गिनी चीज़ें थीं। चाहा कि उन्हें सहेज दे, मगर किसी भी चीज़ को रखने-उठाने को मन नहीं हुआ। बिस्तर को देखा। उसमें रोज़ से बहुत कम सलवटें थीं। लगा जैसे रात को गहरी नींद के लिए वह बिस्तर ही दोषी हो, और गहरी नींद बरसते आकाश के साफ़ हो जाने के लिए! उसने बिस्तर की चादर को हिला दिया कि उसमें और सलवटें पड़ जाएँ मगर उससे चादर में दो-एक सलवटें थीं, वे भी निकल गईं। वह फिर से एक नींद लेने के इरादे से बिस्तर पर लेट गया।

शरीर में थकान बिलकुल नहीं थी, इसलिए नींद नहीं आई। कुछ देर करवटें लेने के बाद वह नहाने-धोने के लिए उठ गया। लड़खड़ाते कदमों से सुबह धीरे-धीरे दोपहर की तरफ़ बढ़ने लगी। इससे उसके मन को कुछ सहारा मिला। वह चाह रहा था कि इसी तरह शाम हो जाए और फिर रात—और बच्चा उससे विदा लेने न आएँ। मगर जब दोपहर भी ढलने लगी और बच्चा नहीं आया, तो उसके मन में एक और आशंका सिर उठाने लगी। वह सोचने लगा, कहीं ऐसा तो नहीं कि उसकी ममी सुबह-सुबह ही उसे लेकर वहाँ से चली गई हो?

वह बार-बार बालकनी पर जाता—एक धड़कती आशा लिये हुए। बार-बार टूरिस्ट होटल की सड़क पर नज़र दौड़ाता और पहले से अधिक अस्थिर होकर कमरे में लौट आता। उसकी धमनियों में लहू की हर बूँद उत्कंठित और व्याकुल थी। उसने सुबह से कुछ खाया नहीं था, इसलिए भूख भी उसे परेशान कर रही थी। कुछ देर बाद कमरा बन्द करके वह खाना खाने चला गया। बड़े-बड़े कौर निगलकर किसी तरह दो रोटियाँ गले से उतारीं और जल्दी से वापस चला आया। मगर उतनी देर भी कमरे से बाहर रहना उसे एक अपराध-सा लग रहा था। लौटते हुए उसने सोचा कि उसे ख़ुद जाकर टूरिस्ट होटल से पता कर लेना चाहिए। मगर सड़क की चढ़ाई चढ़ते हुए उसने दूर से देखा—बीना बच्चे के साथ उसकी बालकनी के नीचे सड़क पर खड़ी थी।

वह तेज़-तेज़ चलकर उनके पास पहुँच गया। मगर बच्चे ने उसकी तरफ़ नहीं देखा। वह अपनी माँ का हाथ खींचता हुआ किसी चीज़ के लिए हठ कर रहा था। प्रकाश ने उसकी बाँह हाथ में ली, तो वह बाँह छुड़ाने के लिए ज़मीन पर लोटने लगा। "मैं तुम्हारे घर नहीं जाऊँगा," उसने लगभग चीखकर कहा। प्रकाश अचकचा गया और उसकी बाँह छोड़कर जड़-सा खड़ा रहा।

"मुझसे नाराज़ है क्या?" उसने बिना दोनों में से किसी की तरफ़ देखे पूछ लिया।

"ममी, मेरे साथ ऊपर क्यों नहीं चलती?" बच्चा उसी तरह चिल्लाया।

प्रकाश और बीना की आँखें मिलने को हुईं, मगर पूरी तरह नहीं मिल पाईं। प्रकाश ने बच्चे की बाँह फिर हाथ में ले ली और तटस्थ स्वर में बीना से कहा, "आप भी आ जाइए न!"

"इसे आज जाने क्या हुआ!" बीना कुछ झुँझलाहट के साथ बोली, "सुबह से बात-बात पर तंग कर रहा है!"

"इस वक़्त यह अकेला मेरे साथ ऊपर नहीं जाएगा," प्रकाश ने स्वर की तटस्थता अब भी बनाए रखी, "आप साथ आ क्यों नहीं जातीं?"

"चल, मैं तुझे जीने तक पहुँचा देती हूँ," बीना उसे उत्तर न देकर बच्चे से बोली, "ऊपर से जल्दी लौट आना। घोड़ेवाले उधर तैयार खड़े हैं।"

प्रकाश को अपने मन में एक नश्तर-सा चुभता महसूस हुआ। मगर जल्दी ही उसने अपने को सँभाल लिया। "आप लोग आज ही जा रहे हैं?" उसने चेष्टा की कि शब्दों से उसके मन का भाव प्रकट न हो।

"जी हाँ," बीना दूसरी तरफ़ देखती रही। "जाना तो सुबह ही था, मगर इसके हठ की वजह से इतनी देर हो गई। अब भी यह...।" और बात बीच में ही छोड़कर उसने बच्चे से फिर कहा, "चल, तुझे जीने तक पहुँचा दूँ।"

बच्चा प्रकाश के हाथ से बाँह छुड़ाकर कुछ दूर भाग गया। "मैं नहीं जाऊँगा," उसने कहा।

"अच्छा आ," बीना बोली, "मैं तुझे ऊपर पहुँचा देती हूँ—उस दिन की तरह।"

"मैं नहीं जाऊँगा," और बच्चा कुछ क़दम और दूर चला गया।

"आप साथ आ क्यों नहीं जातीं? यह इस तरह अपना हठ नहीं छोड़ेगा," प्रकाश ने होंठ काटते हुए कहा। बीना ने आँख झपकने तक उसकी तरफ़ देख लिया। उस दृष्टि में एक तीखा चुभता-सा भाव था। मगर आँख झपकने के साथ ही वह भाव धुल गया और उसने अपने को सहेज लिया। उसके चेहरे पर एक दृढ़ता आ गई और उसने बच्चे को बाँहों में उठा लिया। "चल, मैं तेरे साथ चलती हूँ," उसने कहा।

बच्चे का रुआँसा भाव हँसी में बदल गया और उसने माँ के गले में बाँहें डाल दीं। प्रकाश उनसे आगे-आगे जीना चढ़ने लगा।

ऊपर पहुँचकर बीना ने बच्चे को बाँहों से उतार दिया और कहा, "ले अब मैं जा रही हूँ।"

"नहीं," बच्चे ने उसका हाथ पकड़ लिया, "तुम भी यहीं बैठो।"

"बैठ जाइए न," प्रकाश ने कुरसी पर पड़ी दो-एक चीज़ें जल्दी से हटा दीं और कुरसी बीना की तरफ़ बढ़ा दी। बीना कुरसी पर न बैठकर चारपाई के कोने पर बैठ गई। तभी बच्चे का ध्यान न जाने किस चीज़ ने खींच लिया। वह उन दोनों को छोड़कर बालकनी में चला गया और वहाँ से उचककर सड़क की तरफ़ देखने लगा।

प्रकाश कुरसी की पीठ पर हाथ रखे जैसे खड़ा था वैसे ही खड़ा रहा। बीना चारपाई के कोने में और भी सिमटकर दीवार की तरफ़ देखने लगी। असावधानी के एक क्षण में उनकी आँखें मिल गईं, तो बीना ने अपनी पूरी शक्ति संचित करके पूछ लिया, "कल इसकी जेब में कुछ रुपए मिले थे। वे आपने रखे थे?"

प्रकाश सहसा ऐसे हो गया जैसे किसी ने उसे पकड़कर झकझोर दिया हो।

"हाँ," प्रकाश ने अटकते स्वर में कहा, "सोचा था, उनसे यह...कोई चीज़ बनवा लेगा।"

बीना पल-भर चुप रही। फिर बोली, "क्या चीज़ बनवानी होगी?"

"कोई भी चीज़। कोई अच्छा-सा ओवरकोट या...।"

कुछ देर फिर चुप्पी रही। फिर बीना ने पूछ लिया, "कैसा कोट बनवाना होगा?"

"कैसा भी। जैसा इसे अच्छा लगे, या...या जैसा आप ठीक समझें।"

"कोई ख़ास तरह का कपड़ा लेना हो, तो बता दीजिए।"

"ख़ास कपड़ा कोई नहीं...कैसा भी हो।"

"कोई ख़ास रंग...?"

"नहीं...हाँ...अगर नीले रंग का हो, तो ज़्यादा अच्छा है।" कहकर प्रकाश को थोड़ा अफसोस हुआ। उसे पता था बीना को नीले रंग पसन्द नहीं हैं।

बच्चा उछलता हुआ बालकनी से लौट आया और बीना का हाथ पकड़कर बोला, "अब चलो।"

"पापा से प्यार तो किया नहीं और आते ही चल भी दिया?" प्रकाश ने उसे बाँहों में ले लिया। बच्चे ने उसके होंठों से होंठ मिलाकर एक बार अच्छी तरह उसे चूम लिया और फिर झट से उसकी बाँहों से निकलकर माँ से बोला, "अब चलो।"

बीना चारपाई से उठ खड़ी हुई। बच्चा उसका हाथ पकड़कर उसे बाहर की तरफ़ खींचने लगा। "तलो न ममी देल हो लही है," वह फिर तुतलाने लगा और बीना को साथ खींचता हुआ दहलीज़ पार कर गया।

"तू जाकर पापा को चिट्ठी लिखेगा न?" प्रकाश ने पीछे से आवाज़ दी।

"लिथूँदा।" मगर उसने पीछे मुड़कर नहीं देखा। पीछे मुड़कर देखा एक बार बीना ने, और जल्दी से आँखें हटा लीं। आँखों की कोरों में अटके आँसू उसने बहने नहीं दिए। "तूने पापा को टा-टा नहीं किया।" उसने बच्चे के कन्धे पर हाथ रखे हुए कहा।

"टा-टा पापा!" बच्चे ने बिना पीछे की तरफ़ देखे हाथ हिलाया और जीने से बीना के साथ उतरने लगा। आधे जीने से फिर उसकी आवाज़ सुनाई दी, "पापा का धल अच्छा नहीं है ममी, हमारा धल अच्छा है। पापा के धल में तो कुछ छामान ही नहीं है...।"

"तू अब चुप करेगा कि नहीं!" बीना ने उसे झिड़क दिया, "जो मुँह में आता है बोलता जाता है।"

"नहीं तुप तलूँदा, नहीं तलूँदा तुप...।" बच्चे का स्वर फिर रुआँसा हो गया और वह तेज़-तेज़ नीचे उतरने लगा। "पापा का धल दन्दा! पापा का धल थू...!"

रात होते-होते आकाश फिर घिर गया। प्रकाश क्लब के बाररूम में बैठा एक के बाद एक बियर की बोतलें ख़ाली करता रहा। बारमैन अब्दुल्ला लोगों के लिए रम और व्हिस्की के पेग डालता हुआ बार-बार कनखियों से उसकी तरफ़ देख रहा था। "लगता है आज साहब ने कहीं से बड़ा माल मारा है," उसने एकाध बार शेर मोहम्मद से कहा, "आगे कभी एक बोतल से ज़्यादा नहीं पीता था और आज चार-चार बोतलें पीकर भी बस करने का नाम नहीं ले रहा।"

शेर मोहम्मद ने सिर्फ़ मुँह बिचका दिया और अपने काम में लगा रहा।

प्रकाश की आँखें अब्दुल्ला से मिलीं, तो अब्दुल्ला मुसकरा दिया। प्रकाश कुछ क्षण इस तरह उसे देखता रहा जैसे वह आदमी न होकर एक धुँधला-सा साया हो, और सामने का गिलास परे सरकाकर उठ खड़ा हुआ। काउंटर के पास जाकर उसने दस-दस के दो नोट अब्दुल्ला के सामने रख दिए। अब्दुल्ला बाक़ी पैसे गिनता हुआ खुशामदी स्वर में बोला, "आज साहब बहुत ख़ुश नज़र आता है।"

"अच्छा?" प्रकाश इस तरह उसे देखता रहा जैसे उसके सामने से वह साया धुँधला होकर बादलों में गुम हुआ जा रहा हो। वह चलने को हुआ, तो अब्दुल्ला ने पहले सलाम किया, फिर आहिस्ता से पूछ लिया, "क्यों साहब, वह कौन बच्चा था उस दिन आपके साथ? किसका लड़का है वह?"

प्रकाश को लगा जैसे साया अब बिलकुल गुम हो गया हो और सामने सिर्फ़ बादल ही बादल घिरा रह गया हो। उसने जैसे बादल को चीरकर देखने की चेष्टा करते हुए कहा, "कौन लड़का?"

अब्दुल्ला पल-भर भौंचक्का-सा हो गया। फिर खिलखिलाकर हँस पड़ा। "तब तो मैंने शेर मोहम्मद से ठीक ही कहा था...।" वह बोला।

"क्या कहा था?"

"कि साहब तबीअत का बादशाह है। जब चाहे किसी के लड़के को अपना लड़का बना ले और जब चाहे...यहाँ गुलमर्ग में यह सब चलता है। आप जैसा हमारा एक और साहब है...।"

प्रकाश को लगा कि बादल बीच से फट गया है और चीलों की कई पंक्तियाँ उस दर्रे में से होकर दूर उड़ी जा रही हैं...वह चाह रहा है कि दर्रा किसी तरह भर जाए जिससे वे पंक्तियाँ

आँखों से ओझल हो जाएँ, मगर दर्रे का मुहाना धीरे-धीरे और बड़ा होता जा रहा है। उसके गले से एक अस्पष्ट-सी आवाज़ निकली और वह अब्दुल्ला की तरफ़ से आँखें हटाकर वहाँ से चल दिया।

"बस एक बाज़ी और... !" अपनी आवाज़ की गूँज प्रकाश को स्वयं अस्वाभाविक-सी लगी। उसके साथियों ने हल्का-सा विरोध किया, मगर पत्ते एक बार फिर बँटने लगे।

कार्ड-रूम तब तक लगभग ख़ाली हो चुका था। कुछ देर पहले तक वहाँ काफ़ी चहल-पहल थी—कई-कई नाजुक हाथों से पत्तों की नाजुक चालें चली जा रही थीं और तिरपाइयों पर शीशे के नाजुक गिलास रखे उठाए जा रहे थे। मगर अब आस-पास चार-चार ख़ाली कुर्सियों से घिरी चौकोर मेज़ें ही रह गई थीं जो बहुत अकेली और उदास लग रही थीं। पॉलिश की चमक के बावजूद उनमें एक वीरागनी उभर आई थी। दीवार में बुखारी की आग कब की ठंडी पड़ चुकी थी। जाली के उस तरफ़ कुछ बुझे-अधबुझे अंगारे रह गए थे, सर्दी से ठिठुरकर स्याह पड़ते और राख में गुम होते हुए।

उसने पत्ते उठा लिये। हर बार की तरह इस बार भी सब बेमेल पत्ते थे—ऐसी बाज़ी कि आदमी चुपचाप फेंककर अलग हो जाए। मगर उसी के ज़ोर देने से पत्ते बँटे थे, इसलिए वह उन्हें फेंक नहीं सकता था। उसने नीचे से पत्ता उठाया, तो वह और भी बेमेल था। हाथ से कोई भी पत्ता चलकर वह उन पत्तों का मेल बिठाने की कोशिश करने लगा।

बाहर मूसलाधार बारिश हो रही थी—पिछली रात की बारिश से भी तेज़। खिड़की के शीशों से टकराती बूँदें एक चुनौती लिये आतीं मगर बेबस होकर नीचे ढुलक जातीं। उन्हें देखकर लगता जैसे कई चेहरे खिड़की के साथ सटकर लगातार आँसू बहा रहे हों। किसी क्षण हवा से किवाड़ हिल जाते, तो वे चेहरे जैसे हिचकियाँ लेने लगते। हिचकियाँ बन्द होने पर गुस्से से घूरने लगते। उन चेहरों के पीछे घना अँधेरा था जहाँ लगता था, कोई चीज़ छटपटाती हुई दम तोड़ रही है।

"डिक्लेयर!" प्रकाश चौंक गया। उसके हाथ के पत्तों में अब भी कोई मेल नहीं था—इस बार भी उसे फुल हैंड ही देना था। पत्ते फेंककर उसने पीछे टेक लगा ली और फिर खिड़की से सटे चेहरों को देखने लगा।

"तुम बहुत ख़ुशक़िस्मत आदमी हो प्रकाश, हममें सबसे ख़ुशक़िस्मत तुम्हीं हो...।" प्रकाश की आँखें खिड़की से हट आईं। पत्ते उठाकर रख दिए गए थे और मेज़ पर हार-जीत का हिसाब किया जा रहा था। हिसाब करने वाला आदमी ही उससे कहा रहा था, "कहते हैं न, जो पत्तों में बदक़िस्मत हो, वह ज़िन्दगी में ख़ुशक़िस्मत होता है! अब देख लो सबसे ज़्यादा तुम्हीं हारे हो, इसलिए मानना पड़ेगा कि सबसे ख़ुशक़िस्मत आदमी तुम्हीं हो।"

प्रकाश ने अपने नाम के आगे लिखे जोड़ को देखा। पल-भर के लिए उसकी धड़कन बढ़ गई कि जेब में उतने पैसे हैं भी या नहीं। उसने पूरी जेब ख़ाली कर ली। लगभग हारी हुई रकम के बराबर ही पैसे थे। रकम अदा कर देने के बाद दो-एक छोटे सिक्के ही उसके पास बच रहे—और उनके साथ वह अन्तर्देशीय पत्र जो शाम की डाक से आया था और जिसे जेब में रखकर वह क्लब चला आया था। पत्र निर्मला का था जो उसने अब तक खोलकर पढ़ा नहीं था। जेब में पड़े-पड़े वह काफ़ी मुचड़ गया था। निर्मला के अक्षरों पर नज़र पड़ते ही उसके कई-कई चेहरे उसके सामने उभरने लगे—उसके हाथ का एक-एक अक्षर जैसे एक-एक चेहरा

हो! घर से चलने के दिन भी वह उसके कितने-कितने चेहरे देखकर आया था! एक चेहरा हँस रहा था, एक रो रहा था; एक बाल खोले ज़ोर-ज़ोर से चिल्ला रहा था और धमकियाँ दे रहा था और एक...एक भूखी आँखों से उसके शरीर को निगलना चाह रहा था! उसने अपनी ज़रूरत का कुछ सामान साथ लाना चाहा था, तो एक चेहरा उसके साथ कुश्ती करने पर उतारू हो गया था।

"निर्मला!" उसने हताश होकर कहा था, "तुम्हें इस तरह गुत्थमगुत्था होते शरम नहीं आती?"

"क्यों?" निर्मला हँस दी थी, "मरद और औरत रात-दिन गुत्थमगुत्था नहीं होते क्या?"

वह बिना एक कमीज़ तक साथ लिये घर से निकल आया था। बनियान, तौलिया, कंघा, कमीज़ सब कुछ उसने आते हुए रास्ते में ख़रीदा था। यह सोचने के लिए वह नहीं रुका था कि उसके पास जो चार-पाँच सौ रुपए हैं, वे इस तरह कितने दिन चलेंगे! बिछाने-ओढ़ने का सारा सामान भी उसने वहीं से किराए पर लिया था...!

और वहाँ आने के चौथे-पाँचवें दिन से ही निर्मला के पत्र आने शुरू हो गए थे—वह उसके किसी मित्र के यहाँ जाकर उसका पता ले आई थी। उन पत्रों में भी निर्मला के सब चेहरे झलक जाते थे...वह सख़्त बीमार है और अस्पताल जा रही है...उसके भाई पुलिस में ख़बर करने जा रहे हैं कि उनका बहनोई लापता हो गया है...वह रात-दिन बेचैन रहती है और दीवारों से पूछती रहती है कि उसका पति कहाँ है...वह जोगन का वेश धारण करके जंगलों में जा रही है...दो दिन के अन्दर-अन्दर पत्र का उत्तर न आया, तो उसके भाई उसे हवाई जहाज़ में बिठाकर वहाँ भेज देंगे...उसके छोटे भाई ने उसे बहुत पीटा है कि वह अपने 'खसम' के पास क्यों नहीं जाती...!

अन्तर्देशीय पत्र प्रकाश की उँगलियों में मसल गया था। उसे फिर से जेब में रखकर वह उठ खड़ा हुआ। बाहर ड्योढ़ी में कुछ लोग खड़े थे—इस इन्तज़ार में कि बारिश रुके, तो वहाँ से चले। उनके बीच से होकर वह बाहर निकल आया।

"आप इस बारिश में जा रहे हैं?" किसी ने पूछ लिया। उसने उत्तर नहीं दिया और चुपचाप कच्चे रास्ते पर चलने लगा। सामने 'नीडोज़ होटल' की बत्तियाँ जगमगा रही थीं—बाक़ी सब तरफ़, दाएँ-बाएँ और ऊपर-नीचे अँधेरा ही अँधेरा था। क्लब के अहाते से निकलकर वह सड़क पर पहुँचा, तो पानी और तेज़ हो गया।

उसका सिर पूरा भीग गया था और पानी की धारें गर्दन से होकर कमीज़ के अन्दर जा रही थीं। हाथ-पैर सुन्न हो रहे थे, फिर आँखों में एक जलन-सी महसूस हो रही थी। कीचड़ से लथपथ जूता चलने में आवाज़ करता, तो शरीर में कोई चीज़ झनझना जाती। तभी एक नई सिहरन उसके शरीर में दौड़ गई। उसे लगा कि वह सड़क पर अकेला नहीं है—कोई और भी अपने नन्हे-नन्हे पाँव पटकता उसके साथ चल रहा है। रास्ते की नाली पर बना लकड़ी का पुल पार करते हुए उसने घूमकर पीछे देख लिया। उसके साथ-साथ चल रहा था एक भीगा कुत्ता—कान झटकता हुआ, ख़ामोश और अन्तर्मुख!

विजेता

रघुवीर सहाय

सौर का कमरा उस गन्ध से भरा हुआ था जो सुलगती हुई अजवाइन और कड़वे तेल के दीये से मिलकर बनती है और वह साफ़ पुराने कपड़ों में लिपटी हुई लेटी थी। वह दरवाज़े पर आकर रुक गया, वह वहाँ होगी, उसे जो कुछ हुआ है उसके बाद कैसी और कितनी बदली हुई और वह भी वहाँ होगा जिसे अनेक बार उसने कामिनी के शरीर में अनुभव किया है अपने और उसके बीच और उन दोनों से स्वतन्त्र। क्या वह जानता होगा कि मैंने उसके साथ क्या किया है? "मैं उसे देखने को लालायित हूँ। जानते हुए कि मैंने उसे नहीं चाहा था और वह फिर भी है", अशोक ने कहा, "उसने मुझे क्षमा कर दिया है क्योंकि मेरे मन में उसके लिए सिर्फ़ प्यार है अगर प्यार का शब्द ज़रा भी व्यक्त कर सकता है जो मेरे मन में है।"

वे दोनों अभी कुछ वक़्त तक सन्तान नहीं चाहते थे। दोनों के कारण अवश्य अलग-अलग रहे हों पर उसका क्या महत्त्व है क्योंकि अपने शरीर के इस्तेमाल के बारे में दोनों के विचार निश्चित थे। उसने भी न चाहा था कि ऐसा हो पर असावधानी से जो कुछ हो गया था वह अन्ततः उसके ही कारण हुआ था और उसकी संगिनी गर्भवती थी। यह मैंने किया है और यह स्त्री मेरी स्त्री है, वह इसे नहीं चाहती है और मैं जो कि उससे ज़्यादा ताक़तवर हूँ इसका कारण हूँ। "सब ठीक हो जाएगा," हँसकर उसने कहा। एक भयंकर-सी बोतल उसने निकाली—कत्थई-सी तीखी गन्धवाली चीज़ थी—सूँघा और आँखें आधी बन्द कर बोला, "तबीयत ख़ुश हो जाएगी और छुट्टी मिल जाएगी।"

दो दिन तक कामिनी का सारा शरीर जलता रहा जैसे गहरे अन्दर किसी अँगीठी में आग जला दी गई हो। वह चुपचाप प्रतीक्षा करती रही। कभी-कभी आँख खोलकर देखने की कोशिश करती, मगर चारों ओर केवल लाल-लाल दिखाई देता। क्या शुरू हो गया? वह सोचती, पर फिर अन्दर सब ठस हो जाता जैसे कोई तनकर खड़ा हो जाता है और वह झपक जाती। दो दिन बाद वह चोर की तरह उठी, बोली नहीं और काम में लग गई और कुछ दिन ऐसे ही बीत गए।

"कुछ फ़ायदा नहीं हुआ?" अशोक ने पूछा, "मुझसे तो कहा गया था कि यह काफ़ी होगी मगर शायद तुम्हें इससे ज़्यादा तेज़ कुछ चाहिए।"

वह मुसकराया जैसे औरत को गुदगुदा रहा हो।

"मैं सब ठीक कर दूँगा, तुम डरो नहीं।"

"तुम कर ही क्या सकते हो?" वह बोली।

"क्यों, जब मैं एक काम कर सकता हूँ तो दूसरा भी कर सकता हूँ।"

कितना गन्दा इसका मुँह है, कामिनी ने सोचा और उसका जी मिचलाने लगा।

''तुम घबराती क्यों हो? सिर्फ़ तुम्हें थोड़ी-सी तकलीफ़ होगी।''

इस बार कुछ निरीह सफ़ेद टिकियाँ थीं और फिर चार दिन तक कामिनी ज़बरदस्त बुखार में तड़पती रही। चिड़िया की तरह मुँह खोलकर वह हाँफती और उसका जी चाहता कि वह उड़ जाए। और कुछ देर के लिए उसे लगा कि वह शून्य में चली गई है, कई बार वह वहाँ से गिरी और उसकी चेतना लौटी मगर वह उस चीज़ को लिये हुए पड़ी रही जो उसके भीतर खौलती हुई धातु की तरह सब तरफ़ को दौड़ रही थी और बाहर नहीं आ रही थी। ''ईश्वर ने मुझे बचा लिया,'' उसने कहा।

''बेवकूफ़ी की बात,'' अशोक बोला, ''यह तकलीफ़ तुम्हारा शरीर झेल ले गया क्योंकि वह मज़बूत था।''

सचमुच क्या यह सब कष्ट उसी ने उठाया था? कामिनी सोचने लगी, अकेले वह निश्चय ही नहीं उठा सकती थी। ''मैं मरूँगी नहीं,'' उसने कहा, ''क्योंकि अब मैं मरना नहीं चाहती।''

''तुम मरोगी नहीं, सिर्फ़ डाक्टर के यहाँ एक बार चलना होगा।''

''नहीं, नहीं,'' उसने कहा, ''मैं नहीं जाऊँगी।''

''सिर्फ़ एक बार थोड़ा कष्ट होगा और सब ठीक हो जाएगा।''

''नहीं, नहीं,'' कामिनी ने कहा, ''अपने लिए मैं कह सकती हूँ कि कष्ट हो पर किसी दूसरे के लिए कैसे यह तय कर सकती हूँ? मैं अब तुम्हें कुछ न करने दूँगी,'' वह बोली।

''बेवकूफ़, अभी तो उसमें जान भी नहीं पड़ी।''

''पर वह है,'' कामिनी ने कहा, ''एक चीज़ थी जिसे तुम नष्ट कर देना चाहते थे और वह नष्ट नहीं हुई, यह प्रमाणित करते हुए कि वह है। मैं जानती हूँ कि वह है और दो बार तुम उस पर आक्रमण कर चुके हो और यह उन्हें बचा गया है।'' कितना विरोध किया होगा उसने, कामिनी ने सोचा और तरस खाकर अपने पति की ओर देखा। ''मैं जानती हूँ कि तुम उससे ज़्यादा ताक़तवर हो, पर तुम हार गए हो। अब तुम उसे रहने दो,'' उसने कहा, ''क्योंकि उसका होना आरम्भ हो गया है,'' और मन में जोड़ा, वह होगा और तुम्हें क्षमा कर देगा।

अशोक ने एक पैर रखकर अन्दर झाँका। सामने केवल सरसों के तेल का प्रकाश था और एक विशेष प्रकार की स्वच्छता थी, दोनों एक-दूसरे से संयुक्त और जीवित। कहाँ हैं वे, उसने अपने से पूछा। अभी कल तक वह उसे अपने साथ-साथ उस क्षण तक लाई थी जिसे केवल वह ही अनुभव कर सकती थी; घंटों वे अपने बचपन के क़िस्से एक-दूसरे को सुनाया करते थे और वह भारी और थकी, निर्मल और शान्त बैठी रहती थी। ''तुम मेरे पास ही कहीं रहना,'' उसने कहा था। ''ज़रूर,'' अशोक ने कहा था, बिना रत्ती भर भी जाने हुए कि क्यों; पर उसके लिए और कोई दूसरी जगह हो ही नहीं सकती थी, उसने सोचा। और अन्ततः वह वहाँ था, पास ही और उस अनुभव से अपने में गुज़रता हुआ जिसमें से उसकी पत्नी अपने सम्पूर्ण शरीर के साथ गुज़र रही थी।

उसने दो क़दम बढ़ाए। वे वहाँ हैं। अपने बड़े-से शरीर को कई जगह से मोड़ते हुए तिपाई पर बैठ गया। कामिनी इस तरफ़ पीठ किए लेटी थी। वह है मेरी स्त्री, कितनी सुन्दर और नई, पर वही, मेरी पत्नी। उसका दिल चाहा कि यह अन्तर जो हम दोनों के बीच है हमेशा-हमेशा के लिए बना रह जाए।

अचानक उसे अपने बच्चे की याद आई। "देखूँ-देखूँ!" उसने कहा।

कामिनी ने सिर घुमाकर देखा। पहले तो वह लजाई और बच्चे की तरफ़ मुँह कर लिया जैसे छिप रही हो पर फिर चिढ़ाती हुई-सी उसके पिता को देखने लगी।

"क्या, मुझमें क्या ख़ास बात है?" अशोक बोला।

कुछ नहीं सिर्फ़ देख रही हूँ कि आदमी कैसा दिखता है, कामिनी ने मन में कहा और बच्चे के मुँह पर से आँचल हटा दिया।

अशोक का दिल बुरी तरह धड़कने लगा। वह कैसा होगा? प्रसन्न? या याद रखे हुए कि मैंने क्या किया है? क्या उसने मुझे क्षमा कर दिया है? मुझे क्षमा कर दो, उसने कहा और उसका चेहरा खिल उठा।

लाल मुट्ठियाँ बन्द किए हुए और उसकी स्त्री का स्तन मुँह में लिये वह अनायास अपना अधिकार भोग रहा था। न, उस पर कहीं कोई निशान न था, न कोई खरोंच या दाग, कुछ नहीं। यह जीता हुआ आदमी है, अशोक ने कहा और हँसी रोकने से उसका चेहरा दीप्त हो उठा।

लड़के ने अपने बाप की ओर देखा ही नहीं, न कुछ समझा कि यह कौन है और क्या चाहता है। उसे ज़रूरत भी न थी। आँखें बन्द किए वह निस्पृह भाव से अपना काम करता रहा और कद्दू जैसा पड़ा रहा। उसने एक लड़ाई जीत ली थी और वह वहाँ था, अक्षत और सम्पूर्ण जैसा कि वह दूसरों के बावजूद बना था और कुल इतने से ही उसे फ़िलहाल मतलब था।

शबरी

रमेश बक्षी

मैं कर ही क्या सकता हूँ सिवाय इसके कि कहीं अकेले में बैठकर अपने हाथ मींजूँ और आँखें बन्द कर सोचता....सोचता ही चला जाऊँ। पर ऐसा भी कहाँ कर सकता हूँ ? नहीं कर सकता, क्योंकि मेरे एक हाथ में प्लेट है और दूसरे में चम्मच। बफ़े के लिए हम सब लोग लॉन में सजाई गई मेज़ों के आस-पास खड़े हैं। लोग आगे बढ़-बढ़कर अपनी-अपनी प्लेट में पसन्द की चीज़ें रख रहे हैं और मैं सबकी ओर देख रहा हूँ। देख इस तरह रहा हूँ, जैसे किसी की ओर भी नहीं देख रहा होऊँ। मुझे तो आगे बढ़कर लोगों का स्वागत करना चाहिए, मनुहार करनी चाहिए, पर मैं हूँ कि ऐसा हो गया है, जैसे शरीर का कोई हिस्सा रह गया हो। दाएँ हाथ का चम्मच जाने कैसे मेरे बाएँ हाथ की नीली प्लेट पर बज जाता है, जैसे मैं समय बजानेवाला होऊँ। नहीं, मुझे ऐसा नहीं करना चाहिए, मुझे आगे जाकर अपनी प्लेट में कुछ ले लेना चाहिए। नहीं लूँगा तो एकदम सबकी नज़रों में पकड़ा जाऊँगा और वे कभी देख लेंगे तो एट-होम का मज़ा ही जाता रहेगा। मेरी सेहत के बारे में हज़ारों जवाब तलब किए जाएँगे और मैं तुतलाने लगूँगा। कुछ बोल ही नहीं पाऊँगा। इस सबसे बेहतर यह है कि मैं किसी की नज़र में न आऊँ। मुझे इस समय ख़ुश दिखना चाहिए। मैं अपने-आपको झटक देता हूँ, आगे बढ़ता हूँ और एक रसगुल्ला अपनी नीली प्लेट में रख लेता हूँ—साँझ के नीलेकच आसमान में चाँद की तरह। पर मुझे खाते समय उपमाएँ नहीं सोचनी चाहिए। मुझे केवल खाना चाहिए। मैं चम्मच में रसगुल्ला रख लेता हूँ और मेरा हाथ ऊपर उठता है। मुझे लगता है, जैसे कोई और हाथ मेरे मुँह की ओर वह चम्मच ला रहा है और मैं खाना नहीं चाहता। रसगुल्ला मेरी पसन्द की चीज़ है और उसी का टुकड़ा अगर बत्तीसी पर भटकता रहा, तो बेचारा अपने घर में बेगाना होगा। मेरी अँगुलियाँ रसगुल्ले का चम्मच पकड़े अधर में लटकी हैं, मैं खा भी सकता हूँ और नहीं भी...

''मैं जा भी सकता हूँ और नहीं भी।'' यह छुट्टू ने कहा था।

बात सुनकर मैं नाराज़ हो गया था। डाँटकर मैं बोला था, ''जाओगे क्यों नहीं ? तुम एम.एस-सी.हुए। तुम्हें अच्छी नौकरी मिली। वह जगह छोटी है तो क्या हुआ ? वहाँ डिग्री कॉलेज है तो बिलकुल गाँव तो होगा नहीं वह।''

छुट्टू कुछ नहीं बोला था। वह ठीक कहता है। इन्दौर छोड़कर कहीं गया नहीं न, इसलिए डरता है। मगर ऐसा चांस छोड़ा तो हमेशा कॉरपोरेशन में क्लर्की करता रहेगा। मैं शाम को उसे अपने साथ कॉफ़ी हाउस ले गया था और कड़वी कॉफ़ी के एक प्याले पर तब तक भाषण देता

रहा था, जब तक वह जाने को तैयार नहीं हो गया था। छुट्टू थोड़ा जिद्दी है, बिलकुल मौजीराम। हम दोनों भाइयों की उम्र में काफ़ी फ़र्क़ है, मगर दोनों भाई से ज़्यादा दोस्त हैं। मैंने उसे फिर यह भी कहा था, "मैं तुम्हारी जगह होता, छुट्टू, और ऐसी नौकरी मिलती तो दौड़ लगाता हुआ जाता और तुरन्त ज्वाइन कर लेता। कॉलेजों में तो पाँचों अँगुलियाँ घी में रहती हैं।"

"और सिर कड़ाही में!"

"और सफलता चरण चूमती है वहाँ!"

"और चप्पलें सिर?"

"चप्पलें दुश्मनों का सिर चूमें!" मैं नज़र टेढ़ी करके हँस दिया था।

"क्यों, बड़के?" वह थोड़ा गम्भीर होकर बोला था, "मेरी तो नज़र फेंकने की आदत है यार, और वहाँ क्लास में रहेंगी लड़कियाँ!"

मैंने उसे एक धप्प लगा दिया था, "छात्राएँ तो अपनी बेटियों की तरह होती हैं।"

और हम दोनों की हँसियाँ कॉफ़ी हाउस में यूँ तैरने लगी थीं, जैसे दीये-रखी नावें हों।

छुट्टू की तैयारी शुरू हो गई। उसने मेरे भी आधे कपड़े साथ ले जाने को रख लिए, "बात यह है, बड़के, कि वहाँ ज़रा रोब ग़ालिब करना पड़ेगा।"

फिर शाम को उसके लिए टाइयाँ और मोज़े ख़रीदते रहे हम, जैसे नौकरी करने नहीं, लड़की देखने जा रहे हों।

"पर, बड़के, तुम तो उस कस्बे में छह महीने रहे हो।"

"उस बात को तो बरसों हो गए।"

"क्या छह महीने तक उस एग्रीकल्चर फ़ार्म पर ही अलख जगाते रहे? ट्रेनिंग में गए थे या तपस्या करने?"

मुझे सहसा याद आया था, "हाँ, छुट्टू, एक मोशाय थे वहाँ, मैं उन्हीं के कमरे में रहता था। कोई 'जी' थे वह—चटर्जी, मुखर्जी या बैनर्जी, याद नहीं। यार छुट्टू, बड़ी मौज से दिन कटे थे वहाँ। उनके नाम एक चिट्ठी लिख देता हूँ।"

दो दिनों बाद छुट्टू के जाने का दिन आ गया। वह हमारे भरे घर को छोड़ चला गया। मैंने ख़ुद उसे ज़ोर देकर भेजा था, पर उसकी बस जब चली तो मुझे रुलाई आ गई थी।

इस समय आर्केस्ट्रा जमकर बजाया जा रहा है। विमटो पीते लोगों के पाँव ताल दे रहे हैं। चेरी-पिंग की धुन में ऐसी कुछ मस्ती है जैसे मेज़ पर रखी हुई बोतलें भी अपने-आप आपस में टकराने लगती हैं। फिर ज़िन्दा आदमी कैसे न झूमे? लोग सब खा चुके हैं और मेरे चम्मच में रसगुल्ला रखा-का-रखा ही है। मेरी अँगुलियाँ चम्मच को पकड़े हैं सो पकड़े ही हैं। टेढ़ा भी नहीं होता मेरा हाथ कि रसगुल्ला नीचे गिर जाए। इस धुन के साथ तो रसगुल्ला उछलकर खाया जा सकता है। जी होता है कि मस्ती में आकर कोई जंगली आवाज़ अपनी ज़बान पर से फिसल जाने दें। हाथ अधर में चम्मच लिये दुख-सा आया है। मैं प्लेट नीचे रखकर रसगुल्लेवाला चम्मच उसमें बहुत आहिस्ता से रख देता हूँ। चम्मच टेढ़ा हो जाता है और रसगुल्ले का गोला उसकी गोद में से लुढ़ककर प्लेट के नीले बिस्तरे पर लुढ़क जाता है। मैं उसकी ओर देखता रहता हूँ। मेरा जी चाहता है कि यह रसगुल्ला प्लेट में से भी लुढ़के और मेज़ के सफ़ेद क्रेप पर आ जाए, फिर वहाँ से भी लुढ़के और हरी लॉन पर गिर जाए।

छुट्टू ने पहले ख़त में ही बहुत-सारी बातें लिख भेजी थीं—

एक—कल रात मैं तख़्त पर से नीचे गिर गया। मुझे तख़्त पर सोने की आदत नहीं और तुम्हारे उस मोशाय ने उस पर सुला दिया। थका हुआ था, सो ऐसी नींद आई कि नीचे गिर गया। सिर पर तुम्हारे उन मोशाय ने ही पट्टी बाँधी। बड़के, बूढ़े आदमी इतने प्यारे होते हैं, यह मुझे नहीं मालूम था।

दो—मैं अब रसगुल्ले खाने लगा हूँ। पहले मुझे उनका झक सफ़ेद रंग बहुत बोर लगता था, अब वही प्यारा लगता है।

तीन—पाँचों अँगुलियाँ घी में हो सकती हैं, क्योंकि यहाँ घी का एक हिन्द महासागर कन्याकुमारी के आस-पास लहरें मार रहा है।

चार—तुम सब बहुत याद आते हो। एक दिन तुम्हें यहाँ आना होगा। तब तक तुम्हारे साथ ख़र्च करने के लिए मैं कुछ रुपया जोड़ लूँगा।

ख़त पढ़ते ही मैं भी लिखने बैठ गया—मौज़ से रहो, मगर सँभलकर। तुम्हें अभी जमना है। नई नौकरी है, नई ज़गह। हिन्द महासागर में डूब मत जाना...

लगता था, जैसे मेरा पत्र पाते ही वह भी लिखने बैठ जाता था—

बड़के, अब मैं ठीक से जम गया हूँ। फ़िक्र की कोई बात नहीं। कॉलेज के लड़के सभी सीधे हैं। हल्ला वे करते हैं, जिनकी समझ में कुछ आता है। इनकी समझ में ही नहीं आता कुछ, तो बेचारे क्या खाकर मुझे हूट करेंगे? हाँ, अब मैं उसी कमरे में रह रहा हूँ, जहाँ तुम रहते थे। एक बात लिखने को बड़ा मन है। शायद पढ़कर तुम्हें अच्छा लगेगा। बात यह है कि कल मोशाय ने एक कटोरी में कुछ खाने को दिया। गुड़ से बनी जाने क्या चीज़ थी। बोले—नवधान्य है यह। मैंने वह खा तो लिया, पर मुँह जाने कैसा हो गया। मोशाय मेरा मुँह देख भाँप गए। परदे की तरफ़ देख किसी को पुकारकर बोले—जोल! एक लड़की पानी लेकर आई। मोशाय ऐसे बोलते हैं जैसे उनके दोनों गालों में हवा भरी हो और वह लड़की भी वैसे ही—नोमश्कार! क्यों बड़के, तुमने हमसे कभी ज़िक्र ही नहीं किया कि यहाँ कोई लड़की भी है? एक औरत भी है यहाँ—श्रीमती मोशाय। माँ कहती है वह लड़की उन्हें। सुनते हैं वह माँ दिन-रात मानस-पूजा किया करती हैं। आँखें मूँदें बैठकर भगवान की कल्पना किया करती हैं। भगवान आ जाते हैं। वह वैसे में ही पूजा का सामान इकट्ठा करती हैं और अच्छे-से-अच्छे पकवान का भोग लगाती हैं—यह सब-कुछ मानस में होता है। और मुझे तो ऐसा लगता है कि मोशाय भी मानस में कुछ-न-कुछ करते ही रहते हैं। जब देखो, उनके हाथ में पेरी मेसन, कानन डायल या ब्लेक सीरीज़ के उपन्यास रहते हैं। उनका लड़का कहीं रेलवे में है। इन्हें पेन्शन मिलती है। लड़की पढ़ती है। वह अंग्रेज़ी में प्राइवेट एम.ए. कर रही है। और मेरा सब्जेक्ट है केमिस्ट्री। कोई पटरी नहीं बैठती। मगर जो बात मैं कहना चाहता था, वह यह है बड़के, कि वह जो नोमश्कार वाली लड़की है न, तुम्हें जानती है। कल शाम तुम्हारा ख़त देने आई थी—ओ मायगॉड! बड़के, ऐसे लम्बे बाल कभी नहीं देखे! झूठ बोलूँ तो मेरे चश्मे का नम्बर बढ़ जाए! खुले बाल उसकी एड़ी को छू रहे थे। बोली थी कि तुम उनके (यानी तुम्हारे) छोटे भाई हो न! फिर यह भी पूछा था कि वे मुझे (यानी उसे) जानते हैं क्या?

मैं तो ख़त पढ़ते-पढ़ते थम गया था। जैसे स्वयं को दोषी पा रहा था कि मैंने कभी उसे याद क्यों नहीं किया। मुझे नहीं याद कि उसके बाल लम्बे थे। तब उसका शरीर ख़ूब भरा हुआ, रंग ख़ूब साफ़ और आँखों में ख़ूब शरारत भरी थी। वह तब शायद नवीं में थी, शायद दसवीं

में, यह सब मैं भूल चुका हूँ। कैसे और कब मोशाय से परिचय हुआ, यह सब भी याद नहीं किया जा सकता। मैं उनके घर के ही एक आदमी की तरह रहता था। मोशाय रेज में हेडक्लर्क थे। दिन-रात ऑफ़िस का काम और फुरसत मिलती तो शतरंज। मुझे आ पकड़ते थे। मैं बड़ी मुश्किल से छूट पाता। अधिक समय फ़ार्म पर ही कटता था मेरा। जितने समय भी घर रहता, खुकी मेरे कमरे में रहती।

''नोमश्कार!'' वह पीछे के दरवाज़े से आती और कमरे में रखी इकलौती गोल मेज़ पर हाथ में अपने कोर्स की कोई किताब लिये आ बैठती।

''कीं?'' वह मुसकान के छल्ले बनाती।

''भालो,'' मैं इतना कहते हाथ की कॉपी उसके सिर पर दे मारता। वह गोल मेज़ पर शरारत से आधी लेट जाती। मैं उसे मनाता। पुकारता, ''खुकी!''

वह नहीं बोलती।

''खुकी!'' मैं फिर पुकारता और वह चुप ही रहती।

''खुकी!''

अब वह बोल देती, ''किं?''

''खुकी, तुमि बोर!''

''आमि ना, तुमि!'' वह चिढ़ जाती।

''खुकी, तुमि बोका!''

''किं बौलचे? बोका?'' वह ज़ोर से हँस देती। फिर कहती, ''आमि ना, तुमि-तुमि-तुमि!'' और यही तुम-तुम की रट लगाती वह चली जाती।

दिन निकलते फिर चाय लाती। नीली प्लेट में एक रसगुल्ला लेकर आती—साँझ के नीलेकच आसमान में चाँद की तरह। मैं एक बार में ही रसगुल्ला खा जाता और फ़ार्म की ओर जाने को होता। वह जानती थी कि मैं फ़ार्म जाता हूँ, फिर भी पूछे बिना नहीं रहती, ''कोत्थे, दादा?''

मैं उत्तर देने के बजाय उसका हाथ पकड़ लेता। वह चीखती-चिल्लाती, ''छेड़े दाओ!''...

और वही खुकी पूछ रही है, पूछ क्या रही है, पुछवा रही है कि मैं उसे जानता हूँ क्या? मैं ख़त पर फिर निगाह जमा लेता हूँ—

तो, बड़के, जवाब देते हुए यह लिखो कि तुम उसे जानते हो क्या? माँ की यह भी शिकायत है कि बड़ा भाई (यानी तुम) बड़ा मिलनसार था और तुम (यानी मैं) नहीं हो। मोशाय से तो मैं ठीक-ठाक बात कर लेता हूँ, लेकिन माँ से जाने क्यों मुझे डर लगता है और नोमश्कार वाली लड़की जब सामने पड़ जाती है तो उसके एड़ी तक लम्बे बाल मेरे दिमाग़ पर हावी हो जाते हैं। कहीं पढ़ा था शायद कि ऐसे लम्बे बालोंवाली को एलोकेशी कहते हैं। कहते हैं क्या? और हाँ, बड़के, अब मैं बँगला सीख रहा हूँ। एक सप्ताह में ही आश्चि-जाश्चि बोलने लगा हूँ। और क्या लिखूँ?...

और क्या करूँ मैं? यह रसगुल्ला नीचे नहीं गिरने का। यों चुप है, जैसे सो गया है। कोई तभी विमटो की एक बोतल मुझे दे जाता है। मैं उसे एक ही हाथ से पकड़े-पकड़े स्ट्रॉ मुँह से लगा लेता हूँ, पर साँसें ऐसी थक गई हैं कि विमटो मुझसे स्ट्रॉ में खींचा ही नहीं जाता। मैं नज़र नीची कर स्ट्रॉ की पारदर्शक सफ़ेदी में लाल रंग के साथ बननेवाले हवा के सफ़ेद मोतियों की भीड़ देखता हूँ। जैसे-तैसे एक साँस ऊपर खिंचती है तो विमटो मुँह में भर आता है। लेकिन तबीयत होती है, इसे पीऊँ नहीं, थूक दूँ...

''तुमि जोल खाबे?''

"ना खुकी, आमि मस्तिष्क खाबे!" मैं तेज़ी से दौड़कर उसे कमर से पकड़ लेता। वह मुझसे छूटने को कसमसाती। फिर एक रोशगुल्ले की या एक सन्देश की या एक प्लेट नवधान्य की शर्त पर मैं उसे छोड़ देता। मैं फ़ार्म के बोर्डिंग में खाना खाता था, पर हर तीसरे-चौथे दिन मोशाय मुझे निमन्त्रित कर लेते। मैं समझ जाता कि आज भात-माछ बना है। फिर शाम को सहन में सब इकट्ठे होते। माँ पीढ़े पर बैठी रहतीं, मैं एक कुरसी पर। मोशाय ऑफ़िस के थके आरामकुरसी पर लेट जाते और खुकी टहलती रहती। मोशाय गीत सुनने को कहते तो वह मन-ही-मन गुनगुनाती और फिर रोबीन्द्र संगीत की लहरों से सहन गूँज उठता। मोशाय को पसन्द था—

आमादेर पाकबे ना चुल गो, मोदेर पाकबेना चुल
आमादेर झरबे ना फुल गो, मोदेर झरबे ना फुल...

सुनते-सुनते वह डूब जाते। फिर खुकी अपनी पसन्द गुनगुना उठती—

जोदि तोर डाक शुने केउ ना आशे...
किसे फुरसत थी फिर सुनने की!

एक बार रात को मुझे फ़ार्म जाना था। खुकी बैठी पढ़ रही थी। मैंने पुकारा, "खूकी!"

"किं? किं, दादा?" वह मुझसे आ लगी।

उसका गीत मुझसे लहरों में टकरा रहा था। सीढ़ियाँ उतरता बोला, "आमार डाक शुनि केउ ना आशे, खुकी।"

"ओरे-ओरे ओ अभागा!" वह हँस दी थी, "आमाय किं नाई डाक देबो? तोमार डाक शुनि आमि...!"

मोशाय ने यह सुना था और बोले थे, "कलकत्ता क्या छोड़ा कि हमारी बँगला ही बिगड़ गई! वहाँ इसका यह बोलना सुनेंगे तो लोग हँसेंगे।" फिर मोशाय ने कहा था, "जाओ, खुकी! दादा के साथ जाती हो तो घूम आओ।"

मैंने प्रश्न भरकर उसकी ओर देखा, "आमि जाच्छि... ?"

वह मेरे साथ थी। मैं अपने प्रयोग के फ़ार्म पर उसे ले गया। चाँद था तो पर मैंने उसकी ओर देखा ही नहीं। उसे एकदम निगलेक्ट कर दिया। हम फ़ार्म में घूम रहे थे।

"खुकी, इस समय गाओगी?"

"ना," उसने इनकार कर दिया।

"खुकी!"

उसने मेरी तरफ़ देखा।

मैं धीरे से बोला, "खुकी, तुमि बोर, तुमि बोर, तुमि बोका!"

वह चिढ़ गई, "तुमि...तुमि...तुमि...!" और मेरे पीछे आ मुक्कियाँ मारने लगी। मैंने उसके दोनों हाथ पकड़ लिए तो वह दाँत से काटने लगी। हम दोनों एक-दूसरे से गुँथ गए थे। फिर मैंने उसे पास खींच लिया था। उसका चेहरा मेरे सामने था, जुही के छोटे-से मँडवे की तरह वह मुझसे लगी खड़ी थी। मैंने फिर पुकारा, "खुकी!" तो वह हाथों से छूटी और भागी, और मैं उसके पीछे। उसके स्कर्ट का बड़ा घेर तरह-तरह के वृत्त बनाता जाता। माँ कहती थी, इसके स्कर्ट में आधा वार कपड़ा ज़्यादा लगता है, इसे घेर बहुत पसन्द है। और ऊपर से पेटी ऐसे कसकर बाँधती है कि बकलस को एक-एक मिलीमीटर पीछे हटाने में उसे पाँच-पाँच मिनट लग जाते हैं।

एक बार हम सभी क्लब जाने वाले थे। श्यामा संगीत का प्रोग्राम था और खुकी ने पेटी ऐसे कसकर बाँधी थी कि कमर को ग़ायब कर देने पर ही तुल आई थी। माँ ने एक धप्प जमाई और खुकी को बुरी तरह डाँटा। फिर उससे पेटी ढीली करवाकर ही माँ ने उसे साथ चलने दिया। वह सारे समय मुँह फुलाए बैठी रही थी। मुझसे भी नहीं बोली थी।

और मैं भी किसी से नहीं बोल रहा हूँ। मुँह में स्ट्रा लिये वैसा-का-वैसा ही खड़ा हूँ। लोगों को लग रहा है कि मैं पी रहा हूँ, पर मैं बोतल में फूँक मारकर विमटो को हल्की आवाज़ से बुड़बुड़ाता जा रहा हूँ। कुछ लोग तो धन्यवाद देकर चल भी दिए हैं। आर्केस्ट्रा पर रॉक-एन-रॉल की ट्यून चल रही है। कोई और सामने नहीं आया तो आर्केस्ट्रा वालों में से ही एक लड़का, जो कार्ड्रॉय पैंट पहने हैं, लॉन में सामने आकर नाचने लगता है—अपने शरीर को अजीब-अजीब ढंग से हिलाता है। नई उम्र के लड़के ढक्कन खुलवाकर विमटो फिर हाथ में ले लेते हैं और मैं हूँ कि मुझसे एक बोतल ही न पी गई है। मैं इन्तज़ार करता हूँ सामने वाले लोगों के हटने का कि ये हटें और मैं इस भीड़ से कटकर अलग हो जाऊँ...

रोज़ मुझे उसके ख़त का इन्तज़ार रहता था। एक दिन बड़ा मोटा लिफ़ाफ़ा आया। लिखा था, बड़े सनसनीखेज ढंग से—

आज मैं ग़ज़ब की एक बात लिख रहा हूँ। याद करो, बड़के, कि फ़ार्म की ट्रेनिंग ख़तम होने पर जब तुम यहाँ से गए थे, तो यहाँ उस नोमश्कार वाली लड़की को क्या दे गए थे?...

मैं ख़त हाथ में लिये सोचने लगता हूँ...हाँ, मैं अपने फ़ार्म में एक पौधा दे आया था। मैंने पचासियों पौधे लगाए थे—गुलाब से लेकर गेंदे, गुलबकावली तक और कास्मस से लेकर कारनेशन, कैक्टस तक। जब भी फुरसत में होता, खुकी से फूल-पौधों की बात शुरू हो जाती। वह यही कहती, "पौधा तो ऐसा होना चाहिए, दादा, कि आज लगाया और कल फूल देने लगे। नहीं तो महीनों पानी देने पर फूल आएँ तो किस काम का वह पौधा?"

"हो गई फिर तुमसे बाग़वानी! फूल कोई माँ की तरह मानस-पूजा करने से थोड़े लगते हैं! उसके लिए करनी होती है मेहनत। अब गुलबकावली यानी त्यूलिप में तो सात साल बाद फूल आते हैं...फिर?"

उसने उस समय त्यूलिप को दुनिया का सबसे सड़ा फूल बतलाया था। पर मेरी जब ट्रेनिंग समाप्त हुई और मेरा सामान बँध गया तो कहने लगी, "दादा, गुलबकावली का एक गमला देते जाओ!"

मैंने उसे पास खींचकर अपने से दबा लिया था, "उसमें तो सात बरस में फूल आते हैं!"

उसने मुझसे ख़ुद को ढीला करते कहा था, "फूल तो आते हैं न?"

अब वह ज़िद पर ही आ गई तो फ़ार्म से गुलबकावली का एक गमला ला दिया मैंने और चला आया था। मुझे कोई भी स्टेशन छोड़ने नहीं आया था—न मोशाय, न माँ, न खुकी। खुकी तो उस समय गुलबकावली को सींच रही थी। तो, यही तो मैं उसे दे आया था?...

मैं पत्र आगे पढ़ता हूँ—याद आया, बड़के? तुम उसे गुलबकावली का पौधा दे गए थे...और वह सात साल से सींचती रही है उसे। वह कहती है, वह गमला जान से ज़्यादा प्यारा है। सात साल में वह गुलबकावली की तरह झूम आई है, बड़के! जवान लड़कियों के शरीरों पर जुही, रातरानी, गुलाब, गुलबकावली-जैसे फूलों के लगने की व्यवस्था भी गॉड को करनी चाहिए थी, पर बिना इसके भी वह नोमश्कार वाली एलोकेशी पूरी एक गॉर्डन लगती है। हाँ, तो कल ही उसने बतलाया है कि उस गुलबकावली की उम्र सात बरस की हो गई है और उसमें फूल

लग आए हैं। मैंने कहा, तुम बड़के को लिख देना। सो, इस पत्र के अन्त में उसने कुछ लिखा है, मैं अभी तक बँगला अक्षर सीख नहीं सका, सो पढ़ नहीं सकता कि क्या लिखा है...

मैं उसकी—खुकी की—लिखावट देखने को उतावला हो जाता हूँ। पत्र के पन्ने पलटता हूँ, मोती-जैसे अक्षरों में लिखा है उसने—

आजि फुटल तोमार ओइ गुलबकावली...आज तुम्हारी उसी गुलबकावली में फूल आ गए...फूल आ गए आज तुम्हारी उस गुलबकावली में...उसी गुलबकावली में तुम्हारी, आज आ गए फूल...पत्र मेरे हाथ से छूट गिरा था! ...क्या वह फ़क़त नाइन्थ में पढ़ते समय भी सब-कुछ समझती थी? ...क्या वह मेरे लिए ही इतना कसकर पेटी बाँधती थी? ...क्या वह रोबीन्द्र संगीत गुँजाते समय 'ओरे-ओरे ओ अभागा' के स्वर खींचती हुई मेरी ओर ही देखती रहती थी? ...क्या वह मेरे शरीर में झूम जाने के लिए ही 'आमि ना' कहकर 'तुमि-तुमि-तुमि' की नाराज़ी बतलाती थी? ...मुझे अपने-आप पर उस दिन-सा ग़ुस्सा कभी और नहीं आया। लेकिन मैं तो जैसे बचपन में सीखे पहाड़े भूल गया, वैसे ही खुकी को भी भूल बैठा। अब कोई मुझसे पूछे छब्बीस पंजे या सत्ताईस छक्के या अट्ठाईस अट्ठे, तो मैं नहीं बतला सकता; मिनटों तक सोचना होगा तब कहीं बतला सकूँगा। वैसे ही अब खुकी के बारे में कुछ नहीं कह सकता। पहले हर पौधा खुकी था, हर फूल खुकी, हर पत्ती खुकी, हर फल खुकी...मैंने ट्रेनिंग से लौटकर वहाँ एकाध पत्र भी लिखा था। माँ-मोशाय कहाँ पत्र लिखने लगे! पर खुकी तो पत्र लिख सकती थी। वह पत्र लिखती तो आज फूल आने के दिन मैं यहाँ ऐसी बेचैनी महसूस करता क्या? उसने कुछ तो कहा होता...कुछ कहा तो होता... फ़क़त एक सतर ही लिख भेजती कि मैं तुम्हारी गुलबकावली को सींच रही हूँ...मगर तब कोई कैसे कुछ सोचता? पाँच-पाँच मिनट में बकलस को एक-एक मिलीमी र पीछे हटानेवाली लड़की क्या सोचती? 'आमि ना' की ज़िद करके मुझे मुक्कियों से पीटनेवाली लड़की क्या कहती? आज मैं आधा वार ज़्यादा घेर के स्कर्ट वाली उम्र में गुलबकावली में फूल आने के सात लम्बे वर्ष जोड़ता हूँ तो मेरे सामने एड़ी-छूते केशों वाली खुकी नोमश्कार करती आ खड़ी होती है। पर अब वह खुकी कैसे? जिस दिन उसने स्कर्ट पहनना छोड़ा होगा उसी दिन वह नाम उसके आधा वार अधिक घेर के साथ गोल चक्कर खाकर नीचे गिर गया होगा। अब मैं वहाँ जाऊँ भी तो वह सामने आते शरमा जाएगी। मैं अब उसे न 'वोर' कह पाऊँगा, न 'वोका' ही। उसकी उम्र में सात वर्ष जुड़े तो मैं काबुलीवाला हो गया—कल शाम जेल से छूटा काबुलीवाला, तीन बच्चों का पापा काबुलीवाला। लेकिन सब उलटा हो गया। मिनो पहचानती है काबुलीवाला को और काबुलीवाला अपने भाई का ख़त पढ़ता है—

लेकिन बड़के, मैंने कभी गुलबकावली देखी ही नहीं। सो, उस नोमश्कार वाली एलोकेशी से पूछा मैंने, कैसे होते हैं गुलबकावली के फूल? उसने कल दिखाने का वायदा किया है। अब कल फूल देखकर आगे लिखूँगा। कॉलेज भी जाना है, आज लड़कों के प्रैक्टिकल हैं।

लेकिन फूल कैसे लग आए? ख़त मेरे हाथ में निर्जीव पंछी की तरह था और मैं पंख फैलाए भटक रहा था। क़लम गुलाब की लगती है, गुलबकावली की नहीं। खुकी जब बहुत ही पीछे पड़ गई तो एक गमले में मैंने मिट्टी-भरी और त्यूलिप की एक टहनी उसमें रोपकर उसे दे आया था। वह टहनी तो दो या तीन या हद चार दिन में सूख गई होगी। मुझे ऐसा मज़ाक नहीं करना चाहिए था। वह सूखी टहनी को पानी देती रही होगी, पानी देती रही होगी...

हाँ, तो अभी मैं उस नोमश्कार वाली एलोकेशी के सहन से आ रहा हूँ। उसने कहा—मैं रोज़ सवेरे और शाम पानी देती रही। गुलबकावली में नई-नई पत्तियाँ आईं, पौधा उछर गया।

पीली पत्तियाँ मैं तोड़ देती और नए कोपल-कल्लों को पोसती। सात साल बीते और कल उसमें फूल आ गए। देखो वह रहा गमला! और बड़के, उसने जिस ओर अँगुली उठाई, उस ओर मैंने देखा—एक मिट्टी-भरा गमला पड़ा था, उसमें न कोई पौधा था, न टहनी, न कोंपल-कल्ला, न फूल। मैंने हँसकर कहा, आप तो मज़ाक कर रही हैं, तो वह भी हँस दी। बोली, आप मेरी बात को बेकार में सिरियसली ले रहे हैं। वह हँसती ही रही और कहने लगी, माँ जैसे भगवान की मानस-पूजा करती हैं, वैसे ही मैं गुलबकावली की मानस-पूजा करती रही। मैं तो, बड़के, बात सुन ठिठका ही रह गया...

मैं ख़त आगे नहीं पढ़ सका। ख़त है कि कोई लम्बी कहानी जैसे! और यह खुकी मानस-पूजा करने लगी—आँखें मीचे बैठे-बैठे रोबीन्द्र के गीत गाती रही और गुलबकावली के फूल खिला लिए उसने। पर वे फूल किसे दिखाऊँ अब? अपने बच्चों से कहूँ कि आओ बेटा, तुम्हारे पापा के लिए किसी ने गुलबकावली के फूल खिलाए हैं?....

लोग रॉक-एन-रोल समाप्त होने पर तालियाँ पीट-पीटकर खुशियों के फूल खिला रहे हैं। मुझे भी ताली तो बजाना चाहिए था, पर मैं नहीं बजाता...अब बजा दूँ? पर जब सब चुप हैं तब ताली बजाना तो और भी अजूबा लगेगा, सो चुप भला। मैं फिर वही विमटो मुँह से लगा लेता हूँ। थूक से भीगकर स्ट्रॉ की कमर लचक गई है, सो उसे निकाल देता हूँ और वैसे ही बोतल से एक घूँट पीता हूँ। सामने से कोई आ रहा है। कहता है, "हल्लो!" मैं भी 'हल्लो' तो कहता हूँ, पर उसे पहचानता नहीं। वह मज़ाक में, मुझे बोतल से विमटो पीते देख हाथ आगे बढ़ाकर कहता है, "स्मेल प्लीज़!" मैं यों ही अपनी बोतल उसकी नाक तक ले जाता हूँ। वह उसे हलके से सूँघकर बड़ी अदा से कहता है, "सॉरी, मुझे शक हुआ था!" और अपने मुँह में स्ट्रा घुमाता आगे बढ़ जाता है। बिलकुल जोकर-सा लग रहा है, पर मुझे हँसी ही नहीं आती। लाख चाहूँ, फिर भी नहीं हँस सकता।

और लाख चाहे भी खुकी के बारे में सोचे बिना नहीं रह सकता। छुट्टू उसकी तारीफ़ के पुल अपने ख़तों में अक्सर बाँधा करता और मैं उसके ख़तों को लिये घंटों जाने क्या-क्या सोचा करता। पत्नी, बच्चे मेरे सपनों के चलते समय बीच में पड़ जाते तो संन्यासी होने की तबीयत हो जाती। एक बार छुट्टू ने पूछा, तो बड़के, एक बात पूछते हैं कि नोमश्कार वाली यह एलोकेशी है कैसी लड़की? मुझे तो, गुस्ताख़ी माफ़ हो, बड़ी बोर लगती है...बोर! बोर! बो-र! ना, आमि-ना तुमि-तुमि-तुमि! मैं उसी समय पैड से एक पन्ना फाड़ता हूँ और छुट्टू को ख़त लिखता हूँ—

नहीं, छुट्टू, वह बड़ी अच्छी लड़की है, बोर तो हो ही नहीं सकती। यों ही बंगाली लड़कियाँ बड़ी अच्छी होती हैं और वह तो बेहद मीठी है, वह तो जैसे संस्कृति की एक लकीर है...

मैं लिखता ही चला गया। जब ख़त दुबारा पढ़ा तो सोचा कि छुट्टू मेरे इस लिखे को पढ़कर जाने क्या सोचेगा? पर खुकी के बारे में लिखता हूँ तो लिखे ही चला जाता हूँ। खुकी का भरा बदन पहले पानी से भीगी मिट्टी-सी सुगन्ध देता है। उसका आधा वार अधिक का घेर जुही के मँडवे-सा लगता है। उसकी ख़ूब कसी पेटी के ऊपर का हिस्सा मोरपंखी की बनावट-सा लगता है...मैं कैसे नहीं लिखता खुकी की तारीफ़! लौटते समय ऐसा लगता रहा था मुझे, जैसे खुकी का वह बाहर को बरस पड़ता-सा शरीर मेरे हाथों का ही बनाया हुआ है। वह तो मोशाय की एक क़लम थी, मैंने ही उस पर ढेरों फूलों को लादा था...ऐसा प्रलाप मेरे मन अपनी तईं ही चलता रहा।

पर एक दिन छुट्टू के ख़त ने मुझे चौंका दिया। मैंने तो खुकी की ख़बर जानने को लिफ़ाफ़ा फाड़ा था, पर यह क्या लिखा...मैं जैसे उबल पड़ा। ऐसे लगने लगा, जैसे ज्वालामुखी ज़ब्त ही नहीं हो पा रहा है—

बड़के, कभी ज़िन्दगी में सम्भव हुआ तो हम दोनों एक फ़िल्म बनाएँगे। मेरे साथ ऐसा हुआ है कि पूछो मत! डिटेल में तो नहीं लिख सकूँगा, पर जो कुछ लिखूँ उससे अन्दाज़ लगा लेना। वही नोमश्कार वाली एलोकेशी कोई ऐसा गीत गा रही थी, जिसमें 'अभागा' शब्द बार-बार आता था। और वह इसे गाते मेरी ओर देख लेती। कल शाम एक अजीब बात हुई कि वह बालों में जूड़े के लिए सहन में बैठी गठान लगा रही थी। बड़के, मैंने उसके उठे हुए हाथों को ऊपर ही थाम लिया। फिर मैं तो ऐसा हो गया, जैसा काटो तो ख़ून नहीं, मोशाय ने देख लिया था। मैंने पहले पत्र में लिखा था न, बूढ़े आदमियों में मोशाय मुझे बहुत प्यारे लगे हैं, सो उन्होंने मुझे अपने सामने बिठा लिया और हम दोनों से पूछा कि क्या हम एक-दूसरे को चाहते हैं? मैंने, बड़के, तुम से पूछे बिना कभी कुछ नहीं किया, पर उस बार तो 'हाँ' कह दिया। मैं तो अचरज की मँझधार में डूब गया जब नोमश्कार वाली एलोकेशी का सिर भी 'हाँ' में हिल गया। पर क़हर यह बरसा कि माँ नाराज़ है, बेहद नाराज़। मोशाय ने यह कहा है कि वह उन्हें ठीक कर लेंगे। बोलो, बड़के, मैं क्या करूँ? वहाँ अम्मा का डर है। कहीं यह बात सुनकर उनका ब्लड-प्रैशर न बढ़ जाए, तुम उन्हें सर्पीना दे देना और देखभाल करना। जल्दी उत्तर दो। मैं बड़ी परेशानी में हूँ।

मैंने ख़त को हाथ में मोड़कर फेंक दिया। यह नहीं हो सकता...कैसे हो सकता है यह? नहीं, छुट्टू उस खुकी से शादी नहीं करेगा! ...तो खुकी की तारीफ़ का यह मतलब था, यह मतलब कि कुँवर साहब दिल दे बैठे उसे! क्या गुलबकावली की बातें उनकी मोहब्बत की भूमिका थी? बड़के को ही बना दिया इस छोकरे ने! जिस थाली में खाया उसी में छेद!...मैं अपने छोटे से, अन्दर जो-कुछ अनुभव कर रहा था, कह भी नहीं सकता था। मैं ग़ुस्से में तक़रीबन पैर पटकता उठा और पूजा पर बैठी अम्मा के सामने चिल्ला पड़ा, "सुना अम्मा, छुट्टू वहाँ नौकरी करने नहीं, एक बंगाली छोकरी के जादू से भेड़ा बनने गया है!..." अम्मा सक्क रह गईं। पत्नी रोटी बेलते में वहीं-की-वहीं रुक गई। बोली, "ज़रा समझाकर ख़त तो लिखो। वह तो तुम्हें सब-कुछ समझता है।"

अम्मा से कहा तो कुछ नहीं गया, पर उनके तर्पण में देवता बिना नहाए, दही मले ही पड़े रहे। बोलीं तो यह, "छुट्टू को लिख दे कि अपने बाप की नाक न कटवाए और ऐसा ही करना हो तो समझ ले वह कि हम सब मर गए।"

अम्मा का ब्लड प्रैशर बढ़ गया। मैंने उन्हें गोली दी। पत्नी पंखा करने लगी। मैं कमरे में टहलते सोचने लगा, मुझे अम्मा से तो नहीं कहना चाहिए था...पर यह शादी नहीं होगी। ...वह बंगालिन से तो क्या किसी चमारिन से भी शादी करता तो मैं राजी हो जाता, अम्मा को भी मना लेता, पर खुकी से वह शादी करे, यह कैसे हो सकता है!....

थोड़ी देर दुख मनाकर अम्मा सो गईं। बच्चे खेलने लगे। पत्नी कपड़े पछारने लगी और मैं कुरसी पर बैठा छुट्टू को बेहद ग़ुस्से में ख़त लिखने लगा—

तुमने यह तो सोचा होता कि जो लड़की तुम्हारे बड़के में रुचि ले सकती है, वही एक मिनट में तुमसे शादी करने को कैसे तैयार हो जाएगी? ...और अगर तैयार हो जाती है तो उस लड़की का क्या चरित्र?

प्रश्न-चिह्न फन फैलाकर मेरे सामने खड़ा हो गया—जो लड़की सात बरस तक गुलबकावली में फूल आने की प्रतीक्षा कर सकती है, उसी के चरित्र का सवाल, तुम-तुम तीन बच्चों के पापा उठा रहे हो? ...मैंने वह काग़ज़ फाड़कर फेंक दिया। मुझे ऐसा लग रहा था कि मुझे ज़रा ठंडे मन से इस पर विचार करना चाहिए...मैं सिर पर हाथ रखे बैठ गया...माना वह लम्बे बालों वाली है, उसके केश एड़ी छूते हैं, वह एलोकेशी है...मगर मेरा अपना छोटा भाई, मेरा छुट्टू उसी से शादी करे और बाद में उसे पता लगे—वह मुझको लेकर सपने पाल रही थी तो?...हमारे घर की इमारत में दरार पड़ जाएगी...छुट्टू के लिए तो मैं ऐसी अच्छी पत्नी लाऊँगा कि...मेरी हालत पागलपन की सीमा को छूने लगी जैसे...पर उन दोनों के दिलों पर क्या बीतेगी? मेरे ही मन में से यह एक गद्दार आवाज़ आई—छुट्टू उससे शादी कर भी ले तो क्या बुरा है? भाई, वह तो सब अब बीत गया। तुम अगर अविवाहित होते तो बात अलग थी। नाव तेज़ी से बहते-बहते जैसे किनारे की सिवार में फँस गई हो...हाँ, तब मैं बहुत छोटा था, अम्मा पूजा पर बैठी थीं। हमारे घर सत्यनारायण की कथा थी। शहद बप्पा की दवाई में ख़त्म हो गया था। पंचामृत में एक अमृत की कमी थी। अम्मा बोलीं, बड़के, प्याली ले के जा और पुरोहितजी के घर से थोड़ा शहद तो ले आ। हाथ धोकर प्याली उठाना, पूजा के लिए चाहिए। मैं प्याली लेकर गया था। पुरोहितजी ने शहद दिया—ऐसा अच्छा शहद कि मैं उसे देखता ही रह गया। गली सूनी थी। मैंने इधर-उधर देखा, दूर तक कोई नहीं था। मैं प्याली अपने मुँह के क़रीब लाया और ज़बान आगे बढ़ा थोड़ा-सा शहद चाट लिया। मैंने उससे पहले कभी शहद नहीं चखा था। और मैं उस सूनी गली में, हाथ में शहद लिये अपने आपको रोक ही नहीं पाया था। घर आ प्याली अम्मा के हाथों देने वाला था कि हाथ काँप गए थे। अम्मा ने जाने कैसे ताड़ लिया था—इसे जूठा तो नहीं कर दिया? मैं चुप खड़ा रहा। चाहता तो कह सकता था, मैंने इसे छुआ भी नहीं। अम्मा विश्वास भी कर लेतीं। पर मैं फूट-फूटकर रोने लगा था। लगा था, अगर मैं झूठ बोला तो आज लीलावती-कलावती मेरे घर में आग लगवा देंगी। मेरे हाथ से प्याली छूट पड़ी थी। मैं मज़बूत शब्दों में बोल गया था, अम्मा, मैंने इसे चख लिया, यह जूठा है...और मैं, वही बड़के हूँ, जिसके मन में यह विचार आ रहा है कि छुट्टू खुकी से ब्याह कर भी ले तो क्या बुरा है? फिर क्यों नहीं कह दिया था कि, अम्मा, मैंने शहद को छुआ भी नहीं।

मैं चेहरे पर से पसीना पोंछ लेता हूँ और एक क्षण में इस निर्णय पर पहुँच जाता हूँ कि यह शादी नहीं होगी। यह भी सोचता हूँ कि मन के तूफ़ान को बताने की कोई ज़रूरत नहीं है। सीधे-से मज़बूत शब्दों में एक पत्र लिख देता हूँ—छुट्टू, तुम्हारा पत्र मिला। मेरी राय में यह शादी ठीक नहीं। तुम-जैसे क़ाबिल लड़के के लिए हज़ार एलोकेशियाँ मिल जाएँगी। किसी लड़की का अच्छा होना एक बात है और अच्छी बहू होना बिलकुल दूसरी बात है। मेरा विश्वास है कि मेरी बात को तुम गम्भीरता से सोचोगे।

मैं ख़त लिफ़ाफ़े में रख ही रहा था कि पोस्टमैन एक एक्सप्रेस दे गया, लिफ़ाफ़ा छुट्टू का था। जल्दी में उसने लिखा था—

मेरा एक ख़त मिला होगा। यहाँ समस्या बहुत उलझ गई थी। पर मोशाय की राय से हमने कल रात आर्यसमाज में शादी कर ली। माँ को कुछ बुखार तो आया है, पर मेरा विश्वास है कि वह हमें क्षमा कर देंगी। बड़के, मेरी जगह तुम होते और समस्या ऐसा आ जाती, तो उसे तुम भी इसी तरह सुलझाते। अब उन्नीस, बुध की शाम पार्टी है। तुम एकदम आ जाओ, फिर मैं छुट्टी लेकर घर चलूँगा। वहाँ अम्मा को समझाना तुम्हारा काम होगा...

मैं सिर डालकर आरामकुरसी पर लेट गया। अब मेरे मन में कोई तूफ़ान नहीं, कोई संघर्ष नहीं। मैं एक हारा हुआ, पस्त आदमी हूँ।

मुझे ऐसा निढाल देख पत्नी पास आती है। छुट्टू का एक्सप्रेस पढ़ती है और मुसकराती है। कहती है, ''लल्ला तो एकदम ज़िद्दी और मौजीराम है। पर हुआ सो हुआ। मैं तुम्हारे कपड़े रखे देती हूँ। आख़िर तुम्हारे छुट्टू की ही शादी तो हुई है। जाओ, आज चले जाओ। वहाँ पार्टी के टेम तक पहुँच जाओगे। उन दोनों को साथ ले आना, तब तक मैं अम्मा को मना लूँगी। देखूँ तो लल्ला की वह बंगालन कैसी जादूगरनी है!...''

मैं चुपचाप यहाँ आ गया। एक शब्द भी नहीं बोला। बोलता भी क्या?

एट-होम चल रहा है। अब मैं कर ही क्या सकता हूँ सिवाय इसके कि कहीं अकेले में बैठकर अपने हाथ मींजूँ और आँखें बन्द कर सोचता...सोचता ही चला जाऊँ। अब मैं ऐसा कर सकता हूँ क्योंकि बिना कुछ खाए ही मैंने चम्मच-प्लेट रख दिए हैं, अब मेरे हाथ में विमटो भी नहीं है। सभी क़रीब-क़रीब जा चुके हैं। छुट्टू और खुकी, खुकी नहीं नोमश्कार वाली एलोकेशी, मेरे पास आती है।

''अब तो नाराज़ी दूर करो, बड़के!'' छुट्टू मेरे गले में हाथ डाल देता है।

मैं उसके साथ हो लेता हूँ।

''चलिए न, प्रेजेंट्स देखें!''

हम तीनों वहाँ आते हैं।

''तुम अगर नाराज़ हो, बड़के, तो मैं इसे तलाक़ दे देता हूँ!'' छुट्टू ने कहा है और खुकी, खुकी नहीं नोमश्कार वाली एलोकेशी, हँसने लगी है।

मैं अपने मन में कुछ अजीब-सा अनुभव करता हूँ, इसलिए बनावटी मुसकान से व्यस्त बना रहना चाहता हूँ।

''अरे, यह क्या? यह भी उपहार है क्या?'' छुट्टू एक छोटी-सी टोकरी में गदराए हुए बेरों को दिखाता पूछता है।

''हमारे यहाँ एक छाबड़ी वाली रोज़ सब्जी देने आती है, वही ये बेर दे गई है।'' वह एक बेर उठा लेती है।

''ओहो!'' छुट्टू कह रहा है, ''ये बेर तो बिलकुल तुम्हारे जैसे हैं।'' शायद उसका इशारा गदराएपन की ओर हो। इसको मेरी बिलकुल शरम नहीं!

''हाँ,'' खुकी, खुकी नहीं नोमश्कार वाली एलोकेशी, हँसती हुई कहती है, ''मुझ जैसे ही खट्टे हैं!''

''नहीं जी! क्यों, बड़के?'' वह मेरी तरफ़ देखता है, फिर उससे कहता है, ''तुम अगर खट्टी होती तो बड़के तुम्हारी कभी तारीफ़ नहीं करते!...और अगर इनको तुम नहीं जानती होती तो मैं तुमसे कभी शादी नहीं करता। तुम मीठी हो यह बड़के ने ही तो लिखा था।''

मेरा सब-कुछ जैसे थम गया है—एक धागा टूटा तो सारा करघा रुक गया है जैसे।

वे दोनों बेर खा रहे हैं। मैं उनकी ओर देख रहा हूँ, देखे जा रहा हूँ। बेर मीठे हैं, मीठे ही हैं, मैं जानता हूँ, इसी से चुप हूँ।

टूटना

राजेन्द्र यादव

भूमि

गोडसे ने जिस दिन गांधी जी की हत्या की, उसके तीसरे रोज़ के एक छोटे-से समाचार ने देर तक—या कहूँ, आज तक मेरा ध्यान बाँधे रखा। ज़िला के क़स्बे के दारोग़ा अताउल्लाखाँ ने गोली मारकर आत्महत्या कर ली। उसका ख़याल था कि गांधी जी को सजा देने का यह हक़ सिर्फ़ उसे ही था। कहते हैं कि डेढ़ वर्ष बाद ही दारोग़ा को रिटायर होना था...

'श्री एन. किशोर वर्मा,
जनरल मैनेजर,
बिजारिया इंडस्ट्रीज-ग्रुप लिमिटेड,
टेन्थ फ़्लोर...'

च्स्सी-च्स्सी...पता एकदम सही था। पलटकर देखा, लिफ़ाफ़ा जहाँ चिपका था, वहाँ मैला हो गया था। हाथ में पेपर-नाइफ़ लिये ही ऊपर रोशनी की तरफ़ उठाया, किधर से फाड़ा जाए कि ख़त न फटे। अन्दर कहीं जगह ख़ाली नहीं थी। कुछ तय करे-करे कि टेलीफ़ोन बजा और कोई चीज़ करेंट की तरह तड़पकर ख़ून में दौरा लगा गई। पते के ऊपर लाल स्याही से लिखे 'पर्सनल' पर निगाहें टिकाए, हाथ का पेपर-नाइफ़ उस पर आड़ा रख दिया। वह ख़ुद भी जब पान-सनी जीभ से लिफ़ाफ़े का गोंद गीला किया करता था तो चिपकाने पर लाल धारी उभर आती थी; हालाँकि लीना को कभी भी उसकी यह हरक़त...। लीना का बाप कहता, 'गँवार!...'

वही टेलीफ़ोन है क्या...?

ऑपरेटर ने बताया कि दिल्ली की ट्रंक-लाइन मिल गई है। अनजाने ही एक दराज़ ज़रा-सी खोलकर जूता टिकाया और रिवॉल्विंग चेयर पर पीछे झोंक लेकर, 'हैलो, गुड मॉर्निंग मिस्टर बर्टन...' के साथ जब बातें कीं, तो दिल धड़-धड़ कर रहा था। घबराहट को तो यह सोचकर जीत लिया कि हुँह, ऐसी आख़िर क्या बात है! बड़े- बड़े गवर्नर-वॉयसरायों से दीक्षित जब ऐसे रौब से बातें कर सकता था, तो वह क्यों नहीं कर सकता? मान लिया, जॉर्ज मैक्फ़ेरी बर्टन इन-कॉरपोरेशन, बोस्टन का गवर्निंग-डायरेक्टर छोटा-मोटा आदमी नहीं होता; लेकिन खा तो नहीं जाएगा। यों इस समय उसकी बात का दुहरा महत्त्व है। बारह करोड़ रुपए का प्लांट बैठेगा—साझे में। पिछली साल सेठ जी अमेरिका गए थे, तभी इस साझे की बात का बीज पड़ा था। लेकिन इस बार हो सकता है, उसे बर्टन के साथ ही जाना पड़े—अपनी कम्पनी की ओर से या...या...। उसके सामने फिर एक बहुत बड़ा चांस आ गया है।

ऊपर से वह किसी तरह 'या-या...राइट-राइट...बट यू सी मिस्टर बर्टन...' के साथ अपनी बात करता रहा; लेकिन टाई की नॉट टटोलती उसकी उँगलियाँ काँपती रहीं। छह मिनट बाद जब उसने 'सो काइंड ऑफ़ यू' कहकर लाइन काटी, तो माथे पर भाप जम आई थी; लेकिन चेहरे पर सन्तोष था। 'च्स्सी! च्स्सी!' पीछे कुरर्सी की पीठ पर लटके कोट की जेब से रूमाल निकालकर मुँह पर फेरा...एक घूँट पानी पिया। दीक्षित साहब अपने को लाख ख़ुदा लगाते रहें, इस आदमी से बातें करें, तो नानी याद आ जाए।

पिछले हफ़्ते बर्टन कलकत्ता आए थे। 'लीग ऑफ़ कॉमर्स' की मीटिंगें, दुनियाभर के कॉकटेल्स, डिनर्स का इन्तज़ाम उसने ही तो किया था। बीच-बीच में व्यावसायिक बातें भी होती रहीं। उस खुर्राट, तेज़ और अनुभवी व्यवसायी के सामने उसी धैर्य और स्तर से टिके रहना सचमुच कम कौशल और कॉन्फ़िडेंस की बात नहीं थी, हर क्षण नर्वस हो जाने का ख़तरा रहता। सही है कि सारे आदेश सेठों के थे और वह उनका नौकर था; लेकिन एकाध मीटिंग पार्टी में उपस्थित हो जाने के अलावा उन्होंने किया क्या? और मोटे-मोटे नफ़े-नुक़सान 'ले लो, बेच दो' के अलावा उन्हें पता क्या कि आज की व्यावसायिक दुनिया है कहाँ, कैसी है? नीम की मोटी दातुन रोंथते हुए 'विश्वामित्र' पढ़ लेना और बात है और शिष्टाचार की बारीक़ियों, उठने-बैठने के तौर-तरीक़ों को समझना दूसरी बात...देसी आदमी शायद आपके पैसों के रौब में आ भी जाए; लेकिन ऐसा व्यक्ति आपके पैसे को क्या गिनेगा, जो सात समुन्दर पार से आपके यहाँ आकर करोड़ों रुपए लगा रहा है? किशोर जानता है, अगर यह साझा हो गया तो कहीं इससे उसका बहुत बड़ा हाथ होगा और हो सकता है, उस नई फ़र्म में उसे ही सबसे महत्त्वपूर्ण पद सँभालना हो...बर्टन के साथ मामला न भी पटे, तो भी सेठ जी को उससे ज़्यादा योग्य और विश्वस्त आदमी कहाँ मिलेगा? और मान लो अगर...अगर?...

उसका मन एक नए सपने से थरथरा उठा। जब वह बर्टन को फैक्टरी की साइट दिखाने ले गया था, तो बहुत-सी बात करने का मौक़ा मिला था—व्यक्तिगत और व्यावसायिक दोनों। 'सम ऑफ़ अवर कलीग्ज़ रिपीटेडली एडवाइज्ड अस, हॅल, नॉट टु हैव एनी सच अंडरटेकिंग—आइ मीन—इन-कोलेबोरेशन विद इंडियन बिज़नेस फ़ोक। दे आर नॉट सपोज्ड टु बी फेयर-माइंडेड...' बर्टन ने हँसते हुए कहा था, 'स्पैशली योर हॅल ऑफ़ मारवारीज़...हम लोग मशीनें भेज सकते हैं, इंजीनियर्स और आर्किटेक्ट भेज सकते हैं, इन्हें बिज़नेस-एथिक्स तो नहीं सिखा सकते; सारा एटीट्यूड तो नहीं बदल सकते। पैसा हम भी कमाते हैं, और इनसे चौगुना कमाते हैं, बट नॉट दैट फ़िल्दी वे। पैसा कमाना बहुत बड़ी कला है; लेकिन ख़र्च करना उससे बड़ी कला...वी हायर ए मैन ऑर फ़ायर द मैन—करेक्ट, बट वी पे द प्राइस इन ईदर केसेज़। ख़र्च करने के नाम पर ये लोग सिर्फ़ घूस-रिश्वत देना जानते हैं। क्योंकि मैंटली दे आर स्टिल पैटी ट्रेडर्स एंड ग्रॉसर्स...डिवॉइड ऑफ़ कल्चर ऑर एज्यूकेशन...(इसका अपने-आप उसके मन में अनुवाद हुआ 'डंडीमार') इंडस्ट्री और इंडस्ट्रियल कल्चर क्या होता है, इसका अभी इन्हें क...ख...ग भी नहीं आता। हम तो चाहते हैं, इन्हें कुछ दिनों अपने यहाँ रखकर, कुछ इंटेलिजेंट क़िस्म के लोगों को आधुनिक व्यवसाय के तरीक़े और व्यापार-व्यवस्था सिखाएँ। आप लोगों की सरकारी नीति आड़े आती है; वरना हमें तो किसी भी सहयोग की ज़रूरत नहीं है...फिर भी मैं व्यक्तिगत रूप से चाहता हूँ कि तुम एक बार आकर हम लोगों के काम का आइडिया तो लो...'

बर्टन ने ये सारी बातें उसे बहुत विश्वास में लेकर, मज़ाक का पुट मिलाकर, दोस्ती का वास्ता देते हुए टुकड़ों-टुकड़ें में कही थीं; लेकिन किशोर को सारा रवैया पसन्द नहीं आया

था—जैसे साला दान कर रहा हो! इस तरह की भीतरी और बाहरी प्रतिक्रियाओं के बावजूद वह उनके पीछे छिपे आशय को भी समझ रहा था। फिर जब बर्टन ने कहा कि 'हमें टॉप-रिस्पौंसिबल पोस्ट्स के लिए ऐसे आदमियों की ज़रूरत पड़ेगी, जो काम के हमारे तौर-तरीक़े को भी जानते हों...गाइज़ लाइक़ यू (तुम्हारे जैसे नौजवान)...' तब तो कुछ समझने को नहीं ही रह गया...

इसलिए जब उसने दिल्ली के फ़ोन के बाद ही ऑपरेटर से 'एटलस ट्रेवेल्स' माँगकर सुबह की फ़्लाइट से जैसे भी हो, दिल्ली का टिकट माँगा, तो कहीं कुछ कचोट रहा था; कुछ ग़लत कर रहा है...और उसी कचोट को दबाने के लिए उसने फ़ोन पर सेक्रेटरी को आदेश दिया, "रामन, किसी को फ़ौरन एटलस भेज दो। फ़ोन पर बात हो गई है। किसी नाम में हो, सुबह की फ़्लाइट से एक टिकट...ऊपर से जो लगे, लगा देना।"

दीक्षित की ऐसी-कम-तैसी...उसने परम तृप्ति के भाव से गहरी साँस फेंककर शरीर ढीला छोड़ दिया। सामने के दाँतों की सन्धि से जीभ की नोक अड़ाकर हवा खींची—च्सी-च्सी! साथ ही ख़याल आया, उसकी हर हरक़त को किसी ने देख-सुन तो नहीं लिया? चैम्बर में कोई नहीं था, पीछे से आती एयर-कंडीशनर की बेमालूम-सी आवाज़ थी, टीक-प्लाईमढ़ी दीवारों वाली छत के जालीदार कटाव में जलते नियॉन ट्यूब्स थे और मेज़ पर रखे तीन टेलीफ़ोन, टेबल-लैम्प, कैलेंडर, ट्रे—सभी बहुत साफ़ थे...इस बार उसने और भी ज़ोर से 'च्सी-च्सी' किया और बच्चों जैसी अपनी शैतानी पर मुसकरा पड़ा। इस मुसकराहट के साथ ही भीतर की कचोट घुल गई—कुछ नहीं जी, जार्ज मैक़्फ़ैरी बर्टन इन-कॉरपोरेशन की नौकरी इस सटोरिए की नौकरी से हर हालत में अच्छी रहेगी...यहाँ क्या है? जब तक सेठ के हाथों में नाचो, तब तक ठीक है। जहाँ ज़रा भी अपना कुछ दिखाना चाहो, वहीं...और दूसरी कम्पनियों के जनरल-मैनेजरों के मुक़ाबले पैसे बहुत कम... किसी को बताओ, तो शर्म आए... ये एयरकंडीशंड चैम्बर, सेक्रेटरी, दो बैरे, फ़र्निश्ड-फ़्लैट, ड्राइवर, गाड़ी और दो सौ आदमियों का स्टाफ़ तो जो भी यहाँ होता, उसे ही मिलता...मुझे तो वही ढाई हज़ार और साल में बीसेक हज़ार ऊपर से देते हैं...लेकिन बर्टन में इससे दुगुना मिलेगा, तभी जाने की बात सोची जाएगी, नहीं तो...मगर इतना ही मिले, तब भी चले जाना चाहिए। बहुत बड़ी बात तो यह कि बर्टन साला हमेशा यहीं हिन्दुस्तान में थोड़े ही बैठा रहेगा सेठ की तरह सिर पर... फिर अमेरिकन फ़र्म की बात ही अलग है...

और इस तरह का धर्म-संकट उसे हर बार नौकरी बदलते हुए आया है; लेकिन हर बार कचोट पहले से कम तीखी होती गई है...नहीं, वह किसी को धोखा नहीं दे रहा... उसे तो सिर्फ़ एक आदमी को दिखा देना है... ऐसा अवसर बार-बार नहीं आता और अब वह किसी भी अवसर को छोड़ना एफ़ोर्ड नहीं कर सकता। उसकी आँखों में लम्बे जहाज़ की तरह सरकती शानदार गाड़ी तैरती चली गई...('लाइफ़' और 'टाइम' में उसने कई बार उन्हें छाँटा है)...जिस लेटेस्ट मॉडल की अमेरिकन गाड़ी में बैठकर किशोर घूमा करेगा, वह सेठ रामजीदास बिंजरिया को दो साल बाद मिल पाएगी...

उत्तेजना की झुरझुरी जब उससे नहीं सही गई, तो वह कुरसी को अपने पीछे घूमता छोड़कर, झटके से उठकर खड़ा हो गया...फॉर टॉपरिस्पौंसिबल पोस्ट...गाई लायक यू...गाई लायक यू...मन हुआ कि जूते की एड़ी पर एक चकफेरी लगा जाए और सीटी बजाने लगे...लेकिन तभी उसे किसी का ध्यान आ गया, जो उत्तेजना के ऐसे आवेश को कभी भी यों नहीं प्रकट होने दे सकता

था। वह पीछेवाली वैनीशियन-चिक खींचकर शीशे के पार देखता रहा...दस मंज़िल की ऊँचाई से हर चीज़ का खिलौने जैसा लगना अब उसे चकित नहीं करता...पतली दरार जैसी सड़कों में काली-भूरी गाड़ियाँ कीड़े-मकोड़ों की तरह लगती हैं... सड़क पर राइटर्स-बिल्डिंग चाहे जितनी ऊँची हो; लेकिन यहाँ से ज़मीन से ज़रा-सी ही उठी लगती है, जिसकी बजरी-बिछी चौड़ी छत पर हज़ारों गमलों को दर्जनों मज़दूर इधर-से-उधर रख रहे हैं, पूरा बगीचा लगा रखा है...बर्टन वाला मामला हो जाए तो छह-सात हज़ार आदमी तो अपनी कम्पनी में भी होंगे... उसके नीचे।...तब वह अपने बँगले में ख़ूब बड़ा बगीचा लगाएगा और नियम से बाग़बानी किया करेगा...साला पेट निकलने लगा है, इसे कम करना होगा...गाई लायक यू...उस जैसे टॉप आदमी की पर्सनेलिटी स्मार्ट होनी चाहिए...और उसकी उँगली अचानक नाक के नीचे वाले मस्से पर चली गई... वह उसे टटोलता रहा...बहुत बार कटवा दिया है, हर बार बढ़ जाता है, डॉक्टर बनर्जी कहते हैं, हर्ज़ क्या है! उसे क्या पता कि चेहरे पर यह कैसा लगता है...लाड़ में आकर लीना इसे दो उँगलियों में दबाकर पूछती थी, 'इसमें दर्द नहीं होता? तुम्हारी पर्सनेलिटी में बस यही...'

अचानक उसे 'पर्सनल' वाले लिफ़ाफ़े का ख़याल हो आया। मेज़ से उसे उठाकर वह फिर वहीं आ खड़ा हुआ। नाइफ़ वहीं छूट गया था, इसलिए जेब से गुच्छा निकालकर एक पतली-सी चाबी ले होशियारी से खोला, ख़त निकाला और फटा लिफ़ाफ़ा मसलकर बाहर फेंक दिया। चार तह किया हुआ मोटा-सा काग़ज़ था और बिना किसी सम्बोधन के अंग्रेज़ी में एक लाइन घसीट दी गई थी, 'कां'ट वी फ़ॉरगेट द पास्ट!' नीचे 'लीना किशोर' और ख़त के एकदम नीचे, 'डिपार्टमेंट ऑफ़ इंगलिश, सेंट मेरी गर्ल्स कॉलेज' और तब शहर का नाम। उसने निहायत निरुद्विग्न रहकर समझा—क्या हम अतीत को भूल नहीं सकते? काग़ज़ को उलटा-पलटा और कुछ नहीं...वह यों ही चुपचाप बाहर देखता, खोया-खोया खड़ा रहा...आठ साल में यह पहला पत्र है।

पीछे खट्-खट् हुई। मेज़ पर बहुत-से टाइप किए हुए काग़ज़ पेपर-वेट से दबाकर रामन लौट रहा था। किशोर को घूमते देख रुका। किशोर ने मेज़ के पास आकर खड़े होकर ताज़े टाइप किए हुए अक्षरों पर निगाहें टिकाए पूछा, "यह क्या है?"

"रोजर्स-नील वाले काग़ज़ हैं, लंच के पहले माँगे हैं।" रामन ने बताया, तब तक किशोर ने ख़ुद भी पढ़ लिया था। रोजर्स एंड नील, सोलिसिटर्स से लंच से पहले एपॉइंटमेंट था। फ़ैरो-एलॉयवालों ने अभी तक रुपया नहीं दिया। झंझट था, हज़ार रुपए रोज़ इंटरेस्ट कौन दे? बैंक बिजारिया-इंडस्ट्रीज से माँगता था; लेकिन जब एलॉयवालों ने पेमेंट ही नहीं किया, तो इंटरेस्ट भी उन्हीं के जिम्मे जाएगा...सारी चीज़ें उसके दिमाग़ में झटके से आ गईं, "ओ...हाँ, मेरे तो दिमाग़ से ही उतर गया था...!" और वह काग़ज़ों को ग़ौर से देखता रामन द्वारा घुमाकर सीधी की गई कुरसी पर बैठ गया। घड़ी देखी, एक घंटा है। सारे काग़ज़ इसी बीच तैयार हो जाने हैं...

"क्या?" जैसे ही रामन ने नीचे पड़ा काग़ज़ उठाकर बहुत धीरे-से मेज़ पर रखा, किशोर चौंककर पूछ बैठा। असल में वह भूल ही गया था कि रामन अभी तक वहीं है। काग़ज़ पर निगाह गई—अरे, लीनावाला ख़त है! शायद खिसककर नीचे गिर गया था। रामन ने पढ़ तो नहीं लिया? फ़ौरन बोला, "तुम चलो...रोजर्स नील के यहाँ शिपिंग-क्लेम वाले काग़ज़ों का भी ख़याल रखना..." और जब रामन ने दरवाज़ा खोला, तो कुछ सोचते हुए धीरे से कहा, "और सुनो..." फिर कई सेकंड याद करता रहा कि उसे रामन से क्या बात कहनी थी, "हाँ, वो एटलस में भेज दिया किसी को?"

"जी..."

बिना रामन का जवाब सुने, मोटे फ्रेम का चश्मा नाक पर चढ़ाकर, हाथ में खुला कलम लिये वह टाइप किए हुए अक्षरों को ग़ौर से पढ़-पढ़कर दस्तख़त करने लगा था...अब जानती है न, कि मुझे चार-साढ़े चार हजार महीना पड़ता है...कां'ट वी फ़ॉरगेट द पास्ट... अब तो भूलने की बात आएगी ही...

ट्रं-ट्रं—टेलीफ़ोन बजा, उसने बिना उधर देखे ही हाथ बढ़ाकर टटोलते हुए चोंगा उठाया, "किशोर..."

"साढ़े पाँच पर आ रहे हो न... ?" क्राउन इंश्योरेंस का गर्ग था।

"कहाँ ?" किशोर सचमुच भूल गया था।

"प्रिंसेस, और कहाँ... !" गर्ग झुँझला उठा, "अजीब आदमी हो..."

"यार, आज तो बहुत ही फँसा हूँ..."

"तेरा हमेशा यही रोना होता है।" गर्ग झुँझला उठा, "अच्छा यार, तू जनरल मैनेजर हुआ!...हमने मिसेज़ लालचन्दानी को भी बुला लिया है..."

"आइ एम अंडर-स्टाफ्ड, जानता है, मारवाडी कंसर्न है यह। क्या करूँ, अपनी चिट्ठियाँ तक देखने की फ़ुरसत नहीं मिलती।" उसे लीना के ख़त का ध्यान आ गया, "अच्छा, यू डोंट माइंड, मैं ज़रा लेट हो जाऊँगा..."

"ओऽ यस," गर्ग ख़ुश हो गया, "तुझसे यार, एक सलाह करनी थी। मिसेज़ लालचन्दानी की बहनवाला ही चक्कर है। तुझसे कहा था, अपने दफ़्तर में रख ले—ऑपरेटर-कम-रिसेप्सनिस्ट..."

"मुझे और पिटवा! सचमुच की लड़की की बात दूर है, जानता है, यहाँ लड़की की तसवीर तक नहीं लगती। फिर...जैसी बड़ी बहन है, वैसी ही छोटी भी होगी।"

उसने मज़ाक तो कर दिया, लेकिन ख़याल आया, मान लो, ऑपरेटर टेप कर रहा हो ? जनरल मैनेजर साहब...उसे इस गर्ग का तू-तू करके बात करना भी पसन्द नहीं है। लेकिन आज कुछ कह भी नहीं सकता। पुराना दोस्त है, जब उसे कुल जमा छह सौ रुपए मिलते थे तब का! इसलिए वह ख़ुद गर्ग से बहुत ही इज़्ज़त से बात करता है; लेकिन कमबख़्त हिंट ही नहीं लेता...कहीं दीक्षित साहब के सामने...। अचानक फ़ोन पर उसकी आवाज़ कड़ी और सख़्त हो गई, और वह सामने वाले काग़ज़ों को पढ़ता हुआ 'हाँ, हूँ' के संक्षिप्त उत्तर देता रहा। गर्ग को लालचन्दानी को लेकर कहीं जाना था, इसलिए किशोर को गाड़ी की ज़रूरत थी। दो घंटे के लिए। उसे ख़याल भी नहीं कि कब उसने कहा, "यह सब तो शाम को सुनेंगे; लेकिन आइ कां'ट बिलीव...मुझे विश्वास नहीं होता कि उस जैसी ज़िद्दी औरत ऐसा लिखेगी..."

"कौन ? कौन ?" गर्ग चौंककर बोला, "कौन ऐसा लिखेगी ?"

अचानक किशोर ने जीभ काट ली।...फ़ौरन बोला, "सॉरी, यह एक साहब यहाँ बैठे हैं। उनकी बात का जवाब दे रहा था। अच्छा, तो शाम को मिल रहे हैं..." और उसने झट फ़ोन रख दिया। गज़ब हो गया न... ! क्या बात मुँह से निकल गई... ? एकदम सामने बैठे साहब की बात न सूझती तो ? यही प्रत्युत्पन्नमति ही तो उसे यहाँ ले आ सकी है...कोई दूसरा होता तो हाथ-पाँव फूल जाते...च्स्सी ! च्स्सी ! उसने दराज़ खोलकर पाइप निकाला, काग़ज़ों पर निगाहें टिकाए-टिकाए ही तम्बाकू भरी और दाँतों में दबाकर जलाने लगा...वह पाइप उसे बर्टन ने दिया था। तभी बैरे ने आकर धीरे-से एक चिट सामने रख दी...

"भेज दो।" बैरा चला गया, तो ख़याल आया कि जनरल-मैनेजर को एकदम किसी को नहीं बुलाना चाहिए—लगेगा, भीतर ख़ाली बैठा था। चिट पर नाम के आगे 'जयन्त' और बिज़नेस के सामने 'बाई एपॉइंटमेंट' लिखा था। इसका तो उसे ख़याल ही नहीं कि आज का समय दिया था। चिट रखी, तो रामन का पेपरवेट से दबाया गया ख़त सामने था, 'कां'ट वी फॉरगेट द पास्ट?' जल्दी से मोड़कर पीछे लटके कोट की जेब में डाल लिया—हर बार सामने पड़ जाता है...

"गुड-मॉर्निंग, सर..." डरते-डरते-से एक नवयुवक ने इस तरह प्रवेश किया, मानो खेल शुरू हो जाने के बाद किसी ने सिनेमा-हॉल में क़दम रखा हो, टटोलते हुए। पाइप बुझ गया था, उस पर जली माचिस छुलाए तीन-चार बार साँस खींचते-खींचते किशोर ने धीरे-से सिर हिलाकर नमस्कार की स्वीकृति दी और एक हाथ से बैठने का इशारा किया।

"जी, वो फ़र्नीचर वाले कोटेशंस लाया हूँ," सिर झुकाकर ब्रीफ़केस से काग़ज़ निकालते-निकालते जयन्त बोला। वह ऑफ़िस के फ़र्नीचर के डिज़ाइन, नक़्शे और दाम बताता रहा। गेहुँआ दुबला-सा नवयुवक, हैंडलूम की टाई, टेरिलीन की आसमानी कमीज़, काली पतलून। पाइप के कश लगाता हुआ किशोर कभी उसके पीलापन लिये हुए सँवारे बालों को देखता और कभी दाहिने हाथ में पड़ी लोहे की अँगूठी को, जिसमें नग की जगह स्फ़िंक्स का चेहरा बना हुआ था। परसों किशोर को जयन्त अपनी पत्नी के साथ न्यू मार्केट में मिल गया था। भरे शरीर की सुन्दर हँसमुख युवती थी। जयन्त के हाथ में पैकेट थे और माला के पास पर्स। परिचय हुआ। उसे जयन्त का साफ़-सुथरा, शिष्ट और तौर-तरीक़ा शुरू से ही पसन्द है। माला के परिचय के बाद ही लगा, जैसे जयन्त से उसे स्नेह भी हो! पता नहीं, कैसे उसे भ्रम हो गया कि माला को बैडमिंटन खेलना पसन्द है, और उसे क्रीम खाने का शौक़ है।

जयन्त के बढ़े हुए हाथ से काग़ज़ लेकर लापरवाही से पूछा, " हाउ इज़ योर मिसेज़?"

"फ़ाइन, थैंक्यू!" जयन्त ने पिन-कुशन से पिन खींचकर दो काग़ज़ पिन किए और सामने सरका दिये, "एक स्कूल में पढ़ाती हैं—म्यूज़िक।"

"क्यों, मॉडर्न-रिनोवेटर्स तुम्हें ठीक पैसे नहीं देते क्या?" उसे ख़ुद आश्चर्य हुआ कि वह यह सब क्यों पूछ रहा है।

"लेकिन ऑफ़िस-टु-ऑफ़िस चक्कर लगाने का काम उसे पसन्द नहीं है।" अचानक जयन्त की आँखों में एक चमक आई, "आपके यहाँ कभी कोई जगह हो तो..."

किशोर को एकदम काम और समय का साथ ही ख़याल आया। दस्तख़त करने से पहले कोने में कुछ लिखता हुआ बोला, "ज़रूर।" फिर सोचने लगा, बर्टनवाली कम्पनी में जयन्त को लिया जा सकता है। उसे जयन्त पसन्द भी है। ज़रूरत तो पड़ेगी ही..."आई लाइक़ यू, तुम्हारी मिसेज़ बहुत अच्छा गाती हैं क्या?" जाने क्यों, उसके मन में आया कि कभी जयन्त की पत्नी को एक बहुत ख़ूबसूरत रॉ-सिल्क की साड़ी भेंट देगा।

"जी हाँ..." जयन्त ने गद्‌गद होकर कहा, "आपको एक बार हम लोग बुलाएँगे। दो-एक बार रेडियो पर भी प्रोग्राम हुआ है..."

"डज़्ं'ट शी हेट यू?" जब तक वह सचेत हुआ, वाक्य उसके मुँह से निकल चुका था...उसने जल्दी-से बुझे पाइप से दो-एक कश खींचकर कहा, "आइ मीन, योर वर्क...तुम ये फ़र्नीचर और दूसरी चीज़ों के एस्टीमेट देते फिरते हो; उन्हें बुरा तो लगता ही होगा?"

"जी...जी, मैंने बताया न, बहुत पसन्द तो नहीं है। बात यह है जी, उसके घर वाले ज़रा-से अच्छे खाते-पीते लोग हैं, सो उसे कहीं मेरे काम से संकोच होता है।" लेकिन जयन्त का

चेहरा देखकर ही किशोर को लग गया कि बात सँभली नहीं है। उसे आश्चर्य और अफ़सोस होते रहे कि कैसे वह बात उसके मुँह से निकल गई ? क्या हो गया उसे ? जयन्त की बातों के जवाब में 'हाँ-हूँ' करके उसने जल्दी से दस्तख़त किए, फिर झटके-से बैरे की घंटी बजाकर उठते हुए बोला, "माफ़ करना जयन्त, इस वक़्त जल्दी में हूँ। मुझे लंच से पहले ही रोजर्स-नील के यहाँ जाना है।" और बिना उत्तर की राह देखे दोनों कन्धों पर कोट चढ़ाते हुए बैरे को आदेश दिया, "खिलाबन, रामन से कह दो, काग़ज़ लेकर नीचे गाड़ी में चलेगा। जयन्त, तुम दत्ता बाबू से मिलकर उन्हें ही सारी बातें समझा जाना।" पाइप ऐश-ट्रे में झाड़कर कोट की जेब में रखा, तो तह-किए काग़ज़ से हाथ का स्पर्श हुआ... कां'ट वी फ़ॉरगेट द पास्ट ?...डज़ंट योर वाइफ हेट यू, आई मीन योर वर्क ? बीवी तुमसे, मेरा मतलब तुम्हारे काम से घृणा नहीं करती ? गाई लायक यू...बड़े बाबू के चैम्बर तक आते-आते यही वाक्य उसके कानों में गूँजते रहे...बड़े बाबू, यानी रामजीदास के भाई कन्हैयालाल बिजारिया, मैनेजिंग डायरेक्टर...

रामन ड्राइवर के पास बैठा था। पीछे वह अकेला बैठा-बैठा पाइप पीता रहा। चौराहे की लाल रोशनी ने जब रोका, तो अचानक कुछ याद आ गया हो, इस तरह कहा, "रामन, मैक्फ़ेरी बर्टनवाली फ़ाइल आते ही एकदम तैयार कर देनी है। शाम को लोकल-डायरेक्टर्स की मीटिंग है। घर पर बोल देना, शायद कुछ देर हो जाए...और हाँ, क्राउनवाले गर्ग साहब को मना कर देना कि मैं शायद आ नहीं पाऊँगा।" फिर ड्राइवर को आदेश दिया, "गाड़ी पाँच बजे गर्ग साहब को चाहिए। सात-साढ़े सात तक यहीं आ जाना, हमें थोड़ा रुकना होगा!" वह जानता है, मिसेज़ गर्ग यानी निर्मला भाभी ऐसी महिला हैं, जिन्हें देखकर श्रद्धा होती है—हताशा के अनेक क्षणों में उन्होंने ही किशोर को बिखरने और टूटने से बचाया है...लेकिन जाने क्या चीज़ है, जो उसके भीतर सन्तुष्ट होती है और वह जो यों गर्ग को लालचन्दानी के साथ घूमने को गाड़ी दे देता है, उसे इसमें कुछ भी अनुचित नहीं लगता...लेकिन आज मानो विशेष तृप्ति हुई...उसने रामन से मज़ाक करना चाहा—इस उल्टे-सीधे टाइम से तो तुम्हारी पत्नी खासी बोर हो जाती होगी; हो सकता है, उस बेचारी ने आज कोई प्रोग्राम बना रखा हो... वह जेब से डायरी निकालकर कुछ देखता रहा, 'तुम्हारी पत्नी को देर से जाने पर शक नहीं होता ?' उसे लगा, जैसे उसने यह वाक्य मज़ाक में रामन से कह दिया हो...लेकिन कहा नहीं था; सिर्फ़ सोचकर रह गया था; क्योंकि प्रतीक्षा के बाद भी रामन की ओर से कोई जवाब नहीं आया। ऐसा मज़ाक तो वह कभी कर ही नहीं सकता। तम्बाकू भरने के लिए पाउच को दोनों जेबों में देखा तो लगा, सुबह से जिस चीज़ को वह टाले जा रहा है, वह जूते की कील की तरह और बाहर निकल आई है, अधिक गहराई में छेदती है...

क्लब के पोर्च से जब किशोर की बेंगर्ड घूमकर बाहर निकली, तो व्हाइट-लेबिल के पाँच-छह पैग नसों में तैर रहे थे। सड़क तनी हुई डोरी की तरह हवा से थरथराती लगती थी। लेक के बीच से गुज़रते हुए एक अँधेरी-सी जगह में अचानक गाड़ी ठिठक गई। स्टीयरिंग को दोनों हाथों से पकड़े देर तक वह यों ही शून्य-सा देखता रहा, फिर झटके-से चाबी खींची, बाहर आया और फटाक् से दरवाज़ा बन्द करके एक बेंच पर आ बैठा। लगातार कोई चीज़ कानों में सन-सन गूँज रही थी—ठीक वैसी ही आवाज़, जैसी रेल की सुनसान पटरियों के किनारे खड़े टेलीग्राफ़ के खम्भों में गूँजती है। वह महसूस करता रहा—सुबह से ही एक

सवाल उसके आसपास मँडरा रहा है, लीना ने आठ साल बाद उसे क्यों लिखा?...सुबह जब उसे लीना का ख़त मिला था, आयासपूर्वक उसने कुछ नहीं सोचा था—कुछ भी नहीं। एक तल्ख़ मुसकान से सिर्फ़ उस लाइन को पढ़ लिया था, 'क्या हम लोग अतीत को भुला नहीं सकते?' अतीत?...कौन-सा अतीत? अतीत को अपने साथ रखना अब उसका अभ्यास नहीं रह गया है, इसलिए कोई प्रतिक्रिया नहीं हुई थी। बस, मन में एक बात आई थी कि आज मैं किसी लायक़ हो गया हूँ—इसलिए न? आठ साल बाद किस अतीत को भूलने की बात लीना करती है? इन पिछले आठ वर्षोंवाला अतीत या वह, जो इनसे पहले बीता था? और इसी तरह की कोई चीज़ लगातार कहीं घुमड़ रही है, इसे वह ज़रूर महसूस करता रहा। इस समय लगा, घुमड़ते हुए उस निराकार ने प्रायः स्पष्ट प्रश्न का एक रूप ले लिया है। आख़िर उसने क्यों लिखा? उस ज़िद्दी, दम्भी, उद्धत, स्वाभिमानिनी औरत ने कितनी मुश्किल से अपने को यह पत्र लिखने के लिए तैयार किया होगा, यह सिर्फ़ किशोर ही महसूस कर सकता है। हो सकता है, इन पिछले आठ वर्षों में रात-दिन लगातार वह अपने-आपको इस बात के लिए ही तैयार करती रही हो—इस एक लाइन को लिखने के लिए। और क्या इस एक लाइन को कुछ यों-ही-से ढंग से लिखकर वह कहीं अपना ही पलड़ा तो भारी रखना नहीं चाहती?...लेकिन उसका पहल करके, पत्र लिखने के धरातल तक 'उतर' आना ही क्या...और क्या वह स्वयं इसी की आशंका-भरी प्रत्याशा नहीं कर रहा था?

ऐसा नहीं है कि ख़ुद किशोर के मन में हर दिन कम-से-कम एक बार यह बात न आती हो कि बहुत हुआ, अब वह लीना को लिख दे; लेकिन हर रोज़ किसी ने उसका हाथ पकड़ लिया—या कहो, जिसने उसका हाथ पकड़ा हुआ था, उसकी शक्ति का वह प्रतिरोध करता रहा 'ओल्ड-मैन एंड द सी' फ़िल्म का एक दृश्य इन आठ वर्षों में हज़ारों ही बार उसके सामने आया...शराबख़ाने में 'बूढ़ा' मेज़ पर कोहनी टिकाए किसी से पंजा लड़ा रहा है—पंजा नहीं, दोनों ने एक-दूसरे की हथेली को अपनी पकड़ में ले रखा है और दोनों ताक़त आज़मा रहे हैं कि कब, कौन, किसके हाथ को मोड़कर मेज़ पर झुका दे। ताक़त से अधिक यह खेल धैर्य का है। एक सीमा पर आकर शक्ति रुक जाती है और धैर्यपूर्वक दूसरे की हिम्मत टूट जाने की प्रतीक्षा चलती रहती है। कभी-कभी उसे लगता है, दूसरा हाथ लीना का है, लेकिन अक्सर प्रतिरोधी के रूप में जिसका हाथ वह महसूस करता रहा है, उस व्यक्ति का सिर्फ़ नाम सामने है; चेहरा आज स्पष्ट याद नहीं आता। अनेक चेहरों में वह इतना घुल-मिल गया है कि लगता है, उस तरह का कोई चेहरा कभी था ही नहीं। और यह संघर्ष निरन्तर उस निराकार चेहरेवाले व्यक्ति से चल रहा है। दाँत भींचे, साँस रोके दोनों प्रतीक्षा कर रहे हैं कि पहले किसकी नसें ढीली पड़ती हैं...

लीना से वह आठ वर्षों से नहीं मिला और अब तो इस स्थिति को स्वीकार कर चुका है कि आगे मिलने की आवश्यकता भी नहीं है। लेकिन ताक़त आज़माती पसीने से पसीजी एक सख़्त हथेली का स्पर्श एक पल को उसकी चेतना से ओझल नहीं हुआ। सुबह शायद उसे ख़ुशी ही हुई थी—एक निर्दय ख़ुशी कि 'खट्' की आवाज़ के साथ उसने लीना के हाथ को मेज़ पर झुके हुए पाया है...फिर लगा, वह हाथ लीना का नहीं, एक दूसरा सख़्त हाथ है।

सुबह की निष्करुण, क्रूर प्रसन्नता का सुख साँझ तक धीरे-धीरे अनजाने ही एक अजीब अवसाद में बदलता चला गया था और वह अचेतन की एक आवेगमयी इच्छा से लड़ता रहा कि सुबह दिल्ली न जाकर, प्लेन से सीधे लीना के पास जाए और उस हारी-थकी, जर्जर,

पराजिता को बाँहों में उठा ले, 'लीना, मेरी लीना, मुझे माफ़ कर दो!' कैसी हो गई होगी इन आठ वर्षों में लीना? जब वे अलग हुए थे, तो वह छब्बीस की थी, आज चौंतीस की होगी। काले केशों में सफ़ेद धारियाँ उभर आई होंगी, चेहरे पर उम्र का पकाव झलकने लगा होगा और शरीर फैल या सूखकर वह नहीं रह गया होगा, जिसे वह 'अंग-अंग साँचे में ढला' कहा करता था। नहीं, अब उस हारी-थकी, टूटी प्रौढ़ा का सामना करने का साहस भी तो किशोर में नहीं था। अपराध आरोपती निगाहों से वह कैसे दो-चार हो सकेगा? सचमुच, बेचारी कहीं बहुत मज़बूर ही हो उठी होगी, वरना कैसे उसे यह पत्र लिख पाती?

देर तक आँसू किशोर के गालों पर ढुलकते रहे। लेक के पार किनारे-किनारे रेल गुज़र रही थी और उसकी रोशनियाँ पानी के भीतर सुनहरी कातर-जैसी सरकती जा रही थीं। क्या वे लोग सच ही दुर्भाग्य बनकर एक-दूसरे की ज़िन्दगी में आए थे?

• • • लेकिन सौभाग्य किसे कहते हैं, इसे ज़िन्दगी में पहली बार किशोर ने उसी दिन जाना था, जिस दिन लीना का हाथ अपने हाथ में लेकर कहा, 'लीना, तुम एक बार अपने मुँह से कह दो...कहो लीना! देखो, मेरे पास तुम्हें देने को एक प्यार-भरे दिल के सिवा कुछ भी नहीं है...' मुँह से लीना ने सिर्फ़ इतना ही कहा, 'सब कुछ शब्दों में कहकर ही बताया जाता है किशोर?' किशोर को विश्वास नहीं हुआ था। लगा, जैसे संसार की हर चीज़ अवास्तविक, अन-रीयल हो उठी हो! यूनिवर्सिटी के लड़के सुना-सुनाकर आपस में कहते, 'इसे कहते हैं छप्पर फाड़कर देना! ज़िन्दगी साले की ट्यूशनें करते, फ्रीशिप और स्कॉलरशिप के लिए इस मेम्बर से उस मेम्बर के यहाँ चक्कर लगाते बीती और आज देख लो, क्या अकड़कर असिस्टेंट-कमिश्नर का दामाद होने जा रहा है!'

'लेकिन बेटे, हाथी बाँध तो रहे हो, उसे खिलाओगे क्या?'

'हाथी नहीं, हथिनी—सफ़ेद हथिनी! जो इतना बड़ा जानवर देगा, वह दो-चार गन्ने के खेत भी देगा ही। असिस्टेंट-कमिश्नर इनकम-टैक्स कहते किसे हैं, कुछ पता है?'

'यानी किशोर साहब वहाँ खेत पर जाकर ही मढ़ैया डाल देंगे?'

'खेत पर? और वो जो कमिश्नर साहब के तीन-तीन बुलडॉग बैठे हैं सो...मोना-लिज़ा के भाई। जमाई जी की वो ख़ातिर करेंगे कि सीधे घर आकर ही...'

'ओर जो है सो है, पर यार, फाँसा ख़ूब! नोट्स तैयार करके पढ़ने के पार्टनर, ये फ़ायदे हैं, समझे कुछ? तुम ज़िन्दगी-भर बैठे-बैठे लाल स्याही से किताबों पर निशान लगाते रहना, कोई छमिया पूछने नहीं आएगी। घोटूराम का सिर कड़ाही में और पाँचों उँगलियाँ घी में! कॉलेज-लाइफ़ एंजॉय करनी है, तो आदमी को चाहिए, एक ख़ूबसूरत-सी कॉपी में नोट्स तैयार करके अलग रख ले।'

'मगर डार्लिंग, यह हुआ कैसे? बाप साले की आँखें हैं कि बटन? उसे टिपता नहीं है कि जो चुग़द सारे दिन ट्यूशन करे, न जिसके सिर पर छत हो और न तले फ़र्श, वह क्या खिलाएगा बिटिया को?'

'तिरिया-हठ मि-लॉर्ड, तिरिया-हठ! लौंडिया बिना खाए-पिए सत्याग्रह किए पड़ी रहे, तो बोलो, बाप बेचारा क्या करे?'

'अरे जनाब, करें क्यों नहीं? मर्द बच्चा हो, तो हंटरों से वो ठुकाई करे कि सारा रोमांस फ़ाख़्ता हो जाए। और इन मजनूँ साहब को तो यों चुटकियों में उड़ा दे...कटवाके बहा

दे रातोंरात! क्या मज़ाल, जो किसी को सुराग लग जाए ज़रा भी! हिम्मत होनी चाहिए मिस्टर, हिम्मत!'

'हिम्मत तो भाईजान, किशोर की माननी पड़ेगी।'

'नॉनसेंस! उनकी तो आज भी हिम्मत उस बाउंड्री में घुसने की नहीं होती। वो तो हमारी मोना-लिज़ा ही सब कर रही हैं...'

''हाय मोना, तेरी यह दुर्दशा!'

इन फ़िक़रों और क़हक़हों के बीच किशोर भले ही अपने को हीरो के रूप में देखने लगा हो; लेकिन यह सच है कि लीना की दृढ़ता और साहस के आगे कहीं वह अपने को बहुत छोटा और नमित महसूस करता था। और इसमें भी झूठ नहीं कि शादी हो चुकने के बाद वाले तीन दिन तक असिस्टेंट-कमिश्नर दीक्षित के बँगले के फाटक का 'बिवेयर ऑफ़ डॉग' के ऊपरवाला कुंडा खोलते उसका दिल धड़-धड़ करने लगता था। अल्सेशियन कुत्तों के डर से नहीं, लीना के भाइयों के डर से भी नहीं, बल्कि दीक्षित साहब की नज़रों के डर से। ख़ून को जमा देनेवाली उन ठंडी निगाहों के सामने पड़कर वापस आ सकने लायक शक्ति भी उसमें रह जाएगी या नहीं? आज तो लगता है, जो कुछ उन दिनों हुआ, किशोर उन सबका मात्र तटस्थ-दर्शक था। शादी दीक्षित साहब के यहाँ नहीं; हुई थी कोर्ट में। इसके पहले और बाद ट्रैजेडी और फ़ार्स दो नाटक हुए थे—यानी शादी से पहले मार डालने, उस लफंगे को कहीं का न रखने और पाँच दिन भूखे रहने, कमरे में बन्द करके सड़ने देने का नाटक हुआ, जिसके अन्तिम अंक में एक दिन किशोर ने लीना को अलस्सुबह अपनी कोठरी के दरवाज़े पर खड़े पाया—बदहवास, ख़ाली हाथ। 'अपने घर रहने आई हूँ। कितनी मुश्किल हुई है निकलने में कि बस! अब कोई हमारा क्या कर सकता है? क़ानूनन हम लोग पति-पत्नी हैं।' फिर किस तरह 'भाड़-में-जाओ' के अन्दाज़ में सब दिखावा करना पड़ा, किस तरह मसूरी के एक होटल में डबल-बेड रूम का इन्तज़ाम करके उन्होंने दो ट्रेन-टिकट किशोर को दिये और स्टेशन पर जब अपनी 'बेटी को विदा' किया, तो सख़्ती के मुखौटे का मोम पिघल आया था। उनकी आँखों में नमी तैर आई; लेकिन एक तनाव बना रहा और उदासीनता का अभिनय करता किशोर गर्दन अकड़ाए अपने और दूसरों को विश्वास दिलाता रहा—वर्ग की दीवारें आख़िर मनुष्यों की भावनाओं को कितने दिनों और कुचलेंगी? आदमी ही तो है, जो इतिहास को बनाता और बदलता है। प्रतिष्ठा—धन की, जाति की, पोज़ीशन की प्रतिष्ठा—हम लोगों के भाग्य की निर्णायक क्यों हो? लेकिन ये सारे घिसे-पिटे वाक्य वातावरण में व्याप्त अपमान के डंक से उसे अछूता नहीं रख पाते थे।

पापा ने कुछ नहीं दिया—देने की बात भी नहीं थी और किशोर उसकी उम्मीद भी नहीं कर रहा था; लेकिन स्टेशन पर यह मौन आश्वासन भी टूट गया। प्लेटफ़ार्म की घड़ी के पास जब हरी झंडी हिली, तो उन्होंने लीना के हाथ में एक बन्द लिफ़ाफ़ा रख दिया, 'इसे बाद में देखना।' गाड़ी चली, तो किशोर को लगा कि दीक्षित साहब न तो उससे हाथ मिलाना चाहते हैं, न आँखें। वे यों ही खोए-खोए-से सख़्त चेहरा किए एक ओर खड़े रहे और उससे नहीं, लीना से उखड़े-उखड़े बोलते रहे। स्टेट एक्सप्रेस का डिब्बा एक हाथ से दूसरे हाथ की यात्रा में मानसिक उत्तेजना प्रकट करता रहा। गाड़ी चली, लिफ़ाफ़ा खुला—लीना के नाम पाँच हज़ार का एकाउंट-पेयी चेक था। पहली चीज़ किशोर के दिमाग़ में टकराई, 'सिर्फ़ पाँच हज़ार!' फिर लगा, यह पाँच हज़ार रुपयों का नहीं, पाँच हज़ार अविश्वासों का चेक है, जिस आदमी के साथ तुम जा रही हो, उसके साथ कभी भूखी मरने लगो, तो इन रुपयों से काम चला लेना।

किशोर का चेहरा पढ़कर लीना समझाती रही, 'पापा बेहद कट्टर सिद्धान्तवादी आदमी हैं। वे कहते हैं कि झूठे दिखावे और रुपए की बरबादी से क्या फ़ायदा? जो रुपया देना है, वह सीधे ही क्यों न दे दिया जाए? बजाय इसके कि वे हमें कोई उलटी-सीधी चीज़ दे-देते और हमें पसन्द न आती, क्या यह ज़्यादा अच्छा नहीं है कि हम अपनी ज़रूरत की चीज़ ख़रीद लें?' वह कुछ नहीं बोला। अपने जुकाम को बार-बार रूमाल में साफ़ कर-करके रखते और स्टेट-एक्सप्रेस का टिन हाथ में लेकर बातें करते दीक्षित साहब की आकृति ही उसके सामने घूमती रही। ग्यारह-बारह साल हो गए, उस आकृति की रेखाएँ अब अलग-अलग लोगों के चेहरों में समा गई हैं और उसे ज्यों-का-त्यों याद कर लेना भी उसके लिए सम्भव नहीं रह गया है। लेकिन उस दिनवाला प्रभाव आज भी दिमाग़ से नहीं जाता। मुँह की ओर बढ़ता सिगरेटवाला हाथ, और साँवले होंठों का उसे पकड़ने के लिए उदग्र हो आना—बाई-फ़ोकल चश्मे से बाज़ जैसी तेज़ आँखों का झाँकना—सुप्रीम कॉन्फिडेंस और हर चीज़ को आर-पार भेदकर उसको जाने-बैठे होने का दम्भ—सब मिलाकर एक ऊँचाई पर खड़े, हिक़ारत से नीचे देखते व्यक्ति की ललकारती भंगिमा—मन-ही-मन दाँत भींचकर किशोर ने सोचा, 'साला शक्ल से ही टोडी बच्चा लगता है। हमारी सरकार ने इन लोगों को रिटायर क्यों नहीं किया?' फिर एक दूसरा शब्द दिमाग़ में आया, 'ब्यूरोक्रेट्स!'

हवा ठंडी थी। खाना खाकर दोनों बाहर निकले थे और कुलड़ी माल पार करके रिक्शा-स्टैंड के सामने ही दीवार पर, ज़रा एक ओर हटकर बैठ गए थे। अँधेरे में जगमगाती बत्तियों की आड़ी-तिरछी मालाएँ टूट-टूटकर नीचे ऊबड़-खाबड़ अँधेरे में चली गई थीं...किं-क्रेग के गुच्छे के बाद, बस, कहीं-कहीं बत्तियाँ सड़क का आभास देती थीं। नीचे बहुत दूर हल्के उजास को देखकर लगता था, वहाँ देहरादून है।

"कभी-कभी मैं सोचता हूँ लीना", तीन दिनों से घुमड़ती बात को किशोर शब्द देने की कोशिश कर रहा था, "कहीं हम लोगों से कुछ ग़लत तो नहीं हो गया..." वह लाइब्रेरी चौकवाले मंडप को देखता रहा। लीना की इस सारी दृढ़ता ने उसे डरा दिया था। जो लड़की अपने दबंग बाप की फ़िक्र न करे, वह सचमुच डरने लायक़ ही है।

काले शॉल को एक बार खोलकर सारे कन्धे ढँकते हुए लीना सामने देखती बोली, "देखो किशोर, मैं बच्ची नहीं हूँ। मैं जल्दी निर्णय नहीं लेती और जब एक बार निर्णय ले लेती हूँ, तो उस पर टिकने की कोशिश करती हूँ। पापा को भी जानती हूँ और तुम्हें भी समझती हूँ। सब जानते-बूझते हुए, पूरे होश-हवास में ही तुम्हारे साथ कोर्ट गई थी। और सच कहूँ, मैं इसे भी पापा की मेहरबानी ही समझती हूँ—उन्होंने इतना किया। मैं तो तुम्हारे यहाँ जब पहुँची थी तो इन सबका मोह छोड़कर पहुँची थी। जानती थी, यह सब नहीं होगा..."

"नहीं होता तो ज़्यादा अच्छा था।" गहरी साँस लेकर उसने धीरे से कहा। लीना के स्वर की यह दृढ़-निर्णयात्मकता उसे अपने-आपकी विरोधी लगती है। और अचानक उसे दीक्षित साहब की वह मुद्रा याद हो आई, जो उसे महसूस कराती थी—मानो वह ज़मीन पर रेंगनेवाला कीड़ा हो।

"ख़ैर, जो हुआ, सो हुआ; पापा को माफ़ कर दो। देखो, उनका सोचने का, दुनिया को देखने-सुनने का, चलने-चलाने का अपना एक तरीक़ा है। शायद अब वे बदल भी नहीं सकते। कम-से-कम तुम उनका इसी बात का लिहाज़ कर दो कि मैं उनकी इकलौती लड़की हूँ—भाइयों में सबसे बड़ी। मेरी शादी वे सचमुच शौक़ से ही करना चाहते थे।..." लीना का गला

भर्रा आया, "यही ज़रा-सी अटक इस समय आ गई है; वरना हम जानते हैं, पापा के मन में तुम्हारे लिए कितनी इज़्ज़त है। बहुत बार उन्होंने कहा है—किशोर ईमानदार और मेहनती लड़का है। उसे देखता हूँ, तो मुझे अपने दिन याद आ जाते हैं।" और वह विस्तार से बताती रही, "पापा ख़ुद सेल्फ़मेड आदमी हैं। चाचा-ताउओं ने तो हरी झंडी दिखा दी थी। ख़ुद पढ़े, छोटे भाई-बहनों को पढ़ाया। भाइयों को नौकरी दिलाई, बहनों की शादी की। आज जो कुछ हैं, सिर्फ़ अपने बूते पर हैं। आपके संघर्ष को वे नहीं समझेंगे, तो कौन समझेगा? इसलिए जानते हैं, अभाव क्या होता है। शायद यही वजह है कि हम लोगों की किसी इच्छा को कभी अधूरा नहीं रखा। आधी रात को उठकर अगर हम लोगों ने कहा—पापा, ट्राइसिकिल लेंगे, तो आदमी दुकान खुलवाकर ट्राइसिकिल लाया है। कहते थे—मेरी इच्छाएँ अगर अधूरी रह गई हैं, तो मैं अपने बच्चों का मन क्यों मारूँ?"

लीना का यह बहाव किशोर को किनारे पर अनभीगा खड़े छोड़ जाता है, "और तुम आई भी हो तो एक ऐसे आदमी के साथ, जिसने ख़ुद कभी ज़िन्दगी में नहीं जाना कि इच्छाएँ पूरी होना किसे कहते हैं! भैया को अस्सी-सौ रुपए मिलते हैं। बच्चे हैं, बे-पढ़ी भाभी हैं—जिन्होंने मुझे माँ की तरह पाला है। माँ-बाप का प्यार मैंने तो सिर्फ़ भैया में ही पाया है। इसलिए कभी-कभी सोचता हूँ कि दोस्ती तक हम लोगों के सम्बन्ध ठीक थे; लेकिन आगे..."

"फिर वही बात! देखो, कोई भी लड़की जब ऐसे निर्णय ले लेती है किशोर, तो ख़ूब आगा-पीछा सोच लेती है। मुझे सभी तरह की ज़िन्दगी जीने की आदत है।" उसने किशोर का हाथ अपने हाथ में ले लिया, "आज तो तुम्हारी लेक्चरशिप पक्की है न, इसलिए एक आधार है। यह न भी होती, तब भी मैंने आने का निर्णय कर ही लिया था। अब हम दोनों के दु:ख-सुख अलग कहाँ रह गए हैं? अरे, मैं तो कहती हूँ, इस साल मैं फाइनल किए लेती हूँ; फिर निश्चिन्त होकर पी-एच.डी. कर डालो। ये ट्यूशन और नोट्स तो तुम बन्द ही कर दो। मैं भी कोई छोटी-मोटी नौकरी ले लूँगी।" फिर बहुत ही लाड़ और सान्त्वना से उसके कन्धे पर बाँह रखकर बोली, "छोटी-सी ज़िन्दगी है, यों ही बीत जाएगी!..."

आज भी याद है, किशोर को लगा था कि लीना के मुँह से अपनी बात नहीं, फ़िल्में और रूमानी किताबें बोल रही थीं। घड़ी देखकर जब वे लोग उठे, तो लीना ने उसे इस तरह दिलासा दिया, जैसे बच्चे को समझा रही हो, "देखो, हम लोग ट्रेन में सफ़र करते हैं। बहुत तकलीफ़ें, असुविधाएँ, अपमान और बदमज़गी होती हैं। लेकिन यात्रा पूरी करने के बाद कोई भी उन्हें याद नहीं रखता। पापा ने ग़लत किया या सही, अब तो हमारी ज़िन्दगी अपनी और स्वतन्त्र ज़िन्दगी है। पापा उसमें कहाँ आते हैं?"

हाँ, पापा उसमें कहाँ आते हैं! न होगा, तो आगे उनसे कोई सम्बन्ध नहीं रखेंगे। उस दिन सुनसान माल पर किशोर ने लीना को कमर से अपने पास खींच लिया, "तुम बहुत समझदार हो लीना! पता नहीं, मुझे क्या हो जाता है कभी-कभी! ये छोटी-छोटी बातें बहुत महत्त्वपूर्ण लगने लगती हैं। इसी तरह भटकाव में मुझे सहारा देती रहना..." मन में सोचा, लीना जिस वर्ग और जिन लोगों में रहती है, निर्णय-दृढ़ता और स्पष्ट-चिन्तन उन लोगों की बहुत बड़ी विशेषता है, क्योंकि परिस्थितियों पर उनका नियंत्रण होता है...।

छोटी-छोटी बातों के महत्त्वपूर्ण लगने का सिलसिला शुरू कहाँ हुआ था—यह तो स्पष्ट याद नहीं; लेकिन वह ख़त्म वहाँ नहीं हुआ—ख़त्म हुआ किशोर और लीना को अलग

करके—एक नए सिलसिले की शुरुआत करके...आज लीना का आशय उसी अतीत से है क्या... ? उसने पाइप निकाल लिया, सुलगाया और सिरे से पकड़कर पीता रहा... ।

कुछ घटनाएँ अभी भी भुलाए नहीं भूलतीं...और आज भी किसी लड़की को टेनिस खेलते देखकर, किसी पार्टी में, होटल में छुरी-काँटे उठाते-रखते याद आ जाती हैं...दीक्षित साहब की ओर से शादी का डिनर था—उनके लॉन में ही। छुरी-काँटे से दोस्तों के साथ कॉलेज-कैंटीन या किसी के घर एट-होम पार्टी खा चुका था, लेकिन ख़ास सुविधाजनक न होते हुए भी खाने में दिक्क़त नहीं हुई। समाप्त करके छुरी-काँटे का क्रॉस बनाकर ख़ाली प्लेट में रख दिया, और चुपचाप होंठों पर फ़रमायशी मुसकान लाकर मेहमानों की चुहल पर हँसने का प्रयत्न करने लगा...वे सब अपनी ही बातों में व्यस्त थे और शायद किसी को अहसास नहीं था कि जिसकी शादी की पार्टी वे लोग खा रहे हैं, वह व्यक्ति भी वहाँ उपस्थित है। पास बैठी लीना ने बहुत धीरे से पूछा, 'अरे, आप खा चुके क्या?' लापरवाही से उसने 'हाँ' कहा और दीक्षित साहब का तह किए नेपकिन को होंठों से छुलाना देखता रहा। तभी औरों की निगाह बचाकर लीना ने धीरे-से उसकी प्लेट के छुरी-काँटे के क्रॉस को बिगाड़कर उन्हें दो समानान्तर रेखाओं की तरह रख दिया। उसने भी देखा, खाना ख़त्म करने वाले समानान्तर ही रखते हैं और उसकी जानकारी ग़लत थी। थोड़ी देर वह उधर से ध्यान हटाए रहा; मगर बाद में जाने क्या हुआ कि फिर से उन्हें क्रॉस की शक्ल दे दी! मेज़ के नीचे लीना ने धीरे-से उसका पाँव छुआ, तो उद्धत भाव से बोला, 'अभी एक कटलेट और लूँगा...।'

तब से वह लीना के साथ खाते समय, खाना ख़त्म करके छुरी-काँटे को क्रॉस की स्थिति में ही रखता...

फिर उसका गट्-गट् पानी पीना, चप्-चप् खाना और 'हरि ओम्' की लम्बी डकार के साथ तृप्ति का सन्तोष प्रकट करना—लीना को पसन्द नहीं है—यह जानते हुए भी यह उसे चिढ़ाने के लिए यही करते हुए खाता। उसे लगता, इसमें लीना की व्यक्तिगत नापसन्दगी उतनी नहीं है, जितनी हिकारत की यह भावना कि 'तुम्हें सभ्य-समाज में उठने-बैठने का मौक़ा नहीं मिला, इसलिए शायद यह नहीं जानते कि यह अशिष्टता है।' कोई चीज़ स्वादिष्ट लगती, तो जल्दी-जल्दी लम्बी सड़ाकेदार आवाज़ के साथ मुँह भर लेता, और झूम-झूमकर गुनगुनाते हुए उसका स्वाद लेता और लीना की आँखों में पढ़ता—'शायद पहली ही बार खा रहे हो, न?' हालाँकि यह भी समझ लेता कि उसके ऐसा करते समय जान-बूझकर लीना दूसरी ओर मुँह करके रसोई में झाँकने लगी है।

लीना को धोबी की धुली, साफ़-सफ़ेद इस्तरी की हुई साड़ी पहनकर सोने का शौक़ था, और उसका आग्रह रहता कि वह भी धोबी का धुला कुरता-पाजामा पहनकर सोए। लेकिन किशोर किसी भी तरह अपने मन को तैयार न कर पाता। जिस तरह के कपड़ों को वह दो-दो, तीन-तीन दिन पहनता, और बाहर से लौटकर जिन्हें खूँटी या किवाड़ पर लटका देता रहा है कि अगले दिन पहनने लायक रहें, उन्हें पहने ही कैसे बिस्तर में घुस जाए? दो घंटे उन पर क्या इसीलिए बेचारे धोबी ने मेहनत की थी (अक्सर ही लीना इस्तरी ठीक न होने पर आधे कपड़े धोबी को लौटा देती थी) कि उन्हें पहनते ही बिस्तर पर लेटकर बराबर कर देना है? लोटे में अंगारे भरकर रात को देर तक अपने हाथ के धुले कपड़ों पर इस्तरी करना उसे अभी तक याद है, इसलिए इस्तरी करने के परिश्रम को भी जानता है। वह उस कुरते-पाजामे को यों ही सिरहाने रखा छोड़कर

कहीं से कोई गन्दे कपड़े निकाल लेता—क्या है, कहीं कोने में न पड़े रहे, शरीर पर ही रहे—सोना ही तो है! लीना चिढ़ाती, 'तुम्हें गन्दे कपड़े पहनने का ख़ास शौक़ है।' उसे लगता, कह रही हो—साफ़ कपड़े पहनने की आदत नहीं है न?

इंटरव्यू के लिए जाना था। लीना ने उसकी अटैची-बिस्तर तैयार किए। अपनी बेंत की चौकोर टोकरी में दो प्लास्टिक की प्लेटें, गिलास, तौलिया, नेपकिन, केले, सन्तरे इत्यादि रख दिये। गुसलख़ाने से निकलकर गीले बालों को झटके-से काढ़ते, छींटे उड़ाते हुए किशोर ने पूछा, "अरे भई, ये सब क्या है?" लीना व्यस्त-भाव से सामान लगाती रही, "कुछ नहीं, रास्ते की तैयारी है। पापा की तैयारी मैं ही करती थी।" किशोर ने मुलायम स्वर में कहा, "क्यों ये सब बेकार मेहनत कर रही हो? रास्ते में मेरा मन ही नहीं होता कुछ खाने-पीने को। फिर थर्ड-क्लास में आदमी ख़ुद ही बैठ जाए; इतना काफ़ी है। ये ताम-झाम जितना कम हो, उतना अच्छा है। बेकार टूट-टाट जाए।" फिर जब कंघी अन्दर रखकर लौटा, तो असली बात कही, "इसके लिए एक कुली अलग से करना होगा। अटैची-बिस्तर का क्या है—लिये और हाथ में लटका लिये!" लीना का हाथ रुक गया। उसने ग़ौर से किशोर को देखा और उसके आगे बाई-फ़ोकल चश्मे से झाँकती दीक्षित साहब की आँखें आ गईं...

लीना को शौक़ था, घर में अच्छे परदे हों; और उसे लगता, पुरानी साड़ियों के परदे क्या बुरे हैं? घर में नए टी-सेट की ज़रूरत थी। भेंट में मिले टी-सेट दीक्षित साहब के साथ ही—उस शहर में छूट गए थे और वह वहाँ जाना नहीं चाहता था। तय हुआ; शाम को साथ चलेंगे। लेकिन वह ख़ुद ही कॉलेज से बाज़ार चला गया, और जब आया तो सेकंड-ग्रेड का टी-सेट साइकल की डोल्ची में था। किसी बेमालूम-सी चटख या टेढ़ेपन को कौन ग़ौर से देखता है? चीज़ तो आधे दामों में आ गई। लीना ने देखा, तो नाक-भौं सिकोड़ ली, "क्या उठा लाए!" अगले दिन वह ख़ुद जाकर नया सेट उठा लाई। बोली, "तुम्हारे पैसे नहीं ख़र्च किए हैं। अपने पैसों से लाई हूँ..." अपने पैसों को लेकर उसके मुँह तक कोई बात आई थी—तभी कोई आ गया।

यह सब तो चला बिना बोले; लेकिन एक दिन जब रेस्तराँ से निकले, तो बोलने का लिहाज़ भी टूट गया। शायद उसे इतना बुरा न लगता; लेकिन साथ में था किशोर का एक सहकारी—अंग्रेज़ी-विभाग का मेहता। लीना का फाइनल था, इसलिए मदद करने अक्सर मेहता आ जाता था। शाम को प्रायः साथ ही प्रोग्राम बनता। कम-से-कम चाय साथ ही पीते थे। जब तक किशोर पैसे निकाले-निकाले कि मेहता ने झटके से पर्स निकालकर दस का नोट थाली में फेंक दिया। टिप के चार आने छोड़े और बाहर आते हुए बोला, "मैं समझता हूँ, इन बेचारों को ज़रूर कुछ-न-कुछ छोड़ना चाहिए। ये होटलवाले इन्हें देते ही क्या हैं? सारा गुज़ारा तो टिप्स पर ही चलता है इनका..."

"हमारे 'ये' टिप देने में सबसे ज़्यादा तकलीफ़ पाते हैं," लीना हँसकर बोली, "बहुत दिल कड़ा करके छोड़ा, तो एक आना छोड़ दिया!"

"हम पूछते हैं, यों पैसा फेंकने से फ़ायदा?" उसने बचाव पक्ष की दलील दी, "एक तो दो पैसे की चीज़ के चार आने दो—फिर यह टैक्स! मैं कहता हूँ कि यह टिपबाज़ी विदेशों में इतना बड़ा सिरदर्द हो गया है कि लोग परेशान हैं। दरवाज़ा खोला है, टिप दीजिए; लिफ़्ट से लाए हैं, टिप दीजिए; टैक्सी का भाड़ा दिया है, टिप दीजिए; होटल के बैरे ने आपकी डाक

लाकर दी है, टिप दीजिए! टिप न हुई, साली मुसीबत हो गई! हमें तो इस सबको डिस्करेज करना चाहिए। भई, चीज़ों के दाम आप दो पैसे और बढ़ा दीजिए—लेकिन टिप के नाम पर यह जेबकतराई तो बन्द कीजिए...मैं तो इसके एकदम ख़िलाफ़ हूँ...।" वह लीना से बहस के अन्दाज़ में बोलता रहा।

"ख़ैर, अच्छा या बुरा; सभ्य-समाज का एक तरीक़ा बन गया है।" लीना ने बताया।

"अच्छा सभ्य-समाज है! एक पूरे वर्ग को बख़्शीश और टिप्स पर पालना ग़ुलामी है।" किशोर को ग़ुस्सा आ गया।

"ऐसा न करें, तो ये लोग भी तो ठीक से सर्व नहीं करते—कोई सुनेगा ही नहीं..."

"यानी जिसके पास टिप देने को फ़ालतू पैसे न हों, उसे यहाँ आने का हक़ नहीं है...? उसे न खाने-पीने का हक़ है, न अच्छी जगह उठने-बैठने का!" उसकी बात में कड़वाहट आ गई, "बिल के पैसे हों न हों, लेकिन टिप ज़रूर हो!"

"इसे पर्सनल क्यों बनाते हो, किशोर?" लीना ने निर्णय के ढंग पर कहा, "बहरहाल, आपकी बात ठीक भी हो, फिर भी मैंने देखा है कि पैसा आपसे छूटता नहीं है।" लीना ने मेहता के बढ़े हुए हाथ से पान लेकर मुँह भर लिया।

किशोर की आँखों के आगे 'बिवेयर ऑफ़ डॉग' का फाटक घूम गया, बोला, "लीना जी, मुझे मिलते हैं दो सौ रुपए—सो भी आज। और आपकी रहने की आदत है उस माहौल में, जहाँ हज़ार रुपए तनख़ा और डेढ़ हज़ार की ऊपरी आमदनी होती है—वे लोग पाँच रुपए के बिल पर एक रुपया टिप दे सकते हैं..."

उस दिन लीना की आँखों में आँसू आ गए थे, और घर आकर तो वह फूट-फूटकर रोने लगी—रात-भर रोती रही और किशोर डरे बच्चे की तरह माफ़ी माँगता रहा।

अक्सर उसे दया भी आती थी। लीना सब्ज़ी काटती या झाड़ू लगाती, सफ़ाई करती, कपड़े धोती तो किशोर का मन एक अजीब करुणा से भर-भर आता। बेचारी लाड़-प्यार, नाज़-नख़रों से पली लड़की कहाँ आ गई है! तब वह आगे-आगे सारे काम कर देता। वह कपड़े भींगे छोड़कर आती तो धोकर सुखा देता; वह ब्रश करती, तब तक ख़ुद स्टोव जलाकर चाय बना देता। वह खाना बनाती तो नहाने से पहले कमरे झाड़ देता। लीना किताबें खोले पढ़ रही होती, और वह चुपके से बरतन मल डालता। हालाँकि वह चीज़ उसे और भी चुभती कि लीना जान गई है; फिर भी न जानने का बहाना करके बैठी पढ़ रही है। लेकिन देखकर अनदेखा करना मुश्किल हो जाता तो लड़ती, और वह कहता, "देखो लीना, मुझे तो यह सब करने की आदत है। शुरू से किया है। भाभी बीमार या बाहर होती थीं, तो सभी कुछ करता था! लेकिन तुमने तो रसोई में झाँककर भी नहीं देखा होगा।" उसका गला रुँध जाता, "तुम क्या सोचती होगी लीना, कहाँ..."

लीना गहरी साँस लेकर झिड़क देती।

जब वह सज-सँवरकर बाहर निकलती तो किशोर उसे देखता रह जाता—हेयर स्टाइल, मैचिंग-सेंस, हर चीज़ का चुनाव और स्तर—सभी में कुछ ऐसी नफ़ासत और आभिजात्य रहता कि लगता, वह किशोर से बहुत दूर चली गई है—अप्राप्य और दुर्लभ हो उठी है। उसे अपना-आप बहुत ही छोटा अकिंचन महसूस होने लगता—वह ख़ुद ही मानो अनधिकारी, ग़ैर और अजनबी बनकर उसे ठगा-सा देखता रह जाता। उस क्षण उसे लीना के सौन्दर्य और सौन्दर्य-बोध पर गर्व-मिश्रित सन्तोष ज़रूर होता; लेकिन पीछे कहीं रीढ़ के भीतर आशंकित भय

सुरसुराया करता—सचमुच वह लीना के लायक़ नहीं है? कहाँ वह, और कहाँ लीना! ज़रूर लीना भी तो अपने-आपको और उसे देखकर कभी-कभी सोचती ही होगी कि वह कहीं ग़लत कर बैठी है, जाने कैसे उसे यह विश्वास हो गया था कि अब लीना को उसके साथ आने का अफ़सोस होने लगा है; इधर वह अधिक सुस्त और उदास रहने लगी है...कहाँ इस समय वह किसी शानदार गाड़ी में बैठी घूमने जा रही होती और कहाँ अब बार-बार धूप में रूमाल से गले-कनपटियों का पसीना पोंछती, धूल-धक्कड़ में, रिक्शे में लदी, पहिए से साड़ी बचाती चली जा रही है...साथ लगे इस बुद्धू, चुग़द, घुन्ने, मनहूस और कंजूस (या ग़रीब) को देखकर क्या हर क्षण धड़कते दिल से यही नहीं मानती होगी कि हाय राम, इस वक़्त कोई जान-पहचान का न मिल जाए! हालाँकि वह ख़ुद भी बहुत ख़याल रखती थी कि जब किशोर उसके साथ हो, तो सबसे अच्छे कपड़ों में हो...मगर उसके पास अच्छे कपड़े थे कहाँ...?

"देखो, कल एक जहाज़ क्रैश हो गया...आई.ए.सी. का विस्काउंट था..." अख़बार पढ़ते-पढ़ते उसने मेहता और लीना को सुनाया। अक्सर जब वे तीनों बैठते, तो किशोर को लगता, जैसे उसके पास बात करने को कोई विषय ही नहीं है। अपनी इस कमज़ोरी को छिपाने के लिए वह कुछ उठाकर पढ़ने लगता—हालाँकि एकाध बार लीना ने बताया कि यह बदतमीज़ी है।

"क्या था?" लीना स्टोव के पास थी, जैसे कम सुनती हो, इस तरह कान पर ज़ोर देकर पूछा। वैसे भी स्टोव की आवाज़ रसोई में गूँज रही थी। उसने डरते-डरते मेहता को देखा कि कहीं सुन तो नहीं लिया?

"इंडियन एयर-लाइंस का विस्काउंट था," किशोर ने दोहराया। वह और मेहता आँगन में मूढ़ों पर बैठे थे। लीना रसोई में, पास ही, चाय बना रही थी।

"विस्काउंट नहीं, प्रोफ़ेसर साहब, वाइकाउंट बोलो!" लीना ने हँसकर कहा, तो फिर वही बाई-फ़ोकल शीशे और तुच्छता का अहसास करती दो उपेक्षा-भरी आँखें उसे तिलमिलाता छोड़ गई।

"अरे, हाँ-हाँ, आप कॉन्वेंट में पढ़ी हैं। ज़रा स्पेलिंग तो देखो।" किशोर ज़िद करता रहा।

"मेहता साहब, ज़रा इन्हें बताइए," वह वहीं से बोली।

मेहता अचकचा उठा। क्षमा माँगने के लहज़े में कहा, "प्रोफ़ेसर साहब, है तो वाइकाउंट ही...।"

"अरे इन अंग्रेज़ी शब्दों का कोई एक उच्चारण है?" किशोर भड़क उठा, "अंग्रेज़ और अमेरिकनों की बात छोड़ दीजिए, इंग्लैंड में ख़ुद हज़ारों शब्दों के उच्चारण तय नहीं हैं। एक अंग्रेज़ बोलता है डिरैक्शन, दूसरा कहेगा डायरैक्शन! एक कहेगा ऑफ़िन; दूसरा बोलेगा—ऑफ़्टिन! लिखा है ल्यूटिनेंट, स्कीइंग—पढ़ रहे हैं लैफ़्टिनेंट, शीइंग! स्पैलिंग है—जी.ए.ओ.एल—बोला जा रहा है जेल!...आई हेट दिस लैंग्वेज, जो सिर्फ़ कॉन्वेंट के बच्चों की बपौती हो, यानी ग़रीब आदमी की पहुँच से बाहर हो—द लैंग्वेज ऑफ़ इंपीरियेलिस्ट्स एंड ब्यूरोक्रैट्स!" और इस शब्द के याद आते ही उसे लगा, जैसे वह मेहता और लीना को नहीं, इन दोनों के पीछे कहीं छिपे खड़े दीक्षित साहब को यह सब सुना रहा है। "साले हमारी ज़बान को कहेंगे वर्नाक्युलर...! जानते हैं, वर्नाक्युलर माने क्या होता है? वर्नाक्युलर मीन्स द लैंग्वेज ऑफ़ रोमन स्लेव्ज़...जन्म-जन्मान्तर के गुलामों की ज़बान..."

उसके ग़ुस्से पर लीना ज़ोर से हँस पड़ी, "लेकिन इस पर इतना ग़ुस्सा होने की क्या ज़रूरत है? अपनी ग़लती मान लीजिए न, और नाराज़ होकर भी वही भाषा बोल रहे हैं, जिस पर नाराज़ हैं!" वह हत्थी टिकाकर हँसती रही।

"शटाप्!" जाने उसे क्या हुआ कि ज़ोर से उसने अख़बार ज़मीन पर पटका और झटके-से उठ खड़ा हुआ, "ठीक है, हम कॉन्वेंट में नहीं पढ़े हैं। हमारे उच्चारण ख़राब सही; लेकिन इसी कॉन्वेंट ने तुम्हारा दिमाग़ ख़राब कर दिया है..." और वह मेहता को स्तब्ध छोड़कर बाहर चला आया—आते हुए कह आया, "मैं ग़रीब आदमी हूँ लीना, लेकिन मेरी अपनी इज़्ज़त है!"

बाद में अपनी उत्तेजना पर उसे अफ़सोस होता रहा...तीन-चार दिनों के तनाव, रोने-धोने के बाद उसने ख़ुद लीना से माफ़ी माँगी कि ग़लती उसकी थी, न मालूम उसे क्या हो गया था...

क्या हो गया था नहीं; क्या होता चला जा रहा था—समझ में नहीं आता था। उसे जैसे लीना से, उसके सामने पड़ने से डर लगने लगा था। लीना की एक ख़ास तरह की दृढ़ या ज़िद्दी मुद्रा है, जिसके सामने वह नर्वस हो जाता है, और या तो कुछ ऊल-जलूल कह बैठता है या उससे ऐसा ही कुछ हो जाता है। उसे हमेशा ख़तरा रहता है कि न मालूम किसी मज़ाक या गम्भीरता में वह क्या कुछ कह दे और लीना का चेहरा, साँवले गम्भीर चेहरे में बदल जाए और वहाँ बाई-फ़ोकल चश्मा उभर उठे...

वह अपनी थीसिस के सिलसिले में रोज़ साँझ को यूनिवर्सिटी लाइब्रेरी जाता था, और लीना इम्तहानों की तैयारी करती थी। प्रीवियस में अट्ठावन प्रतिशत नम्बर थे और अगर इस बार तैयारी ठीक हो जाए तो कमी पूरी करके फ़र्स्ट-क्लास लाया जा सकता था। इसलिए नियमित रूप से मेहता की मोटर-साइकिल दरवाज़े पर पाँच बजे आ खड़ी होती थी। तीनों साथ चाय पीते। उस क्षण लीना सबसे अधिक प्रसन्न रहती। वैसे प्राय: यह उसकी शिकायत रहती थी कि न तो हम किसी के यहाँ जाते हैं, न किसी को चाय पर बुलाते हैं। तब उसे ख़याल हुआ था कि सचमुच उसका परिचय कितने कम लोगों से है—ऐसे लोगों से, जिनके साथ सम्पर्क रखने में लीना को प्रसन्नता हो। इसलिए वह अक्सर ही चुप रहता और ख़याल रखता कि कहीं चाय से सुड़-सुड़ की आवाज़ न हो, या वह दाँतों के पीछे जीभ लगाकर अपनी प्रिय 'च्सी! च्सी!' न कर बैठे।

खाने के बाद एक दिन वह परम तृप्त-भाव से यों ही दाँतों से जीभ लगाकर साँस खींच रहा था, जिससे आवाज़ होती थी। लीना खा रही थी। अचानक बोली, "फॉर गॉड्स सेक, यह मत करो—मुझे उलटी हो जाएगी...।" और तब से जब भी वह ऐसी आवाज़ निकालता कि लीना का यह वाक्य उसकी 'च्सी! च्सी!' को बीच से ही रोक देता...वह और मेहता कपड़ों की बातें करते फ़िल्मों की बातें करते, दिल्ली और बम्बई के होटलों की बातें करते—ड्राइविंग और पार्टियों के दिलचस्प क़िस्से सुनाते, "मिसेज़ किशोर, आपने 'रेंस ऑफ़ राँचीपुर' देखा है?...भुवाल संन्यासीवाले क़िस्से पर बेस किया है...।" और वह फ़िल्मों की कहानियाँ सुनाने लगता। लीना उत्सुक-मुग्धता से सुनती रहती या कभी लीना सुनाती, "मुझे क्रीम खाने का शौक़ ज़रा ज़्यादा ही था—फ्रूट-क्रीम, क्रीम-जैली, आइसक्रीम...पता नहीं, एक दिन पापा को क्या सूझा—दस सेर क्रीम उठा लाए...।"

"दस सेर!" मेहता अथाह आश्चर्य दिखाता, "माई गॉड!"

"हाँ-हाँ, दस सेर!" लीना उत्साह से बताती, "कहते थे—जी भरकर खा लो। एक बार ख़ूब नीयत भर लो, तो नॉर्मल हो जाओगे। यह पापा का सिद्धान्त था।"—या—"उन दिनों

दो घोड़ों की बोस्की, चार घोड़ों की बोस्की आती थी—और पापा ने घर-भर की चादरें उसी सिल्क की बनवा दी थीं...''

''वह तो बड़ा क़ीमती सिल्क हुआ करता था!'' मेहता प्रशंसा से कहता।

''रुपए की तो पापा ने कभी चिन्ता ही नहीं की। मख़मल के परदे, दो-दो हज़ार के ग़लीचे हैं उनके पास। आप सोचिए, उन दिनों के दो हज़ार... !'' उस समय वह किशोर की उपस्थिति भूल जाती! ''फ़र्स्ट क्लास से नीचे कभी सफ़र नहीं किया। और पापा सिगार पीते हैं—आप सोचिए, अंग्रेज़ कलक्टर कहा करते थे—मिस्टर दीक्षित, आपके यहाँ जो सिगार मिलता है—वह हमें इंग्लैंड में नसीब नहीं है।...घर के हर आदमी पर एक बैरा आज भी है। पाँच-दस रुपयों का तो हिसाब ही नहीं माँगते...।''

'कमाल है!' के भाव से मेहता सुनता रहा। वह ख़ुद अच्छे परिवार का था और तनख़ा के अलावा सौ-दो सौ घर से मँगाकर ख़र्च कर देता था। वह तो यहाँ सिर्फ़ इन्तज़ार का वक़्त काट रहा था, वस्तुतः उसे तो आगे पढ़ने के लिए इंग्लैंड जाना था। साफ़-सुथरा स्मार्ट-सा नौजवान; मुलायम घने बिना तेल के बालों का गुच्छा सामने झुका रहता था और कभी 'बो' या कभी टाई में वह सचमुच प्रभावशाली लगता था। अपने मस्से पर उँगली रखे अक्सर किशोर उसे देखता। साँझ को प्रायः वह सफ़ेद पैंट-कमीज़ में आता। आँगन में ही नैट लगाकर बैडमिंटन कोर्ट काढ़ लिया जाता—और घंटा-डेढ़ घंटा दोनों खेलते। ''मेरे यहाँ बेकार पड़ा था,'' कहकर उसने बल्ले और शटल-कॉक्स का पूरा डिब्बा लाकर रख दिया था—तब पढ़ाई होती थी। एक बार उसके आते ही लीना ने वाक्य अधूरा छोड़ दिया, ''इन्हें मिलता ही क्या है... ?''

और इस सबमें किशोर सचमुच, अपने को फ़ालतू ही पाता था। न उसे किसी ने दस सेर क्रीम लाकर दी थी, और न बोस्की की बेड-शीट्स उसने देखी थी—उसके पास कमीज़-कुरते तक सिल्क के नहीं रहे पहले। उसे लगता—अगर मेहता लीना का क्लास-फ़ैलो होता, तो ?...वह ये सारी बातें सुनता और दाँत पीसता—शेख़ी... शेख़ी...वह वर्ग सिर्फ़ शेख़ी पर ज़िन्दा रहता है। एक की बात सुनकर प्रतीक्षा करता है, देखें अब दूसरा पक्ष कौन-सी शेख़ी इसके जवाब में खोजकर लाता है! मेहता के सधे हुए खेलने के ढंग और साड़ी का पल्ला कमर में खोंसकर बार-बार जूड़ा खोलकर देखते हुए लीना का व्यस्त-भाव से खेलना देखता, तो कचोट तीखी हो जाती—कहीं कुछ ग़लत हो गया है। फिर किताब उठाकर चुपचाप बाहर चल देता और 'आइने-अकबरी' के अनुवाद में पढ़ने की कोशिश करता कि अकबर के प्रिय खेल क्या-क्या थे। उसे बार-बार वे दिन याद आते रहते, जब बी.ए. में वह लीना को हिस्ट्री का पेपर तैयार कराता था और लीना मुग्ध-भाव से ज़रा होंठ खोलकर उसे एकटक सुनती रहती थी...मन होता था—बात आधी छोड़कर उन होंठों को धीरे से चूम ले...कॉलेज की मोना-लिज़ा फ़तहपुर सीकरी में खड़ी नूरजहाँ बन जाती...। मेहता के मुँह से ब्रैडले को भी तो ठीक उसी तरह सुनती होगी—और मेहता तो किशोर से हर हालत में आगे है...औरत का मन एक बार अगर आ सकता है, तो... ! ख़ुद उसके पीछे भी तो वह पागल ही हो उठी थी। कभी भूल सकता है वह लीना के चेहरे के उस भाव को, जब मेहता ने कहा था, 'मिसेज़ किशोर, आपकी अंग्रेज़ी तो सचमुच कमाल की है—मन होता है, घंटों सुनता रहूँ...कुछ भी कहिए साहब, कॉन्वेंट की बात ही और है! जो उन स्कूलों में एक बार पढ़ लेता है, ज़िन्दगी-भर उसकी छाप बनी रहती है...।' और तब एक सख़्त चेहरा, साँवले होंठों में दबा स्टेट-एक्सप्रेस से निकलता धुआँ किशोर के मन-

मस्तिष्क पर छा गया। किशोर डरता था और किसी भी तरह कहने की हिम्मत नहीं जुटा पाता था—'गैट् आउट ऑफ़ माई हाउस, यू स्काउंड्रल!'

लीला का जन्म-दिन था। वह बैठा-बैठा काँच के गिलास में ब्लेड घिस रहा था। लीना नहा-धोकर साड़ी लपेटे निकली थी। गीले बालों को सिर पर पार्वती की तरह बाँध लिया था। भीगी साड़ी को डोरी पर फैलाती हुई बोली, "अभी प्रोफ़ेसर मेहता पासपोर्ट के सिलसिले में दिल्ली गए थे। कहते थे, एक डॉक्टर है, जो शर्तिया मस्सा दूर कर देता है...।"

"बीस बार तो दूर करा लिया, यार! लोग कहते हैं, घोड़े का बाल बाँधो—फिर नहीं होता; लेकिन हर बार आ जाता है। इसीलिए मूँछें रखनी पड़ती हैं..." वह अफ़सोस से बोला।

"एक बार दिखा लेने में क्या हर्ज़ है?" लीना ने स्नेह से कहा, "जब वे ख़ुद जाकर डॉक्टर से मिले हैं, इतनी परेशानी उठाई है, तो एक बार यह भी कर देखो...और पता है, हमारे लिए जन्म-दिन पर क्या लाए हैं?"

"क्या?" उसने हाथ रोककर उत्सुक प्रश्न-मुद्रा से उधर देखा।

लीना अन्दर से एक डिब्बा उठा लाई। ब्रांज शेड की रॉ-सिल्क साड़ी थी। लीना बता रही थी, "दिल्ली में तो आजकल क्रेज हैं रॉ-सिल्क...।"

किशोर की हिम्मत छूकर कपड़ा देखने की नहीं पड़ रही थी। सूखे गले से शब्द ठेलकर कहा, "यह तो बड़ी क़ीमती होगी! सौ-सवा सौ से कम क्या होगा दाम...!"

"दाम तो नहीं बताए, लेकिन हाँ, इससे कम क्या होगी! एक ब्लाउज़-पीस भी है।" उत्साह और आह्लाद से लीना ने साड़ी के नीचे रखे ब्लाउज़-पीस को खींच लिया, "हमारे पास तो सच, अच्छी साड़ी भी नहीं रह गई कोई। वही शादी के वक़्त की चार-छह पड़ी हैं।"

"बस?" किशोर ने भोलेपन से पूछा, "साड़ी-ब्लाउज़ ही दिये हैं? और कपड़े नहीं दिये?"

लीना जैसी खड़ी थी, वैसी ही खड़ी रह गई। बड़ी मुश्किल से सिर्फ़ इतना ही पूछा, "क्या मतलब?"

किशोर ने कोई जवाब नहीं दिया और डिब्बा एक ओर खिसकाकर ब्लेड घिसने लगा। तभी उसके कन्धों को छूकर क़रीब-क़रीब चीख़ती आवाज़ में लीना ने पूछा, "मैं पूछती हूँ, मतलब बताओ?"

झटके से किशोर ने उधर मुँह घुमाया और दुगुनी ऊँची आवाज़ में पूछा, "मारोगी मुझे? लो मारो...नहीं बताता मतलब? कर लो, जो तुम्हारा मन हो। मुझे भी बाप का चपरासी समझ लिया है, जो घुड़कियों में आ जाएगा?...अन्धा हूँ? मुझे दिखाई नहीं देता?...हुँह, मुझे मिलता ही क्या है..."

लीना का स्वर गिर गया। वह न चीख़ी, न चिल्लाई। बहुत सख़्त आवाज़ में बोली, "देखो किशोर, आज से—बल्कि इसी क्षण से हम लोग साथ नहीं रहेंगे। मैं भी सोच रही थी कि अब तुमसे बात कर ही ली जाए। न तुम अन्धे हो, न बहरे। तुम सिर्फ़ इन्फ़ीरियॉरिटी-कॉम्प्लैक्स के मारे हुए हो। इसलिए तुम्हें मेरी हर बात वह नहीं लगती, जो होती है। उसके पीछे और-और बातें दीखती हैं। मैं समझती थी कि मैनर्स, बातचीत, उठने-बैठने के तौर-तरीक़े और व्यवहार ऐसी चीज़ें हैं, जिन्हें बहुत जल्दी बदला जा सकता है। सीखा और भुलाया जा सकता है। लेकिन इस कॉम्प्लैक्स का कोई इलाज ही नहीं...तुम्हें मेरे हँसने-बोलने-चालने—सब में शेख़ी और दिखावा लगता है..."

"हाँ-हाँ, मैं जाहिल हूँ, बेवकूफ़ हूँ!" झटके-से किशोर उठा और पूरी ताक़त से काँच के गिलास को ज़मीन पर पटककर बकता रहा, "लाट साहब की बच्ची कहती है, हमें इन्फ़ीरियरिटी कॉम्प्लैक्स है!...हममें बातचीत, उठने-बैठने के मैनर्स नहीं हैं!...हम कंजूस और बदज़बान हैं...बड़े बाप की बेटी और मिठबोली तो आप हैं!...या तो जो मन में आए, सो करने दो; या ये सब सुनो...ज़िन्दगी तबाह करके रख दी...भाई-भाभी के पास नहीं गए। माँ-बाप की तरह उन्होंने लिखाया-पढ़ाया और शादी के बाद उन्हें धेले की मदद नहीं कर सके...अपने लिए एक रूमाल नहीं लिया। कुछ बचे, तो लें...दिन-रात कॉलेज में मेहनत करो, थीसिस के बहाने ट्यूशन करने जाओ...और यहाँ दिल में भरी है—कोठी-बँगला, नौकर-चाकर...बाप की नवाबी!"

"देखो किशोर, पापा को..."

"बीस बार कहूँगा। रोक, तू मुझे रोक। नक़लची बन्दर कहीं के! साले अंग्रेज़ों की नक़ल कर-करके, उनके जूते चाट-चाटकर आज साहब बन गए हैं—हा-हा-हा, साहब! दस सेर क्रीम लाए थे...बोस्की की चादरें...दो-दो हज़ार के गलीचे...।"

पता नहीं क्या-क्या बकता-झकता वह बाहर चला गया और सारे दिन अपने-आपसे बातें करता सड़कों पर भटकता रहा। दिन छिपे के बाद जब डरता-डरता आया, तो दरवाज़े पर ताला था और लीना चली गई थी...

वह 'पास्ट'—अतीत आठ साल पहले का है। दूसरा अतीत है आठ साल का यह काल—यानी अगले साल उसके ख़ुद कलकत्ता चले आने के बाद बीता हुआ समय। उसका एक विद्यार्थी बहुत बड़ी जगह घर-जमाई बनकर आया था, और उसने किशोर को चार सौ का स्टार्ट दिया था...यह इस अतीत का प्रारम्भ है।

"सारा खेल रुपए का है, और अब रुपया कमाना है," उसने निश्चय किया और भूत की तरह रुपए के पीछे लग गया—भूल गया, कहीं कोई लीना है; कहीं कोई दीक्षित साहब हैं और कहीं कोई अतीत है। एक नौकरी पर पाँव टिकाकर दूसरी का सौदा होता रहा...पहला तल्ला...दूसरा तल्ला और एक दिन लिफ़्ट उसे दसवें तल्ले के इस चैम्बर में ले आई जिसके दरवाज़े पर लिखा था, 'जनरल मैनेजर...'

मगर नहीं, सम्पर्क लीना और दीक्षित साहब से न रहा हो, और उसने दो साल पता न लगाया हो कि लीना कहाँ है—भूला वह दोनों में से एक को भी नहीं था। आज तो उसे लगता है, लीना नाम का एक परदा था—जिसके हटते ही उसने अपने-आपको दीक्षित साहब के रू-ब-रू खड़े पाया। परदा कहना भी ग़लत होगा, वह सिर्फ़ एक मेज़ का तख़्ता थी और उस पर कोहनियाँ टिकाकर वह और दीक्षित साहब पंजा लड़ा रहे थे—अपनी-अपनी शक्ति आज़मा रहे थे। जिस दिन उसने जाना कि लीना ने लेक्चरशिप ले ली है, उस दिन उसे सचमुच बहुत सन्तोष हुआ। 'च्सी! च्सी!' की अभिव्यक्ति के साथ उसने महसूस किया कि अपराध का बोझ उसकी छाती से दूर हो गया है। दूसरे तरीक़ों से उसने यह सन्देश भी भिजवा दिया कि लीना चाहे, तो किसी के साथ—चाहे, मेहता के साथ ही—सैटिल हो जाए, उसे कोई आपत्ति नहीं होगी। वह चाहेगी, तो क़ानूनन भी भरसक सब कुछ करने को तैयार है; उसे लीना से कोई शिकायत, कोई द्वेष नहीं है। बाद में सुना, मेहता इंग्लैंड से ही किसी को ले आया है...

बहरहाल, इस निश्चय के साथ ही उसे लगा कि वह लीना को भुला सकने में सफल हो गया है। सभी से ग़लत निर्णय हो जाते हैं—पूरे होश-हवास में सारा आगा-पीछा सोचने के बावजूद! हम लोग एक-दूसरे के लायक नहीं थे। यों अक्सर ही उठते-बैठते, खाते-पीते लीना के साथवाले दिनों की तसवीरें दिमाग़ में कौंधती थीं—और आज यह आँक सकना उसके लिए असम्भव हो गया है कि कितनी घटनाएँ और बातें वास्तव में हुई थीं और कितनी उसकी अपनी कल्पना की उपज हैं। उनकी असलियत में उसे ख़ुद भी विश्वास नहीं है और उसने यह तो मान ही लिया है कि उन दिनों जिस अस्वाभाविक मानसिक तनाव और दबाव से वह गुज़र रहा था, उसके रहते हुए बातों को सही परिप्रेक्ष्य में ले सकना सचमुच उसके लिए असम्भव था। साथ ही वह इस बात को भी अच्छी तरह जानता था कि लीना मर जाएगी, आत्महत्या कर लेगी; लेकिन न तो किसी के साथ सैटिल होगी, न उसके सामने झुकेगी...झुकना, पछताना, समझौता करना उसके ख़ून में ही नहीं है। एक तो वह ख़ुद इतनी निर्णय-दृढ़ और फिर उसके अफ़सरी-वर्ग के संस्कार; जो व्यक्ति को तोड़ देते हैं, बिखराकर चूर-चूर कर देते हैं; लेकिन झुकने नहीं देते...उसकी रग-रग में सिगरेटों से काले पड़े होंठ और बाई-फ़ोकल चश्मे से झाँकती काली खुर्राट आँखें तैरती हैं...

किसी ने बताया था कि दीक्षित साहब हार्टफ़ेल हो जाने से चल बसे हैं। न उसे अफ़सोस हुआ, न ख़ुशी। वे रहें न रहें—उसकी दुनिया में कोई फ़र्क़ नहीं पड़ता। हाँ, वह प्रतीक्षा ज़रूर कहीं मन में उन दिनों करता रहा कि उनकी मृत्यु की सूचना तो कम-से-कम उसे मिलेगी ही, लेकिन कोई सूचना नहीं दी गई। 'स्टेट्समैन' के पर्सनल कॉलम ने उनके न रहने की सूचना को ज़रूर पक्का कर दिया। लीना ने मसूरी में हैकमैंस के सामने चलते हुए कहा था ('उसे अभी भी वह जगह याद है), 'हमारी अपनी स्वतन्त्र ज़िन्दगी है। पापा उसमें कहाँ आते हैं!' लेकिन वह एक झूठ था—बहुत बड़ा और यंत्रणादायक झूठ...क्योंकि जिस दिन उन्होंने लीना को स्टेशन पर विदा किया था, पाँच हज़ार के साथ बन्द लिफ़ाफ़े में बैठकर वे ख़ुद किशोर की ज़िन्दगी में भी घुस आए थे, और अनचाहे मेहमान की तरह उसके अस्तित्व पर हावी हो गए थे—जिनसे सात जन्म में वह जाने को नहीं कह सकता था और जिनकी उपस्थिति उसकी नस-नस को तड़काए दे रही थी...

हाँ, जिस दिन लीना नाम का परदा बीच से हटा, या उसने जाना कि लीना सिर्फ़ मेज़ का तख़्ता थी और वे दोनों उस पर अपनी-अपनी कुहनियाँ टिकाए शक्ति आज़मा रहे थे; उसी दिन महसूस किया कि उसकी असली लड़ाई दीक्षित साहब से है...

वह मैनेजर हुआ, तो पहली बात उसके मन में उभरी—दीक्षित साहब अब तो कमिश्नर होकर रिटायर हो गए होंगे। इनकम-टैक्स के मामलों में तो उनका कोई जवाब ही नहीं है। सरकारी आदमी रहे हैं—बीस ताल्लुक़ात होंगे और सारी भीतरी पोलें उन्हें पता होंगी...सेठ से कहकर क्यों न उन्हें यहाँ बुलवा लिया जाए? उसके नीचे काम करेंगे और चैम्बर में आने से पहले खट्-खट् करके कहा करेंगे, 'मे आई कम इन सर?' वह बैठा-बैठा उनकी फ़ाइल के काग़ज़ों पर दस्तख़त करता रहेगा और वे अदब से एक ओर खड़े रहेंगे। वह भारी आवाज़ में कहेगा, 'मिस्टर दीक्षित, आपने वह 'जुपीटर-प्लाईवुड' का एनुअल स्टेटमेंट तैयार नहीं कराया? उसे परसों जाना है। उसकी ही वजह से नए परमिट बहुत डिले हो रहे हैं...।' और कल्पना में मेज़ के पास खड़े दीक्षित साहब से यह सब कहकर उसे आत्मिक प्रसन्नता हुई। तभी शंका हुई—उसके सामने वह यह सब कुछ कह पाएगा? उस समय न उसका स्वर हकलाएगा, न ज़बान लड़खड़ाएगी?

असम्भव! वे बाज़ जैसी तेज़ निगाहें—वह चेहरे की अभेद्य भावहीनता...उस सबका सामना वह कभी भी नहीं कर पाएगा...यहाँ आकर वे ज़िन्दगी-भर कोई काम न करें—वह उनके सामने कभी भी ज़बान नहीं खोल सकेगा। चौथे-पाँचवें क्लास में जिन सिमियन साहब से उसने केन खाए हैं, उन्हें आज भी चाहे सवा-सौ रुपए ही मिलते हों; उनके सामने उसकी आँख नहीं उठ सकती। वह भय अब उसकी प्रकृति बन गया है।

उसे याद है—चुपके-से पीछेवाली बरामदे के पास वाली खिड़की के नीचे वह साइकिल खड़ी करता और बिना जूतों की आवाज़ किए लीना को पढ़ाने चला जाता। बाहर निकलता, तब तक दीक्षित साहब आ गए होते—या तो बीचवाले कमरे में चाय पी रहे होते या बाहर अलसेशियन कुत्ते को लिये लॉन में चहलक़दमी कर रहे होते, माली को तरह-तरह के आदेश दे रहे होते। चोर की तरह वह बरामदा उतरता—कहीं निगाह न पड़ जाए, उसे बुला न लें! साइकिल लेकर ऐसा हड़बड़ाता हुआ निकलता, मानो वे भी पीछे-पीछे आ रहे हों! बाहर सड़क पर आकर खुली साँस लेता और सिर इस तरह झटकता, जैसे पानी की दमघोंट सतह के नीचे दबा जा रहा हो...वे देख लेते तो बुला भी लेते, 'किशोर बेटे, कैसे हो? लो, चाय पी लो...।' उनके सामने रहना कितना कष्टकर अनुभव था! वे बहुत ही कम बोलते थे, सिगार को होंठों में घुमाकर पपोलते हुए कुछ सोचते रहते, बार-बार माचिस जलाते रहते—लेकिन वे दो क्षण उसके लिए हज़ार इम्तहानों में बैठने से ज़्यादा दुस्सह हो उठते। 'जी, ठीक हूँ!' कहने में उसे चक्कर आ जाता, हकलाहट बढ़ जाती और पिंडलियों तक पसीना तैर आता। दीक्षित साहब ने कभी उससे कुछ नहीं कहा—आज लगता है, कुछ न कहना उनका बहुत रिज़र्व रहना नहीं; उसे बात करने लायक न समझना था। उनका अफ़सरी दबदबा, बाहर का रौब और घर का—लीना तक का—भय कुछ इस तरह उसकी चेतना पर छा गया था कि वह मज़बूर हो उठता था...

दूसरों द्वारा सौंपा गया भय व्यक्तियों के लिए कितना घातक और प्राणांतक हो सकता है, यह बात तर्क से चाहे समझ में न आती हो; लेकिन ख़ुद किशोर जानता है, उसकी सारी शक्तियाँ इन आठ वर्षों में सिर्फ़ उसी भय से लड़ने में लगी रही हैं...नौकरियाँ बदलना, सांसारिक दृष्टि में सफल होते चले जाना तो सिर्फ़ उस भय के सामने बार-बार पराजित होकर नए-नए हथियारों से लड़ने जैसा रहा है...ईसप के मेढक की तरह वह मानो इन एक-से-एक ऊँची जगहों पर खड़े हो-होकर हर बार अपने-आपसे सवाल करता—क्या बैल इतना बड़ा था? क्या अभी भी वह दीक्षित साहब से डरता है? क्या अभी भी वह उनसे छोटा है? तब उसे ख़याल आता कि वे तो जाने कब के गुज़र चुके हैं...

बड़ी-बड़ी पार्टियों में वह कुशलता से छुरी-काँटों का इस्तेमाल करता, क़ीमती शराबें पीता, कोई पुर-मज़ाक बात कहता, रेस्तराँओं में पाँच-पाँच, दस-दस रुपयों की टिप छोड़ता, बेयरों-चपरासियों के सलाम लेता तो कहीं बाई-फ़ोकल चश्मे से झाँकती दो आँखें—आँखें नहीं, आँखों का निराकार अहसास होता और उन्हें वह चुनौती देकर दिखाता रहता—तुमने कभी पन्द्रह रुपयों की टिप छोड़ी है? मन की गहराई में उसे लगता ही नहीं था कि वे नहीं हैं! और ऐसे मौक़ों पर वह ठीक वही मुद्रा धारण करने की कोशिश करता, जो उसके हिसाब से दीक्षित साहब ऐसे मौक़ों पर धारण कर सकते थे—वही सचेत लापरवाही...हजामत बनाते समय घंटों वह अपने चेहरे को अलग-अलग कोणों से देखता—किधर से वह दीक्षित साहब जैसा रौबीला लगता है...उसने चेहरा अधिक रौबीला करने के लिए मोटे फ्रेम का चश्मा भी ले लिया था जिसे वह झटके से उतारता और लगाता था...

हॉल-एंडर्सन से हज़ार रुपए का नया सूट बनकर आया, तो पहनने से पहले उसने मन-ही-मन कहा, 'तुमने देखा भी है ऐसा सूट?' पहना, तो मुँह से निकला, 'आँखें फटी रह जाएँगी!' लक़दक़ वर्दी में जब ड्राइवर अदब से लपककर कार का दरवाज़ा खोलता, तो वह किसी से निशब्द कहता, 'अभी तक उसी हिलमैन को धकेलते होंगे!' किसी कर्मचारी की ग़लती पर उसे माफ़ करने का मन होता, तभी ध्यान आता, 'वे' उस समय क्या रवैया दिखाते? और तभी भारी सख़्त आवाज़ उसके गले से निकलती, 'नो-नो, मिस्टर सेन! मैं पूछता हूँ, ऐसा हुआ ही क्यों? आप जानते हैं, मैं ग़लती किसी भी हालत में बरदाश्त नहीं कर सकता... ' उसे लगता, कहीं इस बात को 'वह' भी सुन रहा है और आवाज़ की सख़्ती बढ़ जाती...किसी बहुत ज़रूरी काम से कोई छुट्टी माँगता तो एप्लीकेशन स्वीकार करते-करते उसे सिगरेट वाले होंठों का ख़याल हो आता और हाथ रुक जाता...

शुरू से ही एक अजीब विद्वेष-भरी घृणा भर गई थी उसे, नौकरी चाहनेवालों के प्रति—ऐसे प्रार्थना-पत्र वह बिना पढ़े फाड़ देता और कोई सामने ही पड़ जाए, तो बेमुरव्वती से कह देता, 'भूखे मर रहे हो, तो यहाँ क्या करने को रुके हो? अपने घर क्यों नहीं जाते? कोई ज़रूरी है कि कलकत्ता रहकर नौकरी ही करो? कलक्टर के दामाद हो, जो थोड़े में काम नहीं चलता? मैंने कहा न, यहाँ कोई जगह नहीं है। नहीं सुना... ?' और बात पूरी होने से पहले ही बाहर खड़े बैरे के सिर पर घंटी घनघना उठती...'वह' होता, तो ठीक यही व्यवहार करता—मैं तो चुप हूँ, 'उसने' तो इतनी देर में धक्के देकर निकलवा दिया होता। उसे फ़ुरसत थी इतना सब बकवास सुनने की... ? इंटरव्यू में जान-बूझकर आड़े-टेढ़े प्रश्न पूछकर प्रार्थी को नर्वस कर देने में उसे अद्भुत क्रूर-सन्तोष मिलता... ऐसे लोगों को तो बरदाश्त कर सकना ही उसके लिए मुश्किल था, जो हकलाते हैं; बात ठीक से नहीं कर पाते; पसीने-पसीने हो जाते हैं, मसले हुए बिना इस्तरी के, सस्ते-से कपड़े पहनकर आते हैं, और 'वाइकाउंट' को 'विस्काउंट' बोलते हैं—वहाँ उसे वर्षों पहले का किशोर दिखाई देता है—और अब वह उसे बिलकुल-बिलकुल नहीं देखना चाहता...ऐसे किशोरों को धरती पर रहने का कोई हक़ नहीं है! ऐसी परीक्षा में असफल हर प्रार्थी उसे फ़िज़ूल-फ़ालतू कूड़े की तरह लगता था।

सिगरेट पीते-पीते अचानक उसे ख़याल आता—अक्सर 'वह' जब बहुत चिन्तामग्न होता तो आधी पी हुई सिगरेट को ही ऐश-ट्रे में डाल देता था। झट उसका हाथ दो कश पी हुई सिगरेट को ऐश-ट्रे में मरोड़ देता। धुँधला-सा ख़याल आता—ये बारह पैसे कभी बहुत क़ीमती थे। कभी किसी जगह दो-चार सौ रुपए देने की बात आती और उसे ध्यान आता कि 'उसे' रुपए की चिन्ता ही नहीं थी, वह तो झटके-से रुपए लिखकर दस्तख़त कर देता—वह 'उससे' किस बात में कम है? अक्सर जब वह खड़े होकर बातें करता तो सिगरेट का टिन ठीक उसी तरह उसके हाथों से खेलता, जैसे लीना को विदा करते समय 'उसे' करते देखा था। स्टेट-एक्सप्रेस के सिवा कोई सिगरेट ज़बान पर चढ़ती ही नहीं थी...जब उसने पहले-पहल कन्धे उचकाकर इनकार करना सीखा था, तो अक्सर उसे दो बातें साथ याद आती थीं—जिस फ़िल्म में या व्यक्ति को उसने इस तरह कन्धे उचकाकर इनकार करते देखा था, उसकी कैसी ख़ूबसूरत नक़ल की है; दूसरी यह कि 'तुम' तो अभी भी सिर हिलाकर इनकार करते होगे—सोलहवीं सदी का तरीक़ा! क़ीमती रेशम का ड्रैसिंग-गाउन पहनकर सिगार होंठों में घुमा-घुमाकर पपोलते हुए, जब वह विचारमग्न बालकनी में खड़ा होता, तो कई क्षण उसे भ्रम हो जाता, मानो 'वह' ख़ुद दरवाज़े पर ही ठिठका खड़ा है, ड्राइंगरूम में प्रतीक्षा कर रहा है और यह घूमनेवाला व्यक्ति स्वयं नहीं—

दीक्षित है! लगता, कैसे आत्मविश्वास और रौब से वह चहलक़दमी कर रहा है—जैसे एरिस्टोक्रेसी उसके ख़ून की बूँद-बूँद में घुल गई है—ऐसी शान से भला 'वह' क्या खाकर घूमेगा!...कभी किसी कमज़ोर क्षण में अपने-आपसे एक सवाल करता—उसे दीक्षित का भूत तो नहीं आता?...शायद इसे ही 'भूत आना' कहते हैं? फिर अपने को झिड़क देता, क्या भूत...वूत...

'तुम्हारे बाप ने भी कभी यह जहाज़ देखा है?' बोइंग प्लेन में क़दम रखते ही पहला वाक्य मन में आया...किसी दुकान के सामने से गुज़रते हुए कभी किसी चीज़ को ख़रीदने की ज़रूरत महसूस होती, दो-एक क़दम उधर बढ़ाता भी—तभी ध्यान आता—'वह' इस दुकान में क़दम रखना अपनी बेइज़्ज़ती समझता—और वह उलटे पाँव लौट आता। ड्राइवर को नोट देकर भेजता।...किसी भी व्यक्ति को देखकर पहला प्रश्न मन में उठता—जिसे वह किसी-न-किसी तरह से पूछ ही लेता—इसे कितना मिलता होगा? वह आदमी की क़ीमत उसको मिलने वाले पैसे से लगाता। ज़्यादा पैसे मिलने वाले के प्रति अपने लापरवाह व्यवहार का उसे सचमुच अफ़सोस होता।

सिनेमाओं में, मैगज़ीनों में, आसपास की दुनिया में, वह ध्यान से देखता-सुनता कि ऊँची पोस्ट और पोज़ीशन वाले लोग कैसे बोलते हैं, कैसे हँसते हैं, किस समय उनके चेहरे पर क्या भाव रहता है, कैसे खड़े होते हैं और काम तथा आराम के समय उनके क्या-क्या पोज़ रहते हैं। और जब उन्हें निर्व्याज सरलता से नक़ल कर लेता, तो सुनाता, 'सुना साहब बहादुर, ये नए अफ़सरों के उठने-बैठने, बोलने-चालने के ढंग हैं! तुम सोलहवीं सदी के अंग्रेज़ों की नक़ल करके अपने को बड़ा मॉडर्न मानते हो...।' नीचे वाले कहते, 'बॉस बड़ा सख़्त है!' तो मन में कोई कह उठता—'देखो, इसे कहते हैं अफ़सरी! उस गाँव में तुम राजा बने बैठे हो। यहाँ आओ, तो आटे-दाल का भाव पता चले!' फिर सन्तोष से उसका चेहरा खिल उठता, 'द रिस्पैक्ट आई कमांड वॉज़ यट एन अनरीयलाइज़्ड ड्रीम फ़ार यू...'[1]

जब कभी वह घबरा जाता या परेशानियों से बेचैन हो उठता और उसके घुटने जवाब दे जाते, तब वह 'उसके' उस सुप्रीम कॉन्फिडेंस का ध्यान करता, और सचमुच ही मन में एक उत्साह और शक्ति भर उठती। चेतना में कभी प्रसन्न-सुख का विस्मय-क्षण भी आता—कैसी अजीब बात है! मैं 'उसी के' हथियारों से उससे लड़ रहा हूँ, सफलतापूर्वक लड़ रहा हूँ...

इस प्रकार एक अनवरत, अघोषित युद्ध था, जो हर पल अस्तित्व के रेशे-रेशे में चल रहा था; और उसकी उपस्थिति ही उसकी जीवनी-शक्ति का पर्याय बन गई थी, जो घोड़े पर चढ़े उद्धत सवार की तरह एड़ें मारती थी, कोंचती थी—और यह सब उसके लिए साँस लेने जैसा स्वाभाविक हो उठा था...

लोक से उठकर किशोर गाड़ी के पास आया, तो उसका सिर घूम रहा था...अन्यमनस्क भाव से दरवाज़े के हैंडिल वाली चाबी का सूराख़ टटोलता रहा...फिर इंजन स्टार्ट करके देर तक यों ही बैठा बाहर देखता रहा...अत्यन्त तटस्थ, निर्वेद...जैसे ऊँचाई पर खड़े होकर नीचे घाटी में पड़े घायल, पस्त सिपाही को देखकर मन में करुणा उमड़ आई थी। उसकी आँखें फिर सजल हो आईं—दो दुर्द्धर्ष शक्तियों के बीच लीना, एक निरीह लड़की लीना—पिस गई!

1. मेरा जो रौब है, वह तुम्हें सपने में भी नसीब नहीं था।

'क्या हम अतीत को भुला नहीं सकते ?' किशोर को लगा, यह लीना ने माफ़ी नहीं माँगी—पहली बार दीक्षित साहब के वास्तव में मर जाने की ख़बर दी है...तो सच ही ताक़त आज़माता दूसरा हाथ लीना का नहीं था ? लीना तो सिर्फ़ मेज़ का एक तख़्ता थी—वह दूसरा हाथ 'उसका' था...बेचारा! उसे पहली बार लगा—महाराणा प्रताप के टूट जाने की ख़बर से अकबर को कैसा लगा होगा...एक वीर प्रतिद्वन्द्वी की पराजय पर कैसा लगा है...

फ़्लैट पर आकर उसने सबसे पहले रामन को फ़ोन किया, ''रामन, सुबह बर्टन को फ़ोन करना है दिल्ली...मैं शायद नहीं जा पाऊँगा। तबीयत अच्छी नहीं है...फिर बातें तो सारी अन्तिम रूप से बड़े बाबू को ही तय करनी हैं—मैं सुबह उनसे बातें कर लूँगा...''

फिर मानो अपने को जैसे-तैसे उठाकर उसने पलंग पर डाल दिया। फेफड़ों में गहरी साँस लेकर धीरे-धीरे छोड़ी, तो महसूस हुआ, वह बहुत-बहुत थक गया है...तीस-पैंतीस की उम्र तक आदमी में उत्साह होता है और हर नई जगह उसे ललकारकर बुलाती है...चालीस-बयालीस तक थकान शक्तियों को चूस डालती है...ऐसे ढीले तन और मन से अब ज़िन्दगी का ढर्रा बदलना...नए सिरे से नई ज़िम्मेदारियों को ओढ़ना...और फिर आख़िर उसे अब ज़रूरत भी क्या है ? 'वह' अब रह ही कहाँ गया, जो...

सेलर

रामकुमार

उस दिन शीशे में मुँह देखते समय अनायास ही जब उसकी नज़र अपनी आँखों पर पड़ी तो लगा, जैसे कहीं कुछ खो-सा गया हो। कब खोया, यह पता उसे नहीं चल सका, क्योंकि पिछली बार शीशे में कब उसने अपनी आँखें देखी थीं, यह कोशिश करने पर भी उसे याद नहीं आया। कुछ देर तक उसी प्रकार एक हाथ में शीशा लिये वह अनिश्चित, उदासीन भाव से देखता रहा—खुली-खुली, शून्य-सी आँखें, जैसे दो दरवाज़े अपने-आप खुल गए हों, जिनके बीच से दूर-दूर तक फैला उजाड़ दिखाई देता है।

और उस दिन, इतवार की उस सुबह, कम्पनी बाग़ में यदि कोई उसे देखता तो उसकी आँखें उस पर एक ऐसी अमिट छाप छोड़ जातीं, जो किसी अदृश्य छाया की भाँति उससे चिपटी रहती।

परन्तु उस दिन कम्पनी बाग़ में लोग नहीं थे। अकेले उसने सुरक्षित महसूस किया। दो घास के हिस्सों के बीच बनी पगडंडी पर लाल बजरी उसके पैरों के नीचे दबकर चर्र-चर्र करती रही। सूरज की तिरछी किरणें यूकिलिप्टस के लम्बे पेड़ों के ऊपरी भाग पर चमक रही थीं। और फूल थे लाल, हरे, पीले। दो-चार के अतिरिक्त अन्य फूलों के नाम उसे मालूम नहीं थे, न कभी इसकी आवश्यकता उसने महसूस की। उस सुबह हवा ठंडी थी।

उसे याद आया कि प्रात: शीशे में उसने देखा था कि आँखों में से कुछ गिर गया है, या उन्हीं में कुछ खो गया हो। परन्तु उसने चिन्ता नहीं की।

फिर सुबह की ताज़ी हवा में वह सब भूल गया। उसके बाल हवा में उड़ने लगे, रस्सी के खुले सिरे की भाँति। काले बालों में जब पहली बार उसने कुछ सफ़ेद बाल देखे थे, तब भी एक हाथ में शीशा पकड़े वह घनी उदासीनता के घेरे में सिमट गया था। अब उनसे अभ्यस्त हो गया है। आँखों से भी अभ्यस्त हो जाएगा।

लगभग एक ही मास तो हुआ, ठीक से उसे याद नहीं आया, जब ससुर ने अपने कमरे में बुलाकर छोटी-सी भूमिका के बाद कहा था कि अपने और अपने पुत्र के ख़र्च के जो सौ रुपए वह हर महीने देता है, वे इस बढ़ती हुई महँगाई में पर्याप्त नहीं हैं। अपने कथन को सत्य साबित करने के लिए उन्होंने आटा, दाल, घी, चावल आदि के दाम बतलाए थे। फिर बिजली, पानी, महरी और उसका कमरा...और उसकी झुकी हुई आँखें देखकर दबे स्वर में उन्होंने यह भी कहा था कि उसका पुत्र बड़ा होता आ रहा है, जिससे उसकी खुराक भी बढ़ती जाती है। उसे चुप देखकर वह आत्मीयता-भरे स्वर में कहने लगे, ''मैं अकेला होता तो कोई बात नहीं

थी। तुम्हारे साले भी अब बड़े हो गए हैं, उनकी सन्तान फैल रही है और अपनी कमाई में से वे किसी दूसरे को खिलाना नहीं चाहते। और आजकल तो अपने ख़ून के रिश्तों तक को कोई नहीं पूछता। फिर बेटा..." एक क्षण रुककर कहा था, "अलग मकान लेकर रहते तो क्या सौ रुपयों में गुज़ारा होता? फिर यहाँ सब तरह के आराम हैं, अपने घर की तरह तो सब-कुछ है। तुम्हारी सास तुम्हारे बेटे से जितना प्रेम करती है, इतना उसे किसी पोते से भी नहीं है और यह बात बहुओं की आँखों में खटकती है। तुमसे कुछ छिपा तो नहीं है।"

और वह निरीह भाव से सब-कुछ सुनता रहा, मानो वह सब किसी अन्य व्यक्ति के विषय में कहा जा रहा हो। फिर अपने कमरे में वापस लौट आया था।

मुन्नू न होता तो वह कहीं एक कमरा किराए पर लेकर अपना अलग ठिकाना कर लेता। मुन्नू को लेकर अकेले कैसे रहेगा? अलग न रहने का उसके पास यह सबसे बड़ा शस्त्र था। फिर अलग रहकर अन्य चिन्ताएँ उसे घेर लेंगी—खाने की, घर-गृहस्थी की देखभाल। ससुर की बात में उसे विश्वास नहीं था। वे सब मिलकर उसे लूटना चाहते हैं, उसे सीधा-सादा समझकर उसका फ़ायदा उठा रहे हैं। नहीं, वह सौ से अधिक नहीं देगा।

अचानक अपने सामने बेंच पर एक लड़के को बैठे पढ़ते देखकर वह चौंक-सा गया। उसे लगा, जैसे वह चोरी करता हुआ पकड़ लिया गया हो। यदि वह उस लड़के को दूर से ही देख लेता तो चुपचाप पीछे मुड़ जाता या दाएँ-बाएँ निकल जाता। वह लड़के को कुछ क्षण तक झुके पढ़ते देखता रहा और धीरे-धीरे उसके पास बेंच पर बैठने की उसकी इच्छा ज़ोर पकड़ती गई। वह दबे पाँव बेंच के दूसरे कोने पर जा बैठा। लड़के ने उस पर एक दृष्टि डाली और कुछ देर तक उसे देखता रहा, मानो इस प्रकार का आदमी वह पहली बार देख रहा हो। फिर अपनी पुस्तक पर झुक गया। ताड़के को अपनी तरफ़ देखते वक़्त वह मुसकराया, परन्तु कोई उत्तर न पाकर वह सीधा कुछ दूर पर बिखरे ऐतिहासिक खँडहरों को देखने लगा।

उसकी पत्नी जीवित होती तो दूसरी बात थी। अब उसका वहाँ रहना सबको अखरने लगा है। उसके ससुर का पिचका हुआ, बिना दाँतों का चेहरा उसके सामने आ गया। उसे थोड़ी घबराहट-सी महसूस होने लगी। वे फिर तकाज़ा करेंगे और उसे याद दिलाएँगे। उसके बड़े साले की पत्नी प्रायः कर्कश स्वर में कहती सुनाई देती कि उससे इतनी रोटियाँ सेंकी नहीं जातीं। और जब उसकी सास उससे धीमे स्वर में कहती कि नीचे जमाई सुन रहा है, तो उसकी आवाज़ और भी तेज़ हो जाती, "मुझे किसी का डर नहीं है! सच्ची बातें कहने से हिचकूँ, ऐसी औरत मैं नहीं हूँ।" और वह नीचे अपनी कोठरी में बैठा सब सुनता था। कोठरी के बाहर दालान के ऊपर लगे जाल में से ऊपर की सब बातें उसे सुनाई देती थीं।

"माफ़ कीजिए," पास बैठे छात्र ने पूछा, "आपको मालूम है कि सूर्य-ग्रहण और चन्द्र-ग्रहण पड़ने के क्या कारण हैं?"

वह चौंक-सा गया। कुछ देर तक फटी-फटी आँखों से वह छात्र की ओर देखता रहा, जिसकी आँखों में हँसी छिपी हुई थी। सूर्य-ग्रहण, चन्द्र-ग्रहण...उसके दिमाग़ में दो शून्य बड़ी तेज़ी से घुड़दौड़ लगाने लगे, मानो एक-दूसरे का पीछा कर रहे हों।

"आपने भूगोल तो पढ़ा ही होगा?" छात्र ने पूछा। फिर क्षण-भर तक उसके चेहरे को देखने के बाद कहने लगा, "अच्छा यह बताइए कि वह कौन-सा देश है, जहाँ छह महीने रात और छह महीने दिन रहता है?" फिर अपनी ओर ताकते देखकर छात्र के होंठों पर एक हँसी-सी फैल गई। छात्र को अब विश्वास हो गया कि वह मैट्रिक पास भी नहीं है।

वह उसी प्रकार चुप बैठा रहा, जैसे इंटरव्यू के वक़्त किसी प्रश्न का उत्तर न दे सकने पर नौकरी का उम्मीदवार प्रश्न पूछनेवाले की ओर देखता है, ऐसा ही उसने सोचा। छात्र के चेहरे पर एक निश्चिन्त-सी हँसी थी। आँखों में अँधेरी रात के तारे-जैसी झिलमिल करती हुई चमक थी—और प्रातः शीशे में जब उसने अपनी आँखें देखी थीं...

''मैं मैट्रिक की परीक्षा दे रहा हूँ,'' वह हाथ में दबी पुस्तक बन्द करके बोला, ''मैं सेलर बन जाऊँगा परीक्षा के बाद, जिससे दुनिया-भर की सैर कर सकूँ। मुझे घूमने का बहुत शौक है और सेलर बनकर मैं बिना पैसे के सारी दुनिया का चक्कर लगा सकता हूँ। अच्छा, क्या आप कभी जहाज़ में बैठे हैं?'' छात्र उत्साह-भरे स्वर में कह रहा था। पहली बार उसे ऐसा व्यक्ति मिला था, जो अपना मुँह खोले बिना दिलचस्पी के साथ उसकी बातें सुन रहा था।

अचानक उसने अनुभव किया कि छात्र को देखते वक़्त उसकी आँखों के सामने मुन्नू का चेहरा ही घूमता रहा। उसे भी मुन्नू को किसी स्कूल में दाख़िल करा देना चाहिए। घर में रहता है तो उसे ख़ाली देखकर सब छोटे-मोटे काम कराते रहते हैं—कभी हलवाई की दुकान से दही लाना, कभी उसके ससुर को हुक्का भरना, छोटे साले की रोती लड़की को गोद में लेकर चुप कराना...वह अपनी कोठरी में बैठा मुन्नू को दिए हुए आदेश सुनता रहता है, विरोध में कभी कुछ नहीं कह सकता।

मुन्नू उससे डरता है। उसकी कोठरी में कभी पाँव रखा हो, उसे याद नहीं। जब ऊपर का कोई सन्देश देने उसे कोठरी में आना ही पड़ता, तो दहलीज़ पर ही खड़े-खड़े जल्दी से कह देता, ''बड़ी मामी कहती है कि आटा पिसवा लाइए'' या ''आचार के लिए दस सेर कच्चे आम मंडी से ले आइए...'' और फिर वह ऊपर भाग जाता।

उसे अन्दर बुलाने की इच्छा कई बार उसके मन में आती है, लेकिन बात कभी होंठों के बाहर नहीं निकलती। उसे देखकर लगता है, जैसे भीतर छाया कोहरा अपने-आप फटा जा रहा हो। किसी बच्चे से झगड़ा हो जाने पर मार भी उसे ही पड़ती है और वह उसके रोने की आवाज़ सुना करता है, परन्तु शिकायत करने कभी मुन्नू उसके पास नहीं आता। एक बार सब्ज़ी ख़रीदकर जब वह थैला ऊपर देने गया, तो दूसरे बच्चों में मुन्नू को न देखकर उसे कुछ चिन्ता-सी हुई, परन्तु किसी से उसके विषय में पूछने का साहस ही नहीं हुआ। यह सोचकर कि वह शायद छत पर खेल रहा हो, वह सीढ़ियाँ चढ़कर ऊपर आ गया। अँधेरे में उसे एक कोने से मुन्नू के सिसकने की आवाज़ सुनाई दी। उसे देखकर मुन्नू का रोना तुरन्त बन्द हो गया और उसने अपना चेहरा घुटनों में छिपा लिया।

''क्या हुआ, मुन्नू?'' उसने धीरे से पूछा, ''क्या किसी ने पीटा है?'' उससे अधिक नहीं कहा गया। हिचक हो रही थी। झिझकते हुए उसने मुन्नू के सिर पर बहुत प्यार से हाथ फेरा, परन्तु वह और सिकुड़ गया जैसे उसकी सहानुभूति की आवश्यकता न हो। मुन्नू के बड़े-बड़े, रूखे, उलझे बाल उसकी अँगुलियों में फँस गए। उसे लगा, जैसे मुन्नू के बाल कटे दो-तीन महीने बीत चुके हों, उसकी कमीज़ कन्धों पर फटी हुई थी, निकर पर मैल और धूल की मोटी तह जम गई थी। टाँगों का खुरदरा मांस उसे सूखा चमड़ा जान पड़ा। और वे दोनों कितनी ही देर तक रात के अँधेरे में उसी प्रकार बैठे रहे और अनेक धुँधली-धुँधली परछाइयाँ उसके चारों ओर घूमती रहीं। लग रहा था, जैसे वह पहली बार अपने बेटे का स्पर्श कर रहा हो, मानो अभी उसका जन्म हुआ हो...

"अफ्रीका के जंगलों में बहुत भयानक शेर और गैंडे लड़ते हुए दिखाई देते हैं, ऐसा मैंने अपनी एक किताब में पढ़ा था। अच्छा, आपने कभी समुद्र देखा है? मैंने भी नहीं देखा। लेकिन जब सेलर बन जाऊँगा, तब तो समुद्र में ही रात-दिन रहना पड़ेगा। इसी से मुझे रंज नहीं होता कि कभी समुद्र नहीं देखा..."

छात्र को बेंच के दूसरे सिरे पर बैठे देखकर उसे आश्चर्य हुआ। सुबह की हल्की-हल्की धूप उन तक पहुँच गई। पेड़ों की लम्बी क़तार के नीचे उसे फूल दिखाई दे रहे थे—लाल, हरे, पीले...लेकिन फूलों के नाम उसे मालूम नहीं। उन्हें आँख-भर देख लेना ही पर्याप्त था।

"पढ़ाई में मेरा मन नहीं लगता। और पढ़कर होगा भी क्या? मेरे बड़े भाई ने बी.ए. पास किया, लेकिन कहीं नौकरी नहीं मिली, सौ रुपए तक की नौकरी नहीं मिली, और आख़िर में वह घर से भाग गया," छात्र कह रहा था, "और पिताजी को मेरा सेलर बनना पसन्द नहीं है। अगर उन्होंने विरोध किया तो मैं भी घर से भाग जाऊँगा। अपनी किताबें बेचकर मुझे बम्बई तक के टिकट के पैसे मिल सकते हैं। मैंने एक सेकेंड हैंड किताबों के बुकसेलर से बात भी कर रखी है और वह मान गया है। अच्छा, आप तो बम्बई गए होंगे? वहाँ तो सैकड़ों जहाज़ बन्दरगाह पर आते-जाते रहते हैं, क्या मुझे किसी में भी काम नहीं मिलेगा? मिलेगा क्यों नहीं?"

छात्र की आँखों में समुद्र की गहराई उभर आई थी। कभी उसकी आँखें भी उतनी गहरी रही होंगी? उसे लग रहा था, जैसे उस छात्र के साथ वह भी जहाज़ में बैठकर यात्रा कर रहा हो, चारों ओर नीचे समुद्र की ऊँची-ऊँची लहरें हैं, जिनके बीच में जहाज़ आगे बढ़ा जा रहा है...

उसकी पत्नी भी कहती थी कि मुन्नू को ख़ूब पढ़ाएँगे। अपना ख़र्च कम करके उसे किसी प्रकार की तंगी नहीं होने देंगे। फिर आशाभरी मुद्रा में उसकी ओर देखती हुई कहती, "और तुम्हारी भी तो तरक्की होती जाएगी। ज़िन्दगी-भर तक कोई सौ ही नहीं मिलते रहेंगे।" और वह हँसते हुए उसका साथ देता था...वह आज होती तो देखती कि उसके स्वप्न किस प्रकार साकार हो रहे हैं। इतवार की छुट्टी में घर पर आराम न करके वह बाग़ की सैर कर रहा है, एक बेंच पर बैठा एक छात्र से बातें कर रहा है।

उसकी सास को वास्तव में मुन्नू से स्नेह है। कभी-कभी अपनी छोटी-सी जमा-पूँजी में से वह उसके लिए कोई कपड़ा बनवा देतीं, कभी मेले में से कोई खिलौना ख़रीद लातीं। परन्तु यह स्नेह उनकी बहुओं को अखरता था, जिसके भय से वह कभी प्रकट रूप से मुन्नू पर अपना प्रेम ज़ाहिर नहीं करती थीं। एक दिन मुन्नू को लेकर ही घर में झगड़ा हो गया और दोनों बहुओं ने सास को जली-कटी सुनाईं। सास दिन-भर रोती रहीं। और शाम को उसके वापस लौटने पर उसकी कोठरी में आकर कहने लगीं, "बेटा, घर के हाल-चाल तुमसे छिपे नहीं हैं। वक़्त ऐसा आ गया है कि सगे रिश्तेदार भी पराए बन गए हैं। फिर बहुएँ पराए घर से आती हैं, जो अपनी ससुराल के पुराने रिश्तों को निभा नहीं पातीं। तुम तो अब भी घर के जमाई हो..." धोती के कोने से वह अपनी आँखें पोंछने लगीं। शायद जमाई के नाम से उन्हें अपनी बेटी की याद आ गई थी, "हमारे लिए डूब मरने का दिन है कि जमाई अपने खाने-पीने का ख़र्च ख़ुद देता है और बहुओं को तुम्हारी दो रोटियाँ सेंकनी भी अखरती हैं!" और दबे स्वर में उन्होंने भी यह सुझाव दिया था कि वह अपना अन्य ठिकाना देखे, यही बेहतर होगा। मुन्नू को, जब तक वह और बड़ा नहीं हो जाता, तब तक साल-दो साल के लिए वह अपने पास रखे रहेंगी। एक बार वह अलग हो जाएगा तो घर में सबको उसके सौ रुपयों का अभाव अखरेगा।

और उस रात कितनी ही देर तक अपनी चारपाई पर लेटा वह करवटें बदलता रहा था। अपनी पत्नी का चेहरा बार-बार उसकी आँखों के सामने घूम जाता। उसकी मृत्यु न होती तो शायद इस समस्या का सामना उसे नहीं करना पड़ता। उसने निश्चय किया कि वह अगले दिन ही नए मकान की तलाश करेगा। यहाँ भी तो एक कोठरी ही उसके पास है, जहाँ दिन में भी बत्ती जलाए बिना कुछ दिखाई नहीं देता और यदि रात को खाने के बाद कभी उसकी बत्ती जलती रहे तो ससुर ऊपर जाल पर खड़े होकर सीधे उससे न कहकर आम ऐलान करते हैं कि घर की सब बत्तियाँ तुरन्त बुझा दी जाएँ, नहीं तो जिस कमरे की बत्ती जलेगी, उसका तार वह काट देंगे। कोठरी के पास नाली बहती है, जहाँ ऊपर से बहुत गन्दी दुर्गन्ध फैलती है। अब उस बदबू से वह अभ्यस्त हो चुका है। लेकिन पहले-पहल जब अपनी पत्नी की मृत्यु के बाद उसे ऊपरवाला कमरा ख़ाली करके नीचे आना पड़ा था, तो कोठरी की सीलन और नाली की बदबू उसे असहनीय-सी लगती थी। ऐसी कोठरी दस-पन्द्रह रुपयों में उसे कहीं भी मिल सकती है...परन्तु सुबह होते-होते उसका निश्चय ढीला पड़ गया और कुछ दिनों बाद वह अपने इरादे को पूर्ण रूप से भूल गया। ज़िन्दगी फिर नियमित रूप से बहने लगी।

अपने दूसरे विवाह का विचार उसके दिमाग़ में न आया हो, ऐसी बात नहीं। परन्तु अपने घर में कोई है नहीं और ससुराल वाले उसके दूसरे विवाह की बात क्यों सोचेंगे! परन्तु एक दिन तबीयत भारी होने के कारण आधी छुट्टी लेकर जब वह दिन में ही लौट आया था, तो घर में किसी को उसके आने की ख़बर नहीं लगी थी। तब उसने सुना था, घर के काम से निवृत्त होकर उसके सालों की स्त्रियाँ परस्पर बातें कर रही थीं। बड़ी कह रही थी कि जमाई बाबू का कहीं फिर ब्याह हो जाए तो वह अपनी नई ससुराल जाकर बस जाएँगे और उन्हें छुट्टी मिल जाएगी। कोठरी ख़ाली होगी तो बच्चों को पढ़ने का कमरा मिल जाएगा। दोनों ज़ोर-ज़ोर से हँसने लगी थीं, लेकिन छोटी ने कहा कि कोठरी ख़ाली होने पर बच्चों को नहीं मिलेगी, ससुर किराए पर उठाकर किराया अपनी गाँठ में दबाएँगे...सिर में दर्द होने पर भी वह कितनी ही देर तक इसी विषय पर सोचता रहा था।

अनायास ही सामने बैठे छात्र पर नज़र पड़ी, तो वह पुस्तक पर झुका हुआ पढ़ रहा था। कुछ देर तक वह छात्र को बड़े ग़ौर से देखता रहा। होंठों के ऊपर हलके-हलके मूँछों के बाल उगने लगे थे, चेहरे पर कोई कहीं मलिन छाया नहीं थी। पूरी ज़िन्दगी सपाट मैदान की भाँति उसके सामने फैली हुई है, जिसके नए-नए अनुभव पाने की आशा उसके मन में हिलोरें लेती होगी। रात को सोता होगा तो दुनिया-भर के सपने देखता होगा—शेर और गैंडे की लड़ाई...वह देश जहाँ छह महीने रात और छह महीने दिन रहता है...जंगल, पहाड़, समुद्र...क्षण-भर को उसे लगा, जैसे मुन्नू ही बड़ा होकर उसके सामने बैठा हो। वह भी तो इसी प्रकार स्वप्न देखता होगा और उसकी पत्नी भी ऐसे ही स्वप्न देखती थी...उसे नींद में कभी सपने दिखाई नहीं देते। कोशिश भी की तो असफल रहा।

वह बेंच से उठने लगा तो उसने छात्र की ओर एक आत्मीयता-भरी मुसकराहट से देखा। वह अनुभव करने लगा था, मानो उन दोनों का पुराना परिचय हो और छात्र ने उसे अपने मन की बातें बतलाई थीं, जो केवल अभिन्न मित्रों से ही कही जाती हैं; वह रहस्य, जिन्हें केवल वे दो ही जानते थे। परन्तु उसकी आवाज़ सुनकर छात्र ने क्षण-भर के लिए अपनी आँखें ऊपर उठाकर उसकी ओर इस प्रकार देखा, मानो उसे पहचानने की कोशिश कर रहा हो। फिर उसकी चिन्ता न कर वह अपनी पुस्तक पढ़ने में मग्न हो गया। वह धीरे-धीरे आगे बढ़

गया। उसने अनुभव किया, जैसे उसकी आँखों में वही रिक्तता समा गई हो, जो उसने प्रातः शीशे में देखी थी।

उसने एक बार फिर यूकिलिप्टस के पेड़ों की क़तार को देखा, जिन पर पूर्ण रूप से अब धूप फैल गई थी। आज इतवार है,वह कम्पनी बाग़ में घूम रहा है और क्यारियों में फूल लगे हैं—लाल, हरे, पीले, जो सदा उसके लिए अपरिचित ही बने रहेंगे, जैसा बेंच पर बैठा वह छात्र है। चारों ओर गहरा सन्नाटा है।

और घर में शोरगुल हो रहा होगा। दोनों साले आज घर पर ही रहेंगे और यदि दोनों में से एक की ससुर से झड़प भी हो जाए तो आश्चर्य नहीं। बच्चों की भी स्कूल की छुट्टी है; आपस में लड़ेंगे और कहीं मुन्नू बीच में फँस गया तो वही पीटा जाएगा। ऐसा ही उसने देखा है। घर में रहते हुए भी रोते हुए अपने पुत्र को वह सान्त्वना के दो शब्द नहीं कह पाता। उसे लगा कि यदि वह घर वापस लौटकर न भी जाए तो कोई उसकी अनुपस्थिति महसूस नहीं करेगा। भोजन के समय उसकी प्रतीक्षा नहीं होती। महरी उसकी थाली लगाकर उसकी कोठरी में ही दे जाती है उसे, और रोटी या सब्जी की आवश्यकता भी पड़े तो वह माँग नहीं सकता।

और ससुर कहते थे कि उसका ख़र्च सौ से अधिक है, मुन्नू के बड़े होने के साथ-साथ उसकी खुराक भी बढ़ती जा रही है। परन्तु उस दिन जब छत पर उसने मुन्नू को देखा था, तो सूखी टहनियों-जैसे उसके हाथ-पाँव देखकर उसका बड़ा-सा सिर बहुत बेडौल जान पड़ा था। और यह भी उसने ससुर या शायद बड़े साले को कहते सुना था कि उसकी कोठरी के आसानी से चालीस रुपए किराए के आ सकते हैं।

उसकी पत्नी के गहने भी ससुर के पास धरे हैं। विवाह के बाद जब वह यहीं आकर रहने लगा था, तो पत्नी ने गहने अपने पिता के पास रखवा दिए थे; जब आवश्यकता पड़ती तो माँगकर पहन लेती। और उसकी मृत्यु के बाद भी वे वहीं पड़े रहे। एक बार उसकी चर्चा चली तो ससुर ने बिना किसी झिझक के कहा कि मुन्नू की शादी होने पर उसकी बहू को वे गहने दे दिए जाएँगे। उसने हाँ-ना कुछ न की। परन्तु एक दिन अपने छोटे साले की पत्नी को वही नेकलस पहने देखा था, जो उसकी पत्नी पहना करती थी। तब क्रोध आने पर भी वह चुप ही रह गया था। अलग मकान लेगा तो ससुर से गहने भी माँग लेगा, परन्तु मन में कहीं आशंका थी कि वे अब उसे मिलेंगे नहीं।

घूमते-घूमते उसे लगा, जैसे वह कितने ही बोझ अपने सिर पर लादे चला जा रहा हो। एक-एक करके वे बढ़ते ही जाते हैं, कम नहीं कर पाता।

बाग़ के एक कोने में स्थित वह किसी खँडहर के सामने पहुँच गया। शायद किसी का मक़बरा था। ऊपर बुर्जी पर बने हुए नीले पत्थरों के टुकड़े धूप की किरणों में चमक रहे थे। वह कुछ देर तक खड़ा दूर से खँडहर की काली दीवारों और दीवारों के सुराखों को देखता रहा।

अचानक बेंच पर बैठे छात्र का चेहरा उसे याद आया तो अपने भीतर किसी के फड़फड़ाने का स्वर सुनाई दिया और वह बिना हिले-डुले अपनी साँस रोके सुनता रहा, जैसे भीतर बनी गहरी खाई को कोई भर रहा हो।

अब मुन्नू को ख़ुद ही पढ़ाया करूँगा। शाम को घर लौटने के बाद रोज़ दो घंटे पढ़ाया करूँ तो एक-दो साल बाद किसी स्कूल में चौथी या पाँचवीं में भरती हो सकता है। उससे छोटी उम्र के बच्चे स्कूल जाते हैं और वह घर में बैठा रहता है।

इस विचार से उसके पाँव अपने-आप घर की ओर बढ़ गए। रास्ते में एक दुकान से उसने एक प्राइमर, एक स्लेट और पेंसिल और एक कॉपी ख़रीदी। फिर कुछ सोचकर दुकानकर से उस सामान को अच्छी तरह एक अख़बार के काग़ज़ में लपेट देने के लिए कहा, जिससे कोई देख न सके। उसे सोने के बाद सपने दिखाई नहीं देते, लेकिन कभी-कभी जागते हुए, चारपाई पर लेटे-लेटे, सूनी छत पर या दफ़्तर में कुरसी पर बैठे हुए अपनी फ़ाइलों में उसे मोतियों-जैसी, झिलमिल करती हुई बूँदें दिखाई देतीं और वह उन्हें तब तक देखता रहता, जब तक वे धीरे-धीरे धुँधली होती हुई उसकी आँखों से ओझल नहीं हो जातीं।

अपनी कोठरी में चुपचाप चारपाई पर बैठा वह प्राइमर के पन्नों को धीरे-धीरे सहला रहा है, मानो वर्षों से ऐसी मूल्यवान वस्तु उसने न देखी हो। दिन में अँधेरा होने पर भी वह बत्ती नहीं जलाता, उसे सब दिखाई देता है। ऊपर शोर हो रहा है बच्चों का, उसके सालों की स्त्रियों का और रसोई से खाने की सुगन्ध आ रही है...

तभी अपने ससुर को कोठरी की ओर आते देखकर उसका कलेजा धक् से रह गया। वे कभी यहाँ आए हों उसे याद नहीं। उसने तुरन्त प्राइमर को कम्बल के नीचे छिपा दिया। उनके साथ एक अन्य व्यक्ति भी हैं और उसे लगा, जैसे उसने उस व्यक्ति को पहले कहीं देखा हो। फिर पास आने पर पता चला कि सुबह शीशे में जो अपना चेहरा दिखाई दिया था, उससे वह व्यक्ति बहुत मिलता-जुलता है। उसकी आँखों को देखकर अनुभव किया, जैसे उनमें से भी कुछ गिर गया है। दोनों को कोठरी की देहरी पर खड़े देखकर वह चारपाई से उठ खड़ा हुआ। परन्तु उसके ससुर ने उस पर एक नज़र तक नहीं डाली। उन्होंने कमरे की बत्ती जलाकर उस व्यक्ति से कहा, "यही कमरा है। पुताई होने के बाद इसका रंग निखर आएगा। मेरे पास कितने ही आदमी इसे किराए पर लेने आए, लेकिन किसी अनजाने आदमी को कैसे दे दूँ? घर में औरतें हैं। आपको वकील साहब ने भेजा है और वह मेरे घनिष्ठ मित्रों में हैं, इसलिए उन पर विश्वास करके आपको देने पर राजी हुआ हूँ।" उस व्यक्ति को चुप देखकर वह फिर कहने लगे, "इस इलाक़े में ख़ाली कमरा मिलना असम्भव है। फिर यहाँ सब बात का आराम है। कचहरी, डाकखाना, चौक, मंडी, सब-कुछ बहुत क़रीब पड़ते हैं। दस-पन्द्रह मिनट में पैदल ही सब जगह पहुँचा जा सकता है, रिक्शे के पैसे बचेंगे।"

उसे लगा, जैसे वह व्यक्ति कमरे में न देखकर उसकी ओर घूरे जा रहा है। उसने अपनी आँखें ऊपर नहीं उठाईं। उसे लग रहा था कि उससे आँखें मिलते ही वह व्यक्ति उसका गला दबोच लेगा। भय से उसका सारा शरीर पसीने में डूब गया।

उस व्यक्ति ने वह कमरा लेना स्वीकार कर लिया। ससुर के पिचके चेहरे पर हँसी फैल गई। अगले इतवार तक वह अपना सामान ले आएगा और तब तक कमरे की पुताई हो जाएगी, यह ससुर ने वायदा किया। जाने से पूर्व उस व्यक्ति ने फिर उसकी ओर ध्यान से देखा। परन्तु वह अपना सिर झुकाए ही रहा। साँस लेना भी उसे दूभर जान पड़ रहा था।

उनके चले जाने पर भी वह खड़ा ही रहा। चारपाई पर बैठने की उसकी हिम्मत नहीं पड़ी, जैसे उसके बैठते ही ससुर या वह व्यक्ति आकर उसे उठा देंगे।

उस दिन दोपहर के बाद कोठरी ख़ाली कर देनी पड़ी। ऊपर छत पर टीन से ढँका एक गोदाम-सा था, जहाँ घर का बेकार का सामान पड़ा रहता था। बरसात में यहाँ चारपाइयाँ, बिस्तरे रखे जाते थे। दोनों सालों ने मिलकर उसके बिखरे सामान को तरतीबवार एक कोने में लगा दिया और ख़ाली स्थान पर, महरी ने झाड़ू लगा देने के बाद उसकी चारपाई बिछा दी, उसका

बक्स और दूसरा सामान एक कोने में रख दिया। वह कुछ नहीं बोला, ज़रा-सी भी आनाकानी नहीं की। सबके नीचे चले जाने पर वह चारपाई पर लेट गया, जहाँ से दूर-दूर तक फैला केवल आकाश ही दिखाई देता है। उसके और आकाश के बीच और कुछ नहीं है, यह सोचकर उसे अजीब-सा लगा। कुछ देर बाद उसे प्रसन्नता ही हुई। उत्साह में उसने अपने बक्स से प्राइमर, स्लेट और कॉपी निकाली और उन्हें कितनी ही देर तक देखता रहा; स्लेट पर टेढ़ी-मेढ़ी रेखाएँ खींचता रहा।

"अच्छा मुन्नू, तुम बड़े होकर क्या बनोगे?" वह पास बैठे मुन्नू की बड़ी-बड़ी खुली आँखों में डूबकर पूछता है।

परन्तु मुन्नू की आँखें खुली ही रहती हैं, जैसे कंकर फेंकने पर भी तालाब के पानी में कोई हलचल न हो।

"तुम पढ़-लिखकर कुछ तो बनोगे न? ऐसे ही तो नहीं रहोगे?" वह खीझकर कहता है, "कोई डॉक्टर बनता है, कोई वकील, कोई व्यापारी, कोई सेलर..." और यह सोचकर कि शायद मुन्नू को सेलर का मतलब मालूम न हो, वह उसकी व्याख्या करने लगता है, "सेलर जहाज़ में बैठकर बिना पैसा ख़र्च किए दुनिया-भर का चक्कर लगाता है। जिस बन्दरगाह पर जहाज़ रुकता है, वह अन्दर जाकर शहर घूम आता है। नए-नए लोग, दुकानों में नई-नई चीज़ें, कहीं शेर और गैंडे की लड़ाई, कहीं दिन में भी रात होती है और कहीं रात में भी सूरज चमकता रहता है। बहुत ऊँचे-ऊँचे बर्फ़ से ढँके पहाड़, घने जंगल और मोती तक फैला समुद्र...वह सब देखता है। तुम भी क्या सेलर बनोगे, मुन्नू?"

मुन्नू आश्चर्य से उसकी ओर देखे जा रहा है। क्षणभर को उसे लगा था, जैसे उसकी बातें सुनकर मुन्नू के होंठ विस्मय और कौतूहल से खुले रह गए हों, उसका दिल बहुत ज़ोर से धड़कने लगा हो और उसकी आँखों में मोतियों जैसी चमक आ गई हो, जैसा वह स्वयं यह सब सोचते हुए अनुभव करता है और जैसी मुद्रा उसने बहुत पहले एक इतवार की सुबह बेंच पर बैठे हुए छात्र के मुख पर देखी थी। परन्तु मुन्नू में बाहर-भीतर ऐसी स्थिरता है, मानो दुनिया की बड़ी-से-बड़ी घटना भी उसके भीतर जलकर राख हो जाएगी। क्यों नहीं मुन्नू भी उस छात्र की भाँति उसे उत्साहित स्वर में बतलाता कि वह बड़ा होकर क्या बनने के स्वप्न देख रहा है।

"मैट्रिक पास करने के बाद तुझे बम्बई भेज दूँगा। बम्बई तक के टिकट के लिए मेरे पास रुपए हैं। वहाँ सैकड़ों जहाज़ रोज़ आते-जाते हैं। किसी-न-किसी में तुझे ज़रूर काम मिल जाएगा। और जब तू बहुत बड़ा सेलर बन जाएगा, तो मैं भी एक बार तेरे साथ चलूँगा। हम दोनों इकट्ठे दुनिया-भर की सैर करेंगे। मैंने ऐसी रात कभी नहीं देखी, जब सूरज चमकता रहता है, जहाँ कभी अँधेरा नहीं होता।" उसके स्वर में वे सब चाही-अनचाही इच्छाएँ भर आईं, साबुन में घुले पानी से निकले उन बुलबुलों की भाँति जिन्हें बचपन में वह दूर-दूर तक उड़ाया करता था।

मुन्नू को अपने सामने चुप बैठे देखकर उसे आश्चर्य हुआ। वह तो समझ रहा था कि मुन्नू अब तक सेलर बनकर जहाज़ में घूम रहा होगा। भयभीत मुद्रा में उसे अपनी ओर ताकते हुए देखकर उसे क्रोध आ गया, "बोलता क्यों नहीं? क्या बड़े होकर भी ऐसा गँवार बना रहेगा?"

उसका स्वर सुनकर मुन्नू की आँखें पल-भर को मुँद-सी जाती हैं, होंठ फड़कने लगते हैं और वह रोने लगता है। डर से उसने अपना चेहरा घुटनों के भीतर छिपा लिया।

"बस रोना ही सीखा है अब तक तूने?" उसका क्रोध बढ़ता जा रहा है। वह मुन्नू के कान पकड़कर उसका सिर ऊपर उठाने की कोशिश करता है लेकिन मुन्नू पूर्ण शक्ति के साथ अपना सिर झुकाए ही रोता रहता है। उसके आँसू बहुत तेज़ी से घुटनों के नीचे बहते हुए उसकी सूखी टाँगों पर टेढ़ी-मेढ़ी लकीरें खींच रहे हैं।

अचानक मुन्नू के कान छोड़कर वह अलग हो गया। उसके रोने की आवाज़ छत पर कोई सहारा न पाकर ऊपर उठती गई। और एक मनहूस-सी ख़ामोशी के धुँधलके के साथ चिपटी हुई उसके चारों ओर फैल गई। वह शून्य आँखों से ऊपर मटियाले रंग के आकाश को देख रहा है, मानो समुद्र, पहाड़, जंगल खोज रहा हो।

मुन्नू का रोना धीरे-धीरे कम होकर सन्नाटे में खो गया। उसकी पतली-पतली टाँगें और टाँगों पर चमकती हुई नीली नसें और उनके ऊपर धरा उसका बड़ा-सा बेडौल सिर, जिसके उलझे, रूखे, बढ़े हुए काले बाल उजाड़ धरती में झाड़-झंखाड़ से जान पड़ते हैं। और वे दोनों एक-दूसरे से बहुत दूर कितनी ही देर तक उसी प्रकार शान्त बैठे रहे।

सहसा घुटनों पर सिर टेके मुन्नू की आँखों को देखा। उसे लगा, जैसे किसी ने पहाड़ की चोटी से उसे नीचे धकेल दिया हो। झटके के साथ मुन्नू के पास पहुँचकर उसने उसका चेहरा अपने दोनों हाथों से ऊपर उठाया और मुन्नू की खुली, बिना झपकती हुई आँखों को बहुत क़रीब से देखा और कुछ देर तक देखता रहा। मुन्नू की आँखों में भी जैसे कुछ खो गया है, जैसा कि उस इतवार को शीशे में अपनी आँखों को देखकर उसने महसूस किया था। मुन्नू की खुली-खुली, शून्य-सी आँखें, जैसे कोई बन्द दरवाज़ा खुल गया है, जिसके बीच में से दूर-दूर तक वह झाँक सकता है। भीतर क्या है, इसे जानने के भय से उसने अपनी आँखें बन्द कर लीं।

एक नाव के यात्री

शानी

कीर्ति मारे उत्सुकता के फिर खड़ी हो गई। यह पाँचवाँ मरतबा था, लेकिन इस बार लगा कि सीटी की आवाज़ सचमुच दूर से काफ़ी नज़दीक होती आ रही है और गाड़ी प्लेटफ़ार्म में प्रवेश करे, इसमें अधिक देर नहीं...

घबराहट या चेहरे का पसीना पोंछने के लिए उसने रूमाल टटोला। नहीं था। बेंच पर छूटने की भी कोई सम्भावना नहीं थी। जल्दी-जल्दी में यही होता है, उसने सोचा। वह साड़ी से ही मुँह पोंछना चाहती थी, लेकिन तभी एकाएक सारे प्लेटफ़ार्म में मुसाफिरों तथा सामान-लदे कुलियों की भगदड़ मच गई...

''हलो!'' सहसा उसी समय अपने कन्धे पर पड़े स्पर्श से कीर्ति चौंकी। चौंकी ही नहीं, धक्-सी रह गई। क्षण के छोटे-से खंड में लगा था कि कहीं रज्जन ही न हो, पर थीं वह मिसेज़ मित्तल। रॉ-सिल्क की आसमानी साड़ी में अच्छी तरह कसी-कसाई और चुस्त। किसी विदेशी सेंट की बहुत भीनी खुशबू एक क्षण के लिए हवा में ठहर गई थी।

''अरे!'' कीर्ति ने जल्दी से हाथ जोड़े, ''कहाँ जा रही हैं?''

''भोपाल,'' मिसेज़ मित्तल ने इतने सहज भाव से कहा जैसे उनका भोपाल जाना रोज़-रोज़ की बात हो, ''और तुम?'' उनकी आँखें बार-बार कम्पार्टमेंट की ओर बढ़ते अपने कुली की ओर लगी हुई थीं।

''रज्जन आ रहा है!'' मिसेज़ मित्तल के नए रूप वाले प्रभाव से मुक्त होने के लिए कीर्ति एक साँस में कह गई। वैसे पिछले कई घंटे से यह वाक्य उसे भीतर-भीतर तंग ज़रूर कर रहा था लेकिन इस पल मिसेज़ मित्तल के अतिरिक्त वह और कोई बात नहीं सोच रही थी। बरसों बाद उन्हें इतना सिंगार-पटार किए कीर्ति देखे और ख़ुद उनकी ज़बानी भोपाल जाने की बात सुने तो फिर अविश्वास की कहाँ गुंजाइश रह जाती है!

''अच्छा!'' रज्जन की बात सुनकर एक पाँव से जमी और दूसरे से उखड़ती हुई मिसेज़ मित्तल ने अपनी आँखों को और फैला लिया, पूछ रही थीं, ''इसी गाड़ी से?''

''हाँ।''

''लेकिन रज्जन को लैंड किए तो कई दिन हो गए न, जाने कौन कह रहा था कि...''

''उसे दिल्ली रुकना पड़ गया,'' आगे कुछ अप्रिय न सुनना पड़े, सोचकर कीर्ति ने जल्दी से कह दिया। फिर उन्हें देखती हुई जबरन मुसकराई। गाड़ी तब बेतरह चिंघाड़ती और धड़धड़ाती हुई प्लेटफ़ार्म में प्रवेश कर रही थी।

"अच्छा! लौटकर मिलेंगे..." कहकर मिसेज़ मित्तल कब बढ़ गईं, यह कीर्ति ने गाड़ी की हड़बड़ी में नहीं देखा। उसकी घबराहट अब पहले की अपेक्षा कई गुना बढ़ गई थी—पसीना, गले का सूखना और हल्क में चुभनेवाले काँटे। उसे अपनी स्थिति उस दिन जैसी लग रही थी जब अन्तिम परीक्षा का परिणाम आनेवाला था और उसे अख़बार की प्रतीक्षा थी। उत्सुकता की मारी वह उस दिन भी स्टेशन आ गई थी।

वह आगे चली जाए ? क्या भीड़ या धक्कापेल की परवाह किए बिना निकल जाए ? एक बार कीर्ति ने सोचा, लेकिन एक सिरे से दूसरे सिरे तक उमड़ते लोगों के सैलाब को देखकर हिम्मत छूट गई। वहाँ भी एक जगह खड़े रहने के बावजूद वह नाहक कई धक्के खा चुकी थी।

और रज्जन को वह पहचान भी सकेगी ? पिछले कई दिनों की तरह आज फिर आशंका उठी—अथवा क्या उसे दूर से ही देखकर रज्जन पहचान लेगा ? सात साल का अरसा कम नहीं होता—इतने में कल तक की बच्ची जवान हो जाती है, जवान के पाँव ढलवान तक पहुँच जाते हैं और बूढ़े...

वह कई दिनों के चुने हुए उस स्थान पर खड़ी थी जहाँ से ट्रेन के लोग और बाहर जाने का रास्ता, दोनों ठीक-ठीक दिखाई दे सकें।

भीड़ रोज़ जैसी थी, गए साल जैसी या शायद गुज़रे हुए उन सातों बरस जैसी। कोई भी मौसम हो, चाहे जैसा दिन या घड़ी, यात्राओं का क्रम कभी नहीं टूटता। अब भी स्टेशन आओ, भीड़ का एक ही रूप दिखाई देता है—अपने-अपने सामान, मित्र या परिवार से लदे-फँदे लोग, जो जाने कब से चढ़ या उतर रहे हैं। प्लेटफ़ार्म में प्रतीक्षा करते वही आत्मीय और प्रियजन, जिनमें से कुछ तो खिल उठते हैं और अनेक...

"रज्जऽऽऽ न!" फर्स्ट क्लास के एक कम्पार्टमेंट से किसी स्वस्थ-से युवक को उतरते देख कीर्ति के मुँह से न केवल यह आवाज़ निकली, बल्कि वह झपटती हुई उधर भी बढ़ गई थी, पर झेंपकर दूसरी ओर देखना पड़ा...और भला कुली के पीछे-पीछे कौन जा रहा है ? वह ग्रे-कलर के सूटवाला...ठेले के पास खड़ी स्कर्टवाली लड़की के पीछे...व्बो ...व्बो ? और फिर हर गुज़रनेवाले चेहरे को जल्दी-जल्दी झपकती आँखों से पकड़ने की कोशिश और पीछा...

क्या आज फिर अकेले लौटना होगा ? अन्त में गेट के पास खड़े आख़िरी समूह को देखते हुए कीर्ति ने सोचा, फिर पापा की उन्हीं आँखों का सामना जिनसे कीर्ति को दहशत होती है...फिर माँ का वही बिसूरना जिसे सुनकर उसकी आँखें गीली होती हैं, फिर वही तनाव....

क्यों ?

थोड़ी देर बाद जब गाड़ी रेंगने लगी तो बावजूद भीड़-भाड़ के जाने कैसे मिसेज़ मित्तल ने उसे देख लिया था। खिड़की के बाहर सिर निकालकर वह हाथ के इशारे से पूछ रही थीं, "क्यों ?" अर्थात्—रज्जन नहीं आया ?

कीर्ति कई पल निरुत्तर-सी खड़ी मिसेज़ मित्तल को देखती रही। फिर जब कुछ नहीं सूझा तो हवा में हिलते सैकड़ों रूमालों के बीच एक हाथ अपना भी उठाकर वह यों हिलाने लगी जैसे मिसेज़ मित्तल को ही छोड़ने स्टेशन आई हो—गुड लक...गुड लक...

और कीर्ति ही नहीं, पिछले कई दिनों से सारा घर इसी तनाव में लटका हुआ जी रहा है। तेरह दिनों पहले मंगलवार को रज्जन ने बम्बई में लैंड किया था और उस दिन यहाँ घर-भर की बेचैनी सीमा पर पहुँच चुकी थी।

''बेटी, कितने बजे हैं ?'' पापा ने उस दिन कीर्ति के कमरे में तीसरी बार आकर पूछा था।

''चार।''

''बस दो घंटे और हैं,'' पापा ने अपनी ज्योतिहीन आँखों से एक ओर ताकते हुए कहा था, ''छह बजे रज्जन का जहाज़ किनारे आ लगेगा।''

''तो कौन तुमसे वह तुरन्त आ मिलेगा ?'' यही बात जब उन्होंने फिर आधा घंटे बाद और सातवीं बार दोहराई तो माँ एकाएक झल्ला पड़ी थीं, क्योंकि पापा की बेचैनी उनसे सही नहीं जा रही थी। अपने नगर से सात सौ मील दूर रज्जन बम्बई में उतर रहा था। चाहने पर भी उसके लिए इस भौगोलिक दूरी को लाँघकर फ़ौरन आ मिलना सम्भव नहीं था, लेकिन घर में ऐसी व्याकुलता समाई हुई थी मानो छह बजे की ट्रेन से वह सीधे यहीं पहुँच रहा हो। यों रोज़ सुबह सबसे पहले पापा ही उठते थे, लेकिन उस दिन उन्होंने अपने साथ-साथ सभी को जल्दी जगा दिया था—पहले माँ, कीर्ति, फिर शोभा और यहाँ तक कि छड़ी टेकते-टेकते जाकर आउट हाउस में रहनेवाले श्यामलाल को भी उन्होंने सोने नहीं दिया था।

'आज रज्जन पहुँच रहा है', इस वाक्य से वह दिन शुरू हुआ था और सारा दिन घिसे हुए रेकार्ड की तरह घर के कोने-कोने में वह वाक्य बजता रहा था। फिर इस रेकार्ड से छूटने के बाद पति-पत्नी के बीच रज्जन की पुरानी स्मृतियाँ दुहराई गई थीं, उसकी कुछ आदतों, विशेषताओं और गुणों आदि के चर्चे हुए थे और रात कीर्ति को बड़ी देर तक पापा के जागने की आहट मिलती रही थी।

सात वर्ष पहले जब रज्जन इंजीनियरिंग के एक डिप्लोमा के लिए इंग्लैंड जाने लगा था तो किसी को कल्पना भी न थी कि वह इतने अरसे के लिए वहाँ रह जाएगा। केवल दो-ढाई वर्ष में लौट आने की बात थी। तब ब्याह हुए सिर्फ़ छह माह गुज़रे थे। रत्ना को उसने इसीलिए साथ कर लिया था कि विदेश के अकेलेपन से डर लगता था। फिर अध्ययन के दौरान इधर या उधर का कोई तनाव न रहे और पति-पत्नी दोनों मिलकर वह समय काट आएँ, एक उद्देश्य शायद यह भी था।

लेकिन ढाई के बदले तीन वर्ष हो गए और रज्जन लोग नहीं लौटे। एक पत्र आया कि उसे कोई टेम्प्रेरी जॉब मिल गया है। सोचा, क्यों न कर लें? कुछ नहीं तो यात्रा का ख़र्च ही निकल आएगा और अगर सम्भव हुआ तो थोड़े-बहुत पैसे भी बच जाएँगे...फिर यह सूचना आई कि रत्ना को भी वहाँ रेडियो में नौकरी मिल गई है और दोनों मिलकर काफ़ी कमा लेते हैं। रज्जन के शुरू-शुरू के पत्रों से अवश्य लगता था कि उसे कहीं-न-कहीं वापस लौटने की उत्सुकता है पर बाद में वह इस टर्म में सोचने लगा था कि भारत में अगर वैसी अच्छी नौकरी न मिली तो?

और इस बीच कई बड़ी-बड़ी और अप्रत्याशित घटनाएँ हो गई थीं। शोभा के बादवाला भाई जाता रहा था। कीर्ति से बड़ी बहन नलिनी ब्याह होकर बनारस चली गई थी, पापा सरकारी नौकरी से रिटायर होकर घर बैठ गए थे, और इनमें सबसे बड़ा हादसा यह हुआ कि पापा की आँखें अकस्मात् जाती रहीं।

'मुझसे बड़ा अभागा और कौन होगा', इस ख़बर के मिलते ही रज्जन ने बेहद दुखी स्वर में लिखा था, कि इतनी बड़ी बात हो जाए और मैं आपके पास न होऊँ। सचमुच मैं नराधम हूँ या यह मेरे पूर्व-जन्म के पापों का फल है कि इतना सब होने के बाद भी मैं आपसे

हज़ारों मील दूर पड़ा हूँ...लेकिन पापा, आप चिन्ता मत करें—मैं आज-कल में यहाँ के आई-स्पेशलिस्ट से कन्सल्ट कर रहा हूँ और मुझे विश्वास है कि जिस दिन आपको यहाँ ले आऊँगा, सब ठीक हो जाएगा।

ख़त सुनकर पापा रो पड़े थे। कीर्ति से पत्र लेकर कुछ देर वे उस पर यों हाथ फेरते रहे थे मानो अँगुलियों में आँख उतर आई हों, फिर भर्राए कंठ से उन्होंने इतना ही कहा था, "कीर्ति की माँ, ईश्वर की सौगन्ध! अब मुझे आँखों का अफसोस नहीं रहा..."

और उस दिन कई महीनों के बाद समूचे घर के लोग पापा के कमरे में इकट्ठे हुए थे। उन्हें घेरकर कीर्ति, शोभा और माँ सभी बैठ गई थीं और पापा ने अपनी आदत के अनुसार नौकरी के दिनों वाले बरसों पुराने क़िस्से सुनाए थे—वे क़िस्से जिन्हें इससे पहले भी कई बार उन्होंने सारे घर को सुनाया था।

गेट के बाहर ही कीर्ति ठिठक गई।

तीन-चार दिनों से यही हो रहा था। स्टेशन से लौटते में पैदल तय करनेवाला रास्ता चाहे जल्दी से कट जाए, घर आते-आते अक्सर क़दम धीमे पड़ जाते थे। गेट में से गुज़रते वक़्त लगता जैसे किसी ने पाँवों में पत्थर बाँध दिए हों और...

बात बिलकुल नई न थी लेकिन आज से पहले कीर्ति ने अपने को इतना अवश कभी भी महसूस नहीं किया था। उसे लगा कि और दिन भले ही भ्रम होता रहा हो, आज की स्थिति दूसरी है। आधारहीन ही सही, जाने क्यों वह बहुत ज़ोर से महसूस कर रही थी कि रञ्जन ज़रूर आ गया है और भीतर प्रवेश करके ही वह देखेगी कि वह पापा के पास बैठा हुआ है। बहुत मुमकिन है कि स्टेशन की भीड़-भाड़ में वह मिस कर गई हो, या उसने पहचाना ही न हो और रञ्जन निकल आया हो।

मटियाले अँधेरे से घिरी हुई शाम...हवा में हल्की-सी खुनकी थी। छिटपुट या इक्का-दुक्का घरों की बत्तियाँ मुहल्ले के सभी अँधेरे और निर्जन कोनों को घूर रही थीं। ऐसे में बेहद मद्धिम रोशनी में डूबा हुआ अपना मकान एक क्षण के लिए कीर्ति को भुतहा और रहस्यमय-सा लगा! ...यह सारे घर में अँधेरा क्यों कर रखा है? वह मन-ही-मन झल्लाई—इतने दिनों बाद रञ्जन आए और फिर भी उजाला न हो तो कब होगा?...और आज श्यामलाल बेवक़्त कैसे? वह चौंकी, साइकिल लेकर दूसरे गेट से जल्दी-जल्दी वह कहाँ निकल गया?

कीर्ति का जी अचानक ज़ोर-ज़ोर से धड़कने लगा। लम्बे-लम्बे डग से धड़धड़ाती हुई वह अहाते का भीतर वाला मैदान, छोटा बग़ीचा और दालान पार करती हुई भीतर चली गई। पर कहीं कोई न था। न कोई होलडाल-सूटकेस और न किसी की विदेशी स्लिपों वाली अटैची...वही रोज़ का मद्धिम रोशनी वाला बड़ा मकान, जिसमें तीन-चार लोग ऐसे खो जाते थे कि पता ही नहीं लगता था।

"कीर्ति!"

लम्बा और सँकरा गलियारा पार कर वह दूसरे छोर वाले कमरे की ओर जाना चाहती थी कि चौंक गई। अँधेरे गलियारे में माँ प्रेत की तरह खड़ी थीं!

"कौन?" उसी समय सहसा पापा के कमरे से अधीर-सी आवाज़ आई, "क्या कीर्ति आ गई? कीर्ति..."

"हाँ, कीर्ति आ गई!" दो क्षणों की चुप्पी के बाद भी माँ ने घसीटते हुए शब्दों में जवाब दिया। इस बीच केवल एक बार उन्होंने कीर्ति की ओर देखा, फिर हट गईं।

और बस। किसी ने न कुछ कहा, और न कुछ सुना। जैसे न अब तक कीर्ति की प्रतीक्षा थी और न उसके साथ बँधी हुई कोई आशा।

पिछले बारह दिनों से इस समय सारा घर कंठों में प्राण लिये बैठा रहता था। पल-पल कीर्ति की बाट देखी जाती थी। पहले दो दिन स्वयं पापा स्टेशन तक चले गए थे, बम्बई से आनेवाली कई गाड़ियाँ उन्होंने देखी थीं। वह तो बाद में पता चला था कि रज्जन यहाँ आने के बदले सीधे दिल्ली चला गया था—रत्ना के घर। और कई बार बदले हुए तथा स्वयं निर्धारित किए कार्यक्रम के बावजूद आज तेरहवें दिन भी रज्जन का पता नहीं।

अपने कमरे में पहुँचकर बड़ी देर तक कीर्ति को लगता रहा कि आज भी माँ ज़रूर दबे-पाँव आएँगी। शायद और दिनों की तरह पापा के कान बचाकर धीरे-से कहें—'कीर्ति, जा, रज्जन को एक तार और कर आ...इसने तो खेल बना रखा है। अरे, अगर यहाँ न आना था तो न आता। लिख-लिखकर सबको परेशान करने की क्या ज़रूरत थी!'

पिछले दो तार ऐसे ही हुए थे और गए-दिन जो 'ट्रंक' लगाया जा रहा था, उसके पीछे भी यही था।

पर सचमुच माँ नहीं आईं। खाने की सूचना लेकर शोभा पहुँची थी।

"आज मिसेज़ मित्तल मिल गई थीं!"

खाने की मेज़ पर भी जब वही तनाव गिद्ध के डैनों की तरह मँडराता रहा तो कीर्ति ने केवल बात करने के लिए सप्रयास बात शुरू की।

"कहाँ?" उदासीन भाव से माँ ने पूछा।

"स्टेशन पर।"

"अच्छा!"

"वह भोपाल जा रही थीं," कहकर कीर्ति ने तत्काल माँ की ओर देखा। उसका अनुमान ठीक था। मिसेज़ मित्तल के साथ भोपाल का नाम सुनते ही माँ बेतरह चौंकीं। मुँह की तरफ़ बढ़ता उनका हाथ सहसा रुक गया, जैसे अचरज-भरी घटना की ख़बर दी गई हो। साश्चर्य पूछा, "किसने कहा?"

"वह ख़ुद कह रही थीं।"

विश्वास करने के प्रयास में माँ कीर्ति को घूरती रहीं। एक क्षण के लिए उनकी आँखों में अजब-सा भाव तैर आया। जाने वह छोटी-सी ख़ुशी का था या अचानक लगे हलके-से धक्के का। कीर्ति से आँखें हटाकर, ठिठका हुआ जूठा हाथ लिये दो-एक पल वह एक अँधेरे कोने को घूरती रहीं, फिर 'यही होता है' का भाव लिये चुपचाप खाने लगीं...

उस दिन जिसने मिसेज़ मित्तल का उतना दृढ़ स्वरूप देखा हो, उसके लिए सचमुच यह विश्वास करना कठिन है कि आख़िर वह उस बिन्दु पर आ गईं, जिसका बरसों से वह अकेले दम पर विरोध कर रही थीं।

यों पड़ोसी-जैसी-पड़ोसी मिसेज़ मित्तल नहीं थीं। एक तो घर उनका दूर था और दूसरे स्वभाव से वह रूखी और घमंडी लगती थीं। शायद इसलिए आने के बाद भी काफ़ी अरसे तक सभी से अपरिचय बना रहा। लेकिन जब कीर्ति से परिचय हुआ तो सारी दूरी तो जाती ही रही, वह रहस्य भी नहीं रह गया, जो उनके बारे में पहले दिन से, मुहल्ले ही नहीं सारे नगर

में, बना हुआ था। विवाहिता और पराए शहर की होते हुए भी उन्होंने इस नई जगह में आकर नौकरी कर ली थी। यहाँ उनका न कोई रिश्तेदार था और न कोई परिचित। बहुत सीधे-सादे ढंग से एक कमरा लेकर वह अकेली रहती थीं—अकेली ही नहीं, अलग-थलग और सभी से कटी हुई। शायद इसीलिए लोगों में कानाफूसियाँ थीं कि क्या कोई भी जवान औरत किसी नए शहर में अकेली जान रह सकती है? मिसेज़ मित्तल अगर सचमुच विवाहिता या सुहागन हैं तो कभी उनका पति उनके पास क्यों नहीं आता, अथवा पिछले तीन बरसों में एक बार भी अपने पति के पास भोपाल क्यों नहीं गईं।

"और समझ में नहीं आता कि लोगों को दूसरे की ज़िन्दगी में इतनी दिलचस्पी क्यों होनी चाहिए?" कीर्ति से पहली या दूसरी भेंट पर ही अत्यन्त दुखी होकर मिसेज़ मित्तल ने कहा था, "क्या मैं हर किसी से यह बताती फिरूँ कि मैं ब्याहता या सुहागन हूँ...कि हम पति-पत्नी में कितना प्यार था...महेश ने अचानक कैसे मेरे साथ धोखा करना शुरू कर दिया और कैसे अलग होकर मैं इसी बात पर आज तक उससे लड़ रही हूँ?"

और उसी दिन कीर्ति ने पहली बार जाना था कि इस भुखमरी दुनिया में आज भी ऐसे लोग हैं जो टूट भले ही जाएँ, झुकना या समझौते करना नहीं जानते। अगर प्रेम-विवाह के साल-दो साल बाद ही महेश किसी रूप-जाल में उलझकर नए 'अफेयर' में फँस जाए तो मिसेज़ मित्तल जैसी कोई भी स्वाभिमानी औरत और क्या कर सकती थी!...

कीर्ति को लगा जैसे वह अकेली नहीं, चुपचाप कौर उठाती हुई माँ भी आज उसी दिन की बात सोच रही हैं—उस दिन जब शोभा के बर्थडे के बाद मिसेज़ मित्तल आई थीं। घर में बीते हुए एक छोटे-से उत्सव के अवशेषों के बीच उस दिन माँ को जाने क्या सूझी कि ट्रंकों में एक ज़माने से बन्द ढेर-से पुराने और क़ीमती कपड़े वह निकाल लाई थीं। फिर उन्हें मिसेज़ मित्तल के सामने फैलाकर बैठते हुए पूछा था, "तुम्हें रफू करना आता है?"

मिसेज़ मित्तल ने हँसकर नाही कर दी थी।

"ये कपड़े मेरी शादी के हैं," माँ बोली थीं, "कुछ शायद उससे भी पहले के। रखे-रखे फटते देख जी दुखता है, तो जानती हो क्या करती हूँ? रफू कर-करके फिर सहेज देती हूँ। मेरी तो अब पहनने की उम्र नहीं रही, कीर्ति-नलिनी से पहनने को कहती हूँ तो ये लोग हँसती हैं!"

मिसेज़ मित्तल एक-एक साड़ी का पल्ला लेकर उन पर किया हुआ सोने-चाँदी का काम देखने लगी थीं।

"तुम भोपाल कब जा रही हो?" और बीच में बिलकुल अचानक, बिना किसी प्रसंग के माँ ने पूछ दिया तो कीर्ति ने स्पष्ट देखा कि मिसेज़ मित्तल का चेहरा एकदम उतर गया है! अपने को जैसे-तैसे सँभालकर उन्होंने सूखे होंठों से जवाब दिया था, "अभी तो ऐसी कोई बात नहीं...क्यों?"

"क्यों क्या?" माँ बोली थीं, "दुनिया में यह सब तो चलता ही रहता है, तुम अकेली कहाँ तक लड़ोगी?...किसी चीज़ से अगर सचमुच प्यार हो या वह क़ीमती हो तो टूट-फूट जाने पर भी उसका मोह नहीं जाता। मुझे देखो..."

और फिर पुराने कपड़ों वाले उदाहरण के अतिरिक्त उनकी ढेरों दुनियादारी की बातें, जिनमें से हरेक का इशारा बस एक ही ओर जाता था। यहाँ तक कि अन्त में मिसेज़ मित्तल घबराकर किसी बहाने से कीर्ति के कमरे में उठ आई थीं। एकान्त में कीर्ति के सामने उन्होंने आँसू पोंछे

थे। क्रोध और अपमान से तमतमाया चेहरा लिए वह बड़ी देर तक चुप रही थीं और जब माँ के ही स्वर में कीर्ति ने तसल्लियाँ देनी चाही थीं तो आवेश में आकर उन्होंने अपने जूड़े में खुँसा फूल निकाल लिया था। कुछ देर वह उसकी पंखुड़ियों को सहलाती रही थीं, मानो कोई गहरा-सा जवाब देने के पहले अपने शब्दों को तोल रही हों। अन्त में उसकी एक पंखुडी को नाख़ून से चीरकर भरे गले से पूछा था, "इसे रफ़ू कर सकती हो?"...

और कीर्ति को हाथ खींचते हुए देखकर माँ ने सहसा टोक दिया, "तूने तो कुछ खाया ही नहीं!"

"बस," कीर्ति अनमने भाव से उठी और हाथ धोने के लिए वाश-बेसिन की ओर बढ़ी।

"सोने से पहले बत्ती बुझा देना," जाती हुई कीर्ति को माँ ने रोज़ की तरह हिदायत दी, "नाहक मुझे परेशान होना पड़ता है...और शोभा अगर ज़िद करे तो अपने पास ही सुला लेना, अच्छा?"

रज्जन के बारे में कोई बात नहीं, एक भी शब्द नहीं...

रात कई बार कीर्ति को भ्रम होता रहा कि माँ उसके कमरे में आई हैं। वह कई बार अचकचाकर उठी, लेकिन रात के सन्नाटे में पापा के कमरे से खाँसने और बार-बार बेचैन करवटें बदलने के अतिरिक्त और कोई आहट नहीं आ रही थी।

लेकिन तेरह दिनों से जिस रज्जन के आने की इतनी धूम थी, वह आया तो तब जबकि उसे लेने के लिए घर की दहलीज़ पर भी कोई नहीं था।

सुबह के तीन बजे थे और सारा घर सो रहा था। कीर्ति से ख़बर सुनते ही पापा हड़बड़ाकर उठ बैठे, अपनी छड़ी के लिए एक पल वह हवा में हाथ चलाते रहे, फिर केना के जवान पत्तों की तरह बाँहें फैलाकर थरथराते हुए खड़े हो गए।

रज्जन ने आगे बढ़कर उनके पाँव छुए। पीछे-पीछे रत्ना थी।

'तूने तो बड़ा इन्तज़ार कराया'—अपने चरण छुए जाने के बीच माँ कहना चाहती थीं—'यहाँ तो कई दिनों से यह हाल है कि...' पर कहा नहीं गया। किसी से कुछ नहीं कहा। तभी वहाँ शोभा आ गई और बरसों बाद हमउम्र भाई-बहनों के मिलने का शोर सारे घर में गूँजता हुआ पास-पड़ोस तक जा पहुँचा।

"अरे, शोभा! तू इतनी बड़ी हो गई?"

"और क्या उतनी ही बनी रहेगी?" माँ बोलीं।

"रत्ना, तुम्हें याद है," रज्जन ने कहा, "यह कितनी-सी थी। और कीर्ति को तो देखो, कमबख़्त, अच्छी-खासी महिला बन गई है?"

"और जो मैंने एम.ए. पास कर लिया है, वो?" कीर्ति बोली, "लेक्चरर हो गई हूँ, वो? तुम लोगों के बराबर कमाने लगी हूँ, वो? इनमें से किसी की बधाई नहीं? रज्जन, इस बार तो मुझे भी अपने साथ इंग्लैंड ले चल।"

"अच्छा! अच्छा!!" रज्जन ने चिढ़ाया, "कभी आइने में अपनी शक्ल देखी है?"

और उस धमाचौकड़ी में कीर्ति के अतिरिक्त किसी ने नहीं देखा कि पापा की उठी हुई बाँहें कैसे नीचे गिरीं।

"देखो, मैं तुम सबके लिए क्या-क्या लेकर आया हूँ!" फिर बीच में ही उठकर रज्जन ने ट्रंक खोला और माँ के मना करने तथा यह कहने के बावजूद कि दिन में देख लेंगे, उसने

एक-एक करके सारी चीज़ें उत्साहपूर्वक फैला दीं—पापा के लिए ऊनी कोट, माँ के लिए कार्डिगन, शोभा के लिए नए प्रकार के खिलौने और कीर्ति-नलिनी के लिए स्वेटर तथा स्कार्फ़!

रत्ना यह बताती रही कि उन प्रेजेंट्स के एक-एक पीस के लिए उन्होंने लन्दन की कितनी-कितनी दुकानें देखी थीं और कितने अम्बार में से पसन्द किया था!

पापा ज्योतिविहीन आँखों से अपने ही परिवार को घूरते हुए अपरिचितों की तरह सुन रहे थे।

अगला दिन कीर्ति के घर ऐसे आया जैसे बरसों पहले कभी आया करता था। सुबह से मिलने-बैठनेवालों का ताँता लग गया—उनमें पापा के मित्र थे, माँ की परिचित महिलाएँ थीं, कीर्ति-शोभा की सहेलियाँ थीं और सबसे अधिक संख्या थी रज्जन के उन दोस्तों की, जिनके साथ उसने बचपन और स्कूल के दिन गुज़ारे थे।

"अब तो तुम्हारा साथ भी फ़िज़ूल है!" दोपहर को दिन-रात के संग-संग बैठने वाले शर्माजी ने कहा तो पापा एकाएक चौंके, "क्यों?"

"अरे भाई, अब तुम यहाँ हो ही कितने दिन!" दूसरे मित्र सक्सेना ने कहा, "चन्द दिन ही तो न? रज्जन आ गया है। तुम्हें अपने साथ ले जाए बिना थोड़े ही मानेगा।"

"अच्छा वोह..." पापा साँस छोड़कर धीरे-से राहत-भरी हँसी हँसने लगे, "देखो, क्या होता है! पीछे तो वह बहुत दिनों से पड़ा है। मैं ही अब तक चुप बैठा रहा। कभी सोचता हूँ कि रज्जन की बात मान लूँ। कभी हिम्मत नहीं होती। इसी चक्कर में मैंने यहाँ किसी डॉक्टर को भी नहीं दिखाया... सच पूछिए तो शर्माजी, अपना देश छोड़ने के नाम पर ही जी कचोटता है।"

"तो कौन आपको हमेशा के लिए जाना है!" शर्माजी बोले, "आँखें वापस मिल जाएँ, चले आना!"

पापा कुछ सोचने लगे, मानो उसी समय निर्णय कर रहे हों कि उन्हें रज्जन के साथ जाना है अथवा नहीं। निश्चय ही शर्माजी, सक्सेना या सभी लोगों को लग रहा था कि रज्जन के आने का अर्थ ही उनका जाना है। पत्नी-बच्चे ही नहीं, स्वयं उन्होंने यह बात कई लोगों से कह रखी थी। लेकिन आज जिस वास्तविकता का पता शर्माजी, सक्सेना या बाहरवालों में से किसी को नहीं था, उसे याद कर उन्हें अजीब-सी व्याकुलता हो रही थी। मन की चिकनी और बेहद बिछलन-भरी दीवार पर जो साँप की तरह चढ़ और गिर रहा था, वह यह भय था कि रज्जन कहीं अपने पत्र की बात भूल तो नहीं गया! आने के बाद से आँखों के बारे में औपचारिक-सी पूछताछ के अलावा और कोई बात नहीं हुई थी। उँह, होगी...लड़का है। बरसों बाद आया है, पहले उसे दम मारने की फुरसत तो मिले!

रात को जब माँ ने उनसे खाने के लिए कहा तब भी वह शायद उसी मुद्रा में थे, बोले, "रज्जन को आने दो।"

"उन लोगों का कोई ठीक भी है!" माँ ने कहा, "सैर-सपाटे को गए हैं। जाने कब तक आते हैं!"

"आख़िर आएँगे तो," पापा बोले, "कीर्ति-शोभा को भूख लगी हो, तो खिला दो।"

पर जाने क्यों, भूख किसी को नहीं थी। पिछली रात की तरह सभी उस रात भी ग्यारह बजे तक रज्जन-रत्ना की प्रतीक्षा करते रहे। इस कोशिश में शोभा भूखी ही सो गई और तब भी उठाए नहीं उठी, जब कि वे लोग लौट आए।

पार्टियाँ और पिक्चरें...

पहली दोपहर को छोड़कर तीन दिनों में न कोई रात ख़ाली गई और न कोई दिन। पार्टियों और पिक्चरों का सिलसिला मुतवातिर चला और रज्जन को लगता रहा कि कुछ देर से घर आकर उसने सचमुच ग़लती की है। नगर में दोस्त या मिलने-जुलने वाले क्या एक-दो थे कि उन्हें आसानी से निपटा दिया जाता! वहाँ तो जिसके साथ कोताही करो उसे ही शिकायत हो रही थी।

''रज्जन जाने की कह रहा था!'' उस रात कीर्ति ने पापा के कमरे में माँ को कहते सुना।

''किसके जाने की?'' पापा ने चौंककर पूछा, ''मेरे लिए?''

''नहीं,'' दूसरी ओर देखकर माँ धीरे-से बोलीं, ''उसके अपने ही जाने की बात थी। कह रहा था, उसे जल्दी लौटना है और दिल्ली में भी एक-दो दिन का काम है।''

बड़ी देर तक पापा ने कुछ नहीं कहा।

''ये लोग नलिनी के पास बनारस जा रहे थे न?''

''अब नहीं जा रहे।''

''क्यों?''

''वक़्त नहीं है,'' माँ बोलीं, ''मामा के पास जयपुर जाने वाला प्रोग्राम भी, सुना, रद्द कर दिया है। रत्ना कह रही थी कि उनके प्रेजेंट्स भिजवा दें...देखते हो इतने वर्षों बाद आया और बहन से मिले बिना चला जाना चाहता है। सोचो, नलिनी क्या कहेगी!''

कुछ देर पापा और चुप रहे।

''रज्जन और कुछ कह रहा था?''

''कब?'' कहकर माँ ने पापा की ओर देखा तो, लेकिन दूसरे ही क्षण सँभल भी गईं। अपने ही प्रश्न को समेटती हुई बोलीं, ''अरे, उसे मेरे पास बैठने या बात करने की फ़ुरसत कहाँ है! कल यह ज़रूर पूछ रहा था कि पापा को कोट पसन्द आया!''

और तब चारपाई बजने की आवाज़ से कीर्ति ने अनुमान लगाया कि पापा ने फिर वही बेचैन करवट बदली है।

स्टेशन से बाहर आकर कीर्ति ने मुक्ति की साँस ली। उसे लग रहा था जैसे एक लम्बे समय के बाद किसी भयंकर तनाव से छुटकारा मिला हो। अजीब बात है कि रज्जन और रत्ना को गाड़ी में बैठते देख उसे ज़रा भी कचोट महसूस नहीं हुई थी। उसे कुछ वैसे हलकेपन का अहसास हो रहा था जैसे किसी छोटी हैसियत के आदमी को बड़े मेहमानों के विदा करने पर होता है!

चलने से पहले रज्जन और रत्ना दोनों ने अलगाव और बिछोह के औपचारिक शब्द कहे थे, लेकिन कीर्ति से कुछ भी नहीं बना था। उसने लाख चाहा था कि रज्जन की बात रख ले। कई बार रत्ना के सामने उसने भूमिका भी बाँधी थी लेकिन लगा था जैसे भीतर कहीं से विद्रोह हो रहा है, और वह उसके सामने घुटने टेककर अवश हो गई है।

''कीर्ति, तू मेरी एक बात मानेगी?'' प्लेटफ़ार्म पर रज्जन ने किसी बहाने उसे रत्ना से अलग ले जाकर कहा था।

''क्या?''

''सच बात तो यह है कि यह मैं तुझी से कह सकता हूँ, इसलिए कि तू बहन भी है और समझदार भी...ये मदर-फ़ादर को क्या हो गया है? हम लोग इतने-इतने बरसों बाद आए,

लेकिन लगा जैसे किसी को ख़ुशी ही नहीं हुई। सारा वक़्त पापा उखड़ी-उखड़ी बातें करते रहे और माँ का मुँह सूजा रहा। मैं तो ख़ैर घर का हूँ, शिकायत करके भी कहाँ जाऊँगा! रत्ना के दिल को इससे बड़ा धक्का लगा है। कह रही थी कि इतनी भावना से लाए हुए प्रेजेंट्स किसी ने एप्रिशियेट तक नहीं किए। पापा ने तो कोट को छूकर भी नहीं देखा। तू अगर उसे बातों-ही-बातों में यह विश्वास दिला दे कि उन प्रेजेंट्स से घर-भर के लोगों को कितनी ख़ुशी हुई है तो...''

उसे क्या हो गया था! कीर्ति ने सोचा—रञ्जन का इतना-सा आग्रह रखते उससे क्यों नहीं बना? झूठ ही सही, क्या वह रत्ना से नहीं कह सकती थी कि....

''और भला तुमसे क्या कह गई थी?'' अचानक उसके कन्धे पर हाथ रखकर रमा सेन पूछ रही थी। कीर्ति सहम गई। खीझ-सी हुई कि जो रमा सेन स्टेशन से उसके साथ-साथ टैक्सी में चली आ रही थी, उसकी उपस्थिति वह इतनी देर से कैसे भुला बैठी थी! और कौन क्या कह गई थीं? कौन...हाँ, मिसेज़ मित्तल...स्टेशन पर मिलने के बाद से वे लोग उन्हीं के बारे में बातें करती आ रही थीं। चाहे-अनचाहे, जगह-बेजगह मिसेज़ मित्तल का ही प्रसंग।

''मुझसे तो कहा था कि दो-चार रोज़ में आ जाएँगी।''

''उन्होंने सभी से यही कहा था,'' रमा सेन बोलीं, ''मुझसे भी! लेकिन मैं तब भी जानती थी कि वह लौटकर नहीं आएँगी और इसी तरह एक दिन उनका इस्तीफ़ा आ जाएगा। असल में, कीर्ति, जहाँ तक मैं जानती हूँ अपने किसी प्रियजन से प्रेम करना जितना आसान है, चोट लगने के बाद भी उससे घृणा करके रह सकना उतना ही मुश्किल। जिस दिन मैंने मिसेज़ मित्तल जैसी पढ़ी-लिखी महिला को चूड़ियों वाले एक छोटे-से अपशकुन से घबराते देखा था उसी दिन मैं समझ गई थी कि उनके सारे बन्द टूट गए हैं।''

''घर के लिए और कितना रास्ता बाक़ी है?'' ऊबी हुई कीर्ति ने खिड़की के बाहर सिर निकालकर देखा। उसे कम-से-कम उस समय मिसेज़ मित्तल वाली चर्चा में ज़रा भी रुचि नहीं रह गई थी और रमा सेन की बातें बेतरह थका रही थीं।

फिर वही अपने ही घर में प्रवेश करने का भय...

गेट में से गुज़रते हुए आज कीर्ति के पाँव ठिठके नहीं, लेकिन कहीं अचेतन मन में बैठे हुए भय ने अपना सिर फिर उठा लिया था। वही मटियाले अँधेरे से घिरी हुई शाम, छिटपुट या इक्का-दुक्का घरों की बत्तियाँ, मुहल्ले के सूने तथा निर्जन कोने...और बेहद मद्धिम रोशनी में डूबा हुआ मकान...

बरामदे में चोरों की तरह प्रवेश करते हुए कीर्ति को याद आया कि आज घर में शोभा भी नहीं है। रञ्जन-रत्ना से मिलने आई मौसी के साथ ही वह चली गई थी। घर और उजाड़ हो गया! वह जानती थी कि घर की क्या तसवीर होगी! जो पापा रञ्जन को छोड़ने के लिए दहलीज़ तक भी नहीं आए थे, उनसे चारपाई छोड़ उठने की उम्मीद करना फ़िज़ूल की बात थी...और माँ? किसी अँधेरे कोने में चटाई डाले पड़ी होंगी।

कीर्ति थक गई थी। अच्छा हुआ कि आज शोभा भी नहीं थी। वह चाहती थी कि माँ या पापा किसी का भी सामना किए बिना सीधे अपने कमरे में भागे और बिस्तर पर टूट पड़े। उसने अँधेरा गलियारा पार भी कर लिया था, लेकिन पापा के कमरे में फूटने वाली रोशनी ने उसे सहसा चौंका दिया।

गुज़रते-गुज़रते भी वह पापा के कमरे के पास ठहर गई।

"कौन?" उसी समय भीतर से पापा की आवाज़ आई। कीर्ति भयभीत चोर की तरह दीवार से सटकर खड़ी हो गई।

"कोई नहीं है," एक क्षण बाद इधर की आहट लेकर माँ ने आश्वस्त करते हुए कहा।

"अच्छा! मुझे लगा जैसे कीर्ति आ गई।"

सुनकर कीर्ति से बिलकुल रहा नहीं गया। कोई पापा होता है तो हुआ करे, सोचकर चलते-चलते ही सही, उसने कमरे में झाँककर देखा तो कई क्षण तक आश्चर्यचकित-सी देखती रह गई—पापा ने वही कोट पहन रखा था, जिसे रज्जन के रहते उन्होंने छुआ भी नहीं था! सामने कार्डिगन पहने माँ खड़ी थीं, और उन्हें कन्धों से पकड़े, कार्डिगन के एक-एक हिस्से को अँगुलियों से टटोलते हुए पापा पूछ रहे थे, "इसका रंग कैसा है, नीला?"

नन्हों

शिवप्रसाद सिंह

"चिट्ठी!" डाकिये ने दरवाज़े पर दस्तक दी तो नन्हों सहुआइन ने दाल की बटुली पर यों कलछी मारी जैसे सारा कसूर बटुली का ही है। हल्दी से रँगे हाथ में कलछी पकड़े वे रसोई से बाहर आईं और ग़ुस्से के मारे जली-भुनी, दो का एक डग मारती ड्योढ़ी के पास पहुँचीं।

"कौन है रे!" सहुआइन ने एक हाथ में कलछी पकड़े, दूसरे से साँकल उतारकर दरवाज़े से झाँका तो डाकिये को देखकर धक् से पीछे हटीं और पल्लू से हल्दी का दाग बचाते, एक हाथ का घूँघट खींचकर दरवाज़े की आड़ में छिपकली की तरह सिमट गईं।

"अपने की चिट्ठी कहाँ से आएगी, मुंशीजी, पता-ठिकाना ठीक से उचार लो, भूल-चूक होय गई होयगी," वे धीरे से फुसफुसाईं। पल्ले से केवल उनकी कनगुरिया दीख रही थी जो आशंका और घबराहट के कारण छिपकली की पूँछ की तरह ऐंठ रही थी।

"नहीं जी, कलकत्ता से किसी रामसुभग साहु ने भेजी है, पता-ठिकाना में कोई ग़लती नहीं..."

"रामसु..." अधकही बात को एक घूँट में पीकर सहुआइन यों देखने लगीं जैसे पानी का धक्का लग गया हो। कनगुरिया का सिरा पल्ले में निश्चेष्ट कील की तरह अड़ गया था।

"अपने की ही है मुंशीजी..."

मुंशीजी ने चिट्ठी आगे बढ़ाई, कनगुरिया फिर हिली, पतंगे की तरह फड़फड़ाती चिट्ठी को पंजे में दबोचकर नन्हों सहुआइन पीछे हटीं और दरवाज़े को झटके से भेड़ लिया। आँगन के कोने में पानी रखने के चबूतरे के पास खड़ी होकर उन्होंने चिट्ठी को पढ़ा। रामसुभग आ रहा है, लिखा था चिट्ठी में। केवल तीन सतर की इबारत थी पूरी। पर नन्हों के लिए उसके एक-एक अक्षर को उचारने में पहाड़-सा समय लग गया जैसे। चबूतरे के पास कलसी के नीचे, पानी गिरने से ज़मीन नम हो गई थी, जौ के बीज गिरे थे जाने कब के। इकट्ठे एक में सटे हुए उजले-हरे अँखुवे फूटे थे। नन्हों सहुआइन एकटक उन्हें देखती रहीं बड़ी देर तक।

पाँच साल का समय कुछ कम तो नहीं होता। लम्बे-लम्बे पाँच साल। पूरे पाँच साल के बाद आज रामसुभग को भाँजी की याद आई है। पाँच साल में उसने एक बार भी कुशल-मंगल का हाल नहीं दिया। एक बार भी नहीं पूछा कि भाँजी जीती है कि मर गई। जब अपना ही नहीं रहा हाल-चाल लेनेवाला, तो दूसरा कौन पूछता है किसे? नन्हों सहुआइन ने चारपाई के पास से माची खींची और उस पर बैठ गईं। हल्दी-सनी अँगुलियों के निशान 'कार्ड' पर उभर

आए थे—जैसे वह किसी के शादी-ब्याह का न्यौता था। शादी-ब्याह का ख़याल आते ही नन्हों सहुआइन की आँखें चलवे मछली-सी चिलक उठीं। जाने कितनी बार सोचा है उन्होंने अपनी शादी के बारे में। कई दफे सोचा, इस दुःखदाई बात को फिर कभी न सोचूँगी, जो भाग में न था उस पर पछतावा क्या? पर औरत क्या जो अपनी शादी पर न सोचे और एक ऐसी औरत जिसकी शादी उसकी ज़िन्दगी का दस्तावेज बनकर आई हो, ज़िन्दगी सिर्फ़ उसकी गिरो ही नहीं बनी, उसने तो नन्हों के समूचे जीवन को रेत-भरी परती की तरह वीरान कर दिया।

गाँव की सभी औरतों की तरह नन्हों का भी ब्याह हुआ। उसकी भी शादी में वही हुआ, जो सभी शादियों में होता है। बाजा-गाजा, हल्दी-सिन्दूर, भोज-उत्सव, हँसी-रुलाई—सब कुछ वही।

एक बात में ज़रूर अन्तर था कि नन्हों की शादी उसके मायके में नहीं, ससुराल में हुई। इस तरह की शादियाँ भी कोई नई नहीं हैं। जो ज़िन्दगी के इस महत्त्वपूर्ण मौक़े को भी, उत्साह और इच्छा के बावजूद रंगीनियों से बाँधने के उपकरण नहीं जुटा पाते वे बारात चढ़ाकर नहीं, डोला उतारकर शादी करते हैं। इसलिए नन्हों की शादी भी डोला उतारकर ही हुई तो इसमें भी कोई ख़ास बात तो नहीं हो गई। नन्हों का पति मिसरीलाल एक पैर का लँगड़ा था, पैदाइशी लँगड़ा। उसका दायाँ पैर जवानी में भी बच्चों की बाँह की तरह ही मुलायम और पतला था। डंडा टेककर फुदकता हुआ चलता। नाक-नक्शे में कोई बुरा नहीं था वैसे। काला चेहरा उभरी हुई हड्डियों की वजह से बहुत वीरान लगता। घर में किराने की दुकान होती, जिसमें खाने-पीने के ज़रूरी सामानों के अलावा तम्बाकू, बीड़ी-सलाई और ज़रूरत की कुछ सब्ज़ियाँ भी बिकतीं। अक्सर सब्ज़ियाँ बासी पड़ी रहतीं, क्योंकि अनाज से बराबर के भाव ख़रीदनेवाले अच्छे गृहस्थ भी मेहमान के आने पर ही इस तरह का सौदा किया करते।

मिसरीलाल की शादी पक्की हुई तो नन्हों का बाप बड़ा ख़ुश था, क्योंकि मिसरीलाल के नाम पर जो लड़का दिखाया गया वह शक्ल में अच्छा और चाल-चलन में काफ़ी शौकीन था। लम्बे-लम्बे उल्टे फेरे हुए बाल थे। रंग वैसे साँवला था, पर एक चिकनाई थी जो देखने में ख़ूबसूरत लगती थी। इसीलिए लड़के वालों ने जब ज़ोर दिया कि हमें बारात चढ़ाके शादी सहती नहीं, डोला उतारेंगे, तो थोड़ी मीन-मेख के बाद नन्हों का बाप भी तैयार हो गया क्योंकि इसमें उसका भी कम फ़ायदा न था। ख़र्चे की काफ़ी बचत थी।

डोला आया, उसी दिन हल्दी-तेल की सारी रस्में बतौर टोटके के पूरी की गईं और उसी रात को बाजे-गाजे के बीच नन्हों की शादी मिसरीलाल से हो गई। बाजों की आवाज़ें हमेशा जैसी ही ख़ुशी से भरी थीं, मंडप की झंडियों और चँदोवे में हवा की ख़ुशी-भरी हरक़तें भी पूर्ववत् थीं, भाटिनों के मंगल-गीतों में राम और सीता के ब्याह की वही पवित्रता गूँज रही थी, पर नन्हों अपने हाथ-भर के घूँघट के नीचे आँसुओं को सुखाने की कितनी कोशिश कर रही थी इसे किसी ने न देखा। एक भारी बदसूरत पत्थर को गले में बाँधे वह वेदना और पीड़ा के अछोर समुद्र में उतार दी गई, जहाँ से उसकी सिसकियों की आवाज़ें भी शायद ही सुनाई पड़तीं।

"कहो भौजी, बाबा ने देखा तो मुझको, पर शादी हुई मिसरी भैया की।" रामसुभग ने दूसरे दिन कोने में बैठी नन्हों से मुसकराते हुए कहा, "अपना-अपना भाग है, ऐसी चाँद-सी बहू पाने की क़िस्मत मेरी कहाँ है..." भौजी मज़ाक के लिए बनी है, पर ऐसे मज़ाक का भी क्या जवाब? नन्हों की आँखों से झर-झर आँसू गिरने लगे, जिन्हें वह पूरे चौबीस घंटे से लगातार रोके हुए थी। रामसुभग बिलकुल घबरा गया, उसने दुखी करने के लिए ही चोट की थी, पर

घायल सदा पंख समेटे शिकारी के चरणों में ही नहीं गिरता, कभी-कभी ख़ून की बूँदें भी गिरती हैं और पंछी तीर को सीने में समाए ही उड़ता जाता है।

"ठीक कहा लाला तुमने, अपना-अपना भाग ही तो है..." नन्हों ने कहा और चुपचाप पलकों से आँसुओं की चट्टानों को ठेलती रही।

रामसुभग मिसरीलाल का ममेरा भाई है। अक्सर वह यहीं रहता, एक तो इसलिए कि उसे अपना घर पसन्द न था। बाप सख़्ती से काम कराता, और आनाकानी की तो बूढ़े बाप के साथ दूसरे भाइयों का मिला-जुला क्रोध उसके लिए बहुत भारी पड़ता। दूसरे मिसरीलाल का भी इरादा था कि वह अक्सर यहाँ आता-जाता रहे ताकि उसे दुकान के लिए सामान वगैरह ख़रीदवाने में आसानी पड़े। रामसुभग के लिए मिसरीलाल का घर अपना-जैसा ही था। उसने मिसरीलाल की शादी की बात सुनी तो बड़ा ख़ुश हुआ था कि घर में एक औरत आ जाएगी, थोड़ी चुहल रहेगी और मुरव्वत में अक्सर जो उसे चूल्हा फूँकने का काम भी कर देना पड़ता, उससे फुर्सत मिल जाएगी। पर नन्हों को देखकर रामसुभग को लगा कि कुछ ऐसा हो गया जैसा कभी सोचा न था। नन्हों वह नहीं है जिसे मिसरीलाल की औरत के रूप में देखकर उसे कुछ अड़चन न मालूम हो। वह काफ़ी विश्वास के साथ आया था नन्हों से बात करने, उसे जता देने कि रामसुभग भी कुछ कम नहीं है, मिसरीलाल का बड़ा आदर मिलता है उसे, यह घर जैसे उसी के सहारे टिका है, और भौजी के लिए रामसुभग-सा देवर भी कहाँ मिलेगा, और शादी के पहले तो नन्हों के बाप ने भी उसे ही देखा था...पर जाने क्या है नन्हों की उन झुकी हुई आँखों में कि रामसुभग सब भूल गया। चारपाई के नीचे बिछी रंगीन सुहागी चटाई पर पैरों को हाथ में लपेटे नन्हों बैठी थी गुड़ी-मुड़ी, उसकी लम्बी बरौनियाँ बारिश में भीगे तितली के पैरों की तरह नम और बिखरी थीं और वह एकटक कहीं देख रही थी। शायद मन के भीतर किसी बालियों से लदी फसल से ढँके लहराते हुए एक खेत को, जिसमें किसी ने अभी-अभी जलती हुई लुकाठी फेंक दी है।

रामसुभग बड़ी देर तक वैसे ही चुप बैठा रहा। वह कभी आँगन में देखता था, कभी मुंडेर पर। वह चाहता था कि चुप्पी को नन्हों ही तोड़े, वही कुछ कहे, अपने मन से ही जो कहना ठीक समझे, क्योंकि उसके कहने से शायद बात कुछ ठीक बने, न बने, पर नन्हों तो कुछ बोलती ही नहीं।

ब्याह के दूसरे दिन के रसम-रिवाज़ पूरे हो रहे थे, कमारी डाले में अक्षत-सिन्दूर लेकर गाँव की तमाम सतियों के चौरे पूज आई थी, और सबसे मिसरीलाल की मृत माँ की ओर से वर-वधू के लिए आशीर्वाद माँग आई थी। रात-भर गाने से थकी हुई भाटिनें अपने मोटे और भोंडे स्वरों में अब भी राम और सीता की जोड़ी को असीसें गा रही थीं। कुछ बचे-खुचे लोग एक तरफ़ बैठे खा रहे थे, पुरवे-पत्तल इधर-उधर बिखरे पड़े थे।

"अच्छा भौजी..." रामसुभग इस मौन को और न झेल सका। चुपचाप उठकर आँगन में चला आया।

"क्यों बबुआ, भौजी पसन्द आई ?" एक मनचली भाटिन ने मोटी आवाज़ में पूछा।

"हाँ, हाँ बहुत..." रामसुभग इस प्रश्न की चुभन को भाँप गया था। उसने मुसकराने की कोशिश की, पर गर्दन ऊपर न उठ सकी। वह चुपचाप सिर झुकाए दालान में जाकर मिसरीलाल के पास चारपाई पर बैठ गया। उस समय मिसरीलाल दो-एक नाते-रिश्ते के लोगों से बातें कर रहा था। पीले रंग की धोती उसके काले शरीर पर काफ़ी फब रही थी, पर उसके चेहरे की वीरानी में कोई अन्तर न था, ख़ुशी उसके चेहरे पर ऐसी लग रही थी जैसे किसी ने मुर्चीली

पिचकी हुई डिबिया में कपूर रख दिया हो। उसके दाहिने हाथ का कंगन एक मरे हुए मकड़े की तरह फूल रहा था—जाने क्यों आज रामसुभग को मिसरीलाल बहुत बदसूरत लग रहा था, शादी के कपड़ों में कोई ऐसा भद्दा लगता है यह रामसुभग ने पहली बार देखा।

''सुभग,'' मिसरीलाल ने बातचीत से निपटकर, दालान में एकान्त देखकर पूछा, ''क्या रे, भौजी कैसी लगी—सच कहना, अपनों से क्या दुराव—गया था न, कुछ कह रही थी ?''

''नहीं तो,'' रामसुभग ने कहा, ''काफ़ी हँसमुख है, वैसे मायका छूटने पर तो सभी दुलहिनें थोड़ी उदास रहती हैं।''

मिसरीलाल अजीब तरीके से हँसा, ''अरे वाह रे सुम्भू, तू तो भई दुलहिनें पहचानने में बेजोड़ निकला, उदास क्यों लगी है भला वह ? किसी परिवार वाले घर में आती, सास-जिठानियों की धौंस से कलेजा फट जाता, दिन-रात काँव-काँव, यहाँ तो बस दो परानी हैं,राज करना है, है कि नहीं ?''

''हूँ,'' रामसुभग गर्दन झुकाए चारपाई के नीचे देख रहा था, उसने वैसे ही हामी भर दी जैसे उसने पूरी बात सुनी ही न हो।

''मिसरी साह !'' दरवाज़े से कमारी ने पुकारा, ''बाबाजी बुला रहे हैं चौके पर, कंगन छूटने की साइत बीत रही है।'' मिसरीलाल धीरे से उठा और फुदकता हुआ चौके पर जा बैठा। लाल चूनर में लपेटे, गुड़िया की तरह उठाकर नन्हों को कमारी ले आई और उसने मिसरीलाल की बग़ल में बैठा दिया।

मिसरीलाल की शादी हुए एक सतवारा बीत चुका था। इस बीच जाने कितनी बार रामसुभग नन्हों के पास बैठा। नन्हों के पास बैठने में उसे बड़ी घुटन महसूस होती, उसे हर बार लगता कि वह ग़लती से आ गया, उसका मन हर बार एक अजीब क़िस्म की उदासी से भर जाता, वह सोचता कि अब उसके पास नहीं जाऊँगा, जो होना था सो हो गया, पर उसका जी नहीं मानता। नन्हों ने इस बीच मुश्किल से उससे दो-चार बातें की होंगी। कभी शायद ही उसकी ओर देखा होगा, पर पता नहीं उन झुकी हुई बरौनियों से घिरी आँखों में कैसा भाव है कि रामसुभग खिंचा चला आता है। वे आँखें उसे कभी नहीं देखतीं, कहीं और देखती हैं, पर उनका इस तरह देखना रामसुभग के मन में आँधी की तरह घुमड़ उठता है। वह बार-बार सोचता है कि शायद नन्हों ने बाप के सामने वह दूल्हा बनकर न खड़ा होता तो नन्हों आज यहाँ न होती। झुकी हुई पलकों से घिरी इन आँखों की पीड़ा उसी की उपजाई हुई है। वही दोषी है, वही अपराधी है—रामसुभग इसीलिए नन्हों के पास जाने को विकल हो उठता है। पर पास पहुँचने पर यह विकलता कम नहीं होती। उसकी माँ ने बहू की 'मुँहदेखाई' देने के लिए दो रुपए न्यौता के साथ भेजे थे, पर नन्हों को देखकर उसकी हिम्मत न होती कि वे रुपए माँ की ओर से उसे दे दे। वह बाज़ार से सिल्क का एक रूमाल भी ख़रीद लाया। रुपए उसी में बाँध लिए। पर रूमाल हमेशा उसकी जेब में पड़ा रहा, वह उसे नन्हों को दे न सका।

''क्यों लाला, इतने उदास क्यों हो ?'' एक दिन पूछा था नन्हों ने, ''यहाँ मन नहीं लगता, भाई-भौजाइयों की याद आती होगी...''

''नहीं तो, उदास कहाँ हूँ, तुम जो हो...'' रामसुभग ने मुसकराते हुए कहा।

''मैं...हाँ, मैं तो हूँ ही, पर लाला, मैं तो दुख की साझीदार हूँ, सुख कहाँ है अपने पास, जो दूसरों को दूँ। उदासी में पली, उदासी में ही बढ़ी। जन्मी तो माँ मर गई, बड़ी हुई तो बाप को बोझ बनी। मैं भला दूसरे की उदासी क्या दूर कर सकूँगी...''

"देखो भौजी..." रामसुभग ने पूरी समझदारी से कहा, "जो होना था वह हो गया...दिन-रात घुलते रहने से क्या फ़ायदा...कुछ ख़ुश रहा करो...थोड़ा हँसा करो..."

नन्हों मुसकराने लगी, "अच्छा लाला, तुम कहते हो तो ख़ुश रहा करूँगी, हँसूँगी, पर बुरा न मानना, बेबान के काम में थोड़ी देर लगती ही है।"

उस दिन रामसुभग बड़ा प्रसन्न था। सिर का भारी बोझ हट गया। जैसे किसी ने कलकते हुए काँटे को खींचकर निकाल दिया। नन्हों का मुसकराना भी अजब है, वह सोच रहा था। उदास रहेगी तब भी, मुसकराएगी तब भी—हर हालत में जाने क्या है उसके चेहरे में जो रामसुभग का मन उचाट देता है। गाँव में घूमता रहे, बाज़ार से सौदा लाता रहे, लोगों के बीच में बैठकर गप्पें हाँकता रहे—नन्हों के चेहरे की सुध आते ही, एकरस सूत झटके से टूट जाता, सोई सतह में लहरें वृत्ताकार घूमने लगतीं, सन्नाटे में जैसे मन्दिर के घंटे की अनुगूँज झनझना उठती...

चैती हवा में गर्मी बढ़ गई थी। उसमें केवल नीम की सुवासित मंजरियों की गन्ध ही नहीं, एक नई हरकत भी आ गई थी...उसकी लपेट में सूखी पत्तियाँ, सूखे फूल, पकी फ़सलों की टूटी बालियाँ तक उड़कर आँगन में बिखर जातीं। दोपहर में खाना खाकर मिसरीलाल दालान में सो जाता, और रामसुभग बाज़ार गया होता, या कहीं घूमने...नन्हों अपने घर में अकेली बैठी सूखे पत्तों का फड़फड़ाना देखती रहती। उसके आँगन के पास भी खँडहर में नीम का पेड़ था। ऐसे दिनों में जब नीम हरी निबौरियों से लद जाती, वह ढेर-सी निबौरियों तोड़कर घर ले जाती और उन्हें तोड़-तोड़कर उसके ताज़े दूध से गालों पर तरह-तरह की तसवीरें बनाती....शीशे में ठीक ऐपन की पुतरी मालूम होती। रामलीला में देखा था, राम और सीता बननेवाले लड़कों के गालों पर ऐसी ही तसवीरें बनती थीं...

हवा का एक तेज़ झोंका आया, किवाड़ झटके से खड़खड़ाया, देखा, सामने रामसुभग खड़ा था मुसकराता हुआ।

"भौजी!" वह पास की चारपाई पर बैठ गया, "एक गिलास पानी पिला दो। बड़ी प्यास लगी है..."

"कहाँ गए थे इतनी धूप में?" नन्हों उठी और आँगन के कोने में चबूतरे पर रखी गगरी से पानी ढालकर ले आई।

जाने क्या हो गया था उस दिन रामसुभग को कि उसने गिलास के साथ ही नन्हों की बाँह को दोनों हाथों से पकड़ लिया। एक झटके के साथ बाँह काँपी और साँप की तरह ऐंठकर सुभग के हाथों से छूट गई—गिलास धब्ब की आवाज़ के साथ ज़मीन पर गिर पड़ा।

"सरम नहीं आती तुम्हें...!" नन्हों साँपिन की तरह फुफकारती हुई बोली, "बड़े मर्द थे तो सबके सामने बाँह पकड़ी होती, तब तो स्वाँग किया था, दूसरे के एवज़ बने थे, सूरत दिखाकर ठगहारी की थी, अब दूसरे की बहू का हाथ पकड़ते सरम नहीं आती...!"

"मैं...तो भौजी, तुम्हें यह देने आया था..." रामसुभग ने रूमाल निकाला, जिसकी खूँट में दो रुपए बँधे थे।

"क्या है यह?" नन्हों ने ग़ुस्से में ही पूछा।

"मुँहदेखाई के रुपए हैं। कई बार सोचा देने को, पर दे न सका।"

उसने रूमाल वहीं चारपाई पर रख दिया और लड़खड़ाता हुआ बाहर चला गया। सारा आँगन झूले की तरह डोल रहा था। गाँव की गलियाँ, दरवाज़े जैसे उसकी ओर घूर रहे थे। उसी दिन वह अपने गाँव चला गया।

दो महीने बीत गए। रामसुभग का कोई समाचार न मिला। मिसरीलाल कभी उसकी चर्चा भी करता, तो नन्हों को चुप देख, एक-दो बातें चलाकर मौन हो जाता। दुकान के लिए सारी ज़रूरी चीज़ें रामसुभग ही ख़रीदकर लाता था। उसके न होने से मिसरीलाल को बहुत तकलीफ़ होती। किसी लद्दू-टट्टू या बैल वाले से सामान तो वह मँगवा लेता पर चीज़ें मन-माफ़िक नहीं मिलतीं, और उनके साथ बाज़ार जाकर चीज़ें ख़रीदने में उसे काफ़ी दिक्कत भी होती। दोपहर के वक़्त, जबकि सूरज सिर पर तपता होता, लू में डंडे के सहारे टेकता, पसीने से लथपथ किसी तरह वह घर पहुँचता। इस तरह की आवाजाही में एक दिन उसे लू लग गई और वह बिस्तर पर गिर पड़ा। नन्हों ने आम के पन्ने पिलाए, हाथों और पैरों में भुने आम की लुगदी भी लगाई, पर ताप कम न हुआ। पीड़ा के मारे वह छटपटाता रहा। नन्हों घर से निकलती न थी, किसी से मदद माँगना भी मुश्किल था। उसने कमारी को बुलाकर रामसुभग के गाँव भेजा। कहलाया कि कुछ सोचने-विचारने की ज़रूरत नहीं है, ख़बर मिलते ही जल्दी-से-जल्दी चले आवें। तीन-चार घड़ी रात गए, रामसुभग मिसरीलाल के दरवाज़े पर पहुँचा तो वहाँ काफ़ी भीड़ थी। भीतर औरतों के रोने की चीत्कार गूँज रही थी। बाहर मिसरीलाल का शव रखा था। नन्हों विधवा हो चुकी थी।

रामसुभग मिसरीलाल के 'क्रिया-कर्म' में लगा रहा, नन्हों से कुछ कहने की उसे फुर्सत ही न मिली। कभी सामने नन्हों दिख भी गई तो उसमें इतना साहस न हुआ कि सान्त्वना के दो शब्द भी कह सके। काँच की चूड़ियाँ भी क़िस्मत का अजीब खेल खेला करती हैं। नन्हों जब इन्हें पहनना नहीं चाहती थी तब तो ये ज़बर्दस्ती उसके हाथ में पहनाई गईं, और अब जब वह इन्हें उतारना नहीं चाहती, तो लोगों ने ज़बर्दस्ती हाथों से उतरवा दीं। कार-परोजन के घर में इतनी फुर्सत मिलती तो वह अपनी उसी सुहागी चटाई पर बैठी हुई चुपचाप आँगन में देखा करती। रामसुभग उसके इस देखने के ढंग से इतना परेशान हो जाता कि काम-काज के बीच में भी नन्हों की वे तिरती आँखें उसके हृदय को बेधने लगतीं। आँगन में इधर-उधर आने-जाने में वह घबराता, कहीं नन्हों पर नज़र न पड़ जाए, इसीलिए गाँव के दूसरे लोगों को काम सौंपकर वह बाहर के कामों में सुबह से शाम तक जुता रहता। क्रिया-कर्म बीत जाने पर वह घर में कम ही बैठ पाता, अक्सर सौदा-सामान ख़रीदने बाज़ार निकल जाता या ख़ाली रहा तो गाँव में किसी के दरवाज़े पर बैठा दिन गुज़ार देता।

कई महीने बीत गए, बरसात आई और गई। पानी सूख गया, बादलों का घिरना बन्द हो गया। बौछारों से टूटी-जर्जर दीवारों के घाव भर गए, नई मिट्टी से सज-सँवरकर वे पहले-जैसी ही प्रसन्न मालूम होतीं। ऐसा लगता जैसे इन पर कभी बौछार की चोट पड़ी ही न हो, कभी इनके तन पर ठेस लगी ही न हो।

उस दिन चमटोली में गादी लगी थी। क़ातिक की पूनो को हमेशा यह गादी लगती। बीच चौकी पर सतगुरु की तसवीर फूल-मालाओं से सजाकर रखी हुई थी। अगरबत्तियों के धुएँ से चमरौटी की गन्दी हवा भी खुशबूदार हो गई थी। कीर्तन-मंडली बैठी हुई थी। गाँव की औरतें, बूढ़े-बच्चे, इकट्ठे होकर भजन सुन रहे थे :

जड़ तुम बाँधे मोह फाँस हम प्रेम बन्धन तुम बाँधे
अपने छूटन की जतन करहु हम छूटे तुम अराधे
जो तुम गिरिधर तउ हंम मोरा
जो तुम चन्दा हम भए हैं चकोरा

माधव तुम तोरहु तो हम नाहिं तोरहिं
तुम सों तोरि कवन सों जोरहिं ?

काफ़ी देर तक कीर्तन चलता रहा। नन्हों लौटी तो उसके मन में रैदास के गीत की पंक्तियाँ बार-बार गूँजती रहीं। 'जो तुम तोरहु तो हम नाहिं तोरहिं...' वह धीरे-धीरे गुनगुना रही थी। दालान का दरवाज़ा रामसुभग ने बन्द कर रखा था। साँकल खटखटाई तो उसने आकर दरवाज़ा खोला :

"इतनी रात को तुम्हारा इस तरह गली-गली घूमना ठीक नहीं है, भौजी..." जाने कहाँ का साहस आ गया था उसे। रामसुभग दरवाज़ा बन्द करते हुए बोला।

"हूँ..." नन्हों ने और कुछ न कहा।

"मैं तुम्हीं से कह रहा हूँ..."

नन्हों एक झटके के साथ घूमी। रामसुभग के चेहरे पर उसकी आँखें इस तरह टिकी थीं मानो बेधकर भीतर घुस जाएँगी, "इतनी कलक होती है तो पहले ही ब्याह कर लिया होता। इस तरह डाँट रहे हो लाला, जैसे मैं तुम्हारी जोरू हूँ। ख़बरदार, फिर कभी आँख दिखाई तो... !" रामसुभग माथा पकड़कर बैठ गया। ग़ुस्से और ग्लानि के मारे उसका सारा बदन जल रहा था, पर मुँह से एक शब्द भी न निकला। उसने चादर खींचकर मुँह ढँक लिया और भीतर-ही-भीतर उफनता-उबलता रहा।

और तब से पाँच बरस बीत गए। आज पहली बार रामसुभग की चिट्ठी आई है कि वह कलकत्ता से गाँव आ रहा है। ये पाँच बरस जाने नन्हों ने कैसे बिताए हैं। रामसुभग उसी रात को लापता हो गया। रोते-रोते नन्हों की आँखें सूज गईं। मेरा कोई न होगा, मैं अकेली रहने के लिए ही जन्मी हूँ। वह अपने को धिक्कारती, कलपती। कभी मन पूछता—पर इसमें मेरी क्या ग़लती थी, मैं तो गादी देखने-भर चली गई थी, कौन नहीं गई थी वहाँ, मैंने क्या कर दिया था ऐसा। हाँ, ग़लती ज़रूर थी। मैं विधवा हूँ, उत्सव-तमाशा मेरे लिए नहीं है...

"बबुआ नहीं हैं क्या ?" दूसरे दिन शाम को कमारी ने पूछा था, "देखो दुलहिन, मेरी बात मानो, सुभग से ब्याह कर लो, तुम्हारी जात में यह मना भी नहीं है, कब तक ऐसे रहोगी..."

"चुप रह... !" नन्हों ने उसे वरज दिया था। दूसरे ही क्षण वह शरम से गड़ गई थी। जाने क्यों लोग मन के छुपे राज़ को भाँप लेते हैं। जिसे जितना छिपाओ, उसे उतनी ही जल्दी लोग खींचकर सामने कर देते हैं।

"चुप तो रहूँगी दुलहिन, पर पछताओगी, ऐसा दूल्हा हाथ न आएगा। वह ज़िन्दगी-भर तुम्हारे लिए कुँवारा नहीं बैठा रहेगा, ऐसा मौक़ा हमेशा नहीं आता...तुम्हारे बाबूजी ने तो उसी को देखा था, मिसरीलाल से तो ब्याह धोखे से हुआ..."

"मैं कहती हूँ चुप कर..." नन्हों की आँखें डबडबा आईं, "जिनकी ज़िन्दगानी में धोखा ही लिखा है, उसे कौन मेट सकता है !"

कमारी सकपकाकर चुप हो गई। आँसुओं की धार सँभालना उसके वश के बाहर था। वह चुपचाप दरवाज़ा बन्द कर चली गई।

"नन्हों चाची, नन्हों चाची !" दुकान से कोई लड़का चीख रहा था। नन्हों माची पर से उठी और दुकान की ओर लपककर चली।

"क्या है, रे ? क्यों चीख रहा है ऐसे ?"

"ये देखो, किसना बेर लेकर भाग रहा है..." जन्नू ने हकलाते हुए कहा। वह ललचाई आँखों से लाल-लाल बेरों से भरी टोकरी को देख रहा था।

"अच्छा भाग रहा है तो भागने दे, तू भी ले और भाग यहाँ से, हल्ला मत मचाओ यहाँ..." लड़के जेबों में बेर भरे खिलखिलाते हुए बाहर चले गए। नन्हों ने दरवाज़ा बन्द कर लिया और रसोई में चली गई।

कलकत्ता की गाड़ी शाम सात बजे के क़रीब आती थी। नन्हों आँगन में चारपाई डाले लेटी थी। झिलंगी चारपाई थी, मूँज की। पैरों में रेशों की चुभन अजीब क़िस्म की लगती। हवा पहले-जैसी सर्द न थी। हल्की गर्मी...गुलाबी रंग की तरह हर झकोरे में समाई हुई थी। नन्हों के खुले हुए काले बाल सिरहाने की पाटी से ज़मीन तक लटके हुए थे। वह चुपचाप नीले आसमान के तारों को देख रही थी। आँगन की पूर्वी दीवार की आड़ से शायद चाँद निकल रहा होगा, क्योंकि उजला-उजला ढेर-सा प्रकाश मुंडेर की छाजन पर मिट्टी की पटरियों से टकराकर चमक रहा था।

साँकल खड़की।

"भौजी!"

नन्हों ने दरवाज़ा खोला। सुभग था सामने। अँधेरे में वह उसे देखती रही।

"आ जाओ..." पंखुरियों के चिटकने जैसी आवाज़ सन्नाटे में उभरकर खो गई। दोनों बिलकुल ख़ामोश थे। रामसुभग आँगन की चारपाई पर आकर बैठ गया। एक अजीब सन्नाटा दोनों को घेरकर बैठ गया था।

खा-पीकर रामसुभग जब सोने के लिए अपनी चारपाई पर गया, तो माची खींचकर नन्हों उसके पास ही बैठ गई।

"क्यों बाबू, बहुत दिनों के बाद सुध ली..." नन्हों ने ही बात शुरू की, "बहुत दुबले हो गए हो, बीमार तो नहीं थे?"

"नहीं तो..." रामसुभग बोला, "पाँच साल तक तो भुलाने की कोशिश करता रहा भौजी, पर भूलता नहीं। मैंने कई बार सोचा कि चलकर तुमसे माफ़ी माँग लूँ, पर हिम्मत न हुई। अबकी मैंने तय किया कि जो कहना है कह ही आऊँ। मैंने अनजाने में ग़लती कर दी, भौजी। मैं नहीं जानता था कि मेरी तनिक-सी ग़लती इतना बुरा फल देगी। मैंने जो कुछ किया मिसरी भैया की ख़ुशी के लिए ही, पर कसूर तो है ही, चाहे वह जैसे भी मन से हो..." रामसुभग ने ज़मीन पर देखते हुए कहा, "मेरे कसूर को तुम ही माफ़ कर सकती हो..."

"कसूर कैसा लाला, तुम जिसे कसूर कहते हो वह मेरे भाग्य का फल था। तुम समझते हो कि बाबूजी को कुछ नहीं मालूम था। मालूम तो उन्हें तभी हो गया जब डोला भेजने की बात हुई। बिगड़ने वाली बात को सभी पहले से जान लेते हैं; जिनके पास बल है, उसे नहीं होने देते, जो कमज़ोर हैं उसे धोखा कहकर छिपाते हैं...बाबू को सब मालूम हो गया था, पर अच्छे घर-बर के लिए जो चाहिए वह बाबू कहाँ से लाते। इसमें तुम तो एक बहाना बन गए, तुम्हारा क्या कसूर है इसमें..." नन्हों ने आँचल से आँखें पोंछ लीं। रामसुभग बेवकूफ़ की तरह आँखें फाड़कर अँधेरे में नन्हों को देख रहा था।

"अच्छा बाबू, थके हो, सोओ, सवेरे फिर बातें कर लूँगी..." नन्हों उठकर अपने घर में चली गई।

रामसुभग तीन दिन तक रहा। तीन दिनों में शायद ही वह दो-एक बार गाँव में घूमने गया। दिन-रात नन्हों से बातें करना ही उसका काम था। दुनिया-भर की बातें, कलकत्ता की, बाप की, माँ की, भाइयों और भौजाइयों की। नन्हों रामसुभग को एकदम बदली हुई लगती। उसकी आँखों में अब पहले-जैसी तीख़ी चमक नहीं थी, उसके स्थान पर ममता और स्नेह का जल भरा था। अब वह एकटक सुनसान कोने को नहीं देखती थी, पर बरौनियों में नमी अब भी पहले-जैसी ही थी। नन्हों को इस नए रूप में देखकर सुभग का मन नई आशा से भरने लगा। तो क्या यह सच हो जाएगा—क्या भाग्य की गणना फिर सही हो जाएगी ? पर नन्हों से कुछ कह पाना उसके लिए सदा ही कठिन रहा है। वह आज भी पिछली दो घटनाओं को भूला नहीं था, पर नन्हों भी तो ऐसी पहले न थी।

आज नन्हों को फिर पुरानी बातें याद आ रही हैं। रैदास के गीत की वह पाँत जाने फिर क्यों बार-बार याद आने लगी है!

"जो तुम तोरहु तो हम नाहिं तोरहिं, तुम सों तोरि कवन सों जोरहिं ?"

वह ख़ुश है, प्रसन्न है। पर रामसुभग को चैन नहीं। शायद चलने की बात करूँ तो वह कुछ खुलकर कहेगी। इसी आशा से उस दिन सुबह ही सुभग ने कहा, "भौजी, अब मैं गाँव जाऊँगा, आज रातवाली गाड़ी से।"

"क्यों बाबू, मन नहीं लग रहा है ?"

"मन तो लग रहा है...पर..."

"अच्छा, ठीक है।"

रामसुभग इस उत्तर से कुछ समझ न सका। वह मन मारे अपने कमरे में बैठा रहा। शायद चलते वक़्त कुछ कहे, शायद फिर लौट आने के लिए आग्रह करे।

शाम को अपना सामान बाँधकर जब सुभग तैयार हुआ, तो नन्हों अपने घर में से निकलकर आई।

"तैयारी हो गई, लाला ?"

"हाँ।"

नन्हों ने आँचल से हाथ निकाला और रामसुभग की ओर हाथ बढ़ाकर कहा, "यह तुम्हारा रूमाल है, लाला।"

रामसुभग काठ की तरह निश्चेष्ट हो गया, "पर इसे तो मैंने मुँहदेखाई में दे दिया था, भाभी।"

"बाबू ने तुम्हारा मुँह देखकर मुझे अनदेखा सुहाग सौंपा था, तुम्हारी माँ ने उसी के अमर रहने के लिए रुपए दिए थे, आशीर्वाद में। बड़ों ने जो दिया उसे मैंने माथे पर ले लिया। मैं कमज़ोर थी बाबू, भाग्य से हार गई। पर आज तो मैं अपने पैरों पर खड़ी हूँ, आज मुझे तुम हारने मत दो। तुम्हारा रूमाल मेरे पाँव बाँध देता है लाला, इसी से लौटा रही हूँ, बुरा न मानना..."

रामसुभग ने धीरे से रूमाल ले लिया। नन्हों उसका जाना भी देख न सकी। आँखें जल में तैर रही थीं। दीये की लौ जटामासी के फूल की तरह कई फाँकों में बँट गई। नन्हों ने किवाड़ तो बन्द कर लिया, पर साँकल न चढ़ा सकी।

बदबू

शेखर जोशी

एक साथी ने उसकी परेशानी का कारण भाँप लिया था, ''ऐसे नहीं उतरेगा मास्टर! आओ, तेल में धो लो,'' कहकर उस साथी ने उसे अपने साथ चले आने का संकेत दिया।

एक बड़े टब में घटिया क़िस्म का केरोसीन तेल रखा हुआ था। दोनों ने अपने हाथों को कुहनी-कुहनी भर उसमें डुबाकर मला। अब हथेलियों और बाँहों में लिपटी सारी चिकनी कालिख धुल गई थी, परन्तु उसे लगा जैसे दोनों बाँहों में अदृश्य चींटियाँ रेंग रही हों। केरोसीन तेल की गन्ध के कारण उसका जी मिचला उठा। इस खीझ और गन्ध से मुक्ति पाने के लिए वह नल की ओर चल दिया।

अन्तिम साइरन बज चुका था। पानी के प्रत्येक नल पर बीसियों कामगार घिरे हुए थे, कुछ लोग हाथों में साबुन मल रहे थे और शेष मल चुकने पर हाथों को पानी से धोने के लिए अपनी बारी की प्रतीक्षा कर रहे थे। उसे देखकर सबकी अजनबी निगाहें उसकी ओर लग गईं। एक-दो मज़दूरों ने सौजन्य प्रदर्शन के लिए अपनी बारी आने से पहले ही उसे पानी लेने को बढ़ावा दिया। किंचित् संकोच के बाद उसने आगे बढ़कर पानी ले लिया। यह संकोच स्वाभाविक था। अपनी बारी आने से पहले पानी लेने का प्रयत्न करनेवालों को उत्साहित करने की इच्छा किसी के मन में न थी, यह वह दो क्षण पहले विभिन्न स्वरों में सुन चुका था।

परन्तु उसे पानी लेते देखकर किसी ने आपत्ति नहीं की। एक बार हाथ अच्छी तरह धो लेने पर उसने उन्हें नाक तक ले जाकर सूँघा। केरोसीन की गन्ध अभी छूटी नहीं थी। दुबारा साबुन से धो लेने पर भी उसे वैसी ही गन्ध का आभास हुआ, फिर एक बार और साबुन जेब से निकालकर उसने हाथों में मलना शुरू कर दिया।

घासी रस ले-लेकर एक क़िस्सा सुनाने लगा और सारा समूह अपनी व्यस्तता भूलकर उसकी बात सुनता रहा—

एक गाँव के मेहतर की लौंडिया थी। उसकी शादी हुई शहर में। जैसा तुम जानो, गाँव के मेहतरों को तो कभी गन्दा उठाने की ज़रूरत ही नहीं पड़ती। नई-नई शहर में गई तो दिन-रात नाक चढ़ा के अपने खसम से कहा करे—बदबू आती है। मालिक क्या कहता! उसकी ख़ातिर पेशा तो छोड़ नहीं सकता। धीरे-धीरे लौंडिया भी काम पर जाने लगी। साल-छह महीने के बाद मेहतर की सासू शहर देखने आई। रास्ते में ही हाथ में झाड़ू-बाल्टी लिये बेटी मिल गई। माँ पहले तो लाड़ से बेटी से गले मिली और फिर नाक पर आँचल रख लिया।

बेटी ने पूछा, ''ऐ अम्मा, नाक-मुँह क्यों बन्द कर लिया?''

माँ बोली, "बेटी, बदबू आती है।"

बेटी अचम्भे से बोली, "कैसी बदबू? मुझे तो कुछ भी नहीं मालूम देती।"

नल के इर्द-गिर्द घिरे हुए सभी कामगारों के थके चेहरों पर भी उसकी बात सुनकर हँसी खिल गई। घासी ने ही फिर बात को स्पष्ट किया, "ये भाई भी अभी हाथ नाक पै ले जा-जा के सूँघ रहे थे तभी क़िस्सा याद आया। पहले-पहल हम भी ऐसे ही सूँघा करें थे। पर अब तो ससुरा पता ही नहीं लगता। कितनी बार तो साबुन नहीं मिलता, ऐसे ही पोंछ-पाँछकर रोटी खाने बैठ जाते हैं।"

संकेत उसी की ओर था। परिहास के उत्तर में गम्भीर हो जाना उसे उचित न लगा। सभी की हँसी में उसने अपना योग भी दे दिया। परन्तु घासी की बात पर उसे आश्चर्य हो रहा था। तेल की ऐसी तीखी दुर्गन्ध को साबुन से छुटाए बिना आदमी कैसे भला चैन से रह सकेगा! इसका उसे विश्वास ही नहीं हो रहा था।

कपड़े बदलकर वह लाइन में जा लगा। इकहरी पंक्ति के प्रारम्भ में हेड फोरमैन के साथ एक गोरखा सिपाही खड़ा था। प्रत्येक मज़दूर अपना रोटी का ख़ाली डिब्बा खोलकर उसे दिखाता और फिर दोनों हाथ ऊँचे उठाकर तलाशी देने की मुद्रा में खड़ा हो जाता। गोरखा सर्चर मज़दूर की छाती, कमर और जेबों को टटोलकर आगे बढ़ जाने का संकेत कर देता। जल्दी घर पहुँचने की इच्छा रखनेवालों को पंक्ति की धीमी गति के कारण झुँझलाहट हो रही थी। इसी झुँझलाहट में कभी-कभी लोग पंक्ति में अपने से आगेवाले व्यक्ति को ठेल देते। बीच-बीच में मोटा फोरमैन उनकी इस जल्दबाज़ी की कोई भद्दी, अश्लील व्याख्या कर हँस देता था। उसे फोरमैन का यह व्यवहार अच्छा नहीं लगा। परन्तु उसने सुना, पंक्ति में से ही कोई कह रहा था, 'फोरमैन जी भी बड़े रंगीले आदमी हैं।' सम्मति प्रकट करनेवाला एक अधेड़ उम्र का व्यक्ति था जो अब भी कृतज्ञतापूर्ण दृष्टि से फोरमैन की ओर देख रहा था कि जैसे फोरमैन ने यह मज़ाक करके उन पर बड़ी कृपा कर दी हो।

उसकी तलाशी देने की बारी आ गई थी। ठिंगने सिपाही ने अपनी एड़ी उठाकर बड़ी कठिनाई से उसकी तलाशी ली। सिपाही के इस आयास को देखकर उसका मन हँसने को हुआ परन्तु मन पर अवसाद की धुन्ध इतनी गहरी छा गई थी कि वह हँस न सका। बड़े फाटक से पहले फिर इकहरी पंक्ति बन गई थी। परन्तु इस बार पंक्ति के परले सिरे पर खड़ा हुआ सिपाही तलाशी नहीं ले रहा था, वरन् वह यह देखने के लिए खड़ा था कि कोई भी व्यक्ति कठघरे में आड़ी गिरी हुई लकड़ी को लाँघे बिना न चला जाए। अन्य सभी मज़दूरों की भाँति वह भी आड़ी गिरी हुई लकड़ी को लाँघकर बाहर चला आया। पीछे मुड़कर उसने फिर एक बार कठघरे की ओर देखा—लोग अब भी एक-एक कर कूदते हुए चले आ रहे थे। इस उछल-कूद का प्रयोजन वह नहीं समझ पाया। गेट से बाहर निकलकर उसने अनुभव किया जैसे वह बन्द कोठरी से निकलकर खुली हवा में चला आया हो।

"क्या आफ़त बना रखी है!" अनायास ही उसके मुँह से निकल गया।

अनजान में ही कहे गए ये शब्द साथ चलनेवाले एक बुजुर्ग के कानों तक पहुँच गए थे। उन्होंने धीरे से अपनी राय प्रकट की, "नए आए लगते हो? पहले-पहल ऐसा ही लगता है, धीरे-धीरे आदत पड़ जाएगी!" आकाश की ओर अँगुली उठाकर उन्होंने बात आगे बढ़ाई, "उस नीली छतरी वाले का शुक्र करो कि यहाँ काम मिल गया। अच्छे-भले पढ़े-लिखे लोग धक्के खाते फिरते हैं; हमारे पड़ोस में एक लड़का..." बुजुर्ग अपने अनुभव की पोटली खोलकर बहुत-कुछ बिखेरना चाहते थे, लेकिन उसका मन उनकी बातों में नहीं लगा, कनखियों से उसने उनकी

ओर देखा। उस ऊपर वाले के अहसान का बोझ उठाते-उठाते ही जैसे उनकी कमर टेढ़ी हो गई थी। वह चाल तेज़ कर आगे बढ़ गया।

रास्ते भर उसके दिमाग में वही सब कुछ घूमता रहा जो वह दिन भर में देख-सुन चुका था। घासी और उस बुजुर्ग आदमी की बात याद आने पर वह सोचने लगा, क्या सच ही एक दिन वह भी सब कुछ सहने का आदी हो जाएगा और नीली छतरी वाले के अहसानों का बोझ उसकी कमर को भी वैसे ही झुका देगा?...

कारखाने में यह उसका पहला दिन था।

फिर एक-एक कर कई दिन बीत गए। परन्तु घुटन और अवसाद की छाया दिनोंदिन बोझिल होती गई!

शहर के बाहरी भाग में स्थित कारखाने की पहली सीटी पर प्रतिदिन कामगार लोग अपनी-अपनी गृहस्थी छोड़कर, हाथों में रोटी-चबैना की पोटली या डिब्बा लटकाए, अपनी सुध-बुध खोकर तेज़ क़दमों से कारखाने की ओर चले आते। दिनभर कारखाने की खटर-पटर में मशीनों और औजारों से जूझकर थकी-लस्त देहवालों का यह काफ़िला साँझ के धुँधलके में अपने घरों की ओर चल देता। सर्दी, गरमी, बरसात में कभी भी इस क्रम में कोई बाधा न पड़ती।

कारखाने में अपने-अपने अड्डे पर काम करते हुए लोगों को हर रोज़ सुबह से शाम तक एक ही स्थान में, उन्हीं चिर-परिचित मुद्राओं में देखकर उसे ऐसा लगता जैसे वह वर्षों से उन्हें उसी स्थान पर इसी रूप में देखता आ रहा हो। इस नीरस ज़िन्दगी में कोई हलचल हो भी जाती तो उसका प्रभाव अधिक देर तक नहीं टिकता। तालाब के ठहरे हुए जल में कंकड़ फेंक देने पर जिस तरह क्षणिक हलचल होती है, वह प्रतिक्रिया वहाँ किसी नई घटना की होती। एक-दो दिन तक कारखाने में उस घटना की चर्चा रहती और फिर सब कुछ पूर्ववत्, शान्त हो जाता। साथी कामगारों के चेहरों पर असहनीय कष्टों और दैन्य की एक गहरी छाप थी, जो आपस की बातचीत या हँसी-मज़ाक के क्षणों में भी स्पष्ट झलक पड़ती थी। किसी प्रकार की नवीनता के प्रति सबके मन में एक विचित्र शंका-भाव जड़ जमाए बैठा रहता। शायद यही कारण था कि अचानक ही एक छोटी-सी घटना के पश्चात् उसके साथियों का व्यवहार उसके प्रति शंकालु हो उठा था।

यों घटना कुछ विशेष नहीं थी। उस दिन कारखाने में हर जगह बीड़ी का तूफ़ान मचा हुआ था—

"अबे हद हो गई यार! साला बुधुवा सुलगती बीड़ी निगल गया।"

"हम वहीं खड़े थे भाई! साहब ने मुँह खुलवाया, मुँह में नहीं थी।"

"कमाल है! साले को सरकस में जाना चाहिए।"

चीफ़ साहब के आदेश पर सभी मज़दूर एक स्थान पर एकत्रित हो गए थे। साहब के निकट ही बुद्धन सिर झुकाए खड़ा था। उपस्थित समूह को नसीहत देते हुए साहब ने बताया कि किस तरह उन्होंने पीछे से जाकर बुद्धन को कारखाने के अन्दर बीड़ी पीते हुए पकड़ा और किस प्रकार चतुराई से उसने बीड़ी मुँह के अन्दर ही डालकर ग़ायब कर ली थी।

साहब बोले, "कारखाने में इतनी क़ीमती चीज़ें पड़ी रहती हैं, किसी भी वक़्त आग लग सकती है, एक आदमी की वजह से लाखों रुपए का नुक़सान हो सकता है। हम ऐसी ग़लतियों पर कड़ी-से-कड़ी सजा दे सकते हैं।"

बुद्धन को कड़ी चेतावनी के साथ एक रुपए का दंड देने की साहब ने घोषणा कर दी, तभी भीड़ में से किसी ने ऊँचे स्वर में कहा, "साहब, आग तो सभी की बीड़ी-सिगरेट से लग सकती है।"

सैकड़ों विस्मित आँखें उस ओर उठ गईं जिधर से आवाज़ आई थी। साहब कुछ कहें इससे पहले वही व्यक्ति फिर बोला, "अफ़सर साहबान तो सारे कारखाने में मुँह में सिगरेट दाबे घूमते रहते हैं!"

भीड़ में एक भयानक ख़ामोशी छा गई। इस मुँहजोर नए आदमी की उद्दंडता देखकर साहब का मुँह तमतमा उठा। बड़ी कठिनाई से उनके मुँह से निकला, "ठीक है, हम देखेंगे" और जाते-जाते उन्होंने तीखी दृष्टि से उसकी ओर देखा जैसे उसकी मुखाकृति को अच्छी तरह पहचान लेने का प्रयत्न कर रहे हों।

चीफ़ साहब अपने चैम्बर की ओर चल दिए। भीड़ छँट गई। हवा में चारों ओर कानाफूसी के विचित्र स्वर फैलने लगे। बुद्धन की ओर से हटकर लोगों का ध्यान अब उसकी ओर केन्द्रित हो गया था।

उस दिन छुट्टी के बाद लौटते हुए दो-तीन नौजवान उसके साथ हो लिये। प्रत्यक्ष रूप में किसी ने भी बीड़ी वाली घटना को लेकर उसकी सराहना नहीं की, यद्यपि उनके व्यवहार और उनकी बातों से उसे लगा जैसे उन्हें यह अच्छा लगा हो और वे उसके अधिक निकट आना चाहते हों। कठघरे से निकलकर एक नौजवान बुदबुदाया, "सालों को शक रहता है कि हम टाँगों के साथ कुछ बाँधे ले जा रहे हैं, इसीलिए अब यह उछल-कूद का खेल कराने लगे हैं।"

"इनका बस चले तो ये गेट तक हमारी नागा साधुओं की सी बरात बनाकर भेजा करें!" दूसरे ने उसकी बात का समर्थन किया।

"खीर खाए बामणी, फाँसी चढ़े शेख, नहीं देखा तो यहाँ आकर देख! छोटे साहब की गाड़ी के पिस्टन अन्दर बदले गए हैं, ख़ुद मैंने अपनी आँखों से देखा," पहले वाले व्यक्ति ने आवेश में आकर कहा।

"चुप," दूसरे नौजवान ने फुसफुसाकर उसे टोक दिया, "टेलीफून जा रहा है।"

एक चुस्त चालाक आदमी उनके साथ-साथ चलने लगा था। तभी दोनों जवानों ने अपनी बीवियों के बारे में बातें शुरू कर दीं।

इस घटना के बाद कुछ लोगों की दबी-दबी सहानुभूति पा जाने पर उसे ऐसा अनुभव हुआ जैसे किसी अँधेरे, बन्द तहखाने में प्रकाश की हल्की किरण का आसरा उसे मिल गया हो। पर सभी कामगारों की आँखों में सहानुभूति का यह भाव नहीं था। अनेकों सहकर्मी इसी घटना के पश्चात् उसके प्रति रूखा व्यवहार करने लगे थे, और कुछ ऐसी भी आँखें थीं जिनमें अचानक ही ईर्ष्या और उपेक्षा की भावना उभर आई थी। ऐसी ही एक जोड़ा आँखें एक दिन छुट्टी के बाद मार्ग में बहुत दूर तक उसका पीछा करती रही थीं। उसे लगा जैसे साथ में चलनेवाला वह व्यक्ति उससे कुछ कहने के लिए अकुला रहा है। उन दोनों के साथ-साथ मज़दूरों का झुंड हाथों में थैला या टिफिन का ख़ाली डिब्बा लटकाए चला जा रहा था। एक नई उम्र के शरारती कारीगर बीरू ने अपने से आगे चलनेवाले अधेड़ उम्र के लालमणि के कुर्ते का पिछला हिस्सा उठाकर सिगरेट के ख़ाली पैकेट में फँसा दिया था, पीछे चलनेवाली भीड़ लालमणि के कुर्ते की पूँछनुमा बनावट और इस सम्बन्ध में उसकी अज्ञानता का आनन्द ले रही थी। तभी किसी ने उसके साथ चलनेवाले आदमी को लक्ष्य कर आवाज़ दी—

"नेताजी, जैराम जी की!"

साथ चलने वाले व्यक्ति की ईर्ष्यालु दृष्टि का रहस्य उसकी समझ में आ गया। उत्तर में 'नेता' ने व्यंग्यपूर्ण स्वर में कहा, "काहे शर्मिन्दा करते हो भाई, अब तो कारखाने में बड़े-बड़े नेता पैदा हो गए हैं! हम किस खेत की मूली हैं!"

जिस बात की उसे आशंका थी, वही हुआ। शायद रात की सारी रिपोर्ट चीफ़ साहब के पास पहुँच गई थी। चपरासी ने साहब के कमरे का द्वार खोलकर उसे उनके सामने पहुँचा दिया, फिर द्वार पूर्ववत् बन्द हो गया। साहब ने अपने हाथों से स्टूल उठाकर उसके बैठने के लिए आगे बढ़ा दिया और फिर नरमी से बोले, "हम तुम्हारी भलाई के लिए ही कह रहे हैं। ज़माना बुरा है। बाल-बच्चों वाले आदमी को ऐसी बातों में नहीं पड़ना चाहिए।"

अपने कथन की प्रतिक्रिया जानने के लिए साहब ने उसकी ओर देखा। उनके हाथ मेज़ पर बिछे कपड़े की सलवटों को सहलाने में व्यस्त थे। साहब की ओर देखकर इस प्रश्न का उत्तर उनकी आँखों में झाँक पाने का उसका मन हुआ परन्तु काले चश्मे के अपारदर्शी शीशों के पीछे छिपी आँखों के स्थान पर केवल अन्धकार घिरा हुआ था।

"ऐसा कोई ख़तरनाक काम तो मैंने नहीं किया सा'ब!" उसने पेपरवेट के फूलों पर अपनी नज़र जमाकर उत्तर दिया।

"हम जानते हैं, सब कुछ जानते हैं। कल रात तुम्हारे घर मीटिंग हुई थी या नहीं?" मानसिक उत्तेजना के कारण साहब दोनों हाथों की अँगुलियों को आपस में उलझाते हुए बोले।

"दो-चार यार-दोस्त बैठने के लिए आ जाएँ तो उसे मीटिंग कौन कहेगा सा'ब?" उसने बात का महत्त्व कम करने की कोशिश में मुसकराने का अभिनय किया।

"सुनो जवान! यार-दोस्तों की महफ़िल में गप्पें होती हैं, ताश खेले जाते हैं, शराब पी जाती है; लेकिन स्कीमें नहीं बनतीं।" इस बार स्वर कुछ अधिक सधा हुआ था।

"साहब, लोगों को मकान की परेशानी है, छुट्टियों का ठीक हिसाब नहीं, छोटी-छोटी बातों पर जुर्माना हो जाता है। यही बातें आपसे अर्ज करनी थीं। यही वहाँ भी सोच रहे थे।" स्वर में दीनता थी परन्तु साहब के चहरे पर टिकी हुई उसकी तीखी दृष्टि अनजाने में ही जैसे इस अभिनय को झुठला रही थी।

"मैं कौन होता हूँ, जो तुम लोग मुझसे यह कहने के लिए आते हो? मैं भी तो भाई, तुम्हीं लोगों की तरह एक छोटा-मोटा नौकर हूँ।" अपनी दोनों हथेलियों को मेज़ पर फैलाकर साहब ने कृत्रिम मुसकान का ऋण लौटा दिया और अपनी कुरसी पर अधिक आश्वस्त होकर बैठ गए। उनके सामने बैठे हुए व्यक्ति को यह समझौता स्वीकार न हुआ। कृत्रिमता के आवरण को पूरी तरह उतारकर दृढ़ स्वर में वह बोला, "तो जो भी हमारी बात सुनेगा उसी से कहेंगे सा'ब!"

एकाएक साहब बौखलाकर कुरसी पर उछल पड़े, "तुम बाहर की पार्टियों के एजेंट हो, ऐसे लोग ही हड़ताल करवाते हैं। मैं एक-एक को सीधा करवा दूँगा। मैं जानता हूँ तुम्हारे गुट में कौन-कौन हैं। आइन्दा ऐसी बातें मैं नहीं सुनना चाहता।"

वह चीफ़ के कमरे से निकलकर अपने काम पर लौटा तो मिस्त्री पास बैठाकर समझाने लगा, "इस दुनिया में सबसे मेल-जोल रखकर चलना पड़ता है। नदी किनारे की घास पानी के साथ थोड़ा झुक लेती है और फिर उठ खड़ी होती है। लेकिन बड़े-बड़े पेड़ धार के सामने अड़ते हैं और टूट जाते हैं। साहब ने तुम्हारी बदली कास्टिक टैंक पर कर दी है, बड़ा सख़्त काम है, अब भी साहब को ख़ुश कर सको तो बदली रुक सकती है।"

उत्तर में उसने कुछ नहीं कहा। उठकर कास्टिक टैंक पर चला गया। टैंक पर काम करनेवाले मज़दूरों ने उसे देखकर भी अनदेखा कर दिया। उसे ऐसा लगा कि जैसे वे लोग जानबूझकर उससे पृथक् रहने का प्रयत्न कर रहे हों। पुराने पैंट और जंग लगे हुए सामान को कास्टिक में धोया जा रहा था। आगे बढ़कर उसने भी उन्हीं की तरह काम शुरू कर दिया। शाम तक काम का यही क्रम चलता रहा। घर लौटकर उसने अनुभव किया—हाथ-पैरों में विचित्र प्रकार की जलन हो रही थी।

घर पहुँचते-पहुँचते अँधेरा घिर गया था। हाथ-मुँह धोकर उसने जल्दी-जल्दी खाना खाया और फिर बच्चे को लेकर आँगन में झिलँगी चारपाई पर आ बैठा। साँझ अत्यधिक उदास हो आई थी। बच्चे ने कुछ देर तक उससे खेलने का प्रयत्न किया लेकिन पिता की ओर से विशेष प्रोत्साहन न पाने पर वह कब माँ के पास चला गया, इसका उसे ध्यान न रहा। जिनकी उसे प्रतीक्षा थी उनमें से कोई भी न आया था, केवल हरीराम ने आकर अब तक दो-तीन बीड़ियाँ फूँक ली थीं।

हरीराम की ओर से ही दो-तीन बार बातचीत शुरू करने का प्रयत्न किया जा चुका था, लेकिन उसके अटूट मौन के कारण हर बार वह प्रयत्न विफल सिद्ध हुआ था। इस बार फिर हरीराम ने ही बात छेड़ी।

"घनश्याम की बीवी बीमार हो गई, लेकिन मोहन, राधे, हनीफ़ वगैरह किसी को तो आना चाहिए था।"

"शायद उनके बच्चे बीमार हो गए हों," झुँझलाकर उसने उत्तर दे दिया। हरीराम ने फिर बात दुहराई, इस ब[illegible] स्वर में चाटुता की भरमार थी—

"हम तो तुम्हार[illegible] पीछे हैं भाई। जैसा तुम कहोगे वैसा करेंगे। मैं तो ठीक टैम पर आ गया था देख लो।"

"तुम ही ठीक टैम पर न आओगे तो चीफ़ साहब को रिपोट कौन देगा?" हरीराम की ओर उपेक्षापूर्ण दृष्टि डालकर घृणा से उसने कहा और अपनी साइकिल उठाकर बाहर चल दिया।

उसके विरुद्ध कब कौन-सा षड्यंत्र रच दिया जाए, इसका उसे सन्देह रहने लगा था। छुट्टी होने पर उसने शीघ्रता से थैला कन्धे पर डाला। दुपहर में उसने सब रोटियाँ खा ली थीं पर आज थैला अन्य दिनों की अपेक्षा कुछ भारी था। विस्मय से उसने रोटी के डिब्बे को खोलकर देखा...एक काग़ज़ में कुछ पुर्जे लिपटे रखे थे। उसने अनुभव किया कि उसके हृदय की धड़कन तेज़ हो गई है। आवेश में उसकी मुट्ठी भिंच गई, परन्तु फिर संयत होकर उसने वह सामान पास ही आलमारी में डाल दिया।

बाहर पंक्ति के परले सिरे पर फोरमैन चिल्ला-चिल्लाकर लोगों को अपने डिब्बे-थैले खोलकर दिखाने का आदेश दे रहा था। उसकी बारी आ गई थी। फोरमैन ने स्वयं डिब्बा-थैला हाथों में लेकर देखा, असन्तोष के कारण उसका मुँह फीका पड़ गया। सर्चर को सबकी जेबें टटोलने का उसने आदेश दिया, उसकी जेबें भी स्वयं फोरमैन ने टटोलीं, परन्तु फोरमैन के चेहरे पर फिर निराशा छा गई। जाते-जाते उसने फोरमैन की ओर देखा। फोरमैन ने आँखें भूमि की ओर झुका ली थीं। गर्व से छाती उठाकर वह बड़े गेट की ओर चल दिया।

प्रातःकाल अन्तिम साइरन हो जाने पर गेट बन्द हो जाना चाहिए, फिर आधा घंटा उसके खोले जाने की प्रतीक्षा करनी पड़ती है, परन्तु व्यावहारिक रूप में ऐसा नहीं होता। साइरन सुनकर दूर से पैदल आनेवाले दौड़ लगाना शुरू कर देते हैं। साइकिलों के पैंडिल दुगुनी गति से चलने लगते हैं। लोग हाँफते-हाँफते-दो तीन मिनट में अन्दर पहुँच पाते हैं। पकी उम्र के बड़े-बूढ़े अन्दर आकर घड़ी भर दम लेने के बाद ही हाजिरी पर जा पाते हैं। परन्तु उस दिन वर्क्स मैनेजर ने साइरन के बाद ही गेट बन्द करवा दिया। वह गेट से बीस-तीस गज की दूरी पर ही था परन्तु वहाँ पहुँचने से पहले ही चौकीदार ने जाली खोल दी।

अभी बीस-पच्चीस आदमी और भी थे जो हाँफते हुए चले आ रहे थे। निकट आकर सभी उदास हो गए। आधा घंटा देर में आने का दंड छह-आठ आना से कम नहीं होता।

पिछली बार वेतन के दिन घर जाने पर पत्नी ने उससे पूछा था, ''कितने हैं ?''

''चौवन रुपए आठ आने।''

''अच्छा ! मैंने पूरे पचपन का हिसाब लगाया था। बबुआ की टोपी इस महीने भी रह गई।''

हाँफते हुए लोगों में से कितनों के बबुओं की टोपी इस बार भी रह जाएगी, उसने सोचा। परन्तु तभी उसने जो कुछ सुना उसे सुनकर उसे ऐसा लगा जैसे सारा दोष अकेले उसी का हो। वही झुकी कमर वाले बुजुर्ग हाँफते हुए कह रहे थे, ''घोड़े के पीछे और अफ़सर के आगे कौन समझदार जाएगा ? एक आदमी के कारण इतने लोगों का नुक़सान हो गया, ऐसे लड़ने-भिड़ने को ही जवानी बना रखी हो तो आदमी दंगल करे अखाड़े में जाए। नौकरी में तो नौकर की ही तरह रहना चाहिए।''

उसका मन हुआ कि बुजुर्ग के पास जाकर कुछ बात करे। पर न जाने क्यों वह ऐसा न कर सका।

दिन भर वह यंत्रवत् काम करता रहा। थकने के कारण शरीर चूर-चूर हो रहा था। परन्तु बैठकर सुस्ता लेने को भी उसका मन नहीं हुआ। कैंटीन में जाकर उसने चाय ली और अनुभव किया कि चाय फीकी है। पहले किसी दिन ऐसी बात होती तो वह कैंटीन मैनेजर से शिकायत करता परन्तु आज आधी चाय छोड़कर चला आया। ग्रीज़ और तेल लगा हुआ सामान उठाने के कारण हाथ गन्दगी से भर गए थे। साइरन की आवाज़ उसके कानों में पड़ी तो उसने काम बन्द किया। ऐसा लगता था कि साइरन यदि किसी कारण से न बजता तो वह उसी प्रकार यंत्रवत् काम करता रहता। जल्दी-जल्दी में उसने दोनों हाथ केरोसीन तेल में धो डाले। साबुन का डिब्बा टटोलकर देखा तो वह ख़ाली था। भूमि पर से थोड़ी मिट्टी उठाकर वह नल की ओर चल दिया। पिछले तीन-चार महीनों की नौकरी में आज वह पहली बार मिट्टी से हाथ धो रहा था। भुरभुरी मिट्टी को पानी के साथ लगाकर उसने हाथों में मला और फिर दोनों हाथ नल के नीचे लगा दिए। पानी के साथ मिट्टी की पतली परत भी बह चली। दूसरी मिट्टी लगाने से पहले उसने हाथों को सूँघा और अनुभव किया कि हाथों की गन्ध मिट चुकी है। सहसा एक विचित्र आतंक से उसका समूचा शरीर सिहर उठा। उसे लगा जैसे आज वह भी घासी की तरह इस बदबू का आदी हो गया है। उसने चाहा कि वह एक बार फिर हाथों को सूँघ ले लेकिन उसका साहस न हुआ। परन्तु फिर बड़ी मुश्किल से वह दोनों हाथों को नाक तक ले गया और इस बार उसके हर्ष की सीमा न रही। पहली बार उसे भ्रम हुआ था। हाथों में केरोसीन तेल की बदबू अब भी आ रही थी !...

प्रेत-मुक्ति

शैलेश मटियानी

आधी नदी पार कर चुके थे, कि जलांजलि छोड़ने के लिए पूर्वाभिमुख होते ही सूर्य और आँखों के मध्य धूमकेतु-सा दिखाई दे गया। पूरी आँखें खोलने पर देखा कि उत्तर की ओर जो शूद्रों का श्मशान देवगढ़ है, वहीं से धुआँ ऊपर उठ रहा है और हवा के प्रवाह की दिशा में धनुषाकार झुककर, सूर्य के समानान्तर धूमकेतु की तरह लटक गया है।

ओम् विष्णुर्विष्णुर्विष्णु...

पांडेजी के घुटने पानी के अन्दर आपस में टकरा गए और अंजलि में भरा जल ढीली पड़ी हुई अँगुलियों से रीत गया। कहीं अचेतन मन से एक आशंका तेज़ी से उठी, कि 'कहीं किसनराम ही तो नहीं मर गया है?' और पांडेजी के घुटने फिर थरथरा गए और उन्हें लगा कि उनके और सूर्य के बीच में धूमकेतु नहीं, बल्कि उनके हलिया किसनराम की आत्मा प्रेत की तरह लटकी हुई है। गले में झूलता यज्ञोपवीत, माथे में लगा हुआ श्रीखंड-तिलक और आत्मा का जातीय संस्कार बार-बार अनुभव कर रहा था कि ऊपर श्मशान से अछूत केशव की अस्थि-मज्जा को बहाकर लाती हुई सुंयाल नदी का निषिद्ध जल उनके पाँवों से टकरा रहा है। हो सकता है, ऊपर से अधजला मुर्दा ही नीचे को बहा दिया जाए और वही पाँवों से टकरा जाए, लिपट जाए।

नदी पार करके गाँव की ओर बढ़ने की जगह, पांडेजी तेज़ी से इस पार ही लौट आए। उन्हें लगा था कि आगे की ओर पानी चीर सकने की सामर्थ्य उनके घुटनों में नहीं रह गई है। धुआँ देखने से पहले भी, आधी नदी पार करने में न जाने इतने आकस्मिक रूप से क्यों किसनराम की याद आई थी कि उन्हें लगा था कि वे नदी के पाट को अपने पाँव से ठीक वैसे ही चीर रहे हैं, जैसे किसनराम हल की फाल से खेत की मिट्टी को चीरता है। अब भी बिना किसी प्रत्यक्ष कारण के ही, आख़िर क्यों उनकी कल्पना के आकाश में आशंका का यह धूमकेतु एकाएक उग आया है, कि किसनराम ही मर गया होगा और उसी का शव जलाया जा रहा होगा? हो सकता है, चिता न जल रही हो, नदी के किनारे मछली मारनेवालों ने ही आग जला रखी हो।

पांडेजी का मन हुआ कि किनारे का जल हाथ में लेकर उसे सूँघें कि उससे शवदाह की गन्ध फूट रही है या नहीं। उन्हें याद आया कि जब कभी हल जोतते-जोतते बैल थामकर, किसनराम उनके समीप आ जाता था सुर्ती माँगने को, तो उसके मैले कपड़ों से ठीक वैसी ही तीखी गन्ध फूटती लगती थी, जैसी सुर्ती की गाँठ तोड़ते हुए फैलती है। कहीं ऐसा न हो कि पानी से भी वैसी ही तीखी गन्ध फूट आए...अपनी अजीब-अजीब कल्पनाओं पर पांडेजी को हँसी आने लगी। किसनराम की बातों को लेकर जो कमज़ोरी उनके मन में है, जो द्वन्द्व उनके

अचेतन में चलता रहा है, उसके इस मृत्यु की आशंका से जुड़ जाने के कारण ही मन अपनी स्वाभाविक स्थिति खो बैठा है; ऐसा उन्हें लगा तो वह किनारे-किनारे चलने लगे। देवगढ़ लगभग एक मील दूर था वहाँ से। खुले मैदान की भुरभुरी मिट्टी में रेंगती हुई गर्भवती नागिन जैसी पहाड़न सुंयाल उल्टी दिशा को लौटती अनुभव हो रही थी। चन्द्रमा की तरह सीधी किरणों के पानी की सतह पर हवा से काँपने की स्थिति में, नदी भी अपने साथ चलती लगती है। ऐसे में हो सकता है, किसनराम का अधजला शव इसी बीच बहा दिया गया हो, तो वह भी पांडेजी के ही साथ उत्तर की ओर लौटने लगे? सामने ही एक गहरा ताल दिखाई दिया, तो लगा, कि कहीं ऐसा न हो कि शव यहाँ तक बह आया हो और मछलियाँ उसे नोंच रही हों? एक बार गहराई तक उस ताल में झाँककर पांडेजी और भी तेज़ी से चलने लगे, ताकि आशंकाओं का समाधान हो जाए, तो मन की इस विभ्रान्ति से मुक्ति मिले।

केवलानन्द पांडेजी और किसनराम की उम्र में विशेष फ़र्क़ नहीं था। शायद, दो-तीन वर्ष बड़ा हो किसनराम। मगर पांडेजी की तुलना में, किसनराम बहुत जल्दी ही बूढ़ा दिखने लग गया था। पचपनवाँ वर्ष पार करते हुए भी पांडेजी के गौर-प्रशस्त ललाट में श्रीखंड का तिलक रेखाओं में नहीं डूबता था, मगर किसनराम की कमर झुक गई थी। केवल पांडे ने बचपन से ही किसनराम को देखा था। किसनराम के पिता की तीन पत्नियाँ थीं और बहुत बड़ा परिवार था। खाने-पहनने को पूरा पड़ता नहीं था, मगर परिश्रम का बोझ दिन-रात कन्धों पर लदा रहता था। पांडेजी को याद नहीं पड़ता कि कभी उन्होंने किसनराम में किशोरावस्था की चंचलता या जवानी के उद्दाम आवेग को उसके चेहरे या उसकी आँखों से फूटता हुआ देखा हो। जब भी देखा, हल या हथौड़े-हँसिये की मूठ थामे काम में जुटा हुआ देखा।

किशोरावस्था गाँव में गुज़ारकर, मिडिल पास करके, पांडेजी पहले मामा के यहाँ नैनीताल और फिर वहाँ से अपनी वाग्दत्ता के पिता के पास जाकर बनारस पढ़ने चले गए थे। नैनीताल से हाईस्कूल, बनारस से शास्त्री करके, पांडेजी फिर घर ही लौट आए थे। छोटे भाई सब पढ़ रहे थे और पिताजी अत्यन्त वृद्ध हो चुके थे। यजमानी बहुत बड़ी थी, उसे सँभालना आर्थिक और नैतिक दोनों दृष्टियों से आवश्यक था।

घर लौटने पर पांडेजी को पता चला था किसनराम से ही कि इस बीच उसकी माँ मर गई थी और वह भी अपने मामा के यहाँ चला गया था। मामा लोहार था, मगर किसनराम सिर्फ़ किसानी या ओढ़गिरी जानता था और गरम लोहा पीटते में अपने दाएँ हाथ की अँगुलियाँ पिटवा बैठा था। हाथ बेकार हो गया था, तो मामा ने भी दुरा दिया था और वहाँ से पत्नी को लिये-लिये ससुराल चला गया था, तो ससुर-सालों ने भी उसकी घरवाली को तो रोक लिया और उसे विदा कर दिया।

दाएँ हाथ की तीन अँगुलियाँ गिर गई थीं, शेष दो से सोटा और बाएँ हाथ से हल की मूठ पकड़कर बैलों को ऊँची हाँक लगाते हुए किसनराम की आवाज़ पांडेजी ने गाँव की सीमा में पहुँचते ही सुनी थी और जब रास्ते में ही किसनराम के पास रुककर उसका दुःख-सुख पूछ लिया था, तो लगा था, जैसे किसनराम अपनी सारी गाथा उन्हीं की प्रतीक्षा में अपनी छाती में दबाए हुए था। क्योंकि जिस तरह धीरे-धीरे उसकी आँखें भरती चली आई थीं, उससे लगता था कि बहुत गहरे दबाई हुई व्यथा ऊपर उठ रही है—जैसे बाँध-बाँधकर ऊपर की ओर उठाया हुआ पानी धीरे-धीरे आगे बढ़ता है। किसनराम को रोते हुए देखने का यह पहला अवसर था,

अन्यथा उसकी खुश्क आँखों में एक दीन मुसकराहट ही उन्होंने सदैव देखी थी और कठोर परिश्रम के कारण पसीने से लथपथ उसकी देह देखने से ही यह अनुभूति हो पाती थी कि उसके सारे आँसू यों ही शरीर के जोड़-जोड़ से नितर जाते हैं...और पांडेजी को तब भी विचित्र-सी कल्पना हो आती थी, कि किसनराम अभिशप्त इन्द्र है, और उसकी सारी देह में आँखें-ही-आँखें फूट आई हैं। पसीना भी वह कुछ इतने जतन से पोंछता था, कि लगता था, गालों पर से नितरते हुए आँसू पोंछ रहा है। और एकटक उसकी ओर देखते रहने पर मुँह में खारा-खारा स्वाद उभड़ने लगता था।

लेकिन तब तक सुर्ती की गाँठ तोड़ने की जैसी तीखी गन्ध उसके कपड़ों से नहीं आती थी। बनारस से लौट आने के बाद, केवल पांडेजी ने देखा था, कि उम्र में बड़ा होने पर भी उनके गौर-बलिष्ठ और खुले हुए शरीर की तुलना में किसनराम ऐसा लगता था, जैसे इतने वर्षों के बीच प्रकृति ने उस लोहे को गरम करके, उसके दुर्भाग्य की चोटों से पीट-पीटकर थोड़ा-बहुत फैला दिया है, बस। पांडेजी को बार-बार वह अनोखा दृश्य याद आता था, जब चौदह वर्ष की उम्र में ही शादी हो जाने के बाद, किसनराम दुरगुन के लिए अपनी पत्नी को उसके मायके ले जा रहा था और वह मिडिल स्कूल से लौट रहे थे। छोटी-सी, ठिगनी-साँवली लड़की बीड़ी पीते हुए उसके पीछे-पीछे चली जा रही थी और जब किसनराम ने 'महाराज' कहकर पांडेजी को प्रणाम किया था तो उसने जल्दी में बीड़ी को अपनी हथेली में ही घिस लिया था और फिर रो पड़ी थी।

पांडेजी को हँसी आ गई थी। किसनराम भी हँस पड़ा था, "गुसाईं, हमारी कौम में तो सारे करम-कांड बचपन में ही सीख लेती हैं छोरियाँ।" और आख़िर शरमाते-शरमाते पूछने लगा था, कि शास्तरों के अनुसार किस उम्र तक आपस में प्यार करना निषिद्ध है।

'शास्तर' का उच्चारण करने में किसनराम का कंठ कुछ थरथरा गया था। पांडेजी बचपन से ही तीव्र बुद्धि के थे, समझ गए कि किन्हीं सयानों की बात को गाँठ बाँधे हुए है। किसनराम के भोले-निश्छल स्वभाव के प्रति उन्हें शुरू से ही आत्मीयता-सी थी और यह कहते-कहते, उस दिन उन्होंने भी किसनराम की घरवाली को देख लिया था कि, "अरे, यार किसनराम! अभी तो ख़ुद मैंने ही कोई शास्त्र नहीं पढ़ा है। पिताजी काशी भेजने वाले हैं, संस्कृत पढ़ने। दस-बारह वर्ष लौटने पर तुझे बताऊँगा कि शास्त्रों में क्या लिखा है।"

कई वर्षों के बाद एक बार छुट्टियों में घर लौटे थे कुछ दिनों को, तो उन्होंने किसनराम से पूछा था कि, "किसन, कोई, सन्तान हुई या नहीं?" और किसनराम के उत्तर से उन्हें लगा था कि जैसे वह उसी दिन की प्रतीक्षा में है अभी, जबकि पांडेजी उसे शास्त्रों में लिखा उत्तर बताएँगे।

काशी से शास्त्री करके लौट आने के बाद भी, उनका मन वही प्रश्न पूछने को हो रहा था कि किसनराम की दुःखान्त गाथा से मन भर आया था...और उन्होंने अनुभव किया था, कि इस बार अधजले प्यार को अपनी हथेली में घिस लेने की जगह, किसनराम की घरवाली ने उसके कलेजे के साथ घिसकर उसे बुझा दिया था...और उन्हें लगा था कि किसनराम के प्रति उनकी इस संवेदनशील कल्पना पर उसकी घरवाली उस दिन की तरह रो नहीं रही, बल्कि खिलखिला रही है।

बचपन बीतते-बीतते ही शादी हो गई थी और जवान होते-होते सम्बन्ध टूट गया था। उन दिनों किसनराम अकेला ही रहता था। उसके पिता के मना करने के बावजूद, पांडेजी के पिताजी ने किसनराम को ही अपना हलिया रख लिया था। हलिया रख लेने के बाद ख़ुद उन्होंने

तथा पांडेजी की माँ ने किसनराम से कहा था कि, ''किसनराम, पहली तो डाल पर बैठी हुई जैसी फुर्र उड़ गई, अब तू क्यों उसके लिए जोग धारण कर रहा है? अरे, तू ब्याह कर लेता तो हमारी खेती भी कुछ और ज़्यादा सँभलती। बिना जोड़ी का बैल तक नहीं खिलता, रे! तू तो हलिया है। नहीं करता दूसरा ब्याह, तो पहली को ही लौटा ला।''

किसनराम जानता था, कि एक तो बिन घरवाली का हलिया वैसे ही पूरा श्रम नहीं कर पाता गुसाईंयों के खेत में, उस पर उसका दायाँ हाथ पूरा नहीं लगता है। उसने एक दिन हाथ जोड़कर अपनी अनुपयोगिता को स्वीकार लिया था और अपने सौतेले भाइयों में से किसी को रख लेने को कह दिया था, ''बौराणज्यू, मैं अभागा तो हाथ से झड़ी लोथ ही नहीं लौटा पाया, कलेजे से झड़ी हुई लोथ कैसे लौटा पाऊँगा?''

और उन दिनों गाँव-भर में यह बात फैल गई थी कि सयानी औरत का माँ का मन भी कैसा कोमल होता है। ख़ुद कुसुमावती बहूरानीजी ने ही अपने हाथों से किसनराम के आँसू पोंछ दिए थे। केवल पांडेजी के पूछने पर ही कुसुमावती बहूरानीजी की आँखें फिर गीली हो आई थीं। बोली थीं, ''हिया-हिया सभी का तो एक होता है, केवल! मैंने आँसू पोंछे, तो मेरे पाँव के पास की मिट्टी उठाकर कपाल से लगाते हुए बोला, 'बौराणज्यू, पारसमणि ने लोहे का तसला छू दिया है, मेरे जनम-जनम के पापों का तारण हो गया है।' शूद्र कुल में जनमा है, मगर बड़ा मोह, बड़ा वैराग्य है किसनिया छोरे में।''

पांडेजी भी अनुभव कर रहे थे, कि कहीं पहली पत्नी के प्रति किसनराम में बहुत बड़ा मोह था और इसलिए इतना गहरा विराग भी है।

मगर उन दिनों हफ्ते-हफ्ते किसनराम अपने कपड़े भी धो लेता था। भोजन भी नित्य समय पर कर लेता था। खेतों में काम होता तो पांडेजी के घर से ही रोटियाँ जाती थीं और विनम्रतापूर्वक किसनराम केवल पांडेजी की पत्नी से कह देता था कि, ''बौराणज्यू, रोटियाँ मुझे टैम से ही देना।''

एक दिन, खेत जोतने से निबटकर, किसनराम सुंयाल के किनारे कपड़े धो रहा था। लँगोटी पहनकर, शेष कपड़े सूखने डाल रखे थे। यजमानी से लौटते हुए पांडेजी आए थे, तो उनके नदी पार करते समय पानी से अलग हट गया था कि उसके पाँवों का छुआ जल उन्हें न लगे। पांडेजी ने यजमानी से मिली हुई मिठाई में से कुछ मिठाई उसे दी थी और कहा था, ''किसन, अच्छा नहीं किया भवानी ने। नहीं तो, तुझे अपने हाथों से खाना पकाने और कपड़ा धोने से मुक्ति मिलती।''

किसनराम के हाथ जुड़ आए थे और होंठों पर हल्की-सी हँसी, ''महाराज, जिस दिन बड़ी बौराणज्यू की सोने की छड़ी जैसी अँगुलियों की ममता पा ली मेरी आँखों ने, उस दिन से कलेजे की जलन से कुछ मुक्ति मिल गई है, इतना ही बहुत है।''

और यों ही वर्षों बीत गए थे। धीरे-धीरे किसनराम की कमर भी झुकने लगी थी, मगर उसने हल नहीं छोड़ा था। और जब तक वह हल नहीं छोड़े, तब तक हलिया न बदला जाए, केवल पांडे इसका निर्णय कर चुके थे। ज़रूरत पड़ने प· रोज़ाना मज़दूरी देकर खेत जुतवा लिए जाते थे, मगर किसनराम को कोई नहीं टोकता था। केवल पांडेजी की पत्नी चन्द्रा बहूरानी भी अपनी सास की-सी ही सहानुभूति उसके प्रति रखती थीं और, कभी-कभी, किसनराम कह देता था कि बड़ी बहूरानीजी की तो देह-ही-देह गई है, आत्मा तो छोटी बहूरानीजी में समा गई है...और ऐसा कहने के बाद, बहुधा, वह पांडेजी से आत्मा के सम्बन्ध में तरह-तरह के प्रश्न पूछने लगता था कि, ''महाराज, शास्तरों में तो आत्मा-परमात्मा के ही मन्तर लिखे हुए रहते हैं न? आपके चरणों का सेवक ठहरा, दो-चार मन्तर मेरे अपवित्तर कानों में भी पड़ जाएँ,

तो मेरी आत्मा का मैल भी छँट जाए। क्या करूँ, गुसाईं! घास खाने वाले पशु बैल नहीं हुए, अनाज खाने वाला किसनराम ही हो गया...महाराज, मरने के बाद आत्मा कहीं परलोक को चली जाती है या इसी लोक में भटकती रह जाती है?''

चौरासी लाख योनियों से भी इतर एक योनि और प्रेतात्मा-योनि होती है, यह जानने के बाद से किसनराम और भी अधिक जिज्ञासु हो गया था कि आत्मा की इच्छा न होने पर भी क्या देह-मात्र की इच्छा से भी प्रेत-योनि मिल सकती है?

जब यजमानी में नहीं जाना होता था, तो पांडेजी खेतों में चले जाते थे। उन्हें इस बात का बोध भी था कि जब चन्द्रा बहूरानी खेतों में होती हैं, तो किसनराम एकदम दत्तचित्त होकर, काम करता रहता है। मगर जब पांडेजी ख़ुद होते हैं, तो बार-बार सुर्ती माँगने के बहाने उनसे तरह-तरह की बातें पूछने लगता है। फिर भी, पांडेजी किसनराम के प्रति कठोर नहीं हो पाते थे। जैसी बहकी-बहकी बातें वह इन दिनों करता था, उससे लगता था कि किसनराम की चेतनाएँ बहुत जल्दी-जल्दी अन्तर्मुखी होती जा रही हैं। उसकी खुश्क आँखें इतनी धँस गई थीं अन्दर कि मरने के बाद तालाब में डूबी हुई मछली-जैसी कोई चीज़ उनमें चमकती लगती थी और पांडेजी को लगने लगा था कि यह उसकी मृत्यु का पूर्वाभास है।

औरत-सन्तानहीन लोगों की इस लोक से मुक्ति नहीं हो पाती है और वे रात-रातभर मशालें हाथ में लिये, अपने लिए पत्नी और सन्तति खोजने की तृष्णा लिये, कायाहीन प्रेत-रूप में भटकते रहते हैं—ऐसा कभी पांडेजी ने ही उसे बताया था। साथ ही यह भी बताया था कि उच्च जाति के लोग जो प्रेत-योनि में ज़्यादा नहीं जाते हैं, औरत-सन्तति से वंचित रहने पर भी, उसका कारण यह है कि उनकी सद्‌गति शास्त्रोक्त-पद्धति से हो जाती है। और, यह सब-कुछ जानने के बाद से, किसनराम निरन्तर उनसे तरह-तरह के प्रश्न पूछता रहता था।

अभी कुछ ही दिन पहले उसने फिर पूछा था कि ख़ुद प्रेत-योनि से भटका जाए या कि जिस पर तृष्णा रह गई हो, उस पर प्रेत-रूप में छाया जाए, तो इससे मुक्ति का उपाय क्या है?

बहुत गहराई से पूछने पर, किसनराम कुछ खुला था, ''महाराज, आप तो मेरे इष्ट देवता-सरीखे ठहरे, आपसे क्या छिपाना। इधर शरीर बहुत कमज़ोर हो चला है। समय से खा नहीं पाता हूँ। वात-पित्त बढ़ गया है, ठीक से आँख नहीं लग पाती और नहाने-कपड़े धोने की शक्ति अब रही नहीं, गुसाईंज्यू!...और जब-जब भूख से पेट जलता है, जब-जब खाँसी और चड़क से देह फूटने को हो आती है और इधर-उधर झाँकने पर सिर्फ़ अपनी ही दुर्गन्ध, अपनी ही प्रेत जैसी छाया घेरने लगती है, तो पापी चित्त बस में नहीं रहता, गुसाईंज्यू! जिसे जवानी के दिनों में कभी गाली नहीं दी, उसे अब मरते समय न जाने कैसी-कैसी भयंकर और पलीत गालियाँ बकने लग जाता हूँ। आत्मा फाँसी के फन्दे पर लटकी हुई धिक्कारती रहती है कि किसनराम, अब मसानधार की तरफ़ जाते हुए अपनी घरवाली को राँड-पातर मत कह, रे कसाई!...मगर ये दो ठूँठ अँगुलियाँ चरस-भरी हुई बीड़ी-जैसी सुलगती हुई मेरे कपाल को दाग़ती रहती हैं कि अरे, पातरा, तूने जो मेरा कलेजा ही नहीं निकाल लिया होता, तो आज इस वृद्धावस्था में तू नहीं, तो कोई और तो होती...''

''किसनराम, भवानी को तू भूला नहीं है, रे! जैसी दगा वह कर गई तेरे साथ, किसी और के साथ करती, तो वह थू-थू थूकता और दूसरी ले आता। मगर तेरा मोह तो घटा ही नहीं उससे।''

''गुसाईंज्यू, डाल-पात टूटा वृक्ष तो फिर से पंगुर जाता है, मगर जड़ से उखड़ा हुआ वृक्ष क्या करे? जब तक हाथ-पाँव चलते रहे, टैम से पेट की आग बुझाना, टैम से मैले कपड़े धोना

इसीलिए करता रहा, कि नहीं कर पाऊँगा, तो भौनी छोरी के लिए गाली निकलेगी मुँह से। महाराज, आपने तो उसे पुरपुतली की तरह मेरे आगे-पीछे उड़ता हुआ देखा ही था? उस छोटी-सी छोरी को गँवा देने के बाद सयानी औरत ले आता, तो मुझे लगता, कि मेरे आगे-पीछे चील झपट्टे मार रही है...महाराज, आप भी कह रहे होंगे कि इस किसनुवा डोम की मति वृद्धावस्था में चौपट हो गई है...मगर मैंने उस पुरपुतली का सुख कभी नहीं खोना चाहा, गुसाईंज्यू!''

पांडेजी को लगा था, कि धँसती हुई आँखों में जो तालाब में डूबी हुई मछली-जैसी चमकती है, वह ख़ुद तब का किसनराम ही अपनी भावुकता की गहराई में डूबा हुआ है, जब वह बीड़ी का जलता ठूँठ हथेली में घिस लेनेवाली भवानी को साथ लेकर, शास्त्रों की व्यवस्था पूछता फिरता था।

''महाराज, आजकल जो तड़प रहा हूँ, तो इसीलिए, कि म्लेच्छ योनि का पहले ही ठहरा, ऊपर से यह संसारी कुटिल चित्त की हाय-हाय है। गरुड़-पुराण सुनने को तो पहले ही हक नहीं ठहरा, फिर सुनाए भी कौन? कभी-कभी जंगल में आँखें बन्द करके लेट जाता हूँ, गुसाईंज्यू, कि कोई आकाश में उड़ता गरुड़ पक्षी ही मुझे मुर्दा समझकर, मेरे माथे पर बैठकर टिटकारी छोड़ जाए...महाराज, अपने तारण-तरण की उतनी चिन्ता नहीं है...मगर आत्मा इसी पाप से डरती है, कि कहीं प्रेत-योनि में गया, तो उस भौनी-छोरी को न लग जाऊँ? हमारी सौतेली महतारी में हमारे बाप का प्रेत आने लगा है, महाराज! और उसे उसके लड़के गरम चिमटों से दाग़ देते हैं...कहीं उसके लड़के भी उसे ऐसे ही न दाग़ें, महाराज! ...जिसे जीते-जी अपना सारा हक-हुकम होते हुए भी एक कठोर वचन तक नहीं कह सका, कि जाने दे, रे किसनराम, पुतली-जैसी उड़ती छोरी है, जहाँ उसकी मर्ज़ी आए, वहीं बैठने दे...उसे ही मरने के बाद दाग़ते कैसे देख सकूँगा? ...अच्छा, गुसाईंज्यू, अगर कोई आदमी जीते-जी अपनी आँखें निकालकर किसी गरुड़ पक्षी को दान कर दे, तो वह प्रेत-योनि में भी अन्धा ही रहता है, या नहीं?''

पांडेजी अनुभव कर रहे थे कि ज्यों-ज्यों किसनराम मृत्यु की ओर बढ़ रहा है, त्यों-त्यों भवानी एक बच्ची की तरह, रंग-बिरंगी तितली की तरह, उसके अन्दर-ही-अन्दर उड़ती हुई, उसे भी एक ऐसे बचपने की ओर ले जा रही है, जहाँ मन के बावलेपन को थामने की क्षमता न देह में रह गई है, न बुद्धि में। वह डरने लगे थे कि कभी अपनी अन्ध-भावुकता में कहीं सचमुच न किसनराम अपनी आँखें निकाल बैठे। उसकी धँसी हुई आँखों में झाँकने पर उनको ही ऐसा लगता था कि किसनराम ने मछली पकड़ने के जाल को ऊपर से मूठ बाँधकर, नीचे की गहराइयों में फैला दिया है और बार-बार उसकी आन्तरिक वेदनाएँ उस जाल में फँसकर छटपटाती हैं और वह बार-बार उसे अन्दर की ओर समेटने की कोशिश करता है—और तब उसकी आँखों की झुर्रियाँ ऐसे आपस में सिमट आती हैं कि लगता है, जाल की बँधी हुई मूठ एकदम कस दी गई हैं और डोरियों में भीगा हुआ पानी निचुड़ आया है। ऐसी आँखों को अपनी ही देह पर सहना कितना कठिन होता है, जिन्हें दूसरे तक न सह सकें। उस निरे अशिक्षित और अबोध किसनराम की आँखों की गहराई में जो चमक दिखाई देती थी, पानी के तल में मरी हुई मछली के चमकने की तरह, उसे देखते में पांडेजी को यक्ष-युधिष्ठिर-प्रसंग याद आ जाता था और उन्हें लगता था कि बिना अपनी प्रश्नाकुल आँखों के लिए तृप्ति पाए, यह किसनराम उन्हें छोड़ेगा नहीं। सो, उन्होंने किसनराम से यह कहना शुरू कर दिया था कि शास्त्रों में यह भी तो लिखा हुआ है, कि जो व्यक्ति आत्मिक-रूप से प्रायश्चित्त कर लेता है, वह अपनी मरणोत्तर स्थिति में स्वर्गवासी हो जाता है। किसनराम के प्रश्न पूछते ही, अब पांडेजी कह देते

थे, कि, "किसनराम, तू तो एकदम निश्छल-निर्वैर आत्मा वाला है। तुझ-जैसे सात्त्विक लोग प्रेत-योनि में नहीं जा सकते।" मगर इससे किसनराम के प्रश्न ही घटे थे, उसकी बेचैनी, उसका दुख नहीं घटा था। पहले अपनी जिस बेचैनी को वह प्रश्नों में बाँट देता था, अब वह और ज़्यादा भरती जा रही थी, उसकी आँखों में...और पांडेजी को लगता था कि किसनराम की यह तालाब में सिमटते हुए पानी-जैसी बेचैनी यदि नहीं घटी, तो उसकी आँखों की गहराइयों में डूबी हुई अपनी ही अर्थी के बाँस के सहारे टिके हुए शव-जैसी उसकी आहत आत्मा एकदम ऊपर ही उतर आएगी...और आँखों के रास्ते जिनके प्राण निकलते हैं, उनका चेहरा कितना डरावना हो जाता है...

सुंयाल के किनारे चलते-चलते पांडेजी को ऐसा लग रहा था, जैसे कोई उनकी पीठ पर लदी उस पोटली को नीचे धरती की ओर खींच रहा है, जिसमें यजमानी से मिली हुई सामग्री है। दूर के गाँव में, एक वृद्ध यजमान की मृत्यु हो गई थी और तेरहवीं कराकर पांडेजी लौट रहे थे। पोटली में जौ-तिल भी थे और एक जोड़ी बर्तन भी थे। बाक़ी बर्तन तो गति-किरिया के दिनों ले चुके थे, आज सिर्फ़ एक लोटा था, एक कटोरा, एक चम्मच और एक थाली।

किसनराम के मरने पर, हो सकता है, उसके सौतेले भाई उसके थोड़े-से जो बर्तन थे, उन्हें समेट ले गए हों और, सम्भव है, अपनी हीन नीयत के कारण, किसनराम के नाम पर कोई बर्तन न लगाएँ? पांडेजी को याद आया कि चन्द्रा बहूरानी जो पानी का लोटा लाती थीं, उसे किसनराम छूता नहीं था। बहूरानी लोटे से पानी छोड़ती थीं, और वह दाईं हथेली होंठों से लगाकर, पीता था...सोचते-सोचते, पांडेजी को लगा, जैसे किसनराम ही उनकी पीठ के पीछे-पीछे चलता हुआ, लोटे को अपने होंठों की ओर झुका रहा है। पांडेजी के पाँव एकदम भारी-भारी हो आए, उन्हें याद आया कि यजमान के मरने से पहले उन्होंने किसनराम को आश्वासन दे दिया था कि उसके मरने पर वह ख़ुद उसका तर्पण कर देंगे...और तब किसनराम आश्वस्त हो गया था कि "महाराज, आपके हाथ की तिलांजलि से तो मुझ अभागे के समस्त पापों का तारण हो जाएगा! मगर कहीं ऐसा तो नहीं, गुसाईंज्यू, कि आप-जैसे पवित्तर ब्राह्मण देवता से तर्पण कराने का मुझे कोई दंड भुगतना पड़े?"

पांडेजी भी जानते थे कि किसनराम का तर्पण उनके लिए शास्त्र-विरुद्ध और निषिद्ध है, मगर उसे आश्वस्त करने का एकमात्र उपाय ही यही रह गया था, सो उन्होंने कह दिया था कि जाति तो सिर्फ़ मिट्टी की होती है। मिट्टी छूट जाने के बाद, सिर्फ़ आत्मा रह जाती है और आत्मा कोई अछूत नहीं होती। मगर इस समय बड़ी द्विविधा हो आई, कि कहीं किसनराम सचमुच मर गया होगा, तो क्या वह अपना वचन पूरा कर सकेंगे? मन-ही-मन पांडेजी प्रार्थना करते जा रहे थे कि किसनराम न मरा हो। गाँव में उन दिनों सिर्फ़ दो के ही मरने की आशंका ज़्यादा थी, एक किसनराम और दूसरी उसकी सौतेली माँ। पांडेजी की भावना थी कि वही मरी होती, तो अच्छा था।

श्मशान तक पहुँचे, तो वहाँ सिर्फ़ बुझती हुई चिता शेष रह गई थी। मुर्दा फूँकने वाले जा चुके थे। पांडेजी अपने बाहरी आचार-संस्कार में शूद्रों को जितना अछूत समझते थे, आत्मिक-संस्कार में नहीं। पिता और माँ से उन्होंने उदार संवेदना और मानवीयता पाई थी। मगर अपनी परम्परागत सामाजिक व्यवस्था में जितना उन्हें बाहरी आचार-व्यवहार को जीना

पड़ता था, उतना अपने आत्मिक-संस्कार को नहीं, सो, आत्मा से घृणालु न होते हुए भी, एक वितृष्णा-सी उन्हें हो आई। किसनराम के सम्बन्ध में जिज्ञासा और बढ़ गई थी, मगर दूर से पूछ लेने की जो सुविधा समझी थी, वह भी नहीं रही थी। जानना चाहते थे कि किसनराम था, उसकी सौतेली माँ थी या आकस्मिक-रूप से मरा हुआ कोई और—मगर दूर से देखने पर चिता में शव भी जलता दिखाई नहीं दे रहा था। सम्भव है, अच्छी तरह से पूर्णदाह कर दिया हो। सम्भव है, अधजला शव बहा दिया हो।

वितृष्णा और निषेध के बावजूद, पांडेजी थोड़ा और आगे बढ़ गए। अजीब मन:स्थिति उनकी हो गई थी। यह आशंका पीछे लौटा लेना चाहती थी कि कहीं दूर खेतों में काम करता या इस ओर आता हुआ कोई यों श्मशान टटोलते देखेगा उन्हें, तो न जाने क्या समझे, कि एक अछूत के शवदाह के बाद वह वहाँ क्या खोज रहे हैं? मगर उनकी जिज्ञासा आँखों को चारों ओर घुमा देती थी, कहीं कोई ऐसा अवशेष ही दिख जाए—किसनराम की सौतेली माँ का घाघरा-पिछौरा ही दिख जाए, जिससे शंका टले...और तभी, पाँवों के एकदम समीप, कोई कपड़ा उनके पाँव से लग गया और पांडेजी चौंककर पीछे हट गए। देखा, किसनराम की काली दोपलिया टोपी थी, जिसे चन्द्रा बहूरानी से रोटियाँ लेते में वह लोहे के तसले की तरह आगे फैला देता था।

"किसनराम!...ओम् विष्णुर!" पांडेजी को लगा, तसले की तरह फैली हुई उस टोपी के पास ही किसनराम भी है और याचना-भरी आँखों से उन्हें घूर रहा है।

"महाराज!"

"हे राम!" व्यथा से पांडेजी की आँखें गीली हो आईं। आशंका के प्रमाण सिद्ध हो जाने से पाँव अपने-आप एकदम हलके हो आए और पांडेजी पीछे लौट आए। गाँव की ओर जानेवाली सड़क पकड़ने के लिए, थोड़ी दूर और सुंयाल के किनारे-किनारे ही चलना था। मगर श्मशान भूमि से ज़रा ऊपर पहुँचते ही, फिर पाँव भारी पड़ने लगे। लगा, किसनराम पीछे छूट गया है और टोपी फैलाए हुए...आख़िर क्या माँगना चाहता रहा होगा किसनराम अपने अन्तिम क्षणों में? सिर्फ़ यही तो कि उसकी प्रेत-मुक्ति हो जाए? शायद, मरते समय किसी से कह भी गया हो कि उन्हें इस बात की याद दिला दी जाए कि उन्होंने उसका तर्पण करने का आश्वासन दे रखा था!

अन्तिम दिनों में अपनी मुक्ति की जो आश्वस्ति किसनराम की आँखों में आ गई थी, कहीं ऐसा न हो कि उसकी मरणोत्तर आत्मा यही खोजती फिर रही हो कि पांडेजी उसका तर्पण करते भी हैं या नहीं?

पांडेजी अनुभव कर रहे थे कि किसनराम उनको पीछे लौटा लेना चाहता है और उससे मुक्ति का एकमात्र उपाय यही है कि उसका तर्पण कर दिया जाए। अपने मन की तमाम द्विविधाओं से मुक्ति का यही मार्ग शेष था, मगर जाति-बिरादरी के लोगों की जानकारी में तो कुछ भी करना सम्भव नहीं। यहाँ इस सुंयाल-घाटी के एकान्त में तो सिर्फ़ वही ईश्वर साक्षी रहेगा, जिसके लिए मनुष्य-मनुष्य सब एक हैं...मगर एकदम श्मशान के समीप ही तर्पण करने से कोई आता-जाता प्रश्नवाचक आँखों से घूरने लगेगा। और कोई कहीं यह अफ़वाह ही न फैलावे कि पैसे के लोभी ब्राह्मण अब चोरी-चोरी से शूद्रों का पौरोहित्य भी निभाने लग गए हैं!

थोड़ी ही ऊपर, एक पतली धारा सुंयाल से मिल रही थी। पांडेजी आगे बढ़े और संगम के पास एक ऊँची शिला पर पोटली रख दी। पोटली खोलने में लोटा लुढ़क पड़ा। पांडेजी का मन भर आया। जल भरकर, लोटा उन्होंने नदी-किनारे की मिट्टी में वेदी-जैसी बनाकर, रख

दिया। ज़िन्दगी-भर तो यजमानों की हथेली से दान ही ग्रहण किया है। आज थोड़ा-सा दान अपने सेवक के नाम पर स्वयं भी क्यों न कर लें? मन के उदार होते-होते पांडेजी यह भी भूल गए कि वह एक शूद्र का तर्पण कर रहे हैं। थाली-गिलास और कटोरा भी उन्होंने निकाल लिया। थाली में जौ-तिल डाल लिए। थोड़ा-सा कुश भी बीन लाए। और सारी सामग्री ठीक कर लेने के बाद, पहली तिलांजलि देने के लिए 'किसनराम प्रेम प्रेतार्थ' कहते-कहते उनका मन हो आया कि श्मशान के पास पड़ी हुई किसनराम की टोपी उठा लाएँ और उसी में जौ-तिल छोड़ दें...

किसनराम का तर्पण करके, गाँव के एकदम समीप पहुँच जाने पर पांडेजी को याद आया कि कल ही उन्हें अपने पिताजी का श्राद्ध भी तो करना है? ...और पहले एक शूद्र का तर्पण करने के बाद फिर अपने धर्मप्राण और शास्त्रजीवी पिता का श्राद्ध! पांडेजी ने अपने हाथों की ओर देखा। लगा, हाथ अशुद्ध हो गए हैं। उद्विग्न होकर, अपने मुँह पर अँगुलियाँ फिराईं, तो सुर्ती तोड़ने की जैसी तीखी गन्ध अनुभव हुई।

पांडेजी सोच रहे थे कि यों चोरी-चोरी शूद्र का तर्पण करने के बाद, बिना घर वालों से कुछ सुने उन्हें पिताश्री का श्राद्ध कदापि नहीं करना चाहिए। स्वर्गस्थ पितर के प्रति यह छल अनिष्टकर ही होगा। पांडेजी जानते थे कि अछूतों के प्रति तमाम मानवीय उदारताओं के बावजूद, जातीय-संस्कार की एकान्त निष्ठा और कट्टरता उनके पिता में थी। जिसने जीवन भर शास्त्र-विरुद्ध कोई कर्म नहीं किया, उसी का श्राद्ध अशुद्ध हाथों से कैसे किया जा सकता है?

गाँव समीप आता जा रहा था, मगर पांडेजी एकदम थक गए थे। उन्हें भय लग रहा था कि शुद्ध मन से श्राद्ध करने के लिए उन्हें सत्य बोलना ही पड़ेगा, फिर चाहे घर वालों और बिरादरी में कैसी ही अप्रिय प्रतिक्रिया क्यों न हो। उन्हें लग रहा था कि किसनराम की प्रेत-मुक्ति हो गई है, लेकिन उसके पश्चाताप का प्रेत उनसे चिपट गया है। किसनराम की याद आने पर माथे का पसीना पोंछते हुए, उन्होंने पुन श्मशान की दिशा की ओर आँखें उठाईं, तो इस बार उन्हें लगा कि अस्ताचलगामी सूर्य और उनके बीच में इस समय उनका अपना ही प्रेत लटका हुआ है। और सौतेली माँ को फूँककर, धीरे-धीरे लौटता हुआ, किसनराम दूसरे रास्ते से आता हुआ पांडेजी को देखकर रुक गया और 'महाराज' कहते हुए, दंडवत में झुका, तो आँखों पर से हाथ हटाते ही पांडेजी को किसनराम का नंगा सिर दिखाई दिया। बीच सिर में, जहाँ पर बाल नहीं रह गए थे, पसीने की बूँदें ठीक ऐसे ही चमक रही थीं, जैसे जौ-तिल थाली में पानी की बूँदें बिखरी हुई हों...और 'जीऽऽ ताऽऽ रह' कहने को हाथ ऊपर उठाते हुए, पांडेजी को ऐसा लगा, जैसे आसमान में लटके हुए किसी प्रेत को नीचे गिरा रहे हों।

भोलाराम का जीव

हरिशंकर परसाई

ऐसा कभी नहीं हुआ था...

धर्मराज लाखों वर्षों से असंख्य आदमियों को कर्म और सिफ़ारिश के आधार पर स्वर्ग या नरक में निवास-स्थान 'अलॉट' करते आ रहे थे। पर ऐसा कभी नहीं हुआ था।

सामने बैठे चित्रगुप्त बार-बार चश्मा पोंछ, बार-बार थूक से पन्ने पलट, रजिस्टर पर रजिस्टर देख रहे थे। ग़लती पकड़ में ही नहीं आ रही थी। आख़िर उन्होंने खोजकर रजिस्टर इतने ज़ोर से बन्द किया कि मक्खी चपेट में आ गई। उसे निकालते हुए वे बोले, "महाराज, रिकार्ड सब ठीक है। भोलाराम के जीव ने पाँच दिन पहले देह त्यागी और यमदूत के साथ इस लोक के लिए रवाना भी हुआ, पर यहाँ अभी तक नहीं पहुँचा।"

धर्मराज ने पूछा, "और वह दूत कहाँ है?"

"महाराज, वह भी लापता है।"

इसी समय द्वार खुले और एक यमदूत बड़ा बदहवास वहाँ आया। उसका मौलिक कुरूप चेहरा परिश्रम, परेशानी और भय के कारण और भी विकृत हो गया था। उसे देखते ही चित्रगुप्त चिल्ला उठे, "अरे, तू कहाँ रहा इतने दिन? भोलाराम का जीव कहाँ है?"

यमदूत हाथ जोड़कर बोला, "दयानिधान, मैं कैसे बतलाऊँ कि क्या हो गया। आज तक मैंने धोखा नहीं खाया था, पर भोलाराम का जीव मुझे चकमा दे गया। पाँच दिन पहले जब जीव ने भोलाराम की देह को त्यागा, तब मैंने उसे पकड़ा और इस लोक की यात्रा आरम्भ की। नगर के बाहर ज्योंही मैं उसे लेकर एक तीव्र वायु-तरंग पर सवार हुआ त्योंही वह मेरे चंगुल से छूटकर न जाने कहाँ ग़ायब हो गया। इन पाँच दिनों में मैंने सारा ब्रह्मांड छान डाला, पर उसका कहीं पता नहीं चला।"

धर्मराज क्रोध से बोले, "मूर्ख! जीवों को लाते-लाते बूढ़ा हो गया, फिर भी एक मामूली बूढ़े आदमी के जीव ने तुझे चकमा दे दिया।"

दूत ने सिर झुकाकर कहा, "महाराज, मेरी सावधानी में बिल्कुल कसर नहीं थी। मेरे इन अभ्यस्त हाथों से, अच्छे-अच्छे वकील भी नहीं छूट सके। पर इस बार तो कोई इन्द्रजाल ही हो गया।"

चित्रगुप्त ने कहा, "महाराज, आजकल पृथ्वी पर इस प्रकार का व्यापार बहुत चला है। लोग दोस्तों को कुछ चीज़ भेजते हैं और उसे रास्ते में ही रेलवेवाले उड़ा लेते हैं। हौजरी के पार्सलों के मोजे रेलवे अफ़सर पहनते हैं। मालगाड़ी के डब्बे-के-डब्बे रास्ते में कट जाते हैं। एक बात

और हो रही है। राजनीतिक दलों के नेता विरोधी नेता को उड़ाकर बन्द कर देते हैं। कहीं भोलाराम के जीव को भी तो किसी विरोधी ने मरने के बाद दुर्गति करने के लिए नहीं उड़ा दिया?''

धर्मराज ने व्यंग्य से चित्रगुप्त की ओर देखते हुए कहा, ''तुम्हारी भी रिटायर होने की उम्र आ गई। भला भोलाराम जैसे नगण्य, दीन आदमी से किसी को क्या लेना-देना?''

इसी समय कहीं से घूमते-घामते नारद मुनि वहाँ आ गए। धर्मराज को गुमसुम बैठे देख बोले, ''क्यों धर्मराज, कैसे चिन्तित बैठे हैं? क्या नरक में निवास-स्थान की समस्या अभी हल नहीं हुई?''

धर्मराज ने कहा, ''वह समस्या तो कभी की हल हो गई। नरक में पिछले सालों में बड़े गुणी कारीगर आ गए हैं। कई इमारतों के ठेकेदार हैं, जिन्होंने पूरे पैसे लेकर रद्दी इमारतें बनाईं। बड़े-बड़े इंजीनियर भी आ गए हैं, जिन्होंने ठेकेदारों से मिलकर पंचवर्षीय योजनाओं का पैसा खाया। ओवरसीयर हैं, जिन्होंने उन मज़दूरों की हाज़िरी भरकर पैसा हड़पा, जो कभी काम पर गए ही नहीं। इन्होंने बहुत जल्दी नरक में कई इमारतें तान दी हैं। वह समस्या तो हल हो गई, पर एक बड़ी विकट उलझन आ गई है। भोलाराम नाम के एक आदमी की पाँच दिन पहले मृत्यु हुई। उसके जीव को यह दूत यहाँ ला रहा था, कि जीव इसे रास्ते में चकमा देकर भाग गया। इसने सारा ब्रह्मांड छान डाला, पर वह कहीं नहीं मिला। अगर ऐसा होने लगा, तो पाप-पुण्य का भेद ही मिट जाएगा।''

नारद ने पूछा, ''उस पर इन्कमटैक्स तो बकाया नहीं था? हो सकता है, उन लोगों ने रोक लिया हो!''

चित्रगुप्त ने कहा, ''इन्कम होती तो टैक्स होता।...भुखमरा था।''

नारद बोले, ''मामला बड़ा दिलचस्प है। अच्छा मुझे उसका नाम, पता तो बताओ। मैं पृथ्वी पर जाता हूँ।''

चित्रगुप्त ने रजिस्टर देखकर बताया, ''भोलाराम नाम था उसका। जबलपुर शहर में घमापुर मोहल्ले में नाले के किनारे एक-डेढ़ कमरे के टूटे-फूटे मकान में वह परिवार समेत रहता था। उसकी एक स्त्री थी, दो लड़केऔर एक लड़की। उम्र लगभग साठ साल। सरकारी नौकर था। पाँच साल पहले रिटायर हो गया था। मकान का किराया उसने एक साल से नहीं दिया, इसलिए मकान-मालिक उसे निकालना चाहता था। इतने में भोलाराम ने संसार ही छोड़ दिया। आज पाँचवाँ दिन है। बहुत सम्भव है कि अगर मकान-मालिक वास्तविक मकान-मालिक है, तो उसने भोलाराम के मरते ही, उसके परिवार को निकाल दिया। इसलिए आपको परिवार की तलाश में काफ़ी घूमना पड़ेगा।''

माँ-बेटी के सम्मिलित क्रन्दन से ही नारद भोलाराम का मकान पहचान गए। द्वार पर जाकर उन्होंने आवाज़ लगाई, ''नारायण! नारायण!'' लड़की ने देखकर कहा, ''आगे आओ महाराज!''

नारद ने कहा, ''मुझे भिक्षा नहीं चाहिए; मुझे भोलाराम के बारे में कुछ पूछताछ करनी है। अपनी माँ को जरा बाहर भेजो, बेटी!''

भोलाराम की पत्नी बाहर आई। नारद ने कहा, ''माता, भोलाराम को क्या बीमारी थी?''

''क्या बताऊँ? ग़रीबी की बीमारी थी। पाँच साल हो गए, पेंशन पर बैठे, पर पेंशन अभी तक नहीं मिली। हर दस-पन्द्रह दिन में एक दरख्वास्त देते थे, पर वहाँ से या तो जवाब आता ही नहीं था और आता, तो यही कि तुम्हारी पेंशन के मामले पर विचार हो रहा है। इन पाँच सालों

में सब गहने बेचकर हम लोग खा गए। फिर बरतन बिके। अब कुछ नहीं बचा था। फाके होने लगे थे। चिन्ता में घुलते-घुलते और भूखे मरते-मरते उन्होंने दम तोड़ दिया।''

नारद ने कहा, ''क्या करोगी माँ? उनकी इतनी ही उम्र थी।''

''ऐसा तो मत कहो, महाराज! उम्र तो बहुत थी। पचास-साठ रुपया महीना पेंशन मिलती तो कुछ और काम कहीं करके गुज़ारा हो जाता। पर क्या करें? पाँच साल नौकरी से बैठे हो गए और अभी तक एक कौड़ी नहीं मिली।''

दुख की कथा सुनने की फुरसत नारद को थी नहीं। वे अपने मुद्दे पर आए, ''माँ, यह तो बताओ कि यहाँ किसी से उनका विशेष प्रेम था, जिसमें उनका जी लगा हो?''

पत्नी बोली, ''लगाव तो महाराज, बाल-बच्चों से ही होता है।''

''नहीं, परिवार के बाहर भी हो सकता है। मेरा मतलब है, किसी स्त्री...''

स्त्री ने गुर्राकर नारद की ओर देखा। बोली, ''मत बको महाराज! तुम साधु हो, उचक्के नहीं हो। ज़िन्दगी-भर उन्होंने किसी दूसरी स्त्री को आँख उठाकर नहीं देखा।''

नारद हँसकर बोले, ''हाँ, तुम्हारा यह सोचना ठीक ही है। यही हर अच्छी गृहस्थी का आधार है। अच्छा, माता मैं चला।''

स्त्री ने कहा, ''महाराज, आप तो साधु हैं, सिद्ध पुरुष हैं। कुछ ऐसा नहीं कर सकते कि उनकी रुकी हुई पेंशन मिल जाए। इन बच्चों का पेट कुछ दिन भर जाए।''

नारद को दया आ गई थी। वे कहने लगे, ''साधुओं की बात कौन मानता है? मेरा यहाँ कोई मठ तो है नहीं। फिर भी मैं सरकारी दफ़्तर में जाऊँगा और कोशिश करूँगा।''

वहाँ से चलकर नारद सरकारी दफ़्तर में पहुँचे। वहाँ पहले ही कमरे में बैठे बाबू से उन्होंने भोलाराम के केस में बारे में बातें कीं। उस बाबू ने उन्हें ध्यानपूर्वक देखा और बोला, ''भोलाराम ने दरख्वास्तें तो भेजी थीं, पर उन पर वज़न नहीं रखा था, इसलिए कहीं उड़ गई होंगी।''

नारद ने कहा, ''भई, ये बहुत-से 'पेपर-वेट' तो रखे हैं। इन्हें क्यों नहीं रख दिया?''

बाबू हँसा, ''आप साधु हैं, आपको दुनियादारी समझ में नहीं आती। दरख्वास्तें 'पेपर-वेट' से नहीं दबतीं। खैर, आप उस कमरे में बैठे बाबू से मिलिए।''

नारद उस बाबू के पास गए। उसने तीसरे के पास भेजा, तीसरे ने चौथे के पास चौथे ने पाँचवें के पास। जब नारद पचीस-तीस बाबुओं और अफ़सरों के पास घूम आए तब एक चपरासी ने कहा, ''महाराज, आप क्यों इस झंझट में पड़ गए। आप अगर साल-भर भी यहाँ चक्कर लगाते रहें, तो भी काम नहीं होगा। आप तो सीधे बड़े साहब से मिलिए। उन्हें ख़ुश कर लिया, तो अभी काम हो जाएगा।''

नारद बड़े साहब के कमरे में पहुँचे। बाहर चपरासी ऊँघ रहा था, इसलिए उन्हें किसी ने छेड़ा नहीं। बिना 'विजिटिंग कार्ड' के आया देख, साहब बड़े नाराज हुए। बोले, ''इसे कोई मन्दिर-वन्दिर समझ लिया है क्या? धड़धड़ाते चले आए। चिट क्यों नहीं भेजी?''

नारद ने कहा, ''कैसे भेजता? चपरासी सो रहा है।''

''क्या काम है?'' साहब ने रोब से पूछा।

नारद ने भोलाराम का पेंशन-केस बतलाया।

साहब बोले, ''आप हैं वैरागी। दफ़्तरों के रीति-रिवाज़ नहीं जानते। असल में भोलाराम ने ग़लती की। भई, यह भी एक मन्दिर है। यहाँ भी दान-पुण्य करना पड़ता है। आप भोलाराम के आत्मीय मालूम होते हैं। भोलाराम की दरख्वास्तें उड़ रही हैं, उन पर वज़न रखिए।''

नारद ने सोचा कि फिर यहाँ वज़न की समस्या खड़ी हो गई। साहब बोले, "भई, सरकारी पैसे का मामला है। पेंशन का केस बीसों दफ़्तरों में जाता है। देर लग ही जाती है। बीसों बार एक ही बात को बीस जगह लिखना पड़ता है, तब पक्की होती है। जितनी पेंशन मिलती है, उतने की स्टेशनरी लग जाती है। हाँ, जल्दी भी हो सकता है, मगर..." साहब रुके।

नारद ने कहा, "मगर क्या?"

साहब ने कुटिल मुसकान के साथ कहा, "मगर वज़न चाहिए। आप समझे नहीं। जैसे आपकी यह सुन्दर वीणा है, इसका भी वज़न भोलाराम की दरख्वास्त पर रखा जा सकता है। मेरी लड़की गाना-बजाना सीखती है। यह मैं उसे दे दूँगा। साधुओं की वीणा तो बड़ी पवित्र होती है। लड़की जल्दी संगीत सीख गई, तो उसकी शादी हो जाएगी।"

नारद अपनी वीणा छिनते देखकर जरा घबराए। पर फिर सँभलकर उन्होंने वीणा टेबिल पर रखकर कहा, "यह लीजिए। अब जरा जल्दी उसकी पेंशन का ऑर्डर निकाल दीजिए।"

साहब ने प्रसन्नता से उन्हें कुरदी, वीणा को एक कोने में रखा और घंटी बजाई। चपरासी हाज़िर हुआ।

साहब ने हुक्म दिया, "बड़े बाबू से भोलाराम के केस की फ़ाइल लाओ।"

थोड़ी देर बाद चपरासी भोलाराम की सौ-डेढ़ सौ दरख्वास्तों से भरी फ़ाइल लेकर आया। उसमें पेंशन के काग़ज़ात भी थे। साहब ने फ़ाइल पर का नाम देखा और निश्चित करने के लिए पूछा, "क्या नाम बताया साधुजी आपने?"

नारद समझे कि साहब कुछ ऊँचा सुनता है। इसलिए ज़ोर से बोले, "भोलाराम!'

सहसा फ़ाइल में से आवाज़ आई, "कौन पुकार रहा है मुझे? पोस्टमैन है क्या? पेंशन का ऑर्डर आ गया?"

साहब डरकर कुर्सी से लुढ़क गए। नारद भी चौंके। पर दूसरे ही क्षण समझ गए। बोले, "भोलाराम! तुम क्या भोलाराम के जीव हो?"

"हाँ," आवाज़ आई।

नारद ने कहा, "मैं नारद हूँ। मैं तुम्हें लेने आया हूँ। चलो, स्वर्ग में तुम्हारा इन्तजार हो रहा है।"

आवाज़ आई, "मुझे नहीं जाना। मैं तो पेंशन की दरख्वास्तों में अटका हूँ। यहीं मेरा मन लगा है। मैं अपनी दरख्वास्तें छोड़कर नहीं जा सकता।"

ooo